Egon Erwin Kisch Nichts ist erregender als die Wahrheit Band 1

Egon Erwin Kisch

Nichts ist erregender als die Wahrheit

Reportagen aus vier Jahrzehnten
Herausgegeben von Walther Schmieding
In 2 Bänden mit 12 Abbildungen
Band 1

Kiepenheuer & Witsch, Köln

Egon Erwin Kisch. Gemälde von Christian Schad.

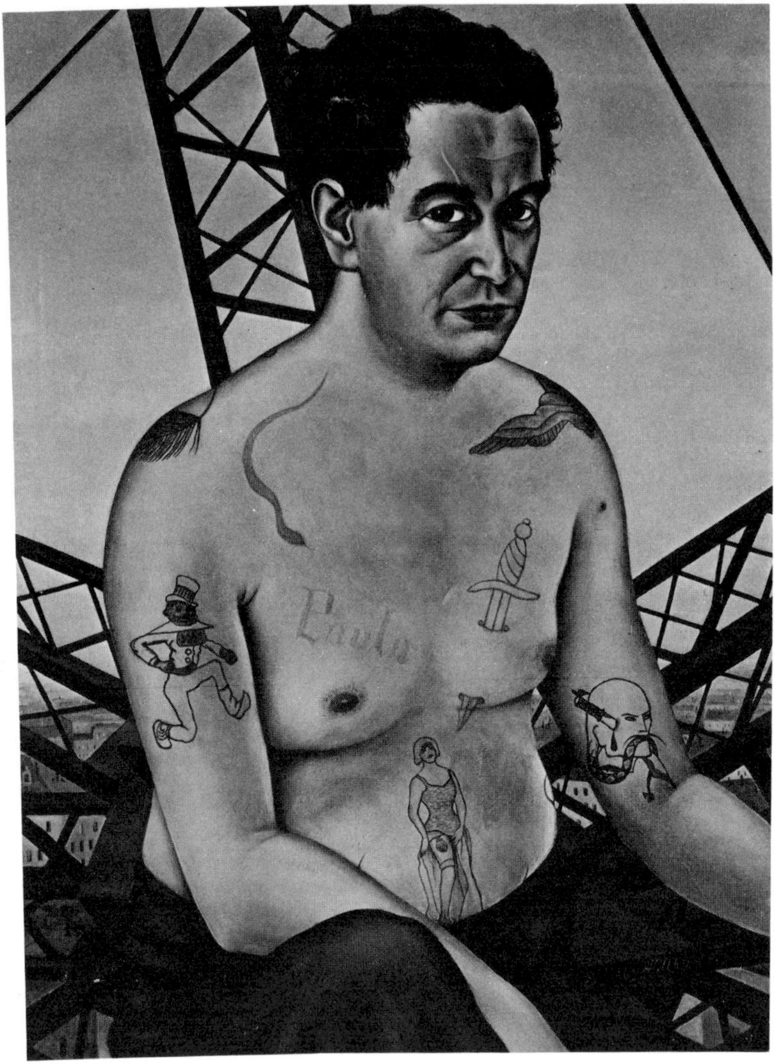

Impressum

 Typografie Juergen Seuss, Niddatal bei Frankfurt am Main. Schutzumschlag und Kassettenentwurf Hannes Jähn, Köln. Satz und Druck Color- und Werkoffsetdruckerei Richard Wenzel, Goldbach bei Aschaffenburg. Schrift Korpus Excelsior mit halbfetter Times-Antiqua (Linotype) als Auszeichnung. Bindearbeiten Osswald & Co., Neustadt an der Weinstraße. Printed in Germany 1979. ISBN 3 462 01320 3

Bildquellen: Für den Schutzumschlag wurde ein Foto von Fred Stein verwendet; *Seite 5* nach einem Gemälde von Christian Schad, der uns freundlicherweise auch die Abdruckerlaubnis erteilte; *Seite 124* Bildarchiv Preußischer Kulturbesitz, Berlin; *Seite 174* Bildarchiv Süddeutscher Verlag, München. Alle übrigen Bilder stellte der Verlag zur Verfügung.

Die Prager Abenteuer

Egon Erwin Kisch ist von 1906 bis 1913 Lokalreporter bei der in Prag erscheinenden deutschsprachigen Tageszeitung ›Bohemia‹ gewesen. Seine Arbeiten aus dieser Zeit hat er mehrfach in Buchform veröffentlicht. 1912 erschien ›Aus Prager Gassen und Nächten‹, 1913 ›Prager Kinder‹. In dem Band ›Die Prager Abenteuer‹ hat Kisch 1920 dann eine Bilanz dieser Zeit zu ziehen versucht und zu diesem Zweck zahlreiche Reportagen noch einmal überarbeitet. Im mexikanischen Exil hat er in dem Erinnerungsbuch ›Marktplatz der Sensationen‹, das 1942 erschien, seine journalistischen Anfänge noch einmal geschildert.

Für unsere Zusammenstellung wurden einige der für Kischs Prager Zeit besonders charakteristischen Arbeiten ausgewählt. Sie zeigen den jungen Reporter bei den Hopfenpflückern im Saazer Land, bei der Aufklärung von Kriminalfällen und bei seinen Streifzügen durch das historische Prag. Mit solchen Themen hat Kisch seinen journalistischen Ruhm begründet.

Den Prager Reportagen sind auch Kapitel aus ›Marktplatz den Sensationen‹ beigegeben, obwohl – wie die Kisch-Forschung festgestellt hat – diese Erinnerungen ›Dichtung und Wahrheit‹ enthalten. Erdichtet ist zum Beispiel das ›Debüt beim Mühlenfeuer‹; es hat so nie stattgefunden. Doch gerade dieses Kapitel enthält auch Kischs journalistisches Credo, seine Theorie der Reportage, in der er zusammenfaßt, was ihn zum großen Reporter gemacht hat.

Der junge Kisch. Porträtzeichnung aus der Zeit vor dem Ersten Weltkrieg

Debüt beim Mühlenfeuer

Es ist zum erstenmal, daß ich meine Memoiren schreibe, mir mangelt die Übung, und ich weiß nicht, ob ich's richtig mache. Immer wenn ich eine Begegnung oder eine Begebenheit erwähne, greife ich nicht nur zurück, sondern auch vor. So kennt mich der Leser bereits in Situationen, die mir noch nicht zukommen. Bin ich doch erst am Beginn meiner Reportertätigkeit.

Auf der Börse war man unzufrieden, weil meine Zeitung als Nachfolger des Herrn Melzer, der mit den rangältesten Polizeibeamten die Schulbank gedrückt hatte, einen so jungen Hund wie mich entsandte. In der Redaktion war ich nur ein Reporter.

Und die Tatsache, daß meinen Anfängen ein sogenannter Erfolg beschieden war, vollzog sich unter Umständen, welche die anderen Redakteure der ›Bohemia‹ nicht für mich einnehmen konnten. Meine erste Notiz schilderte meinen Besuch am Krankenbett eines Freundes, der vor Jahresfrist in einem Duell einen Studenten getötet hatte und selbst lebensgefährlich verletzt worden war. Neben ihm im Spital lag ein Akrobat, der, gleichfalls lange vor meinem Berufsantritt, vom fliegenden Trapez ins Publikum gestürzt war. Der andere Bettnachbar, ein Knabe, war am Weihnachtsabend vor der Villa des ehemaligen Bürgermeisters Bielsky von dessen Wachhunden überfallen und gebissen worden.

Jede dieser drei Begebenheiten war zu ihrer Zeit journalistisch zu Tode gehetzt worden, und es waren demnach ›olle Kamellen‹, die ich zu einer Notiz zusammenschweißte. Aber die ›Frankfurter Zeitung‹ druckte sie nach.

Seit langem war es das erstemal, daß etwas aus einem Prager Blatt Gnade fand vor der Schere des allwissenden und unfehlbaren Fedor Mamroth in Frankfurt. (›Mamroths Schere reimt sich auf Ehre‹, pflegte der Feuilletonchef des ›Prager Tagblatts‹ selbstgefällig zu reimen, wenn die ›Frankfurter Zeitung‹ einmal das gleiche ausgeschnitten hatte wie er.)

Die Zitierung unserer Zeitung hätte demnach so empfunden werden müssen, als sei der ganze Redaktionsstab im Tagesbefehl zitiert. Wenn nur die dekorierte Leistung nicht gerade vom jüngsten jungen Mann, dem Lokalreporter, vollbracht worden wäre und dieser Lobspruch nicht wie ein Tadel für die übrigen geklungen hätte. ›In der Prager ‚Bohemia'‹, so leitete der Oberste Richter in Frankfurt den Abdruck ein, ›findet sich nachstehende, ungewöhnlich gut geschriebene Notiz . . .‹

Mein neuer Beruf schien mir kinderleicht zu sein. Ich hatte auf der Polizei und auf unserer Börse Nachrichten zu holen und sie zu stilisieren. Je mehr ich sie durch plaudernde Wendungen ausschmückte, desto mehr hatten sie Anspruch, als Schmucknotizen gewertet zu werden, die man zwar Schmocknotizen nannte, aber immerhin – wie man gesehen hat – eher einen anerkennenden Nachdruck fanden als ein simpel berichtetes Faktum.

So machte ich meine Arbeit bis zu der Nacht, in der ich mich zum erstenmal an einem Schauplatz erproben sollte. Die Schittkauer Mühlen standen in Flammen. Ich rannte hin. Das Feuer war im Begriff, den ganzen Komplex der Mühlen, ein Wahrzeichen der Stadt seit urdenklichen Zeiten, in Schutt und Asche zu verwandeln. Und was weit schlimmer war, die anderen Reporter waren schon da und mitten in der eifrigsten Arbeit.

Auf einem Hydrantenwagen unter einer Laterne, alles überblikkend und allen sichtbar, saß Papa Vejvara. Er schrieb und schrieb. Polizei- und Feuerwehrbeamte liefen auf ihn zu, gaben ihm Informationen und eilten wieder davon. Von Zeit zu Zeit erschienen Boten seiner Redaktion auf Fahrrädern. Papa Vejvara reichte ihnen Manuskriptblätter und schrieb weiter.

Ich aber, ich wußte nichts zu schreiben. Keine Zeile verstand ich von dieser Wagenburg der Dampfspritzen, von diesem Kreuzfeuer aus Wasserstrahlen, von diesem Manövrieren der Feuerwehr. Ich drängte mich durch den Kordon, es dauerte eine halbe Stunde, bevor ich den ganzen Bezirk der brennenden Mühlen abgegangen hatte, um irgendwie irgendwo irgend etwas zu eruieren. Kein Wort eruierte ich.

Mir blieb nichts übrig, als, ein demütiger Bittsteller, mich den Stufen des bronzenen Thrones zu nahen, auf dem Papa Vejvara waltete. Er neigte sich zu mir herab, ich reckte mich hoch, spitzte Zehen und Ohren, um keinen Ton von der Sensation zu verlieren, die er mir anvertrauen wollte. Aber was er mir zuflüsterte, war dieses: »Es brennt.«

Meine Verzweiflung zwang mich, den Hohn zu überhören. Ich bat ihn, mir doch ein paar Details zu geben. Er wies auf die Flammen: sähe ich da nicht Details genug?

Nein, ich sah keine Details. Ich sah nur die Flammen, die beschäftigte Feuerwehr und meine noch beschäftigteren Kollegen. Wie ein Spritzenschlauch schlängelte sich der bleiche Schnüffeles zwischen den Löschapparaten und Wasserstrahlen, überall war er gleichzeitig. Er maß mich mit Siegermiene. ›Nun, Sie Schönschwätzer, zeigen Sie jetzt, was Sie können.‹

Am Fuß der Feuerleiter tauschten die Reporter Informationen aus. Ich pürschte mich heran, etwas zu erlauschen. Sie bemerkten mich und verstummten, einige lachten. Der bleiche Schnüffeles bekam geradezu Lachkrämpfe.

Sie konnten lachen, ich konnte weinen.

Entschlossen arbeitete ich mich zum Feuerwehrkommandanten durch. Aber als ich vor ihm stand, fiel mir ein: ich weiß nicht einmal, was ich ihn fragen soll. Schöner Reporter, der nicht einmal weiß, was er fragen soll.

Ich fragte nach der Ursache des Feuers.

»Noch nichts festgestellt.«

So wie bei mir. Nichts hatte ich festgestellt, leer war mein Notizblock. Tränen vermochten meine Beschämung nicht zu löschen. Selbst wenn Dampfspritzen in meinen Augen aufgefahren wären. hätten sie nicht vermocht, meine Beschämung zu löschen. Nie, nie hätte ich mir eine derartige Unfähigkeit zugemutet. Schluß mit meinem Versuch, das Mühlenfeuer zu beschreiben! Schluß mit der Reportage!

Erhaben, auf strahlendem bronzenem Siegeswagen, umgeben von behelmten Mannen, fährt der Berufene in die Ruhmeshalle der Journalistik ein . . . und unten schleicht geduckt und gedemütigt einer davon, der vieles unternehmen wollte und nichts gekonnt.

Durch die Masse der Neugierigen, finstere, nächtliche Gestalten, zwängte ich mich immer weiter nach hinten. Nur weg von hier!

Wohin? Auf keinen Fall in die Redaktion zurück. Wozu mir dort das Toben anhören, weil ich nichts bringe, wozu mich noch beschimpfen lassen, bevor ich entlassen werde?

Allerdings, fair ist es nicht, die Redaktion einfach sitzenzulassen. Mutiger wär's hinzugehen und mein Fiasko einzugestehen.

Langsam ging ich durch die Straßen. Was wird man auf der Börse sagen? Mir fielen die Anekdoten ein, mit denen man sich dort selbstgefällig unterhielt, die Anekdoten von unfähigen Reportern. Ein aus der Provinz engagierter Journalist war zur Erhebung eines Vorfalls an die Peripherie der Stadt geschickt worden. Er recherchierte alles genau – aber er fand nicht in die Redaktion zurück, dieser Reporter. Hahaha!

Einer wurde zur Hochzeit des berühmten Schauspielers M. entsandt. Er kam zurück und schrieb nichts. »Wo ist der Bericht über die Hochzeit?« fragte man ihn. »Es gibt keinen. Der Bräutigam kam nicht, die Gäste warteten vergebens, die Hochzeit fand nicht statt. Also kann ich doch nichts schreiben.« Hahahaha!

Das ist noch gar nichts! Beim größten Brand unserer Zeit, als die Schittkauer Mühlen niederbrannten, war ein Reporter dabei – Kisch hieß er –, der wußte nicht eine Zeile zu berichten. Hahahahaha!

So geht mein Name in die Geschichte der Reportage ein!

»Gott sei Dank, daß Sie endlich kommen«, empfing mich der Nachtredakteur schon auf dem Treppenflur, »ich habe Ihnen anderthalb Spalten reserviert. Schreiben Sie schnell, damit wir recht viel davon noch in die Postauflage bekommen!« Und so rasch, wie es ihm seine siebzig Jahre erlaubten, humpelte er in den Setzersaal.

Anderthalb Spalten – das waren hundertfünfzig Zeilen! Ich hatte nicht einmal eine. Oder doch, eine hatte ich: den Titel. ›Brand der Schittkauer Mühlen‹. Der stand fest. Unter ihm klaffte leere Öde ... hundertfünfzig Zeilen tief.

Da gab's keine Wahl, ich mußte mich hinablassen in die öde Leere. Ich schrieb ... schrieb von den Flammen und wieder von den Flammen ... ich ließ sie lodern, leuchten, züngeln, prasseln, aufflackern ... das Gebälk ließ ich knistern, krachen, bersten ... die Mehlsäcke ließ ich glimmen und platzen und qualmen und dampfen und rauchen ... die Wasserstrahlen ließ ich stechen wie Dolche und niedersausen wie Säbelhiebe ... und all das zusammen, all das zusammen ergab erst zwanzig Zeilen.

Der Metteur en page riß sie mir aus der Hand.

»Schnell, schnell das Weitere«, schärfte er mir ein und war verschwunden.

Das Weitere! Das Weitere gab's nicht, obwohl noch hundertdreißig Zeilen dafür freigehalten waren, der Metteur, der Setzer, der Nachtredakteur auf sie warteten.

Ich lutschte an meinem Bleistift. Entlutschte ihm, daß das Städtische Nachtasyl in der Nähe der Schittkauer Mühlen lag. Mein Bleistift trieb eine Gruppe von Obdachlosen zum Brandplatz. Mein Bleistift sah, wie sie fasziniert sich gegen den Feuerherd vorschoben, mein Bleistift half ihnen, sich dem Kordon der Polizisten zu nähern, denen sie sonst eilig und in weitem Bogen auszuweichen pflegen. Die Polizei, von dichtem Dunkel umgeben, sah nicht, was mein Bleistift sah, sah nicht, welcher Art die sich heranwälzende Menge war. Nur wenn eine Feuergarbe ihr grelles Licht anstatt zum Himmel aufwärts seitlich warf, wurden die Gestalten sichtbar, die der Unterwelt entstiegen schienen, aber in Wirklichkeit meinem Bleistift entstiegen: Landstreicher mit gegerbten Gesichtern, wirren Bärten, struppigen Haaren und starr auf das Feuertheater gerichteten Augen.

Mein Bleistift – weit stärker beobachtend als sein Herr – beobachtete in einem solchen Moment flammender Beleuchtung, wie ein Polizist und ein vierschrötiger Riese einander gegenüberstanden. Wahrscheinlich kennt der Polizist den Mann, vielleicht ist es ein Gewalttäter, der ihm bei der Verhaftung Widerstand geleistet hat und entkommen war. Oder vielleicht war der Gewalttäter nicht entkommen und hat dem Polizisten Rache geschworen, der jetzt in seiner Reichweite steht. Gleich wird der Flammenkegel wieder dem Dunkel Platz machen, einem undurchdringlichen Dunkel gefährlicher Gelegenheit.

Solcherlei schrieb und beschrieb mein Bleistift, bis ihn die hundertfünfzigste Zeile stoppte.

Sonst pflegte ich, wenn ich eine größere Notiz geschrieben hatte, in die Setzerei hinüberzugehen, um dort angeblich den Bürstenabzug zu korrigieren, eigentlich aber, um von den Setzern ein Urteil über mein Produkt zu hören.

Diesmal verließ ich die Redaktion ohne das. Nichts wollte ich wissen, am meisten befürchtete ich, man könnte mein Verlegenheitsgefasel loben. Daß ich einen ›Bericht‹ zusammengebracht, änderte kein Jota daran, daß er nicht einmal enthielt, wie der Brand verlaufen war und was sich an Zwischenfällen zugetragen. Wahrscheinlich hatte es sogar Tote und Verletzte gegeben.

Der Entschluß, meine Demission zu geben, war ebenso wie die Möglichkeit, entlassen zu werden, noch da.
Am nächsten Morgen sah ich in unserem Blatt meine Phantasien noch vergröbert. Der Nachtredakteur hatte meinen Titel geändert. Mit Riesenbuchstaben, die mir wie brennende Balken vorkamen, spannten sich die Worte ›Ansturm von Obdachlosen bei einer Feuersbrunst‹ über die Spalten.
Was die anderen Reporter gestern auf dem Brandplatz erfahren hatten, erfuhr ich heute aus ihren Blättern. Sie hatten alle Details erhoben, die mir verschlossen geblieben waren. Zumeist allerdings waren diese Details von der Art, die man in der Zunft als ›interessant, aber langweilig‹ charakterisierte: Nach einigen Berichten war das Feuer um acht Uhr sechzehn abends von einer in der Nähe wohnenden Metzgersgattin bemerkt worden, nach anderen Berichten Schlag neun Uhr von einem zufällig des Weges kommenden Bauern aus Südböhmen. Laut ›Nationalzeitung‹ war es die Löschmannschaft der Vorstadt Karolinenthal, die mit dem Spritzenmeister Soundso und zwei dreispännigen Dampfspritzen zuerst an der Brandstelle eintraf; der ›Volksgemeinschaft‹ zufolge aber war die Feuerwache Sokolstraße mit der neuen automatischen Feuerleiter als erste zur Stelle gewesen. Übereinstimmend war nur die Feststellung, daß in kurzen Intervallen alle Feuerwehrstationen auf der Brandstätte eintrafen. In den meisten Blättern stand, der Brand sei auf dem ebenerdigen Schüttboden ausgebrochen, der bleiche Schnüffeles vom ›Prager Tagblatt‹ hatte jedoch erhoben, daß das Feuer im ersten Stockwerk mehr als eine Stunde lang gewütet und erst nachher die Räume im Parterre ergriffen habe.
Als ich in die Redaktion kam, standen im Vorzimmer, das in der Frühstücksstunde eine Art Klubraum war, einige Redakteure beisammen.
»Dieses Gedränge der Obdachlosen«, sprach mich der Kunstkritiker an, »das muß ja wie ein Gemälde von Breughel gewesen sein. Ich habe Ihren Bericht interessiert gelesen.«
»Er hat ja nichts weiter aufgeschrieben, als was er gesehen hat«, sagte Doktor Dykschy. Vielleicht um den geringschätzigen Ton Doktor Dykschys abzuschwächen, wandte der Kunstkritiker ein, ich hätte immer gut beobachtet.

»Eben nur beobachtet. Was hätte ein Dichter daraus gemacht! Eine Elendenkirchweih im Feuerschein! Heilige Hermandad und Briganten stehen einander unvermutet gegenüber! Aber dieser junge Mann merkte gar nicht, daß er eine Dramenszene in Händen hielt. Nun, schließlich ist das auch nicht seines Amtes.«

Ich hatte gute Lust, ihm zu enthüllen, daß ich den Stoff sehr wohl zu würdigen wisse, denn er entstamme meiner Phantasie. Jedoch dann hätte Doktor Dykschy nur wiederholt, und die anderen hätten ihm beigestimmt, daß das nicht meines Amtes sei.

Ehe der Tag zu Ende ging, an dem mich Doktor Dykschy den Unwert der Wahrheit fühlen ließ, bekam ich eine Lektion über den Wert der Unwahrheit.

»Ich habe Ihnen anzukündigen, daß Sie aus der Börse ausgeschlossen werden, wenn Sie noch einmal in dieser Art schreiben«, empfing mich Papa Vejvara, als ich abends auf die Börse kam.

»In welcher Art habe ich denn geschrieben?«

»In der Art eines Lügners«, brach er los. »Lauter unverschämte Lügen! Sie werden eine gesalzene Berichtigung vom Städtischen Nachtasyl bekommen – bei Nacht kann niemand aus dem Gebäude, weil es abgesperrt ist und jeder beim Eintritt seine Kleider abgeben muß.«

»Ich habe nicht geschrieben, daß es die Insassen des Städtischen Asyls waren. Ich habe nur von Obdachlosen im allgemeinen gesprochen, die Nähe des Asyls habe ich erwähnt, ohne zu sagen, daß die Leute von dort kamen.«

Über diesen Trick wurde Papa Vejvara noch wilder. Er hatte nämlich von der Asylleitung ein Dementi meines Berichts verlangt, aber den Bescheid erhalten, daß infolge der Stilisierung nichts gegen meinen Bericht unternommen werden könne. Warum hatte Papa Vejvara das getan?

Er verheimlichte es nicht.

»Mit Ihren Lügen bringen Sie uns um die Existenz. Heute morgen schnauzt mich der Chefredakteur an, wieso ich die Obdachloseninvasion auf der Brandstätte nicht einmal mit einem einzigen Wort erwähnt habe.«

»Sie konnten ihm doch sagen, Herr Vejvara, daß das erfunden ist.«

»Ich verbitte mir Ihre Ratschläge.«

Kollege Wenzel Vilde mischte sich ein: »Wenn man diesen Klebstoffjournalisten sagt, daß ein Konkurrent lügt, so glauben sie, das sei eine Ausrede.«

Papa Vejvara bestätigte das, indem er beide Fäuste auf den Tisch schlug; sein Chefredakteur habe ihm wörtlich gesagt: »Komisch, daß sich die anderen immer die interessantesten Lügen ausdenken und Sie immer nur die langweiligste Wahrheit wissen.« Papa Vejvara fiel aus der Höhe der Wut in die Tiefe der Bitterkeit: »Das muß ich mir sagen lassen im dreißigsten Jahr meiner Tätigkeit.«

»Wegen eines solchen Rotzbengels«, sagte Ritter Wuk von Rosenberg, nur um nicht unhöflich zu erscheinen.

»Was sollte ich denn machen?« wandte ich ein. »Ich hatte doch überhaupt keine Details. Als ich Sie bat, Herr Vejvara, mir etwas zu sagen, haben Sie geantwortet: Es brennt.« Diese höhnische Antwort von Papa Vejvara wurde stillschweigend mißbilligt. Fromm und milde riet mir Herr Adalbert Betzek, mich immerdar nach der Religion zu richten: »Du sollst nicht lügen, steht in den Zehn Geboten, und wenn Sie sich schon so eine faustdicke Lüge ausdenken, so müssen Sie sie uns telefonieren, damit wir sie auch bringen können und nicht dastehen wie die Törichten Jungfrauen.«

Was war das alles?

Solange ich Vortragsreferate und Schmucknotizen verfaßte, war ich nie ratlos gewesen, hatte nie, selbst wenn ich vom Thema wenig verstand, einen Bericht aus der Luft gegriffen und nie die Stellung eines Kollegen gefährdet.

Offenbar ist die direkte Beschreibung der Wirklichkeit weit schwieriger. Kein Kritiker wird bei der Besprechung eines Buches, einer Aufführung oder einer Ausstellung jemals von solch einem Gefühl beruflicher Ohnmacht befallen werden wie ich gestern im Schein des Mühlenfeuers. Und dennoch behandeln die Redakteure der Kulturrubriken den Reporter als etwas Untergeordnetes, wie einen, der in den Beinen haben muß, was er nicht im Kopf hat. Ein paar Tage vorher war ich dem künstlerlockigen Feuilletonchef, an dessen Namen ich mich nicht mehr erinnere, in den Weg gelaufen. Er sprach mir sein Mißfallen darüber aus, daß ich Reporter geworden. »Ich hatte anderes mit Ihnen im Sinn«, sagte er, »ich wollte Ihnen einen Namen machen.«

Auch Doktor Dykschy fand das verächtlich, was meines Amtes

war. Gewiß, er war konsequent. In seinen Literaturkritiken anerkannte er als Kunst nur das Übersprudelnd-Launische, das Traumhaft-Zerfließende, das Ungebunden-Absurde, das Sprunghaft-Unlogische oder das Irrational-Mystische. Streng lehnte er den ›phantasielosen Rationalismus und öden Materialismus der schnell veralteten französischen Schule‹ ab, worunter er Balzac, Flaubert und vollends Zola verstand. Dem Doktor Dykschy, der meinem unseligen Lyrikband seinerzeit eine kritische Ermunterung gegeben, konnte die Obdachlosenszene nicht gefallen, weil er sie für Realität hielt.

Aber Chefredakteure, Journalisten an verantwortlicher Stelle, mußten sie nicht Realität schätzen? So wirkungsvoll formuliert die Antithese war, die der Chef des Papa Vejvara gebraucht – durfte er eine Lüge fordern, weil sie interessant war? Durfte er sie einer Wahrheit vorziehen, und wäre es der sterbenslangweiligsten?

Diese Fragen waren beileibe keine rhetorischen, es gab Antworten auf sie.

Manche Herausgeber, der große Gordon Bennett zum Beispiel, haben eingestanden, daß Zeitungen, ob sie nun dem Geschäft oder der Verbreitung einer Gesinnung dienen, eine ihre Ziele begünstigende Unwahrheit vorziehen müssen einer Wahrheit, die ihren Zielen zuwiderläuft. Ein Zyniker tat gar den Ausspruch: ›Eine falsche Nachricht ist mir die liebste, denn erstens hat man sie allein, und zweitens bekommt man eine Berichtigung, die man wieder allein hat.‹

Die Begründung ist falsch, denn nichts wird so prompt, so gründlich und so energisch dementiert wie gerade die Wahrheit. Um so mehr kann diesen Grundsatz des Zynikers auch ein Zeitungsherausgeber akzeptieren, der keine Berichtigungen wünscht.

Und der Leser? Welche Wichtigkeit hat es für ihn, zu erfahren, ob der zweite oder erst der vierte Schuß des Mörders tödlich war? Daß beim Sturm auf Port Arthur nicht fünftausend, sondern nur fünfhundert Japaner fielen? Daß sich das Feuer in den Schittkauer Mühlen nicht auf dem Schüttboden ausbreitete, sondern zunächst im ersten Stock?

Der Stein der Wahrheit, der nur um hohen Preis zu erwerben ist, ist von seiner billigen Imitation nicht zu unterscheiden. Kein Leser hatte in meiner Erzählung vom lokalen und öffentlichen Ereignis des Mühlenbrands gemerkt, daß ihr nichts zugrunde lag. Wie sollte bei einem weniger erhellten Tatbestand, wie erst bei einem auswärtigen Vorfall die Phantasie von der Realität unterschieden werden? Wenn man gar das Gebot des frommen Herrn Adalbert Betzek befolgte, jede Erfindung den Kollegen weiterzugeben, fiele auch die letzte Entlarvungsmöglichkeit weg.

Ich definierte mir, was der Bericht überhaupt darstellt. Er ist eine Form der Äußerung, vielleicht sogar eine Kunstform, obschon nur eine kleine.

Spezifisch ist dem Bericht, daß ein wirklicher Vorfall sein Thema bildet. Könnte nicht bloß vorgespiegelt werden, daß der Vorfall sich ereignet hat? Nein. Wenn die Begebenheit erfunden ist, mag es der Leser merken oder nicht, ist ihre Darstellung kein Bericht. Romanschriftsteller, Novellisten und Anekdotenerzähler behaupten oft, daß ein von ihnen geschildertes Ereignis sich tatsächlich abgespielt habe. Es schädigt den Dichter nicht, es erhebt ihn sogar, wenn der Leser diese Behauptung nicht glaubt. Aber ein Chronist, der lügt, ist erledigt.

Die Behandlung des Sujets birgt allerdings eine Alternative: Entweder man nimmt das Ereignis zum Ausgangspunkt für ein Phantasieprodukt (was ich gestern beim Mühlenbrand getan), oder man bemüht sich, die Zusammenhänge und Details so zu ermitteln, daß das Ergebnis mindestens in gleichem Maße interessant ist wie das Phantasieprodukt. (Ich hätte die Obdachlosenszene entdecken müssen, nicht sie erfinden dürfen.)

Zum obigen Entweder hatte ich mein Geschick, zum obigen Oder mein Ungeschick bewiesen, aber ich mußte den zweiten Teil der Alternative wählen.

Oh, nicht etwa aus moralischen Gründen! Da war jene Dantesche Neugier. Von Kindheit an brachte ich infolge dieser Neugier von jedem Weg zum Kaufmann oder zum Postschalter eine solche Fülle von Erzählenswertem heim, daß man es zumindest für Übertreibung hielt. Mich verdroß diese Verdächtigung, weil ich es nicht nötig hatte zu erfinden, sah und hörte ich doch überall so viel Unglaubhaftes, das dennoch Wahrheit war. Wie konnte es sein, daß die mir selbstverständlichen Erlebnisse den anderen unmöglich schienen?

Gestern hatte ich zum erstenmal etwas erfunden, und alle hatten es geglaubt . . . Sollte ich also bei der Lüge bleiben? Nein.
Gerade weil mir bei der ersten Jagd nach der Wahrheit die Wahrheit entgangen war, wollte ich ihr fürderhin nachspüren. Es war ein sportlicher Entschluß.

Drei Wochen als Hopfenpflücker

In Saaz vor dem Bahnhof scharten sich fragwürdige Gestalten zu einer Gruppe. Ihr Gepäck war auf dem Platz hoch aufgeschichtet; eine Frau sprach mit dem Verwalter der Saazer Stellenvermittlungsanstalt, Burschen, Frauen, Männer, Mädchen umstanden sie. Daß es Hopfenpflücker waren, war klar. Ich machte mich an einen Jüngling heran.
»Menschenskind, kann ich mich zu eurer Partie hinzuaddieren?« fragte ich in der blumigen Redeweise der Vorstädte Prags.
»Da mußt du die Frau Mracek fragen, die dort mit dem blauen Kopftüchel, das ist unsere Pantafirka.«
Frau Mracek hatte eben ihr Gespräch mit dem Verwalter beendet und machte die Lohnbedingungen bekannt: zwanzig Heller für den Viertelhektoliter gepflückten Hopfens, außerdem für die Erwachsenen täglich einen halben Liter Milch und einen Liter Kartoffeln; von der Löhnung werde allabendlich ein Vorschuß von sechzehn Heller für jeden gepflückten Viertelhektoliter gewährt. Die ersten Tage würden wir Feldarbeit leisten müssen, gegen einen Lohn von zwei Kronen für jeden Mann und eine Krone vierzig Heller für jede Frau; außerdem das erwähnte Quantum von Milch und Kartoffeln.
Die Verkündigung war zu Ende. Ich trat auf Frau Mracek zu, bot mich an und wurde – da ohnedies bloß achtzig statt vierundachtzig bestellter Leute gekommen waren – engagiert. Sie nahm mir meinen Heimatschein ab, auf dem mein Beruf, der eines Handlungsdieners, bestätigt war. Ich solle nur einsteigen, sobald der Leiterwagen komme.
Die Gesellschaft war ziemlich gemischt. Man bemerkte unter den Anwesenden: Strolche aus Wrschowitz, einen Handelsmann aus Žižkow, einen Herrn mit schwarzgerändertem Zwicker, einem wenn auch schmutzigen Stehkragen und hochtrabender Ausdrucksweise, in der er jedem erzählte, daß er Medizin studiert habe, dann Beamter des Böhmischen Fremdenverkehrsverbandes und zuletzt provisorischer Beamter einer Bank gewesen sei; weiter: zwei amerikanisch gekleidete Handlungsgehilfen, die sich

Geld für eine Fahrt nach Dresden verdienen wollten, Fabrikmädel aus der ›gelben Republik‹ auf der Holleschowitzer Heide, einen sozialdemokratischen Geschäftsdiener mit Frau und Kind, einen Schuhmacher, der am 1. August delogiert und dessen Möbel in den Gemeindehof gebracht worden waren, einen Reitknecht, dem die Mütze während der Fahrt aus dem Kupeefenster geflogen war und der nun mit dem bunten, um den Kopf gebundenen Tuch komisch aussah; einen lahmen Hausierer, der in Gasthäusern auf seinem Bauchladen Zwiebeln, Heringe und Rollmöpse feilbietet, und eine bekannte Trinkerin mit schwermütig-schmutzigen Gesichtszügen. Die Mehrzahl der fröhlichen Hopfenbrüderschaft waren Ehepaare, insbesondere die Holleschowitzer Burschen und Mädel waren verheiratet. Sehr viele Kinder liefen umher.

Endlich kam ein Steirerwagerl, auf das das Gepäck geschichtet wurde, bald darauf auch ein Leiterwagen und ein Fuhrwerk für die Neuangekommenen. Dreißig Personen finden Platz, die Riesenhengste können kaum von der Stelle. Windschief stehen, balancieren und hängen die Pflücker im Wagen, die Gliedmaßen sind verfitzt, kreuz und quer schwirren Zurufe und Gespräche, gelangen an falsche Adressen, werden mißverständlich aufgefaßt und an unrichtige Absender zurückgegeben, Witze und Späße durchzucken den Lärm, Gelächter, ironische Beifallsbezeigungen, aufreizende Anfeuerungen hervorrufend.

»Achtung auf Gusta, der macht seine Hochzeitsreise!« – »Natürlich«, lacht Gusta, »wir werden doch nicht zu Hause bleiben, wo unser Dienstmädchen zuschaut, wenn wir uns umarmen.«

»Der Franz sitzt bequem, no ja, der ist halt gewohnt, im Fiaker zu fahren.«

»Na, nicht so wie du«, erwidert Franz, »du fährst immer in der grünen Equipage und hast vorn und hinten einen Lakaien in Uniform mit Federbusch.«

Über die Egerbrücke geht es, über den Spittelplatz, wo man Gurken kauft, durch die Lastenstraße weiter. Überall mustern uns Blicke. Eine Saazer Bürgerfrau ruft uns zu: »Geht's e weng runner vun Wog'n, es kummt e Berg, die Pfer' kennen's net derziehe.« So unverständlich den Passagieren die Worte des Saazer Dialekts sind, sie verstehen doch gut, was die Frau will. Der Lärm, der nun losgeht! Die ganze Blütenlese des Argots von Podskal und Frantischek wird gegen sie losgelassen, kein Schimpfwort, kein Fluch, keine duftende Phrase, womit die Tierfreundin nicht bedacht würde, die zu ihrem Glück von dem gegen sie gerichteten Kreuzfeuer kein Sterbenswörtchen versteht.

Der Lärm im Leiterwagen dauert fort. Bekanntschaften werden angeknüpft. Keiner will um des Geldes willen hinausgefahren sein, alle nur zum Jux: »Man muß doch ein bisserl in die Sommerfrische.«

»In der Zeltnergasse wohnt ein Herr, der hat vier Häuser und fährt jedes Jahr auf die Hopfenpflücke«, erzählt eine Frau.

»Na ja, das ist ganz begreiflich.« Alle bestätigen gern den Unsinn vom hopfenpflückenden Hausbesitzer.

Mir gegenüber lehnt an einem Sparren des Wagens ein Fabrikmädel, das gewaschen vielleicht noch häßlicher wäre. Sie hat mich gemustert und fragt dann ungeniert und mit eindeutigem Interesse: »Hast du ein Mädel mit?« Nein ich habe keines mit. Mehr erwidere ich nicht, obwohl der gute Ton die Antwort erheischen würde: »Ich werde mit dir Bekanntschaft machen.« Sie läßt sich durch das Ausbleiben dieses Angebots nicht irremachen und wird noch deutlicher: »Ich habe auch keinen Burschen mit.« – »So, so.« – »Wie heißt du?« fragt sie weiter. »Eman.« Weniger um meinen wirklichen Namen zu verheimlichen, als um nicht durch dessen Ungewöhnlichkeit Verdacht zu erregen, wähle ich ein Pseudonym. »Ich heiße Wiltscha«, erfahre ich von ihr, und dann, daß sie in Holleschowitz in der Hutfabrik arbeite, daß sie großartig tanze und daß die Burschen ›auf sie ganz hrr sind‹. Ich bin aber gar nicht ›hrr‹ auf sie.

Endlich hält der Wagen. Wir werden in ein einstöckiges Gesindehaus gewiesen, das am Rand eines schmutzigen Ententeichs liegt. Es besteht aus vier quadratischen Zimmerchen zu ebener Erde und aus vier quadratischen Zimmerchen im ersten Stock, zu dem eine Hühnersteige führt. Zwei von den Räumen sind schon von Bauernfamilien, die zur Pflücke kamen, belegt. Die Wände sind kahl und weiß, der Fußboden spärlich mit Stroh bedeckt. Kein Einrichtungsstück, nur in einigen Räumen sind Öfen. Hier werden Familien einquartiert, die verheirateten Leute – aber nach dem Trauschein wird nicht gefragt. Auch die ganz ledigen Mädchen finden in diesen Zimmern Unterkunft. Die mädchenlosen Burschen, achtzehn an der Zahl, werden in einem Zimmerchen von je zweieinhalb Meter Länge und Breite untergebracht, acht liegen auf jeder Seite und in der Mitte beim Fenster gegenüber der Tür auch zwei. Jeder hat einen Schlafplatz von kaum einunddreißig Zentimeter Breite zur Verfügung. Nägel werden aus den Taschen gezogen, mit Stöcken in die Wand und in die Deckenbalken geschlagen und Ranzen, Mäntel und Stöcke darangehängt.

»Ein eleganter Kleiderrechen ist zu vergeben, fünf Kronen zum ersten, zum zweiten – gibt niemand mehr? – und zum drittenmal!«

»Hier hängt *mein* Mantel! Anton, wenn du mit ihm Brüderschaft trinken wolltest, so zieh ich dir die Haut herunter und lasse mir daraus einen englischen Raglan nähen.«

Einer tut so, als hätte er auf dem Fußboden Ungeziefer erspäht: »Hallo, da kriecht eine.« Er schlägt mit der Mütze auf das imaginäre Ziel. Der Schneidergehilfe, der neben mir liegt, ruft erschrokken: »Wirklich, eine Wanze?« Die meisten aber brummen gleichmütig: »Meinetwegen.«

Zwei zanken sich wegen des Platzes an der Wand, zwei wegen der Strohunterlage. Auch in den anderen Zimmern gibt es Wohnungsstreitigkeiten, man hört Gekreisch von Weibern; Frau Mracek, die Partieführerin, hat die Einteilung vorgenommen und sucht zu vermitteln, so gut das eben geht.

In unseren Junggesellensalon kommt sie immer, um mit witzelnden Bemerkungen die Mädel hinauszudrängen. Auch Wiltscha ist da. Sie kränkt sich sichtlich, daß ich unter die ledigen Leut gezogen bin.

Es ist drei Uhr nachmittags, also nicht mehr daran zu denken, an diesem Tage noch mit der Arbeit anzufangen.

Als Frau Mracek am Bahnhof die Lohnbedingungen verkündet hatte, waren alle einverstanden gewesen. Jetzt, da sich die Leute in dem Ort zu Gruppen zusammenschlossen, kommt es zu Erörterungen, zu Erwägungen, zu Befürchtungen, zu Vorschlägen. Besonders jene, die im Leiterwagen nicht genug hatten beteuern können, daß sie nur spaßeshalber hinausfahren, sind für die Erhöhung des Lohns um zwei Heller. Einer spricht die Besorgnis aus, daß die vier Hopfengärten des Guts schon binnen drei Wochen abgepflückt sein könnten, während in anderen Hopfenplan-

tagen mindestens vier Wochen lang gearbeitet wird; man werde in der letzten Woche keine Arbeit mehr finden können.
Der Exmediziner mit Zwicker und Stehkragen hat das Bedürfnis, mit seiner Bildung zu protzen, und richtet von Zeit zu Zeit mit erhobener Stimme Phrasen an die Versammelten: »Wir werden klug erwägen, wie die Verhältnisse liegen, und werden uns danach richten.«
Bravo, bravo! Man beschließt, zur Gutsverwaltung zu ziehen und dort Forderungen vorzubringen. Alle müssen mit. Die Dörflerfamilien werden herbeigeholt, auch Frau Mracek wird gerufen. Sie ist nichts weniger als erfreut von der Bewegung, die da entstanden ist. Sie bekommt für jeden Hopfenpflücker, den sie brachte, und für jeden Tag, an dem ihre Partie arbeitet, von der Gutsverwaltung eine beträchtliche Vermittlungsgebühr. In geschlossenem Zug geht es zum Verwaltungsgebäude, die umhertollenden Kinder eröffnen, die friedlichen Dörfler beschließen den Zug.
»Der Johann soll unterhandeln«, wollen die Leute. Aber der Handlungsdiener lehnt diese Mission ab. »Warum soll ich mir den Mund verbrennen? Soll nur Frau Mracek hineingehn, sie ist Pantafirka, sie weiß, was wir wollen, und soll unsere Wünsche vortragen. Wir werden sehen, was sie ausrichtet, und werden dann beschließen!«
Bravo, bravo, Frau Mracek soll hineingehen! Wir warteten draußen. Als sie wiederkam, teilte sie das Resultat ihrer Intervention mit: Lohn und Kartoffelquantum bleiben so wie sie waren. Aber das Milchdeputat werde von einem halben Liter auf einen Liter erhöht. Man könne ziemlich lange Stengel an den Dolden lassen, auch werde beim Messen nur locker aufgeschüttet und nicht gepreßt. Arbeit sei ausreichend vorhanden, für mehr als vier Wochen, sollte aber die Hopfenflur schon vor Ablauf dieser Zeit abgepflückt sein, bekomme man für den Rest der Zeit eine andere Arbeit zugewiesen.
»Das kennen wir! Man wird uns einfach fortschicken.« Solche und ähnliche Einwendungen wurden laut. Schließlich aber gab man sich zufrieden, die Menge zerstreute sich.
Auf dem Platz vor dem Brunnen kam man bald wieder zusammen und führte friedliche Gespräche. Wie gerne wäre man in den Dorfkrug eingekehrt, wie gerne hätte man im Kaufmannsladen ein Gläschen Kornschnaps getrunken! Aber niemand hatte Geld.

Einer steckte sich eine halbe ›Ungarische‹ in den Mund und bat seinen Nachbarn um ein Zündholz. Mit der rhetorischen Frage »Stehl ich?« wies ihn dieser ab.
Um sechs Uhr ist Milchfassung im Stall. Der Wirtschaftsadjunkt notiert die Namen eines jeden, der sein Quantum bekommen hat. Die Kartoffeln für die Ledigen holt Frau Mracek und kocht davon gegen Bezahlung von sechs Heller Suppe.
Mit den Milchtöpfen setzen wir uns vor das Wohngebäude. Drei Männer haben Mundharmonikas mit und konzertieren. Paare beginnen sich in schlürfenden Tänzen zu drehen. Zwei Burschen veranstalten einen Wettlauf auf den Händen.
Gegen acht Uhr sind wir im Quartier. Aber ans Schlafen ist nicht zu denken. Man liegt in Kleidern und Stiefeln. Die Enge des Raumes bedingt, daß sich einer an den andern quetscht. Das Stroh sticht und raschelt, Flöhe springen umher, die Luft ist zum Schneiden dick, und gegen das Öffnen der Fenster wehren sich die meisten.
Auch das Rauchen erweckt Debatten. Die, die aus Gründen der Feuersgefahr dagegen sind, behalten die Oberhand. Wenn einer aufsteht, tritt er im Dunkel dem andern auf Waden und Schenkel. Flüche und Drohungen von Unsichtbaren an Unsichtbare sausen durch die Finsternis. Von draußen hört man werbendes Flüstern ... Nach und nach macht man sich notgedrungen mit dem Gedanken vertraut, daß von Schlaf keine Rede sein könne.
Man unterhält sich also. Geschichten und Abenteuer werden erzählt, nur Eindeutigkeiten. Um fünf Uhr früh steht man auf. Niemand wechselt die Wäsche, niemand wäscht sich, nur die Burschen frisieren sich mit Pomadestangen. In dem grauen Ententeich werden einige Kinder gebadet und Windeln gespült.
Mit jeder Nacht wird es im Massenquartier schlimmer. Schon am zweiten Abend kam der Arbeiter Veverka spät nach Hause, und seine Frau, schwarzgescheitelt, trotz Magerkeit gütig aussehend und zwischen ihren beiden Kindern liegend, einem Buben von drei und einem Mädel von zwei Jahren, macht ihm eine Szene, er versaufe alles. Würden wir nicht gebieterisch Ruhe verlangen, der Krawall fände kein Ende. Am nächsten Tag kommt Veverka noch später.
»Wenn du nicht kuschst, gehe ich gleich ins Gasthaus zurück«,

droht er der Frau. Aber die keift weiter. Er geht entschlossen zur Tür, will ihr, will uns zeigen, daß er der Herr ist, die Drohung ernst war. Sie brüllt ihm nach: »Wenn du weggehst, rufe ich gleich einen Burschen zu mir und mach dir Schande, öffentlich mach ich dir Schande!«
Alle kichern. Veverka schlägt die Tür von außen zu. »Havleno, komm her«, schreit die Frau hysterisch auf. Ein Bursch – man hat ihn schon beim Hopfenpflücken tagsüber neben den Veverkas sitzen gesehen – tappt über unsere Beine. Er geht zu ihr. Witze, Bemerkungen, zustimmende Kritik, Kichern, Wünsche quirlen in dem Zimmer ...
Tags darauf geriet ich auf der Landstraße mit zwei Hünen ins Gespräch. Sie kamen eben von der Flußregulierung bei Pilsen und waren schon seit Jahren auf der Walz. Gepäck hatten sie nicht, nur ein Spiel Karten. Ihren Stiefeln fehlten die Spitzen, dementsprechend sahen die Kleider aus. Die beiden waren einen Tag vor der ›Parta Mracek‹ auf dem Gut eingetroffen. Sie forderten mich auf, bei ihnen zu schlafen, sie hätten vor dem Dorf draußen ein Gesindezimmer mit viel Stroh für sich allein. So übersiedelte ich nun und lag ziemlich bequem. Als jedoch die beiden Riesen am Abend volltrunken und wortlos die Tür verriegelten, wurde mir unheimlich zumute. Ich entkleidete mich und legte die Hose unter meinen Kopf, den Rock knöpfte ich über meine Füße, um nicht zu frieren, das Portemonnaie band ich am Hals fest. Mein Mißtrauen war begründet gewesen: als ich am nächsten Abend von der Arbeit nach Hause kam, war mein Felleisen leer. Socken und Hemden und Taschentücher und Handtuch waren fort, auch mein Knotenstock fehlte. Auf dem Stroh lagen die zerfetzten Hemden der beiden Vagabunden. Nur die Seife hatten sie mir gelassen, die brauchten sie nicht. Sie waren mittags fortgewandert, der eine mit meinem Stecken in der Hand.
Im Hof des Bauernguts versammelten wir uns um halb sechs Uhr früh. Der Schaffer zählte zwölf Burschen und acht Mädchen ab, hieß sie Mistgabeln holen, da wir Schober zusammenstellen sollten. Ich war unter den zwölf Burschen, und Wiltscha tauschte mit einem der acht Mädel, um mit mir in einer Gruppe zu sein. Einige Partien arbeiteten in den Scheuern, die unsrige wurde zur Feldarbeit beordert. Am ersten Tag standen wir auf dem Scho-

ber und reichten Garben zur Dampfdreschmaschine hinüber, auf deren ratterndem, knatterndem und zuckendem Dach sich die Arbeiterinnen bewegten wie Besucher des Narrenpalasts im Lunapark. In den nächsten Tagen war uns das Wenden der Schwaden auf den Feldern zugewiesen, oder wir hatten riesige Schober zu bauen. Die Bündel wurden gesammelt und zu einem hohen Bau aufgeschichtet, an den dann wieder die Dreschmaschine heranfuhr. Arbeitseifer hatte alle erfaßt, und wenn auch einige hundert Garben im Scherz als Wurfgeschosse gegen den oder jenen Arbeitsgenossen verwendet wurden und dieser unter dem Hagel der von allen Seiten auf ihn niederprasselnden Ährenbündel verschüttet auf dem Schober niedersank – die Wagen füllten sich doch zusehends.

Nicht so bewegungsreich und abwechslungsvoll war das Hopfenpflücken, das wenige Tage später begann. Bereits am Vorabend des ersten Pflücktages war Fett und Schnaps eingekauft worden, denn nun gab es keine Mittagspause mehr, in der man hätte ins Dorf gehn können. Jetzt wäre es ja auf Kosten jedes einzelnen gegangen – Zeit ist Lohn, wenn man Akkordarbeit leistet.

Schon gegen fünf Uhr morgens standen wir im Meierhof und wurden zu einem Schuppen geführt, aus dem wir die Schemel holen sollten. Die Tür des Schuppens war schmal, die ersten, die hineinhuschen konnten, waren die Kinder, und als sich dann auch die Erwachsenen hineingedrängt hatten, waren die meisten der aus drei Brettern ungelenk gezimmerten Stühle vergriffen. Die wenigen, die noch so glücklich gewesen waren, einen zu erhaschen, taten sich groß mit ihrem Besitz: »Ich hab einen polierten Sessel bekommen.«

»Und ich einen Fauteuil.«

Aber die anderen fluchten, sie würden nicht vier Wochen lang auf der Erde hocken, während die Kinder die Stühle hätten. Ein Leiterwagen fuhr heran, mit Körben beladen.

Der Wagen hat haltgemacht, und die Körbe werden ausgeteilt. Wer keine Sitzgelegenheit hat, benutzt den umgestülpten Korb oder drei zusammengebundene Pflöcke, die durch Auflegen von Hopfenlaub zu einem Gartensessel umgestaltet werden. Am Rand des Hopfenfeldes bauen die Knechte ein Zelt für den Hopfenweiner, der die gepflückten Fruchtzapfen entgegennimmt, ihr Quan-

tum mißt und sie in die Leinwandsäcke (Jutesäcke sind im Hopfenhandel verpönt) schüttet.
Es ist ein Hopfengarten mit Drahtbau, in dem wir pflücken. Die Stangenanlagen kommen später daran. An jeder Pflanzenreihe – die Intervalle betragen anderthalb Meter – nimmt ein Hopfenpflücker Platz, die Kinder arbeiten mit Vater oder Mutter in der gleichen Reihe. In der Zeile neben mir sitzt Wiltscha, sie ist noch nicht sauberer geworden.
Durch einen starken Ruck werden die von Hopfenlaub umschlungenen, etwa sieben Meter langen Drähte herabgerissen, der Pflükker zieht den unteren Teil der Ranke an sich und beginnt nun die teils traubenförmig, teils einzeln an dem Stengel stehenden, zapfenartigen Kätzchen mit der Hand abzupflücken. Die Fruchtzapfen, die Dolden, sind etwa zweieinhalb Zentimeter lang, eiförmig, von gelblichgrüner Farbe; sie enthalten goldgelben Staub an den Blättchen: das Hopfenmehl (Lupulin), den wertvollsten Bestandteil. Wiltscha nimmt schon zum zweitenmal an der Hopfenpflücke teil und ist bemüht, mich in die Geheimnisse der Technik einzuweihen. Sie zeigt mir, wie man zuerst alle Blättchen abpflücken und dann mit den Fingernägeln die Stengel entlangfahren muß, so daß die Dolden von selbst in den Korb fallen. Sie zeigt mir, wie man sitzen und wohin man den Korb stellen muß, damit der Wind die abgerissenen Blätter nicht in den Korb weht. Findet der Hopfenweiner unter den Trollen ein Blättchen, nimmt er den Korb nicht an.
Der kleine Mracek, der Dauphin der ›Parta‹, kommt zu seiner Mutter gelaufen: »Schau, was ich gefunden hab! Schau, wie das funkelt!« Frau Mracek betrachtet die Schmetterlingspuppe mit sachverständigem Blick: »Das bringt Gold, das Hopfenmannerl hat goldene Knöpfe.« Und da sich die Leute herandrängen, das gute Omen anzuschauen, erklärt sie jedem, daß die drei goldenen Knöpfe auf der Bauchseite der Puppe Gold bedeuten und ein günstiges Jahr. Voriges Jahr habe man nur Mannerln mit silbernen Pünktchen gefunden, und das sei das ganze Unglück gewesen. Aber 1908, da blitzten die Ranken geradezu von goldenen Punkten, und wirklich war damals Vollernte – eine Viertelmillion Zentner zu fünfzig Kilogramm habe man vor zwei Jahren im Saazer Landl geerntet!

Man steckt nun in Erinnerungen. Frau Mracek erzählt von den Späßen, die es beim Hopfenkranz, dem Winzerfest der Hopfenpflücker, in früheren Jahren gab. Wie man den Leiterwagen, mit Hopfenlaub und Girlanden und Fähnchen geschmückt, in das Dorf gefahren und getrunken und getanzt habe. Einer habe den ganzen Erlös seiner vierwöchigen Arbeit versoffen. Nur bei den Bauern gebe es noch solche Schlußfeste, hier, auf dem Großgut, nicht mehr. Schade.

Ein tschechisches Lied wird angestimmt, dann Gassenhauer und Volkslieder von schwermütiger Erotik.

Nach und nach verstummen Gespräche und Gesang. Die Pflückenden kommen auseinander, die Erfahrenen sind den Rekruten weit voraus, besonders jene, denen die Kinder behilflich sind, haben schon viele Drähte losreißen und abpflücken und ihre Sitzplätze vorwärts schieben können. Ein Wettrennen hat begonnen; die Anfänger bleiben um Pferdelängen zurück, und man muß schreien, will man einen Freund oder eine Freundin mit einer geistvollen Bemerkung erfreuen. Nur Wiltscha sitzt noch an meiner Seite. Sie ist mir zwar schon um sechs Drähte voraus, aber sie rückt nicht vor, sondern läßt ihren Schemel in einer Reihe mit meinem stehen und trägt die Ranken immer zu diesem Platz zurück, nicht darauf achtend, daß man sie für eine langsame Anfängerin halten könnte.

Der Wirtschaftsadjunkt geht von Mann zu Mann. Er schärft jedem ein: nicht mehr als drei Dolden dürfen an einem Stiel haften, der Stengel darf nicht zu lang sein, aber auch nicht ganz abgerissen werden, da sonst die Dolden auseinanderfallen. Wie wichtig die gute Durchführung der Pflücke ist, geht aus einem Aufruf des Saazer Hopfenbauverbandes hervor, der überall angeschlagen ist: ›Mit Rücksicht auf die beginnende Hopfenpflücke wird an alle Herren Hopfenproduzenten die wohlgemeinte und dringende Bitte gerichtet, besonders heuer bei dem zu erwartenden großen Erntequantum, einer tadellosen Pflücke und Trocknung des Produktes die größte Aufmerksamkeit zuzuwenden. Nur dadurch wird der begründete Weltruf unseres edlen Saazer Hopfens bei der starken Konkurrenz am Weltmarkt erhalten bleiben, denn außer der Qualität ist auch die Pflücke und Trocknung mit maßgebend. Schlecht gepflückte Ware muß der Händler erst mit großen Ko-

sten und unter Aufsicht der Halle nachpflücken lassen, um sie versandfähig herzustellen, während dies bei den Produzenten sofort bei der ersten Pflücke mit wenig Mühe und fast gar keinen Kosten verbunden ist. Hat man wirklich schlechte Pflücker, stelle man gleich ein bis zwei Personen zur Nachpflücke ein, wie dies einige Herrschaften und größere Produzenten schon seit einigen Jahren mit bestem Erfolge pflegen. Gerade heuer wird ein schlecht gepflücktes und überdarrtes Produkt schwerer und nur zu viel niedrigerem Tagespreise verkäuflich sein.‹
Klein sind die Dolden, groß sind die Körbe, es dauert fast eine Stunde, bevor einer gefüllt ist. Die erste Pflückerin, die ihren Korb zum Hopfenweiner trägt, bedeutet eine Sensation, und neidvolle Zurufe grüßen sie: »Seht mal an, die Jindra geht schon schütten, die hat halt vier Hände. Die ist das Abknüpfen gewohnt.«
Schneller bewegen sich die Hände, man will nicht allzusehr nachstehen. Bald ist das Zelt dicht umstellt von Pflückern, die abliefern. Ein hölzernes Maß, das ›Viertel‹, da es einen Viertelhektoliter faßt, steht in einem großen Schaff. Der Hopfenweiner preßt die Dolden tüchtig in das Maß, damit es möglichst viel fasse. Was dennoch über den Rand ins Schaff fällt, kann sich der Pflücker wieder als Vorrat mitnehmen. Für jedes abgelieferte Viertel bekommt man eine runde Blechmarke: zwanzig Heller.
»Ich werde deinen Korb schütten gehn«, schlägt mir Wiltscha vor. – »Warum?« – »Weißt du, ich hab mit dem Hopfenweiner voriges Jahr ein Verhältnis gehabt, da hab ich Protektion. Mir preßt er die Dolden nie zusammen, auch wenn ich sie noch so locker in das Viertel schütte. Fast die Hälfte läßt er mich wieder zurücktragen.« Und Wiltscha geht nun für mich abliefern ...
Tag für Tag wird so gepflückt ohne Mittagspause bis sechs Uhr abends und darüber hinaus. Die Finger sind von den rauhen, mit Klimmhaaren besäten Stengeln ganz schwarz und zerschnitten. Der Hopfengarten hat sich gelichtet, viele Drähte sind gefallen, und schon scheint es, als würde er bald abgepflückt sein.
Inzwischen ist jedoch Unzufriedenheit eingezogen, Gerüchte von fabelhaften Löhnen auf anderen Fluren sind in unsere Reihen gedrungen, und viele sprechen davon, den Dienst zu verlassen.
Da kommt ein Regentag.
Heute ist keine Pflücke.

Die Frauen beschließen, in den Wald zu gehen, um Schwämme zu suchen; die Männer rotten sich auf dem Dorfplatz zusammen. Der Plan, nach Saaz zu ziehen und dort zu sondieren, wie es mit den Arbeitsbedingungen auf anderen Fluren beschaffen sei, taucht auf. So sieht die Landstraße ein Heer zerlumpter Figuren, Falstaffs Freunden gleich, durch Kotlachen und Regenströme ziehen. Anfangs will man den Informationsgang im Regen vor sich selbst motivieren, indem man auf die bisherigen Lohn- und Arbeitsverhältnisse schimpft. Allmählich aber redet man sich in Wut, und mit einem Mal ist die allgemeine Ansicht die, daß es ganz unmöglich sei, auf dem Posten zu verbleiben. An dem Obelisk vorbei, der zum Andenken an die Aufhebung der Robot in Saaz errichtet wurde, geht's auf den Marktplatz. Dort wird man um ein beträchtliches kleinlauter. Vor der Arbeitsvermittlung drängen sich Hunderte von misérables mit verzweifelten Gesichtern. Nicht alle Familien, nicht alle Angehörigen eines Dorfes können gemeinsam Arbeit finden, und ängstlich und vorsichtig wird erwogen, in welcher Weise die Trennung vorgenommen werden soll. Unser Wortführer ist der Herr mit dem Zwicker, aber der Verwalter der Stellenvermittlung lehnt es ab, uns anderswo unterzubringen. Wir hätten unsere Stellung, er könne uns keine andere zuweisen. Unschlüssig stehen wir auf dem Markt. Ein Bauernknecht kommt auf uns zu. Was wir suchen? Ob wir Arbeit brauchen? Ja. Nun beginnt er einen Panegyrikus auf ein Gut anzustimmen, das nur fünfviertel Stunden von Saaz entfernt sei, tausend Hopfenpflükker sechs Wochen lang beschäftigen wolle und einen Lohn von zweiundzwanzig Heller pro Viertel und außer Milch und Kartoffeln auch ein Kilogramm Brot täglich gewähre. Einigen scheint der Weg für Frauen und Kinder mit dem Gepäck zu weit, aber der Knecht verspricht, mit Leiterwagen zu unserem bisherigen Arbeitsplatz zu kommen.

So ziehen wir heim, den Zurückgebliebenen den Beschluß unseres Exodus zu verkünden. Nicht alle sind bereit auszuwandern. Einige Frauen, die sich schon häuslich eingerichtet haben und den Sprung ins Ungewisse fürchten, veranlassen ihre Männer zu bleiben. Frau Mracek ist zu einer Amazone geworden. Sie zittert um den Entgang ihrer Vermittlungsgebühr, sie hat vielen Leuten Geld für die Reise geborgt, einige haben umsonst in ihrer Wohnung

geschlafen – und nun soll sie um alles kommen. Sie kämpft und droht und schimpft nach allen Seiten.
Ein Mädel läßt sich von drei Burschen überreden mitzuziehen. Die Tante aber will's nicht leiden: »Die Jindra muß dableiben, ihre Mutter hat mir aufgetragen, auf sie zu achten.« Es hilft nichts. Jindra geht mit den Auswanderern.
Wirklich kommt der Leiterwagen; die Ausbeutungsmöglichkeit und Rechtlosigkeit dieses unorganisierten Lumpenproletariats sind so groß, daß ihm gegenüber sogar der Kapitalismus seine Solidarität außer acht läßt, eine Gutsverwaltung der anderen Arbeitskräfte mit Leiterwagen entführt. Ich fahre mit in das neue Land. Wiltscha setzt sich neben mich.
Vom neuen Tätigkeitsgebiet sind die Sezessionisten nichts weniger als entzückt. Drüben aus dem Wagenschuppen schauen braune, langhaarige und schmutzige Gestalten auf die Ankömmlinge, Zigeuner sind es. Entsetzt packen die Mütter ihre Kinder und halten sie fest. In einem riesigen Schafstall müssen wir schlafen, alle zusammen. Es gibt keine Öfen, man wird auf Ziegelsteinen kochen müssen. Ich werfe mein Felleisen aufs Stroh, Wiltscha legt ihr Bündel daneben. Da hebe ich meinen Ranzen wieder auf: »Ich will den Heimatschein abgeben, halt mir Platz.« – »Warum läßt du dein Packerl nicht hier?« – »Damit mir noch der Rest gestohlen wird, nicht?«
Und schon bin ich auf dem Weg nach Saaz, die Freundin in sehnsüchtigem Harren zurücklassend. In Saaz kehre ich in ein kleines Gasthaus ein und lasse mir – habe ich doch durch meiner Hände Arbeit Geld verdient und lange kein Fleisch mehr gesehen – ein Gulasch geben. Der Kellner bringt es, und ich setze schon die Gabel an. Da heißt es: »Gleich zahlen, bitte.« Das Mißtrauen ist begründet, mein Anzug ist zerlumpt, Straßendreck hängt an den Hosen und Stiefeln und Strohhalme an meinem Rock.

Stille Nacht, Heilige Nacht

Ein neuer Besen, fegte ich gut durch alle Straßen, um einen Kriminalfall zu erhaschen. Keinen Taschendiebstahl meldete der Polizeibericht, den ich nicht durch ein Interview mit dem Beschädigten, durch Beschnüffelung des Tatortes und Recherchen auf eigene Hand zu einer cause célèbre auszugestalten versuchte. Nachts schlich ich in die Polizeikommissariate, hoffend, Zeuge einer aufregenden Szene zu werden oder wenigstens einen Blick in ein sensationelles Protokoll tun zu können. Selbstverständlich drang ich nicht als Berichterstatter in die Wachstube ein, da man mir dort keine Auskunft geben durfte – im Gegenteil, man hätte vor dem Reporter besondere Vorsicht walten lassen. Ich kam also unter Vorwänden: zum Beispiel zeigte ich in einer Nacht an sechs verschiedenen Stellen den Verlust meiner goldenen Uhr an, die ich niemals besessen. Ins Sicherheitsbüro, wo man natürlich wußte, wer ich war, kam ich täglich offiziell, um etwas privat zu erfahren, und es gelang mir auch, an jedem Sonntag mit einem Fall, von dem die anderen Reporter keine Ahnung hatten, eine Spalte zu füllen. Für die Weihnachtsnummer wollte ich etwas Sensationelles, etwas Ausführlicheres berichten, aber weder in der Aufnahmskanzlei noch im daktyloskopischen Laboratorium wo ich unter allerhand Ausreden gierig umherstrich, ließ sich eine Nachricht erlangen.

Als ich ins Zimmer des Beamten trat, der für das Fahndungsblatt Laufzettel über gestohlene Kleinigkeiten, Steckbriefe entwichener Landstreicher, Verzeichnisse verlorener Legitimationen oder Wertpapiere zusammenstellte, wurde ihm ein Telegramm übergeben. Das ist meine Weihnachtssensation, durchzuckte es mich, und ich bat den Beamten, mir die Depesche zu zeigen. Der tat es mit überlegenem Lächeln, denn solche Zirkulartelegramme, die an alle Polizeibehörden europäischer Hauptstädte gesandt werden, kommen täglich an und können selbst vom eifrigsten Polizeiberichterstatter nicht registriert werden. Diesmal lautete es: ›nachtrag zu sechzehn körpergröße wolodarski nicht hundertfünfzig sondern hundertsechzig polizeidirektion przemýsl.‹ Das war höchst uninteressant für die Zeitungsleser und erst recht für den Reporter.

Trotzdem verlangte ich das Telegramm sechzehn zu sehen, zu dem das heutige der Nachtrag war. Im Index des Fahndungsblattes fand sich der Name Wolodarski viermal vor. Er war ein Mitglied der Einbrecherbande Wasinski, die im Sommer ins Steueramt von Przemýsl eingedrungen war und fast zwanzigtausend Kronen erbeutet hatte. Im Oktober gewann sie in der Stadtkasse von Kaschau vierzehntausend Kronen durch Einbruch, einige Wochen später fielen den Geldschrankknackern die Barbestände des Olmützer Finanzamtes in die Hände. Anfangs Dezember wurden sie in Teschen im Kassenraum der Statthalterei überrascht, konnten aber – durch Revolverschüsse die Verfolger einschüchternd – mit stattlichem Raub entkommen. Der Bande gehörten außer dem Chef, dem fünfundzwanzig Jahre alten ehemaligen Eisendreher Wassili Wasinski (besondere Kennzeichen: Daumen und Zeigefinger der linken Hand fehlen), folgende Mitglieder an: der ehemalige Schmied und Wanderathlet Franz Adamski, dreißig Jahre alt, ein Meter zweiundneunzig groß, Pockennarben im Gesicht (Tätowierung auf dem rechten Oberarm, darstellend zwei Hanteln und ein Herz mit dem Namen ›Wanda‹), der etwa zweiundzwanzigjährige Handelsangestellte Bernhard Brünner, schwarzes oder dunkelbraunes Schnurrbärtchen, abstehende Ohren, der sechzehnjährige Gelegenheitsarbeiter Paul Szafranski (hellrotes Haar, linkes Ohr verstümmelt), drei oder vier unbekannte Männer und jener Wladimir Wolodarski, dem die Nachtragsdepesche galt. Seltsamerweise hatte keiner dieser erfolgreichen Verbrecher eine Vorstrafe, Wasinski war aus dem Untersuchungsgefängnis in der Ulica Batorego geflüchtet, eine vom Bezirksgericht Strij gegen Adamski wegen Raufhandels verhängte achttägige Arreststrafe lag schon elf Jahre zurück, und von den anderen wußte man nicht einmal die genauen Personalien.

Über ihre Einbrüche war in Wiener und Berliner Zeitungen bestenfalls in kurzen Meldungen berichtet worden, es waren Ereignisse aus Polen und von der polnischen Grenze – ich aber mußte einen Prager Lokalfall haben und entschloß mich daher, die polnische Verbrecherkolonne in Prag eintreffen zu lassen, wenigstens gerüchtweise.

Die Zeitungen von Przemýsl, Kaschau, Olmütz und Teschen, in denen die Notizen über die Amtseinbrüche standen, waren mit einiger Mühe und drei- bis viertägigem Zeitverlust beschafft, und mein Weihnachtsartikel konnte geschrieben werden.

›Einbruchsdiebstähle in öffentliche Ämter. – Die Wasinski-Bande in Prag eingetroffen.‹ Die Delikte, die Schauplätze, die Beute, die Technik und die Personalien der Täter schilderte ich ausführlich und wies nach: der Trupp, von Przemýsl über Kaschau nach Olmütz und Teschen kommend, könnte als nächste Station nur Prag gewählt haben. Ich behauptete, es seien bereits Anzeichen ihrer Ankunft vorhanden. ›Da Wasinski und seine Leute‹, so schloß mein Artikel, ›gewiß die Stille des Weihnachtsabends zur Ausführung eines großen Coups benützen und gegebenenfalls vor einer Bluttat nicht zurückschrecken, werden die Prager Detektive heute keine Weihnachtsruhe halten können.‹

Durch diese mehr als kühne Voraussage war örtlich und räumlich die Begründung für Größe und Aufmachung des Sensationsartikels gegeben, auf solche Weise war er die ersehnte Lokalaktualität. Die Weihnachtsnummer der Zeitung mit meinem Artikel war fertig. Setzer und Drucker verließen um sechs Uhr das Zeitungsgebäude, um den Heiligen Abend im Kreise der Ihren zu verbringen. Am nächsten Morgen wurde das Blatt den Lesern zugestellt, in dem die Prophezeiung für gestern abend stand . . .

Inzwischen ereignete sich folgendes: Eine Familie, in der Nähe des Hauptpostamtes wohnend, hatte gegen acht Uhr abends das Dienstmädchen um Wein in den Keller geschickt; die Magd vernahm unten Axtschläge, die ihr am Weihnachtsabend besonders verdächtig vorkommen mußten, und sie alarmierte die Hausbewohner. Als diese in den Keller einzudringen versuchten, knallten ihnen Schüsse entgegen, man eilte auf die Straße, Polizei zu holen, und sah aus dem Nachbarhause einige Männer herausstürzen; die Flüchtenden wandten sich um, schossen gegen ihre Verfolger und verletzten vier Passanten. Der zufällig des Weges kommende dienstfreie Gefängnisaufseher Kautsky ergriff einen der Fliehenden, dieser streckte ihn im gleichen Augenblick mit einer Revolverkugel nieder und verschwand im Neubau eines Eckhauses. Einer seiner Komplizen, ein Hüne, stolperte, stürzte zu Boden –

bevor er sich aufzurichten vermochte, hatten sechs Männer seine Arme und Beine umklammert, und es gelang ihnen, ihn festzuhalten, bis Polizei eintraf, ihm Handschellen anlegte. Alle anderen waren entflohen.

Als ich am Tatort ankam, lag Gefängnisaufseher Kautsky auf einer Bahre, er atmete noch, jedoch der herbeigerufene Arzt erkannte, daß keine Hilfe mehr möglich sei. Die vier Verletzten wurden verbunden. Aus den Fenstern der Wohnungen, in denen Christbäume brannten, schauten erschreckte Menschen. Der Neubau war von Hunderten Neugierigen umstellt – Kommissäre, Schutzleute und Polizeihunde suchten alle Gerüste ab, alle Aufzüge, alle Ziegel und Bretterhaufen. Das Haus, in dessen Keller die Verbrecher gearbeitet hatten, wurde gleichfalls vergeblich durchforscht; man konstatierte nur, daß sie die Kellerwände der Nachbarhäuser durchbrochen hatten, um im Falle einer Entdeckung nach zwei Seiten flüchten zu können, auch die Seitenmauer des Postgebäudes war durchlöchert und der Weg zum Kassenraum bereits frei. Dort, wo viermalhunderttausend Kronen in bar und Postwertzeichen für etwa eine halbe Million Kronen lagen, hatten die Einbrecher während der drei Weihnachtsfeiertage ihr Werk tun wollen.

Der gestolperte und festgenommene Mann war auf die Wachstube gebracht worden. Neben dem Weihnachtsbaum, dessen Lichter man verlöscht hatte, hockte er wie ein überlisteter Riese aus dem Märchen hilflos da, als ich unbeobachtet eintrat. In allen Sprachen redete man auf ihn ein, denn man wußte aus den unverständlichen Worten, die sich die Verbrecher auf der Flucht zugerufen hatten, daß es sich um Ausländer handle.

Die Beamten wandten ihre Kenntnis spanischer, italienischer und französischer Brocken auf, um Fragen zu stellen, aber der pockennarbige, flachstirnige Hüne schaute teilnahmslos ins Leere, mit gefesselten Füßen saß er in der Mitte des Zimmers, den Rücken an die Stuhllehne gepreßt, den Kopf steif emporgerichtet, die Hände mit einer Spange vor dem Bauch aneinandergeschlossen.

Ein Dorfathlet!

Sofort war mir klar, daß er einer der Bande war, mit deren Personalien und Tätigkeit ich mich in den letzten Tagen so intensiv beschäftigt hatte, und ich wußte auch, welcher. Hinter ihm und dem Christbaum stehend, verhielt ich mich vorerst ruhig. Da die

Polizei jedoch nicht ahnte, mit wem sie es zu tun hatte, rief ich halblaut: »Adamski.«

Im selben Augenblick vernahm man das laute Klirren aneinanderschlagenden Metalls.

Die Beamten sprangen teils erschreckt zurück, teils auf den Giganten zu, um ihn am Arm zu fassen, denn sie dachten nichts anderes, als daß er seine Fesseln gesprengt habe. Aber er hatte sich nur jäh umgewandt.

Was also hatte so unheimlich geklungen? Die Polizisten tasteten ihn nun gründlich ab und entdeckten nicht weniger als sechs je einen Meter lange Eisenstäbe, die er auf den Rücken geschnallt trug; an dem einen war eine ungeheure Stahlschere befestigt, die Stöcke ließen sich ineinanderschrauben, so daß die Hebellänge dieser Schere sechs Meter betragen hätte. Eine Maulstange von solcher Länge, deren Handhabung ein ganze Reihe von Männern erforderte, war noch niemals bei Einbrechern gefunden worden, selbst Papacosta, der König der modernen Einbruchstechnik, arbeitete mit einer Maulstange von nur zweieinhalb Metern.

Mitten in der Besichtigung fiel dem Polizeichef ein: Warum war eigentlich der Mann so erschrocken? Warum hatte er diese verräterische Bewegung gemacht? Ein Wort war hinter seinem Rükken gesprochen worden.

»Was haben Sie gerufen?« wandte man sich an mich.

»Ich habe seinen Namen genannt.«

»Seinen Namen? Welchen Namen? Wieso wissen Sie seinen Namen?«

»Der Mann heißt Franz Adamski, ist ein Meter zweiundneunzig groß, dreißig Jahre alt, gewesener Schmied und Wanderathlet aus Złoczew und gehört der Einbrecherbande Wassili Wasinskis an.«

Ein Kommisssär fragte den Gefesselten: »Franz Adamski?«

Der engstirnige Riese schaute ins Leere. »Tlupa Wasinski?« Er blieb stumm.

Ich trat an ihn heran und wies auf seinen Oberarm: »Wanda?«

Er zuckte bei Nennung dieses Namens und riß die Augen fassungslos-drohend gegen mich auf. Man löste die Handschellen (an deren Stelle traten mindestens zwölf Polizeihände) und entblößte seinen Arm: zwei gekreuzte Hanteln und ein flammendes Herz mit dem Worte ›Wanda‹.

Ich eilte in die Redaktion, um für den nächsten Vormittag ein Extrablatt vorzubereiten: ›Der angekündigte Amtseinbruch in der Weihnachtsnacht – die Bluttat Wasinskis wirklich verübt‹, setzte ich selbstbewußt als Überschrift. ‚Da Wasinski und seine Leute gewiß die Stille des Weihnachtsabends zur Ausführung eines großen Coups benützen und gegebenenfalls vor einer Bluttat nicht zurückschrecken, werden die Prager Detektive heute keine Weihnachtsruhe halten können.' Das haben wir gestern geschrieben. Unsere Voraussage hat sich wörtlich erfüllt. Die Prager Detektive konnten keine Weihnachtsruhe halten. Sie forschen nach der Bande Wasinski, von der nur einer in Haft ist . . .‹
Das Meldeamt der Polizei wurde noch in der Nacht nach den Namen durchsucht, die ich den polnischen und mährischen Zeitungen entnommen und heute zu Protokoll gegeben hatte. Vergeblich. Der Einbrecherführer war diesmal überhaupt nicht gemeldet, und erst am nächsten Tage kam der Besitzer eines Zinshauses auf die Polizei, um anzugeben, in seinem Hause habe ein Ingenieur Stanislaus Elsnerowicz (auf diesen Namen lautete, wie ich veröffentlicht hatte, eines der Legitimationspapiere von Wasinski) vor einer Woche Wohnräume gemietet, die Beschreibung des Totschlägers passe auf ihn. In der Wohnung fand sich keine Spur der Mieter mehr vor. Sie waren abgereist, und nur durch Zufall erfuhr man, wohin. Ein Hausbewohner hatte ihnen nämlich vier Tage vorher, um halb zwölf Uhr vormittags, den Weg zum nächsten Telegrafenamt gewiesen. Dort konnte man feststellen, ein zu dieser Stunde in schlechtem Deutsch aufgegebenes Telegramm sei an einen Czernowitzer Kaufmann gerichtet gewesen und kündigte dem Adressaten an, daß der Absender, der sich ›Fritz‹ nannte, ihn gleich nach den Feiertagen ›mit Frau und Tochter‹ besuchen werde. Die Polizei in Czernowitz wurde nun davon benachrichtigt, sie umzingelte das Haus, und zwanzig Mann nahmen den Einbrecherkönig und fünf seiner Leute fest.
Zu diesem Resultat hatte ich durch Zufall und freche Kombination beigetragen. Aber im Sicherheitsbüro glaubte man mir weder den Zufall noch die Kombination und war von diesem Tage an doppelt mißtrauisch. Selbst eines der gewöhnlichsten Telegramme, enthaltend die Ergänzung zu einer Nummer des Fahndungsblattes, hätte man mir nie mehr gezeigt.

Dem Golem auf der Spur

I.

Im Fünfzehnerjahr, in den Waldkarpathen, habe ich den Mann gesprochen, der mir zum ersten Male davon gesagt hatte, daß der Golem noch vorhanden sei. Nicht nur die Lehmfigur, die der hohe Rabbi Löw geformt hatte, sondern auch der ›Schem‹, die Kapsel mit dem Wort, das der Statue Leben gab.
Er war ein Eingeborener des ungarisch-galizischen Grenzstreifens, wohnte im Anbau der hölzernen Synagoge von Wola-Michowa, und dort war, als wir endlich in Reservestellung zurückgenommen wurden, das Kompaniekommando. Hiergeblieben, als aus und nach Wola-Michowa das Trommelfeuer sprang, hatte er Einquartierungen von Russen und Österreichern erduldet, in einer Zimmerecke einen Schlafraum für sich, seine Frau und seinen elfjährigen Sohn hergerichtet und mit zwei Zeltblättern verhängt. Hinter dem Ofen lagen jetzt, durcheinandergeworfen, Bücher. Die vielen, vielen Soldaten, Offiziere auch, dürften oft lektürehungrig nach ihnen gegriffen haben, aber es waren durchwegs hebräische Drucke, und so flogen die alten Lederbände, rascher als sie in die Hand genommen worden waren, auf den Haufen hinter dem Herd zurück. Ich mochte etwas länger in einem der Folianten geblättert haben, und so entstand aus seiner Frage: »Ihr könnt lernen?« ein Gespräch. Als der Name Prag fiel, ging ein Leuchten über ihn, und es war an mir, wissen zu wollen, ob er die Stadt kenne.
»Ob ich Prag kenne!«, mit so verschmitzter Glückseligkeit rühmte er sich, daß die Frage selbstverständlich war, wann er dort gewesen sei. »Noch nie im Leben war ich dort!«
»Wie könnt Ihr also sagen, daß Ihr's kennt?«
»Ich hab's gelernt!« Und er holte aus der Unordnung der Bücher beim Ofen mit einem Griff einen deutschen Reiseführer von Prag hervor. »Ich hab's gelernt, ich kenn' mich aus in der Stadt, vielleicht« (wieder so eine überlegene Bedeutsamkeit), »vielleicht weiß ich mehr von Prag als ein Prager! . . .« – »Weshalb interessiert Euch gerade diese Stadt?« – »Ich will einmal hinfahren, Prag ist eine schöne Stadt, eine fromme Kille.« – »Gerade nach

Prag?« – Jetzt wurde er etwas mißtrauisch: »Na, vielleicht fahre ich auch anderswo hin . . .«
Später wurden wir besser bekannt. Ob es das Bestreben war, meinen aus dem Vorhandensein eines Reiseführers emporgestiegenen Verdacht zu zerstreuen, daß er ein Spion sei, oder ob es die Hoffnung war, einmal meine Einladung annehmen zu können – kurzum, er gestand mir: was ihn vor allem interessiere, sei das Grab des hohen Rabbi Löw, seine Werke (besonders das in Venedig edierte Buch), die in einem Schranke der Bibliothek des jüdischen Rathauses von Prag aufgehoben sind, und die Stätte, wo nach der Sage der *Golem* (das Wort bedeutet: der Keim, der Formlose, der Narr) liegen solle. »Was für eine Stelle soll das sein?« – Nun machte er abermals Ausflüchte. Das wisse er nicht, aber in Prag werde er schon hören . . . Und er redete unvermittelt von etwas anderem, wieder von der Kabbala.
Ich jedoch holte mir abends den Führer von Prag hinter dem Herd hervor und fand im Stadtplan Bleistiftstriche. Sie verbanden drei Häuser in der Judenstadt miteinander, führten dann zu einem Punkt in der Altstadt und von dort durch die Neustadt zum Rand der Karte. Am nächsten Tage fing ich an, vom Golem zu sprechen und sagte, ich glaube, er sei in einer Altneusynagoge. Er lächelte überlegen: »Ich weiß, warum Sie das glauben. Aus diesem Buche da, nicht wahr?« Nein, ich kannte das Buch nicht, das er mit rascher Hand aus dem Foliantenberg hervorholte und mit mir zu lesen begann. Der Dozent am Berliner Rabbinerseminar, Prof. Dr. A. Berliner, hat über diese Schrift das Gutachten abgegeben, ein solches Sammelsurium des Aberglaubens sollte nicht gedruckt, sondern verbrannt werden; der Herausgeber des Buches, beleidigt und zelotisch, druckt dieses vernichtende Urteil ab und bleibt die Antwort nicht schuldig: ›Verbrannt möge der werden, der nicht daran glaubt!‹ Und mein Mystagog aus Wola-Michowa ist – wie viele hundert andere Ostjuden – ganz dieser editorialen Ansicht. Er zweifelt nicht an der Richtigkeit der Mitteilungen, aber er weiß etwas, was der Herausgeber des Buches und die Hunderte anderer Ostjuden nicht wissen: daß sie unvollständig sind. Er hat die Fortsetzung, die niemand hat, eine handschriftliche Familienchronik. Doch über die sprach er noch lange nicht mit mir. Erst als wir miteinander fast befreundet waren, ich ihm hoch und hei-

lig geschworen hatte, niemandem etwas davon zu sagen und nicht zu forschen, bevor er zu mir nach Prag kommen werde. Vorerst aber schenkte er mir das Buch.

In zwei Sprachen, Hebräisch und Jiddisch mit hebräischen Lettern, ist es gedruckt und heißt: ›Meiße punem (das ist: Seltsame Geschichten); da sind beschrieben die Maufsim (das ist: Wunder) von dem großen, berühmten Welts-Gaon (Koryphäe), welcher genannt wird mit Namen Maharal Miprag – Secher zadik wekodosch liwrocho, das Andenken des Frommen und Heiligen sei gesegnet! – die er vollbracht hat mit Hilfe von dem *Golem*; belodschen hakodosch we-iwri-deutsch (das ist: in hebräischer und jiddisch-deutscher Sprache), Mouzi leor (verlegt) durch Hirsch Steinmetz, Mocher Seforim (Buchhändler) in Frisztak. Druck von E. Salat in Lemberg, Bi-Sch'nas (im Jahre) 5671.‹

Darin wird erzählt, warum und wie nach einem auf dem Hradschin erfolgten Gespräch Kaiser Rudolfs II. mit dem Rabbi Löw dem Golem seine aus zweiter Hand verliehene Lebenskraft wieder genommen worden sei. Eine Audienz des Rabbis bei Rudolf II. hat tatsächlich stattgefunden. ›Heute, am Sonntag, dem 10. Adar 5352 nach Erschaffung der Welt (das ist am 23. Feber 1592), erging‹, so notierte Isak Kohen, der Schwiegersohn Rabbi Löws, in einer noch erhaltenen Handschrift, ›durch den Fürsten Bertier ein Befehl des Kaisers an Mordechai Meisel und Isak Weisl, daß mein Schwiegervater Rabbi Löwe in der Burg sich einzufinden habe. Diesem Befehle gemäß begab er sich dahin, von seinem Bruder Rabbi Sinai und mir begleitet. Fürst Bertier führte meinen Schwiegervater in ein anderes Gemach, wo er ihm einen Ehrensitz anwies, während er selbst ihm gegenüber Platz nahm. Der Fürst unterredete sich mit ihm über geheimnisvolle Dinge, sprach aber dabei so laut, daß wir alles hören konnten. Das laute Sprechen hatte seinen guten Grund, es geschah deswegen, damit der Kaiser der hinter einem Vorhang stand, die ganze Unterredung hören konnte. Der Vorhang öffnete sich dann plötzlich, und der *Kaiser* trat hervor, richtete an meinen Schwiegervater einige auf die Unterredung bezügliche Fragen und zog sich dann wieder hinter den Vorhang zurück... Den Gegenstand der Unterredung müssen wir aber, wie es bei königlichen Angelegenheiten üblich ist, geheimhalten.‹ Tatsächlich ist auch über den Inhalt des Gesprächs nie etwas bekannt geworden. David Gans, Astronom und Mathematiker, ein häufiger Gast Tycho Brahes auf Schloß Benatek, berichtet in seiner Chronik gleichfalls, daß Rabbi Löw zeit seines Lebens tiefstes Stillschweigen über sein Gespräch mit dem Kaiser beobachtet habe.

Welch Aufsehen diese so geheimnisvoll inszenierte Audienz des okkultistischen Kaisers mit dem vom Ruf des Kabbalismus umwebten Rabbi (›Wer diese meine Aussprüche versteht, weiß, daß alles in der Weisheit der Kabbala begründet ist,‹ schreibt der Maharal in einer Polemik, ›wenn man die Kabbala lernt, deren Aussprüche wahr sind‹) besonders im Ghetto, im Prager Ghetto, erregt haben muß, können wir uns denken. Dieser Dialog zwischen Kaiser und Rabbi war wohl der Ausgangspunkt des großen Mythos, der bis auf den heutigen Tag die Dichter reizte.

In dem angeführten Sagenbuche meines Wola-Michowaer Kabbalisten wird als Todesanlaß des tönernen Homunkuliden die Audienz hingestellt, eigentlich eine zwei Jahre vorausgegangene, historisch nirgendwo beglaubigte, nächtliche Audienz, bei der der Rabbi vom Kaiser die Zusage erlangt habe, daß niemand mehr die Beschuldigung des Ritualmords erheben dürfe und die Judengasse vor Ausschreitungen geschützt werden würde. Wirklich kam es in den Ostertagen 1590 nicht mehr zu den alljährlich üblichen Exzessen gegen das Ghetto, und so war der Golem, der vornehmlich zur Ausforschung von Verbrechen, die man den Israeliten in die Schuhe schob, geschaffen worden war, nunmehr eine überflüssige Existenz. ›Wie eso hat der Maharal newaar gewesen (das heißt: vernichtet) den Jossile Golem‹, wird auf Seite zweihunderteins beschrieben; wie der rabbinische Prometheus seinen Schwiegersohn Jakob Katz und seinen Schüler Jakob Sosson, den Leviten, zu sich beruft und ihnen erklärt, daß man des Joseph Golem nicht mehr bedürfe, wie er dem Golem befiehlt, heute nacht nicht in der Besenstube, dem Gerichtszimmer, zu schlafen, sondern auf dem Dachboden der Altneusynagoge sein Lager zu bereiten. Es ist Lagbeomer, der dreiunddreißigste der neunundvierzig Tage, die man zwischen Ostern und Pfingsten zählt. Um Mitternacht steigen die drei Männer auf den Dachstuhl. Bevor sie aber hinaufgehen, hat Jakob Katz (das Wort ›Katz‹ ist aus den Anfangsbuchstaben der Worte ›Kohen zedek‹ gebildet und bezeichnet den Träger des Namens als Abkömmling des palästinensischen Priesterstammes) einen Disput darüber, ob er als Kohen in die Nähe einer Leiche gehen dürfe; Rabbi Löw belehrt ihn, daß das Leben einer von Menschenhand aus Lehm geformten Puppe kein Leben im göttlichen Sinne und ihr Tod kein Tod sei.

So leicht, wie sich der christliche Romantiker Clemens Brentano die Beseitigung des Golems vorstellt, ist sie nicht. ›Der Meister, der die Figur erschaffen hat‹, schreibt Brentano im Wiener ›Dramaturgischen Beobachter‹ von 1814, ›braucht nur von dem Worte ‚Anmauth' (Wahrheit), das er bei Erschaffung des Golems auf dessen Stirne geschrieben hat, die Silbe ‚an' zu verlöschen, so daß das Wort ‚Mauth' übrigbleibt, welches ‚Tod' bedeutet; im selben Augenblick zerfällt der Golem in Lehm.‹ Nein, so einfach ist die Sache doch nicht! Rabbi Löw, Jakob Sosson und Jakob Katz haben auf der Dachkammer so Aufstellung zu nehmen, wie sie es getan hatten, als sie die Form, aus Lehm gebrannt, zum Leben erweckten, nur diesmal in entgegengesetzter Richtung. Sie stehen beim Kopfe des schlafenden Golem, ihr Gesicht gegen seine Füße gewendet. Dann gehen sie siebenmal um den Körper herum, auf der linken Seite bis zu seinen Füßen, auf der rechten Seite bis zu seinem Kopf, geheimnisvolle Formeln sprechend. Während dieser Beschwörung ist Abraham Chajim, der alte Tempeldiener, dem der Maharal Miprag die Erlaubnis gegeben hat, anwesend zu sein, mit zwei brennenden Kerzen in der Nähe und sieht zu. Beim siebenten Umgang ist alles Leben aus dem Golem gewichen, er liegt als ein Klumpen verhärteten Lehms da. Der hohe Rabbi ruft den Tempeldiener herbei, nimmt ihm die Kerzen aus der Hand, stellt sie zu Füßen des Lehmkolosses nieder und zieht diesem die Kleider aus. Die Statue behält nur das Hemd. Dann wickelt er die Gestalt in zwei Talesim (Gebetsmäntel) ein und schiebt sie unter einen Berg von Schemos, von Büchern und Papieren, die hier aufgestapelt liegen, dergestalt, daß man nichts von der Figur sehen kann. Die Kleider werden hinuntergetragen und verbrannt.

Am nächsten Tage wird ausgesprengt, der Jossile Golem habe sich erzürnt (ist brojges geworden) und sei bei Nacht entwichen. In der zweiten Woche nach dieser Beschwörung erläßt der Rabbi das Verbot: niemand darf den Dachboden betreten, und es dürfen weiterhin keine Schemos dort aufbewahrt werden, damit kein

Feuer ausbreche. ›Aber einige kluge Leute‹, so schließt die letzte Golemsage des Buches, ›haben gewußt, daß das Verbot nur ergangen ist, damit man nicht gewahr werde, daß oben Jossile Golem liegt.‹

Hier lächelte mein galizischer Okkultist überlegen, und er lächelte glückselig, als er die Handschrift hervorzog, auf der die Fortsetzung dieser Entzauberungsprozedur stand. –

Als ich ihn wiedersah, lächelte er nicht mehr überlegen und nicht mehr glückselig – er lächelte überhaupt nicht mehr. Das war zweieinhalb Jahre später, in der Leopoldstadt Wiens, sein geringeltes Schläfenhaar war grau geworden, und die Kabbala interessierte ihn nicht mehr und der Golem nicht. Mit einer weiten Geste wehrte er ab, als ich davon sprach. »Ich hab' anderes Leid.« Seinen Sohn hatte im Haus von Wola-Michowa eine Granate zerrissen, und später war seiner Frau etwas Furchtbares geschehen. Er sagte nicht, was es war. »Sie liegt im Allgemeinen Krankenhaus, und ich habe kein Geld.« Ich versuchte mit ihm ein Gespräch zu führen, aber es war schwer; unsere gemeinsame Erinnerung knüpfte sich an einen Karpathenort, an den er nicht denken wollte. »Und den Golem? Darf ich ihn suchen, wenn ich einmal nach Prag komme?« – »Machen Sie, was Sie wollen!«

II.

Ich wollte die Stellen aufsuchen, von denen geschrieben steht, daß sie Aufbewahrungsort des Prager Homunkulus gewesen seien. Die Sage, daß das Dachgestühl der Altneusynagoge die Gruft des Golems ist, hat sich jahrhundertelang erhalten. Als die im Jahre 1718 von Maier Perls, Aktuar und Rabbinatsassessor in Prag, erschienene Schrift ›Megilath Jochasin‹, die alle Traditionen über den hohen Rabbi Löw enthält, in der Mitte des vorigen Jahrhunderts eine neue Ausgabe erlebte, bestätigte der Herausgeber diesen Aufbewahrungsort: der Lemberger Rabbiner Joseph Saul Nathansohn habe die Bodenkammer betreten wollen, erzählt er, aber dies wurde ihm mit der Begründung verwehrt, daß der Prager Oberrabbiner Ezechiel Landau das Verbot erneuert habe. Auch in neueren Publikationen (zum Beispiel Österr. isr. Wochenschrift

35. Jahrg., Heft 6; ferner in Ch. Bloch-Delatyn: ›Rabbi Löw und die Golemsage‹) wird das Gerücht erwähnt, die Tonfigur sei in der Bodenkammer dieses ältesten Prager Tempels noch vorhanden. Rabbi Ezechiel Landau habe nach langem Fasten in Gebetsmantel und Gebetsriemen das Dach bestiegen, während seine Schüler Psalmen singen mußten; nach geraumer Zeit kam er mit verstörtem Gesicht unten an: »Niemand unterfange sich mehr, die letzte Ruhe des Golem zu stören.«

Meine schüchternen Bestechungsversuche an den Funktionären, die mir den Schlüssel zum Dachboden hätten verschaffen können, blieben erfolglos: erstens sei oben gar nichts zu sehen, zweitens führe im Innern überhaupt keine Stiege zur Bodenkammer, und man könne diese bloß durch Emporklettern auf den Eisenklammern der Außenseite des Tempels erreichen, was bei den Passanten der Niklasstraße Aufsehen hervorrufen würde. Drittens sei das Betreten des Dachbodens durch die Tradition verboten, und deshalb habe auch Präsident Dr. Rosenbacher, der vor dreißig Jahren hinaufsteigen wollte, davon Abstand genommen. Noch in den achtziger Jahren sei ein Dachdecker namens Vondrejc hier abgestürzt und tot liegengeblieben. (In der Ruthschen ›Kronika Král. Prahy‹ sind auf Seite 903 ältere Verbote darüber zitiert: ›Man erzählt sich sogar, daß nach der Vernichtung von Jerusalem Engel einen Teil des Tempels Salomonis nach Prag trugen und den Juden befahlen, daß niemals jemand diesen Bau ausbessern und nichts an ihm ändern dürfe, widrigenfalls er sofort sterben werde. Und so kam es, daß einmal, als die Ältesten der Judengemeinde einem Baumeister den Auftrag zur Renovierung des Gebäudes gaben, der Baumeister mit seinen Gehilfen vom Dache stürzte, und auch die Auftraggeber starben, bevor noch die Arbeit begonnen war.‹)

Außer dem Rauchfangkehrer sei überhaupt noch niemand auf dem Dachboden gewesen, und vor dem Ringtheaterbrand hatten noch nicht einmal die Eisenklammern hinaufgeführt; tatsächlich wies man mir nach, daß erst im Jahre 1880 auf Anordnung der Feuerpolizei diese Feuerleiter errichtet worden ist.

Nach großen Mühen erwirkte ich mir doch vom Tempelvorstand die Erlaubnis, auf das Dach steigen zu dürfen.

Morgens um acht Uhr kam ich hin; dem Tempelkustos, der achtunddreißig Jahre dem Hause dient, war ich avisiert. Herr Zwikker versuchte noch, mir abzureden, und antwortete mir auf die Frage, ob er schon einmal oben gewesen, mit der Frage: ob er meschugge sei? Mit achselzuckendem ›Übrigens . . .‹ gab er mir den Schlüssel. Ich sprang über das niedrige Gitter, das den kleinen, kahlen Vorgarten bei der Niklasstraße umschließt, nahm eine Leiter hinüber und legte sie unterhalb der Eisenklammern an, deren tiefste erst zwei Meter über der Erdhöhe eingerammt ist, damit kein Unbefugter aufs Dach klettere.

In der Niklasstraße sammelten sich die Passanten erstaunt an. Das Gefühl, fremde Blicke im Rücken zu haben, ist peinlich. Mit kinematographenartiger Geschwindigkeit kletterte ich die achtzehn Eisensprossen, die oben eine starke Biegung nach links beschreiben, hinauf, schwang mich dann in die Spitzbogennische, sperrte die stöhnende Eisentüre auf und stand inmitten einer steilen, hellen Pyramide, deren Boden sich in massiven Wellen wölbte. Die Basis der Synagoge ist so tief unter dem Straßenniveau, daß man auch hier oben auf keiner besonderen relativen Höhe ist: durch die Dachluke sieht man die Uhr auf dem Giebel des israelitischen Rathauses, deren Zeiger in umgekehrter Richtung gehen, gerade vor sich. Und durch mehrere Dachfenster dringt das Licht herein. Es fehlt also das mystische Düster, das Bewußtsein der Höhe, dem man sich auf dem Dachstuhl des St. Veitsdomes nicht entwinden kann.

Und doch ist man im Dachgestühl der Altneusynagoge noch stärker unter dem Druck des vor neun Jahrhunderten zu frommem Zweck errichteten Baues. Die Steine der Wölbungen sind nicht wie auf dem Domdach an den Gewölberücken vertüncht und zu glatten, einheitlich grauen, geometrisch regelmäßigen Wellen gefügt. Zackig und grob halten sie sich aneinander fest. Es ist, als stündest du in einer Gebirgslandschaft, flache Berge vor und neben dir und Täler. Oben im Dom kannst du auf den Höhen unterhalb des Daches das ganze Schiff auf breiten, festen Stegen überqueren, kannst rings um das Schiff auf breiten, festen Stegen gehen.

Hier aber ist nur ein morsches Brett vom Eingang nach vorn gelegt, du prüfst mit dem Fuß dessen Festigkeit und entschließt dich dann, deinen Rundgang lieber direkt auf dem Wölbungsrücken

zu machen oder auf den Sparren zu balancieren und dich hierbei an den Trämen und Pfätten anzuhalten, wenn deine Hände auch noch so tief in Staubschichten greifen, dein Gesicht auch noch so oft in Spinnweben stößt.
Über die ganze Breitseite spannt sich eine Eisenstrebe; eine Leiter, durch eine Eisenklammer befestigt, führt neun Meter hoch zum Kamm des Daches; ein altes Kaminrohr, Ziegel liegen herum; ein toter Vogel, der hier einsam starb, sonst etwas Geröll; Schwämme wuchern in grotesken Formen auf dem Gebälk. Eine Fledermaus hängt kopfabwärts auf einem Balken. Ich habe bisher noch nie eine hängende Fledermaus gesehen.
Zwischen den tiefen Senkungen der aneinanderstoßenden Wölbungen oberhalb der Widerlager ist Schotter, fest seit Jahrhunderten. Wenn dort die Lehmfigur des hohen Rabbi Löw begraben ist, so ist sie es bis zum Jüngsten Tage. Wollte man sie exhumieren, so stürzte das Gotteshaus ein.
Die Begräbnisstätte wäre gut gewählt. Das ist wahrlich ein Raum, bei Mondlicht den Golem zu erschaffen und den Golem zu bestatten! Das ist wahrlich ein Raum für Mystagogen und Alchymisten! Ja, hier wäre ein Laboratorium für den Domherrn Claude Frollo, eine Schlafstelle für den übermenschlichen und untermenschlichen Koloß, der sein willenloses Werkzeug ist, hier wäre der Saal für die Zusammenkunft mit dem König von Frankreich, mit dem Goldmacher im Priestergewand – allerdings dürfte der Held des Spieles vor dieser Kulisse kein katholischer Mystiker, sondern müßte ein jüdischer Kabbalist sein. Und es fällt mir ein, daß Hugos ›Notre-Dame de Paris‹ im Grunde nichts anderes ist als die Golemsage, gar nichts anderes, aus Prag nach Paris transportiert, aus der Gedrücktheit des Ghettos in die architektonisch und ornamental schwelgende ekklesiastische Gotik überpflanzt, vom Souterrain der Prager Judenstadt erhoben in die dominierenden Höhen der Pariser Domtürme, aus der Geistesrichtung des Baal Schem in die des Pelagius von Eclamum. König Ludwig XI. holte sich Rats von dem vermeintlichen Zauberer Claude Frollo, so wie sich Kaiser Rudolf II. mit dem sagenhaften Rabbi Löw bespricht. Der Golem aber, der ungefüge, dem Willen seines Herrn untertane Automat – ist er etwas anderes als der unheimliche Quasimodo? Und Esmeralda weckt in ihm die Liebe, wie dort des Rab-

bi blankes Töchterlein. Ritualmordmädchen und Hexenprozeß sind eines. Und der Pogrompöbel, der das Judenviertel stürmt, ist wie jenes die Pariser Frauenkirche berennende Volk aus dem verrufenen ›Wunderhof‹, dessen Herrscher sich bei Victor Hugo ›Mathias Hunyadi Spicali, Herzog von Ägypten und Böhmen‹ nennt.

Die Fledermaus scheint zu schaukeln. Wenn Fledermäuse erwachen, sollen sie sich im Menschenhaar verfangen, erzählt man. Es ist unheimlich hier.

Noch einen Blick: der Golem ist nicht da.

Ich trete in die Nische hinaus, die Türe halb hinter mir schließend, und schwinge mich auf die eisernen Sprossen, dann ziehe ich die Türe zu, sperre ab und klettere hinunter. Die Zahl der Neugierigen hat sich erhöht; zwei Polizisten haben Mühe, den Verkehr aufrechtzuerhalten. Bekannte sind in der Menge, die mich fragen: »No, haben Sie den Golem?«

Im Vorraum zur Synagoge ist ein altes kupfernes Waschbecken, in dem ich mir die Hände wasche. »Haben Sie etwas gesehen?« fragt mich Herr Zwicker in einem Ton, in dem sich Neugierde mit jener Ironie mengt, die die Tiroler ›Nekome‹ nennen. Und er ist sehr erstaunt, als ich ihm, meine Hände trocknend, erwidere: »Es war ganz interessant!«

III.

Die Tatsache, daß die Kletterpartie auf der Außenmauer der Altneusynagoge mir nicht die Bekanntschaft mit dem Golem vermittelt hatte – bereits diese Tatsache hätte meinen Informator in Wola-Michowa mit heller Freude erfüllt. Sie hätte ihm nur bestätigt, was er ohnehin glaubte: daß die Mitteilungen des Buches unvollständig seien und die Fortsetzung in der Handschrift enthalten, die er allein besaß. Ja, es ist wohl wahr, was in dem Buche steht, daß am Lagbeomer der hohe Rabbi Löw seinem modellierten Knecht das Leben wieder genommen und den Leichnam unter der Makulatur in der Dachkammer begraben hat. ›Aber er ist nicht mehr dort oben, Ihr könnt mir's glauben. Er war schon nicht mehr oben, wie der Maharal verboten hat, hinaufzugehen.

Abraham Chaim, der Schames, und sein Schwager haben ihn weggetragen. Schon in der nächsten Nacht, nachdem der Rabbi oben war . . .‹

Geheimnisvoll und bedeutsam hatte der Wola-Michowaer Gastfreund aus einem der dicken Bücher, die hinter dem Herd lagen, seinen Schatz hervorgeholt: eine Handschrift, etwa sechzehn Oktavseiten hebräischer Kursiv voll, mit Tabellen und Buchstaben in Quadratschrift. Von einem Weisen habe er dieses Kleinod, erzählte er mir, von einem Weisen, mit dem er sich in Przemýsl befreundet hatte. Ob es ihm der geschenkt hatte? Nein, aber nur achtzig Gulden habe der ganze Kesaf Jad gekostet, und nicht um hunderttausend Gulden würde er ihn hergeben. Meinem naiven Freund schienen die Zettel – wenn er sie glättete, war es, als ob er sie streichelte – alles Glück des Seins zu verbürgen. Vielleicht harrte er nur deshalb während des Trommelfeuers in seiner Behausung aus, weil er die Blätter für das Buch des Lebens hielt und weil er sich dessen bewußt war: es kann dir nichts geschehen, was nicht im Buche des Lebens vorgezeichnet ist.

Armer, vertrauensseliger, abergläubischer Dorfjude! Nichts stand in deinen Skripten davon, daß eine Granate dein Kind zerreißen würde und deine Frau geschändet und vernichtet. Es stand nicht darin, daß du einst deine Gläubigkeit verlieren und in Wien herumirren würdest. Wie gleichgültig war es dir doch, als ich dich am Praterstern nach dem Golem fragte, den zu suchen einst dein Sinn war!

Und im Jahre 1915 in Wola-Michowa hattest du noch so leuchtend mir aus der Schrift den Weg erklärt, den der tote Golem genommen: Awrohom Chajim, der Tempeldiener, dem der Rabbi auf seine dringenden Bitten erlaubt hatte, auf dem Dachboden dem Ende Jossiles beizuwohnen, hatte schon lange den Willen gehabt, es seinem Herrn nachzutun. Und als nun nach der Entzauberungszeremonie die Lehmskulptur leblos in der Dachkammer lag, wurde in ihm der Gedanke übermächtig, des Meisters ausrangierten Automaten für sich zu verwenden. Und nun sollen seine Geister auch nach meinem Willen leben! Seine Worte merkt' ich und den Brauch, und mit Geistesstärke, denkt der Zauberschames, tu' ich Wunder auch!

Seinen Schwager und Berufskollegen, Abraham Secharja, Tempeldiener der nahen Pinkassynagoge, weihte er in das Geheimnis ein, stieg in der nächsten Nacht mit ihm auf das Dach der Altneuschule, grub den Jossile Golem aus dem Schriftenberg hervor und schaffte ihn in einen unterirdischen Raum der Pinkasschule, wo die Lehmfigur versteckt wurde. Dem Schwiegersohn des Abraham Chajim, namens Ascher Balbierer, der sich mit mysteriosophischen Dingen beschäftigte, wurde der Auftrag zuteil, die Formel herauszufinden, unter deren Zuhilfenahme der Golem zum Leben zu erwecken wäre. Als Ascher Balbierer nach einigen Tagen angab, im Sohar die Beschwörungsworte gefunden zu haben, trugen die drei Männer den Golem nächtlicherweile von der Pinkasgasse durch die Belelesgasse und Schebkesgasse – sie wollten die Breitegasse vermeiden! – in den Keller des Hauses in der Zeikerl(Zigeuner)gasse, das zum Teil dem Ascher Balbierer gehörte und wo er auch wohnte. Dort unten stellten sie sich allnächtlich in jener Position auf, die Chajim von den drei Rabbinern über den Wölbungen der Altneusynagoge gesehen hatte. Aber die Wiederbelebungsversuche hatten keinen Erfolg.

In dieser Zeit brach in Prag eine Pestepidemie aus, an der zwölfhundert Menschen starben. Auch zwei der fünf Kinder von Ascher Balbierer wurden dahingerafft, obwohl kein anderes Haus der Zeikerlgasse von der Seuche heimgesucht worden war. Frau Gele, die Gattin Ascher Balbierers, hatte schon vorher gegen die Aufnahme des Golems gewettert, weil sie fürchtete, daß im Falle einer Entdeckung ihr Vater seine Stellung wegen Vertrauensmißbrauch verlieren, ihr Gatte und ihr Onkel wegen Überschreitung des rabbinischen Verbotes bestraft werden würden. Außerdem war sie ärgerlich, daß ihr Mann durch seine nächtlichen Experimente sein Gewerbe vernachlässigte. (In Wirklichkeit wird sie wohl kein sonderliches Vertrauen in die kabbalistischen Zauberkünste ihres Gemahls gehegt haben.) Als nun die Kinder erkrankten, schrie sie, kein anderer als der Golem habe ihr das Unglück ins Haus gebracht, und als sie starben, war dessen Schicksal besiegelt. Er mußte fort.

Nachdem die beiden Leichen gewaschen und in ihre Särge gelegt worden waren, wurde eines der Kinder wieder herausgenommen und zu dem anderen in dessen Totenschrein gebettet. In den zweiten Sarg aber gab man nun den Golem. Ein Karren fuhr die drei

Körper in der Richtung gegen Sonnenaufgang auf den Pestfriedhof vor der Stadt.

Hier haben Abraham Chajim und Abraham Secharja den Sarg mit dem Golem auf den Galgenberg hinaufgetragen, ›der da gelegen ist eine Meile und zweihundert Klafter vom Neustädter Tor, auf der Wiener Landstraße, und haben ihn eingescharrt, auf der Seite, die der Stadt zugekehrt ist, am Abend des fünften Adar‹.

So schließt die bisher unveröffentlicht gebliebene Geschichte im Manuskriptum von Wola-Michowa. Der Sinn der Golemsage, der Wille zur Macht und seine Überwindung, ist darin zur zweiten Potenz erhoben: dem prometheischen Übermenschen, der die Adamsschöpfung nachahmen will, folgt der Diener, dessen heißestes Streben es ist, seinerseits einen Diener zu haben, und der sich nun im Keller mit Hokuspokus lächerlich abquält, einem Lehmklumpen das ›Stehe auf und wandle‹ ins Ohr zu schreien. Wie Faustens Famulus dem Homunkulus kein Leben geben kann, so kann es der Schames des hohen Rabbi nicht.

Der Weise, der's vielleicht vermocht hätte, hat den Frevel eingesehen – der abergläubische Lehrling aber kann nur durch Aberglauben geheilt werden, und so kehrt in sein Haus das Unglück ein, er hält den irdenen Gast im Keller für den mordenden Tod und verscharrt den Mörder auf dem Galgenberg. In streng logischer Struktur verzweigen sich die Äste dieses Problems, das in das geeignete Erdreich (ein naturalistisch getreues und nicht ohne Humor geschildertes Milieu) gepflanzt ist.

Ganz absonderlich aber, verblüffend ist es, wie die Orts- und Zeitangaben dieser um achtzig Gulden verschleißten und nur handschriftlich vorhandenen Golemsage mit der historischen Wirklichkeit übereinstimmen. Sie stimmen sogar – wie ein Vergleich mit wissenschaftlichen Werken lehrt – genauer mit erwiesenen Tatsachen überein als die Bemerkungen des gedruckten Buches! Während zum Beispiel ein Schwiegersohn des Rabbi Löw namens Katz nirgends beglaubigt ist, hat es einen Tempeldiener der Pinkassynagoge Abraham Ben Secharja wirklich gegeben, und sein Grabstein auf dem alten Judenfriedhof ist noch erhalten; auf diesem steht, daß er im Jahre 1602 starb und dreißig Jahre das genannte Amt bekleidet hat, also in der Zeit, in der die Sage spielt. Auch die peinlich exakten Angaben des Weges von der Pinkassynagoge in die Zeikerlgasse entsprechen lückenlos den ältesten erhaltenen Lageplänen.

Vor allem ist die Beschreibung des letzten Weges, den der Golem genommen haben soll, erschöpfend. Auf dem zeitgenössischen Plan Prags, dessen Original in Breslau erhalten ist und dessen Kopie im Städtischen Museum exponiert ist (Prage Bohemica Metropolis Accuratissime expressa 1562), zweieinhalb Kilometer von den Zinnen der Stadtmauer, vom Neutore entfernt, sehen wir den Galgenberg mit Rad und Galgen.

Dort draußen in Žižkow, auf dem niederen Sandsteinhügel, der – seltsam genug – Zidova pec, das ist jüdischer Backofen, heißt, wurden jahrhundertelang die armen Sünder vom Leben zum Tode gebracht. Der letzte hieß Wenzel Fiala, war ein junger Kellner und hatte seine Geliebte umgebracht; mit einem Blumenstrauß in den gefesselten Händen fuhr er am 18. Juni 1866 unter das Schafott, Zehntausende von Menschen, vornehmlich Damen, starrten von den Schaugerüsten und von den Feldern auf ihn, die Würstelmänner, die Bänkelsänger und die Karussellbudenbesitzer hatten bei diesem Volksfeste vollauf zu tun, dem der Tag von Königgrätz folgte . . . Verwundetentransporte, Bismarck, der Sieger. Kanonendonner von Königgrätz, 1866. Im Kanonendonner von Uzok, 1915, hat mir mein Freund in Wola-Michowa erklärt, warum er im Plan von Prag den Bleistiftstrich in der Richtung gegen jenen Hügel gezogen hat, den ich eben betreten habe, eine Fährte aus Rudolfs II. okkultistisch gelaunter Zeit verfolgend.

Auf dem Grab des Golems stehe ich. Es ist ein kaum fünf Meter hoher Hügelzug, schüttere Grasbüschel, Sandsteinfelsen, der Abend bricht an, die Fabrikssirenen sind schon verschrillt, die Kuppeln der Wolschaner und Straschnitzer Friedhofsbauten lockern ihre Konturen, über dem Schlot der Kapslovka steht eine helle, erstarrte Rauchsäule, wie das geblähte Tuch einer Standarte.

Um den Fußballplatz des S.-C. Viktoria läuft ein trainierender Leichtathlet, in den Schrebergärten, die sich bis zu den Hügeln drängen und deren Hütten armselig wie Bauernaborte sind, fangen Fabrikarbeiter jetzt für sich zu arbeiten an.

Vor dem Haus der Schußwaffenüberprüfungskommission langweilt sich ein Wachtposten.

Unten sind Abraumplätze; blaue Emailtöpfe, geblümte Blechlavoirs, rostige Konservenbüchsen, zerknetschte Bratpfannen und Kasserolen, unheilbar verkrümmte Topfdeckel, Reibeisen mit hypertrophischen Löchern, Kessel mit Beulen liegen in weiten Haufen. Die Farben dieser Žižkower Dolomiten mischen sich – Gummigutt.

Rußige Liebespaare suchen sich die engsten Mulden. Rhachitische Kinder, zehnjährig, zwölfjährig, schleichen sich indianisch an, etwas vom Liebesverkehr zu lernen .

Ein Arbeiter schaufelt Sand; von den Spaten sind viele Höhlungen gebohrt, auf denen die Hügel überhängen. Überall könnte man einen Sarg mit dem Golem hinlegen und den Überhang einstürzen lassen . . .

Ein kleines Kind hat sich vom Abraum einen zinnernen Nachttopf geholt und will darin aus Sand einen Gugelhupf backen; die Mutter, die mit einem Soldaten etwas abseits sitzt, bemerkt es, stößt das Gefäß mit dem Fuße fort und schlägt das weinende Kind; Soldat lacht.

Gebückte Menschen gehen müde, zerbrochen, blutleer aus den Fabriken nach Hrdlorez, Maleschitz oder noch weiter.

Und über dem Grabe des Golem stehend, weiß ich, warum Gott es wollte, daß der dem fremden Willen bedingungslos untertane und für fremden Nutzen arbeitende Menschautomat unwiederbringlich bestattet liegt . . .

Magdalenenheim

An eine Reportage, die ich in meiner Jugend machte oder, besser gesagt, zu machen versuchte, wurde ich dreißig Jahre später auf höchst kuriose Weise erinnert.

Im Jahre 1933 gründeten die deutschen Schriftsteller, die ihre den Nazis zur Beute gewordene Heimat verlassen hatten, in Paris ein kulturelles Zentrum der antifaschistischen Emigration, den Schutzverband deutscher Schriftsteller. An jedem Montag versammelten sich im Gebäude der Société de l'Encouragement de l'Industrie mehrere hundert deutsche Flüchtlinge, um Vorträge und Vorlesungen zu hören. Ausstellungen der in Nazideutschland verbotenen Kunst und Theater- und Kabarettvorstellungen auf großen Pariser Bühnen wurden veranstaltet, eine vieltausendbändige ›Bibliothek des verbrannten Buches‹ und der Heinrich-Heine-Preis geschaffen, der jährlich für ein in der Emigration geschriebenes Erstlingswerk verliehen wurde. Eine Zeitschrift, ›Der Schriftsteller‹, äußerlich dem gleichnamigen Organ der nationalsozialistischen Reichsschrifttumskammer nachgeahmt, ging per Post an alle in Deutschland lebenden Schriftsteller, die teils anonym und zustimmend, teils nichtanonym und ostentativ schimpfend, aber immer aufschlußreich den Empfang bestätigten. Die Redaktion dieser Zeitschrift verfolgte genau die Literaturrubriken der Nazipresse – keine ergiebige Arbeit, denn in der Nazipresse spielte alles andere eine beträchtlichere Rolle als die Literatur. Aber plötzlich schien sich eine Schwenkung zur energischen Literaturförderung vorzubereiten: Die Stadt Hamburg schrieb einen Preis von tausend Mark für diejenige Kurzgeschichte aus, ›die den bodenständigen Humor und Witz der deutschen Wasserkante am besten zum Ausdruck bringt‹. Bisher waren fünfzig oder hundert Mark das Maximum gewesen – tausend Mark für eine Kurzgeschichte war für Deutschland eine erstaunlich hohe Summe.

Einige Wochen später las man, daß die gekrönte Geschichte den Titel ›Magdalenenheim‹ trage; der Preisträger war der Humorist des ›Hamburger Fremdenblatts‹ Hanns ut Hamm.

An sich ist ein Magdalenenheim, eine Anstalt zur Besserung gefallener Mädchen, kaum eine Quelle für bodenständigen Humor und Witz, am allerwenigsten aber für die Nazis, deren Kulturprogramm ganz auf dem Glauben an die Wunderwirkung solcher Heime fußt, Umschulungslager, Erziehungslager, Konzentrationslager. Wie kann ein Heim wenn auch gefallener, so doch deutscher Mädchen Gegenstand einer Satire sein?

Mir hatte allerdings einmal, durch das Zusammentreffen von Umständen, ein solches Heim seine komische Seite enthüllt, aber meine Schilderung dieses Zusammentreffens von Umständen trug mir keine Preiskrönung ein.

Es war so gewesen, daß ich das Prager Heim für gefallene Mädchen anrief und die Oberin fragte, ob ich die Anstalt besichtigen könne, um einen Artikel darüber zu schreiben.

Ein Schreckensschrei war die Antwort: »Einen Artikel? Sagten Sie: einen Artikel?«

Ich konnte der Oberin nur bestätigen, daß sie richtig gehört habe.

»Um Gottes willen!« stöhnte es drüben. »Hier ist ja nichts passiert! Warum wollen Sie denn einen Artikel über uns schreiben?«

Ich beruhigte die Oberin, ich wolle bloß die Einrichtungen der Anstalt und die Erziehungsarbeit schildern, ganz allgemein, ohne jeden äußeren Anlaß.

»Ach so!« Ein Quaderstein fiel vom Herzen der Oberin. »Ich darf aber keine Besuchserlaubnis erteilen, ich muß erst Ihre Exzellenz die Frau Präsidentin fragen. Morgen nachmittag werde ich Ihnen Bescheid geben.«

Morgen nachmittag erfuhr ich nur, daß für übermorgen eine Ausschuß-Sitzung anberaumt sei, um über meine Besuchserlaubnis zu beraten. Überübermorgen wurde ich davon in Kenntnis gesetzt, daß ich überüberübermorgen um elf Uhr vormittags in der Anstalt erscheinen dürfe.

Pünktlich war ich am Tor, das vom Kaiserbart eines Portiers ausgefüllt war, und wollte eintreten. Von oben herab fragte mich der Kaiserbart: »Haben Sie einen Passierschein?«

Woraufhin ich erwiderte, herbestellt zu sein.

»Sind Sie etwa der Herr von der Zeitung?«

Eben dieser war ich, was ihm zu einem nichtverhohlenen Staunen Anlaß gab.

»Ihretwegen steh ich ja hier«, sagte er, »und auch die Damen erwarten Sie schon.«
Unter den Damen verstand er keineswegs die gefallenen Mädchen, denn weder von Mädchen noch von gefallen konnte die Rede sein bei den Damen, die mich erwarteten, der Ausschuß der Anstalt. Es waren Sprossinnen von Familien, deren Adel bis zum böhmischen Amazonenkrieg zurückreichte. Großgestaltig, großbusig, großhändig und großfüßig erhoben sie sich vor mir, und als wäre ihnen soviel Größe nicht groß genug, hatten sie steile Straußenfedern, sogenannte Pleureusen, auf ihre Köpfe gepflanzt. Im Kreise dieser stattlichen Männlichkeit stand ein verlegenes und verschüchtertes Wesen, gehüllt in ein langes schwarzes Kleid, und war der Seelsorger der Anstalt. En profil schien er dick, denn er trug einen Bauch vor dem Bauche, en face aber mußte man ihn als mager bezeichnen, weil seine Schultern und sein Körper schmal waren. Dieser bäuchig-magere Priester stellte sich mir mit einer Art Knicks vor und mich hernach Ihrer Exzellenz der Frau Präsidentin, den anderen Vorstandsdamen und der Frau Oberin, die durch mich telefonisch so erschreckt, aber auch eines Quadersteines entbunden worden war.
Wir nahmen an einem runden Tisch Platz. Zum Behufe meiner Begrüßung erhob sich der Pater von dem Sitz, den er eben eingenommen, legte ein beängstigend umfangreiches Manuskript vor sich hin und begann eine Ansprache, für mich geschrieben, an mich gerichtet: »Verehrter Herr Redakteur, lassen Sie mich Ihnen im Namen unserer Anstalt sagen, wie erfreulich wir es finden, daß ein Vertreter der öffentlichen Meinung den Ernst und die Gottgefälligkeit unserer moralischen Betätigung erfaßt hat« (hier nickten sich die Pleureusen Anerkennung zu) »und über unsere Anstalt einen Aufsatz in die Zeitung setzen will, was der Ausschuß in der satzungsmäßig einberufenen Sitzung vom 22. Februar dieses Jahres einstimmig bewilligt hat. Vor der Besichtigung will ich Sie, verehrter Herr Redakteur, über die Ziele und Zwecke unseres Instituts in kurzen Worten unterrichten.«
Die Worte mögen wirklich kurz gewesen sein, die Rede aber war lang. Halb war sie eindringliche Fastenpredigt, halb belehrender Vortrag. Sie begann mit den Begriffen der Versuchung und Verführung. Mitnichten etwa in abschreckender Gestalt – also ward

ich belehrt – nahe sich das Laster dem Erdenbürger, kein Pferdefuß und keine Hörner und kein Geruch von Pech und Schwefel verraten den Sendboten Luzifers. Sondern im Gegenteil. In gefälliger Gestalt, schmeichelnd und gleisnerisch trete das Laster auf seine Opfer zu, um sie in seine Fallstricke zu locken.

Nachdem der Seelsorger mit lauter Stimme, als rufe er in ein Kirchenschiff, mir diese Enthüllung gemacht, sah er mich groß an. Sein Blick fragte: Hättest du solches für möglich gehalten?

Bislang hatte ich noch nie über die Methoden des Lasters nachgedacht und mir demnach auch nicht vorgestellt, daß es durch Hörner und Teufelsschwanz erkennbar und durch Höllengestank ruchbar gemacht sei. Weil ich jedoch den Blick des pausierenden Sprechers so antwortheischend auf mich gerichtet sah, beantwortete ich ihn durch ein ungläubiges Kopfschütteln: Ist das auch wirklich wahr, was hier über die Perfidie des Lasters berichtet wird?

Doch, es mußte wahr sein, denn alle Pleureusen ringsumher nickten Bestätigung, und so ließ ich langsam jeden Zweifel aus meiner Miene schwinden.

Befriedigt nahm der Seelsorger seine Rede wieder auf: »Aber diese gefällige Gestalt des Lasters ist nichts als Verstellung, nichts als Verkleidung, nichts als Maske. Wehe den armen Opfern, wehe vor allem den jungen Mädchen, die sich willig davon täuschen lassen und sich hingeben . . .«

Hier erschraken alle Hörerinnen, aber zum Glück meinte der Redner nur, daß sie sich hingeben ». . . der Versuchung. Wehe ihnen«, rief er aus, »dreimal wehe! Denn saget an, was ist ihnen zum Lohne? Es ist ihnen zum Lohne nur Verachtung, und diese Verachtung ist vollauf berechtigt; denn sie wollten der Armut entgehen, die doch wahrhaft keine Schande ist, und sie wollten der Arbeit im Schweiße ihres Angesichts entgehen, die in der Heiligen Schrift anbefohlen ward uns allen.«

An dieser Stelle nickte der Redner sich selbst die Bestätigung zu, und der weibliche Uradel nickte im Schweiße seines Angesichts.

Weiter floß der Rede Strom: Es sei das eitle Streben, welches diese Mädchen hinführe zu dem Bösen. Statt sich als Dienstmädchen oder Fabrikarbeiterinnen bei ihren Mitmenschen Ansehen zu erwerben, ziehen sie es vor, sich der Schwelgerei und Wollust zu ergeben; statt das Ehrenkleid der Not mit Stolz zu tragen, schmükken sie sich lieber mit Flitter und Tand. Dafür bleiben ihnen die Enttäuschungen auch nicht erspart, »bittere Enttäuschungen, vornehmlich im Alter!«

Also, ich war starr. Wer hätte das gedacht? Weil aber die Pleureusen abermals bekräftigend nickten, mußte ich das wohl oder übel glauben.

»Noch berechtigter jedoch als die Verachtung für die gefallenen Mädchen ist die Verachtung, die die Versucher verdienen. Wer aber ist da gemeint?« Mein Blick gab zu verstehen, daß ich nicht wisse, wer da gemeint sei.

»Gemeint sind jene verworfenen Männer, die sich nur um des Vergnügens willen mit Mädchen einlassen, ohne die Absicht, diese Mädchen auch zu ehelichen.«

Diesmal war ich es, der durch lebhaftes Nicken sein volles Einverständnis mit der Verdammung derartiger Männer kundtat. Zum Trost hörte ich nun, daß die Unsittlichkeit ihren Gegner gefunden habe: »Unsere Anstalt erhebt sich« (Redners Stimme erhob sich) »als ein Schanzgraben« (Redners Stimme erhob sich mehr), »als ein Bollwerk« (Redners Stimme erhob sich noch mehr), »als eine Bastion gegen die Verderbnis der heutigen Welt. Freilich« – hier sank Redners Stimme von der Höhe der Schanzgräben, der Bollwerke und der Bastionen auf den Boden der schlichten Tatsachen herab –, »freilich haben wir den Sieg noch nicht errungen. Die Schuld liegt nicht bei uns, die Schuld liegt bei den Mädchen selbst. Die wenigsten nur kommen aus Reue und freiwillig in unsere Mauern: Die Polizei und die Jugendgerichte müssen sie mit Gewalt herbringen – höret an, mit Gewalt an die Stätte ihrer Rettung! Manche, die sich selbst zur Aufnahme melden, geben zwar an, sie täten es aus bußfertigem Herzen, aber die Wahrheit ist eine andere: Nur um eine Zeitlang ohne Nahrungssorgen zu leben oder weil sie krank sind, suchen sie den Weg in unser Heim. Einige kommen auch, weil sie fälschlicherweise glauben, bei uns vor der Polizei sicher zu sein. Was Wunder, daß sie sich nach ihrer Entlassung wieder dem eingangs geschilderten Laster in die Arme werfen – was sage ich da: ›in die Arme‹, ich sollte besser sagen, in die Fänge, in die Klauen, in die Teufelskrallen.

Nimmermehr aber stehet uns an, durch solche Mißerfolge uns ablenken zu lassen vom Wege der Versittlichung, denn der Herr hat sich erbarmt der Büßerin aus Magdala und sie hinangeführet die Stufen der Heiligkeit.
Wir wollen das gleiche tun, das der Herr getan, und unser Leitspruch lautet: ora et labora. Gebieterisch voran steht ›ora‹. Es wird gebetet zur Morgenstunde und zur Mittagsstunde, es wird gebetet zur Vesperstunde und zur Abendstunde, und es wird gebetet während der Arbeit, zu der unsere Schützlinge unerbittlich angehalten werden. Keine mißverständliche Milde waltet in unserem Haus der Buße, wir strafen mit schärfsten Strafen, denn also stehet es geschrieben: Wer seine Kinder liebet, der züchtigt sie. So erziehen wir denn mit Strenge zu Gebet und Arbeit, zu jener Arbeit, deren Erzeugnisse wir verkaufen zu frommen kirchlichen Zwecken. Amen.«
Damit war der Seelsorger zu Ende und sah sich im Kreise um, der ihm aus vollen Pleureusen Beifall spendete. Dann heftete er seine Augen auf mich. Ich tat alles, um ihn feststellen zu lassen, daß ich über seine Enthüllungen tief erschüttert sei.
Ihre Exzellenz die Frau Präsidentin ergriff jetzt das Wort, um zu verkünden, daß wir nun einen Rundgang durch die Arbeitsräume, die Wohnräume und die Kapelle unternehmen wollten. »Auch eine Reihe weiblicher Handarbeiten haben wir eigens für unseren verehrten Gast zu einer Ausstellung vereinigt.« Der verehrte Gast war niemand anderer als ich. Ihre Exzellenz die Frau Präsidentin sprach die Hoffnung aus, der verehrte Gast werde an diesen Häkel-, Strick- und Stickereiarbeiten die Energie des Aufsichtspersonals erkennen und zu rühmen wissen.
»Gewiß, gewiß«, versprach ich.
Mit diesem meinem Schlußwort war die Empfangszeremonie programmgemäß beendet, und wir schritten, ein aus Ausschußdamen, einem Seelsorger und mir bestehender Zug, durch einen langen Korridor. Unterwegs flüsterte mir der Pater zu, es sei heute zum erstenmal gewesen, daß er vor der Presse gesprochen habe. Er übergab mir das Manuskript und erläuterte mir, wie wichtig es sei, die Rede in extenso zu veröffentlichen und darauf zu achten, daß sein Name richtig gedruckt werde.
Bei unserem Eintritt in den Arbeitsraum erhoben sich etwa drei-

ßig Mädchen sittsam von ihren Sitzen, indem sie in gedehntem Chorus einen frommen Gruß sprachen. »In Ewigkeit, amen«, antworteten wir.

»Hier sehen Sie zunächst . . .«, begann Ihre Exzellenz die Frau Präsidentin mir zu erklären, als mich die Fanny Melker erkannte. »Servus, Egon«, rief sie.

»Der Egon ist da«, tönte es jetzt von allen Seiten, und Mädchen kamen auf mich zugelaufen. Die Handschuhbetty aus dem Café Montmartre umarmte mich und küßte mich in der Freude des Wiedersehens. Über sie hinweg streckte mir die lange Mizzi Mohnkuchen ihre Handfläche hin. »Gib mir eine Zigarette, wir kriegen hier keine.« – »Was macht mein Feuerwerker?« rief die Artillerieliesel. »Ist der Schweinekerl schon ausgeheilt?« Eine andere gab mir den Auftrag: »Grüß mir die Bengels in der Bar Brasilia und sag ihnen, in längstens vierzehn Tagen ist Hansi Waschblau wieder bei ihnen.«

So peinlich ich von diesen Begrüßungen berührt war, die Ausschußdamen waren es weit mehr, sie hätten direkt in einem Heim für aus den Wolken gefallene Mädchen Aufnahme finden können. Die erste, die Worte fand, war Ihre Exzellenz die Frau Präsidentin. In einem Ton, in dem grönländische Kälte, gaurisankarhohe Empörung und tiefseetiefe Verachtung lagen, wandte sie sich an mich: »Sie brauchen sich nicht weiter zu bemühen, mein Herr, so ähnlich ist es in allen unseren Räumen.«

Damit war ich entlassen, aber ich schrieb alles nieder, wie ich es erlebt. Mein Bericht machte böses Blut, böses blaues Blut. Einige Adelsfamilien bestellten unsere Zeitung ab. Anderen aber gefiel der Spaß, und ein Berliner Verlag nahm ihn in eine Anthologie des Welthumors auf.

Dieser Besuch im Prager Magdalenenheim war es, an den mich ein Menschenalter später der in allen deutschen Zeitungen veröffentlichte Titel der preisgekrönten Hamburger Kurzgeschichte erinnerte. Einen Augenblick lang dachte ich, Hanns ut Hamms Schöpfung könnte in irgendeiner Weise von meinem Erlebnis beeinflußt sein, aber sofort wies ich den Gedanken zurück, denn was auch immer man aus meiner seinerzeitigen Schilderung herauslesen konnte, keinesfalls den bodenständigen Humor und Witz der deutschen Wasserkante.

Nachdem dem Preisträger im Festsaal des Hamburger Senats das Diplom der Nazi-Jury und die tausend Mark mit vielen schönen Reden überreicht und die Meisterhumoreske unter dröhnender Heiterkeit verlesen worden war, erschien ›diese köstliche, an Fritz Reuter erinnernde und noch etwas derbere Probe unverfälschtesten Volkshumors von der Wasserkante‹ in den Zeitungen Hitlerdeutschlands.

Freunde, ich traute meinen Augen nicht. Es war wörtlich mein Prager Magdalenenheim. Hanns ut Hamm hatte es nur nach Hamburg und ins Plattdeutsche verlegt und eine kleine, allerdings effektvolle Änderung meines Textes vorgenommen, statt mit ›Egon‹ läßt er sich nämlich von den gefallenen Engeln mit ›Hanns‹ begrüßen.

Ich wollte diese meine Preiskrönung durch die Nazis in unserer Zeitschrift ›Schriftsteller‹ den in Deutschland verbliebenen Kollegen zum Nachdenken empfehlen. Aber das ›Schwarze Korps‹, Organ der SS, kam mir mit der Enthüllung zuvor. Es hatte die Quelle entdeckt und tobte. Beileibe nicht die Tatsache des literarischen Diebstahls war es, was das Blut des ›Schwarzen Korps‹ am 6. Mai 1939 in Wallung brachte, sondern die ›schamlose Einschmuggelung von typisch volksfremden Gedankengängen in das nationalsozialistische Volks- und Brauchtum‹.

Die Vorstellung, daß sich nationalsozialistische Führer feierlich versammeln, ›um das Produkt eines Asphaltliteraten zu krönen, dessen Bücher mit Recht schon auf unserem ersten Scheiterhaufen verbrannt wurden‹, erfüllte das Blatt mit dem eingestandenen Gefühl tiefster Beschämung. Es verlangte, daß der neue Verfasser meines alten Berichts sofort verhaftet werde, ›damit Hanns ut Hamm *ein für allemal* erfährt, was es kostet, wenn man in Egon Erwin Kischs ausgelatschte Stiefel schlüpft und beginnt, auf plattdeutsch zu jüdeln . . .‹

Nach diesem Ergebnis des Preisausschreibens sind die Bemühungen um Schaffung einer Naziliteratur wieder aufgegeben worden.

Wie ich erfuhr, daß Redl ein Spion war

Noch immer gehörte ich dem Fußballklub ›Sturm‹ an, noch immer spielten wir als einzige deutsche Mannschaft gegen tschechische Mannschaften, obwohl ich nicht nur Redaktionsmitglied einer deutschen Zeitung, sondern jetzt sogar Obmann des Klubs ›Sturm‹ war.

Ein Obmann, ihr wißt ja, erweist den Koryphäen (auch wenn sie Amateure sind) Gefälligkeiten, manchmal zahlt er für sie die Zeche, manchmal kauft er dem einen oder anderen einen Winterrock, manchmal borgt er ihnen bares Geld.

Unser rechter Verteidiger hieß Wagner und war die Stütze der Mannschaft. Es ist also verständlich, daß ich ihm eine der eben erwähnten Gefälligkeiten erwies unmittelbar vor unserem Auswahlspiel gegen die zweitklassige Mannschaft Union Holleschowitz. Vom Ausfall dieses Matchs hing es ab, ob wir oder sie unter die Erstklassigen eingereiht würden.

Das Match fand am Sonntag, dem 25. Mai 1913, statt. DBC Sturm verlor und kam nicht in die Reihe der Erstklassigen. Warum? Der Zeitungsbericht formulierte es so: ›Der DBC Sturm I gegen SK Union Holleschowitz 5:7 (Halbzeit 3:3). ‚Sturm' war anfangs seinem Gegner überlegen, und seine Stürmerreihe arbeitete, wie sich auch in der großen Zahl seiner Ecken ausdrückt, das ganze Spiel hindurch sehr erfreulich. Doch war ‚Sturms' Verteidigung durch das Fehlen Mareceks und Wagners derart geschwächt, daß Atja allein nicht imstande war, alle Druchbrüche ‚Unions' zu vereiteln.‹

Mareceks Nichtantritt war entschuldigt, er hatte eine Sehnenzerrung. Aber Wagner war nicht entschuldigt. Gegen ihn richtete sich unsere Wut nach dem verlorenen Spiel, besonders die meine. Hatte er mir doch, erfreut über mein Geschenk, doppelten Spieleifer versprochen, und nun blieb er schon am ersten Sonntag weg, beim Auswahlspiel, unentschuldigt, unentschuldbar. Deshalb schaute ich gar nicht auf, als mich Wagner am nächsten Vormittag in der Redaktion aufsuchte.

»Ich komm dir sagen, daß ich gestern nicht antreten konnte.«

»Hab ich gemerkt. Hau ab!«

»Es war wirklich unmöglich. Ich mußte . . .«

»Ist mir ganz egal, was du mußtest«, schnitt ich ihm das Wort ab.

»Ich war schon angezogen, da kommt ein Soldat in unsere Werkstatt und sagt, jemand von uns muß sofort ins Korpskommando, ein Schloß aufbrechen.«

»Erzähl mir keine Geschichten! So etwas dauert fünf Minuten. Und wir haben eine geschlagene Stunde mit dem Anstoß gewartet.«

»Drei Stunden hat es gedauert. Ich mußte eine Wohnung aufbrechen und dann alle Schubfächer und Schränke, es waren nämlich zwei Herren aus Wien da, den einen haben sie Herr Oberst genannt. Sie haben nach russischen Papieren gesucht und nach Photographien von Plänen.«

»Wem gehört denn die Wohnung?«

»Ich glaube, einem General. Eine große Wohnung im ersten Stock.«

»Und der General war nicht da?«

»Der, dem die Wohnung gehört? Nein, der war nicht dabei. Aber der Korpskommandant war dabei.«

Obwohl ich Obmann des Fußballklubs bin, der gestern durch die Schuld eines pflichtvergessenen Endbacks das Wettspiel verloren hat, vergesse ich, dem pflichtvergessenen Endback länger böse zu sein. Ich sage ihm nicht mehr: ›Erzähl mir keine Geschichten‹, sondern lasse mir die Geschichte von gestern nachmittag ganz genau erzählen, wie der Wiener Oberst die Photographien von Plänen und Aktenstücken dem Prager Korpskommandanten hinüberreichte und wie dieser jedesmal den Kopf geschüttelt und gesagt hat: ›Schrecklich, schrecklich! Wer hätte das für möglich gehalten!‹

Wagner erzählt, daß die Wohnung ganz merkwürdig ausgesehen habe, ›wie von einer Dame‹, lauter Toilettengegenstände und Brennscheren und parfümierte Briefe und Photos von jungen Männern.

»Wieso weißt du denn, daß die beiden Offiziere aus Wien waren?«

»Sie haben gesagt, daß sie noch abends nach Wien zurückmüssen. Sie glaubten, ich verstehe nicht Deutsch. Der Korpskommandant hat mir immer tschechisch übersetzt, wenn sie wollten, daß ich ein Schloß aufmachen soll.«

Es kann sich nur um die Wohnung von Oberst Alfred Redl, dem Generalstabschef des Prager Korps, handeln, über den das k. u. k. Telegraphen-Korrespondenzbüro heute eine Meldung ausgegeben hat. Die Lobpreisung Redls, die diesem Telegramm beigefügt war, ist also ein Verschleierungsmanöver, denn die Kommission war nach Prag gekommen, weil Oberst Redl des Militärverrats verdächtigt wurde. Der Generalstabschef von Prag ein Spion! Alfred Redl, Kandidat für den Posten des Kriegsministers, der zukünftige Armeekommandant – eine Kreatur des Feindes! Das ist eine ungeheuerliche Nachricht!

Aus der begeisterten Würdigung im Telegramm des Korrespondenzbüros geht hervor, daß man diese ungeheuerliche Nachricht unterdrücken will. Ich aber habe keinen Anlaß, sie zu unterdrükken, keinen Anlaß, ein Geheimnis zu hüten, das man mir nicht anvertraut hat.

Allerdings, da ist eine Schwierigkeit, eine schier unüberbrückbare. Die Enthüllung, daß ein österreichischer Generalstabschef im Dienste des Auslands steht, wie bringt man sie in eine österreichische Zeitung, ohne sofort konfisziert zu werden?

Mit einem Überraschungstrick könnte es vielleicht gelingen.

Der Überraschungstrick gelingt, wie wir später sehen werden, meine Nachricht erscheint unkonfisziert im Abendblatt der ›Bohemia‹, und der Sturm bricht los. Verweigerung des Heeresbudgets nach tobender Parlamentssitzung, Maßnahmen des Thronfolgers, den Generalstab nur aus Mitgliedern des Adels zusammenzusetzen, Pensionierung der höchsten Militärs, Debatten im Inland und Ausland über die Wehrfähigkeit der österreichischen Monarchie – kurz, all das, was die Eingeweihten hatten vermeiden wollen. Ein Prozeß, der die volle Aufklärung des Verrats gebracht hätte, war verhindert, Spezialeide waren geleistet und ein überschwenglich warmes Lob für einen Verräter war amtlich ausgegeben worden, nur damit die Sache geheim bleibe vor dem Kaiser, dem Thronfolger, dem Kriegsminister und der Welt.

Alle erfuhren davon, aber niemand ahnte meine Quelle. Die Militärbehörde forderte von der Staatspolizei einen Bericht, ob irgendwelche Anzeichen darauf hindeuten, daß ich Beziehungen zu auswärtigen Militärstellen unterhalte. In dem Lokal, in dem ich nach Redaktionsschluß verkehrte, setzten sich zwei ostentativ angeheiterte Herren zu mir und beteuerten ihre Bewunderung für meinen im Fall Redl bewiesenen Spürsinn. Sie boten sich an, mir Zeitungsnachrichten über militärische Dinge zu liefern, aber – Vertrauen gegen Vertrauen – ich möge ihnen sagen, woher ich von der Spionagetätigkeit Redls wußte, vom Eintreffen der Kommission, von ihrem Verhalten in Redls Wohnung, von der Homosexualität.

Das Pariser ›Journal des Débats‹ schrieb, oh, Ruhm meiner Karriere, von einem jungen Wunderjournalisten, der in der Provinzstadt Prag ein internationales Geheimnis nach dem andern zu enthüllen wisse.

Soviel aber auch über den Fall Redl gesagt und geflüstert wurde, das meiste mußte ungesagt und ungeflüstert bleiben, solange die österreichisch-ungarische Monarchie bestand. Nach dem Weltkrieg versuchte ich alle Zusammenhänge der Redl-Affäre festzustellen. Unter anderem fuhr ich nach Graz, um Feldmarschalleutnant Urbanski von Ostromiesz aufzusuchen, der 1913 Chef des Evidenzbüros und Oberst im Generalstab gewesen war; er gehörte zu denen, die am Tage nach meiner Veröffentlichung vom Thronfolger Franz Ferdinand aus der Armee gejagt wurden. Ebenso schnell aber wurde Urbanski von Ostromiesz reaktiviert, als aus Sarajewo die Nachricht von der Ermordung des Thronfolgers eintraf. Er machte den Krieg mit und avancierte.

Mehrere Tage lang saß ich bei Feldmarschalleutnant Urbanski von Ostromiesz in seiner Grazer Wohnung, und er gab mir auf alle Fragen geduldig Antwort. Nur bei meiner Frage, wieso das Geheimnis in die Öffentlichkeit gedrungen sei, wurde er unwillig, und erst recht unwillig, als ich meine Auffassung äußerte, wie das geschehen sein konnte. Diese Auffassung schien ihm denn doch zu naiv für einen Journalisten, der den Eingeweihtesten der Affäre interviewt. Die Darstellung Urbanskis von Ostromiesz war nur die militärische Innengeschichte, über die abenteuerliche Verfolgung Redls und manches andere wußte er weniger als ich.

Der Sachverhalt war in Kürze dieser: Im Frühjahr 1913 wurden zwei Briefe als verdächtig geöffnet, die postlagernd unter der mit Schreibmaschine geschriebenen Chiffre ›Opernball 13‹ beim Hauptpostamt Wien eingetroffen waren. Sie stammten aus Eydtkuhnen, einem Ort an der deutsch-russischen Grenze, und enthielten österreichische Banknoten, der eine sechstausend Kronen, der andere achttausend Kronen. Solche Summen werden nicht postlagernd und anonym geschickt, wenn es sich um rechtmäßiges Gut handelt. Der Absendungsort deutete auf Rußland, es schienen Gelder für Bestechung, vielleicht sogar Spionage zu sein. Deshalb war es die Politische Staatspolizei, die mit der Aufklärung dieser Sendung betraut wurde.

Zwei Geheimpolizisten, Ebinger und Steidl, wurden zu ständiger Dienstleistung in das Postamt entsandt. Ihr Zimmer war durch eine elektrische Klingel mit dem Postschalter verbunden, und auf das Glockenzeichen des Schalterbeamten sollten die beiden den Übernehmer der Briefe sicherstellen. Wochen vergingen, Monate. Der Polizeirat, der diese Überwachung organisiert hatte, war ins Ministerium versetzt worden und hatte die Angelegenheit seinem Nachfolger, dem nachmaligen Bundeskanzler Johann Schober, übergeben. Auch die Beamten am Postschalter wechselten, und die neuen wußten wohl nicht, wie wichtig die Sache sei. Es kam auch niemand, die Briefe zu beheben.

Am Abend des 24. Mai 1913, einem Samstag, fünf Minuten vor Schluß der Amtsstunden, weckte das Glockensignal die beiden Geheimpolizisten aus ihrer gewohnten Ruhe. Bevor sie zum Posterestanteschalter kamen, wo der Beamte zwar langsam, aber doch auch nicht auffallend langsam die Briefe mit der ›Opernball‹-Chiffre ausgehändigt hatte, war der Beheber fort.

Sie eilten ihm nach, sie erblickten ihn noch, einen stattlichen Herrn, der die Tür des angekurbelt gebliebenen Autos hinter sich zuschlug, der Wagen fuhr davon. Es war ein Taxi.

Ein Auto, das die Verfolgung hätte aufnehmen können, besitzen Ebinger und Steidl nicht. Was hilft es ihnen, daß sie die Nummer des Taxis gelesen haben? Was hilft es ihnen, daß sie den Chauffeur ausforschen und erfahren können, woher und wohin die Fahrt gegangen sei? Sicherlich ist der Mann nicht direkt in seine Wohnung gefahren, sicherlich steigt er unterwegs aus und nimmt einen neuen Wagen. Fest steht für die beiden Detektive nur ihre schimpfliche Entlassung. Aber nun beginnt für sie und die österreichische Wehrmacht eine Kette von unglaublichen Zufällen, ›Jägerglück‹.

Die beiden Polizeiagenten stehen auf dem Kolowratring und be-

raten. Sollen sie versuchen, den Chauffeur gleich ausfindig zu machen, und im Einvernehmen mit ihm ein Märchen von mißglückter Verfolgung des Unbekannten ausdenken? Oder sollen sie lieber dem Polizeirat Schober ihr Mißgeschick melden? Während sie überlegen, fährt ein Taxi vorbei. Sie lesen die Nummer – es ist der Wagen, der ihnen vor zwanzig Minuten ihre Beute entführt hat. Sie winken, pfeifen, schreien, laufen. Das Auto hält. Es ist leer.
»Wohin haben Sie den Herrn vom Postamt aus geführt?«
»Ins Café Kaiserhof.«
Auf der kurzen Fahrt finden die Detektive im Innern des Wagens das Futteral eines Taschenmessers, eine Hülle aus hellgrauem Tuch. Im Café Kaiserhof, in das sie mit dem Chauffeur eintreten, ist der stattliche Herr nicht mehr. Was nun?
Sie eilen zum nächsten Taxistandplatz. Jawohl, ein Herr, der so aussieht, sei eben weggefahren. Wohin? Wir sind in Wien, und dort weiß es einer: der Wasserer. Eigentlich ist er kein Wasserer, denn seit der Fiakerstand zum Autostand degradiert ist, gibt's keine harben Rösser mehr, denen der Wasserer den Tränkeimer servieren kann. So putzt er die Karosserien, holt Würstel für die Chauffeure und übt das altehrwürdige Gewerbe des Wagentüraufmachens aus. Der Wasserer hat gehört, wohin der Herr befohlen hat, ›ins Hotel Klomser‹, hat er befohlen.
Nach ins Hotel Klomser. Im Foyer wird der Hotelportier befragt. »Gerade jetzt sind zwei Herren im Auto angekommen, Kaufleute aus Bulgarien.« – »Und vorher ein Herr allein?« – »Im Auto? Das weiß ich nicht. Vor einer Viertelstunde ist Herr Oberst Redl gekommen. In Zivil war er, das weiß ich. Aber ich weiß nicht, ob er im Auto vorgefahren ist.«
Oberst Redl? Den Polizeiagenten flößt dieser Name Scheu ein. Sie kennen ihn gut. Er hat ihnen keine Sekunde Rast gegönnt, niemals die Notwendigkeit einer Nachtruhe anerkannt, wenn sie seine Treiber waren auf der Jagd nach Spionen. Und wie wußte Oberst Redl sein Wild zur Strecke zu bringen, wie wußte er einen Spionageverdächtigen zu inquirieren, er, der berufene Sachverständige, der Leiter des österreichisch-ungarischen Kundschafterdienstes.
Geheimpolizist Ebinger lacht schallend. »Das ist ja großartig! Jetzt wohnt der Spion mit unserem Oberst Redl Wand an Wand!

In einem Kriminalroman würde das heißen: ›In die Falle gegangen.‹ Oder: ›Die Flucht in die Höhle des Löwen.‹ Nein, das kann sich kein Dichter ausdenken, daß ein Spion sich in dem Haus einmietet, wo der allergrößte Verfolger der Spione wohnt.«

Ebinger will gleich zu Oberst Redl hinaufgehen und ihm den spaßigen Zufall melden. Der andere Geheimpolizist, Steidl, hat Bedenken gegen einen solchen selbständigen Schritt. Vielleicht hat das Postamt den Polizeirat bereits verständigt, daß die Briefe behoben wurden. Also muß man ihm berichten, wie die Verfolgung ausgefallen ist.

Während Ebinger aus der Telefonzelle des Hotels, die auf der linken Seite der Halle ist, mit Polizeirat Schober spricht, reicht Steidl auf der rechten Seite der Halle das Messerfutteral dem Portier. »Fragen Sie, wem von den zuletzt angekommenen Gästen das Futteral gehört.«

Eine Freitreppe führt von der Mitte der Halle zu den Etagen. Oberst Redl kommt in Uniform, sich die Handschuhe zuknöpfend, die Treppe herab und legt dem Portier den Schlüssel von Zimmer Nr. 1 auf den Tisch. In der Telefonzelle berichtet Detektiv Ebinger, daß Oberst Redl zufälligerweise auch im Hotel Klomser wohnt, und fragt, ob er ihm die Sache sofort melden solle. »Vielleicht«, meint Ebinger, »hat sich der Spion absichtlich hier eingemietet, um sich an Oberst Redl heranzumachen.«

»Haben Herr Oberst das Futteral Ihres Taschenmessers verloren?« fragt der Portier, während in der Telefonzelle Ebinger seinem Vorgesetzten von dem Fund im Taxi berichtet. »Ja«, antwortet Oberst Redl, holt sein Messer aus der Tasche und stülpt das hellgraue Tuchsäckchen darüber, »ich suche es schon seit einer Viertelstunde. Wo haben Sie es denn gefun ...«

Er hat die Frage noch nicht beendet, da fällt ihm die Antwort ein. Zuletzt hat er sein Taschenmesser benutzt, als er auf der Fahrt vom Postamt die Umschläge der Geldbriefe aufgeschnitten hat. Dort im Taxi hat er die Messerhülle vergessen. Wieso hat man sie gefunden? Wieso hierhergebracht? Mit einem Ruck wendet er sich um und erblickt einen Mann, der abseits steht und mit betontem Interesse das Gästebuch des Hotels durchblättert. Oberst Redl kennt den Mann. Oberst Redl wird blaß wie ein Toter, denn er weiß, daß er ein Toter ist.

Er tritt auf die Straße hinaus, geht raschen Schrittes weiter. An der ersten Ecke schaut er zurück, ob niemand aus dem Hoteltor kommt. Niemand kommt aus dem Hoteltor. Aber aus dem Restaurant Klomser treten zwei Männer.

Einer dieser beiden Männer hat, bevor sie das Hotel verließen, dem Portier aufgetragen, die Nummer 1 23 48 anzurufen, die Geheimnummer der Politischen Staatspolizei. »Sagen Sie dem Herrn Polizeirat Schober, daß das Futteral dem Herrn Oberst Redl gehört.«

Da Ebinger und Steidl die Straßenecke erreichen, sehen sie Oberst Redl nicht mehr. Er ist im Haus der alten Börse verschwunden, das drei Ausgänge hat. Alle Achtung vor einem Mann, der noch vor zwei Minuten ein glanzvolles Leben vor sich sah und seit zwei Minuten einen schimpflichen Tod vor sich sieht und bereits die Möglichkeit des Entkommens kaltblütig ins Auge faßt.

Inzwischen spielt das Telefon vom Hotel Klomser zur Staatspolizei, von der Staatspolizei zum Evidenzbüro des k. u. k. Generalstabs. Oberst Urbanski von Ostromiesz nimmt die Meldung entgegen und kann sich nicht fassen vor Erregung. Oberst Redl!

Der Adjutant Urbanskis von Ostromiesz fährt zur Hauptpost, um den Schalterbeamten zu fragen, wie der Beheber der Briefe ausgesehen habe. Außer der Personenbeschreibung wird ihm ein Zettel gegeben, auf den der Beheber die Chiffre der postlagernden Briefe geschrieben hat, ›Opernball 13‹.

Im Evidenzbüro suchen Urbanski von Ostromiesz und sein Adjutant Handschriften Redls heraus. Es ist kein Mangel daran: eine ›Anweisung zur Anwerbung und Überprüfung von Kundschaftern, verfaßt von Alfred Redl, k. u. k. Hauptmann im Generalstab‹, fünfzig Paragraphen lang, ein ›Schema für die Beschaffung von Kundschaftermaterial‹, ›Normen zur Aufdeckung von Spionen im In- und Ausland‹, ein dickes Aktenbündel ›Gutachten in den Jahren 1900 bis 1905‹. Zwar ist auf dem Zettel ›Opernball 13‹ nur leicht und dünn hingeschrieben, jedoch von einer Verstellung kann keine Rede sein, es ist die Schrift des Obersten Redl.

Den verfolgen unterdessen die beiden Geheimpolizisten. In einer Passage haben sie den Verschwundenen wieder erspäht. Auch er sie. Er zerreißt Papiere, wirft sie auf den Boden. Einer der Detektive, nimmt er an, wird sich aufhalten, um sie aufzuklauben, und

dem anderen ließe sich allenfalls entkommen. Aber beide gehen ihm weiter nach. Sie halten ein Taxi an und geben dem Chauffeur die Weisung, langsam nachzufahren. Dann erst kehrt Geheimpolizist Steidl in die Passage zurück, sammelt die Papierschnitzel auf und bringt sie zur Polizei.
Von dort fahren die Papierchen sofort im Auto ins Evidenzbüro, wo sie zusammengesetzt werden. Es sind Postbestätigungen über Geldsendungen an einen Ulanenleutnant in Stockerau und über eingeschriebene Briefe nach Brüssel, Warschau und Lausanne. Die Adresse in Lausanne ist, wie vor einigen Tagen festgestellt wurde, eine Deckadresse für die Spionagezentrale Italiens, des ›Bundesgenossen‹. Jetzt ist es verständlich, daß seit Jahresfrist jede noch so geheime strategische Vorkehrung an der italienischen Grenze mit Gegenvorkehrungen beantwortet wurde, oft sogar, bevor Österreich sein Projekt in Angriff nahm.
Soll man die Verhaftung von Oberst Redl sofort anordnen? Militärische oder polizeiliche Verhaftung? Soll man die Militärkanzleien des Kaisers und des Thronfolgers benachrichtigen? Oder soll man das Ergebnis der Untersuchung abwarten?
Oberst Redl geht zum Franz-Josephs-Kai. Von Zeit zu Zeit sieht er sich um, ob sein Schatten ihm folgt. Sein Schatten folgt ihm. Oberst Redl will zum Brigittaplatz. Dort ist er heute um vier Uhr nachmittags in einem Daimler-Tourenwagen, den er im August 1911 für achtzehntausend Kronen gekauft hatte, aus Prag angekommen. Ein schönes Auto. A. R. in Goldbuchstaben auf dem Wagenschlag: der Querstrich des A besteht aus zwei schrägen Linien und sieht wie ein ›v‹ aus, ein abgekürztes ›von‹. Über dem Monogramm schwebt eine Krone, zwar nur die fünfzackige Bürgerkrone, aber wer merkt das? Oberst Redl hat sein Auto beim Karosseriemacher Zednitschek auf dem Brigittaplatz eingestellt, damit der die Seitenwände des Chassis unten mit Glanzleder und oben mit bordeauxroter Seide tapeziere.
Im Hotel Klomser empfing Oberst Redl den Besuch von Leutnant Stefan Hromadka, einem hübschen Ulanenoffizier aus Stockerau, und hatte eine lange Auseinandersetzung mit dem geliebten Freund, der sich von ihm trennen und heiraten wollte. Um halb sechs ging Leutnant Stefan Hromadka fort, zehn Minuten später Oberst Redl. Er mußte aufs Postamt. Das Geld beheben. Wochen-

lang hatte er es aufgeschoben, weil es riskant war. Jetzt blieb keine Wahl. Er hat seinem Stefan ein Auto versprochen. Er will mit ihm über Land fahren, ihn von seiner Braut loslösen, ihn die Heiratsabsicht vergessen machen.

›Über Land fahren . . .‹ Und jetzt hastet Redl zu Fuß mit unheimlichem Gefolge den Donaukanal entlang und denkt, wie gut es wäre, in seinem Tourenwagen zu sitzen und, auch ohne Glanzlederbelag und ohne bordeauxrote Seide, über Land fahren zu können. Über Land fahren. Daran ist jetzt nicht mehr zu denken. Er kehrt, beschattet, ins Hotel Klomser zurück.

Zur gleichen Zeit fährt Oberst Urbanski von Ostromiesz bei einem anderen Hotel vor. Im Grandhotel sitzt der Chef der Chefs, der Oberkommandierende des Generalstabs, mit Freunden im Speisesaal. »Was bringst du mir Schönes?« fragt General Conrad von Hötzendorf seinen Evidenzchef und Freund. Die Zigeunerkapelle Rigos, des Geigers, der die belgische Königstochter entführt hat, spielt ein Potpourri aus der neuen Operette ›Graf von Luxemburg‹.

»Dürfte ich Eure Exzellenz gehorsamst um ein Gespräch unter vier Augen bitten?«

»Was, mitten im Abendessen? Ist's wirklich so dringend? Na, alsdann gehn wir.«

In einem Nebenraum erstattet Urbanski von Ostromiesz die Meldung, daß die Opernballbriefe behoben wurden, der Beheber, von Detektiven verfolgt, habe unterwegs Postbestätigungen zerrissen, darunter eine aus Lausanne.

»Lausanne auch!« seufzt General Conrad von Hötzendorf. »Dachte ich mir schon lange. Ist der Mann verhaftet?

»Er wurde sichergestellt, Exzellenz.«

»Nur sichergestellt? Wer ist es denn?«

»Exzellenz . . .«

»Nun? Wer der Mann ist, will ich wissen.«

»Es ist . . .«

»Heraus mit der Sprache, August. Ich bin ja darauf vorbereitet, daß es nicht der erste beste ist.«

»Exzellenz, es ist Oberst Redl.«

»Wer? Sind Sie wahnsinnig geworden?« Conrad von Hötzendorf schreit: »Nehmen Sie sich in acht, Herr Oberst!«

»Exzellenz ...«

»Entschuldige, August. Oberst Redl! Ist denn das sicher?«

General Conrad von Hötzendorf ist auf einen Stuhl gesunken, er preßt beide Hände aufs Herz.

»Wenn doch wenigstens«, sagt er, nachdem er sich etwas gefaßt hat, »wenn doch wenigstens dieser widerliche Rigo mit seinem Gefiedel aufhören würde.«

Dann spricht der General lange kein Wort. Er versucht, sich die Tragweite auszumalen. Wenn die Schmach bekannt wird – das Kriegsministerium und der Thronfolger hassen den Generalstab ohnedies, die ›Auserwählten‹ –, was wird das Ausland sagen! Der Feind! Alles schon morsch, sagt man gern der Doppelmonarchie nach – die Überheblichkeit des verbündeten Deutschlands wird noch größer werden. Und die oppositionellen Nationen! Was wird geschehen, wenn in dieses Pulverfaß ein Zündstoff fällt? Gerade jetzt, da die Lage kritisch ist.

General Conrad von Hötzendorf erhebt sich.

»Dieser Schuft hat sofort zu sterben.«

»Er soll selbst ... Exzellenz?«

»Ja«, entscheidet Conrad von Hötzendorf. Diese zwei Buchstaben sind Todesurteil und Befehl zur Vollstreckung, bei der der Verurteilte als sein eigener Henker zu fungieren hat. »Niemand darf etwas über die Todesursache erfahren, niemand! Bin ich verstanden worden, Herr Oberst?«

»Zu Befehl, Exzellenz!«

»Noch heute nacht.«

»Zu Befehl, Exzellenz.«

»Sie werden sofort eine Kommission zusammenstellen, Herr Oberst, bestehend aus Höfer als Leiter, aus Chefauditor Worlitschek, Ihnen und Ihrem Adjutanten. Über den Vollzug ist morgen früh direkt an mich zu melden.«

Um Mitternacht erscheinen vier hohe Offiziere im Hotel Klomser. Sie klopfen an die Tür von Zimmer Nr. 1. Während ein heiseres ›herein‹ hörbar wird, öffnen sie. Oberst Redl, der am Tisch sitzt, macht zweimal den Versuch aufzustehen und fällt in den Stuhl zurück. Endlich erhebt er sich wankend.

»Ich weiß, weshalb die Herren kommen«, bringt er hervor, »ich bin im Begriff, Abschiedsbriefe zu schreiben.«

Ein Brief an seinen Bruder ist kuvertiert, ein angefangener Brief ist an General von Giesl, den Kommandanten des Prager Korps, gerichtet. Auf dem Nachttisch liegt das Taschenmesser mit dem hellgrauen Futteral und ein Stück Bindfaden. (›Ein dolchartiges Messer und eine Rebschnur hatte Redl zur Verübung des Selbstmords vorbereitet‹, antwortet zwei Tage später Landesverteidigungsminister Georgi im Parlament auf die Beschuldigung, der Selbstmord Redls sei vom Generalstab befohlen worden.)
Die Kommission befragt Redl nach seinen Komplicen.
»Ich habe keine«, erwidert er.
»Wer hat Sie für die Spionage geworben?«
»Der russische Militärattaché in Wien. Er zwang mich dazu, denn er – denn er wußte, daß – daß ich – homosexuell bin.«
Die vier Offiziere schütteln sich vor Ekel. Homosexuell? Entsetzlich!
Auf die Frage nach dem Umfang seiner Tätigkeit, nach deren Details und Dauer antwortet er, alle Beweise würden sich in seiner Prager Dienstwohnung finden. Damit gibt sich die Kommission zufrieden. Bevor sie das Zimmer verläßt, fragt General Höfer: »Herr Redl, haben Sie ...«
Redls Finger tasten nach seinem goldenen und besternten Kragen. Dort ist er noch kein Herr Redl, dort ist er noch Oberst.
»... eine Schußwaffe?« vollendet General Höfer die Frage.
»Nein.«
Der General: »Sie dürfen um eine Schußwaffe bitten, Herr Redl.«
Redl: »Ich bitte – gehorsamst – um einen – Revolver.«
Niemand hat einen bei sich.
»Sie werden einen bekommen.«
Oberst Urbanski von Ostromiesz fährt nach Hause, seinen Browning zu holen, um ihn ›Herrn Redl‹ einzuhändigen.
Die vier Offiziere warten an der Straßenecke. Sie können die Fenster von Zimmer Nr. 1 nicht sehen, denn es ist ein Hofzimmer. Kein Lärm, keine Aufregung, kein Schuß verrät, daß das Urteil vollstreckt ist. Abwechselnd fahren die Kommissionsmitglieder nach Hause, um Zivil anzulegen, denn vier auf und ab gehende Stabsoffiziere würden auffallen. Die Stunden verrinnen. Nichts. Zeitig morgens will General Conrad von Hötzendorf die Meldung haben, daß die Angelegenheit beendet ist. Oberst Urbanski

von Ostromiesz und Chefauditor Worlitschek müssen mit dem Schnellzug sechs Uhr fünfzehn nach Prag fahren, die Haussuchung vorzunehmen. Aber andererseits kann man nicht gut hinaufgehen und zu Redl sagen: »Erschießen Sie sich rasch, wir können nicht so lange warten.«

Um fünf Uhr wird ein Detektiv der Staatspolizei telefonisch herbeigerufen, einer von den beiden, die gestern die Verfolgung Redls durchgeführt und noch in der Nacht einen ›Spezialschwur auf Diensteid‹ geleistet hatten, kein Wort über die Angelegenheit zu sprechen. Das Geheimnis soll auf neun Personen beschränkt bleiben, und kein zehnter soll auch nur ahnen, daß ein Generalstabschef Verrat beging.

Der herbeigekommene Detektiv ist Ebinger, er wird angewiesen, zu Oberst Redl hinaufzugehen. Was immer er auch im Zimmer sehen würde, er möge im Hotel nichts davon sagen. So will man Diskussionen darüber verhindern, daß die Leiche von einem Polizeiagenten entdeckt wurde. Ebinger sagt dem Nachtportier, er sei vom Herrn Oberst Redl bestellt. Der Portier, seines vergeblichen Einspruchs gegen den nächtlichen Besuch der vier Offiziere eingedenk, läßt Ebinger passieren.

»Das Zimmer war nicht versperrt«, meldet Ebinger einige Minuten später der Kommission, ich habe also die Tür geöffnet. Neben dem Sofa liegt der Herr Oberst tot.«

Damit ist der Straßendienst der vier Stabsoffiziere zu Ende, genau zwölf Stunden nach Behebung der postlagernden Briefe. Noch vor Tagesanbruch soll die Leiche gefunden werden, deshalb wird das Hotel angerufen: Herr Oberst Redl möge ans Telefon kommen.

Das Hotel Klomser verständigt die Polizei von einem im Hause vorgefallenen Selbstmord. Redl hat sich, vor dem Spiegel stehend, in den Mund geschossen, das Projektil durchbohrte das Gaumendach und drang schräg von rechts nach links in das Gehirn; im linken Scheitelknochen blieb das Geschoß stecken, die Ausblutung erfolgte durch die linke Nasenhöhle. Neben der Leiche lag ein Browning.

Am Sonntag gab das k. u. k. Telegrafen-Korrespondenzbüro die Meldung vom Selbstmord des Obersten Alfred Redl aus und fügte einen Nekrolog hinzu, der aus dem Büro des Generalstabs

stammte. ›Der hochbegabte Offizier‹, hieß es darin, ›dem eine große Karriere bevorstand, hat sich in einem Anfall von Geistesverwirrung . . .‹, ›. . . in der letzten Zeit an außergewöhnlicher Schlaflosigkeit litt . . .‹, ›. . . in Wien, wohin ihn dienstliche Aufgaben geführt hatten . . .‹, ›. . . an dem Leichenbegängnis werden die gesamte in Wien weilende Generalität und die dienstfreien Truppen und Militäranstalten . . .‹
Der Chef des Evidenzbüros, Urbanski von Ostromiesz, und der Chefauditor Worlitschek fuhren nach Prag und meldeten sich beim Korpskommandanten Baron Giesl. Der war telegrafisch vom Selbstmord seines Generalstabschefs in Kenntnis gesetzt worden, nicht aber vom Motiv der Tat. Tags vorher hatte Korpskommandant Baron Giesl von seinem Bruder, dem österreichisch-ungarischen Gesandten in Belgrad, die Mitteilung bekommen, daß die serbischen Regierungskreise den Krieg als unvermeidlich betrachten. Für ›Fall 3‹ (Krieg gegen Serbien) war das Prager Korps zum Vormarsch zwischen Drinamündung und Savemündung bestimmt. Um so größer war die Erschütterung des Korpskommandanten Baron Giesl, als er nun von den beiden Wiener Stabsoffizieren erfuhr, daß die Pläne seines Korps verraten seien und gewiß auch die vertraulichen Mitteilungen seines Bruders, verraten von seinem Vertrauensmann.
Nach dem Essen ging Korpskommandant Baron Giesl mit Oberst Urbanski von Ostromiesz und Chefauditor Worlitschek in die Wohnung Redls. Sie war versperrt, und niemand hatte die Schlüssel. Während die Kommission vor der Tür steht, stehe ich auf dem Fußballplatz in Holleschowitz. Das Wettspiel soll beginnen, aber unser Endback Wagner ist noch nicht da.
Ohne zu ahnen, daß sein Interviewer mit den Gedanken auf einem Fußballfeld ist, erzählt Feldmarschalleutnant Urbanski von Ostromiesz von der Hausdurchsuchung: »Wir mußten die Tür aufbrechen lassen, die Schränke und den Schreibtisch.«
»Von einem Zivilschlosser?« frage ich.
»Ich glaube. Es war Sonntagnachmittag und wahrscheinlich kein Professionist anwesend.«
»Exzellenz wissen nicht mehr, woher man den Schlosser holte?«
»Nein. Von irgendwo in der Nachbarschaft, das ist doch wirklich unwichtig.«

Feldmarschalleutnant Urbanski von Ostromiesz runzelt ärgerlich die Stirn. Deshalb bemühe ich mich, meine Frage zu entschuldigen. »Der Schlosser hätte doch die gewaltsame Öffnung der Wohnung und der Schubfächer verraten können.«
Urbanski von Ostromiesz verzieht spöttisch die Mundwinkel. »Wem verraten?«
»Der Presse zum Beispiel.«
»Mein lieber Freund«, seufzt Urbanski von Ostromiesz, »Sie sehen den Fall als Kriminalfall an! Es war aber ein Fall der internationalen Wehrpolitik. Da spielt kein Schlossergehilfe mit.«
»Und wie, glauben Eure Exzellenz, ist die Sache in die Presse gekommen?«
»Ja, das war allerdings das ärgste an der Katastrophe. Zuerst dachten wir an den privaten Racheakt eines in Prag tätigen Spions, etwa eines Geliebten von Redl. Nachher mußten wir annehmen, daß eine ausländische Spionagestelle auf die Nachricht von der Erledigung ihres Vertrauensmanns Redl der Zeitung ›Bohemia‹ das Material gab, um sich am Generalstab zu rächen. Aber erst während des Krieges hat mir Exzellenz Conrad von Hötzendorf anvertraut, daß die Sache auf ganz andere Weise in die Zeitung gekommen war. Es war schlimmer.«
»Wieso schlimmer, Exzellenz?«
»Der Polizeirat Schober hat trotz seinem Spezialeid den Vorfall dem Kriegsminister gemeldet, und der Kriegsminister fuhr noch am Sonntag im Auto nach Prag, inkognito natürlich. Er haßte den Generalstab, weil wir ihm nicht unterstellt waren, obwohl er das immerfort beantragte. So wollte er uns in der Öffentlichkeit schaden und vor allem beim Thronfolger, ohne uns direkt bei ihm zu denunzieren. In Prag übergab der Kriegsminister die Nachricht einem befreundeten Redakteur von der ›Bohemia‹, einem gewissen Kisch ...«
Urbanski von Ostromiesz fällt ein, daß ich auch ›Kisch‹ heiße. »War das Ihr Herr Vater?« unterbricht er sich.
Ich nicke bejahend. Ich bin nicht hier, Informationen zu geben, sondern zu empfangen.
»Dann wissen Sie ja, daß die Sache stimmt.«
Durch neuerliches Kopfnicken bestätige ich die kleine Verwechslung des Schlossergehilfen mit dem Kriegsminister.

»Sehen Sie«, fährt Urbanski von Ostromiesz fort, »deshalb war in der ›Bohemia‹ der Artikel mit dem Vermerk versehen: ›Von hoher Stelle‹. Vielleicht erinnern Sie sich daran?«

Gewiß, ich erinnerte mich sehr genau. Kaum hatte damals Wagner das Redaktionszimmer verlassen, als ich zum Chefredakteur stürzte, Beratung. Sollen wir die große Meldung bringen, trotz der Gewißheit, beschlagnahmt zu werden? Oder sollen wir die große Meldung einfach weglassen?

Wir entschlossen uns zu einem Kompromiß: die Konfiskation der Abendausgabe zu riskieren, indem wir die Nachricht in Form eines Dementis bringen. So erschien ein Dementi in Fettdruck an der Spitze des Blattes: ›Von hoher Stelle werden wir um Widerlegung der speziell in Militärkreisen aufgetauchten Gerüchte ersucht, daß der Generalstabschef des Prager Korps, Oberst Alfred Redl, der vorgestern in Wien Selbstmord verübte, einen Verrat militärischer Geheimnisse begangen und für Rußland Spionage getrieben habe. Die aus Wien nach Prag entsandte Kommission, die, geleitet von einem Obersten, am gestrigen Sonntagnachmittag in Gegenwart des Korpskommandanten Baron Giesl die Dienstwohnung des Obersten Redl, die Schränke und Schubfächer aufbrechen ließ und eine dreistündige Durchsuchung vornahm, hatte nach Verfehlungen ganz anderer Art zu forschen ... usw.‹

Solche Dementis versteht der Leser, es ist so, wie wenn man sagt: ›Der X ist kein Falschspieler.‹ Aber konfiszieren ließ sich ein solches Dementi schwer. Der Presse-Staatsanwalt mußte annehmen, es stamme vom Korpskommando oder aus Wien, von einem Ministerium.

Als die Nachricht in Wien ankam, läutete die Presse Sturm beim Kriegsministerium. Dort las der diensthabende Telefonist jedem anrufenden Journalisten folgendes vor: ›Hieramts ist von irgendwelchen Verfehlungen des verstorbenen Herrn Generalstabsoberst Alfred Redl nichts bekannt, und stehen solche Gerüchte im Widerspruch zum untadeligen Charakter des Verewigten. Ebensowenig ist hieramts von einer Entsendung einer Kommission nach Prag etwas bekannt, und kann es sich sohin nur um eine normale Inventaraufnahme in der Dienstwohnung des verstorbenen Herrn Oberst Redl handeln.‹

Aber fast gleichzeitig sagte das Platzkommando von Wien das

militärische Leichenbegängnis ab – ein Mehr an Eingeständnis war nicht nötig. In der Nacht zog das Kriegsministerium seine Erklärung zurück, so daß von ihr nur ein Detail zurückblieb: Dem Kriegsministerium war die Spionageaffäre unbekannt gewesen.

Von den Wolken des Vorkriegs war die Redl-Affäre die dunkelste: Wie soll die k.u.k. Armee einen Krieg bestehen, wenn ihre Aufmarschpläne bis ins letzte Detail verraten sind? Mit ebensoviel Energie wie Ahnungslosigkeit wurde in Presse und Parlament die unverzügliche Änderung der Kriegspläne gefordert, und der Landesverteidigungsminister beeilte sich, beruhigende Versicherungen in diesem Sinne zu geben. Aber ein Kriegsplan läßt sich nicht willkürlich ändern, denn er stellt die Lösung der strategischen Aufgabe auf Grund ethnographischer und militärischer Gegebenheiten dar.

Der Thronfolger ließ ein Telegramm nach dem andern los: ›Ich bin zu der unumstößlichen Gewißheit gelangt, daß die geistige Spannkraft des Oberst Urbanski von Ostromiesz in derartigem Maße gelitten hat, daß er für eine aktive Verwendung nicht mehr in Betracht kommt, und ist er der Superarbitrierung zu unterziehen.‹ Auch gegen General Conrad von Hötzendorf, gegen Höfer und Worlitschek richtete sich die Wut Franz Ferdinands, also gegen alle, die ihrem Generalstabskollegen zu nächtlicher Stunde den Selbstmord befahlen, ihm keine Gelegenheit zur Beichte und zum Heiligen Abendmahl gaben und sich Spezialeide leisten ließen, nur damit er, der Thronfolger, nichts erfahre. Ja, sie hatten ihm sogar den Vorschlag unterbreitet, an dem Leichenbegängnis von Oberst Redl teilzunehmen.

Aber nicht einmal diese Geheimhaltung hatten sie durchzuführen vermocht. Anderthalb Tage später wußte die ganze Welt davon.

Die ganze Welt wußte davon, weil ein Fußballer ein Wettspiel versäumte. Das Spiel gegen Union Holleschowitz, eine zweitklassige Mannschaft.

Der Mordversuch und der Mord an Eduard Kisch

Neugierig sah ich mich im Büro um, als ich beim Chef der Sicherheitspolizei eingeführt wurde. Nichts Kriminalistisches, nichts Geheimnisvolles war zu sehen, es war eine Kanzlei wie jede andere. Nur hinter dem Spiegel steckte ein zusammengefaltetes, vergilbtes Zeitungsblatt.

Der alte Kriminalchef, meine Neugierde zu einer Lektion für den neuen Reporter benützend, reichte es mir.

Es stammte aus der Zeit eines Raubmordes, von dem ich in meiner Kindheit gehört hatte: Die Pfandleiherin und Juwelenhändlerin Gollerstepper war in der Husgasse, einer engen und belebten Straße des Stadtzentrums, um die Mittagsstunde mit einem Pflasterstein getötet und ihr Laden bis aufs kleinste Ringlein ausgeraubt worden; wochenlang suchte man vergeblich die Spur der beiden Täter. Damals regnete es gegen den Chef des Sicherheitsbüros, Polizeirat Olitsch, Vorwürfe wegen Unfähigkeit, und seine Stellung geriet ins Wanken, die Stellung des ›Polizeirates Oltschin‹, dessen Allmacht und Gottähnlichkeit Gustav Meyrink in seinem Roman ›Der Golem‹ geschildert hat.

Es hieß bereits, daß Polizeirat Olitsch pensioniert worden sei, als er plötzlich durch eine Glanzleistung bei einem anderen Raubmordversuch rehabilitiert wurde: In die kleine Wechselstube meines Onkels Eduard Kisch auf dem Pořitsch waren zwei Männer gekommen und ließen sich Wertpapiere vorlegen. Während sich der Inhaber des Geschäftes umwandte, schwangen sich die beiden Kunden über das Ladenpult, zogen zwei Äxte unter ihren Röcken hervor und–im selben Augenblick tauchten aus einem Schrank und aus Verstecken unter den Ladentischen ein Inspektor und mehrere Detektive mit erhobenen Revolvern auf und machten die Räuber dingfest.

Olitsch hatte durch Verhaftung eines verdächtigen Mannes und aus einem mit diesem angestellten Kreuzverhör von dem beabsichtigten Mord erfahren und sich der Räuber im Augenblick der Tat, absichtlich im Augenblick der Tat, bemächtigt.

So stand es im Polizeibericht, die Zeitungen besorgten die Be-

gleitmusik, und einige Tage lang sprach die Stadt von dem genialen Schachzug Olitschs. Die tote Gollerstepper war vergessen ... Aber das sozialdemokratische Blatt gab sich nicht zufrieden. Der Schachzug sei zwar genial gewesen, jedoch in anderem Sinne. An dem Wechsler sei gar kein Raub, geschweige denn ein Raubmord beabsichtigt gewesen, sondern der Polizeirat habe diese Szene arrangiert, um die öffentliche Aufmerksamkeit von dem unaufgehellten Mord an der Juwelenhändlerin abzulenken. Die ›Räuber‹ seien Kreaturen Olitschs gewesen, deren Freilassung er nach einiger Zeit schon veranlassen werde. ›Das ist so wahr‹, schloß der Artikel, ›wie es wahr ist, daß sich der Herr Polizeirat diesen Artikel nicht hinter den Spiegel stecken wird.‹
Ich reichte dem Kriminalchef, der inzwischen längst zum Regierungsrat avanciert war, die Zeitung zurück.
»Haben Sie das zu Ende gelesen? Auch den letzten Satz?«
Ich bejahte.
»Sehen Sie, bis zum letzten Satz erlogen!«
Und er steckte den Artikel wieder hinter den Spiegel.

Einige Jahre nach dieser meiner Installierung ins Reporteramt, am Abend des 29. September 1910, wurde Eduard Kisch in seiner Wechselstube mit einer Hacke erschlagen und das Geschäft ausgeraubt. Die Täter: unbekannt flüchtig.
Am selben Tag war ich in einem Elendenkostüm in das städtische Asyl gegangen, um dort als Gleicher unter Gleichen zu nächtigen und im Rahmen einer Artikelserie darüber zu berichten. Von den Obdachsuchenden wurde zunächst denen Einlaß gewährt, die sich mit einem Arbeitsbuch ausweisen konnten, in zweiter Linie kamen die Besitzer eines Heimatscheines in Betracht, die dritte Gruppe bestand aus Leuten, die gar keine Legitimationspapiere besaßen. Zu diesen gehörte ich. Doch fand ich mit zwei oder drei anderen noch Aufnahme.
Gegen zehn Uhr abends sitzen wir auf unseren Pritschen, ich notiere Gespräche und Sonderbarkeiten in mein Gedächtnis. Plötzlich ein Ruf: »Streife!« Ein Wachinspektor, von einem Polizisten begleitet, gibt den Befehl: »Papiere vorweisen!« Jeder holt sein Arbeitsbuch hervor, manche, was schon etwas verdächtiger ist, bloß den Heimatschein. Der Inspektor liest, wirft einen Blick auf

Anzug oder Hände des Betreffenden, zuckt die Achseln, geht zum nächsten.
Ich Neuling denke: Das ist wohl jeden Abend so. Ich weiß ja nicht, daß ganz nahe vom Asyl ein Raubmord begangen worden ist und daß die Polizei kaum mehr als den Namen des Ermordeten kennt.
Der Wachinspektor (zu mir): »Ihre Papiere?« – »Ich habe keine.« – Er mustert mich mißtrauisch. Trotz meiner Lumpen sehe ich nicht aus wie die meisten anderen Asylisten, bin kein Krüppel, kein Greis, habe keine entzündeten Augen, keinen Ausschlag – wenn einer, so bin ich es, dem Verbrechen und Flucht zuzutrauen sind. Und gerade der hat keine Papiere.
»Sie heißen?«
»Kisch.«
Der Inspektor tritt einen Schritt zurück, der Polizist springt auf mich zu, als ob er mich packen wolle. Ich sehe ihre zitternde Erregung und bin zitternder Erregung voll. – »Was sind . . ., wann sind Sie . . .« Er versucht einige Sätze anzufangen. »Kommen Sie hinunter.« Wir gehen. Der Polizist nimmt meinen Hut, den ich bis zu meiner Rückkehr liegenlassen wollte, von der Pritsche und behält ihn in der Hand. »Den haben sie«, höre ich meine Zimmergenossen sagen, während sich hinter mir die Türe schließt.
Verhör im Aufnahmezimmer. Ich entschließe mich, unumwunden zu sagen, wer ich bin, was ich hier will. »Weshalb haben Sie sich aber als Handlungsgehilfe aus Reichenberg eintragen lassen?« Ja, warum habe ich. Ob ich mit dem Wechselstubenbesitzer Kisch verwandt sei? Aha, denke ich, der Inspektor ist wohl ein Bekannter meines Onkels, das Geschäft liegt ja in seinem Revier. Gleich wird man sehen, daß ich ein anständiger Mensch bin, wenn ich sage, daß Herr Eduard Kisch mein Onkel ist. Aber der Inspektor und der Schutzmann, der mich bisher nicht aus den Augen gelassen hat, geradezu als ob ich ein Raubmörder wäre, sehen einander bei dieser Antwort groß an. Das wird mir zu dumm: »Ich bin mit den Herren von der Polizeidirektion bekannt.« Der Inspektor ruft das Sicherheitsdepartement an. Narr, denke ich, jetzt ist längst niemand dort, um acht ist der Dienst zu Ende. Aber schon spricht er mit dem Sicherheitsbüro, erstattet Meldung: »Asyl, Mann ohne Papiere, Kisch, ja, heißt Kisch, gibt sich für einen Journalisten aus . . . Bitte? Jawohl, Egon Erwin, sagt er . . . So? . . . Ja, er steht

neben mir.« Zu mir, erstaunt unwillig: »Sie sollen zum Telefon kommen.«

Ich: »Hallo. Ah, Herr Kommissär Wanassek, guten Abend. Noch so spät im Dienst? Etwas Besonderes? Schade, daß ich nicht hinkommen kann. Na, es wird Zeit haben fürs morgige Abendblatt. Jawohl, ich übergebe.«

Zwei Minuten später sitze ich wieder auf meiner Pritsche oben im Asyl.

Den Raubmörder hat man nie erwischt. Die Kopien der auf dem Tatort vorgefundenen Fingerabdrücke wurden an alle Polizeibehörden der Welt gesandt, und aus Berlin kam ein Telegramm folgenden Inhalts: ›Abdrücke sind die des Einbrechers Rudolf Hauser aus Innsbruck.‹ Tatsächlich stellte man fest, daß Hauser mit seinem Freund Karl Josef Heß aus Amstetten kurz vorher aus dem Zuchthaus entsprungen war und sich nach Prag gewandt hatte. Sogar das Zimmer, das sie in Prag bewohnt hatten, wurde ausfindig gemacht und viele Menschen festgenommen, aber es erwies sich, daß keiner so verdächtig war wie der im Nachtasyl festgenommene Neffe des Ermordeten.

In den Umsturztagen, Ende 1918, hetzte die von den ängstlich gewordenen Kapitalisten gepeitschte Wiener Presse gegen die Rote Garde, indem sie Verleumdungen über deren Mitglieder veröffentlichte, es seien lauter entsprungene Sträflinge, steckbrieflich verfolgte Eigentumsverbrecher und dergleichen. Die Folge davon? Entsprungene Sträflinge, steckbrieflich verfolgte Verbrecher wollten sich anwerben lassen und taten sich bei der Anmeldung noch groß mit ihren Delikten; sie glaubten wirklich, hier seien Räuber willkommen. Natürlich waren sie schneller aus dem Werbelokal draußen, als sie hereingekommen waren. Andere verschwiegen ihr Vorleben, aber es waren zum Glück so viele politische Häftlinge unter uns, alle Verhafteten des Januarstreiks, Pazifisten und Dienstverweigerer, und die standen bei den Werbetischen, erkannten ihre ›Kollegen von der anderen Fakultät‹ und erklärten ihnen deutlich, hier hätten Opfer der Gesinnung nicht mehr mit Räubern, Dieben, Mördern ein gemeinsames Quartier. Trotzdem ließ sich's nicht vermeiden, daß es hie und da – im ganzen war der Prozentsatz an Kriminellen sehr gering – einem gelang, sich einzuschmuggeln, und wir hatten dann inmitten schwerster politischer und wirtschaftlicher Arbeit noch wochenlang zu tun, die für unsere Sache gefährlichen apachistischen Elemente aus den Bataillonen herauszufinden und zu extrahieren.

Am Tage da wir das Militärkommando mitsamt der Telefonzentrale besetzten, hatte ich vormittags noch in der Kanzlei wegen Ausrüstung und Bewaffnung einiges zu tun. Unter anderen kamen einige im Maschinengewehrdienst ausgebildete Leute, mit denen ich unsere MG-Abteilung verstärken wollte; sie brachten je einen Zettel mit, den ich zu unterschreiben hatte, da ihnen sonst in unserem Monturdepot keine Ledergamaschen ausgefolgt worden wären. Jeder wurde in die Standesliste der MG-A. eingetragen, bekam den unterschriebenen Fassungsschein und wartete, bis die anderen soweit seien. Sie wollten dann gemeinsam in das Magazin gehen. Der Schein des ›Weigend, Alois‹ war eben unterschrieben und seinem Besitzer übergeben, ich nahm den nächsten vor, als Weigend meine Unterschrift zu buchstabieren begann, halb für sich: »E. Kisch . . .«, und – wie aus der Erinnerung herausholend – hinzufügte: »Eduard Kisch.«

Schreibend fragte ich ihn, ohne an Besonderes zu denken: »Du kennst einen Eduard Kisch?«

»Na, na, ich hab einen kennt, net in Wien, in Prag . . .«

Ich fuhr herum: die Richtigstellung meiner Frage ins Perfektum. Prag . . .

»Den Wechselstubenbesitzer, nicht? Der ist tot . . .«

Das war plump. Der Mann, untersetzt, schlecht rasiert, aber bartlos, wurde ganz blaß.

»Nein, nein, weiß nicht, was er war . . .«

Ich tat uninteressiert, nahm den nächsten vor, fragte den nach seinem Namen, trug ein, unterschrieb. Weigend aber sprach ungefragt weiter, wollte sich herausreden.

»Ja, a Schlosser war er, richtig, hab mit ihm gearbeitet in Ternitz.«

Ich reagierte nicht, amtierte weiter; alle waren abgefertigt, verließen das Büro, über den Hof ins Magazin. Nach fünf Minuten wollte ich unauffällig hinüberkommen, meinen Mann beiseite rufen, tat dies – aber Weigend war nicht da. »Der ist zum Tor gegangen, er hat gesagt, seine Frau wartet auf ihn.«

Ich zur Torwache. »Genossen, habt ihr jemanden hinausgelassen?«
»Ja, aber der kommt gleich. Er hat den Fassungszettel auf Ledergamaschen zum Pfand gelassen.«
Mit dem Posten war nicht viel zu machen, er hatte nicht annehmen können, daß jemand einen Bon auf Ledergamaschen verfallen lassen werde. Außer aus triftigen Gründen. Wie triftig die Gründe waren, konnte sich keine Torwache träumen lassen ...
Im Grundbuch der Roten Garde ließ ich Personaldaten und Adresse von Alois Weigend suchen und sandte in die verzeichnete Wohnung, Neubaugürtel 72. Ein Weigend war dort unbekannt.
Es wäre möglich gewesen, weiterzuforschen. Das unterließ ich; die Kischs sind kein sizilianisches Bauerngeschlecht, und keine Tradition verpflichtet mich, Blutrache zu üben ...

Soldat im Prager Korps

Als Soldat im Prager Korps, zu dem er im August 1914 einberufen wurde, hat Kisch vom ersten Tag an Tagebuch geführt. Die Aufzeichnungen wurden erstmals 1922 veröffentlicht. Bei der Neuauflage 1930 erhielten sie dann den seither sprichwörtlich gewordenen Titel ›Schreib das auf, Kisch!‹. Das hatten die Kameraden dem Tagebuchschreiber zugerufen, als er in jeder Minute seine Beobachtungen notierte.

Kisch hat stets betont, daß er seine Notizen so, wie sie auf dem Schlachtfeld entstanden, in Druck gegeben hat. Es kam ihm darauf an, das Kriegserlebnis so wiederzugeben, wie er es als junger Soldat empfunden hatte. Das Tagebuch Kischs gehört zur klassischen dokumentarischen Literatur über den Ersten Weltkrieg an einer Front, die man von Deutschland aus oft übersehen hat. In Kischs Beobachtungen und Schilderungen dieser Kämpfe hat Max Brod die ›Begründung einer neuen Literaturgattung‹ erkennen wollen: der Reportage.

Zugleich machen diese Tagebucheintragungen, aus denen hier eine Auswahl getroffen wurde, auch Kischs sich langsam abzeichnende politische Wandlung deutlich. Aus dem Prager Bürgersohn, aus dem Journalisten mit bohemehaften Neigungen wird in den Schlachten des Krieges ein Kriegsgegner, am Ende ein Radikaler, der erkennt, daß er die ihm verhaßte Offizierskarriere einschlagen muß, um überleben zu können. Bei der Novemberrevolution 1918 in Wien war der auf diese Weise zum k. u. k. Oberleutnant avancierte Kisch dann der erste Kommandant der ›Roten Garde‹.

Als Korporal im 8. Korps, September 1913 aufgenommen

Dienstag, den 8. September 1914

Vom Hilfsplatz ging es weiter zur Drina. Wir sahen jetzt den Fluß wieder, den wir unter Kämpfen vor beinahe Monatsfrist überschritten, dessen Inseln wir unter Verlusten besetzt und dessen Arme uns feucht und gefahrdrohend umfangen hatten, bis wir verzweifelt und arm heimgeflüchtet waren, und den wir nun mit schweren Opfern von neuem überschreiten müssen. Daß wir ihn wieder überschreiten müssen, das wußten wir, und daß es schwere Opfer kosten würde, das sagten uns (wenn es uns nicht schon die Legion der vorbeikommenden Verwundeten gesagt hätte) die feindseligen Pfiffe der Projektile, um derentwillen wir gebückt wie Diebe an den Dämmen das Ufer entlanghuschten.

Das Regiment lag gegen Viertel 11 Uhr am Ufer versammelt und gedeckt. Oberst Wokoun rief um halb 11 Uhr unseren Kompaniekommandanten heran. ›Sie setzen als erste Kompanie des Regiments über die Drina und verlängern die bedrohte Brigade Daniel am linken Flügel . . .‹

Dolni Brodac, 10. September 1914

Bis zu dem Worte ›Flügel‹ hatte ich vorgestern geschrieben. Den größten Teil auf Rasten des Marsches, die letzten Sätze habe ich in der Feuerlinie zu stenographieren versucht. Meine Nachbarn schraubten ihre Blicke in das Vorterrain, auch ich schaute, nach jedem notierten Wort nervös zusammenzuckend, ängstlich lauernd in die feindliche Richtung.

Um uns pfiffen silberne Linien, jeden Augenblick schlug eines der einander jagenden Geschosse in den kleinen Erdhügel, den sich jedermann mit der Hand als Brustwehr aufgeschichtet hatte, fast jedem hat sein Brotsack, den er vor den Kopf geschoben hatte, das Leben gerettet. Die Brotbeutel tragen Löcher in ihrem Leib, Projektile stecken in der Winterwäsche, die man darin aufbewahrte, andere prallten von der vollen Konservenbüchse ab. Wie langsam, wie mühselig, in welch gefährlicher Situation ich vorgestern die drei letzten Sätze geschrieben habe! Es war mir und es ist mir, als ob ich den Höhepunkt grausamen menschlichen Erlebens verzeichnen müßte. Seit ich vorgestern nachmittags mein Geschreibe unterbrechen mußte, als ein Artilleriegeschoß hart über meinen Kopf sauste und den Stamm eines Baumes hinter mir fällte, sind zwei Tage vergangen. Zwei Tage, deren Folter uns noch in Gliedern und Nerven steckt.

Also: um halb 11 Uhr vormittags lag unser Regiment in der Deckung am österreichischen Ufer der Drina. Nun kam unsere Kompanie an die Reihe, in den Pontons übergesetzt zu werden. Nachdem Partien zu zwanzig Mann abgezählt worden waren, kommandierte der Oberleutnant ›Auf!‹ und rannte über die Böschung zum Fluß. Die Kompanie zögernd hinter ihm drein, denn als unsere Figuren auftauchten, verstärkte sich der Schwarm feindlicher Geschosse, die bisher über die Böschung gezischt hatten, ins ungemessene. Einige unserer Leute zogen sich hinter die Deckung zurück, als sie die langen Spießruten prasseln fühlten, aber ein drohendes Kommando jagte sie wieder vorwärts. Der Oberleutnant sprang in das Boot, das Pioniere lenkten. Nur etwa zehn Leute von den zwanzig, die abgezählt worden waren, nahmen darin Platz. Wir legten uns platt auf den Boden, damit uns die metallene Pontonwand Deckung sei.

Ungeheures zerfetzendes Wimmern, Brüllen war hörbar. Ich lugte über den Bootsrand und sah am serbischen Ufer Hunderte unserer Soldaten. Bis an die Knie, bis an die Schenkel, bis an den Bauch standen sie im Wasser, stießen die Hände in die Höhe und kreischten einen einzigen endlosen Schrei, Tobsüchtigen gleich.

Nichts fühlte ich als ein würgendes Nichtverstehen dieses Hexensabbats. Nur ein Gedanke: jetzt gondelst du selbst hinüber, um in wenigen Minuten – diesen dort gleich – als Vertierter, Verkrüppelter und Flehender an der gleichen Stelle zu stehen.

Es waren die Verwundeten. Sie schrien nach ärztlicher Hilfe und nach ihrem Abtransport. Hügel und Wälder, die die Ufersandbahn einsäumten, erbrachen immerfort Blessierte und Leute, die sie stützten – jene im Kriege auftauchende Art von barmherzigen Samaritern, die den Verwundeten zum Verbandplatz helfen, um nicht mit der Schwarmlinie vorrücken zu müssen.

Obwohl wir schon vor mindestens zehn Minuten abgestoßen waren, hatten wir kaum zwanzig Meter zurückgelegt. Die Pioniere hatten fast gar nicht gerudert. »Sollen wir weiter vorwärts rudern?« fragte der Zugführer der Pioniere. – »Selbstverständlich!« rief der Oberleutnant. »Sie haben doch den Befehl.« – »Nun ja, aber . . .« – »Das sind ja nur Verwundete«, beruhigte einer von uns den Gondoliere, der jedenfalls in seiner Angst die Szene drüben als einen Rückzug ansah und das sofortige Auftauchen verfolgender Serben befürchtete. Resigniert stieß der Pionier das Ruder nach vorn, aber seine beiden Gehilfen machten an den hinteren Riemen passive Resistenz, und auch jetzt kam die Zille nicht vorwärts. Erst als der Oberleutnant den Revolver zog und ein ›Wird's bald!‹ schrie, ging es näher zum Ufer.

Wir kamen nur auf etwa fünfundzwanzig Schritte heran, denn bis dorthin hatten sich die verwundeten Flüchtlinge in das Wasser gewagt und wollten sich brüllend in den Ponton schwingen, um einen Platz für dessen Rückfahrt zu belegen. Wir konnten gar nicht aussteigen, so war das Boot umlagert. Ein Mann ohne Bluse, der nur an den Breeches und Ledergamaschen als Offizier kenntlich war, rief immerfort: »Ich muß hinüber, ich habe eine wichtige Meldung.« – »Sie lügen«, schrie ihn jemand an. Da verschwand er in der Richtung eines anderen Pontons.

Der anderen, die sich unseres Bootes bemächtigen wollten, konnte man nicht Herr werden, und wir stiegen aus, nun selbst bis über die Hüften im Wasser watend. Die Strömung war stark, unsere Rüstung schwer, zehnmal drohte jeder von uns umzusinken, bevor wir serbisches Festland betraten. Dem Befehl des Obersten gemäß wollten wir nach rechts abschwenken, aber Generalmajor Daniel, der mit seinem Generalstabschef Baron Pitreich hier herumlief, beorderte uns zur schleunigen Verstärkung des linken Flügels. Durch einen Verhau gingen wir vorwärts. »Kisch, gehen Sie zurück und führen Sie den übrigen Teil der Kompanie im Laufschritt nach.« So eilte ich wieder an das Ufer.

Aus allen Pontons stiegen eben Elfer aus. Die von der 15. Kompanie nahmen am Ufer Liegestellung an. »Das war bös, das mit dem Oberst«, sagte mir ein Infanterist, »nicht?« – »Was denn?« – »Ja, er ist doch in deiner Gegenwart in die Brust geschossen worden.« – »In meiner Gegenwart?« – »Ja, gerade wie du mit ihm gesprochen hast und dich von ihm abwandtest, um zur Böschung zu laufen, hat es ihn erwischt.« – »Ist er tot?« – »Weiß nicht.«

Inzwischen war alles da. Im Laufschritt gingen wir durch den Wald vor, senkrecht auf den Lauf der Drina, in Schwarmlinie. Durch das Geäst und an den Stämmen vorbei strichen Kugeln zu Tausenden. Überall lagen Stücke von Blut, rotbefleckte Hemden, Tücher, Bandagen, weggeworfene Brotsäcke, Gewehre, Stiefel, Tornister. Verwundete schleppten sich vorbei, und so war ich nicht eine Sekunde im Zweifel, daß ich den richtigen Weg führe. Um so überraschter war ich, als wir, die wir uns doch immerfort vom Fluß entfernt hatten, plötzlich wieder am Ufer des Flußes standen. Dann fiel mir aber ein, daß der Strom vor mir nicht mehr die unglückselige Drina, sondern die Save sei. Nun verschoben wir uns nach rechts und waren schnell bei der Plänklerlinie. Dem Gruppenkommandanten, einem Major von 91, meldete gerade ein Infanterist, daß Hauptmann Sychrava von 91 in seiner Stellung durch ununterbrochene Verluste vollständig geschwächt und so gefährdet sei, daß er unbedingt Verstärkung haben müsse, wenn er seine vorgeschobene Position halten solle. Bevor der Major antworten konnte, meldete unser Kompaniechef, daß er zur Verstärkung bereitstehe. Es schien selbstverständlich, daß der Major uns zur Rettung der bedrohten Abteilungen vorschicken werde.

Endlich: »Herr Oberleutnant, verdichten Sie einstweilen den linken Flügel am Wall und warten Sie ab, ob wir vorwärts gehen.« Der Infanterist wartete noch immer auf Bescheid. »Sagen Sie Herrn Hauptmann Sychrava: wenn er nicht halten kann, soll er bis zu diesem Wall zurückgehen, den ich mit aller Energie ...«

Wir schauten einander verdutzt an. Blick über die Erdwelle, ›diesen Wall‹: Kukuruzstaude an Kukuruzstaude. Nicht ein Quadratmeter niedergebrochen, geradezu als ob man gefürchtet hätte, Feldschaden zu machen. Die Sichtweite betrug buchstäblich einen halben Meter.

Der Infanterist wollte mit dem Bescheid zu seinen bedrohten Kameraden zurückkehren, als ihn der Major zurückrief und einen blutjungen Kadettaspiranten damit betraute, die negative Botschaft zu überbringen. Der Kadett schwang sich in den Kukuruz, aber in demselben Augenblick kollerte er mit einem Aufschrei zu Boden. Er hatte oberhalb des Ohres einen Schuß in den Kopf bekommen. Man verband ihn rasch. Inzwischen erhielt doch der Infanterist den Auftrag zur Befehlsüberbringung; ihm fiel es gar nicht ein, im ungedeckten Terrain vorwärts zu laufen, sondern er nützte den Schutz der Welle aus.

Während dieser Szenen hatte ein Leutnant, der jedenfalls zum Stab des Majors gehörte, mit unserem Fähnrich ein Gespräch angeknüpft. »Das ist eine Mausefalle, was?« Jetzt erst fügte ich mir im Geiste die Grenzlinien unserer Stellung zusammen und erkannte, wie recht er hatte: eine Mausefalle. Links die Save, hinter uns die Save, rechts die Drina und vor uns der dichte, unübersichtliche Mais mit dem Feind darin, der ununterbrochen Projektile in das Wäldchen zwischen Save und Feldrand sandte. Kaum fünfundzwanzig Meter war der Busch breit, wir mußten uns darin gegen zwei Fronten sichern, und seine Bäume markierten deutlich das Ziel, während wir aufs Geratewohl in das Maismeer schossen.

Vor uns knatterten die Schüsse eigener Leute. Wir hätten sie zusammenschießen müssen, wenn wir von hier aus zu feuern begonnen hätten. »Vorwärts!« befahl der Oberleutnant spontan, aber wir waren kaum dreißig Schritte im Kukuruz vorwärts gekommen, als uns, wie von Erinnyen gepeitscht, Soldaten entgegenkamen, Hundertzweier. Sie jagen dem Ufer zu. Wir stockten im Vorgehen, und es bedurfte drohender Schreie der Vorgesetzten, um uns noch einige Schritte vorwärts zu reißen. Aber dann begegneten wir einer ganzen Schwarmlinie, die rückwärts stürmte, ihr voran ein Kadett. »Halt!« schrie ihn unser Oberleutnant an, aber jener rannte weiter. »Halt, Herr Kadett, oder ich schieße!« Jetzt blieb er stehen. Bebte wie ein Kranker. »Ich befehle Ihnen, vorwärts zu gehen!« – »Es ist nicht möglich, Herr Oberleutnant, wir werden so beschossen und haben keine Munition.« Er stotterte vor Angst, schlotterte mit den Knien. »Kehrt euch und nochmals vorwärts!« – »Ich gehe ja, ich gehe.« Aber das half nichts mehr. Seine Leute hatten das Ende der Kontroverse gar nicht abgewartet und waren, in den hohen Stauden unbemerkt, bis an die Deckung gelangt, unsere Leute mit sich schwemmend.

Es war also nichts zu machen. In dem undurchsichtigen Maisgebiet und in der allgemeinen Depression konnte die Kompanie nicht auf einmal vorgehen. Der Oberleutnant befahl die Züge des Leutnants Valek und des Kadetten Weiser zum Vorrücken, die anderen als Reserve. Wir waren kaum sechzig Schritte weit gekommen, als Hauptmann Sychrava mit einem Teil seiner Kompanie zurückkam. Er hatte sich so lange gehalten, als es möglich war. Er war vollkommen verstört. Er nannte immerfort die Namen seiner Chargen, der Leute, die er neben sich hatte fallen sehen, er fluchte und weinte.

Es war der Kamm eines niedrigen, mit Mais bewachsenen Hügels, auf dem wir Position bezogen. Da die Serben auf der anderen Seite des Abhanges lagen, gingen ihre Schüsse zu hoch, und das war der Grund dafür, daß wir bisher verhältnismäßig wenig getroffen wurden. Wir waren schon beim Vorrücken immerfort auf Leichen serbischer Soldaten gestoßen, die noch von Blut trieften, ein Beweis, daß sie erst vor kurzer Zeit hier getötet worden waren und ihre Kameraden nicht weit zurück sein konnten. Das Frontalfeuer war von äußerster Intensität, und vom Finanzwachhaus nächst Serbisch Rača bekamen wir (schwächeres) linkes Flankenfeuer. Überdies sausten die Kugeln der rechts etwas hinter uns liegenden Abteilungen unserer eigenen Divisionsregimenter allzunah an uns vorbei, weil sie im Kukuruz nicht zielen konnten.

Der Feind durfte auf keinen Fall von der Welle Besitz ergreifen, sonst würde die ganze Division im Wäldchen vernichtet oder ins Wasser geworfen. Deshalb mähten wir den Kukuruz bis zum Wall nieder und hatten im Vorterrain unserer Kompanie nun wenigstens so weit freie Sicht, daß man uns nicht unvermutet mit dem Kolben erschlagen oder ungesehen mit Handgranaten bewerfen konnte. Dann legten wir uns wieder in unserer Deckung zurecht und gruben uns ein. Da ich keinen Feldspaten hatte, scharrte ich mir mit dem Bajonett mühselig und ungeschickt ein kleines Loch. Eine Ordonnanz vom Brigadekommando lief vorbei, ein Bekannter: »Streng dich nicht an, wir bleiben nicht hier.« So ließ ich denn die Kugeln mich umpfeifen, und mir taten die dummen anderen leid, die sich im Schweiße ihres Angesichts eingruben, um dann, bis die Deckung fertig sein wird, aus ihr fortzumüssen.

Aber es wurde spät und später als spät, zu den Geschoßbahnen der Gewehrkugeln liefen nun auch Schrapnelle und Granaten parallel, und wir waren noch immer nicht fort. (Die Ordonnanz hatte mich nicht belogen. Wir hatten vorgehen sollen, bis unsere

Verbindung mit der Landwehr-Infanteriedivision hergestellt sei, die uns links verlängern sollte; aber sie war zurückgeschlagen worden, gar nicht über das Ufer gekommen.) So lag ich, während die dummen anderen längst eine Burg um sich errichtet hatten, in meinem Erdloch und schaufelte mir mit den Händen einen kleinen Erdhügel. Als aber von links immer mehr und mehr Schüsse kamen, legte ich mir dort den Brotsack auf, und wenige Minuten später klirrte das erste Projektil gegen die darin enthaltenen Konservenbüchsen. Nun drehte ich die Mütze um, weil mich das Schild hinderte, den Kopf bis an die Stirne ins Erdreich zu pressen, wenn ich mich nach abgegebenen Schüssen wieder decken wollte. Immerfort schrillten die Kugeln vorüber und schlugen in die Deckungshügel ein, uns die Erde so heftig ins Gesicht spritzend, daß wir uns schon getroffen wähnten.

Links von meiner Miniaturdeckung sind die verlassenen Schützengräben der Serben, schon im Frieden gebaut. Gegen Schrapnelle, ja gegen Granaten geschützt, betoniert, mit Schießscharten versehen, schier uneinnehmbar. Es waren keine ›Hammeldiebe‹ oder ›Ziegenschänder‹, die hier gegen uns auf der Wacht an der Save lagen: eine serbisch-französische Grammatik liegt im Graben, daneben ein serbisch-französisches Diktionär. Anderswo das Notizbuch eines Schülers der 6. Realschulklasse mit dem Stundenplan. Im Augenblick, als die Serben aus dem Schutzdach traten, traf sie der Hagel unserer Schrapnelle. Ein Serbe sitzt auf die Trommel gestützt, und aus dem Auge des längst Toten sickert das Blut langsam, wie aus einem Tropfenzähler. Ein anderer liegt mit ausgestrecktem Arm auf dem Rücken und neben ihm – aus seinem Brotbeutel ausgeschüttet – frisches Obst. Wir alle haben Durst und Appetit darauf, aber keiner wagt, das Eigentum des Kalten zu berühren. Ein serbischer Oberleutnant, die Hand am Säbel, liegt auch auf dem Rücken; er ist von unten in das Kinn getroffen worden.

Wir haben uns an die kalte Gesellschaft gewöhnt. Ein junger Zugführer von 91 macht immer Witze. Er steht aufrecht, als ob er am Rosenberger Teich spazierenginge und nicht im Streukegel der Patronen. »Mit den Serben wären wir bald fertig, aber der Kukur . . .« Ein Wimmern vollendet den Satz. Wie einen Nervenriß empfinden wir dieses Wimmern, so schnell es auch verzittert ist.

Ich wende mich ab, man ist gerade nervös genug von dem Lärm und der Gefahr. Und jetzt noch das Gekreisch eines Verletzten hören müssen! Aber Gott sei Dank, er schweigt. Schweigt sogar auffallend. Ich schaue über die Brüstung, eine kleine, natürliche Traverse. Da liegt er und röchelt nicht mehr ... Eine Minute später hinkt ein 91er vorüber, den Fuß ganz blutig. »Na also, da geht er«, meint der Hauptmann, »und gewimmert hat er, als ob er zu Tode getroffen wäre.« – »Das ist nicht der Zugführer, Herr Hauptmann.« Der Hauptmann schaut hinüber, und es fröstelt ihn.
Leutnant Valek kommt mit den Leuten unseres vierten Zuges von vorn zurück. Er ist in das Schulterblatt getroffen, Oberleutnant Manlik in den Arm geschossen.
Drei Regimenter liegen wir jetzt am Wall, hart aneinandergepreßt. (73 ist drüben Reserve.) Wir sind über 10000 Leute hier, und von nachmittags bis abends schießt alles Salven. Jeder hat mindestens 140 Patronen. Sagen wir, jeder habe nur hundertmal geschossen, so wären es eine Million Schüsse; und über uns sausen die Geschosse unserer Artillerie. Serbien muß übersät sein von unseren bleiernen Fabrikaten. Vielleicht trifft eines bei Ub eine arme Greisin, die gerade Äpfel pflückt. Und zu den Millionen eigener Geschosse gesellen sich Millionen serbischer Patronen, serbischer Schrapnelle, serbischer Granaten, denn angeblich stehen sechs serbische Divisionen der unseren gegenüber. Es ist unmöglich, durch diese Ziffern irgendwie einen Begriff des Krawalls zu geben, für den das Wort ›Höllenlärm‹ ein Euphemismus wäre. Wir sind schon ganz apathisch.
Ich hatte Durst und nichts zu trinken. Im Brotsack hatte ich Schokolade. Ich stand auf und packte den Brotsack aus. Sie war in Wäsche eingewickelt und nicht leicht zu finden. Zwei prächtige Tafeln Schokolade in Originalverpackung. Ich nahm sie heraus und steckte sie in die Bluse. Hinter mir stand ein Oberleutnant, neben mir zwei Infanteristen, denn das Feuer war schwächer geworden. Im selben Augenblick schwirrte eine Granate haarscharf über unsere Köpfe. Das Geäst des Baumes fiel krachend auf uns nieder, und dieweil wir uns zu Boden warfen, spürte ich, wie die Schokolade links neben mir zu Boden fiel. Hauptmann Mimra schrie mir zu: »An Artillerieaufklärer weitergeben: Finanzhaus Rača zusammenschießen!« Ich wiederholte den Befehl und gab ihn wei-

ter. Das dauerte eine halbe Sekunde. Als ich die Schokolade aufheben wollte, war sie weg. Ich brüllte meinen Nachbarn an, ich weinte vor Wut, ich dachte nach, wie ich den Dieb ohrfeigen wollte, wenn ich ihn erwischen würde; anstatt dem Schicksal für jede Sekunde zu danken, in der mich kein Geschoß traf, waren meine ganzen Gedanken bei nichts anderem als bei der Schokolade, die meine Mutter zu Hause verpackt hatte und die nun ein anderer verzehren würde. Ja, ich weinte vor Wut und wünschte nichts, als den Räuber zu erwischen.

Immerfort wankten Legionen Verwundeter vorbei. Wie wird das erst werden, wenn wir vorgehen? Was wird uns der Morgen auf jenen Höhen bescheren? Diese Befürchtungen wurden durch eine Botschaft zerstört, deren Schrecklichkeit noch tausendmal ärger wirkte.

Es war 2 Uhr nachts. Der Kompaniechef rief mich zu sich. »Ich hab das Gefühl, es wird Rückzug sein.« – »Unmöglich, Herr Oberleutnant, es ist ja keine Brücke geschlagen.« Er winkte mit der Hand ab, und ich erkannte, daß es nicht Gefühl, sondern Kenntnis einer Tatsache war, was ihn zur Mitteilung veranlaßt hatte. »Also passen Sie auf: wenn sich der Rückzug vom linken Flügel aus vollzieht, bleiben Sie bei Herrn Hauptmann Mimra als Verbindung zwischen ihm und meiner Kompanie.«

Ich lief zum Hauptmann, vorbei an Leuten, die der Drina zuströmten. Es waren schon von anderen Kompanien Ordonnanzen da. Ich hörte, wie er sie abfertigte. »Oberleutnant Schier beginnt.« Es ging vom linken Flügel an. Dreiviertel Stunden lag ich aufgeregt da. Tausende von Menschen waren hier und zur Überschiffung höchstens zwölf kleine Pontons, die gewiß nicht mehr als je vierzig Personen faßten, gelenkt von nur wenigen Truppenpionieren, von denen manche feig, manche verletzt waren. So sollten wir aus der Mausefalle entkommen? Die Szenen von der Herüberfahrt würden sich gewiß wiederholen, wenn nicht übertroffen werden!

Sooft sich eine neue Abteilung vom linken Flügel aus vorschob, ohne daß die schießend und gedeckt in der Schwarmlinie liegenden Leute eine Ahnung davon hatten, erhielten die Kompanieführer ein Zeichen, auf das sie mit dem Kommando zu lebhafterem Schießen reagierten. Unsere Leute, die diesen Befehl als

Ausdruck besonderer Gefahr auffaßten, klapperten vor Angst, schossen wie rasend und bohrten die Köpfe in die Deckung.
Um drei Viertel 3 Uhr nachts waren wir der linke Flügel. Hauptmann Mimra rief mir zu: »Fünfzehnte, los!« Nun war zu allen unseren Zugkommandanten zu laufen, um ihnen den Befehl zuzurufen: »Fünfzehnte Kompanie von Elf Rückzug.« Leicht gesagt, aber in der beinahe lückenlosen Schwärze dieser Nacht, im übersteigerten Lärm, während in unsere Schwarmlinie andere Regimenter und andere Kompanien eingekeilt waren, sehr schwer getan. Es durfte niemand von den Kameraden zurückgelassen werden, und so rannte ich von einem Plänkler zum anderen, um den Befehl zu überbringen und nach dem Zugkommandanten zu fragen. Zwei hatte ich verständigt, als sich schon alles zum Rückzug bewegte.
Der Kompaniechef wartete auf der alten Stelle: »Fünfzehnte Kompanie nach rechts verschieben.« Zum Wald. Gegen die Drina zu. Immerfort durch Gebüsch, immerfort durch Gestrüpp. Immerfort mußte man sich zu Boden werfen, weil ein Artilleriekomet unsere Kokarden streifte, und bald hatten wir den Weg verfehlt oder glaubten es wenigstens. »Hierher, Herr Oberleutnant«, rief einer, »hierher, Herr Oberleutnant«, schrien die anderen. Wir waren bald nur fünf Leute beisammen, entschlossen uns, zur Save zu gehen und längs ihres Ufers zur Drina; aber als wir an den Fluß kamen, der durch Spiegelung des kläglichen Mondlichtes wenigstens etwas Helle gab, wußten wir nicht, in welcher Richtung die Drina liege. Einer wollte eine Streichholzschachtel ins Wasser werfen, um die Stromrichtung festzustellen. »Nicht die Zündhölzchen, das wäre schade«, wehrten alle. So warfen wir eine Feldpostkarte in den Fluß und sahen, daß wir nach links zu gehen hatten. Trupps von Soldaten brachen aus den Büschen am Ufer und schlossen sich uns an, andere überholten uns, andere kamen uns entgegen und wollten uns einreden, daß unser Weg der falsche, der entgegengesetzte der richtige sei. Wir aber wußten, in welcher Richtung die Feldpostkarte geschwommen war, und der einzige Zweifel war nur, ob wir wirklich an der Save seien und nicht vielleicht an der Drina oberhalb der Überschiffungsstelle. Aber bald sahen wir die Drinamündung.
Ein Schrei aus tausend Komponenten, ein einziger Schrei aus tau-

send Stimmen und ohne Ende riß an unserem Trommelfell. Wie wir herzklopfend vorausgesehen hatten, als wir den Rückzugsbefehl erhielten: beim Überschiffungsrelais herrschte Chaos. Näher an das Gellen heran, immer lauter wurde es. An Menschenmassen war die Überschiffungsstelle kenntlich. Das Geheul und unsere eigene Angst lähmten uns. Langsam, während das Gedränge uns aufsaugte, begannen wir im matten Licht des Mondes zu unterscheiden.

Leute warfen Tornister und Gewehre auf den Sand, saßen auf der Erde und nestelten hastig an ihren Schuhriemen. Die meisten standen in voller Ausrüstung bis an die Hüften im Wasser, um den Ponton zu erreichen, noch bevor er ans Ufer komme. Sie waren es, die durch schakalisches Gebrüll und durch tobsüchtiges Vonsichschleudern der Arme die Aufmerksamkeit der Pioniere auf sich lenken wollten und mit ihren Nachbarn rauften, weil diese durch noch exorbitanteres Gebaren Berücksichtigung zu finden hofften.

Andere hatten die Absicht, den Strom ganz zu durchwaten, so daß Truppen in geschlossener Masse, bis an den Hals im Wasser, vorwärts gingen. Ihnen schloß ich mich an und drängte, halb gestoßen, vor. Da mein Gewehr mich hinderte, mit den Händen zu balancieren, steckte ich den Kopf in den Gewehrriemen. Immerfort traten wir auf Tornister und Gewehre. In der Mitte des Stromes mußten wir halten, Kameraden kamen zurück: es geht nicht weiter, es ist zu tief, die Strömung zu stark.

Mit einemmal erhielt das Geschrei der Massen einen gemeinsamen Text: »Die Serben sind schon am Ufer!«

Tatsächlich verdichtete sich der Horizontalregen der Kugeln. Nicht mehr über unseren Köpfen flogen die Geschosse, sondern sie durchlöcherten das Wasser. Manche von uns rannten nach rechts zurück, denn nur von links, schien es, kamen die Serben; manche von uns wollten schwimmend das österreichische Ufer erreichen. Fünf Schritte schräg vor mir sah ich einen Offizier energisch schwimmen. Wie mir schien, war es Oberleutnant Batek. Ich rief seinen Namen, aber er hörte mich nicht. Ich wollte ihm nachschwimmen, da tauchte sein Kopf unter und kam nicht mehr zum Vorschein. Entweder hatte ihn eine Kugel getroffen, oder ein Herzschlag hatte ihm den Drinatod gebracht.

Überall das gleiche Bild: an dreißig Ertrinkende, schreiend, röchelnd, schnappend, aus dem Wasser tauchend, versuchten, sich in der Luft festzukrallen und an dem Nichts emporzuziehen; Füße streckten sich aus dem Wasser — — während ich dieses schreibe, zittert meine Hand, ich muß innehalten.
Einige Nichtschwimmer klammerten sich an Schwimmer, die wollten die Last abschütteln, schlugen um sich, bald sanken sie gemeinsam in die Tiefe. Wer in der Nähe den Boden verloren hatte, dem streckten wir, die wir noch in einer Reihe zu stehen vermochten, die Hände entgegen und zogen ihn an uns. Zweien ich. Der erste rannte gleich wieder ans Ufer zurück. Der zweite pustete eine Weile, dann sank er um und verschwand auf dem Grund.
Eine Bewegung nach rechts ging durch die Reihen. Dort fuhren drei Pontons herüber. Mitgerissen eilte auch ich hin, soweit man eilen konnte, wenn das Wasser bestenfalls bis zum Hals, an manchen Stellen bis zum Mund reichte. Der Ponton, zu dem ich kam, war aufgehalten worden und stand nun parallel zu den Ufern. Während alle in neuerlichem Verzweiflungskampf auf der ihnen zugekehrten Seite sich in den Kahn zu schwingen versuchten, stapfte ich zu der entfernteren, dem österreichischen Ufer näher gelegenen Breitwand und hielt mich am Bordrand fest.
Noch ein zweiter ist so schlau gewesen und hängt dort. Einen der in den Kahn Gelangten flehe ich an: »Kamerad, zieh mich in das Boot.« Er packt mich, vermag aber nicht, mich über den hohen Rand zu zerren, da ich keineswegs imstande bin, ihm irgendwie zu helfen. Mit einem Blick auf meinen Nachbar, den gleichfalls jemand trotz aller Anstrengung nicht in den Ponton ziehen kann, rate ich meinem Retter: »Hilf zuerst dem da und dann mir.« Er tut es, und mein Nachbar ist drinnen.
Der Ponton hat sich bereits gefüllt, Stimmen werden laut: »Abstoßen! Niemand hereinlassen!« Ich bitte meinen Retter: »Also, jetzt komm ich dran«, aber er hilft mir nicht, der Insasse, den er unterstützt hat, ebensowenig, und mein früherer Nachbar von der Außenwand, der mir doch sein Leben verdankt, am allerwenigsten.
Inzwischen ist das ganze Fahrzeug, auch meine schon patentiert geglaubte Pontonseite, von mehr als sechzig verzweifelten Händen umklammert. »So können wir nicht rudern«, schreien die

Pioniere, und das ist das Signal zu einem Angriff gegen uns ›Außenseiter‹. Mit Gewehrkolben schlägt man den draußen Hängenden auf die Finger oder trommelt mit den Fäusten auf ihre Hände, bis diese loslassen. Dann fallen die Armen ins Wasser, gurgeln, tauchen auf, manche zwei- oder dreimal, und sinken unter . . .

Die Aufgabe, mich vom Bordrand abzuschütteln, hat ein junger Bursch übernommen, dessen Gesicht ich niemals vergessen werde. Ein getreideblondes Haarbüschel schiebt sich aus seiner Mütze weit über die Schläfe, er trägt die papageigrünen Aufschläge der Einundneunziger und hat große, hellblaue, unendlich gütige Augen; mit diesen würdigt er mich keines Blickes, sondern schaut nur ganz sachlich auf meine Finger, die sich verzweifelt an der Brüstung halten. Seelenruhig kniet er nieder und beginnt, meine Hände abzureißen, gleichgültig, als schäle er Nüsse. Endlich gelingt es ihm, meine rechte Hand zu öffnen; aber kaum macht er sich an die linke, habe ich mich von neuem mit der rechten Hand festgekrallt. So geht es demnach nicht. Einen Augenblick lang sinnt er nach, faßt dann den kleinen Finger meiner linken Hand, den Goldfinger, den Mittelfinger, Zeigefinger, Daumen.

Innerhalb dieser Zeit bin ich keineswegs stumm. Zuerst bitte ich, verspreche, ihm ewig dankbar zu sein, appelliere an seine Kameradschaft, beschwöre ihn beim Leben seiner Mutter und weise darauf hin, daß durch mich das Boot ja nicht umkippen werde. Er läßt sich dadurch in der ruhigen Ausführung seiner Absicht, mich zu ersäufen, nicht stören und hebt weiter meine Finger. Durch Flehen ist nichts zu erreichen. »Schuft«, brülle ich, »ich kenne dich ganz genau, wenn ich hinüberkomme, wirst du als Mörder aufgehängt – es nützt dir auch nichts, mich hinunterzuwerfen, die anderen werden dich schon als Mörder anzeigen!« Verfehlt den Eindruck. Er hat meine linke Hand bereits gelöst und hält sie mit seiner linken fest, damit sie nicht von neuem die Pontonwand umarme; nun schickt er sich an, mit seiner frei gebliebenen rechten an meinen rechten Fingern die Prozedur fortzusetzen.

Die anderen Insassen sind längst wütend, daß ich mich dagegen auflehne, ertränkt zu werden. »Schmeiß den Kerl ins Wasser!« Ich will nun nicht weiter lästig fallen und lasse mich ins Wasser plumpsen.

Versuche zu schwimmen. Aber ich kann kein Tempo machen, denn mein Gewehr, das ich vergessen hatte, verschiebt sich zum Hals, und der Gewehrriemen würgt. Außerdem ziehen mich die schweren Kommißstiefel und die Rüstung grundwärts. Den Gewehrriemen über den Kopf zu zerren gelingt mir nicht. Der Ponton hat sich inzwischen gedreht und befindet sich bereits an einer tiefen Stelle. Meine Verzweiflung läßt mich emporschnellen; ich packe die Zille am Heck, meinen Kopf verbergend.

Heilloser Schreck herrscht auf Deck, die serbischen Kugeln pfeifen, Aufwimmern, Schrei, Schrei und Schrei beweisen, daß sie treffen.

Eines von den serbischen Schrapnellen, die bisher rechts und links von uns ihre Füllkugeln oder ihre rotglühenden Zünder in die Drina gesprengt haben, platzt über unserem Boot: Lärm, Geächze, Stöhnen, Flüche und dann Panik: »Der Boden ist durch!« – »Schnell die Löcher zustopfen!« – »Zeltblätter heraus!« –»Mäntel hineinstecken!« Ich höre tausend derartige Rufe, ohne etwas zu sehen. Nebenan gleitet ein anderer Ponton, in den nacheinander zwei Schrapnelle einschlagen. Er kippt um, ich wende die Augen weg – – –

Unser Vehikel wird von der Strömung abgetrieben, etwa zweihundert Schritte weiter nördlich kommen wir an das österreichische Ufer. Sappeure und einige Infanteristen helfen ans Land; bevor ich mich aber von der Hinterwand mit den Händen vorwärts gegriffen habe, sind alle ausgeschifft, alle aus dem Kugelregen geflüchtet, das Wrack zurücklassend.

Ich versuche, an das Land zu steigen – das Wasser ist zu tief, die Strömung zu stark, ich rufe um Hilfe. Manche, die die Böschung hinaufeilen, wenden sich um, jedoch keiner kehrt zurück. Ich erkenne einen Kompaniekameraden. »Neumaier!« schreie ich. Er dreht sich um: »Wer ruft mich?« – »Ich, der Kisch.« Er kommt herunter, um mir sein Gewehr entgegenzustrecken, ich fasse es, und er zieht mich ans Ufer. Es ist steil und glitschig, ich rutsche aus; in meiner Schwäche verliere ich das Gleichgewicht, stürze rücküber ins Wasser. Neumaier springt mir, der ich mich wiederaufgerichtet habe, nach. Wir stehen bis an den Hals im Wasser. Er stellt sich hinter mich, fest hält er mich an den Hüften, stößt mich vorwärts über den Uferdamm, Boden spüre ich unter mir, Boden.

Eine Kolonne wie die von Falstaff Geworbenen, jämmerlich und elend, trabt im Gänsemarsch längs der Böschung. Nackte Soldaten, Soldaten in Unterhosen, Soldaten in voller Rüstung, Soldaten bloß in Zeltblättern trotten apathisch. Zwischen Neumaier und mich haben sich bereits andere geschoben.

Links ein großer Baum. Das ist der Sanitätshilfsplatz der Hundertzweier, fällt mir ein, den wir beim Hinmarsch gesehen haben, Dr. Klein, Dr. Turnovsky oder Dr. Wollin werden mir irgendwie helfen. So biege ich ein, binnen fünf Minuten bin ich bei dem Baum. Ein Baum wie hundert andere, keine Spur von Hilfsplatz. War's nicht dort der nächste Baum? Im Nu habe ich die Richtung verloren, irre allein über Kleefelder, während an den Ufern aus Patronenmagazinen ununterbrochen debattiert wird und Geschosse, den einsam Gehetzten umflitzend, das einzige Zeichen sind von Menschlichkeit.

Dreißig Schritte vor mir, aus einem Gebüsch, ruft mich ein Posten an: »Halt, wer da?« Ich weiß kein Erkennungszeichen, weder Feldruf noch Losung, da ich im geschlossenen Zug eingeteilt war; aber der Buschmann beharrt darauf, vielleicht hätte er mich erschossen. Zum Glück erinnere ich mich, daß die Feldwachen heute morgen von den Dreiundsiebzigern bezogen wurden, und gebe mich durch egerländische Mundart als Freund zu erkennen: »Seid's diats Dreisiebzger? I tirt gern mit enkern Kummadanten riadn.« Zwei Mann führen mich zum Leutnant, der mich anschreit: »Elender Drückeberger, du bist aus der Schwarmlinie geflohen!« Er weiß noch nichts von dem allgemeinen Rückzug, da an seiner entlegenen Feldwache keine Truppen vorbeigekommen sind. Schließlich läßt er mich passieren, weist mir die Richtung nach Velino-Selo. Nach zehn Minuten habe ich den Weg nach Velino-Selo erreicht. Tausende von Soldaten lagern da, sie haben ihre Hemden ausgezogen, um sie auszuwinden und dann wieder anzuziehen.

Endlich ein Haus, ein Gendarmeriekasernchen, Soldaten davor, mit ihrer Toilette beschäftigt. Hier leere ich meinen Brotbeutel, die Reserveportion Zwieback liegt als flüssiger Brei im Säckchen. Meine Briefe und Karten sind aneinandergeklebte Fetzen, ebenso die alten Stücke Zeitungspapier, die ich für alle Fälle aufgehoben hatte; mein Tagebuch ist, soweit es mit Tintenstift ge-

schrieben war, ganz verwischt und verschwommen; mit dem Tintenstift kann ich nicht mehr schreiben, seine Mine hat sich aufgelöst. In meiner Hosentasche hat sich die Blechkapsel geöffnet, und das Legitimationsblatt ist unleserlich geworden. Gleichgültig, mag man mich als X oder Y begraben!
Beim Gendarmeriehaus treffe ich meinen Retter. Er raucht. »Neumaier, gib mir einen Zug!« – »Ach was«, damit lehnt er ab.
Vor Dolni Brodac, unserem alten Lager, warteten Soldaten, jeden Vorbeikommenden nach dem Verbleib von Bekannten befragend, beliebte Kameraden stürmisch begrüßend. Auch eine Gruppe von Offizieren sitzt dort, unter ihnen mein Oberleutnant, der in dem umgekippten Ponton war, sich aber doch gerettet hat, ein Oberleutnant, dessen Arm durchschossen ist, ein Leutnant, der vier Schüsse in den Schultern hat, und andere.
Sie fragen, ob ich nicht von irgendeinem verletzten Offizier wisse. »Kirrmann ist tot.« – »Das haben wir auch schon gehört, aber es soll nicht wahr sein.« Einer erzählt, daß er ihn zerschmettert gesehen. Da schweigen sie. Sie nennen die Namen anderer gefallener Offiziere. »Was ist mit Oberleutnant Batek?« frage ich, mich meines schwimmenden Nachbarn aus der Drina entsinnend. »Vermißt.« Hauptmann Mimra liegt fiebernd in seinem Zelt, Lungenentzündung.
Die Kompanie rangiert sich, die Verluste sollen aufgenommen werden. »Unser Zug ist schön zusammengeschrumpft«, wende ich mich mechanisch an meinen Schwarmführerstellvertreter, der immer neben mir in der Einteilung stand. Ein anderer antwortet. Korporal Czeschka fehlt also auch. Er war zur Dekorierung eingegeben, weil er vor vierzehn Tagen zur Rettung unserer Patrouille im Feindesfeuer durch die Drina geschwommen war. Wie hatte er sich, unserem Spott zum Trotz, auf die Medaille gefreut! Von meinen Kumpanen fehlen über zwanzig. In den anderen Kompanien sollen die Verluste noch größer sein. Und erst bei den anderen Regimentern unserer Division!
Den ganzen Morgen weine ich grundlos und unvermittelt, nachmittags lache ich, bin kindisch geworden. Trotz Übermüdung und Hitze kann ich nicht einschlafen. Alle sind in ähnlicher Stimmung.

Mittwoch, den 16. September 1914

Die ganze Nacht im Gefecht. Dreißig Schritte vor uns lagen die Serben unter Bäumen, im Mondschein sah man, wenn einer aufstand und lief und meist getroffen wurde. Gegen 1 Uhr nachts bekam der Oberleutnant eine verschlossene Meldung. Ich wußte sofort, was sie enthielt, denn er reichte seinem Burschen Uhr, Brieftasche und Portemonnaie und gab ihm Verhaltungsmaßregeln. Ich kenne diese Anzeichen: das ist Sturm.

Knapp vor 4 Uhr ein Befehl von Mann zu Mann: »Obacht geben und lebhaft schießen«, und dann Punkt 4 Uhr: »Feuer einstellen, Aufsatz normal, Bajonett auf!«

Der Bataillonshornist von der Landwehr stieß in die Trompete. Sturmsignal!

»Vorwärts, hurra!« Wir laufen vorwärts. Nach 5 Schritten ist unsere Schwarmlinie gelockert. Nach 10 Schritten beträgt der Plänklerabstand schon über 15 Schritte, so viele sind gefallen.

An ein Weiterstürmen ist nicht zu denken. Rechts und links flutet alles in die Deckung zurück. Wir natürlich auch. Der Sturm ist abgeschlagen. Wir verbinden Kameraden und sehen Kameraden sterben. Um 5 Uhr kommt der Befehl zu neuerlichem Sturm, da er am rechten Flügel geglückt ist und Anschluß hergestellt werden muß.

Wieder: »Hurra!« Diesmal geht's schneller. Wir sehen, der Tod ist uns sicher, es gibt keine Rettung mehr, und deshalb wollen wir's lieber rasch abtun. Nur nicht denken. Schon sind wir zwanzig Schritte vorwärts gekommen, schon sehen wir, daß wir im nächsten Augenblick in der feindlichen Stellung sein werden, daß das Handgemenge unvermeidlich ist. Die meisten der Serben wenden sich um und jagen davon. Nur wenige bleiben liegen und repetieren wie wahnsinnig.

Ich renne schräg gegen einen zu. Ich bin einen Schritt von ihm entfernt, als er mich sieht. Er will noch schießen, aber ich trete auf sein Gewehr. Er springt auf und krallt mir in die Augen, dann läßt er mit einem Aufschrei los. Infanterist Patocka von meinem Schwarm hat ihn in die Hüfte gestochen. Mit vertierten Augen dreht sich der Serbe gegen den neuen Angreifer. Aber da hat er schon den zweiten Bajonettstich vom Infanteristen Dejmka im Unterleib. Er sinkt zusammen.

Links einige Kolbenkämpfe, aber kein Zweifel, die Deckung ist genommen. Wir müssen uns schnell wieder eingraben, denn dreißig Schritte vor uns liegen die Serben in neuer Stellung. Wir atmen keuchend.

Wir haben keinen Zugkommandanten mehr. Kadett Benesch verletzt, Kadett Lenz verletzt, ihre Stellvertreter, die Zugführer Brettl, Krebs, Patleich und Raba verletzt, elf Infanteristen tot, davon vier aus meinem Schwarm.

Velka Brana, Mittwoch, den 30. September 1914

Heute ist Versöhnungstag der Juden. Genau nach dem Ritus faste ich notgedrungen, aber schon den zweiten Tag, denn wir haben keine Menage bekommen und kein Brot gefaßt. Ich wünschte, es wäre Versöhnungstag der Welt, kein religiöser, sondern ein wirklicher.

Montag, den 2. November 1914

Heute ist Allerseelen. Ein Tag im Jahr ist den Toten frei. Aber alle Tage in diesem Jahr dem Tode. Unsere Soldaten bringen die serbischen Kriegsgräber in Ordnung, stellen die Kreuze wieder auf, die der Wind niedergebrochen hat, und machen die Kirchhofswege frei von Unkraut.

Soldaten unseres Regiments und die (an der schwarz-gelben Armschleife kenntlichen) zugeteilten Mannschaften der Brigade und der Division umstanden die Gräber und zählten sie. Die meisten konstatierten die Wirkung unserer Geschosse zum erstenmal, denn die eilig aufgeschütteten Grabhügel auf der Paraschnitza können ebensogut unsere Soldaten wie Serben beherbergen. Und die in den Spitälern gestorbenen Serben oder die zurückgeschafften Leichen hatten wir ja nie zu Gesicht bekommen, so daß wir glaubten, unsere Kugeln hätten selten getroffen. Nun aber zählten wir die Gräber, und da wir der Toten gedachten, gedachten manche ihrer eigentlich mit Genugtuung. Ein absonderliches Gefühl am Allerseelentag. In der Heimat wird es heute Trauer geben, und ein wehklagendes Gedenken wird zu den Gräbern in der Ferne gehen. Nie war ein Allerseelentag trauriger.

Um 11 Uhr nachts wird Abmarsch aus Badovinci nach Zminjak sein.

Bis dahin hatte ich geschrieben, als es 11 Uhr nachts geworden war. Eben wurde das Umhängen der Rüstung befohlen. Der Rechnungsunteroffizier teilte noch rasch die Post aus. Ich erhielt zwei Briefe, einen von meinem Bruder Paul und einen von meiner Mutter. Ich las nur die ersten Zeilen. Es waren die furchtbarsten Briefe, die ich in meinem Leben bekommen habe: mein Bruder Wolfgang ist tot.

Dienstag, den 3. November 1914

Ich muß versuchen, mein Herz hier auszuschütten, auch diesen größten Jammer meines Lebens vielleicht doch zu lindern versuchen.

Ich hatte mich schon vor Wochen geängstigt, daß mein Bruder tot sei. Dann aber war doch eine lustige Nachricht von ihm gekommen. Immerhin: wir hatten ihn schon damals beinahe aufgegeben, und das war der Beginn seines Endes. Nie war uns Brüdern, die wir seit dem in unseren Kindertagen erfolgten Tode unseres Vaters keinen Todesfall in der Familie erlebt hatten, bis dahin der Gedanke gekommen, daß einer von uns sterben könne. Wir sind alle fünf von ganz verschiedener Wesensart, aber gemeinsam war uns eine starke Körperlichkeit, nie war einer bettlägerig, alle waren wir tauglich zum Militärdienst, und in uns allen äußerte sich die Gesundheit in übermütigen Betätigungen, wie Übermaß von Sport, durchbummelte Nächte, Schwimmen verbotener Strecken, Rekord an Mensuren, Tanzwut, abenteuerliche Streifzüge, ein Überschuß an Temperament, das jede Berechnung, jede Überlegung und jede Klugheit verlachte. Wie hätte da jemand von uns daran gedacht, daß unser Kreis durch den Tod zerrissen werden könnte! Erst im Kriege war uns dieser Gedanke gekommen, und insbesondere meines Bruders Wolfgang wegen hatte ich mir die größte Sorge gemacht. Er stak viel tiefer in einem Vorzustand des Todes als ich. Schließlich ist es doch das heimatliche Korps, in dessen Reihen ich lebe, schließlich begegne ich doch auf Schritt und Tritt Bekannten, habe mit neuen Bekannten gemeinsame Berührungspunkte. Aber er! Er war da oben in Rußland bei einem polnischen Regiment, unter wildfremden Menschen, mutterseelenallein, in unwirtlichem Lande allein. Das alles hatte ich erwogen, als seinerzeit durch die Schuld der Feldpost keine Nachricht von ihm kam. Und doch hatte es damals gut geendet. Aber als nun in den letzten Wochen wieder keine Post von ihm kam, war ich mir klar darüber, daß der damalige Zustand nur eine schonende Vorbereitung des Schicksals auf das Furchtbarste gewesen sei. Von zu Hause hatte man mir immer geschrieben, es kämen von Wolfgang ›nur spärliche Nachrichten‹. Aber ich wußte, daß nicht einmal spärliche Nachrichten von ihm gekommen seien, sonst hätte man mir sie im Wortlaut mitgeteilt. Meine gestrige sentimentale Stimmung war von den Gedanken an den vermißten Bruder veranlaßt. Und als mir am Abend dieses Allerseelentages, den ich nie in meinem Leben vergessen werde, der Kanzleiunteroffizier die beiden Briefe von daheim übergab, von wo ich bisher nur Feldpostkarten erhalten hatte, wußte ich alles. Ich las nur die ersten Zeilen. Dann bekam ich Schwindelanfall und Brechreiz. Ich ging in den Garten hinaus, von Verzweiflung geschüttelt.

Die glückliche Rückkehr in unser glückliches Heim war mir als das einzig mögliche glückliche Ende dieses Krieges erschienen. Wir würden wieder, Söhne und Mutter, beisammen sein und durch die Erzählung komischer oder abenteuerlicher Kriegsepisoden die Gedanken der Mutter zerstören, daß es uns etwa schlecht gegangen sei. Damit ist es vorbei!

Dieses Heim ist nun auch befleckt und besudelt von dem wahnsinnigen Schlachten, das durch die Welt geht. Nur traurig und tröstend werden wir im besten Falle dessen gedenken müssen, der uns nun fehlt.

Warum hatte der Tod gerade Wolfgang treffen müssen, nicht einen andern von uns! Er ist der einzige, der nicht bloß uns in Trauer stürzt, sondern auch eine blutjunge Frau, die er in diesem Jahre geheiratet hat und deren erster Schmerz im Leben dieser gräßlichste aller Schmerzen ist. Ein halbes Kind ist diese Frau und muß schon Witwe sein.

Als ich mich auf meine Einrückung zum Regiment besann, war dieses längst abmarschiert. Ich holte es ein, als es rastete, man hatte mein Fehlen noch gar nicht bemerkt. Von Verzweiflung und Apathie erfüllt, ging ich nun mit der Truppe. Ich hätte gern jemandem mein Herz ausgeschüttet, aber meinen Bruder, der eine unendliche Güte und einen sonnigen Humor ausstrahlte, kannte hier doch niemand. Was ich in den letzten Wochen erlebt, war nur fremder Jammer gewesen. Nun, da es mich unmittelbar ins Herz traf, faßte mich ein wahnsinniger Haß gegen den Krieg.

Samstag, den 21. November 1914

Das Leben bei der Division kommt mir geradezu verbrecherisch vor. Ich will nichts gegen die Generalstäbler sagen, die kaum zum Essen Zeit finden, aber was sich hier an Ordonnanzoffizieren, Stabskompanie-Kommandanten, Telefonoffizieren, Auditoren, Trainoffizieren, Intendanten, Menageoffizieren, Akzessisten, Proviantoffizieren und dergleichen herumtreibt, ist nicht zu beschreiben. Diese Herren zerreißen sich das Maul, wenn die Dukatenbuchteln oder der Marmelade-Pfannkuchen (von Berufskonditoren hergestellt) irgendeinen formalen Fehler haben. Die alten Stabsoffiziere, die längst pensioniert waren und mehr oder minder freiwillig in die Schwarmlinie eingerückt sind, bekommen tagelang keine Menage. Von der Mannschaft ganz zu schweigen. Aber in der Offiziersmesse geht es wie in einem Hotel zu. Morgens gibt's Kakao, gegen 10 Uhr ein Gabelfrühstück, Gulasch, Kotelett oder Schweinebraten, mittags drei opulente Gänge samt Zigaretten, Zigarren und Wein, abends Karbonaden oder ähnliche Leckerbissen mit Tee, Rum und Kognak, Eier oder Käse.

Ich sah zu, als sich ein Trainleutnant ankleidete, das Nachthemd auszog, das Oberhemd parfümierte, den Halsstreifen wechselte, die Hose aus dem Spanner nahm, sich des Zahnbürstchens und der Zahnpasta und des Rasierapparates bediente, das in der Küche gewärmte Wasser vom Diener bringen ließ, über eine halbe Stunde mit der linearen Herstellung seines Scheitels zubrachte und – nach dem Friseur schickte, damit er ihm die Haare im Nakken ausrasiere.

Oberstleutnant Robert Bischitzky wurde heute von einer Kugel getroffen, die ihn und den Hauptmann Stolz von 73 tötete.

Mittwoch, den 16. Dezember 1914

Alte Zeitungen sind eingetroffen: der Einzug unserer Truppen in Belgrad am 2. Dezember ist in feierlicher Weise erfolgt. Freilich. Wer hat daran gezweifelt! Der Rückzug war etwas weniger feierlich.

Unter dem hämischen Titel ›Ein überflüssiges serbisches Dementi‹ wird folgendes Telegramm aus Nisch reproduziert: ›Österreichisch-ungarische Blätter melden, daß Belgrad von österreichisch-ungarischen Truppen im Kampf genommen worden sei. Das ist vollkommen falsch. Belgrad wurde Sonntag, den 29. November, von den Truppen und Behörden geräumt. Es handelt sich also nicht um die Eroberung Belgrads nach vorausgegangenem Kampf, sondern einfach um den Einzug des Feindes.‹ Was ich hier sofort behauptet hatte. Die einzige taktische Leistung, die wir vollbracht haben, ist, daß wir den Einzug um vier Tage verzögerten, um am Jubiläumstag dort zu sein.

Das sind die Gesichtspunkte, von denen die österreichische Kriegsführung beherrscht wird. Von dem vierzehntägigen Besitz Belgrads wurden aus Gefühlsduselei und Ordensjägerei vier Tage vertrödelt.

Der flüchtige Unteroffizier unserer Offiziersmesse, Nechanický, hat sich in Esseg als Deserteur und Defraudant selbst gestellt. Es wurden Protokolle mit denjenigen aufgenommen, die ihm Geld zum Einkaufen mitgegeben hatten. Ich beeinflußte die Leute, ihre Verluste nicht anzumelden, er wird ohnedies zu hart bestraft werden, und der Hauptschuldige an seinem Verbrechen ist er ja doch nicht.

Belgrad ist seit gestern 10 Uhr vormittags in feindlichen Händen, und es heißt, daß sogar Schabatz, wo zehntausend österreichische Kranke sind, von den Serben besetzt ist.

Die Soldaten, die vorgestern eine Regimentskasse vom Trainwagen gehoben hatten, um sich mit ihr über die Brücke zu schwindeln, sind auf österreichischem Ufer von einem Intendanzoffizier angehalten und sichergestellt worden und zitterten nun, wegen Flucht aus der Schlacht vor das Divisionsgericht gestellt zu werden. Aber es kam anders. Alle zwanzig wurden für die kleine silberne Tapferkeitsmedaille ›wegen Rettung der Regimentskasse aus feindlichem Feuer‹ eingegeben, ich als Führer – für die große.

Unser Regimentsadjutant meldete heute bei der Division den Stand des Regiments: »80 Feuergewehre.«

Der General nickte traurig. Dann fragte er: »Wieviel Maschinengewehre?«

»Keines, Herr General.«

Der Divisionär schüttelte langsam den Kopf und wandte sich zum Gehen. Dann drehte sich der alte Soldat plötzlich um: »Die Fahne?«
»Die Fahne ist gerettet.«
»Na also.»

Sonntag, den 27. Dezember 1914

Die Liebesgabenpakete, deren Adressaten gefallen oder gefangen sind, wurden an uns verteilt. Jeder zweite Soldat ist magenkrank vom vielen Biskuit, von Schokolade, Konfekt, Backwerk; nach so langer Zeit des Hungerns verträgt man nichts, am allerwenigsten derartige Extravaganzen.
In Ofutak sind acht Fälle von Cholera festgestellt worden, und auch die Weihnachtsnummern der Wiener Blätter sind wieder da. Die Kriegsberichterstatter haben sich für diesen festlichen Anlaß die Schilderung der Paraschnitza aufbewahrt, auf der wir drei Monate lebten; unter dem Titel ›Die blutgetränkte Halbinsel‹, ›Die unterirdische Stadt‹, ›Die Stadt der Laufgräben‹ verzapften sie ihre feuilletonistischen Weisheiten.

Sonntag, den 10. Januar 1915

Übermorgen wird der neue Armeeoberkommandant, Erzherzog Eugen, die Truppen inspizieren. Potemkinsche Vorbereitungen. Oberstlt. F. ließ mich wieder rufen, diesmal nicht durch eine Ordonnanz, sondern durch seinen Diener, nicht in die Kanzlei, sondern in die Wohnung, und sagte mir, er werde mich zur Stilisierung von Dienststücken verwenden, doch müsse ich den Mund halten, heute sei ›vorläufig‹ nur eine Dekorierungseingabe zu verfassen.
Er machte mir Angaben über Heldentaten, die Oberleutnant J. in Ljeschanski Kljuc im August vollbracht habe. Oberleutnant J. war überhaupt nur die ersten acht Kriegstage beim Feldregiment, als die Schießerei in Ljeschanski Kljuc losging, hatte er sich krank gemeldet und war seither nicht mehr an der Front zu sehen gewesen. Vor einer Woche ist er hierher eingerückt, und seine junge Frau kommt täglich um sechs Uhr nachmittags zum Herrn Oberstleutnant zu Besuch. Nachdem ich das Konzept verfaßt, mußte ich den Belobungsantrag ins reine schreiben, der Oberstleutnant hatte einen Bogen Papier vorbereitet und sogar den Stempel aus der

Regimentskanzlei mitgenommen, damit die Offiziere nicht Glossen darüber machen, das Signum laudis werde als Strumpfgeld verliehen. Ich kenne die Frau Oberleutnant J. Sie ist eine Fabrikantentochter aus Prag, blond und kaum zwanzig Jahre alt, und sie läßt sich wegen eines Stückes Blech für ihren Mann vom Oberstleutnant mißbrauchen, von diesem alten Kracher, der vor drei Wochen ins Feld gekommen ist und stundenlang von seinen Hämorrhoiden erzählt.

Übrigens ist dergleichen schon üblich. Die Frau eines als Infanterist eingerückten Beamten hat mit dem Regimentsarzt ein Verhältnis, und der hat den Gatten nach formeller Beobachtung im Spital als lungenkrank zur Abgabe ins Hinterland vorgeschlagen. Der Spitalhauptmann, der den Grund wußte (wie ihn hier jeder weiß), verweigerte die Durchführung des Antrages, bis die Frau ihm gleichfalls zu Willen war. Dann stellte er dem Mann eine Marschroute aus, die erst nach drei Tagen Gültigkeit bekam, damit er sich solange mit der Dame vergnügen könne.

Ein Oberleutnant der 8. Kompanie ist dem Rechnungsunteroffizier vormittags daraufgekommen, daß er Menagegeld für Leute anrechne, die gar nicht im Stand der Kompanie sind, und verfaßte eine Strafanzeige. Bereits mittags war die Frau des Beschuldigten in der Wohnung des Oberleutnants, um Nachsicht zu erbitten, und blieb bis abends – die Anzeige wurde zurückgezogen.

Das alles spielt sich ziemlich öffentlich ab, da in jedem Haus mehrere Leute gemeinsam wohnen und die Offiziersdiener und die Ordonnanzen alles wissen.

Montag, den 11. Januar 1915

Die Potemkinschen Vorbereitungen werden fortgesetzt, Monturen, Waffen, Mützen gefaßt, um dem hohen Herrn das Bild einer Armee zu bieten, die ›tulli‹ aussieht und nur des Augenblicks harrt, wieder loszuschlagen. Er hätte uns vor drei Wochen sehen sollen, als auf unseren Gesichtern und auf unseren zerfetzten Stiefeln der Schmutz von fünf Monaten serbischer Front starrte, er müßte sich die Hunderte anschauen, die in den Spitälern liegen und vielleicht morgen wieder einrücken werden, ohne neue Uniformen und ohne neue Waffen, er müßte im Innern der Leute lesen, die schon drei Rückzüge mitgemacht haben! Dann würde er

erkennen, welche Siegeszuversicht uns innewohnt. Seit ein paar Tagen sind zaghafte Reden unter besonders schweren Androhungen untersagt. Wahrscheinlich geschah das, weil Kaiser Wilhelm erklärt hat: ›Schwarzseher dulde ich nicht!‹ Das ist der ganze Unterschied zwischen Deutschland und Österreich, dort verbietet der Kaiser das Schwarzsehen, hier wird die Zaghaftigkeit im Verordnungsweg untersagt.
Ich kann mir nicht helfen, ich sehe schwarz für Deutschland und blicke der Zukunft Österreichs zaghaft entgegen.

Dienstag, den 12. Januar 1915

Der Erzherzog inspizierte, heftete Tapferkeitsmedaillen auf vorher festgesetzte Brüste, unterhielt sich mit dem Oberst, schritt die Front ab, die Musik spielte das Kaiserlied, und aus war's.

Sonntag, den 17. Januar 1915

Trude schreibt mir: ›... also ich war nicht zur Zauberflöte, siehst Du, man soll sich nie auf etwas freuen. Ich hab dich wohl sonst nie mit kleinen Erlebnissen gelangweilt, aber da ich Dir schon schrieb, daß ich mit einem Bekannten ins Theater gehe, so kann ich Dir ja auch sagen, warum ich nicht da war. Donnerstag traf ich Herrn L., mit dem ich Sonnabend ins Theater gehen sollte, auf dem Potsdamer Platz, und er lud mich ein, mit ihm bei Josty Kaffee zu trinken. Ich hatte ihn sonst nie allein gesprochen, immer nur im Café des Westens mit unseren Bekannten. Nachdem wir uns nun eine halbe Stunde unterhalten hatten, machte er mir eine regelrechte Liebeserklärung, obwohl er weiß, daß ich Dich habe und wo Du bist. Was ich ihm geantwortet habe, kannst Du Dir denken, ich kann Dir nicht sagen, wie frivol ich das fand, was für einen Abscheu ich empfand, neben einem solchen Menschen im Theater sitzen zu müssen. Ich sagte also ab.‹ Na ja, deshalb leiden wir hier Hunger, Schüsse, Schmutz und Disziplin, damit wir den Daheimgebliebenen Spielraum zu erotischen Abenteuern geben.

Donnerstag, den 18. März 1915

Der heutige Tag ist bis jetzt der verhängnisvollste in diesem Kriegsjahr für mich gewesen. Früh bekam ich reichliche Post von zu Hause, darunter ein Bild meiner Mutter. Gestern hatte mir mein mit dem Marschbataillon wieder eingerückter Vetter Dr. Stransky als erster Mensch seit siebeneinhalb Monaten eine Schilderung des Lebens in meinem Vaterhause gegeben.

Um halb 3 Uhr nachmittags händigte mir der Generalstabschef der Brigade, Hauptmann Löhr, einen unwichtigen Befehl an das Regimentskommando ein, der sich auf Abholung von Stacheldraht bezog. Da sich der Sappeur, der gemeldet hatte, daß der Draht zum Abholen bereitliege, gerade entfernen wollte, glaubte ich geschickt zu handeln, wenn ich mich auf dem Weg zum Regimentskommando beim Bataillonskommando stelle, damit dieses dem Sappeur eine Ordonnanz zur Fassungsstelle mitgebe; diese Ordonnanz hätte dann dem Abholungsdetachement den Weg zeigen können. Der Sappeur wartete vor dem Haus, welches auf dem Marktplatz von Wola Michowa gelegen war. Ich ging hinein. Darin waren Hauptmann Allé, der eigentliche, aber derzeit marode Kommandant des Bataillons, Hauptmann David, der provisorische Kommandant, Oberleutnant Klatovsky, der Bataillonsadjutant, der am Tisch eine Feldpostkarte schrieb, Leutnant Basch, ein eben von seiner Schußrekonvaleszenz zurückgekehrter Offizier, dann der gleichfalls neueingetroffene Leutnant Gustav Svoboda, der Sohn des Prager Universitätsrektors, Oberleutnant Doležal und Kadett Dr. Michal sowie drei Offiziersdiener, die beim Ofen saßen,

Ich trat zu dem Tisch, ließ den Oberleutnant Klatovsky die Meldung lesen und bat um eine Ordonnanz, als ich mitten in meinem Satz dadurch unterbrochen wurde, daß ich unter grauenhafter Detonation einen furchtbaren Schlag auf den Kopf bekam, so daß ich rückĂĽber steif zu Boden stĂĽrzte.

Ich verlor nicht die Besinnung, auch nicht für einen Bruchteil einer Sekunde, aber ich weiß, daß ich im ersten Moment ganz erstaunt den Kopf erhob, nicht recht wissend, was los sei. Im zweiten Hundertstel der Sekunde wußte ich bereits, daß eine Granate in das Zimmer geflogen sei, gerade auf mich. Was ich tun sollte, wußte ich im dritten Hundertstel der Sekunde noch nicht, ich sah

nur, daß das ganze Zimmer dunkel und voller Rauch war, ein Geräusch vernahm ich nicht.
Dann stieß jemand heftig mit den Füßen an meinen Kopf, einer, der die Tür suchte. Nun sprang auch ich auf, tappte auf die gegenüberliegende Seite, aber als die Tür von einem anderen geöffnet wurde, war ich orientiert und rannte etwa zehn Schritte aus dem Haus heraus, gegen das Regimentskommando zu.
Unterwegs spürte ich, daß Blut in dicken Strömen mir über Nase und Ohren vom Kopf auf die Bluse strömte und daß auch mein Körper irgendwie durchlöchert sei, da sich mein Hemd auf dem Rücken, auf dem Oberarm und auf dem Schenkel mit warmem Blut füllte. Jetzt blieb ich eine Sekunde stehen und dachte: Vielleicht brichst du im nächsten Moment zusammen und bist tot. Es schien mir wahrscheinlich, denn die Granate war direkt an meinen Kopf geflogen, sie hatte sich nicht vorher eingebohrt und mich dann mit ihren Sprengstücken überschüttet. Auch viele andere, die ich im Kriege sterben sah, waren wenige Minuten vorher bei Besinnung gewesen. Ich reckte mich und merkte, daß ich noch sehr intensiv lebte. Die linke Kopfseite schmerzte mich, und von dort floß mir das Blut über die Augen. Ist vielleicht mein linkes Auge weg? Ich hielt das rechte mit der Hand zu und konstatierte, daß ich zwar schlecht sehe, aber wohl nur deshalb, weil Blut aus einer über dem Auge befindlichen Wunde rann.
Alle diese empirischen Untersuchungen meines Zustandes dauerten nur eine Sekunde, dann eilte ich weiter, der Wohnung unseres Chefarztes zu. Vor mir sah ich den Mann, der an mich gestoßen und dann, die Tür öffnend, hinausgelaufen war, und erkannte in ihm den Oberleutnant Klatovsky. Ohne mich gerade des Satzes ›cogito ergo sum‹ ausdrücklich zu erinnern, kam ich zu der gleichen Erwägung wie Cartesius.
Und schon stieg in mir eine neue Befürchtung auf. Wie, wenn meine Wunde überhaupt nur eine Lappalie ist und die Gelegenheit verpaßt, nach siebeneinhalb Monaten grausamsten Elends wenigstens für einige Tage in eine Atmosphäre von Sauberkeit und Ordnung zu kommen? Wie, wenn der Arzt mir lächelnd ein Pflaster aufpappen und mich wieder in den Dienst schicken würde? Dazu habe ich keine Lust. Also werden wir dem Arzt eine traumatische Neurose und innere Schmerzen vorspielen!

Ich lief, ostentativ wankend, weiter zum Hilfsplatz und sah, wie die auf die Detonation hin aus den Stellungen und Häusern geeilten Soldaten mir entsetzt nachschauten. Vor der elenden, am Bach gelegenen Hütte, die der Chefarzt mit einigen Offizieren bewohnte, da ein Hilfsplatz noch nicht etabliert ist, lag in einer Ecke wimmernd schon Oberleutnant Klatovsky.

Hier begann ich nun meine Komödie. Ich brach in der Mitte des kleinen Zimmers absichtlich zusammen und drehte das Weiße der Augen auswärts. Einige Sanitäter und Kameraden packten mich und trugen mich auf das Stroh, wobei ich kläglich zu winseln anfing. Ein Arzt war noch nicht da, den Chefarzt bekam ich überhaupt nicht zu Gesicht (wahrscheinlich hatte er bei den durch die Granate verwundeten Offizieren zu tun), aber einige Sekunden später kam Assistenzarzt Dr. Hausdorf. Er wandte sich zuerst dem Oberleutnant zu, dann mir, schaute meine Kopfwunden an. Von seiner Anwesenheit scheinbar keine Notiz nehmend, zog ich die Beine in Todeszuckungen an den Körper und bemerkte, daß sich der Arzt mit erschrecktem Kopfschütteln zu mir neigte und meine Behandlung in Angriff nehmen wollte. Aber der Oberleutnant rief ihn so verzweifelt oder energisch zu sich, daß er sich von mir abwandte und zunächst den Offizier vornahm.

Das besorgte Kopfschütteln des Medikus ließ mich innerlich frohlocken. Nicht eine Sekunde dachte ich an die Möglichkeit, wirklich schwer verletzt zu sein. Ich wußte nur, daß meine Wunde nicht als eine ›dienstbare‹ belächelt werden und mir zum Schaden nicht noch Spott bringen werde.

Was wäre nun weiter zu tun? Ich will jetzt trachten, nicht in ein Spital des Etappenraums geschafft zu werden, wo ich bis zu meiner Heilung bleiben müßte; ich will eine Reise nach Prag herausschlagen. Das könnte nur geschehen, wenn – nun kam mir ein Gedanke, der Verrat an meinen Prinzipien bedeutet: ich müßte zum Offizier befördert werden. Ich überlegte: soll ich mir jetzt die so oft von mir abgelehnte Beförderung zum Kadetten verschaffen? Sollte ich mich der Möglichkeit einer schlampigen Behandlung, der Möglichkeit eines Wundbrandes, eines qualvollen Herumstoßens in Viehwaggons und in den Spitälern aller Winkel der Monarchie aussetzen, ohne die Bewilligung zur Heimkehr zu bekommen, während ich als Offizier direkt nach Prag fahren könnte? Jetzt ist der Moment. Ich tat also, als ob ich aus meiner Apathie und Unempfindlichkeit gegen die Umgebung erwache, und rief den Feldwebel Švec zu mir heran: er möge den Hauptmann Schöch rufen, ich müsse von ihm Abschied nehmen . . . Er rannte davon. Alles sah mich besorgt an.

Mein Vetter Dr. Stransky stürzte ins Zimmer und war entsetzt, als er mich im Todeskampf liegen sah. Ich deutete ihm durch Winke an, daß ich ihm etwas sagen wolle. Alle traten scheu und feierlich zurück, während er neben meinem Kopf niederkniete und sein Ohr über meine Lippen beugte, um besser zu hören, was ich ihm in meinem letzten Stündlein anvertraue: »Ich spüre gar nicht, daß mir etwas fehlt, aber ich spiele Theater. Ich mache so, als ob ich eine Granate beim Krepieren wäre.« Der arme Junge mußte lächeln. »Lach nicht«, herrschte ich ihn leise an, »du wirst doch beobachtet. Schreib nach Hause, daß ich einen Streifschuß bekommen habe und mich freue, wieder einen Monat lang in Prag Schlapak tanzen zu können.« Er wurde wieder ernst, er glaubte, ich spiele ihm die Komödie von meinem Komödienspiel nur vor, um ihn und damit meine Familie zu beruhigen. »Du glaubst doch nicht, daß es mir Erleichterung verschafft, wenn ich die Beine mit leisem Wimmern emporziehe, zum Beispiel so.« Ich zog die Beine mit leisem Wimmern empor – alle Anwesenden bekamen bei dieser Annäherung des Todes eine Gänsehaut. »Oder wünschst du einen jähen Aufschrei mit Geste gegen das Herz? Voilà.« Ich schrie auf und griff mir an das Herz. Mein Vetter wußte nicht, ob er lachen oder weinen solle. Ich aber wußte es und erklärte ihm den Grund meiner Simulation: »Ich will jetzt Kadett werden, damit ich nach Hause komme.«

Der tragikomische Dialog wurde dadurch unterbrochen, daß sich der Arzt nunmehr zu mir wandte. ›Apathisch und völlig teilnahmslos‹ betrachtete ich seine besorgt gerunzelte Stirne, als er mich abtupfte. Er konstatierte, daß die Stirnader durchgeschlagen sei, behandelte die Wunde, ließ mir den Ärmel zerschneiden, um einige Wunden am Arm zu verbinden, und fragte mich dann, wo mir noch etwas fehle. Zuerst gab ich keine Antwort, dann spielte ich, obwohl ich nun wirklich große Schmerzen zu spüren begann, den Schmerzverzerrten und stöhnte: »Rücken.« Auch auf den Oberschenkel deutete ich. »Du bist ja ganz durchlöchert«, bemerkte

der Arzt und verband die neuentdeckten Verletzungen. »Die Wirbelsäule ist bloßgelegt«, flüsterte er meinem Vetter zu.
Hauptmann Schöch trat ein. Ich tat so, als ob ich ihn nicht sehe. Feldwebel Švec: »Du, Kisch, der Herr Hauptmann Schöch ist hier.« Ich schien aus dem Jenseits zu erwachen: »Wo?« Dann erkannte ich ihn und streckte ihm die Hand entgegen: »Ich danke Ihnen für alles Gute, das Sie mir erwiesen haben, Herr Hauptmann«, stöhnte ich, und es war bei diesem Betrug mein Dank ziemlich ehrlich gemeint. »Nichts zu danken, Kisch, Sie sind ein braver Soldat, und einem braven Soldaten muß man schon helfen.« – »Nein, Herr Hauptmann, ich habe Ihnen viel zu danken«, beharrte ich mit der Starrköpfigkeit von Sterbenden, dann streckte ich ihm die Hand von neuem entgegen, die er ergriffen drückte. »Herr Hauptmann.« Ich zog ihn zu mir hernieder. »Könnten Sie nicht veranlassen, daß ich ein Grab bekomme, ein eigenes Grab für mich allein.« – »Aber, Kisch, soweit ist es doch noch nicht.« Er dachte nach, wie man das machen könne, daß für den Korporal ein eigenes Grab geschaufelt werde. »Jeder Kadett hat sein eigenes Grab, warum soll ich nicht auch eins haben.« Ihm kam eine Idee: »Jetzt haben Sie doch nichts dagegen, wenn wir Sie zum Kadetten machen?« – »Ja, das wäre gut«, wimmerte ich, »dann bekäme ich ein eigenes Grab.« – »Also warten Sie, ich gehe gleich zum Obersten.«
Ich wollte warten, bis er zurückkomme, aber das Fuhrwerk war bereits vorgefahren, und Oberleutnant Klatovsky drängte zum Aufbruch. Man trug uns zum Wagen, legte uns nebeneinander, meinen Schlafsack breitete man über mich, und es ging ab. Ich schaute, ob mir der Hauptmann nicht die Ernennung bringe, aber sie kam nicht. Wir fuhren die Straße von Wola Michowa südlich gegen Maniow zu, wo sich die Divisionssanitätsanstalt 29 befindet. Es ging schnell. Ein Kanonier hielt nach wenigen Minuten den Wagen an. »Fahren Sie nicht weiter, der Weg ist von Schrapnellen bestreut.« – »Ach was«, schrie ich ihn und den Kutscher an, der schon gehalten hatte, »nur weiterfahren.« Aut – aut, dachte ich mir, entweder die Geschosse erschlagen uns, oder wir sind endlich außerhalb des Feuerbereiches. Wir wurden nicht getroffen.
Der Offizier neben mir stöhnte schrecklich. »Herr Oberleutnant, jetzt hört uns ja niemand mehr«, sagte ich, denn ich konnte mir

nicht vorstellen, daß er wirklich vor Schmerz jammere, aber ich bat ihm wenige Minuten später im Geiste ab, als ich seine schweren Wunden sah.

Die Sanitätsanstalt war in einer hölzernen Kirche in Maniow etabliert, deren Bretter so beinschwarz waren wie alte Steinkirchen. Einige Schritte vor der Kirche ritt der Bataillonsadjutant Leutnant Weiser an unseren Wagen heran und hob die Plache in die Höhe. »Kisch, bist du bei Besinnung?« – »Ja.« – »Der Herr Oberst läßt dir sagen, daß du zum Kadetten befördert bist.« – »Haben Herr Leutnant das nicht schriftlich, damit ich mich legitimieren kann?« – »Nein, aber ich kann es dir aufschreiben.«

Er kritzelte die Bestätigung auf ein Papier.

So! Jetzt war ich zufrieden, und an der Kirche sprang ich ›elastischen Schrittes‹ aus dem Wagen. In der Kirche waren die Betstühle ausgeräumt, und an der Wand lagen oder saßen die Kranken. Nur vor der aus Heiligenbildern zusammengesetzten Sakristeiwand (es war natürlich eine Kirche der Pravoslavna) standen eine Bank und einige Stühle, auf denen operiert wurde. Hier saß schon Oberleutnant Doležal, der also noch vor uns hierher transportiert worden war und sehr schwere Wunden am Rücken hatte. Man verband ihn gerade und legte ihn auf das Stroh. Er war gelb im Gesicht, aber doch nicht so wächsern wie der Infanterist, der hart neben ihm lag, mit der linken Hand eine Konserve umkrampft hielt und – bereits tot war.

Oberleutnant Klatovsky wurde auf die Bank gelegt und narkotisiert.

Mir banden sie die Verbände los, was verteufelt schmerzte. »Die Ader muß hergerichtet werden«, sagte der Oberstabsarzt, »sollen wir dich narkotisieren?« – »Nein, aber eine Zigarette möchte ich gern dabei rauchen.« Das wurde mir gestattet, und während mir die Wunde mit dem Chirurgenmesser vergrößert und die beiden Enden meiner zerrissenen Arterie zu einer koketten Schleife zusammengebunden wurden, strengte ich mich an, keine Miene zu verziehen.

»Hat der Kerl eine Konstitution«, meinte der Oberstabsarzt, »man sieht, daß du noch nicht lange im Felde bist.« – »Erst siebeneinhalb Monate, Herr Oberstabsarzt.« – »Sapperlot, ohne Urlaub?« – »Ohne Urlaub.« – »Na, jetzt wirst du dich ein paar Wochen ausruhen. Wie heißt du?« – »Kadett Kisch«, stellte ich mich zum erstenmal in meinem Leben vor. – »Kisch? Mit dem Balneologen verwandt?« –»Mein Onkel«, log ich. – »Und mit dem Schriftsteller?« – »Das bin ich.« – »Ah, Egon Erwin. Also, wenn Sie nach Prag kommen, grüßen Sie mir meinen Bruder, den Advokaten Arthur Freund.«

Ich ließ auch mein Ohr untersuchen, das sehr schmerzte. Der Doktor konstatierte, daß das linke Trommelfell zerrissen, das rechte anscheinend beschädigt sei.

Gegenüber der Sanitätsanstalt lag der Bahnhof. Man wollte mich auf eine Tragbahre laden, aber ich zog es vor, selbst hinzuhumpeln. Der Bahnhof war eine Bretterbude, die Eisenbahn eine schmalspurige Vizinalbahn, die Waggons gewöhnliche Loren, ungedeckte Kohlenwagen, auf deren Boden sich Soldat neben Soldat sitzend drängte. Die Füße an den Leib gezogen, was furchtbar schmerzte, zwischen Ruhrkranken, deren Gebaren unbeschreiblich war, Schwerverwundeten und Halberfrorenen warteten wir drei Stunden im Schneegestöber. Während wir dort standen, kam ein Bote den Zug entlang, der laut »Korporal Kisch« rief. Als ich mich meldete, übergab er mir einen Zettel, der die Bescheinigung des Regimentskommandos enthielt, daß ich ab 1. März zum Kadetten befördert sei. Der Überbringer erzählte mir, daß von der Granate acht Offiziere und zwei Offiziersdiener getroffen worden seien, Hauptmann David habe zehn Verletzungen, die wohl tödlich seien, Leutnant Gustl Svoboda eine Bauchwunde, die Offiziersdiener seien bereits tot.

Das Zügle fuhr ab, gegen Osten. Nach zwei Stunden waren wir in Cisna, wo sich ein kleines Spital befindet. Die Fahrt war schaurig, die Lokomotive wölbte über uns ein Dach von Rauch, das nicht verhinderte, daß wir mit Schneeflocken und Hunderttausenden von Funken überschüttet wurden. In Cisna ging ich in die Offiziersabteilung des Spitals, niemand beachtete mich, obwohl ich keine Distinktionssterne hatte. Auf der linken Seite konnte ich vor Schmerzen nicht liegen, auch der übrige Körper war zerschlagen, die Ohren summten und schmerzten, besonders wenn ich mich räusperte, wozu ich fortwährenden Drang verspürte, und im Kopf funktionierte ununterbrochen das Läutewerk eines Signalapparates. Einzuschlafen mißglückte. So wollte ich zu denken beginnen. Aber die unverhofften Schmerzen kreuzten sich mit den unverhofften Freuden.

Freitag, den 19. März 1915

Morgens, als ich aufstand und Kaffee haben wollte wie die Offiziere, stellte es sich heraus, daß man mich am Abend für einen Offiziersdiener gehalten hatte. Schleunigst stahl ich ein Stückchen einer Säbelkoppel und zerschnitt sie in zwei Streifen. Diese goldenen Tressen nadelte ich mir auf den Kragen und heftete ein Halstuch darüber.

Gegen 9 Uhr früh wurde uns gesagt, daß die Staffel zum Transport bereitstehe und wir in den wenig Vertrauen erweckenden Landesfuhren bis in das Feldspital nach Nagy Polan, also 24 Kilometer, zu fahren hätten; wenn dort nicht genug Platz sei, so müßten wir noch heute bis Takcsany, mehr als 38 Kilometer weit. Die Fahrt war schauderhaft. An die jede Sekunde regelmäßig zweimal wiederkehrenden Stöße in Längsrichtung und in Querrichtung hätte man sich wohl gewöhnt, aber es gab auch Stolpern, Stoßen, Straucheln, Schwanken. Ich glaube, auch ein Unverwundeter müßte wohl in dieser fahrbaren Folterkammer seine Seele aushauchen. Wie weit es nach Polan sei? fragte ich meinen Kutscher, einen Stockmagyaren, indem ich meine Uhr zeigte und ›Polan‹ in fragendem Ton aussprach. Er erwiderte: »Rechts um, links um, rechts um, links um . . .«, und wiederholte diese Worte sage und schreibe sechsunddreißigmal. Ein Irrtum im Zählen war unmöglich, denn er hob bei jeder Reprise einen Finger. Nach dem sechsunddreißigstenmal sagte er: »Nagy Polan.« Zuerst hielt ich den Mann für verrückt, aber bald erkannte ich, was er meinte: von der Höhe herab schlängelte sich eine endlose Serpentine, an deren letzter Windung (jedenfalls der sechsunddreißigsten) die Ortschaft lag.

Bei unserem Decrescendo konnte ich ein Crescendo der allgemeinen Sorglosigkeit konstatieren, man spürte den Etappenraum, den Weg in das Hinterland. Die Serpentine hinauf fuhren endlose Trains, russische Gefangene zerrten und schoben die Wagen und halfen den Troßknechten, die Pferde aufwärts zu reißen. Ich freute mich, nicht gefangen zu sein, solche Fron ist schrecklich. Natürlich war in Nagy Polan kein Platz im Feldspital, und wir mußten unsere Passion noch 14 Kilometer fortsetzen. Es war halb 12 Uhr nachts, als ich in Takcsany aus dem Wagen kroch. Nun erst spürte ich, daß ich schwer verwundet war. In dem bereitstehenden Malteserzug erhielt ich einen Platz.

Der rasende Reporter

Mit dem Buch ›Der rasende Reporter‹, das 1924 erschien, wurde Kisch berühmt. Die Bezeichnung wurde in kurzer Zeit sein Beiname und darüber hinaus ein Begriff im Journalismus. Der Berliner Kritiker Paul Wiegler – auch Kisch lebte seit 1921 in Berlin – nannte das Buch sogar das beste des Jahres, weil es ›mit seinen angesammelten Energien die Literatur sprengt‹.

Im Vorwort hatte Kisch geschrieben, der Reporter habe ›keine Tendenz‹ und dürfe keine Tendenz haben. Seine Aufgabe sei es, unbefangen zu beobachten und Zeugnis abzulegen. Diese neutrale Position erklärt sich aus den politischen und persönlichen Enttäuschungen beim Verlauf der Wiener Revolution. Schon im Frühjahr 1919 hatte Kisch Abschied von der Politik genommen und war zum Journalismus zurückgekehrt.

In Wirklichkeit war der ›rasende Reporter‹ und waren auch die folgenden Sammelbände ›Hetzjagd durch die Zeit‹ und ›Wagnisse in aller Welt‹ nicht so unpolitisch, wie Kisch seinen Lesern suggerierte. Arbeiten wie die über die Essener Krupp-Dynastie oder über den nationalistischen Putsch in der Festung Küstrin zeigen durchaus den politischen Standort des Autors. Und die Reportage über den Mord an Karl Liebknecht und Rosa Luxemburg hatte Kisch auf Drängen des Verlegers sogar aus dem ›rasenden Reporter‹ herauslassen müssen; sie ist erst viel später erschienen. In unserer Auswahl aus den Arbeiten der frühen zwanziger Jahre aber soll sie in dem Zusammenhang stehen, den Kisch ihr ursprünglich zugedacht hatte.

Berlin, Anfang der zwanziger Jahre

Rettungsgürtel an einer kleinen Brücke

Über die Brüstung der Liechtensteinbrücke, einer kleinen Brücke, die vom Hintereingang des Zoologischen Gartens zum Tiergarten führt, ist ein Rettungsring gehängt. Ein Seil, das sich nicht verfitzen kann, ermöglicht es, den tragfähigen Gürtel weithin in den Landwehrkanal zu schleudern. Die Gegend ist, man kann es nicht anders sagen, idyllisch. Der Kandelaber, der den Rettungsring darbietet, hält gleichzeitig eine Papptafel mit illustrierten Anweisungen zur Wiederbelebung Ertrinkender. Ferner verkündet ein Schild, daß sich die nächste Rettungsstelle im Hause Nr. 9 der Budapester Straße befinde.

Bedenkt man, daß die Lebensmüden sich für einen ernstgemeinten Selbstmord eine Stunde aussuchen, da niemand in der Nähe ist, und daß sie selten um Hilfe rufen, bedenkt man, daß die Aussicht, hier unversehens ins Wasser zu fallen, selbst für einen Bezechten gering ist, bedenkt man ferner, daß nächtlicherweile in Berlin, in der Tiergartengegend, die freiwilligen Samariter besonders dünn gesät sind, auch im Falle einer Hilfsbereitschaft sich kaum jemand des Rettungsgürtels erinnert, und daß der Ertrinkende während der Loslösungs- und Wurfvorbereitungen bereits entkräftet ist und einen in seine Nähe geschleuderten Gegenstand nicht mehr zu erreichen vermag – bedenkt man also all das, so wird man annehmen können, daß der Gürtel am stillen Brücklein noch keinen vom Tode gerettet hat.

Aber der Rettungsgürtel ist hier nicht unangebracht angebracht. Da ja immerhin die Möglichkeit besteht, daß jemand im Kanal umkommt (ein Füsilier, der 1904 bei einer Rettungstat ertrank, hat hier ein Denkmal aus Bronze, Stein, Efeu und Baum), so besteht auch die Möglichkeit, daß einmal in Jahrzehnten der Korkring einen Menschen dem Wasser entreißen könnte, der Wiederbelebungsversuch laut Anweisungen auf dem Pappkarton Erfolg hätte, die Rettungsstelle Budapester Straße Nr. 9 rechtzeitig benachrichtigt und ihre Abgesandten rechtzeitig an Ort und Stelle sein könnten.

Ein Menschenleben kann nicht hoch genug bewertet werden.

Von dem Rettungsgürtel auf Wurfweite entfernt ist die Stelle, wo uniformierte Männer einen Frauenkörper ins Wasser warfen. Irgendwelche Bürger von der Einwohnerwehr hatten sich Rosa Luxemburgs in dem Haus bemächtigt, in dem sie wohnte, und aus irgendwelchen Gründen gerade ins Eden-Hotel gebracht, wo der Stab der Gardekavallerie-Schützendivision hauste, forsche Herren, monokelnd und näselnd, die nun kurzerhand übereinkamen, die ›Galizierin‹ um die Ecke zu bringen.
Um die Ecke zu bringen – sie machten die Phrase wahr, die sprachliche Wendung zu einer wirklichen Wendung.
Das Haus muß rein bleiben, das ist der Grundsatz jedes biederen Ehemannes, etwas anderes ist das, was man außerhalb des Hauses tut. Das Haus muß rein bleiben, und erst in der Sekunde, da Rosa Luxemburg, vom herbeigeholten Mordkommando begleitet, den Fuß aus dem Hotelportal setzte, zertrümmerten die Helden mit Gewehrkolben von hinten ihr Schädeldach und legten sie ins Auto. Herr Leutnant Vogel fuhr mit, er saß verkehrt neben dem Führersitz, preßte seines Revolvers Mündung auf die Stirn der halbtoten Rosa Luxemburg und drückte ab. Der Schuß ging nicht los, denn die Waffe war nicht entsichert; nun, so entsicherte er sie eben, preßte von neuem seines Revolvers Mündung auf die Stirn der halbtoten Rosa Luxemburg und drückte von neuem ab.
Das Auto fuhr inzwischen die Straße geradeaus, die damals noch Alter Kurfürstendamm hieß und jetzt Budapester Straße heißt, während statt dessen die Budapester Straße nach Friedrich Ebert genannt wird, so daß sowohl Horthys Budapest wie Deutschlands Ebert eine ihrer würdige Ehrung haben. Aber das Auto fuhr nicht geradeaus über die Corneliusbrücke, sondern bog links ein – man hatte ja Rosa Luxemburg um die Ecke zu bringen.
Um die Ecke zu bringen – an der ersten Ecke, links vom Alten Kurfürstendamm, ist die Gegend finster. Auf der einen Seite die Wirtschaftsgebäude vom Zoo, auf der anderen Seite der Landwehrkanal. Nahe der Liechtensteinbrücke wächst sogar noch Gebüsch zwischen Weg und Wasser, hier hält das Auto. Kein Mensch kommt zu so später Stunde hierher, es ist auch heute keiner da, wohl aber Gardeoffiziere mit Maschinengewehren; sie bewachen die Brücke, an der der Rettungsgürtel hängt. »Halt, wer da?« – »Um Gottes willen, nicht schießen!«

Oberleutnant Vogel (zum herankommenden Offizier): »Bitte, veranlassen Sie nichts! Ich habe die Leiche der Luxemburg.« Der Offizier: »Gott sei Dank!«
Dann wurde Rosa Luxemburg ins Wasser geworfen. Da der Körper, tot oder halbtot, auf der Oberfläche schwamm, soll er (gewiß weiß man es nicht; denn die des Meuchelmordes angeklagte Garde-Division stellte selbst den Gerichtshof) wieder herausgefischt worden sein, mit Draht umwickelt und mit Steinen beschwert. Woher nahm man so eilig den Draht? Wahrscheinlich vom Rettungsgürtel.
Vorsitzender: »Erinnern Sie sich nicht, daß Leutnant Röpke, die Hand an die Mütze legend, Ihnen gemeldet hat: ›Die Leiche Rosa Luxemburgs ist soeben ins Wasser geworfen worden, wenn Herr Hauptmann sie sehen will, dort schwimmt sie.‹«
Hauptmann Weller: »Als ich auf der Brücke stand, sah ich einen dunklen Gegenstand im Wasser treiben. Da kann vielleicht jemand gesagt haben: ›Da schwimmt sie.‹«
Dieser dunkle Gegenstand ist Rosa Luxemburg.
Dort schwimmt sie, ein dunkler Gegenstand. Die lichten Helden, die sie um die Ecke gebracht haben, fahren um die Ecke zurück, rühmen (zueinander) ihre Tat, zahlen Belohnungen aus, lassen Wein auffahren, sich als Gruppe photographieren: der Jäger Runge, der den ersten Kolbenhieb drosch, darf mit den Herren Offizieren auf das Bild.
Großer Sieg.
Ein Menschenleben kann nicht hoch genug bewertet werden.

Auf der einen Seite der kleinen Brücke, an der fürsorglich der Rettungsgürtel hängt, ist das Liechtensteinportal des Zoologischen Gartens. Auf der anderen Seite beginnt der Neue See; dort haben zwölf Minuten früher die Kameraden des Leutnants Vogel den Kameraden von Rosa Luxemburg um die Ecke gebracht.
Um die nächste Ecke, erst im Tiergarten, wo vor hundert Jahren die hohen Herren das Wild zu erlegen geruhten. An der ersten Stelle, die dunkel war, ein Seitenweg zweigte ab, zerrte man den beim Ausgang des Eden-Hotels gleichfalls halb erschlagenen Karl Liebknecht aus dem Auto und forderte ihn auf, zu Fuß zu gehen. Nach links, obwohl man angeblich nach Moabit wollte, also schnur-

stracks geradeaus. Aber man mußte ihn doch um die Ecke bringen.

Sechs Offiziere, Kapitänleutnant Horst von Pflugk-Hartung, Leutnant Stiege, Leutnant von Ritgen, Leutnant z. S. Schulze, Hauptmann Heinz von Pflugk-Hartung und der Leutnant d. R. Liepmann, cand. phil., Sohn eines Charlottenburger Justizrats, ein Jude, der sich von keinem Gardeoffizier einen Mangel an schneidiger Bestialität nachsagen lassen wollte, sowie der Jäger zu Pferd Clemens Friedrich führten oder schleppten Karl Liebknecht.

Kapitänleutnant Horst von Pflugk-Hartung feuerte von hinten den ersten Schuß ab, Signal zu dem Bombardement auf Liebknecht. Als dieser tot zusammenbrach, todsicher tot, konnte er auf die Unfallstation gebracht werden, deren Adresse neben dem Rettungsgürtel an der kleinen Brücke angegeben ist.

Es sei ein ›unbekannter Spartakist‹, sagten sie, wollten zunächst beide Meuchelmorde verheimlichen, gaben dann eine Erklärung heraus, Herr Dr. Liebknecht sei von der vor dem Hotel angesammelten Menschenmenge schwer verletzt worden, habe im Tiergarten flüchten wollen, auf mehrfaches Anrufen nicht haltgemacht und einem Verfolger einen Messerstich versetzt, worauf man ihm nachschoß. Wo Frau Dr. Luxemburg sei, wisse man nicht, verlautbarten ihre Mörder endlich; eine spartakistische Menge habe sie mit dem Ruf ›Das ist die Rosa‹ an der Corneliusbrücke (also nicht um die Ecke, versteht ihr!) vom Wagen geholt und sei mit ihr in der Dunkelheit verschwunden.

All diese Behauptungen wurden selbst vor dem Kameradschaftsgerichtshof nicht aufrechterhalten; sie hatten sich längst als Lügen herausgestellt; vor dem Hotel waren weder Zivilisten, die Karl Liebknecht aus antispartakistischen Gründen tödlich verwundet hatten, noch Zivilisten, die aus spartakistischen Gründen Rosa Luxemburg bei der Corneliusbrücke in die Dunkelheit retteten. Kein Zivilist wußte von der Festnahme und gar vom Abtransport der beiden, kein Zivilist war dem Auto begegnet, als es um die Ecke bog.

Obwohl die Gardekavallerie-Schützendivision aus dem Eden-Hotel das Divisionsgericht stellte, also keinem der Herren Mörder etwas passieren konnte, muß anerkannt werden: Alle verleugneten tapfer ihre Mannespflicht, drückten sich, verlangten kei-

nerlei öffentliche Anerkennung von ihrem Chef Noske und ihrem Oberchef Ebert dafür, daß sie, sieben Mann, Liebknecht überwältigt hatten, und verzichteten auf Orden und Ehren, damit im Interesse von Staat und Gesellschaft die Wahrheit über seinen Tod verschwiegen werde.
Ein Menschenleben kann nicht hoch genug bewertet werden.

Das alles fällt einem so ein, wenn man auf dem idyllischen Brücklein steht, an dem fürsorglich ein Rettungsgürtel hängt.

Bürgerkrieg um die Festung Küstrin

2. Oktober 1923

Dorthin, woher die Erregung kommt, wohin der starre Blick der Angst gerichtet ist. Berlin ist erregt und geängstigt von den Kämpfen um die Festung Küstrin; von der Gefahr, die darin liegt, wenn die Vorburg der Reichshauptstadt in die Gewalt reaktionärer Aufrührer fällt; von dem Gedanken, daß der Bürgerkrieg begonnen; von dem auffallend knappen Bericht und dem Verbot der Veröffentlichung privater Nachrichten.

Wenn der Zug eine Biegung macht, sieht man den Bahndamm – die einzige Welle dieses märkischen Landes. Wir rutschen über ein Nudelbrett. Dem noch umkämpften Küstrin zu. Lange genug für eine so berühmte Festung war es friedlich in ihren Wällen. Sie liegt ja nicht an der Grenze, sie ist kein offensives Fort, sie ist zum Schutze Berlins da. Markgraf Hans hat 1536 die alte Wendenstadt als Sumpffestung wehrhaft gemacht, ein strenger und gerechter Herr. ›Auferas malum e medio populi tui‹, zitierte er, wenn er Todesurteile unterschrieb, und lehnte Gnadengesuche ab: ›Fiat iustitia et pereat mundus.‹ Vielleicht war es die düstere Geschichte der Stadt, die ihn zu solcher Unnachgiebigkeit führte: Nichts als Fehden berichten die Chroniken. Aber die Armierung half nichts. Knapp vor der Zorndorfer Schlacht (August 1758) äscherten die Russen in kurzem Bombardement ganz Küstrin ein; der Oberst Schach von Wuthenow trug Schuld an diesem Debakel, ein unfähiger Kommandant. Ein verräterischer Kommandant aber war Oberst von Ingersleben, der Küstrin 1806 kampflos an Napoleon auslieferte. Kriegerische Ruhmesblätter hat die Stadt Küstrin nicht aufzuweisen.

Nun nennt sie wieder der Heeresbericht des militärischen Vogts von Deutschland, der ebenso heißt wie der in ›Wilhelm Tell‹. Gegen Geßler geht der Kampf der preußischen Nationalsozialisten und der bayrischen Monarchisten, und Geßlers Reichswehr steht in Küstrin gegen ›nationalkommunistische Aufrührer‹ im Gefecht. Die Landschaft, die der Zug durchquert, ist friedlich. Längst ist Berlin versickert und die Industrie. Immer spärlicher werden die

Fabriken, aus deren Schloten die grauen Fahnen der Arbeit wehen; der Boden ist karg, die ›Streusandbüchse des Heiligen Römischen Reiches Deutscher Nation‹. Freundlicher ist das Oderbruch, Tomaten werden gezüchtet, und Raps, Spargel stehen in Blüte, von der Gerste ist nichts geblieben als ein Parkett von Stoppeln. Die Warthe schimmert durch die Bäume. ›Küstrin-Altstadt‹. Reichswehrsoldaten, auf dem Ärmel eine weiße Schleife mit der Aufschrift ›Deutsches Reichsheer‹ und einem runden Stempel, prüfen streng die Ausweispapiere und unterziehen uns einem Kreuzverhör. Durch die lange Vorstadt und über die eiserne Oderbrücke führt der Weg. Der Fluß scheint seicht, aber vielleicht sind es die Landzungen, fast von einem Ufer zum anderen reichend, und die Sandbänke, die diesen Anschein erwecken. Zwei Bastionen schieben sich steil in das Wasser, ›König‹ steht auf der einen, ›Brandenburg‹ auf der anderen. Dazwischen am Uferrand, von dreißig Kastanienbäumen eingesäumt, strahlt eine Wiese, bereit zu Schäferspielen.

Hinter dem Rasen ein Schloß deutscher Frührenaissance. Das Festungstor ist zugleich Stadttor und wie eine Zugbrücke der Weg zwischen Wällen und Wassergräben der alten, altpreußischen Zitadelle. Schilfrohr und Seerosen baden in diesen Tümpeln. Und solches Idyll sollte einst ein Hindernis für heranstürmende Armeen darstellen! (Jetzt sind Luftabwehrkanonen und Panzergeschütze an unsichtbaren Stellen eingebaut.)

Die Zugbrücke geht in eine Gasse über, die Hauptstraße der Altstadt, des von Warthe und Oder umflossenen Teils Küstrins. Auch hier ist's noch friedlich, typische Kleinstadtgasse, wenn auch der Inhaber des ersten Kramladens ›Ludendorff‹ heißt und erregte Menschen an den abendlichen Häuserwänden stehen, Männer beisammen, Frauen beisammen, Mädchen beisammen, Schulkinder beisammen. Alle reden dasselbe – von den Kämpfen. Schließen wir uns den Gruppen an oder fragen wir nach der Kommandantur, so erzählen sie von dem Besonderen, das sie hier erlebt: Die Pioniere haben Verstärkung bekommen, der ›Stahlhelm‹ hat die Kommandantur und den ›Hohen Kavalier‹ geräumt, die dominierende Osthöhe. Dort sind nun die Kanonen der Pioniere aufgefahren und auf das Zeughaus gerichtet, wohin sich der ›Stahlhelm‹ zurückgezogen hat. Die Küstriner sprechen von beiden Parteien nur als von den ›Pionieren‹ und dem ›Stahlhelm‹, das Wort ›Reichswehr‹ kommt nicht vor – alle tragen ja dieselben Uniformen, auch die Stahlhelm-Leute haben Waffen und Offiziere, und der Zeughof ist ihre Kaserne. (Deshalb mußten auch die Pioniere die Schleife ›Deutsches Reichsheer‹ anlegen, um sich von dem Gegner zu unterscheiden.) Die Bürger Küstrins sind über den Bürgerkrieg, der zwischen ihren Mauern entbrannt ist, im unklaren und möchten von dem Fremden Aufklärung. Es wäre schwer, sie ihnen zu geben, ihnen zu sagen, daß der ›Stahlhelm‹ nicht zur Reichswehr gehört, da er ja doch zur Reichswehr gehört, zur Schwarzen Reichswehr nämlich, die es nicht gibt, die es aber doch gibt, nämlich illegal, aber doch wiederum legal, denn der Reichskanzler Cuno hat sie gegründet (zur Organisation des Ruhrwiderstandes), und jetzt erst will man sie abbauen, und deshalb sind sie national und antirepublikanisch und haben sich durch Couleurstudenten und andere junge Zivilisten verstärkt, um die Reichswehr zu entwaffnen und der Republik zu zeigen, daß die monarchistischen Zivilisten die besseren Soldaten sind, weshalb die Republik den antirepublikanischen Soldaten weiter den Sold bezahlen soll. Die Regierung jedoch, die nicht eingestehen will, daß es so etwas wie Schwarze Reichswehr gibt, nennt die meuternde Truppe ›Nationalkommunisten‹, obwohl es so etwas auch nicht gibt.

Ein Lastauto, mit Soldaten besetzt, saust an uns vorbei und enthebt uns der Antwort, die zumindest eine Übertretung des Nachrichtenverbotes wäre . . . Die Zivilgruppen stieben entsetzt auseinander, die Leute ducken sich in die Haustore, aus den Fenstern verschwinden die Köpfe, Jalousien fallen herab, man hört Sturmsignal, auf dem Auto wird es geblasen, da der Wagen nach rechts einbiegt, mitten durch den Kordon der überraschten Regierungstruppen. Wer nicht zur Seite springt, wird überfahren.

Aber schon knattern hinter den Angekommenen Schüsse, Maschinengewehr- und Gewehrfeuer, dauert zehn Minuten, eine Viertelstunde.

Dann wird es still. Einen Toten bringt man vorüber – den Chauffeur, der noch vor einer Weile das Auto so rasant zu jagen wußte –, Verwundete, von Reichswehr-Leuten gestützt oder getragen.

»Eure?«

»Nein, vom ›Stahlhelm‹. Von den neuen, die zum Einsatz gekommen sind.«
An den Zugängen zum Renneplatz, wo im Zeughaus die Aufständischen und in der Kommandantur ihr Chef, der Exmajor Buchrucker, mit seinem Stab verschanzt sind, hat sich der Kordon der Reichswehr wieder geschlossen. Die Nacht senkt sich über die Stadt wie früher die Rolläden.
Um elf Uhr lispelt eine Trompete Schamadenklänge. Tücher wehen aus den Fenstern. Zurufe: »Wir sind zum Waffenstillstand bereit.« – Dann kommt ein Parlamentär mit großer weißer Fahne, der ›Stahlhelm‹ sei willens, den Kampf einzustellen und abzuziehen, wünscht Zusage, hierbei nicht behelligt zu werden. Wird abgelehnt. Bedingungslose Übergabe oder weiteres Gefecht. Der Herr Leutnant geht, Weisungen einzuholen: ›Ob wenigstens dem Major Buchrucker freier Abzug bewilligt werde?‹ – Nein, die Putschisten haben einzeln und waffenlos die beiden Gebäude zu verlassen, widrigenfalls diese morgen vom ›Hohen Kavalier‹ aus in Grund und Boden geschossen werden. Der Parlamentär erklärt die bedingungslose Übergabe.
Am Morgen hat wieder der Pionieroberst Gudevius die Kommandantur inne, und vor dem schwarz-weiß gestreiften Schilderhäuschen patrouilliert ein regierungstreuer Doppelposten. Reichswehr-Spalier sperrt den Platz für die Neugierigen der Kleinstadt ab, die Stahlhelmer sind in die benachbarte Schloßkaserne eingeliefert worden, die längst kein Schloß mehr ist und auch keine Kaserne, sondern ein simples Amtsgericht. Einst saß hier Kronprinz Friedrich monatelang in wirklich grausamer und schimpflicher Haft und mußte zusehen, wie sein Freund Katte hingerichtet wurde, weil er sich, als vom König bezahlter Offizier, dem König zu widersetzen versucht hatte. So hat es wenigstens Friedrich Wilhelm geglaubt. ›Wenn das Kriegsrecht dem Katten die Sentence publiziert, soll ihm gesagt werden, es wäre besser, daß er stürbe, als daß die Justiz aus der Welt käme.‹ Glaubt man nicht den Erbauer der Küstriner Festung in diesen Worten zu hören, den Markgrafen Hans?
Nun sind keine Arreste mehr da und auch kein Richtplatz. Die von der Republik bezahlten Offiziere, die sich der Republik zu widersetzen versucht haben, sind in der Gartenwiese hinter den

dreißig Kastanienbäumen untergebracht, deren Idyllik wir gestern von der Oderbrücke aus bewundert haben. Aus dem Fenster des Schlosses kann man sie sehen. Fünfhundert Mann liegen in dem satten Gras, rauchen Zigaretten und plaudern. Zwei Reichswehr-Leute mit geschultertem Gewehr und weißen Armschleifen gehen zwischen ihnen umher. Die dürfen sich freilich nicht niederlegen und keine Zigaretten rauchen.

Wollen sehen, was die Küstriner Lokalblätter über das Ereignis schreiben, das heute die Welt erregt und hier auch das große Ereignis der Stadtgeschichte ist. Eine Zeitung hat nur die amtliche Nachricht, in Nonpareilledruck, unten auf der dritten Seite. Die andere hat sie – sie schien wohl dem Redakteur unwichtig – ganz weggeworfen. Die ›Küstriner Bürgerzeitung‹ aber enthält als zweite Lokalnotiz folgenden Eigenbericht: ›*Gerüchte*. Gerüchte über Gerüchte waren heute in Küstrin-Neustadt verbreitet. Unruhen in der Altstadt. Amtliches war bisher nicht zu erlangen, da die ganze Sache noch nicht geklärt ist.‹

Am Renneplatz tritt der Fuß in blutige Lachen, ein zerschossenes Lastauto, Nr. 7389, krümmt sich auf dem Platz, und vom Chauffeursitz tropft Blut. Geschütze fahren ab, und wir können das gleiche tun. Auf der Oderbrücke bleiben wir stehen und werfen einen Blick auf das schöne Schlößchen mit der schönen Wiese zurück. Sie hat sich seit gestern abend bevölkert. Mit fünfhundert Burschen, die im Grase lümmeln, Zigaretten rauchen und darauf warten, bis man sie, die Blutvergießen verschuldet und den ganzen, ohnedies verzweifelten Staat in neue Unruhe gestürzt haben, nach Feststellung ihrer Personalien wieder freilassen wird. Keiner von ihnen hat wohl Angst, daß ihm die Republik das gleiche Schicksal bereiten könnte, das an der gleichen Stelle das Königtum dem Leutnant Katte bereitet hat, ›damit die Justiz nicht aus der Welt käme‹.

Das Nest der Kanonenkönige: Essen

Aha, das ist die Vorstadt. Solches sagt man sich bei der Ankunft in Essen an der Ruhr. Denn die Gassen sind so eng, daß die Elektrische oft nur eingleisig fahren kann, wogegen das Postamt und das Bürohaus ›Handelshof‹ respektable Ausmaße haben. Der Menschenstrom ist so groß, daß wir wissen müßten, nicht in einer Kleinstadt zu sein, auch wenn wir nicht wüßten, in einer der größten Städte Deutschlands zu sein. Die Prestigebauten der Bankfilialen wirken wie einst die prachtvollen Gesandtschaften im armseligen Cetinje. Schmal sind die Privathäuser, meist bloß eines, höchstens zweier Stockwerke teilhaftig geworden, gedunkelt von kohlenstaubhaltiger Luft, manche – schon in Voraussicht dieser unvermeidlichen Schwärzung – im Tudorstil aufgebaut, also schwarz von Geburt an. Wiederholt staunt man, hier, in der Kapitale des rheinisch-westfälischen Industriegebietes, hier, in der Hauptstadt der Montanindustrie, den Häuschen mit grotesk steilen Dächern, schieferbeschlagenen Fassaden und grasgrünen Fensterläden zu begegnen, die dem Wuppertal eigentümlich sind, nach Baum und Blumen rufen und hierorts nur von Rauch und Ruß beglückt werden. Niedrig ist auch das Münster, offen die Plätze, engbrüstig und bucklig und schlotternd die Straßen. Affichen kleben an den Hauswänden, der Christliche Gewerkschaftsverband plakatiert als Tagesordnung der nächsten Versammlung ›Unsere Haltung zur Regierung Cuno‹, die Kommunistische Arbeiterpartei lädt vereint mit der Allgemeinen Arbeiterunion zur Stellungnahme über das Ultimatum der ›Moskauer Rätegewaltigen gegen uns‹ ein, die moskauzugehörige Kommunistische Partei Deutschlands ruft: ›Leset das Ruhr-Echo! Ein neuer Verrat der Sozialpatrioten!‹ Und das Meeting der Sozialdemokraten hat folgendes Programm: ›1. die drohende Besetzung des Ruhrreviers durch die Entente. – 2. Organisationsfragen.‹ Propheten anderer Art schlagen gleichfalls ihre Weisheit an: ›Gibt es ein Weiterleben nach dem Tode?‹, ›Du selbst mußt Gott werden!‹ Die Heilsarmee hat eine Brettsäge inne, der runde Holzbau eines hier ansässig gewordenen Wanderzirkus ist dunkelgrau, und dunkelgrau

sind sogar seine Komödiantenkarren, die unbespannt rechts und links vom Eingang stehen. Zwischen Gertraudiskirche und Staatlicher Maschinenschule sieht's überhaupt aus wie am Rummelplatz äußerster Peripherien oder wie am Dorf, wenn die Komödianten kommen: grelle, ebenerdige Häuschen, von denen eines eine Schießbude ist, eines eine Eis- und Mokkastube, eines ein Hippodrom, eines (das größte allerdings) ein Kino und eines eine Spezialausstellung zur Bekämpfung der Geschlechtskrankheiten. Dörfisch oder kleinstädtisch heißen Gassen, die hier münden: Viehhofstraße, Kastanienallee, Pferdemarkt und Schützenbahn.
Das Plakat einer Firma ruft nach dem Westend, und der Fremde, das Wort ›Westend‹ lesend, wird sich klar darüber, daß der Westen das eigentliche moderne Essen sein muß, während er sich hier zwischen Hauptbahnhof und Nordbahnhof nur mit der Vorspeise plagte. Also, auf nach dem vornehmen Westen, dem goldenen Westen!
Falsch alle Diagnosen! Immer dunkler tönt sich das Grau der Häuserwände, immer dunkler, und bald sind sie beinschwarz. Nackte, kahle, rußige Ziegelmauern unendlicher Fabriken und unendlicher Arbeitshöfe sind die Seitenkulissen der Straßen, das Balkengewirr eines Förderturmes und Schlote von ungeahnter Breite mit eisernen Wendeltreppen an der Außenseite und ein unmutiger Himmel sind ihr Hintergrund. Nirgends eine Zierde, nirgends ein Schmuck, außer dem Kuppelturm des Verwaltungsgebäudes, einem Mausoleum gleich. Kein Straßenlärm ist vernehmbar, denn alles übertönt den Schall, der aus den Fabriken kommt und aus den Öfen: fallendes Eisen, rollendes Eisen, schlagendes Eisen. Fast stundenlang geht man durch diese lärmende Öde westwärts. *Das* ist die Vorstadt, die typische Fabrikvorstadt. Es hätte den Anschein, als ob das wirklich der Annex jenes unregelmäßigen Gassennetzes wäre, das man vorher durchwanderte, wenn nicht die Ausmaße dieses Abdomens so hypertrophische wären – und wenn wir nicht wüßten, daß wir in Essen sind, wenn uns nicht Stadtplan und Tafeln längst darüber belehrt hätten, wem all das gehört, daß wir im Reiche ...
›Kr.‹ Kr.-Friedhof, Kr.-Lazarett, Kr.-Verwaltungsgebäude, Kr.-Konsumverein, Kr.-Denkmal, Kr., Kr. und wieder Kr. – das bedeutet nicht ›Kreis‹, nicht ›Krieg‹, nicht ›Krone‹, das alles bedeu-

tet ›Krupp‹. Und diese ganze dunkle Stadt und ihre Bewohner und ihr Leben haben nur einen Namen: ›Friedrich Krupp, Gußstahlfabrik‹. Die Krupps haben ihr schlichtes Stammhaus hier, sie haben es inmitten der monströsen Bauten ahnenstolz konserviert und ließen sich auf den besten Plätzen der Stadt Denkmäler stellen mit goldenen Regierungszahlen: Krupp I. 1811 bis 1826, Krupp II. 1826–1887, Krupp III. 1887–1902. Der erste der Dynastie ist noch mit dem Amboß abgebildet, auf dem er diese Stadt und ihre Bewohner und fremde Arbeiter festschmiedete, um mit ihrer Kraft seinen Lebenszweck zu erfüllen: Geld verdienen. Der dritte Krupp aber hat ein besonderes, ein fulminantes Standbild aus Stein und Erz: überlebensgroß und geschmacklos fällt die Bügelfalte der bronzenen Salonhose auf die bronzenen Schnürstiefel; rechts und links an dem steinernen Rondeau huldigen ihm vier Arbeiter, deren Gesichter den stumpfen Ausdruck der Meunierschen Skulpturen haben, deren Körper aber nicht mehr dieser sozial anklagenden Kunst entlehnt sind, sondern den muskulösen deutschen Gigantengestalten Franz Metzners. Es ist ein demonstratives Monument. Denn dieser Friedrich Alfred Krupp hat sich erschossen, als die Sozialdemokratie während einer Kampagne für die Aufhebung des Paragraphen 175 darauf hinwies, daß nur die Krankhaften der ärmeren Schichten von der Verfolgung betroffen seien, während zum Beispiel ein Krupp in Capri homosexuelle Orgien feiern könne, worüber die italienische und französische Presse bereits entrüstete Artikel veröffentlicht habe. Trotzdem Kaiser Wilhelm noch kurz vorher gegen Krupps preistreiberische Ausbeutung des Vaterlandes eingeschritten war, trotzdem wenige Wochen vor dem Selbstmord auf Betreiben der Frau Krupp das Entmündigungsverfahren gegen F. A. Krupp eingeleitet werden sollte, trotzdem selbst die dem Toten nahestehende Presse in ihren Nekrologen ihn als ›nicht übermäßig bedeutende‹ Persönlichkeit charakterisierte, fuhr Kaiser Wilhelm II. zur Beerdigung nach Essen, um im dortigen Bahnhofswartesaal die berühmte Rede zu halten, in der er die Sozialdemokraten als Verleumder, Giftmischer und Mörder, ›niederträchtig und gemein‹ bezeichnete und die Arbeiter so apostrophierte: ›Wer nicht das Tischtuch zwischen sich und diesen Leuten zerschneidet, legt moralisch gewissermaßen die Mitschuld auf sein Haupt.‹ Dann wurde von den

Arbeitern ganz Deutschlands die Absendung von Adressen gegen die Sozialdemokraten erpreßt, und im Reichstag kam es deshalb zur Präsidentschaftsdemission Ballestrems.
Aber Wilhelm hatte noch nicht genug, er hat dieses kolossale Denkmal veranlaßt, das provokant und höhnisch auf dem Wege steht, den die Arbeiter um sechs Uhr früh und um sechs Uhr abends gehen müssen. Wilhelm hat auch der einzigen Leibeserbin Krupps den Bräutigam ausgesucht, den feudalen Legationsrat von Bohlen-Halbach, der bei der Hochzeit das Recht zur Führung des Namens Krupp erhielt, Krupp IV. Der soll nach der Verlobung von einem Kameraden der preußischen Garde du korps gefragt worden sein: »Sansemal, Kamrad, müssense nu die janze Klempnerei ooch übernehmen?«
Er hat die janze Klempnerei ooch übernommen, und wenn Essen von den Franzosen dauernd besetzt worden wäre, so hätte er – oh, natürlich erst nach scharfem und mutigem Protest, erst nach Hemmungen, erst nach Umstellungen und erst nach Jahren! – genauso grandiose Kanonen und Mörser und Torpedos und Munition und Panzerplatten anderen Armeen geliefert, wie er sie der deutschen geliefert hat. Denn dieser von Kaiser Wilhelm ausgewählte Gatte des Fräulein Berta Kr. wird die Tradition des Kr.schen Hauses so hochhalten, als ob er ein geborener Kr. wäre: tadellose Ware, tadellose Lieferung. Hier wurden all die tausendfachen Mordinstrumente geschmiedet, hier wurde der Rekord der Kriegsrüstungen erreicht, von hier aus wurde geliefert, geliefert, bis man geliefert war. Und Hunderttausende schufteten hier, von ihrer Kindheit an bis zu ihrem Ende am Kr.-Friedhof, in einem Leben, dem alle die (noch so mustergültigen, noch so berühmten) Wohlfahrtsinstitutionen keine Freude geben konnten. So entstand dieses neue Essen, diese neue Vorstadt, die das alte Zentrum unterwarf, so entstand diese schwarze Hauptstadt der schwarzen Erde . . . Kaum eine Schnellzugstunde ist's nach dem wunderschönen, leuchtenden Düsseldorf, wo Heine dichtete, Richard Wagner komponierte und Achenbach malte, wo alles von Farben und Kunst blüht – trotz ungeheurer Fabriken. In Essen jedoch leiern abends in den beiden Kabaretts alte Komiker unveränderte Lieder aus den neunziger Jahren, von Bebel, der immer protestiert, vom Busen der Sarah Bernhardt, davon, daß jetzt

alles sezessionistisch ist, und von den hohen Steuern, an denen die Regierung schuld ist; und der eingefrorene Wanderzirkus ist da. Bei Tag sieht man Menschen, die von der Macht des Gußstahls zertrümmert und vom Atem der Kohle vergiftet sind.

Und ihre Zwingherren? Wohl, er hat sein mächtiges Denkmal, der letzte Tote der Dynastie. Aber ist er nicht selbst geflüchtet aus dieser freudlosen Stadt, dieser sonnenlosen Gegend, von diesen ausgemergelten Menschen und von seinen unerreicht fabelhaften Gußstahlerzeugnissen zur Massentötung? Nach dem Süden, auf eine Insel des Friedens ist er geflohen, wo eine frohlockende Sonne auf Korallen und gesunde Knabenkörper leuchtet, die nackt in das Wasser vor der Blauen Grotte springen. Hier vergaß er sein Reich, hier vergaß er, eben weil er als Industrieller ›eine nicht übermäßig bedeutende Persönlichkeit‹ war, den Gußstahl und dessen Opfer, hier konnte er sich selbst vergessen. Er durfte davon träumen, immer wieder hierher zurückkehren zu können ... Als man ihn aus seinem Paradies vertrieb, ihm auch dieses Eiland nahm, griff er zu einer der gußstählernen Waffen, die er geschmiedet.

Referat eines Verbrechers über die Polizeiausstellung

Hochverehrte Berufsgenossen! Meine Damen und Herren!
Dem Beschluß unserer Syndikatsleitung vom Zwölften dieses Monats gerne Folge leistend, habe ich mich noch am selben Tage ›zur Orientierung puncto polizeilicher Organisations-Taktik‹ – die Anfangsbuchstaben dieser Phrase bedeuten: Zoppot – dorthin begeben, um unserer Hauptversammlung über die Polizeiausstellung und den Polizeikongreß fachkritischen Bericht zu erstatten. Den auf meinen Arbeitsnamen lautenden Reisepaß mit Steuervermerk und Visen nach allen Nachbarstaaten erhielt ich von unserem Urkundenbüro in der üblichen prompten Weise und in mustergültiger Ausführung sofort zugestellt, wofür ich den Kollegen vom Urkundenbüro auch an dieser Stelle herzlichst danken möchte. Ich fuhr mit dem Flugzeug der Deutschen Aëro-Lloyd AG um ein Uhr nachmittags vom Berliner Flugplatz in Staaken ab, das flugplanmäßig um vier Uhr fünfundvierzig Minuten in Danzig eintrifft und das ich allen Kollegen, die dringend aus Berlin abzureisen wünschen, wärmstens empfehlen kann. Ich selbst langte bereits um ein halb vier Uhr auf dem Danziger Flugbahnhof an, da Rückenwind unseren Apparat vorwärts trieb – ein Glücksfall, der uns bedauerlicherweise nie begegnet, wenn wir solche beschleunigte Veränderung notwendiger brauchen würden. (Rufe: Sehr richtig!)
Ich meldete mich beim vorbereitenden Ausschuß als Polizeichef einer Balkanstadt und war binnen weniger Minuten im Besitze eines Quartiers – eine Fürsorge, die mich von Polizeiorganen nicht überraschen konnte (Heiterkeit), auch wenn es sich diesmal um ein elegantes Hotelzimmer handelte. Unter den Teilnehmern des Kongresses traf ich zahlreiche Bekannte, doch wurde ich in meiner Adjustierung selbstverständlich nicht erkannt, ja, es widerfuhr mir zum Beispiel, daß ich im ›Artushof‹ in Danzig, einem überaus kostbar ausgestatteten Raume (hört, hört!) – dessen Pracht aber in Fresken, Wandgemälden und Täfelungen besteht, also für uns leider nicht in Betracht kommt –, bei einem Bierabend, den der Senat uns zu Ehren gab, von einigen Herren auf-

gefordert wurde, auf die Ansprache des Senatspräsidenten zu erwidern; ich lehnte mit dem Hinweis darauf ab, mich nicht befugt zu fühlen, im Namen aller Kriminalbehörden zu sprechen. (Heiterkeit.) Der Ausstellung selbst kann ich nur die Note ›vorzüglich‹ ausstellen. Sie besteht, von unserem Standpunkte aus gesehen, aus zwei Teilen, von denen der erste für uns ehrenvoll und für die Tradition und die Geschichte unseres Berufes (Zuruf: Unserer Kunst!) – oder ›unserer Kunst‹, wie die jüngeren Kameraden es jetzt gern nennen – von Wichtigkeit ist, während der zweite zu unserer Warnung und Belehrung dienen muß.

Zu jenem ersteren Teil, dem musealen, gehören vor allem die Objekte, die die Polizeibehörden von Berlin, Königsberg, Warschau und Danzig-Zoppot zur Schau gestellt haben. Danzig-Zoppot als die Gastgeber sind in der Geschichte bis ins Mittelalter zurückgegangen, sie zeigten sogar Andenken an den unrühmlichen Danziger Stockturm, in dem unsere Ahnen schmachten mußten, alte Urgichte und Urteln sowie das Schwert des Danziger Scharfrichters, das in unseren Tagen amtlich durch das Schwert des Zoppoter Croupiers ersetzt wurde. (Heiterkeit.) Ein Bakkarattisch veranschaulichte eine Methode, nachträgliche Einsätze zu placieren: Der am Tisch sitzende ›Segler‹ läßt aus einer Klemmvorrichtung seiner Krawatte auf das gewinnende Feld den Jeton oder die Banknote fallen, die dann eine in der vierten Zuschauerreihe stehende Dame als ihren Einsatz bezeichnet; es ist zu hoffen, daß diese Arbeitsweise bald auch für schwarze Selbstbinder ausgestaltet werde, da sich ohne Smoking in den großen Kasinos von Europa heutzutage nicht mehr arbeiten läßt. Die Maquillage der Spielkarten, die gezeigt wird, ist entweder eine gefälschte Fälschung oder Stümperarbeit von Laien, da die Nadelzinken seitlich angebracht und daher durch die Mündung des Schlittens nicht ertastbar sind; ebenso sind die nachgeahmten Tickets das Werk von Außenseitern, wogegen die falschen Jetons – sie wurden von einer Wiener Spielwarenfabrik optima fide hergestellt – eine sehr gute Prägung darstellen.

Unsere liebe Berliner Kriminalpolente ist mit alten Fisimatenten angerückt, die sie meistens von unseren Kollegen Bauernfängern älterer Schule erbeutet hat: Da ist zum Beispiel ein Wäscheballen, den die Straßenhändler ›als gestohlene Ware‹ den Passanten verkaufen, der nur am Rand aus Leinenbatist, innen jedoch aus Hadern besteht; eines der scheinbar verschnürten, in Wirklichkeit aber aufklappbaren Pakete unserer Kolleginnen Warenhausdiebinnen; eine mächtige Ölkanne, aus der man Proben reinsten Petroleums gießen kann, obwohl sie sonst fünfzehn Liter Wasser enthält; ein gefälschtes Autograph Luthers für die neuen Bibliophilen vom Kurfürstendamm und eine ›elektrotechnische Dollarkopiermaschine‹ mit doppeltem Boden, in dem der echte Hundertdollarschein des Geneppten für ewig verschwindet. Königsberg stellt zumeist Paßfälschungen, Ausfuhrscheine, Visa, Diplomatenpässe, Zollpapiere, Grenzvermerke und Amtsausweise unserer Faktur aus – alle vortrefflich ausgeführt und glänzend geeignet, die Reisen unserer Kollegen zu erleichtern, während die behördlich fabrizierten Dokumente die Reisen unserer Verfolger erschweren, weshalb unsere in der Diplomatie tätigen Kameraden mit aller Macht darauf hinwirken mögen, daß die Paßvorschriften auch weiterhin überall in Kraft bleiben. (Beifall.) Die Drohbriefe, Brandbriefe und Erpresserbriefe, die Königsberg in photographischen Vergrößerungen vorführt, stammen von Kindern oder Kindsköpfen, und ich schämte mich geradezu, diese Klamotten neben die ernsten Arbeiten wirklicher Verbrecher gereiht zu sehen.

Empörend aber und aufreizend wirken die Tatbestandsaufnahmen von Morden und Totschlägen, die das Hauptkommando der staatlichen Polizei Polens in großen Tafeln an den Wänden ihres Saales aufgehängt hat. Wenn wir auch gewiß nicht verkennen, daß die Behörden oft erst dort mit ihrem Interesse einsetzen können, wo sich selbst die Kollegen Mörder mit Abscheu und Entsetzen vom Zustande ihres getöteten Gegners abgewendet haben, so müssen wir doch derartige Darstellungen in die gerichtsärztlichen Museen verweisen und es scharf verurteilen, daß sie in öffentlichen Ausstellungen einem Publikum gezeigt werden, das von der Schwere des Entschlusses und den Hindernissen bei der Tatausführung keine Ahnung hat und in dem schauerlichen Ergebnis des Deliktes auf einen bestialischen Charakter des Täters zu schließen geneigt ist. (Rufe: Pfui! Demagogische Hetze!) Es handelt sich übrigens bei den Lichtbild-Tableaus, die das Warschauer Polizeipräsidium mit künstlerischem Ehrgeiz gerahmt und ausgestattet hat, zumeist um Massenmorde ungebildeter wolhynischer Räuberbanden, um den Raubüberfall der Goralskischen Bande auf die Mühle Skolimow am 4. Februar 1922, bei dem fünf Personen zu Tode gemartert und andere getötet wurden, ferner bloß um Taten unorganisierter Kollegen, wie des Stefan Pasnik, der sieben Auswanderinnen umgebracht hat, um sie ihrer armseligen Kleidungsstücke zu berauben. Dankenswert ist auf dem Warschauer Stand die Zurschaustellung von Gipsformen für unbefugte Banknotenherstellung, an der mir besonders die Vorrichtung zur Einziehung von Seidenfäden für Dollarscheine neu gewesen ist.

Im allgemeinen läßt sich über jenen aufklärenden historischen Teil der Zoppoter polizeilichen Fachausstellung aussagen, daß dort ein Überblick über die Gefahren und Hindernisse unserer Tätigkeit und über die Größe unserer Arbeitsleistung gegeben wird, der auch dann für uns ruhmvoll wäre, wenn nicht aus den graphischen Darstellungen, Statistiken und Diagrammen hervorginge, daß die Zahl der zur Anzeige gebrachten Delikte die Zahl der erforschten weit übersteigt. (Lebhafte Bravorufe!)

Wir wollen aber nicht zu früh jubeln! Neue große Schwierigkeiten harren unser! Im zweiten Teil der Ausstellung, auf dessen Erörterung ich ohne Überschreitung meiner Redezeit heute nicht eingehen kann, werden nicht bloß gefährliche Fahndungstaktiken und Erkennungsmethoden von der Münchener Polizeidirektion und vom Polizeipräsidium Stuttgart gezeigt, die uns zu angestrengter Abwehr anspornen müssen, sondern auch die Sicherungsindustrie führt ihre Errungenschaften vor, die eine völlige Umgestaltung unserer Technik mit sich bringen werden. Es gibt jetzt Polizeimeldeanlagen und Notruf-Organisationen, die eine ganze Stadt umfassen, thermitsichere Geldschränke und Panzergewölbe, Alarmapparate mit dem ›elektrischen Auge‹ aus Selen, das durch den leichtesten Schimmer unserer Blendlaterne ausgelöst wird, und unheimlich gellende phonographische Schreivorrichtungen – ›Hiiiiilfe! Poooolizei! Hier sind Einbreeecher!‹ –, Sicherheitsschlösser, die den Eindringenden gefangennehmen, Schaufenstergitter und Jalousiendrähte, die kupferne Schwebekontakte zwischen Alarmanschlägen enthalten, Autosafe-Steuerräder zur Verhinderung von Kraftwagendiebstählen, Spezialsicherungen der Treibriemen, Urkunden-Sicherungsmaschinen gegen Schriftfälschungen und dergleichen. All das stellt uns vor neue Aufgaben. Haben wir jedoch in Ehren das Gewerbe unserer Vorfahren fortzuführen gewußt, als uns nicht mehr bloß greise Nachtwächter und friedliche Hofhunde Hindernisse bereiteten – nun, so wird auch unsere Jugend der Schwachstromtechnik, dem Selen und den wissenschaftlichen Erkenntnissen unserer Gegner mit den gleichen Mitteln zu begegnen wissen! (Stürmischer Beifall und Händeklatschen.)

Schollenjagd und Haifischfang

I. Ausfahrt eines Finkenwerder Fischkutters

»Die Steuerämter und die Zollbehörden müssen eben von Amts wegen jeden als Spitzbuben ansehen«, warf ein alter Seemann in die Debatte der Schiffer, die auf dem Pier von Schulau standen und zu unserem Kutter hinabschauten; auf Deck manipulierten zwei Zollbeamte. Vom Transitlager wurde das amerikanische Gasöl in Kannen gepumpt, je zehn Liter goß der Beamte durch einen Trichter in die Verschraubung des Brennstofftanks und senkte einen Metallstab in die Öffnung; die Stelle, an der die Stange fettig zu werden begann, märkte er mit einer Feile. Wieder zehn Liter, wieder eine Kerbe, wieder wurde das Öl sorgsam mit Werg vom Meßstock abgewischt, dieser von neuem in den Tank gesteckt; sechs Fässer waren bereits eingefüllt, der Stab, zur Skala geworden, bekam die amtliche Plombe. Nun kann man jederzeit feststellen, ob der Verbrauch des zollfreien Öls der Fahrtdauer entspricht oder ob der Schiffer etwa ein Quantum verkauft hat, was als Schmuggel zu qualifizieren wäre. »Nur Schikanen«, brummten die Zuschauer auf dem Kai, »das haben uns die Flußfischer eingebrockt. Die hetzen, wo sie hinkommen!« Stundenlang dauerte die Prozedur. Manchmal war ein neuer Eimer eingegossen worden, und auf der Leiste lag die Feuchtigkeitsgrenze tiefer als vorher. Wieso? Ein großer Dampfer kreuzte Schulau, und die Wellen bewirkten, daß sich unser Kutter neigte, für uns unmerklich, aber auch unmerklich für den Zollbeamten.

Um drei Uhr morgens, zu Beginn der Ebbe, gingen wir aus dem Hafen. Großsegel und den Besan zog man hoch – mächtige Trapeze, rotbraun von Eichenlohe, nur die geflickten Stellen in der grauen Urfarbe des Segeltuchs. Der Bugspriet wurde ausgeschoben, wie ein Kanonenrohr, und mit der Hand der Klüver darauf gehißt, ein spitzwinkliges Leinendreieck, das bisher in der Koje gelegen hatte. Zuletzt wurde am Fockstach, einem Drahtseil, die Fock gesetzt.

II. Begegnungen auf der Unterelbe

›RMS Elsaß‹ dampft nach W'haven zum Übungsschießen; zwei feldgraue Minenräumer fahren an Groden vorbei, wo ehedem das Minendepot war, und träumen vielleicht von entschwundener Herrlichkeit. Boote des Reichswasserschutzes, von denen es noch 1922 hier wimmelte, sieht man nicht mehr. ›Holsatia‹ kommt stolz des Weges, leer sind die Promenadendecks, die Passagiere erster und zweiter Klasse reisen von Cuxhaven mit dem Sonderzug bis Hamburg, die armen Leute vom Zwischendeck müssen sich Zeit lassen. Viele Bagger, die großen Eimer an einer Kette ohne Ende, arbeiten von Staats wegen, auf daß die Ozeandampfer freie Fahrt haben; die emporgeholte Erde wird bei Finkenwerder eingedeicht und aufgedämmt – man braucht Platz für die Deutsche Werft und Platz für jugendliche Sträflinge, backbord liegt Hannöversund, Gefangenenlager für etwa fünfhundert Jungen, auch hierher liefert man Elbgrund als Ackerboden. Beim Belumer Außendeich sind Saugbagger in Tätigkeit, die Schlamm und Kohle schlucken, diese Beute auf die Nordseite der Elbe bringen und außerhalb der Fahrrinne ausspeien. Personendampfer, einst deutscher Besitz, nach dem Kriege an Nordamerika abgetreten, tragen die Flagge von Panama; die dortigen Filialen der Schiffahrtsgesellschaften figurieren als Eigentümer, damit das Alkoholverbot an Bord nicht gelte. ›Senator Oswald‹ ist einmal umgetauft worden und hat zweimal die Farben gewechselt. ›Cleveland‹ führt den alten Namen, aber die Alkoholflagge.
Hinter Brunsbüttel dreht der Wind herum, und die Segel fangen das Klappern an, wir nehmen Fock und Klüver herunter, stöhnend windet sich der Gigbaum um seine Achse, den Großmast. Acht Mastbänder schlagen an die Riesenstange.

III. Der Krieg der Fischer

Kleine Segler der Elbfischer liegen in Stromrichtung vor Anker; ein Ruderboot haben sie längsseits, auf dem sie ihr Garn, sechs geknüpfte Wände von je dreißig Meter Länge, aussetzen und alle fünf Stunden, wenn Ebbe und Flut wechseln, wieder einholen,

Butte, Aale, Stinte und Hechte erntend. Die Verbindungslinie von Ostemündung zum Ort Neufeld bei Holstein ist eine Grenze: Oberhalb dürfen die Hochseefischer keine Netze auswerfen, sie tun es dennoch, von Oktober an, bis zum Eingang, trotz Verbots und trotz der Proteste der Elbfischer, trotz der Verhandlungen vor den preußischen Landgerichten in Stade, Freiburg und Marne (Dithmarschen), trotz der (oft mit Revolvern erzwungenen) Wegnahme von Fischereigerätschaften und trotz Geldstrafen bis zu zweihundert Mark. Ein veritabler Krieg ist das zwischen Elbfischern und Seefischern. Das Gesetz stammt aus dem Jahre 1887 und ging von der Annahme aus, das Grundnetz ruiniere die Buttbestände, so daß imSommer keine Fänge gemachtwerden könnten. Aber obwohl die Seefischer, denen im Krieg das Meer versperrt war und denen noch immer im Winter jede Verdienstmöglichkeit fehlt (unter anderem gibt es keine Austern mehr in den deutschen Meeren), südlich der Grenzlinie die ›Kurre‹ aussetzen, ergab sich auf den Märkten von St. Pauli und Cuxhaven keine Verringerung des Buttauftriebs. Außerdem wurde wissenschaftlich festgestellt, daß der Butt zum Laichen nach See geht, zumeist an die holländische Küste, und von dort in alle in die Nordsee mündenden Flüsse zurückwandert, also durch das Schleppnetz auf der Elbe die Laiche nicht gestört werden kann. Die Elbfischer jedoch beharren auf dem Gesetz, das sie vor Konkurrenz schützt, und die preußischen Behörden, besonders der Oberfischmeister von Altona, kommen ihnen mit strengen Strafen zu Hilfe.

IV. Wir laden Eis

Kurz vor Cuxhaven, wir hatten schon den Turm der Garnisonkirche und den Windsemaphor in Sicht, machten wir den Rest der Segel unter der Gaffel fest, denn es war windstill geworden. Der Motor stieß uns in den Alten Hafen. Die Landungsbrücken ›Alte Liebe‹, mit Häusern aus Fachwerk im Hintergrund, und ›Seebäderdienst‹, auf der der Hafenbahnhof steht, und eine Drehbrücke mit Handbetrieb schließen das Bassin ein. Zwei Tonnenleger, Staatsschiffe, schwarz, mit gelbem Schornstein, einige Lotsenschoner, zahllose Kleinboote der Krabbenfischer, drei Bergungsschiffe, ›Seefalke‹, ›Wotan‹ und ›Hermes‹ – Erste Hilfe für havarierte Schiffe –, sind verstaut. Wir legten uns längsseits eines Fischerfahrzeugs, und als dieses mit dem Löschen fertig war, konnten wir an den Pier vorholen.

Das Eis, das zur Konservierung der zukünftigen Beute gebraucht wird, lädt man erst in dem Augenblick, da man in See sticht. Angestellte der Kühlwerke erwarten die von der Elbe kommenden Schiffe, einer notierte unsere Bestellung, viertausend Pfund für insgesamt vierundzwanzig Mark, und ein einstiger Militärtrainwagen, von einem Auto geschleppt, effektuierte sie. Die kalten Kristalle rollten von der Mole in den Gefrierraum, der sich unterdecks hinzieht und doppelte Schotten hat, damit nicht etwa die animalische Wärme aus dem Logis das Eis schmelze.

Zigarren, Schnäpse und Konserven besorgt ein Agent aus dem Freihafen, spottbillig ist alles, aber wir dürfen von dieser zollfreien Ware nichts nach Deutschland zurückbringen. Bei den von See kommenden Schiffern erkundigen wir uns nach den Fischgelegenheiten und Fangergebnissen. »Wi hebbt fischt to Spiekeroog, Langeoog un Norderney, up veertein bis siebentein Faden; twee, drei bis süß Stieg Zungen, und's Korb anderthalb goute Schollen un veer bis fiew Stücker Mattgut im Strich, darunner fiew bis süß groute von stückerwat twölf bis fievtein Pound twischen.« Ähnlich lauten alle Auskünfte, und wir wenden morgens gegen vier Uhr gegen Spiekeroog.

V. Schiffer Hein Hinrichsen vertellt

Zwischen Feuerschiff II und Feuerschiff I, eine gute Stunde hinter Cuxhaven, wies Hein Hinrichsen mit dem Arm ostwärts. »Sühst du doar den swarten Punkt?« Es waren mehrere schwarze Punkte zu sehen. »Dat sünd luder Wracks, ober wieter backbord up Wittsand, doar sit mien Kotter, de ›Emma-Katherine‹.« Er blickte hinaus. »1903 hab ich sie bauen lassen bei Schedelgarn auf der Werft in Üttesen. Dreiundzwanzigtausend Mark hat sie gekostet mit dem Motor zum Netzeheben, acht Pferde stark, zehntausend Mark war ich noch schuldig, fast sieben Jahre bin ich darauf gefahren. Im November 1909 blieben Stücker neun von den Finkenwerder Kuttern in See, nur den ›Senator von Mölle‹ hat ein Dampfer nach dem Sturm bis Esbjerg geschleppt, ohne Masten und Setborte, voll von Wasser, die Mannschaft halb tot – von unseren anderen neun Fahrzeugen mit den dreißig Mann hat man keinen Span gefunden. Ich war auch draußen, mit der ›Emma-Katherine‹, den Tag vor dem schweren Wind trafen wir sechs von der Finkenwerder Flotte, den einen hab ich angesprochen, den Ewer ›Friese‹ des Kapitäns Klausen, und redete mit ihm über das Wetter, weil das Barometer auf siebenhundertzweiundzwanzig zeigte, doch dachten wir, der Sturm muß anderswo sein. ›Wi wöllt man hier blieft, dat ward woll so schlimm nich wesen‹, hat Klausen gemeint. Ich aber sagte: ›*Wi* wöllt weg.‹ Wir hatten die Reise beendigt, sechzehn Tage hat sie gedauert. Fünfzig Meilen Südsüdost von Helgoland konnten wir die Küste nicht und nicht beholen, so braßten wir denn, kriegten das Schiff wieder rum und trieben nach See, morgens war der Wind südlicher, wir setzten den großen Klüver auf und liefen mit sechs Meilen Fahrt nach Elbe zu. Nachmittags, sechs Uhr, querab von Helgoland, wurde ich ausgespurrt, Klüver und Toppsegel mußten weg, die Brise nahm zu, und wir hatten schon fast die Büx voll, weil das Barometer noch immer so furchtbar schlecht stand; Wind ging von vorne, beim dritten Feuerschiff flog uns die neue Fock weg, nur die Sturmfock blieb uns, zum Reffen war keine Zeit. Der Kutter lag mit der Reling zu Wasser, dick von Regen und Schmutz, wir klarten Ketten und Schlepptrosse und Rettungsboot, für den Fall, daß noch mehr brechen sollte – aber es ist nichts passiert. Glock neun vormittags vertäuten wir an der Auktionshalle Cuxhaven. Die Fischersleute im Hafen hatten die ganze Nacht vor Sorge kein Auge geschlossen. Fischereiinspektor Duge kam an Bord. ›Onkel Hein, wie schall dat woll noch wärn?! Doar sünd jo noch een ganzer Haufen buten!‹ Da meinte ich: ›Wenn de Wind man rumloopen deit, wie he gewöhnlich deit, denn is jo nix im Weg – wenn er ober südwest blift, denn seeht dat man nich fein ut for ünser Komeroden, denn se stahn all nördlich.‹ Wir löschten die Fische, und nachmittags um vier Uhr fuhr ich mit der Bahn nach Finkenwerder, anderntags wieder nach Cuxhaven, den Tag darauf mit aufgehendem Barometerstand in See. Als wir rausgehen bei Kugelbake, trafen wir den Kutter ›Landrat Köster‹ mit Schiffer Friedrichs. ›Na, Jakob, woar hett goh?‹ – ›Bös Wetter, wenn se man bloß all wedder rin sünd?!‹ Achtzig Meilen Nordwestwest segelten wir zum Austernfang, und nachdem wir neun Tage gefischt hatten, wollten wir heimmachen. Nahe vom Norderneyer Feuerschiff lief der Wind rum, das Barometer fing das Fallen an, und wir kriegten einen Utscheider, haben die ganze Nacht getrieben; morgens wurde es flauer, und wir setzten Kurs auf Elbefeuerschiff. Vierzehn Tage nach dem Sturm bin ich zu Hause, geht die Fragerei los: ›Hest du mien Vadder ne sehn?‹ – ›Hest du mien Mann ne sehn?‹ – man mochte kaum den Deich entlanggehn. Mein Mut war weg, und ich snacke zu meiner Frau: ›Nu, wöllt wi man Wiehnacht füern. Denn wür's jo ook woll anners.‹ Bin aber doch den nächsten Tag losgefahren nach Cuxhaven, da meint mein Schwager, der Bruder meiner Frau: ›Du kannst jo mal an Land blieven, Hannes Schramm, de is hier, de kann jo mit buten gohn.‹ Ich sage: ›Junge, Junge, wullt du noch annere Lüt mit'n Fohrtüch schicken, wenn de Schiffer sülben keen Mut doarzu hett?‹ – ›Ach wat‹, macht er, ›lot üns man losgohn.‹ – ›Na, denn mientwegen. Un paß man gout ups Loot, mock jo to rechte Tied lütte Segels, denn schall wi gohn.‹ Nach fünfzehn Tagen kamen sie zurück, hatten Scherbretter und Netz verloren und fragten: ›Nu, komm' wi woll ne wedder los?‹ Ich beruhigte sie, das hätte mir auch passieren können, die Brille ist ja noch nicht erfunden, mit der wir auf den Meeresboden kieken, und gab ihnen noch 'ne Ermahnung, und sie lichteten wieder Anker. Auf dem Heimweg kriegten sie Regen, Sturm und Stromversetzung, liefen bei Wittsand auf. Ein Telegramm aus Cuxhaven traf ein: ›Seefischer Hinrichsen, Finkenwerder. Kutter Emma-Katherine auf Wittsand gestrandet.‹ Da war Holland in Not! Die Tränen liefen mir über die Backen, hab an das Hafenamt telefonieren lassen und den Bescheid erhalten: ›Leute und der Hund geborgen.‹ Sofort bin ich nach Wittsand, um zu sehen, ob etwas zu retten wäre; leider war der Boden herausgeschlagen, und so liegt es noch da, das Gerippe neben zwei anderen Wracks – dort der schwarze Punkt. Nur das Barometer hab ich von der ›Emma-Katherine‹. Vom Feuerschiff II war ein Rettungsboot hin, das hatte die Leute aufgenommen, meinen Schwager Karl Helmcke, den Hannes Schramm, die beiden Jungs und den Hund Molly. Versichert waren wir nur auf fünfzehntausend Mark, und ich war viel schuldig – nicht daran zu denken, einen anderen Kasten anzuschaffen. Ich hab allerhand gearbeitet, als Ersatzschiffer Heuer genommen und so. Mein Schwager Helmcke hat die Seefahrerei an den Nagel gehängt und ist Zimmermann auf der Werft in Finkenwerder.

Mit sechstausend Mark Reichsdarlehen konnte ich dann dieses Schiff kaufen, im April 1910 von Sittas auf Kranz-Neuenfelde, ›Landrat Theßmann‹, es war schon neun Jahre alt, der bisherige Eigentümer ist bei einem Sturm verrückt geworden. Neue Anschaffungen mußte ich machen und ein Jahr lang ohne Maschine fahren. Ich wollte das Fahrzeug umtaufen, wieder auf ›Emma-Katherine‹, den Namen meiner Frau, das hat man nicht bewilligt – die Ehrung eines Landrats darf nicht beseitigt werden. Als ›H. F. 262‹ ist es in die Schiffsliste eingetragen und 1917 (damals zogen wir nach Schulau, weil's uns in Finkenwerder zu eng wurde) auf ›S. S. 68‹ geändert.«

VI. Der Fang

An den Ostfriesischen Inseln, 53,55 nördlicher Breite und 7,30 östlicher Länge. Bei stürmischem Wetter, Windstärke neun, Seegang sechs bis sieben, furcht unser Kutter durch unruhige See. Mittags, Glock zwölf, wird das Netz an die beiden Scherbretter steuerbords geschlagen und ausgesetzt; die Bretter, an zwei achtzig Faden langen Drahtseilleinen hängend, schießen in der Strömung davon wie Kinderdrachen in der Luft, infolge der ungleichen Einfallswinkel jedes in anderer Richtung – aber in einer Distanz von hundertvier Fuß können sie nicht weiter voneinander, das Grundtau verbindet sie, und das ist nun gespannt. Der Motor wird erst auf langsam gestellt, wenn das Netz unten ist, sonst würde es über die auf dem Meeresgrunde sitzenden Fische hinweggerissen werden. Am Besanmast wird der Fischerball hochgezogen (eigentlich kein Ball, sondern ein Korb), das Zeichen für anfahrende Schiffe, daß wir schwer manövrierfähig sind.

Drei Stunden lang schleppen wir eine Falle, die dreißig Meter breit ist und hundertzweiundvierzig Meter hinter dem Achtersteven unseres Kutters ihr Ende hat.

Um drei Uhr nachmittags wird das Netz gehoben, die Bremsen der Motorwinde gelöst, die Schiffsschraube losgekoppelt, die Drahtleine aufgerollt, und das Fahrzeug treibt. Sind die Scherbretter wieder auf Deck, fassen alle Hände an, das Strickgeflecht über die Bordwand zu bringen, bis der Beutel erreichbar ist, genannt ›Steert‹. Zwei Fischtraillen, an den Mastbäumen mit zehn Meter langen Trossen befestigt, werden jetzt in den Steert eingehakt und dieser motorisch über die Reling geholt.

Unheimlich schwebt der nasse Riesensack auf den beiden Kranhaken hoch in der Luft. Aus seinen Maschen schieben sich Fischköpfe, Kiemen sind aufgespießt, runde Augen glotzen, Krebsscheren greifen ins Leere, Flossen flattern, heraus ragen Zacken von Seesternen, Muscheln, Strickreste, Flaschenhälse, Knochen, Tang, Kohle, Organisches und Unorganisches. In ohnmächtiger Bewegung sind die Gefangenen um ihre Befreiung bemüht, vergeblich, denn wenn es ihnen gelingt, purzeln sie auf Deck. Taumelnd, baumelnd, triefend ist dieser Ballen zu unseren Häuptern – leblos und doch belebt in seiner Gesamtheit, von tausendfältigem Kiemengezappel, Flossenschlag und Scherengreifen im Detail. Ein Sack nur, ein Sack jedoch, der nach allen Seiten mit lebendigen Augen über entsetzt aufgesperrten Mäulern starrt!

Einer der Fischer, unter diese Dusche springend, reißt den Schlippknoten mit beiden Händen auf, die Verfallenen stürzen hinab.

Schon wird drüben das zweite Netz ausgesetzt, aber hier, steuerbord, brodelt ein Berg. Fische, den flachen weißen Bauch nach oben. Fische, den schleimig braunen Rücken nach oben, daß man sie vom Schlamm nicht zu unterscheiden vermag. Muscheln mit aufgeklappten Schalen. Enorme Taschenkrebse, in ihren wie Papageienschnäbel aussehenden Scheren eine Scholle haltend: sie haben sie im Netz erhascht und lassen sich den Fang nicht entwinden. Einsiedlerkrebse, die rot und gelb aus dem Schalengehäuse kriechen, begnügen sich mit einem Seestern. Einen halben Meter lang sind die Steinbutte. Fischbandwürmer, vielleicht in der Todesangst exkrementiert, umschlingen klebrig das Gefangenenlager. Seezungen, als wären sie sich ihres Marktwertes genau bewußt – sie sind besondere Ernte –, pressen den Kopf an eine Planke, so daß sie nicht zu greifen sind, denn der schleimige Rumpf glitscht aus jeder Hand. Die Krebse zwicken, ohne ihre

Beute loszulassen, mit Scheren oder stechen mit Krallen; die hintersten Füße, bei denen man sie ungefährdet packen könnte, verstecken sie. Es schlägt der Butt und gar manche Scholle mit respektabler Wucht dem auf die Finger, der sie in den Korb werfen will. Knurrhähne streben geradenwegs zur Abflußgatte in der Bordwand – wissen sie, daß dort der Weg ins Freie führt? Scharben, Kabeljau, Schellfische und Stinte zappeln oder springen, Tintenfische, Seeigel, Quallen, Totenkopfmuscheln, Seeanemonen, Seerosen, Schwämme, Spinnen, Seemäuse, minderwertige Krabben, genannt ›Klaus Dedels‹, und anderes Unkraut und Ungeziefer wünscht der Unheimlichkeit von Tageslicht und Menschennähe zu entrinnen.

VII. Auch menschliche Spuren sind auf dem Meeresboden

Erstaunlich ist die Zahl der Menschenspuren am Meeresgrund: große Kohlenstücke, intakte und leere Konservenbüchsen, ein Sack Mais, Knochen, Holzpantinen, ein zerrissener Strandkorb, Bierflaschen, eine Matrosenmütze, ein Südwester, Antennendraht, ein Seidenschal und ein Eimer kamen schon mit dem ersten Fischzug in unser Fundbüro. Reste eines Liegestuhls waren zwischen den Fischen, morsch das Holz, die Leinwand fehlte, und man erkannte die Stellen des einstigen Eisenbeschlags an einem Hauch von Rost und an unversehrten, golden glänzenden Metallschrauben. Einen Landungssteg erbeuteten wir auf der Fahrt und einen Poloball. Die Tafel einer Badeanstalt ließ entziffern: ›Schwimmhose 10 Pf., Handtuch 5 . . .‹ Froh wurde eine Flasche französischen Kognaks, Originalpackung mit Korkband, begrüßt, trübselig stimmte es die Fischer, als sie ein Fischernetz im Fischernetz fanden, ein Scherbrett mit sechs Meter leinengeknüpften Rhomben. Ein Krebs hielt ein zusammengeknülltes Stück Papier in der linken Schere, nur mit Mühe konnte man es ihm entreißen; es war ein in portugiesischer Sprache bedrucktes Blatt. Zwei Pfund wog wohl die Scholle, die einen schwarzen Druckknopf aus Hartgummi mit dem Datum 1. 5. 1913 links unten am Rücken eingepreßt hat: sie ist von der ›Poseidon‹, dem biologischen Versuchsschiff, zur Feststellung von Wachstum und Lebensalter ausgesetzt, in

Hamburg müssen wir den Fisch bei der Staatlichen Fischereidirektion gegen Belohnung von drei Mark und gegen Bezahlung nach Gewicht abliefern. Höchstens zwanzig Sterne noch und kaum vier Wellenlinien mehr hat der Union Jack, der im Netz lag. Auf einem Gummischwamm, Fabrikware, saß ein Meeresschwamm, naturgeboren. Überhaupt nisten in den meisten dieser menschlichen Überreste Muscheln, Seesterne und Seerosen. Ein schmaler kleiner Damenschuh war derart garniert, der herausschauende Rest eines Seidenstrumpfs paßte gut zu den Farben; mit Scherzen: »Schade, daß das Frauenzimmer nicht darinsteckt!«, ging der Schuh von Hand zu Hand, bis jemand ein wenig an dem Strumpf zog und ein Fuß zum Vorschein kam – allerdings nur für einen Augenblick, denn schon flog das grause Stück dorthin, woher es gekommen war. – In der vierten Nacht machen wir einen noch unheimlicheren Fang. Der Mond leuchtet, und das Wasser strafft sich in den matten Farben, die wir tagsüber nur am Kühlwasserabfluß sehen, wenn der Motor stoppt, jetzt aber sind das oxydierte Silber und das Perlmutt mächtige Flächen des Hintergrunds, vor dem der Netzbeutel, heute zum achtenmal gehißt, ungeduldig über uns Ungeduldigen schaukelt. Man öffnet, und ein Mensch stürzt herab – ein nackter Mann, mit grauenhaften Glanzlichtern auf einem Körper von giftgrüner Grellheit und ungeheurer Breite, Tang und Getier an allen Stellen und in allen Haaren, sinkt auf Deck in die Knie, schlägt mit der Stirn auf das Rettungsboot, die Ellenbogen an die Hüften gepreßt. Wir jedoch springen, von sinnloser Feigheit gepackt, der Luke unseres Logis zu und fallen die Leiter hinab, einer auf den anderen, ohne zu fluchen. Der erste, der flucht, ist Steuermann Klaas, er kriecht wieder hinauf, wir anderen ihm nach, stumm, mit zusammengebissenen Zähnen. Nur der Schiffsjunge faltet die Hände, kaum daß sie frei sind, und stammelt in dieser Haltung weiter: ». . . also auch auf Erden . . . vergib uns unsere Schuld . . .«

Ein Schlippknoten wird gemacht, und man versucht, ihn dem Leichnam um den Hals zu werfen. Aber der tote Gast stützt unentwegt seine Stirn an die Wanten des Rettungsbootes, ganz fest, kein Zwischenraum bleibt für das Lasso. Der Hüne Klaas geht hin und stößt dem Knienden, ohne ihn zu berühren, ein Tau um die Brust und knüpft eine Schlinge. Jetzt erst faßt der Kapitän das Seil, es wird an die beiden Fischtraillen gebunden, der Motor zieht hoch, und der Kranhaken mit der schauerlichen Last dreht sich außenbords, schwebt mitten in den fahlen Strahl des Mondes hinein. Der Leichtmatrose öffnet den Knoten, und blaß und wortlos schlagen die Schiffer ein Kreuz. Bloß der Boy klappert: »... zukomme uns dein Reich . . .« Wir nehmen die Schaufeln, und alles, was im Steert gewesen, fette Steinbutte, stattliche Zungen, Riesenkrebse – alles fliegt über Bord, in die Freiheit. Dann scheuert man das Deck.

Noch zehn Tage dauerte unsere Fahrt, doch wurde von diesem Fischzug niemals ein Wort geredet.

VIII. Der Hai

Nur einmal, am 14. Mai, der Fischbeutel tauchte gerade aus dem Wasser, fragte der Leichtmatrose scheu, ob er nicht außenbords öffnen solle. Es schien, daß abermals eine Leiche im Netz sei, und er wollte die Arbeit der Beseitigung ersparen. Wir schauten vorgeneigt und durchdringend auf das Netz und erkannten, der große weiße Korpus bewege sich. Ein lebender Mensch also? Nein, ein Haifisch. Es wurden ›Stropps‹ geholt, eine Art Wurfschlinge, und die Holzkeule; wir standen mit Hacken zur Notwehr bereit. Der Matrose, der immer den Knoten aufreißt, war noch nie so schnell beiseite gesprungen wie diesmal. Heraus spritzten die Fische, und krachend sauste Meister Hai hernieder. Das Schiff erbebte. Zweimal schlug er mit der Schwanzflosse, Butt und Scholle von Bord fegend, schon jedoch warf ihm der Steuermann eine Schlinge über den Kopf, das Tau, das vorher durch einen Bolzen gezogen war, zwei Mann holten zu, und der Hai lag wehrlos im Ring. Wehrlos, wohl wehrlos, doch keineswegs leblos, toll trommelte sein Hinterleib auf den Boden. Ein Schlag auf den Schädel betäubt ihn – ein Stich, hart an der zackigen Afterflosse – das Blut sprudelt hoch – durchschnitten ist die Schwanzader – in zwei Minuten verendet er – ein Koloß von ungefähr hundertfünfzig Pfund.

Wir schlitzen ihn auf. Den größten Eimer füllte die Leber, im Magen steckte ein Konglomerat von Butten, Kabeljaus, Schar-

ben, Seezungen sowie von Fischen ganz ferner Gegenden, halbverdaut und manche unversehrt. Ein Klumpen von Eiern, die größten wie Hühnereier, die kleinsten mit bloßem Auge kaum wahrnehmbar, klebte an jedem Eierstock, in zwei Beuteln saßen ungeborene Junge, etwa vierzehn Tage vor der Geburt. Hatten wir kommen müssen, um ihr Leben zu verhindern?
In Bottichen lösten wir das Fett auf, verkochten es und die Leber zu Tran, legten das Fleisch auf Eis. (Fünfzehn Mark wird in Altona der Fischhändler bezahlen, der das Haifischfleisch als ›Seeaal ohne Gräten in Gelee‹ oder als Fischkarbonade weiterverkauft.) Zwei Stunden dauert die Arbeit, und es wurde Zeit zum Einholen des nächsten Netzes. Die Fischer prophezeiten wieder einen Hai, denn sie glauben an das Gesetz der Serie; im vorigen Jahr haben sie bei Helgoland vier Stück auf einmal gefischt, und Dampfer bringen oft zehn Korb nach Hamburg. Der Fischbeutel tauchte empor, wir sahen keinen Hai. Und doch war einer darin. Als ausgeschüttet wurde, lag er auf dem Boden, nicht so groß wie die Dame, die wir vorher gefangen hatten und die vielleicht seine Mutter war, aber immerhin fünfundzwanzig Pfund schwer. Trotzdem wir unvorbereitet waren, gelang es uns, ihn aufs Haupt zu schlagen.

IX. Verkehr auf flüssigem Platze

Nördlich von Wangerooge, Spiekeroog, Langeoog und Baltrum pendeln wir seit vierzehn Tagen, zehn Seemeilen Nordnordwest, Netz aufziehen, umkehren, zehn Seemeilen Südsüdost, Netz aufziehen, umkehren, Tag und Nacht, niemals stockt der Motor, alle drei Stunden ruft der Wachehabende sein ›Reise, reise, intejn‹ in die Kojen, die Schläfer springen auf, das Netz wird gehißt, ausgeworfen, die Dutt durchsucht, Fische sortiert, ausgeweidet, der Kahn wendet, zehn Seemeilen Nordnordwest, zehn Seemeilen Südsüdost. Manchmal sind die Wellen ruhig, manchmal steht der Steven senkrecht, manchmal scheint der Mond, manchmal ist hohe See. Dann haut der Gigbaum wie ein Tobsüchtiger um sich, daß Mast und Takel stöhnen, das Bullentau reißt und vom Großsegel frei herabbaumelt, unheimlich bald hier, bald dort auftauchend. Wind und Meer sind ein ziemliches Einerlei, fragt man aber, ob man hinauf- oder hinuntersegelt, kriegt man grobe Antwort: »Du Mottenkugel, kennst du dich auch nicht aus, wenn du mit der Straßenbahn denselben Platz hundertmal auf und ab fährst? Siehst du nicht steuerbord den Helgoländer Leuchtturm, achteraus die drei festen Lichter der Weserschiffe, das dreimalige Blitzen vom Norderneyer Feuerschiff?«

Die Seeleute fühlen sich nicht verlassen. »Dort ist der Kutter vom Hannes, den nennen wir nur ›Admiral Hannes‹, weil er Disziplin hält wie auf einem Panzerkreuzer, sogar Teppiche hat er im Logis, man sagt, er schrubbt die Ecken hinter den Bullern mit der Zahnbürste.« – »Der ›Landrat Lahusen‹, der gehört dem Fietje, sein Kompagnon hat in Finkenwerder eine Gastwirtschaft übernommen, seinen Anteil am Kutter einem Fischhändler verkauft, und der will den Fietje rausekeln, weil ihm das halbe Fahrzeug nicht genug einbringt.« – »Der ›H. F. 192‹ fährt mit voller Kraft und fischt mit siebzig Faden, wir fahren halbe Kraft mit hundertsechzig Faden – so sind die Motoren verschieden.« Die Schiffe wenden aufeinander zu, und die Hand am Mund, berichtet man schreiend das Fangergebnis der letzten Stunden. Kommt einer vom Hafen, so erkundigt man sich, wie der Markt ist und wie es daheim geht.

Einmal, morgens um sieben, vier Meilen westlich vom Norderney-Feuerschiff, erhält unser Schiff einen Stoß, daß es jäh dreht und beide Galgen, die an Bord befindlichen Rahmen für die Scherbretter, nach außen gedrückt werden, als wären sie aus Pappe. Wir sitzen fest, die Trossen haben sich in einem Wrack verfangen. Ein aufgeregtes Manöver beginnt, hinten wird gestoppt, vorne gehievt. Morsches Gebälk, Teile von alten Masten, wohl eben abgebrochen, sind in den Maschen verfitzt. Unversehrt die Trossen, sie verraten nichts von dem Geheimnis, mit dem sie uns verbanden, verraten nicht, was unmittelbar unter uns ist; vielleicht ungeheure Schätze, vielleicht modernde Menschen, vielleicht Skelette von Seeräubern . . .

Nie werden wir es erfahren, unser Kahn ist wieder flott, wir wenden nach Nordnordwest, versuchen, die Galgen geradezuhämmern und das zerrissene Netzwerk auszubessern. Der Schaden ist nicht groß, vor drei Monaten war es ärger, da ging durch ein solches Wrack der ganze Kandudel zum Teufel, Grundtau, Scherbretter und Kurrleine.

Holländische Dampfer, erkennbar daran, daß sie kein Back und keine Türme haben, aus Ymuiden an der Zuidersee, kreuzen unsere Reise, und dänische Motorschiffe mit wehendem Danebrog bringen Schollen nach Hamburg, dort die Preise zu verderben. – Schau, der Jonas Hinrich zieht schon ein! – Tungenknieper kommt achtern auf, er ist aus Eisen, sein Motor hat hundert Pferdekräfte, und sechs Mann sind an Bord, aber er rentiert sich ebensowenig wie unser Kasten.

Wir verbrauchten für zweihundertzwanzig Mark Gasöl bis jetzt, für fünfundvierzig Mark Schmieröl zur Maschine, für vierundzwanzig Mark Eis. Als vor einem Vierteljahr unser Schiff vom Netz und von den Scherbrettern überhaupt nichts wiedersah, war der Schaden fünfhundertachtzig Mark hoch und außerdem beinahe kein Fang. Im Herbst flog der Zylinderdeckel vom Motor weg, ein paar Wochen später ist die Pleuelstange gerissen und das Kurbellager ausgebrannt – hat auch schönes Geld gekostet. Über dreitausend Mark Schulden lasten auf dem Fischerkahn.

Unsere Reise von vierzehn Tagen bringt achthundert Mark brutto. Was bleibt bei diesen Spesen? Beinahe dreihundert Mark gehen also ab für Motoröl und Eis. Der Matrose kriegt zehn Prozent, das sind fünfzig Mark, der Schiffsjunge fünf Prozent. Um achtzig Mark wurde Proviant gekauft; der Mann, der uns helfen wird, in St. Pauli die Fischkisten an Land zu tragen, muß auch entlohnt werden, tausend Mark zahlt man jährlich für Versicherung. So hat jeder der beiden Eigentümer (Klaas ist Onkel Heins Sozius) für vierzehn Tage ununterbrochener Arbeit, Tag und Nacht, und das ganze Risiko kaum hundertfünfzig Mark. Und wieviel Mann sind schon in See geblieben?

X. Behandlung der Beute

Ist das Netz hochgezogen, wird die Ernte geschlichtet. Zu Füßen des schleimigen, schmutzigen und zuckenden Berges stellt man vier Behälter. Der erste nimmt Mattgut auf, Seezunge, Steinbutt und Tarbutt, Bottich Nummer zwei die größeren Schollen und

Kabeljau, der dritte das ›Schomom‹, Schollen von weniger als einem Pfund, Scharben, Knurrhähne und Rochen. In Nummer vier, eine Kiste, fliegen die Kohlenstücke, die man mitgefischt hat und die sich nach ein paar Tagen zu Meterzentnern häufen; Taschenkrebse – sie haben aber gar nicht Taschenformat, sondern sind oft dreißig Zentimeter lang – faßt man bei den Hinterfüßen, bis zu denen die Scheren nicht reichen, und wirft sie in den Bünn, das offene Wasserbassin mittschiffs; bei Cuxhaven müssen wir sie allerdings, damit sie noch lebend auf dem Hamburger Markt um je einen Groschen verkauft werden können, in einen Korb pakken, denn Trockenheit vertragen sie eher als Süßwasser.

Weitaus der größte Teil des Emporgezogenen ist unbrauchbar; Einsiedlerkrebse, Quallen, Sterne, Muscheln, Knochen, Holzstücke, durchlöcherte Körbe, Flaschen mit zerbrochenen Hälsen, morsche Stricke, verfaulte Säcke, zerschlissene Kleidungsstücke und vor allem die halbwüchsigen Exemplare der Butt- und Schollenwelt. Widerstandslos lassen sich die unverwendbaren Tiere mit der Hand oder mit der Schaufel aufnehmen, als wüßten sie, daß es ihnen nicht ans Leben geht. Ins Meer zurückgekehrt, schießen sie, die noch vor einer Sekunde so leblos auf Deck lagen, mit weitem Stoß davon. Eine halbe Stunde lang arbeitet der Spaten, um den Großteil dessen, was man dermaßen mühselig der See entrissen hat, der See wieder zurückzugeben.

Die Eingeweide schleudert man gleichfalls über die Bordwand – aber sie kommen nicht bis ins Wasser: Möwen umlungern unser Fahrzeug, Aasgeier des Ozeans, und schnappen das Futter im Fluge. Bevor man den Steinbutt in den zuständigen Bottich warf, hat er einen Messerstich an die Wurzel der Schwanzflosse bekommen, auf daß das Blut abfließe und das Fleisch weiß bleibe, nun werden unterhalb der Kiemen die Innereien herausgeschnitten. Groß ist die Leber und delikat – die meisten Konservenfabriken stellen Gänseleberpastete nicht aus Gänseleber, sondern aus Steinbuttleber her. Das ausgeweidete Herz eines Butts legen wir auf die Setzborte, genau dreißig Minuten zuckt es noch regelmäßig. Geschlachtet wird auch die Seezunge, Galle, Blase, Leber, Herz und Darm fliegen möwenwärts. Von Schollen und Scharben spült man Schleim und Schlamm ab und bettet sie in flachen Kisten auf Eis. Im Gefrierraum wird alles geschlichtet. Über Deck klatscht das Wasser aus vielen Eimern, den Unrat beseitigend. Sechzig bis siebzig Minuten dauert normalerweise die Arbeit; da alle drei Stunden hochgezogen wird, hat man Tag und Nacht abwechselnd zwei Stunden Rast und eine Stunde Fron; einer der Matrosen bleibt als Wache am Steuerrad.

XI. Interieur

Die anderen stecken unten im Logis: Die Kombüse ist wie eine Kiste, geradesogroß, daß die Holzleiter stehen kann, und unter dieser ›Stiege‹ der Herd. Angrenzend die Kajüte; sie hat vier Meter im Geviert, die Petroleumlampe schwelt, alte Stiefel und Kleider und Papiere dunsten, Küchengeruch dringt intensiv ein. Sechs Menschen schlafen und rauchen und priemen und spucken und essen und verdauen darin. Vier hölzerne Schränke mit luftdicht verschließbarer Tür, auf der die Namen des Fischers und seiner Ehefrau geschnitzt sind, dienen als Schlafstellen. An den Kojen der Bemannung ist ein Spruch: ›Hier eben öberhin – Is besser als up'n Bünn.‹ Allerdings bleiben die Türen zu den Bettkästen meistens offen, und die Schiffer schlafen, indem sie die Beine mit den bis zum Schritt reichenden Stiefeln heraushängen lassen. Es lohnt sich nicht, sie aus- und wieder anzuziehen – in zwei Stunden ruft der Wachehabende sein ›Reise, reise, intejn‹ hinab, und das heißt: aufstehen, aufstehen, einziehen. Zum Waschen ist keine Gelegenheit, so nötig man es auch hätte; Schlamm und Blut vom Sortieren und Ausweiden der Fische, Teer und Tran vom Ausbessern der Netze, Schmieröl und Ruß von der Bedienung des Motors haften an unseren Händen. Was tun? Meerwasser nimmt keine Seife auf und reinigt nicht, mit dem Süßwasser in der Tonne ist sparsam umzugehen! Außerdem bringt es Unglück, wenn man sich während der Fahrt wäscht, das weiß jeder Seemann.

Zum Ersticken dick ist die Luft im Logis, die Luke wird nicht geöffnet. Nur Muffigkeit bedeutet der Besatzung, nach zehn bis zwölf Stunden täglicher Arbeit in mehr als frischer Luft, vollkommene Traulichkeit (ähnlich wie sich der Bauer in eine verräucherte, dumpfe, niedrige Stube setzt oder in eine drückende

Last von Daunen bettet). Diese Überkompensation kommt auch in der Kleidung der Schiffer zum Ausdruck, zwei Trikots, einen Sweater und noch eine Islandjacke tragen sie, Wollschal um den Hals, Unterhose aus blauem Tuch, zwei Paar Wollstrümpfe, Seestiefel bis zu den Oberschenkeln, Anzug aus dickstem Stoff. So schlafen sie in den Federbetten der Koje, daß ihnen Schweiß aus allen Poren strömt, so roboten sie, noch um Flottenmütze oder Südwester bereichert, selbst bei Sonnenschein und Windstille, während eine Landratte barfüßig und barhäuptig und halbnackt auf Deck bleibt.

Gegessen wird gut, denn Arbeit und Seeluft machen hungrig und erfordern Kräfte. Um achtzig Mark wurde in Cuxhaven für die vierzehntägige Reise Proviant eingekauft, Speck, Erbsen, Butter, Kaffee, Salz, Kartoffeln, Salami und so weiter, aber schon vom dritten Tage an essen wir das, was wir erbeuten, gebratene Fische, Steinbuttleber, Krabbensalat, gebackene Seezunge, so frisch bekäme man es an Land selbst zu höchsten Preisen nicht. Auch süße Speise gibt es manchmal, die ein hierher verschlagener Literaturausdruck ›Frühlings Erwachen‹ nennt. Koch ist der fünfzehnjährige Schiffsjunge, der ›Moses‹, und er macht seine Sache ganz gut, obwohl uns zu wünschen wäre, es bestünde wenigstens für ihn eine Möglichkeit, sich zu waschen. Schlimm genug, daß sie für uns nicht vorhanden, wir müssen mit den Händen essen, und die Hände gleichen den Schollen, die wieder ihrerseits eine chromatische Anpassung an den Schlamm durchgemacht haben. Wasserklosett ist das Meer; als einziger Etikettefehler gilt es an Bord, auf die falsche Seite zu gehen, dorthin, woher der Wind kommt, weshalb man sich den Schüttelreim einpräge: Seeleute machen's auf der Leeseite.

Ist der Fischzug gut, ist die Laune gut. Man erzählt von den goldenen Tagen des Spritwechselns, da die Kutter von den Schmugglern zur Fahrt nach Skandinavien gemietet wurden, wiederholt verdiente man massig Geld, wiederholt wurde man erwischt, der Bruder unseres Steuermannes hat sein Fahrzeug in einem norwegischen Hafen stehen, es ist beschlagnahmt. Einträglicher Fänge wird gedacht, nicht immer muß die Rentabilität von Fischen stammen, vor ein paar Wochen fand ein Blankeneser Ewer im Netz einen Totenkopf mit goldenem Gebiß und der Büsumer

Krabbenfischer Thieß eine Menschenhand mit platingefaßtem Brillantring. Nahe von Norderney ist vor Monatsfrist ein Schiff gestrandet, das Goldbarren und Silberkisten nach Deutschland bringen sollte, für die Bergung bekamen die Norderneyer hunderttausend Mark. Mit Schiffbrüchigen hat man hier überhaupt viel zu tun; als bei Borkum-Riff die ›Bulgaria‹ unterging, zogen die Finkenwerder Fischer mehr als fünfzig Leichen aus der Tiefe. Mannigfach sind die Gefahren: Im März nahmen Hamburger Seeleute einen Passagier mit, der die Mannschaft erschoß und den Kutter in England zu verkaufen suchte; in London wurde er verhaftet und hingerichtet. Seither ist man mißtrauisch, und unsere Schiffer sind von ihren Kameraden beschworen worden, mich nicht mitzunehmen; da wir Glück hatten, schönes Wetter und reichen Fang, lachen sie jetzt über diese Warnung.
Von Erlebnissen an Land, vom Jahrmarkt in Finkenwerder spricht man, streitet, welche Fischerkneipe der Nordsee den steifsten Grog serviert, und schickt den Schiffsjungen, wenn das Gespräch noch stärker abbiegt, aus der Kajüte, indem man ihn anschreit: »Mußt du jümmer touhören, wenn Vadder snackt?!« Manchmal vertreibt man sich die Zeit mit einem Spiel, das darin besteht, Worte wegzulassen aus dem Lied:

Unser Hans hot Büxen an,
Un die sinn bunt,
Er hat bannig Knöppe dran,
Un die sinn rund.

Keiner von den Fischern kann schwimmen, wofür sie sogar eine Begründung haben: Wenn man über Bord geschleudert oder schiffbrüchig wird, so könne man sich auf hoher See durch Schwimmen ja doch nicht retten, und der Versuch eines Kampfes mit den Wellen verlängere nur Verzweiflung und Todesringen. – Fast immer haben wir gefiederte Passagiere, Zugvögel, die auf ihrer Überquerung des Ozeans ausruhen oder ein Stück Weges fahren wollen, auf dem Steven sitzen sie, unter dem Bugspriet, oft vier bis fünf beisammen. Die beiden letzten Tage fischten wir mit leichtem Garn, den Schollennetzen, die die Gefangenen nicht beschädigen; nach je einer Stunde wurde eingeholt, die Beute kam

lebend in den Bünn, um noch lebend am St.-Pauli-Fischmarkt versteigert zu werden.
Am vierzehnten Tage morgens zogen wir den Korb vom Besanmast und wendeten heimwärts.

Die Hochschule für Taschenspieler

Eine Hochschule für Taschenspielkunst? Natürlich gibt es das in Berlin! Sie zählt jetzt vierzehn Hörer. Der redselige Rektor hat es mir erzählt, als ich mich inskribieren ließ. (Sonst wüßte ich es nicht, denn der Unterricht ist individuell, jeder einzelne wird einzeln ausgebildet.) Zehn Mark für die Stunde. Im Dutzend billiger: hundert Mark. Aber dafür ist man – garantiert! – nach zwölf Stunden ein Mann, der sich sehen lassen kann. »Sie wollen zu Berufszwecken lernen?« fragt Seine Magnifizenz. »Nein, nein, nur um mich in meinem Bekanntenkreis zu produzieren.« Sonst verlangt man keinerlei Nationale, kein Zeugnis.

In den Hörsaal tritt man mit stillem Schaudern ein, sieht halb neugierig, halb beklommen um sich, wie der Schüler in Doktor Faustens Studierstube. An der Wand hängen Plakate der Magier, ›Séance mystérieuse‹, ›Dreamland‹ und ›The greatest illusionist of the world‹. Rechts sind in einem Regal allerhand zauberische Dinge aufgestapelt: Büchsen, Kartenspiele, japanische Teekisten, Kugeln, Zauberstäbe, Hüte, Becher, Kassetten, Münzen, Teller, Kerzen, Tücher, Säcke, Röhren, Eier, Seidenblumen, Ringe, Flaggentücher, Flaschen, Pistolen, Würfel, Schlangen, Vasen, Ketten. Links: eine schwarz ausgeschlagene Versuchsbühne mit großen Stativs aus weiß leuchtendem Nickel, Stellagen und Apparaten, Tischchen mit Blumenkörben, Käfigen, Goldfischschalen und einem auf geheimnisvollem Metallgrunde stehenden hypnotischen Stuhl, dessen ›Besitzer‹ eine Reihe von Personen auf seinen Armen tragen kann, ein Pranger aus Eichenholz mit Stahlschloß, der dem Eingeklemmten die Befreiung aus Fesseln ermöglicht, ein Sarg, in dem ein Mensch spurlos zu verschwinden vermag, und dergleichen.

Der Dozent ist noch nicht da, und man muß sich einstweilen damit begnügen, daß der Institutsinhaber die Honneurs macht. Er erklärt die Wirkung der Apparate, wohlgemerkt: nur die Wirkung. Auf naiv-neugierige Fragen nach dem Trick oder dem Mechanismus hat er auch für den immatrikulierten Hörer nur eine einzige Antwort: »Erklärung bloß bei Kauf.«

Der verbindlich lächelnde Ton, in dem er das versichert, das ›Nicht wahr?‹, das er manchmal hinzufügt, um von dem Neugierigen eine verständnisinnige Bejahung zu erlangen, können über das Unerbittliche dieses obersten Geschäftsprinzips nicht hinwegtäuschen: ›Erklärung bloß bei Kauf.‹ Denn einige dieser Zaubermaschinen kosten tausendfünfhundert Mark.

Inzwischen ist der Lehrer auf dem Schauplatz erschienen. Er sieht weder wie ein alter Hexenmeister aus noch so wie sonst Universitätsprofessoren. Das Leben scheint ihm keine großen Sorgen zu machen. Er hat sich einen englischen Anzug ervoltigiert, ist ein ganz junger Mann und kann nicht verleugnen, daß er ein Wiener ist, trotzdem sein Name bei der Vorstellung (nicht etwa bei der Zaubervorstellung, sondern als er sich vorstellte) äußerst italienisch klang. Der Herr Rektor bleibt im Zimmer, um in Unterrichtspausen das Interesse des Studenten an den Apparaten zu wecken, die er auf Lager hat. Von Zeit zu Zeit kommt auch seine Bürodame in das Laboratorium. Ich bemerke, daß sie hübsch ist, und weil man eben bei der Eskamotage nichts bemerken darf, so fällt mir immer eine Billardkugel aus der Hand, wenn das Fräulein ins Zimmer tritt. Aber es sei nicht vorgegriffen.

Der Professor der Prestidigitation beginnt sein Kolleg nicht etwa mit einem mystisch-okkultistisch-kabbalistisch-magisch-historischen Vorwort, wie es ein Kathedergelehrter tun würde, sondern er fragt bloß, ob ich mich schon irgendwo als Illusionist betätigt habe. Ich verneine. Er verlangt meine Hand zu sehen. Ich reiche sie ihm, nicht ohne Angst, als untauglich zurückgewiesen zu werden, denn die Finger meines neuen Lehrmeisters sind mindestens zweimal so lang als die meinen. Doch er zerstreut nach fachmännischer Prüfung meine Bedenken: »Sie haben Talent«, woraus zu erkennen ist, daß seine Zeit mein Geld ist: zehn Mark die Stunde.

Auf dem vernickelten Messingständer liegen fünf polierte Billardbälle. (Eigentlich sind Billardbälle im allgemeinen doppelt so groß, aber der Dozent nennt sie so.) Er nimmt einen in die linke Hand, legt ihn in die rechte, macht die Gebärde des Zerreibens, und fort ist der Ball. Nachdem ich vergeblich geraten habe, wohin er verschwunden sein könnte, zieht er ihn mit der linken Hand aus meiner Schulter: »Voilà!« Ich bin baß erstaunt.

»Das ist das Palmieren, die Grundlage der Eskamotage. Fast alle Tricks der Handmanipulation basieren auf diesem Griff.«
Und nun beginnt er ihn zu erklären, indem er ihn ganz langsam wiederholt. Wie einfach! Er legt den Ball gar nicht aus der linken Hand in die rechte, sondern er behält ihn in der linken zwischen Handballen und Maus (Daumenballen), die übrigen Finger ausgestreckt lassend. Die rechte, leer gebliebene Hand ahmt inzwischen das Festhalten einer Kugel nach. Bei diesem scheinbaren Halten ist insbesondere zu beachten, daß der Daumen nicht im Inneren der Faust, sondern außen auf der gehöhlten Hand liegt. Wenn man diese beiden Touren intus hat, kann man das Changieren vornehmen, die sogenannte Faustpalmage. Man hält den Ball auf der halboffenen linken Hand fest, der rechten gibt man die Form einer Faust. Die linke Hand stellt man mit dem Handrücken nach außen rund auf die Faust. Hierauf läßt man den Ball in die rechte Hand gleiten, wo man ihn in der geschilderten Palmagenstellung zwischen Hand- und Daumenballen faßt, während man der linken Hand die Stellung des scheinbaren Haltens gibt. Dann läßt man den Ball aus der linken Hand (in der er sich nicht befindet) verschwinden, indem man ihn ›mit den Fingerspitzen zerreibt‹ – hokuspokus –, und kann ihn dann mit der rechten Hand aus dem Oberarm, aus der Tasche eines Zuschauers hervorzaubern. Voilà! Es ist die Lüge der Hände, die da gelehrt wird: Die scheinbar haltende Hand ist leer, die scheinbar leere Hand hält die Kugel.
Mißlingt mir ein Griff, so warnt mich der Professor, die Palmage nicht zur ›Blamage‹ werden zu lassen. Da ich Streber mich über diesen Witz schier totlache, erklärt mir der geschmeichelte Meister, daß ein guter Taschenspieler auch ein guter Wortspieler sein müsse. Wenn er sich zum Beispiel auf einen ausgeliehenen Zylinderhut setze, so sage er zu dem erschrockenen Eigentümer: »Seien Sie auf Ihrer Hut, ich bin es auch. Voilà!« Ich lache mich noch toter und erhalte dafür weitere Scherze geschenkt. Zum Beispiel die Frage an das Publikum: »Hat vielleicht jemand von den verehrten Herrschaften heute *zufällig* ein reines Taschentuch bei sich?« Und wenn sich die Lachstürme gelegt haben, fügt der Künstler hinzu: »Warum lachen Sie? Es könnte doch wirklich möglich sein.« Falls das geliehene Taschentuch ein kleines Loch

hat: »Aha, ein Taschentuch mit Notausgang! Voilà!« Das Intermezzo der Wortwitze, des modernisierten Abrakadabra, ist zu Ende, und wir kommen wieder auf die Witze der Finger. Der Lehrer gibt mir einige Hausarbeiten auf. Vor dem Bette stehend, möge ich üben, damit ich mich nicht nach den fallenden Kugeln bücken und den davonrollenden nicht unter die Möbelstücke nachjagen müsse.

»Sechs Mark fünfzig kostet eine elegante Garnitur von Billardbällen«, wirft der Hochschulbesitzer so von ungefähr dazwischen.

Elliptische Tretmühle

Zum zehnten Male, Jubiläum also, wütet im Sportpalast in der Potsdamer Straße das Sechstagerennen. Dreizehn Radrennfahrer, jeder zu einem Paar gehörend, begannen am Freitag um neun Uhr abends die Pedale zu treten, siebentausend Menschen nahmen ihre teuer bezahlten Plätze ein, und seither tobt Tag und Nacht das wahnwitzige Karussell. An siebenhundert Kilometer legen die Fahrer binnen vierundzwanzig Stunden zurück, man hofft, sie werden den Weltrekord drücken, jenen historischen Weltrekord, als in sechs nächtelosen Tagen von 1914 zu Berlin die Kleinigkeit von 4260,960 Kilometer zurückgelegt wurde, worauf der Weltkrieg ausbrach.

Sechs Tage und sechs Nächte lang schauen die dreizehn Fahrer nicht nach rechts und nicht nach links, sondern nur nach vorn, sie streben vorwärts, aber sie sind immer auf dem gleichen Fleck, immer in dem Oval der Rennbahn, auf den Längsseiten oder auf den fast senkrecht aufsteigenden Kurven, unheimlich übereinander, manchmal an der Spitze des Schwarmes, manchmal an der Queue und manchmal – und dann brüllt das Publikum: ›Hipp, hipp!‹ – um einige Meter weiter; wenn aber einer eine Runde oder zwei voraus hat, ist er wieder dort, wo er war, er klebt wieder in dem Schwarm der dreizehn. So bleiben alle auf demselben Platz, während sie vorwärts hasten, während sie in rasanter Geschwindigkeit Strecken zurücklegen, die ebenso lang sind wie die Diagonalen Europas, wie von Konstantinopel nach London und von Madrid nach Moskau. Aber sie kriegen keinen Bosporus zu sehen und keinen Lloyd George, keinen Escorial und keinen Lenin, nichts von einem Harem und nichts von einer Lady, die auf der Rotten Row im Hyde Park reitet, und keine Carmen, die einen Don José verführt, und keine Sozialistin mit kurzem schwarzem Haar und Marxens ›Lehre vom Mehrwert‹ im Paletot. Sie bleiben auf derselben Stelle, im selben Rund, bei denselben Menschen – ein todernstes, mörderisches Ringelspiel.

Und wenn es zu Ende, die hundertvierundvierzigste Stunde abgeläutet ist, dann hat der erste, der, dem Dilirium tremens nahe, lallend vom Rade sinkt, den Sieg erfochten, ein Beispiel der Ertüchtigung.

Sechs Tage und sechs Nächte drücken dreizehn Paar Beine auf die Pedale, das rechte Bein auf das rechte Pedal, das linke Bein auf das linke Pedal, sind dreizehn Rücken abwärts gebogen, während der Kopf ununterbrochen nickt, einmal nach rechts, einmal nach links, je nachdem, welcher Fuß gerade tritt, und dreizehn Paar Hände tun nichts als die Lenkstange halten; manchmal holt ein Fahrer unter dem Sitz eine Flasche Limonade hervor und führt sie an den Mund, ohne mit dem Treten aufzuhören, rechts, links, rechts, links. Ihre dreizehn Partner liegen inzwischen erschöpft in unterirdischen Boxen und werden massiert. Sechs Tage und sechs Nächte. Draußen schleppen Austrägerinnen die Morgenblätter aus der Expedition, fahren die ersten Waggons der Straßenbahnen aus der Remise, Arbeiter gehen in die Fabriken, ein Ehemann gibt der jungen Frau den Morgenkuß, ein Polizist löst den anderen an der Straßenecke ab, ins Café kommen Gäste, jemand überlegt, ob er heute die grau-schwarz gestreifte Krawatte umbinden soll oder die braun gestrickte, der Dollar steigt, ein Verbrecher entschließt sich endlich zum Geständnis, eine Mutter prügelt ihren Knaben, Schreibmaschinen klappern, Fabriksirenen tuten die Mittagspause, im Deutschen Theater wird ein Stück von Georg Kaiser gegeben, das beim Sechstagerennen spielt, der Kellner bringt das Beefsteak nicht, ein Chef entläßt einen Angestellten, der vier Kinder hat, vor der Kinokasse drängen sich hundert Menschen, ein Lebegreis verführt ein Mädchen, eine Dame läßt sich das Haar färben, ein Schuljunge macht seine Rechenaufgaben, im Reichstag gibt es Sturmszenen, in den Sälen der Philharmonie ein indisches Fest, in den Häusern sitzen Leute auf dem Klosett und lesen die Zeitung, jemand träumt, bloß mit Hemd und Unterhose bekleidet in einen Ballsaal geraten zu sein, ein Gymnasiast kann nicht schlafen, denn er wird morgen den pythagoreischen Lehrsatz nicht beweisen können, ein Arzt amputiert ein Bein, Menschen werden geboren und Menschen sterben, eine Knospe erblüht und eine Blüte verwelkt, ein Stern fällt und ein Fassadenkletterer steigt eine Hauswand hinauf, die Sonne leuchtet und Rekruten lernen schießen, es donnert und Bankdirektoren amtieren, im Zoologischen Garten werden Raubtiere gefüttert und eine Hochzeit findet statt, der Mond strahlt und die Botschafterkonferenz faßt Beschlüsse, ein Mühlenrad klappert und Unschuldige sitzen im Kerker, der Mensch ist gut und der Mensch ist schlecht – während die dreizehn, ihren Hintern auf ein sphärisches Dreieck aus Leder gepreßt, unausgesetzt rundherum fahren, unaufhörlich rundherum, immerfort mit kahlgeschorenem Kopf und behaarten Beinen nicken, rechts, links, rechts, links.

Gleichmäßig dreht sich die Erde, um von der Sonne Licht zu empfangen, gleichmäßig dreht sich der Mond, um der Erde Nachtlicht zu sein, gleichmäßig drehen sich die Räder, um Werte zu schaffen – nur der Mensch dreht sich sinnlos und unregelmäßig beschleunigt in seiner willkürlichen, vollkommen willkürlichen Ekliptik, um nichts, sechs Tage und sechs Nächte lang. Der Autor von Sonne, Erde, Mond und Mensch schaut aus seinem himmlischen Atelier herab auf das Glanzstück seines Œuvres, auf sein beabsichtigtes Selbstporträt, und stellt fest, daß der Mensch – so lange, wie die Herstellung des Weltalls dauerte – einhertritt auf der eignen Spur, rechts, links, rechts, links – Gott denkt, aber der Mensch lenkt, lenkt unaufhörlich im gleichen Rund, wurmwärts geneigt das Rückgrat und den Kopf, um so wütender angestrengt, je schwächer seine Kräfte werden, und am wütendsten am Geburtstage, dem sechsten der Schöpfung, da des Amokfahrers Organismus zu Ende ist und, hipp, hipp, der Endspurt beginnt. Das hat Poe nicht auszudenken vermocht: daß am Rand seines fürchterlichen Mahlstroms eine angenehm erregte Zuschauermenge steht, die die vernichtende Rotation mit Rufen anfeuert, mit hipp-hipp! Hier geschieht es, und hier erzeugen sich zweimal dreizehn Opfer den Mahlstrom selbst, auf dem sie in den Orkus fahren.

Ein Inquisitor, der solche Tortur, etwa ›elliptische Tretmühle‹ benamst, ausgeheckt hätte, wäre im finstersten Mittelalter selbst aufs Rad geflochten worden – ach, auf welch ein altfränkisches, idyllisches Einrad! Aber im zwanzigsten Jahrhundert muß es Sechstagerennen geben. *Muß!* Denn das Volk verlangt es. Die Rennbahn mit den dreizehn strampelnden Trikots ist Manometerskala einer Menschheit, die mit Wünschen nach äußerlichen Sensationen geheizt ist, mit dem ekstatischen Willen zum Protest gegen Zweckhaftigkeit und Mechanisierung. Und dieser Protest erhebt sich mit der gleichen fanatischen Sinnlosigkeit wie der Erwerbsbetrieb, gegen den er gerichtet ist. Preise werden gestiftet, zum Beispiel zehn Dollar für die Ersten in den nächsten zehn Runden. Ein heiserer Mann mit dem Megaphon ruft es aus, sich mit unfreiwillig komischen, steifen Bewegungen nach allen Seiten drehend, und nennt den Namen des Mäzens, der fast immer ein Operettenkomponist, ein Likörstubenbesitzer oder ein Filmfabrikant ist oder jemand, auf dessen Ergreifung eine Prämie ausgesetzt werden sollte. Ein Pistolenschuß knallt, es beginnt der Kampf im Kampfe, hipp, hipp, die dreizehn sichtbar pochenden Herzen pochen noch sichtbarer, Beine treten noch schneller, rechts, links, rechts, links, Gebrüll des Publikums wird hypertrophisch, hipp, hipp, man glaubt in einem Pavillon für Tobsüchtige zu sein, ja beinahe in einem Parlament, der geschlossene Schwarm der Fahrer zerreißt. Ist es ein Unfall, wenn der Holländer Vermeer in der zweiten Nacht in steiler Parabel vom Rad saust, mitten ins Publikum? Nein: out. Ändert es etwas, daß Tietz liegenbleibt? Nein, es ändert nichts, wenn die Roulettkugel aus dem Spiel schnellt. Man nimmt eine andere. Wenn einer den Rekord bricht, so wirst du Beifall brüllen, wenn einer den Hals bricht – was geht's dich an? Hm, ein Zwischenfall. Oskar Tietz war Outsider vom Start an. Das Rennen dauert fort. Die lebenden Roulettbälle rollen. »Hipp, Huschke! Los, Adolf!« – »Gib ihm Saures!« – »Schiebung!!«

Von morgens bis mitternachts ist das Haus voll, und von mitternachts bis morgens ist der Betrieb noch toller. Eine Brücke überwölbt hoch die Rennbahn und führt in den Innenraum; die Brükkenmaut beträgt zweihundert Mark pro Person. Im Innenraum sind zwei Bars mit Jazzbands, ein Glas Champagner kostet dreitausend Papiermark, eine Flasche zwanzigtausend Papiermark. Nackte Damen in Abendtoilette sitzen da, Verbrecher im Berufsanzug (Frack und Ballschuhe), Chauffeure, Neger, Ausländer, Offiziere und Juden. Man stiftet Preise. Wenn der Spurt vorbei ist, verwendet man die Aufmerksamkeit nicht mehr auf die Kurve, sondern auf die Nachbarin, die auch eine bildet. Sie lehnt sich in schöner Pose an die Barriere, die Kavaliere schauen ins Dekolleté, rechts, links, rechts, links. Das Sechstagerennen des Nachtlebens ist es. Im Parkett und auf den Tribünen drängt sich das werktätige Volk von Berlin, Deutschvölkische, Sozialdemokraten, rechts, links, rechts, links, alle Plätze des Sportpalastes sind seit vierzehn Tagen ausverkauft, Logen und Galerien lückenlos besetzt, rechts, links, rechts, links, Bezirke im Norden und Süden müssen entvölkert sein, Häuser leer stehen, oben und unten, rechts und links.

Und mehr als die Hälfte der Plätze sind von Besessenen besessen, die – die Statistik stellt es triumphierend fest – vom Start bis zum Finish der Fahrer in der hundertvierundvierzigsten Stunde ausharren. In Berliner Sportkreisen ist es bekannt, daß sogar die unglücklichen Ehen durch die Institution der Six Days gemildert sind. Der Pantoffelheld kann sechs Tage und sechs Nächte von daheim fortbleiben, unkontrolliert und ohne eine Gardinenpredigt fürchten zu müssen. Selbst der eifersüchtigste Gatte läßt seine Frau ein halbes Dutzend Tage und Nächte unbeargwöhnt und unbewacht; sie kann gehen, wohin sie will, rechts, links, rechts, links, ruhig bei ihrem Freunde essen, trinken und schlafen, denn der Gatte ist mit Leib und Seele beim Sechstagerennen. Von dort rühren sich die Zuschauer nicht weg, ob sie nun Urlaub vom Chef erhalten oder sich im Geschäft krank gemeldet, ob sie ihren Laden zugesperrt oder die Abwicklung der Geschäfte den Angestellten überlassen haben, ob sie es versäumen, die Kunden zu besuchen, ob sie streiken oder ohnedies arbeitslos sind. Es gehört zur Ausnahme, daß ihr Vergnügen vorzeitig unterbrochen wird, wie zum Beispiel das des sportfreudigen Herrn Wilhelm Hahnke, aus dem Hause Nr. 139 der Schönhauser Straße. Am dritten Renntage verkündete nämlich der Sprecher durch das Megaphon, rechts, links, rechts, links, den siebentausend Zuschauern: »Herr Wilhelm Hahnke, Schönhauser Straße 139, soll nach Hause kommen, seine Frau ist gestorben!«

Zaren, Popen, Bolschewiken

Kischs Reise in die Sowjetunion im Winter 1925/26 war außer dem Ersten Weltkrieg das für ihn wichtigste Erlebnis seines Lebens. Von dem auf dieser Reise entstandenen Rußland-Buch ›Zaren, Popen, Bolschewiken‹ hat er sogar behauptet, es enthalte seine ›ersten richtigen Reportagen‹. Der Aufbau des Sozialismus, wie er ihn in dem noch jungen Sowjetstaat sah und schilderte, überzeugte ihn davon, der Platz eines verantwortungsvollen Reporters sei an der Seite des revolutionären Proletariats.

Die Texte der Rußland-Reportagen zeigen jedoch, daß Kisch ebensowenig ein reiner Parteipropagandist geworden war, wie er vorher ›tendenzlos‹ geschrieben hatte. Kisch beschrieb das alte und das neue Rußland mit den geschulten Augen des Reporters und suchte durch Fakten zu überzeugen. Auch ließ er sich an keiner Stelle, selbst da, wo er sich buchstäblich für ›benommen‹ erklärte, wie nach der Besichtigung des Marx-Engels-Instituts, zu kritikloser Bewunderung hinreißen.

›Zaren, Popen, Bolschewiken‹ war einer von Kischs größten publizistischen Erfolgen. In nur drei Jahren, zwischen 1927 und 1929, erlebte das Buch zehn Auflagen. In der Sowjetunion ist das Buch jedoch nie erschienen. Und auch in Deutschland tadelten orthodoxe kommunistische Kritiker zum Teil die ›Conférence-Manier‹ des Autors. Vermutlich mißfiel ihnen, was umgekehrt die bürgerlichen Kritiker lobten und was vor allem die Leser schätzten: daß Kisch nicht nur Informationen vermittelte, sondern auch spannend und witzig schrieb.

Der Reporter auf der ›Hetzjagd durch die Zeit‹ (1928)

Rußland in der Eisenbahn

In Moskau kommt der Petersburger Zug auf dem Nikolajewskij Woksal an und fährt vom Kurskij Woksal weiter, die beiden Bahnhöfe sind einander nahe, eine Viertelstunde genügt, um mit dem Schlittenkutscher handelseins zu werden, und zehn Minuten währt die Fahrt.

Jedoch die Platzkarte (russisch: Platzkarta) hält auf: obwohl man sie bereits besitzt, hat man am Schalter die Nummer des Waggons und des Platzes ausfüllen zu lassen, und das dauert noch länger, als in einem russischen Postamt eine Briefmarke zu kaufen. Bedrohlich naht die Minute der Abfahrt, der Mann im Fenster läßt nicht von seiner Gemächlichkeit, und die Leute, die Queue stehen, werden nicht nervös, alle Menschen haben hier Zeit und Geduld, unfaßbar viel Geduld.

›Moskau – Sewastopol‹, ›Moskau – Rostow‹, ›Moskau – Nishnij Nowgorod‹ steht auf einigen Waggons, dort nehmen nur Reisende kurzer Fahrt Platz, sie haben bloß eine Strecke zurückzulegen, die etwa so lang ist wie von Rom nach Stockholm. Imposantere Kennzeichnungen: ›Moskau – Baku‹, ›Moskau – Tiflis‹ oder gar ›Moskau – Wladiwostok‹, das heißt vierzehn Tage, wenn es gutgeht; und dann steigt man um, Kleinbahn, Rentierschlitten, Schneeschuhe...

Blau gestrichen sind die internationalen Schlafwagen, in erste und zweite Klasse eingeteilt, in ihnen sitzen englische Kaufleute und deutsche Diplomaten, einer tritt sein Amt als Generalkonsul in Tiflis an, einer ist Gesandtschaftssekretär in Persien, und der dritte (der Herr, dessen elegante grüne Weste Aufsehen erregt) ist Zuschneider in Teheran.

In gelben Waggons der weichen Klasse ›NEP‹-Männer, die Trokkenwohner der ›Neuen Ökonomischen Politik‹, sie tragen keine Fingerringe und keine eleganten grauen Westen, man sieht ihnen an, daß sie von unten stammen, aber sie haben Fettpolster, rötliche Glanzpunkte über den Backenknochen, sind mit Handel und Wandel zufrieden, mit Essen und Trinken dito. Außerdem reisen Beamte in der weichen Klasse, irgendwohin kommandiert oder delegiert, und können es durch ein Mandat beweisen – ›Delegat‹, ›Mandat‹ und ›Komandirowka‹ sind wichtige und gebräuchliche Titel, mancher maßt sie sich an, um zu imponieren, aber so leicht wie in Gogols Rußland hätte es heute kein Revisor mehr.

Die interessantesten Fahrgäste, weitaus die interessantesten benützen die harte Klasse; wer das Glück hat, einige Tage oder gar einige Wochen im dunkelgrünen Waggon fahrend zu wohnen, der sieht und hört das alte und das neue, das nördliche und das südliche, das begeisterte und das empörte Rußland, der lernt die Urbilder aller Typen aus der Literatur kennen, von Gorkis Barfüßlern bis zu Tolstois Fürsten, von den Helden der napoleonischen Zeit, die Lermontow edel malte, bis zu den roten Reitern Budjonnyjs, über die jetzt Babel freche Satiren schreibt, hat Freundschaften geschlossen, genug Komödien und Tragödien erlebt.

Das Publikum ist gemischt, es läßt sich nichts Besseres über ein Publikum aussagen. Hekatomben von Milchweibern füllen den Moskauer Bahnsteig, beim Morgengrauen schwärmten sie in die Stadt wie die Kremldohlen, und nun kehren sie heim, jede von zwei gigantischen Milchkannen flankiert und mit einem Sack, in dem sechs leere Zinngefäße klirren. Familien fahren aufs Land, dort das Weekend zu verbringen, Großvater bleibt vielleicht schon den Rest des Jahres auf der Datsche. Viehhändler sitzen im Personenzug. Ein gutrasierter junger Mann mit messerscharfem Hosenbug und weißen Gamaschen hat aus politischen Gründen in Suchum zu tun, mehr sagt er nicht; der Schüler einer Lehrerbildungsanstalt reist mit Frau und Kind in einen Kurort (russisch: Kurort) im Kaukasus, er bekam einen Freiplatz, außerdem zahlt der Staat ihm, einem gewesenen Arbeiter, und seiner Familie während des Studiums sein Gehalt! Farbengewirr von Kopftüchern, resigniert graue und optimistisch grellgeblümte. Eine Dame behält den Hut auf und ist auch sonst tipptopp: Seidenstrümpfe, Lackschühchen, Titusköpfchen und goldbestickte Seidenbluse, von ihren Pralinen bietet sie immerfort dem Ingenieur an, der neben ihr sitzt, nach Dschulfa fährt, ›Schmidt‹ heißt, aber nicht weiß, daß das ein deutscher Name ist.

Moskau kriecht vorbei, Orgie der Kontraste, asiatisches Dorf mit Häusern in amerikanischem Wolkenkratzerstil, Kistenschlitten und Autobus, Barockpalast und Holzhütte, Stanislawskij und

Meyerhold, Presseaufschwung und Diktatur, Hofopernballett und ›Blaue Blusen‹, Straßenbasar und Warenhaus. Von den Turmknäufen des Kreml leuchten goldene Zarenadler unversehrt herüber, zwischen ihnen weht Tag und Nacht die rote Fahne von der Kuppel, Vierzig mal vierzig goldene Kreuze mit je acht Enden (auch dort, wo Kopf und Füße Christi waren, sind Querbalken) und mit einer goldenen Kette richten sich fromm zu Gott empor, vierzig mal vierzig blutrote Sterne mit je fünf Enden richten sich trotzig gegen Gott empor. Und die Türme selbst! Es war dafür gesorgt, daß goldene Zwiebeln in den Himmel wachsen – an einer Straßenecke hat man mit einer Ananas Fußball gespielt, und sie blieb in der Luft hängen –, am Roten Platz steckt eine buntgewürfelte Gesellschaft von beturbanten Emiren, Scheichs und Großwesiren die Köpfe zusammen und flüstert sich, o heiliger Basilius!, pikante Geheimnisse aus dem Harem zu – jemand erhob feierlich seinen Becher, und der Becher ward zum Kirchturm.

Auf breiten Holzbänken, über denen eine große Laterne hängt, wodurch der Waggon wie ein braves Blockhaus wirkt, sitzen je drei Leute nebeneinander, so wie sie nachts übereinander schlafen werden; drei Stock hoch ist das brave Blockhaus. Polster, Dekken, Bettuch hat fast jeder mit, in Leinwand war das und alles übrige Gepäck eingenäht, jetzt wird die Hülle aufgetrennt und der Inhalt ausgebreitet; wer kein Bettzeug hat, kann sich's vom Schaffner leihen, der es einem plombierten Sack entnimmt und das breite Bett in ein Bett verwandelt, drei Rubel kostet es – gleichgültig, ob man eine Nacht fährt oder zehn Nächte. Kinder liegen an der Wandseite, hinreichend viele sind's, wir brauchen vorläufig keine mehr, Kinder in allen Lebenslagen, solche, die noch in die Windeln pinkeln, solche, die es schon in die Hosen besorgen, solche, die in sich hineinwimmern, andere, die dem Nachbar in die Ohren trompeten.

Die Hauptstadt dreht sich am Zug vorüber, dort im Marienhospital wurde Dostojewskij geboren, an Biegungen des Moskwaflusses ragen Bastillen mit Festungsgräben, hohem Wall und Schießscharten und sind Klöster, alte Holzhäuschen begleiten die Ausfahrt, man liest eine Jahreszahl: Anno Domini 1796, die napoleonische Feuersbrunst hat also diese Hütten verschont, Waggonvillen, nicht weit vom Bahndamm; die Speicher des ›Chlebo-

produkt‹ sind moderne Zweckbauten, sie könnten auch in Hamburg stehen, Schneefelder spielen in allen Nuancen des abstrakten Weiß, das blau sein kann und perlmutterfarben und silbern, Leute mit Handschlitten schleppen etwas in die Stadt.
Die versickert schon. Schwengelbrunnen, Raben, Düngerhaufen tauchen an ihrer Stelle auf, Birkenwälder, Hüttengruppen, eine Schloßruine, die wie ein von Kandelabern umgebener Sarg aussieht; augenscheinlich ist der Palast nicht zu Ende geführt worden, weil der Bauherr vor dem Katafalk erschauerte; kleine Häuser mit bemalten Giebeln und geschnitzten Fensterläden, Datschen, dann verschwinden auch die Dörfer, und stundenlang dampft das Vehikel durch den Atlantik des Schnees.
Der Schaffner hat die Fahrkarten abgenommen und ist damit beschäftigt, jede an die zugehörige Stelle eines zusammenlegbaren leinenen Planes zu stecken, der den Waggon veranschaulicht, zwei Schaffner sind in jedem Wagen, sie lösen einander im Dienst ab und wohnen in einem Halbkupee. In Intervallen durchwandert der Oberkondukteur (russisch: Oberkonduktor) den Zug. Wen die Platzkarte in ein braves Blockhaus einquartiert hat, das Nichtrauchern reserviert ist, der muß, seine Papirossa anzustecken, auf den kurzen Korridor vor der Toilette. Hier finden endlose politische Beratungen statt, besonders wenn ein Passagier aus Deutschland da ist, den man über Gindenburg, Stresemann und Thälmann ausfragt, darüber, ob in Deutschland Arbeiter das Doktorat machen können, bis zu welchem Monat eine schwangere Frau arbeiten darf, ob dort die Bergleute auch nur vier Wochen Jahresurlaub haben, wieviel ein Pud Brot kostet, wieviel ein Paar Walenki (Filzstiefel), und ob man viel Foxtrott tanzt. Während dieser Debatten öffnet sich von Zeit zu Zeit die Tür der Toilette, der Zigarettenrauch ist auch nicht von der besten Sorte, und die Doppelfenster sind in den Wintermonaten hermetisch verschlossen.
Draußen ist Luft und Schneesteppe. Spärlich die Waldungen, man erkennt die Holzarmut der Gegend an den Wohnstätten: niedrige Häuschen, mit Stroh gedeckt, keine Spur mehr von Schnitzerei und von Fensterläden, die Zäune von äußerst geringer Dichte. Manchmal wächst der Schnee ins Senkrechte empor und zerstäubt oben in dunkle Strahlen: das sind Birkenforste.

Im Zuge spielen Arbeiter ›Schachmatt‹. Der gutrasierte junge Mann mit dem messerscharfen Hosenbug und den weißen Gamaschen, der – wie jeder weiß – in politischer Mission nach Suchum fährt, spricht herablassend mit einem Studenten und läßt durchblicken, daß er ein Delegat mit einem Mandat und einer Komandirowka ist. Die tipptoppe Dame hat den Hut bereits abgelegt, ist aber noch immer in Seidenstrümpfen und Halbschuhen und raspelt noch immer mit dem langen Ingenieur Schmidt Süßholz und Pralinen. Tee wird getrunken und Eßwaren werden ausgepackt, Riesenbrote, Riesenschinken, Riesenwürste, Riesenkäse, man bietet einander an. Zwischen den Waggons sind kleine Blechbrücken heruntergeklappt, ihre Hälften schlagen rhythmisch zusammen, ganz anders klingt der Schall der russischen Bahnfahrt als bei uns: Tarrara-tarrara-bsching, tarrara-tarrara-bsching.

Frauen aus dem Raucherabteil und aus dem Nichtraucherabteil, die Frau mit dem Hut, die Frauen mit den optimistischen und den pessimistischen Kopftüchern, die Frauen ohne Hut und ohne Kopftuch haben sich auf den Passagier aus Deutschland gestürzt: Was trägt man in Deutschland? Kurzen Rock, langen Rock, helle Strümpfe, dunkle Strümpfe, Männerhemd, Jumper, ach, was weiß ich! Und schreiben dem Passagier aus Deutschland ihre Adresse auf, wollen ein Modejournal, sind bereit, es vorher zu bezahlen, zwei Rubel, drei Rubel, fünf Rubel – gibt niemand mehr? Und was tanzt man in Berlin? Wohl oder übel muß der deutsche Gast Java und Blues und Charleston vorführen, die Leute stellen sich auf die Bänke und schauen zu, tarrara-tarrara-bsching, tarrara-tarrara-bsching spielt die Jazzband.

Hält der Zug auf einer Station, springen die Fahrgäste hinaus, jagen auf eine fensterlose Holzbude zu, in deren Innerm ein Kessel dampft; aus der Piepe an der Außenwand strömt heißes Wasser. Alle erdenklichen Gefäße füllt man, Samoware, Flaschen, Thermophore, Kannen, Eimer. In Tula stürmt man nicht nur den ›Kipjatok‹, sondern auch den Stand, der Tulaer Stahlwaren feilbietet – obwohl man Solinger Stahl in Solingen nicht besser einkauft als in Berlin! Unverschämt teuer sind die Sachen, Taschenmesser, Scheren oder Nippesbügeleisen. Die Lokomotive wird gewechselt, statt des einen fossilen Ungeheuers kommt das andere, zur Seite rollt die alte Maschine, von ihrem Vorderteil trieft schwarzes Fett, ihr Hinterteil ist reines Kristall, leuchtend von Schnee und Eis.

Zweimal läutet die Bahnhofsglocke, alles rennt zum Zug, jeder Waggon hat eine Nummer, auf daß auch der Dümmste seine Wohnung finde, mit dem neuen Vorspann geht es weiter; das heiße Wasser wird in Tee verwandelt; links Jasnaja Poljana, ein stilles, friedliches Dorf, aber man weiß jetzt, welch laute Kämpfe Tolstoi dort auszufechten hatte; rechts flüchtet eine Zwingburg vorbei: Orel, Väterchens Zentralgefängnis. Oberhalb der Oka leuchtet der goldene Knauf einer Kuppel, tarrara-tarrara-bsching, tarrara-tarrara-bsching, und nun ist es das Tal des Dnepr, über das sich die weiße Steppdecke breitet, lehmbeworfene Hütten, geflochtene Zäune. Eine Pracht von Kloster: die Einsiedelei Korenscha. ›Ich bin wie ein Kloster‹, pflegte Paul Cassirer zu sagen, ›ich lebe von einem Bild.‹ Das Kloster Korenscha lebte auch von einem Bild, noch dazu von einem hier nicht vorhandenen; in Korenscha war es nur aufgefunden worden – so erzählen die Fahrtgenossen – und nach Kursk gebracht, von wo es immer zu Pfingsten in seine ehemalige Heimat überführt wurde, um Wunder zu tun, indem es dem Klosterkonvent zu einer Millioneneinnahme verhalf.

Schnee liegt auf den Feldern, nicht mehr in breiter Fläche wie im Norden, aber in allen Furchen, die Fruchtbarkeit der Gegend läßt sich auch in Schnee und Winter feststellen: stattliche Bauernhäuser, weite Stallungen und Schuppen, wir sind in der Ukraine.

Die Nacht bricht langsam herein, man klettert ins zweite oder dritte Stockwerk, Bettzeug auszubreiten oder sich einfach aufs Holz zu werfen; die tipptoppe Frau wird von Ingenieur Schmidt überredet, im Parterre Lager zu beziehen, und er sitzt nun neben ihr, sie liegt in Seidenstrümpfen, Halbschuhen und goldbestickter Bluse da, die meisten Frauen sind in Nachtjacke und Unterrock, die Männer schlafen in Kleidern und hohen Stiefeln oder in heißen Wollsocken, Kinder wimmern, Mütter irren; wenn jemand hinausgeht, spürt man Zugluft, läßt er gar die Türe offen, so brüllen die anderen, Schnarchen dröhnt durch alle Etagen, tarrara-tarrara-bsching, tarrara-tarrara-bsching, jeder hat Koffer und Stiefel unter dem Kopf, fürchtet Diebe. In einem braven Blockhaus liegt man, vorbei fährt die schwarze Unendlichkeit. Nur auf den Stationen wird das Dunkel zerrissen von Lämpchen oder von dem offenen roten Feuer der Lokomotiven; selbst nachts fließt der Kipjatok, in den Wartesälen schlafen hundert Schafpelze, hundert Kopftücher und hundert Säcke auf dem Boden, hier riecht es ebenfalls nach heißem Tee und heißen Wollsocken, hier durchsägen ebenfalls die Schläfer laut die Luft. Eine Weichenstellerin schwingt die Lampe, ihr Kopftuch leuchtet auf für einen Augenblick als roter Fleck, zweites Läuten, der Zug rollt, tarrara-tarrara-bsching.

Vor Charkow großer Lärm, ein Koffer ist gestohlen, bald ist's klar, wer der Dieb war: der schlanke Ingenieur Schmidt! Er wußte nicht, daß Schmidt ein deutscher Name ist – natürlich, er führte diesen Namen noch nicht lange. Alle greifen unter ihren Kopf, nach dem Gepäck und nach der Brieftasche, der tipptoppen Frau fehlt das Handtäschchen, deshalb also hat ihr der Galan zugeredet, im Parterre zu schlafen, da läßt sich nichts machen, nitschewo; es wird kein Protokoll aufgenommen, keine Anzeige erstattet, kein Telegramm abgesandt, nitschewo, die tipptoppe Frau zieht jetzt ihre Halbschuhe aus und lockert die Strumpfbänder, Verzicht.

Man rekelt sich, steht auf, die Toilette ist belagert von Menschen mit Seife und Handtuch. Das weiße Land ist schwarz, Windmühlen am Horizont, manche Frauen bleiben in Pantoffeln und Unterrock, die Bügelfalte des gutrasierten Mannes, der in politischer Mission nach Suchum reist, ist nicht mehr messerscharf, im Gegenteil, die Hose weist Ansätze von Knollenbildung auf, und er erscheint keineswegs gut rasiert; hingegen zeigen sich der Gesandtschaftsbeamte und der Generalkonsul auf dem Bahnsteig in Charkow mit tadellosem Scheitel und unzerknittertem Kragen, und der präsumtive Zuschneider von Teheran hat sogar eine neue Weste an, dunkelgelb mit grauem Passepoil.

Keine Schlittenkufen sieht man nun, sondern Wagenräder, deren Anblick man länger als ein halbes Jahr entbehrt hat; während in Moskau noch die Diktatur des Winters herrscht, lockert sie sich hier zum Vorfrühling. Die Äcker hören auf, und die Halden beginnen, Essen lodern, Fördertürme stehen dick und breitspurig da, Schlote schlank und hoch, Fabriken, Kohlenberge, Holzplätze. Schwerarbeiter steigen in den Waggon und wollen von dem ausländischen Passagier wissen, wieviel Wochen Urlaub einem Metallarbeiter in Deutschland gesetzlich zustehen, wieviel Lohn ein Hauer hat, ob die Bruchpfeiler verritzt werden, welche Zeit des Urlaubs die Arbeiter der chemischen Betriebe unentgeltlich im Sanatorium verbringen dürfen. In Artjomowsk steht das Gewerkschaftshaus des Donezbeckens, ein neues ist im Bau, ein Bronzeobelisk auf dem Bahnhof nennt die Namen der Arbeiter, die von den Weißen füsiliert wurden. Von Fördertürmen weht ein rotes Flaggentuch – rote Fahne über schwarzem Land, aus den Schloten unvertünchter Ziegelbauten weht der Rauch – schwarze Fahne über rotem Land.

Auf allen Stationen ist es gleich, über eine niedrige Hürde strekken Weiber ihre Körbe, in denen Eier sind oder frisch gebackenes Brot (unter einem Kissen warm gehalten) oder gebratene Hühner, deren Preis je nach Größe (der Station) von fünfzig Kopeken bis zu einem Rubel dreißig Kopeken schwankt; Milch wird gleichfalls feilgeboten. Der Abend ist Steppe, Steppe ist die Nacht. Beim Morgengrauen in Nowotscherkassk, der Stadt der Donkosaken, steigen Städter ein, die Erbeingesessenen nehmen keine Rücksicht auf sie; der Mann mit der ehemaligen Bügelfalte ist kleinlaut geworden und hat sich seit vorgestern noch nicht gewaschen, die Frauen bleiben in Unterröcken, im Waschbecken auf der Toilette reinigen sie Windeln und hängen sie in der rußigen Heizkammer zum Trocknen auf, die tipptoppe Dame zieht die Lackschühchen nicht wieder an und knüpft die Strumpfbänder nicht fest, tarrara-tarrara-bsching. Wer in Rostow am Don ans Büfett gehen will, richtet sich ein bißchen her. Ein ganz europäischer Bahnhof: Damen, die echten Augenbrauen ausrasiert, hoch darüber die falschen gemalt, spazieren auf dem Perron (russisch: Platforma), das Ausspucken und Wegwerfen des Mundstückes (russisch: Mundschtuck) ist bei drei Rubel Schtraf (um das russische Wort für ›Strafe‹ zu gebrauchen) verboten, und das Publikum wird gebeten, nur die offiziellen Gepäckträger zu benützen, die an Messingschild und weißem ›Fartuch‹ kenntlich sind. Im weißgedeckten Speisesaal kriegt man ausgezeichnete Hors-d'œuvres (russisch ›Vorschmack‹ genannt), und der Raseur (Parickmacher) amtiert in einem modernen Salon. Dagegen ist der ›Kaspar‹, der auf buntem Plakat zu Dampferfahrten einladet, kein deutscher Kaspar, sondern die Zusammenziehung des russischen Firmatitels Kaspisee-Dampfschiffahrt . . . Hier äußert sie sich sonst nicht, hier äußert sich die Dampfschiffahrt des Asowschen Meerbusens, des Schwarzen Meeres. Auf den Bahnhofsrampen werden Ballen mit Weizen, Tabak, Hafer, Wolle umgeschlagen, die Hafenspeicher reichen bis zum Personenperron, die Eisenbahnwerkstätten bis ans andere Ufer des Don, über den man auf einer Gitterbrükke rattert.

Tief unten ist Inundationsgebiet – eine jener geheimnisvollen Landschaften, von denen man monatelang nichts weiß, da das Wasser über ihnen zusammenschlägt, und die dann wieder vom Ertrinkungstode auferstehen; vor kurzem schwammen noch Fische hier, Holzblöcke, Leichen, Schiffe, und nun ist es Land, auf dem Menschen gehen; drei Landstreicher tauchen aus einem Gebüsch auf und strecken sich, Bauernweiber tragen Rückenkörbe und Säcke, Männer treiben Ochsen und Schweine, am Rand der Stadt ist ein Markt im Gange, tarrara-tarrara-bsching, Steppe, Steppe, Steppe, ein Kosakendorf wird sichtbar, dahinter wieder ein Aul, Steppe, Steppe, Steppe, wieder eine Staniza, dann der Kaukasus.

Fünf Frauen sind eingestiegen, sie haben als Gattinnen von Eisenbahnern freie Fahrt und reisen fünf Tage und fünf Nächte nach Batum, um Konterbande einzukaufen, Strümpfe und Seide, die griechische und türkische Schmugglerschiffe dort verschleißen; fünf Tage und fünf Nächte dauert die Rückfahrt – ein abenteuerliches Einholen, aber die fünf Frauen haben nicht genug davon, sie sind auch Abenteuern anderer Art nicht abhold.

Die Stammgäste des Waggons duzen einander längst, jeder hat schon mit jedem ›Schachmatt‹ gespielt, jeder hat schon ein Mädchen, mit dem er nachts auf dem Korridor vor der Ubornaja steht oder im Heizraum, alle Schranken sind gefallen, auch die Seidenstrümpfe der tipptoppen Dame, sie läuft in schmutziger Nachtjacke und schmutzigem Unterrock umher, ach, wie zerzaust ist das ehemals so wohlassortierte Titusköpfchen! Der gutgebügelte, gutrasierte Herr hat ausgebuchtete Hosen und einen scheußlichen Vollbart, nicht mehr grau, sondern braun sind die weißen Gamaschen, nichts blieb von seiner Herrlichkeit als die politische Mission, der Lehrer-Arbeiter hustet immer mehr, die Kinder haben sich mit den Fahrgästen angefreundet und pinkeln auf deren statt auf der Mutter Schoß; wenn jemand den deutschen Passagier nach Gindenburg, Stresemann, Thälmann fragt oder fragt danach, was ein Glas Sonnenblumenkerne in Deutschland kostet oder eine Rubaschka, eine lange Männerbluse, so antworten alle im Chor.

Isothermische Waggons mit Mineralwasser kommen entgegen, eine Flasche des Sauerbrunns ›Narsan‹, für die man in Moskauer Hotels fünfzig Kopeken verlangt, kauft man hier bei den Verschleißhütten für achtzehn, der Doppelgipfel des Elbrus hüpft auf und ab, mit Eis bedeckt, und später der Kasbek, er trägt eine Nebelkappe, und deshalb kann man nicht sehen, ob dort noch immer Prometheus festgeschmiedet ist, vom Adler beknabbert; ein Knirps ist der Montblanc gegen diese Berge! Dazwischen die Station Mineralnyje Wody, die Arbeiter steigen um, die den Urlaub in kaukasischen Kurorten verbringen. In Grosnyj: Tribünen auf Petroleumhalden, weiße Ölzisternen, Schlote der Raffinerien, neue Arbeiterkolonien. Auf dem Bahnhof von Machatschkala, das in zaristischer Zeit ›Petrowsk‹ hieß, spreizen sich Tscherkessen in der hohen Persianermütze, dem Papach, Türken hocken mit gekreuzten Beinen auf der Erde, die Aufschriften sind türkisch, und zwar sowohl in osmanischen Schriftzeichen als auch in lateinischen Buchstaben, um deren Einführung man bemüht ist; Machatschkala ist Hauptstadt der Sowjetrepublik Dagestan. Hier ist schon andere Zeit, die Uhr wird um eine Stunde vorgerückt, von nun an gibt es keine Klosette mehr, man muß jede Notdurft stehend verrichten, nur wir im Zug dürfen uns noch setzen, wenn wir Lust haben. Nach Südosten ist der Schienenstrang geschraubt; stundenlang: links Kaspisches Meer, rechts Felsen mit Zitadellen; dann: links Dämmerung, rechts Dämmerung; dann: links Nacht, rechts Finsternis. Morgens versucht Narynkala zu drohen, die Zitadelle von Derbent; sie beherrschte die Porta Albana, den einzigen Weg von Asien nach Norden zwischen Meer und Berg; Altertum, Mittelalter und Neuzeit kämpften um sie. Schon ist gesunken in den Staub der Sassaniden alter Thron, schon plündert Mosleminenhand das schätzereiche Ktesiphon längst nicht mehr – und an der ziemlich unversehrten Mauer der Sassaniden saust die Staatsbahn achtlos vorbei, tarrara-tarrara-bsching.

Der Schaffner erscheint und fegt mit besonderer Sorgfalt. In Baladshary stehen auf Nebengleisen Hunderte ausrangierter Waggons – warum schreibt niemand den Film ›Die Insel der verlorenen Waggons‹? – Das Besondere dieses Eisenbahnfriedhofes ist, daß hier nur Zisternenwaggons ruhen, hundert Farben und hundert Formen und hundert Größen.

Was sollen Trampoline auf dem Festland? Ach so, es sind Bohrtürme, alte und neue. Arbeiterkolonien, alte und neue, die Raffinerievorstädte durchläuft unser idyllisches Blockhaus, Belyj Gorod und Tschornyj Gorod, ein Gebäude strebt zur Göttlichkeit, teils indischer Tempel, teils Moschee, teils byzantinische Kathedrale, es ist die griechisch-katholische Kirche, nun neigen sich auch ein Palast der Chane und eine Perserfestung, und Baku, die Petroleumstadt am Meer und auf dem Berg, voilà Naples tatare!

Die Bahnhofsuhr hat zwei Stundenzeiger, einen für Orts- und einen für europäische Zeit; die Uhren der Stadt tragen die Buchstaben AEG. Am Zeitungsstand bekommt man eine Berliner Zeitung, wenn sie auch drei Wochen alt ist, das Modenblatt liegt bei, und im Nu ist man von allen Frauen umringt. Neue Frauen geben dem deutschen Fahrgast ihre Adresse an, daß er ihnen Modejournale zusende und Schnittmuster. (Aber nur zwei werden sie erhalten, davon die eine: zwei Nummern.)

O du meine Güte, wie sieht die alte Garde der Fahrtgenossen aus! Nicht mehr bloß schmutzig, nein, auch zerrissen sind Nachtjakken und Unterröcke, zerrauft die Haare. Welches war doch die Dame mit dem tipptoppen Tituskröpfchen? Die Gamaschen des struppigen Herrn (der nicht mehr in politischer Mission reist, sondern für die Leningrader Großeinkaufsgesellschaft einen Waggon Suppengewürz beschaffen soll), waren sie weiß, grau oder braun? – jetzt sind sie jedenfalls schwarze Fußlappen. Und noch sind wir nicht am Ziel, noch bewegt sich die Landschaft, während wir sitzen, tarrara-tarrara-bsching, tarrara-tarrara-bsching, ein Schlammvulkan, eine Sahara, durch die Kamelkarawanen ziehen, von den Felsen herab und nun entlang der Bahnstrecke, die Schiffe der Wüste fahren parallel zur Eisenbahn, Berge, öde Steppe, Weinberge, Gendscha (vormals Jelissawetopol), wo schwäbische Winzer aus dem Dorf Rosa Luxemburg einsteigen, Kupferwerke, die Ubornaja ist wieder umlagert von Menschen mit Seife und Handtuch, einige haben die Zahnbürste aus dem Koffer exhumiert, vielleicht wartet der Bräutigam, die Braut, vielleicht wollen sie nur – zum Abschied – imponieren, viele packen ihre Sachen; in den Gärten der Villen blühen Rosen, gelbe, rote und die blauen Rosen Georgiens, grün strahlt der Frühling von allen Beeten, und unten im Tale und auf den Bergen liegt Tiflis, die Hauptstadt des Kaukasus.

Nur für kurze Zeit lächelte sie ins Fenster und breitete sich lockend aus – vergeblich, der Zug reißt sich los von der Versuchung, resigniert senken sich die Arme, die Stadt schrumpft zusammen, tarrara-tarrara-bsching, die Kuppel der Garnisonkirche, über der jetzt der rote Stern wohnt, und die Höhen verschwinden mit den Felstrümmern der persischen Festung, dem botanischen Amphitheater, dem georgischen Königsschloß Metech, in dem die aufständischen Reaktionäre von 1921 eingesperrt sind, und bald schließt sich auch ein enttäuschtes Auge, das nachgeblickt hatte, das Davidskloster auf dem Hang. Eine häßliche, braungelbe Vorstadt empfängt die Fahrt, kahle, dachlose Häuser mit hölzernen Klopfbalkonen, die nur vormittags schön sind, wenn sie – der Nachbarschaft zum Neid – die schwarzrot geknüpften Lambrequins herausblöken, es ist nicht schlimm, daß sich ein Felsenvorhang dazwischensenkt, doch da er sich wieder hebt, sieht man ein asiatisches Dorf, von tausend asiatischen Dörfern nur durch einige Bedachungen und schöne neue Arbeiterkolonien unterschieden, dahinter wieder Hütten, geborstene Zäune, im kahlen Garten steht nichts als ein Baum, Esel zotteln des Wegs und räudige Trampeltiere. Links die Bergwüste trägt Telegrafenstangen. Obwohl man scharf auf die Steppe schaute, entging es einem, daß sie plötzlich ein Salzsee ward. Von Sandar an sind die Aufschriften auf Bahnhöfen dreisprachig, russisch, grusinisch, armenisch. Grenzstation ist Sadachlo, und auch die Landschaft ändert sich, wilde Schlucht preßt sich ein, Buschwerk und Moos, alle fünf Werst ein Karaul. In Achtala stehen die französischen Kupferwerke noch in Betrieb, aber sie gehören den Franzosen nicht mehr, die Bolschewiki, die jeden Nationalismus ablehnen, regieren das einzige Reich, das keine ausländischen Fabriken auf seinem Boden hat: sie verjagten den fremden Privatkapitalismus wie den einheimischen. Die Strömung des alpenbachgrünen Bededatschai brandet mit weißem Gischt auf Steinblöcken, die sich im Fluß-

bett breitmachen, die Birken am Ufer sind eher Telegrafenstangen, die oben mehrfach gespalten sind.
Bergschweine und Ziegen mit Mähnen weiden hier, Hirten lagern vor Hütten aus Lehm und Laub, deren Eingänge im Kreise angeordnet sind, es ist wie ein Indianerdorf. Ein Berg bildet die Wasserscheide zwischen der georgischen Kura und dem armenischen Araks, aber er hält die Eisenbahn nicht auf, ein Tunnel führt durch, und gleichzeitig mit dem Licht der Frühlingssonne taucht Schnee auf, oben auf den vier Gipfeln und hundert Zacken des Allahgoes und über seinem weißen Krater. In Leninochan halten wir – jahrhundertelang war es Alexandropol, eine heiße Ecke dreier Reiche: Georgiens, Persiens und der Türkei.
Im Jahre 1920, jawohl, im Jahre 1920 schleppten Türken die zweitausend schönsten Jungfrauen, Mädchen im Alter von zwölf bis achtzehn Jahren, aus Alexandropol fort, keine ist zurückgekehrt, von keiner ahnt man das Schicksal.
Graugestrichene Zisternenwaggons, von kaukasischen Mineralquellen kommend, füllen den Bahnhof, Schienen durchlaufen Lavafelder, das Mauerwerk von Ani hebt sich im Mondlicht vom Horizont ab, Ruinen von tausendundeiner Kirche und der Bagratidenburg, Ani ist armenisches Pompeji. Von Etschmiadsin, wo die armenischen Päpste nun auch schon seit sechzehnhundert Jahren ihre Residenz haben, ist nur ein arger Bahnhof zu sehen. Eine Bahnlinie löst sich, ein Zug knattert vorbei, tarrara-tarrarabsching, will nach Dschulfa und Täbris, ins Persische.
Des Ararat Eisdom ragt aus dem Tal der Weiden und Weingärten, der Herden und Hütten unmittelbar auf die andere Seite des Gewölks; wohl ließe sich glauben, daß Noah oben furchtlos landen konnte, dorthin steigt kein Hochwasser, auch biblisches nicht, und der Schnee mag ruhig schlafen. In Eriwan verlassen wir den Zug.

Der Newskij-Prospekt

Hier also war's, wo Anna Karenina, noch bewegt vom Unfall auf der Eisenbahn, in dem sie ihr zukünftiges Schicksal fühlt, nach Hause fuhr,
hier also war's, wo Casanova die russische Bauerntochter, die er um hundert Rubel gekauft, auf den Namen ›Zaïre‹ getauft und modisch eingekleidet hatte, spazierenführte,
hier also war's, wo die Beamtenwitwe Raskolnikowa in der Straßenbahn stolz den Zeitungsartikel ihres Sohnes Rodion Romanowitsch dem Nachbarn zeigte,
hier also war's, wo im dritten (nach russischem Kalender: im vierten) Stockwerk einer der in ›Krieg und Frieden‹ besoffenen Gardeoffiziere mit einem englischen Marineur wettete, sich auf die Fensterbrüstung zu setzen und die Beine gegen die Straße baumeln zu lassen, nachdem Fürst Pierre Besuchow das Fensterkreuz herausgebrochen hatte,
hier also war's, wo Mischkin, der ›Idiot‹, mit ungeschicktem Tritt zu seinem Onkel tappte,
hier also war's, wo beim Kartenspiel die ›Pique-Dame‹ Puschkins höhnisch blinzelte,
hier also war's, wo ein echt Gogolscher Friseur die ›Nase‹ loszuwerden trachtet, die er morgens im Brot fand, während ein Tschinownik seine Nase sucht, die er seit dem Morgen vermißt,
hier also war's, wo alle russischen Romane begannen und endeten, die erfundenen und die wirklichen, ›Zar und Zimmermann‹ und seiner Nachfahren Verhaftung, 1917.

Der Newskij-Prospekt heißt nicht mehr Newskij-Prospekt. Sondern: Prospekt des 25. Oktober.
Man denke sich ihn nicht als eine enorm breite, spiegelglatte Avenue, zwischen eisgetürmtem Newastrom und goldenen Palästen, er ist nur eine Binnenstraße und führt vom Moskauer Bahnhof zum Admiralitätspalast. Wir kommen an und sind etwas enttäuscht: hier also war's, wo Pierre Besuchow, wo Rodion Romanowitsch Raskolnikow, wo Anna Karenina, wo Peter Misch-

kin... Eine Straße, kaum breiter als der Kurfürstendamm und lange nicht so gut gepflastert, Geschäfte, Wohnhäuser...
Auf dem Platz vor dem Bahnhof: das Denkmal Alexanders III., alle Kaiser- und Generalsmonumente in Leningrad hat man stehenlassen und alle Marmorplatten, auf denen verewigt ist, daß jenes Gebäude, jene Brücke, jene Parkanlage unter der glorreichen Regierung des Zaren Soundso Soundsowitsch I., II., III. (nicht Gewünschtes bitte zu durchstreichen) errichtet wurde. Auf dem Sockel Alexanders III. ist bloß eine neue Inschrift eingemeißelt worden, Verse des Volksdichters Demjan Bednyj:

Mein Vater fand, so wie mein Sohn,
Den reichverdienten Henkerslohn,
Doch ich, ich muß hier weiterreiten
Ruhmlos durch alle Ewigkeiten.
Dick hockend auf dem dicken Hengst,
Ein lächerliches Schreckgespenst
Den Menschen, den von uns befreiten.

Alexander III.
vorletzter russischer Selbstherrscher.

Übrigens stimmt das mit dem Hocken auf dem dicken Hengst und das mit der Lächerlichkeit: der Bildhauer hat, ob freiwillig oder nicht, dem Dargestellten Gesicht und Körper eines vierschrötigen Wachtmeisters gegeben, dessen Eskadrongaul sich anschickt zu bocken, und man hat schon im Frieden ästhetisch-patriotische Diskussionen über diese Skulptur abgeführt. Ein bockendes Denkmalspferd ist etwas Auffälliges für St. Petersburg gewesen, wo die Bronzerosse die Gewohnheit des Gegenteils haben: sich kühn aufzubäumen. Es gibt hier keines, das seine vier Hufe am Boden hätte, Peters des Großen Gaul vor dem Winterpalais macht Männchen und stützt sich dabei auf den Schwanz – weshalb der Stallgenosse, den Nikolaus I. hinter der Isaakskathedrale reitet, dasselbe Kunststück probieren muß –, den Durchgang vom Generalstabsgebäude zum Newskij krönt eine ›Quadriga von sechs feurigen Rennern‹ (Holzbock), und deren Vorderfüße greifen ebenso in die Luft wie die der antiken Doppeltroika auf dem Narwabogen und die der vier Pferde, die über die Brüstung der Anitschkowbrücke von bronzenen Stallknechten zur Tränke geführt werden.

Wir aber wollen mit allen vier Beinen auf dem Boden der Tatsachen und des Newskij-Prospekts bleiben, auf dem die adligen Gestalten Dostojewskijs, Puschkins, Tolstois und Lermontows verschwunden sind und keine schnauzbärtigen Generale, keine reichen Kaufleute und überhaupt keine Equipagen mit galonierten Lakaien mehr spazierenfahren. An die Stelle der Kaleschen sind die Galoschen getreten, die Läden gehören den Kooperativen, und die Inhaber der berühmten Zuckerbäckereien Ballet, Berrin, Borman, Conradi und Abrikossow existieren nicht mehr, jedoch ein süßer Trust ist dir geblieben, der diese Geschäfte verwaltet; sie haben neue Namen, die sich schon eingebürgert haben, und man darf keinem Mädchen in Kiew, Rostow, Moskau oder Charkow erzählen, daß man nach Leningrad fährt, sonst muß man versprechen, eine Bonbonniere von Degurme (sprich: ›Des Gourmets‹) mitzubringen. Die Paläste stehen noch am Prospekt des 25. Oktober, genauso wie sie vor dem 25. Oktober standen, nur die Besitzer fehlen, Fürst Stroganow, Graf Scheremetjew, Graf Anitschkow, Graf Schuwalow, Großfürstin Elisabeth Feodorowna, der Präsident des Heiligen Synod Pobedonoszew, Fürst Beloselskij-Beloserskij und so fort (nach Paris).

Ihre Schlösser sind Museen geworden, meist verblieben Einrichtung und Anordnung, und der Palast wird als solcher besichtigt (Museum der aristokratischen Lebensweise), aber auch wissenschaftliche und künstlerische Kollektionen fanden in den Schlössern Unterkunft, Leningrad hat jetzt über zweihundert öffentliche Sammlungen – es ist vom Rom des Nordens zum Athen des Nordens geworden, und nirgends verfügen die Akademien, die Universitäten, die Kliniken, die Schulen, die Sammlungen, die Bibliotheken und die Professoren über derart splendide Räumlichkeiten. Dabei ist die Einwohnerzahl, die im Kriege zwei Millionen betrug und während Revolution, Bürgerkrieg und Hungersnot und weil Leningrad aufhörte, Rußlands Hauptstadt zu sein, auf sechsmalhunderttausend sank, wieder auf eine Million einhunderttausend angewachsen, obwohl einige Superkluge schon das Gras in den Straßen wachsen hörten und prophezeiten, an Stelle der Ermitage werde bald der Urwald wuchern. Statt des Grases wächst die Bevölkerungsziffer konstant, statt des Urwaldes wuchern ein paar NEP-Männer, und von den elfhundert jahrelang verödeten Häusern sind tausend von neuem bewohnt. Die restlichen hundert Gebäude, so die Kasernen am Marsfeld, verfielen allerdings beträchtlich, und ihre Renovierung würde mehr Geld kosten als ein Neubau. Derzeit die Stadt ohne Wohnungsnot (jeder obdachlose Junge hat hier ein Palais!), wird sie's bald nicht mehr sein, da sie der einzige baltische Hafen Rußlands ist und da die zentralen Unterrichtsbehörden über kurz oder lang hierher verlegt werden sollen.

Jedoch wir hatten uns vorgenommen, auf dem Newskij-Prospekt zu bleiben. Daß keine Gestalten Dostojewskijs, Tolstois und Lermontows, keine Kaleschen mit galonierten Dienern und keine schnauzbärtigen Generale und keine reichen Kaufleute mehr in Erscheinung treten, haben wir wohl genügend oft wiederholt, und es wird allmählich Zeit zu sagen, was in Erscheinung tritt. Vor allem tritt in Erscheinung, daß Leningrad auch im neuen Rußland eine elegante Stadt ist. Trotz der Textilnot ziehen sich die Frauen sehr gut an, nicht nur die jungen, auch die alten. Durchaus großstädtisch sehen die Männer aus, den Muschik im Schaffell und Ziegenfell, der in Moskau jenseits der Boulevards das Stadtbild beherrscht, findet man in Leningrad nicht; die Matrosen tragen sich außenbords wie aus dem Ei gepellt, sonst gibt es wenig Uniformen, nur die blauen Schildmützen der Studenten und der in technischen Berufen Tätigen; in sauberem Hemd und guten Anzügen gehen die Arbeiter auf den Straßen der inneren Stadt, stark unterschieden von ihren Genossen im Donezbecken, deren Mehrheit noch Lumpenproletariern gleicht.

Die Moral sitzt hier lockerer in den Gelenken, mag das nun Erbe der Hof- und Residenzstadt, mag das nun unveränderliche Eigenheit jeder Hafenstadt sein. Wirtshäuser blühen an allen Ecken und Enden, meist mit grün-gelbem Firmenschild und der Aufschrift ›Wijn‹, ›Bawarja‹ oder ›Lewnbrai‹ (laut lesen!), drei Kabaretts, eine Bar, und im Hotel d'Europe tanzt man sogar Foxtrott, dreimal in der Woche, sechs Paare aus dem Publikum, die sich, wenn Stimmungsbeleuchtung gemacht wird, auf neun erhöhen. Foxtrott und ›Hotel d'Europe‹ – Sehnsuchtsziel aller Gents und Modedämchen Moskaus! (Unter ›Foxtrott‹ versteht man in

Sowjetrußland moderne Tänze; beim Foxtrott brach der Weltkrieg aus, und von Shimmy, Java, Blues, Charleston ahnen die Ärmsten nichts!) Außerdem gibt es zwei Spielklubs, einen mit Lotto auf dem Newskij und einen auf dem Wladimirskij-Prospekt, wo man Bakkarat und Makao spielen und die Aufmerksamkeit der Geheimpolizei auf sich lenken kann, und drei oder vier Juwelenläden, davon einen – den im Handelshof – mit Halbedelsteinen des Ural, insbesondere Lapislazuli.
Die Geschäfte strahlen Lichtreklamen aus, normale Litfaßsäulen und dreikantige transparente Glassäulen auf sechskantigem Postament sind plakathaft bemalt; auf weiße Leinwand werden gleichfalls Reklamen projiziert, zwischen Nachrichten der Abendblätter. Lautsprecher der Radios dröhnen an den Straßenkreuzungen, und die Gläubigen, die vor der Filiale der Troize-Sergijewa-Lawra knien, hören gleichzeitig das Gebet des Popen und das Orchester des Akademischen Operntheaters und wissen nicht, wo Gott wohnt. An der einen Ecke ist also die Leningrader Zahlstelle der Moskauer Kirche, an der zweiten Ecke der Funksprecher, an der dritten Ecke der Kaufhof, und an der vierten steht Ferdinand Lassalle. Nur als Herme, und da er nun einmal keinen Unterleib hat, ließ er sich auch den Schnurrbart abnehmen und ward zu einem Antinous, der die Handelsakademie absolviert hat; querkants und unregelmäßig ragt die Büste über das Postament hinaus. Lassalle teilt mit Plechanow, Jaurès, Bebel und einigen Sozialrevolutionären und Anarchisten das Schicksal, rechtzeitig gestorben zu sein, um Standbild, Straßen und Städte in Sowjetrußland gewidmet zu bekommen, denn hätten sie's erlebt, so hätte mancher, ein so ehrlicher Führer der Arbeiterschaft er auch sonst gewesen, für die Kriegskredite gestimmt und gegen die kommunistische Revolution agitiert. Jedenfalls steht jetzt Ferdinand Lassalle monumental da, nicht weit von der Katharina, die hat ihren Unterleib behalten und ist von den Statuen ihrer Günstlinge Potemkin, Rumjanzew, Bezkoi und Suworow umgeben. In dieser katharinischen Gegend öffnet der Newskij-Prospekt bereits ganz andere Prospekte als im Bahnhofsumkreis, hier buchtet er sich aus zu Plätzen mit Blumenbeeten, frei und prächtig schauen die Fronten von Theater und Bibliothek nach allen Seiten. Die Kasan-Kathedrale breitet ihre Arme aus, mächtige Kolonna-

den, um ganz Rußland aufzunehmen; aber diese Umarmungsbereitschaft war nicht so gemeint, daß sich in ihnen Demonstranten zu Meetings gegen den Zarismus vereinigten, und da sie dies seit 1876 beständig taten, erfüllte man den Raum mit Rasen und Bosketts und sperrte ihn mit zierlichen Gittern – aus ist es mit den Demonstrationen, dachten die Regierenden und lachten sich ins Fäustchen, wie der Ehemann, der das Kanapee verkauft, damit seine Frau ihn nicht darauf betrüge. Die silberne Balustrade am Altar, sechshundert Kilo schwer, nach den napoleonischen Kriegen von den Donkosaken gestiftet, ist 1920, zur Zeit der Hungersnot, versilbert worden; sie soll keinerlei künstlerische Bedeutung gehabt haben. Von öffentlichen Kunstwerken ist erstaunlicherweise während des Bürgerkriegs nichts zerstört und nichts verschleppt worden, und nachher wurden die Sammlungen der Ermitage und der andern Museen durch Stücke aus den Schlössern verdreifacht und vervierfacht; am Tage und in den Abendstunden sind die Galerien von Besuchern durchflutet, meist von Exkursionen, bei denen Damen der ehemaligen Bourgeoisie und Hörer der kunsthistorischen Akademie die Führer machen; ungeheure Schätze aus den entlegensten und unbewohntesten Sommerresidenzen sind der Öffentlichkeit zugänglich gemacht, also ›geraubt‹ worden.

Manchmal ist der Newskij-Prospekt eine Straße, manchmal ein Platz, manchmal aber auch eine Brücke; denn senkrecht auf diese Koordinate der Stadt verlaufen Vertikalprojektionen, und die sind flüssig. Schiffahrtskanäle. Man muß schon ein arger Schmeichler sein, um auf Grund dieser Kanäle Petersburg so malen zu können, daß man es erkennt und doch von Venedig nicht unterscheiden kann. Was aber brächten höfische Maler nicht zustande! – an den Wänden der russischen Museen und der Paläste von Zarskoje Selo ist zu bestaunen, wie die geschmeidigen Schüler Canalettos eine Perspektive zu wählen wußten, die dem Palais Stroganow die Züge des Dogenpalastes gibt, die (allerdings schmalen) Kaistraßen verschweigt, der Brücke zwischen Ermitage und Winterpalast den Schwung des Ponte dei Sospiri verleiht und auf der Moika, dem Jekaterininskij-Kanal und der Fontanka Gondeln schwimmen läßt.

Ganz großartig, schöner als der Markusplatz, wird der Newskij

dort, wo er zu Ende ist, wo er in einem grandiosen Delta von Skulptur, Natur und Architektur sein Ziel erreicht, Mündung des ganzen russischen Landes in die Newa zu sein. Da leuchtet eine lange Spitze aus dunklem Gold über dem Figuren- und Säulenreichtum des Admiralitätsturmes, da rieselt der Springbrunnen und strecken sich die Bäume des Alexandergartens, da schickt sich Peter der Große an, mit seinem Pferd über den Fluß zu springen, da spreizen sich Senat und Synode und Garde-Manege, und da strotzt in altem Rot der Winterpalast, sichernd umschlossen von einem massiven Kreis der Ministerialgebäude.
Dahinter: die Newa. Vorige Woche war sie noch Eis, und nächste Woche wird sie ein Strom sein, aber sie vollzieht diesen Toilettenwechsel hinter braunwolkigem Vorhang. Der Himmel sandte ihn dem Flusse, und die vielgeprüfte Stadt wird er entschädigen, indem er ihr weiße Nächte gibt. Dann kann man nachts am Kai stehen und die Newa sehen und ihre geschmückten Inseln und die Peter-Pauls-Festung. Auf die blickten die Zaren und ihre Gäste, wenn sie sich vom Bankett erhoben, um ans Fenster zu treten: sie brauchten sich nicht zu beunruhigen, fest ragten die Wälle aus dem Wasser, jedem Ausbruchsversuch der gefangenen Empörer hohnsprechend. Die Zaren und ihre Gäste konnten lächelnd diesen Blick genießen, fest stand der Tower, weiß waren die Nächte, und keinem Gedanken öffnete sich der Prospekt des 25. Oktober 1917.

Vormals Zarskoje Selo

Vormals: Zarskoje Selo. Mehr Zarskoje als Selo. Mit den andern russischen Dörfern hat das kaiserliche nichts gemein. Da gab's keinen dumpfen Muschik mit Wodka und Tee, kein kümmerlich bebautes Feld und keine zerbrochenen Schlitten und keine rostige Pflugschar, da herrschte kein Pope über Männlein und Weiblein. Hier hatten die Zaren ihr Schloß, und alles, was sich im kaiserlichen Glanz sonnen wollte oder wenigstens etwas von der Luft erhaschen, die der Hof ausatmete, baute, vorausgesetzt, daß es die Erlaubnis dazu bekam, in Zarskoje sein Sommerhaus. Das war Rußlands Ischl. Hier leuchtete schon elektrisches Licht, als selbst in den größten Städten noch die Ölfunzel brannte, hier war Kanalisation, als Rußlands Bauern die Jauche noch in Bierfässern aufs Feld führten, hier gab es bereits Wasserklosetts, als im übrigen Rußland nicht einmal ein Zaun die Verrichtung maskierte.
Jetzt: Detskoje Selo. Die schönen Datschen, die schönen Steinbauten, die schönen Gärten gehören den Kindern. Es bestehen Kinderkommunen, Kindersanatorien. Arbeitsschulen, und die Vertreter der Kinder sitzen im Gemeindeausschuß. Wo einst im Rokoko die Fürsten mit ihren Gattinnen zur Rechten und zur Linken spazierten, treiben jetzt Nachkommen der Leibeigenen ihre Kinderspäße, schlagen Purzelbäume über die Rasenbeete, und in der Liebesgrotte steht ein Barren, auf dem sie turnen.
Nur der Palast der Zarin Maria Pawlowna ist für eine Behörde von Erwachsenen frei gemacht worden, für das Exekutivkomitee des Gemeindesowjets, und der des Großfürsten Boris Wladimirowitsch ist Zentralversuchsstation für Botanik und Selektion. Die beiden Kaiserschlösser, die in der russischen Geschichte der letzten zweihundert Jahre eine Rolle gespielt haben wie Versailles in der französischen, sind als Museen geöffnet.
Wie Versailles? Armseliges Versailles: wenn ›der Louvre eine Rumpelkammer ist gegen die Ermitage‹ mit ihren neunundvierzig Rembrandts, mit ihren dreißig Rubens, mit ihrem Sassanidensaal und tausend andern Unikaten, so ist das Schloß von Versailles eine Hundehütte gegen das Katharina-Schloß von Zarskoje

Selo. Um wieviel reicher war jeder russische Selbstherrscher als alle Fürsten Frankreichs und Europas zusammen, ihm gehörte nicht nur das weitaus größte und reichste Reich, nein, auch alle Menschen und deren Geld gehörten ihm, in Asien und Europa; all das, was an Kunstwerken geschaffen oder gefunden wurde, wanderte in die Hände von Gottes kaiserlichem Stellvertreter, und Tribute wurden geleistet, hoch und kostbar genug, Länder freizukaufen.

Mandelgrün strahlt die Fassade, Bronze verdeckt das Mauerwerk, und Turmspitzen von fettem Gold verbanden den Obersten der russischen Kirche mit seinem einzigen Vorgesetzten, dem Zaren des Himmels. Und innen ein noch satterer Glanz, ein noch wüsterer Luxus, hinter dem man fühlt, wie wenig die Herren seiner froh werden konnten. In der Kirche zum Beispiel, die ein Exzeß ist in Blau und Gold, in der Kirche, die mitten im Haus des Zaren stand, in der Kirche, deren Ikonen und Altäre in ihrem Prunk nur der Kaiser würdig sein sollten, konnten die Kaiser nicht knien: sie fürchteten immer den Dolch eines Nebenbuhlers, eines Prätendenten, eines Empörers. Nur ganz oben auf der Balustrade erschienen sie, geschützt vor allzu naher Berührung selbst mit den Auserwähltesten.

Von einer Stelle des Palastes aus kann man eine Flucht von sechzig Sälen und Zimmern sehen. Hier warteten die Audienzwerber, bis die Kaiserin endlich herankam, zuerst ein kleiner blitzender Punkt von Brillanten, dann ein Tanagrafigürchen in Atlas, dann in menschlicher Größe und schließlich in Krone und Krinoline, eine überlebensgroß erscheinende Gestalt, ihr eigenes Denkmal, zu dem kein Mensch mehr menschlich zu sprechen wagte.

Wie in allen Königsschlössern, so auch hier: Spanischer Saal, Paradesaal, Pompejanisches und Chinesisches und Elfenbeinzimmer, Spiegelgalerie und dergleichen, nur prunkvoller als im armen Bayern, im armen Frankreich, im armen Wien. Ein solches Bernsteinzimmer zum Beispiel gibt es nirgends, am allerwenigsten in Sanssouci, und doch ist der ganze Raum ein Geschenk Friedrichs des Großen an den Zaren, ein Gegengeschenk sogar, überreicht zum Dank für hundert Grenadiere von je vier Ellen Größe. Im Speisesaal fehlt nicht der Witz des Tischleindeckdich, das plötzlich aus dem Parkettboden emportaucht, was für andere

Sterbliche ein Märchen aus dem Märchenbuch ist. Der Thronsaal aber ist ein Märchen aus dem Kopf von hundert Künstlern und aus einer Goldkammer, die keinen Boden hatte, und neunhundertsechsundvierzig Lampen beleuchten ihn und werfen ihr Licht aus zwölfhundert Spiegeln einander wieder zu; klatscht man in die Hände, so läuft der Schall die Wand entlang, fast zwei Minuten dauert dieser Galopp des Echos. Ein Saal schimmert von Silber, einer im Weiß der Porzellantäfelung und im Violett gläserner Säulen, des einen Parkett ist blankes Perlmutt, der Lüster des anderen ist Lapislazuli, ein Gemach ist von einer Vase erfüllt, an der drei Generationen einer chinesischen Künstlerfamilie geschnitzt haben, fünfundsiebzig Jahre lang, in einem Zimmer wurde die Teilung Polens vollzogen, und in einem wohnte Emile Loubet im Jahre 1902, als er hierherkam, um Rußland zum Bündnis mit Frankreich gegen Deutschland zu gewinnen.

An das Dampfbad der Gardeoffiziere grenzt eine winzige Dienerkammer, aus der ein kaum anderthalb Meter breiter Korridor in die kaiserlichen Gemächer führt; dieses Kämmerchen soll die Loge gewesen sein, aus der Katharina II. die Badenden beobachtete, um die Wahl ihrer Favoriten zu treffen.

Hinter all dem hemmungslosen Genuß und hemmungslosen Luxus verbargen sich Fratzen der Angst und die gequälten Mienen derer, denen all dieser Reichtum und Glanz ausgepreßt wurde.

Drüben das neue Schloß, das Alexanderpalais, ist die unpersönliche Villa einer kleinen Spießbürgerfamilie ohne persönlichen Geschmack, ohne Charakter. Hier wohnte der letzte Zar und seine Familie. Wer es nicht glaubt, mit wie wenig Verstand die Welt regiert wird und mit wie wenig Kulturgefühl man viel Geld auszugeben vermag, der kann im Hause Nikolaus' II. untrügliche Beweisstücke in Massen vorfinden. Nein, kein Mensch von Verstand und Geschmack möchte in diesem Sammelsurium von gipsernen Jungfrauen, von schablonenhaften Alpenlandschaften, von sezessionistischen Ornamenten auf Leuchtern und Tintenfässern leben. In manchen Zimmern hängen fünfzig bis sechzig Seestücke an der Wand (die einzige Kunst, die sich auf ihnen offenbart, ist die, einen Meeressturm langweilig darzustellen) und Genrebilder aus dem Bojarenleben, und zweihundert lithographierte Gibsongirls mit einem einzigen Mund, dem zum Kotzen beliebten Kirschmündchen, schmücken dein Heim, und in den intimen Gemächern stecken Hunderte von Photographien in Rahmen, alle Männer und alle Frauen in den gleichen Uniformen und mit den gleichen Gesichtern, auf allen steht mit Tinte derselbe Text: ›Meinem lieben Niki zum freundlichen Andenken, Valerie von Hessen‹, ›Meinem lieben Niki zum freundlichen Andenken, Hermine von Hessen‹, ›Meinem lieben Niki zum freundlichen Andenken, Ernst Ludwig von Hessen‹. Es ist geradezu eine Erquickung, wenn man unter dem Konterfei eines solchen hessischen Prinzen, den man nun schon zum Überdruß oft in effigie gesehen hat, lesen kann, daß er kein Prinz von Hessen ist, sondern ein Prinz von Dänemark. Aber an diesen Photographien der lieben Familie hatten Niki und seine Frau nicht genug. Auf jedem der vielen Tische liegt ein Album mit Bildern der Prinzen von Hessen, Koburg, Dänemark, Hessen, Preußen und Hessen. In etwa dreißig dicken Mappen sind sorgfältig Kameraaufnahmen von Nikolaus II., seiner Frau und den Kindern eingeklebt, bald sieht man ihn in Schwimmhosen, bald in der Galakalesche, bald mit einem erlegten Eber, bald bei einer Truppenparade, bald beim Tennisspiel, bald auf einem Schiff – um Gottes willen, hatte er nicht genug daran, daß er das alles tun mußte, erfreute er sich außerdem noch an der Erinnerung? Kopfschütteln erregt der Anblick des Schlafzimmers, in dem auf einer Matratze Zar und Zarin nebeneinander schliefen (die offizielle Geliebte des Zaren, die Ballerina Kschessinskaja, hatte in ihrem pompösen Palast auf der Petersburger Insel einen pompösen Schlafsaal), nicht wegen dieses schmalen Bettes, sondern deshalb, weil für ein breiteres kein Platz vorhanden war. Denn das Zimmer ist vollgestopft mit Ikonen; Heiligenbilder, Medaillons, Kreuze, Ketten, Reliquien, Ewige Lampen füllen den ganzen Raum und alle Wände von oben bis unten. Und im Seitenkämmerchen, an dem ein oberflächlicher Besucher diskret vorbeischreiten würde, ist der Altar, wo die Morgenandacht verrichtet wurde, gleichfalls umhängt von mehreren hundert frommen Bildchen. Die elektrische Klingel paßt durchaus nicht zu dieser Draperie. Aber noch weniger paßt dazu, daß über der elektrischen Klingel ein Hufeisen angebracht ist, auf Weisung des Zaren, der fest an diesen Glücksbringer glaubte. So sind in einem kleinen Zimmer Glaube und Aberglaube sinnfällig benachbart. Überall, wo Nikolaus arbeitete, mußte ein Hufeisen auf die Schwelle genagelt sein und eine Ikone in der linken Ecke hängen und ein Gibsongirl an der Wand. (Die Ikonen aus dem Schlafzimmer waren das einzige, was die Zarin nach ihrer Verhaftung in die Verbannung mitnahm: drei schwere Kisten hatte sie selbst gepackt. Erst nach ihrem Tode wurden sie zurückgeschickt, und eine Kunsthistorikerin bekam den weniger kunst- als historischen Auftrag, nach einer vorhandenen Photographie des Zimmers, die man vergrößerte, die Bildchen und Kreuze wieder so zu befestigen, wie sie gewesen waren. Fast drei Monate arbeitete sie an diesem Geduldspiel.)

Die Töchter des Zaren wohnten oben im ersten Stockwerk mit ihren Erzieherinnen, und in dem großen Spielzimmer ist ein Berg aus Holz aufgebaut, auf dem sie kraxeln, rutschen und rodeln konnten. Nur der Zarewitsch hatte ein eigenes Spielzimmer, wie sich's für den künftigen Herrscher aller Reußen geziemte. Prachtvolle Wiegen stehen darin, eine aus Tula, eine von den Holzschnitzern der Ukraine, und viel Spielzeug. Neun wirkliche Militärgewehre, jedes in einer andern Größe, mit dem einen mag er gespielt haben, als er drei Jahre alt war, mit dem nächstgrößeren im Alter von vier Jahren, und so weiter, im Kriege aber bekam er ein leibhaftiges Maschinengewehr mit einer Lafette und einem Gurt Knallpatronen, das stellte er zum Fenster, vielleicht um auf die bösen Deutschen zu schießen, wenn sie bis Zarskoje Selo vordringen sollten. Neben dem ikonengeschmückten Bettchen war die Kammer des Matrosen Andrej Yremejitsch, des ›Onkel Derewenka‹, der als robuster Schutzengel des kranken Prinzen einen feinen Posten hatte, ›Vertreter des Volkes‹ am Zarenhof war; seit 1917 ist er verschollen, wo mag er gekämpft haben, bei den Weißen oder bei den Roten?

Im Arbeitszimmer des Zaren liegen auf einem Tische Landkarten ausgebreitet, auf denen man die Front der Österreicher und der Deutschen mit rotem Strich verzeichnet sieht und die der Russen mit einem gelben. Bücher stehen hier, Almanache und Schematismen, und auch Belletristik, meist englische und französische Romane, sicherlich aber las er auch deutsch, und nur während des Krieges hat er diese Lektüre beiseite schaffen lassen. Oder sollte wirklich Gustav Frenssens ›Jörn Uhl‹ das einzige Buch gewesen sein, das er von der deutschen Literatur besaß?

Im Empfangszimmer der Zarin hängt die Verwandtschaft in Pastell an der Wand, sowie ein Porträt der Kaiserin selbst und eines ihrer Schwester, von Kaulbach. Nur ein Bild paßt nicht in diese neuzeitliche Galerie: es ist eine Kopie des Vigée-Lebrunschen Gemäldes von Marie-Antoinette mit ihren Kindern, der sich Alexandra in ihrem Schicksal ähnlich glaubte. Sie fürchtete, denselben Tod zu erleiden wie ihr Vorbild. Das Wort ›Schafott‹ durfte man vor ihr nicht aussprechen, jedes Buch, das sie las, mußte vorher daraufhin durchgesehen werden, ob nicht eine Hinrichtung darin erwähnt sei. Furcht vor dem Tod durch Revolution und Henker verdichtete sich in ihr bis zur Psychose des religiösen Wahnsinns, veranlaßte sie zu einem Kult von Bildchen und dazu, dem Wunderpriester Rasputin hörig zu sein. Unter dem Porträt Marie-Antoinettes wurde sie festgenommen und in Verbannung und Tod geführt.

Galoschen

I

Der Rekord der Produktion, den die Russisch-Amerikanische Gummifabrik Treugolnik in St. Petersburg während des Friedens drückte, war: hunderttausend Paar Galoschen in einem Tage. Man multipliziere diese Zahl mit den Tagen eines Jahres, man bedenke, daß die Lebensdauer eines normalen Gummischuhes zwei Jahre beträgt, und man ist mitten in Billionen drin. Nun war zwar zum Glück jene Ziffer nur eine einmalige Bravourleistung, wäre das die normale Tagesleistung gewesen, so hätte durchschnittlich jeder Bewohner der fünf Weltteile zehn Paar Galoschen besitzen müssen; die Konkurrenz wollte auch leben – ›Prowodnik‹ in Riga, ›Bogatyr‹ in Moskau und die amerikanischen Betriebe –, immerhin aber war es eine enorme Zahl von Füßen, die mit Gummischutz über die Erdkruste schlurfte, mit dem roten ›Dreieck‹ gestempelt, das Schutzmarke und Name der Fabrik war. Jetzt ist das Beiwort in die Anführungszeichen einbezogen: ›Rotes Dreieck‹. Der ›Krasnyj Treugolnik‹ ist der größte Betrieb in der chemischen Industrie Rußlands.

II

Rohstoff für alle Werkstätten der Fabrik ist eingedickter (koagulierter) Saft, der den angeschnittenen Gummibäumen abgezapft ward. Aus den Waldungen am Ufer des Amazonenstromes kommt er in Kugeln und Klumpen und Laiben in geräuchertem Zustand an: Para, beste Marke des Wildkautschuks; Hauptquantum aber des Bedarfs, neunzig Prozent, ist Plantagengummi aus Ceylon, Sumatra, Malaya und den Sunda-Inseln. So viel des Rohmaterials bringen die Frachtdampfer via London und Liverpool in den Leningrader Hafen (und wenn dieser eingefroren ist, nach Reval oder Murmansk), daß täglich etwa fünfzigtausend russische Pfund verarbeitet werden. (Bei Batum am Schwarzen Meer, im subtropischen Gebiet der Sowjetunion, versucht man jetzt die Anlage von Kautschukplantagen, der Erfolg kann sich jedoch erst in einigen Jahren zeigen.)

III

Erstes Stadium der Manipulation: Wäscherei. Alle Stücke werden aus den ankommenden Kisten in unterirdische Zisternen geworfen, in Wasser, durch das man Dampf leitet. Vierundzwanzig Stunden müssen sie darin sitzen, bevor sie aufgeweicht sind, um besser losgewaschen werden zu können von Verunreinigungen, dem ungebetenen Passagier, der für hohen Fahrpreis aus tropischem Land über Großbritannien nach Rußland fuhr – bei Wildkautschuk oft bis vierzig Prozent Baumrinde, Sand, Erde, Fälschungen.

IV

Zwischen den Walzen wird nun der Gummi gepreßt. Eine grobe Zahnwalze verbeißt sich mit der Kraft von fünfzehn Pferdegebissen in die verschiedenfarbigen, verschiedenförmigen, verschiedenartigen Stücke und drückt sie zusammen mit der Kraft von fünfzehn Pferdeleibern, bis die Spuren der Zähne gleichmäßig beieinanderbleiben. Auf Glattwalzen wird das Material in ein endloses Band verarbeitet, ein dünnes Gummifell, das man in Stücke von drei Meter Länge teilt, und vier, fünf Tage in Trockenräumen aufgehängt.

V

Vor Knet- und Mischwalzwerken hantieren Männer, das gespenstische Gebilde der Gasmaske angeschnallt, sie haben die Felle aus den Trockenräumen geholt und flößen ihnen Schwefel, Glätte, Kreide und andere Ingredienzien ein, die beim späteren Prozeß der Vulkanisation dem Gummigegenstand Widerstandsfähigkeit geben gegen chemische Einflüsse, gegen Licht und hohe Temperaturen. Ein alter Arbeiter – ohne Gasmaske – läuft dem Beobachter nach, dieser möge notieren, er (der alte Arbeiter ohne Gasmaske) sei noch aus der Zeit hier, da man Guttapercha beimengte, damit alles schön zäh werde, das gibt es jetzt nicht mehr, Guttapercha wird samt und sonders für Unterseekabel verwendet, sonst ist die Arbeit besser als früher, bitte das gefälligst zu notieren. Geschieht.

Im Kalander erhält der Gummi das Aussehen einer polierten Platte. Die geht auf breitem Band

VI

in die Zuschneiderei, wo nach Schablonen Stücke daraus geschnitten werden, Oberteile und Sohlen für Galoschen von hundert verschiedenen Fassons (je nach der Schuhmode wechselnd) und von dreiunddreißig Größen. Mit Ausnahme des Oberblattes, das handgearbeitet wird, werden die Teile maschinell gestanzt, jeder Schuh besteht aus nicht weniger als zwanzig Teilen, die man zusammenfügen muß in atemloser Hast.

VII

In den langen Sälen der Konfektion stehen viertausend Arbeiterinnen, die roten Kopftücher schaukeln im Raum wie Kinderballons. Bewegungen dröhnen mit unpersönlicher Regelmäßigkeit im Hacketakt einer Maschine, obwohl die Frauen nicht bloß *einen* Handgriff zu tun haben, sondern eines Schusters ganze Arbeit. Den Metalleisten vor sich, über den sie Futter und Kappe des Schuhs ziehen, kleben und rollen sie nun die anderen Teile fest an die Innensohle auf das Verbindungsband mit dem Futterstoff, drei Kappen, Spitzenauflage, Zwischenfutter, Hackenstück, Füllungssohle, Sporen, Oberteil und Sohle hämmern sie zurecht, bis ein Schuh fertig wird, der zugehörige zweite, siebzehn bis zwanzig Paar im Tag. Intensive Stückarbeit. Keinen Augenblick wollen sie also verlieren, sie trödeln nicht, sie eilen, ihre Bedürfnisse schnell zu verrichten.

VIII

Schienen durchlaufen den Saal. Waggonetten fahren darauf, die hundert bis hundertfünfzig Paar der Leisten aufnehmen. Graue Rohgaloschen sind über die Leisten gespannt. Auf Hebemaschinen geht es hinab in die Halle der Schlußarbeiten.

IX

Hier sind es Männer, die arbeiten, jeder hebt aus der einfahrenden Waggonette eine der schweren Querstangen mit den zehn metallenen Leisten und beginnt die Galoschen zu lackieren mit Leinöl und Terpentin – so, jetzt sind sie braun und können bei 135 Grad gebacken werden, bis sie schwarz werden, in den alten Vulkanisieröfen oder in der neuen Halle, in der zwei ungeheure

Kessel über den Kompressoren stehen. Ein elektrisches Hebewerk öffnet die Deckel, die Waggonetten fahren auf Schienen tief in den Kessel ein; fünfzehn Wagen haben in einem Kessel Platz, viertausend Paar Gummischuhe können gleichzeitig vulkanisiert werden.

X

Auf den Regalen des Magazins trocknen sie noch zwei Tage nach, man sortiert sie, paart sie, stempelt sie mit dem roten Treugolnik des Roten Treugolnik, packt je fünfzig Paare in eine Kiste und versendet sie. Die ausbrackierte, die Ausschußware kommt in ein Ausstellungslokal, das täglich von den Arbeitern besucht werden muß, damit sie die vorkommenden Fehler erkennen.
Das ist die Galoschenabteilung. Aber es sind noch andere Abteilungen in dieser vielseitigsten Gummifabrik der Erde. Ein Erzeugniszweig, bizarre Eindrücke vermittelnd, ist der

XI

der medizinischen Utensilien und nahtlosen Artikel. In einer Trommel, deren Schaufenster Glas ist, sieht man hundert Hände, menschliche Hände, ausgespreizte Hände, fünf Finger und Handgelenk, Hände an sich, einander in rasender Hast jagen: Holzformen für Handschuhe der Chirurgen. Ein Behälter mit Gummilösung in Benzin hat sich hydraulisch gehoben und gesenkt und auf der Form eine dünne Schicht hinterlassen, das Benzin verdampft während der Rotation, und nur die dünne Epidermis bleibt – der Handschuh, nahtlos, auf daß das Fingerspitzengefühl darunter nicht verlorengehe.

XII

Ebenso müssen die Präparate sein, die über den Glasröhren in den benachbarten Trommeln entstehen: diese gläsernen Zylinder, alle von gleicher Breite, etwa so, daß man sie mit Daumen und Goldfinger umspannen kann, rotieren, bis sich auf ihnen eine Gummiblase bildet. Nachdem man nun daran mit dem Finger einen kleinen Rand eingerollt hat, vulkanisiert man das Häutchen in einem Schrank mit Chlorschwefeldampf, bestreut es mit Reispuder, ehrwürdige Matronen und junge Mädchen untersuchen jedes Exemplar auf Undurchlässigkeit, indem sie es ein wenig aufblasen, andere Arbeiterinnen spannen es über einen lackierten Holzstab, prüfen, ob kein Fremdkörperchen in der durchscheinenden Materie ist, und glätten es mit auf- und abfahrenden Bewegungen der Fingerspitzen, rollen es ein und verpacken es in kleine quadratische Umschläge, tausend Dutzend sind das Tagespensum der Fabrik.

XIII

Gummilutscher für Säuglinge drehen sich in gläsernen Tauchapparaten, ein ewiger Bedarf, Babys kommen doch immer zur Welt. Im nächsten Raum entstehen Luftballons für Kinder (ohne Gasfüllung geschieht die Versendung), Spielbälle, Badeengel und anderes Gummispielzeug; Wärmflaschen und Eisbeutel, Luftpolster und Fußballseelen haben ein gemeinsames Geburtszimmer.

XIV

Hygienische Spritzen werden aus drei bis vier Teilen geklebt, der Beutel mit kohlensaurem Ammonium gefüllt, das während des Aufenthaltes im Vulkanisierkessel verdampft und der Gummi dergestalt gegen die Form drückt, daß es eine hohle Birne von fester runder Form bildet; die Garnitur, eine Mündung aus Hartgummi, etwa von der Breite vorerwähnter Glasröhren, wird aufmontiert. Milchabsauger, Gummischwämme zum Waschen, Irrigatoren, Insektenspritzen, Gummiwannen, alle die Gebilde, die fertig in den Schaufenstern der Drogerien liegen und Geheimnisse sind des Bettes, der Krankenstuben oder des Badezimmers, kann man hier, jeden Mysteriums entkleidet, entstehen sehen.

XV

Zwanzigtausend Kämme im Tag fabriziert die Hartgummiabteilung; wie einst ein König Frankreichs wünschte, daß jeder Untertan am Sonntag sein Huhn im Topf habe, so wünscht das Sowjetregime, daß jeder Bauer an den Grenzen der Mandschurei und in den Bergen Armeniens seinen eigenen Kamm besitze. Von winzigen Ventilröhren für Fahrräder bis zu mächtigen, achtzehn Zoll dicken Saugschläuchen für Baggermaschinen wird hunderterlei in der Schlauchabteilung geboren, Druckschläuche für pneumatische Instrumente und für Eisenbahnen, Bremsvorrichtungen, Spritzenschläuche und ihre Mundstücke für die Feuerwehr. Ein Schlangenreich. Die Erzeugung von Treibriemen aus gummiartigem Baumwollstoff beschäftigt wenige Leute.

XVI

Produktion und Bedarf: Dreimal soviel Pneumatiks, Luftschläuche und Reifen wie vor dem Kriege müssen hergestellt werden, denn es gibt keinen Import mehr. Noch weniger reicht die Galoschenproduktion aus, obwohl die um ihren Export gekommen ist, mit Ausnahme von Persien und der Türkei, und obwohl das einstige Konkurrenz- und Provinzunternehmen und jetzige Bruder- und Residenzunternehmen, die Fabrik Bogatyr in Moskau, um die Hälfte mehr als 1914 erzeugt. Hunderte Menschen sind in ganz Rußland stundenlang vor jeder Verkaufsstelle des ›Resinotrust‹ angestellt, um Galoschen zu erstehen, im wahrsten Sinne des Wortes zu ›erstehen‹, und auf den Märkten zahlt man bis zu sechs Rubel für ein Paar, das offiziell dreieinhalb Rubel kostet, verhältnismäßig weniger als im Frieden, da Galoschen vom Obersten Wirtschaftsrat zum unentbehrlichen Bedarfsartikel erklärt sind. Die Produktion deckt also den Konsum bei weitem nicht. Warum? Jede Bauernmagd, die einst barfuß herumlief, muß jetzt Galoschen haben. Warum? ›Weil nach der Revolution durch die Verbreitung der Kultur auch die Ansprüche gestiegen sind‹, sagt der Mann zur Linken ›weil der Bauer in der Inflationszeit gelernt hat, auch die ihm überflüssigste Ware lieber anzunehmen als Geld‹, sagt der Mann zur Rechten. Wie dem auch sei, eine Erzeugung von siebzigtausend Paar Gummischuhen pro Tag genügt nicht. Man muß die Betriebskosten herabsetzen, um mehr Rohmaterial kaufen zu können (seitdem England durch die Restriction Bill den Anbau verminderte, ist das Pfund ›Indian Rubber‹, das vor dem Kriege zehn Pence kostete, bis auf fünfundvierzig Pence gestiegen), und man muß den Betrieb rationalisieren, um die Erhöhung der Produktion zu erzielen. Wie in allen großen Betrieben Rußlands wird auch hier der Übergang zur Elektrifizierung vollzogen und Turbinenanlagen geschaffen, deren Höchstdruck auf Erzeugung von Kraft und deren Abdampf zur Vulkanisation verwendet werden soll; ein Ingenieurbüro führt die Pläne der Umgestaltung durch.

XVII

Reformen in der Herstellung werden von jeder der siebzehn Betriebszellen kollektiv besprochen und beschlossen. Dem Betriebsrat des ganzen Unternehmens gehören siebenundzwanzig Mitglieder an, dreizehn Frauen und vierzehn Männer, sechs der Betriebsräte sind von der Fabrikarbeit befreit.

XVIII

Die Gesamtzahl der Arbeiter beträgt sechzehntausendfünfhundert, davon sind sechstausend Frauen. Kommunistisch organisiert sind zweitausendzweihundert Arbeiter, von den viertausend Jugendlichen sind dreitausend Komsomolzen, Mitglieder des Kommunistischen Jugendverbandes. Alle Arbeiter gehören der Chemikergewerkschaft an, ob sie nun gelernte Metallarbeiter, Büroangestellte oder Holzarbeiter sind; in Rußland besteht wie in England das System der Industrieverbände, während in Deutschland bekanntlich die Arbeiter desselben Betriebes in verschiedenen Gewerkschaften – System der Fachverbände – organisiert sind. Zwei Prozent des Einkommens werden an die Gewerkschaft abgeführt. Außerdem gehört die Mehrzahl der Arbeiter den verschiedenen Wohltätigkeits- und Agitationsverbänden an. In der ›MOPR‹, der Internationalen Roten Hilfe, die besonders die Familien der auf dem Balkan Hingerichteten und Niedergemetzelten und der im Ausland eingekerkerten Kommunisten unterstützt, sind vierzehntausend Treugolniker eingeschrieben, ebenso viele in der ›Smytschka‹, einer Vereinigung, die den Antagonismus zwischen Stadt und Land überbrücken und für die innere Gemeinschaft von Industrie- und Landproletariat wirken will; das Werk ›Treugolnik‹ führt auch das kulturelle Patronat über die russische Grenzstation Sebesch im Pokrowsker Gouvernement und über das Leningrader Sappeurbataillon. In der Organisation ›Mutter und Säugling‹ sind dreitausendfünfhundert Arbeiterinnen des Betriebes, im Verband ›Kinderfreunde‹ elftausend Männer und Frauen, in der Invalidenfürsorge viertausend und im ›Aero-Radio-Chim‹, der Bewegung zur Förderung des Flugzeugbaues, des Funkwesens und zur Abwehr künftiger Gaskriege, vierzehntausend.

XIX

Achthundertdreißig Schriftsteller gibt es in der Fabrik, nicht weniger, eine eigene Vereinigung schließt sie zusammen: die Arbeiterkorrespondenten. Sie bilden Redaktionskollegien der (hier: lithographierten, in kleineren Betrieben: handgeschriebenen, in vielen großen Unternehmungen: gedruckten) Wandzeitungen, von denen je fünf Werkstätten eine haben, und eines Wochenblattes, das für den ganzen Treugolnik erscheint. Sie schreiben gelegentlich oder ständige Berichte für die Gewerkschaftszeitung, für die Jugendzeitung, für die Tageszeitung der Partei, die ›Leningradskaja Prawda‹, Stimmungsbilder, Humoresken, Vorschläge und Angriffe, gegen die dem Angegriffenen das Recht der Berichtigung und der Anrufung des Volksgerichtes, nicht aber einer Abwehr innerhalb des Betriebes zusteht. Die Institution des ›Rabkorr‹ hat in Rußland eine ganz eigenartige Neuerung im öffentlichen Leben hervorgerufen, die Zeitung ist nicht mehr Sprachrohr des Herausgebers und der Redakteure allein, sondern sie muß einen großen Raum, zumindest eine Seite des Großformats den Rabkorr (beziehungsweise Selkorr, Wojenkorr oder Molkorr, das heißt den Arbeiter-, Bauern-, Militär- oder Jugendkorrespondenten) zur Verfügung stellen. In der Presse der Union erscheinen täglich zwanzigtausend solcher Berichte, zweihundertfünfzigtausend Arbeiter- und Bauernkorrespondenten gibt es im ganzen Reiche, jeder Arbeiter, der einmal einen Beitrag an eine Zeitung gesandt hat, darf sich zur Gilde zählen. In den Redaktionen werden die Artikel eingerichtet, in geringfügiger, zumeist bloß stilistischer Hinsicht geändert und in Satz gegeben; das Honorar beträgt fünfzig Kopeken bis einen Rubel für die Zeile. Die abgelehnten Artikel werden teils zurückgeschickt, teils zuständigen Kommissariaten übermittelt, damit diese täglich über Stimmungen, Urteile und Beschwerden des Arbeiters innerhalb ihres Ressortbereiches unterrichtet sind; oft sendet diese Behörde ein Manuskript der Redaktion zur Veröffentlichung zurück. In den Treugolnik-Werken haben die Rabkorr ein eigenes Lokal, wo sie die Wandzeitungen redigieren oder nach der Arbeitszeit Sprechstunden abhalten.

XX

Arbeiterlöhne: Das Durchschnittseinkommen beträgt drei Rubel fünfzig per Arbeitstag, zweiundachtzig Rubel im Monat, in diese Berechnung sind auch die hohen Gehälter kaufmännischer Konsulenten, der Spezialisten, Ingenieure und vor allem der fünf Inhaber persönlicher Kontrakte einbezogen: des technischen Direktors, des Leiters der Fabrikation, des Leiters der Maschinenabteilung, des Laboratoriumsleiters und des kommerziellen Chefs. Im maschinellen Betrieb verdienen die Arbeiter bis zweihundert Rubel im Monat, in den meisten anderen Werkstätten ist Akkordlohn, die Galoschen-, Präservativ- und Schnullerarbeiterinnen kommen auf achtzig bis sechsundachtzig Rubel. Vierhundertfünfzig Jugendliche bis zu achtzehn Jahren gehören dem ›Fabsawutsch‹ an, der Fabrikschule, vier Stunden theoretischer und vier Stunden Betriebsunterricht, bei dem sie eine mit mindestens sechzehn Rubel bezahlte Arbeit leisten.

XXI

Vier Wochen Urlaub, mit Ausnahme einiger Nebenbetriebe, wie Tischlerei usw., für die nur vierzehn Tage normiert sind. Die Galoschenarbeiterinnen hatten bisher bloß vierzehn Tage Urlaub, aber sie verlangten, daß statt der Flasche Milch, die sie täglich erhielten, eine Verdoppelung des Urlaubsquantums durchgeführt werde, was die Gewerkschaft ihnen bewilligte; ›Akkordarbeit — Mordarbeit‹, das reimt sich, auch wenn man nicht für einen Patron arbeitet — auch wenn man Sanatorien, Benefizien für Schwangerschaft und Nährmutter, unentgeltliche Krankheitsbehandlung und Kindererziehung, auch wenn man Klub, Theater, Radio, Kino, Musik und Leihbibliotheken nahe und gratis hat, müßte der Akkordarbeiter ohne ausgiebigen Erholungsurlaub über kurz oder lang geistig und körperlich verkümmern.

XXII

Nach dem Umsturz war die Leibesvisitation bei den Fabrikausgängen abgeschafft worden, weil ein altes sozialistisches Vorurteil diese Methode des Abtastens menschenunwürdig nennt, obwohl sie es sicherlich kaum in stärkerem Maße ist als venerologische Generalmusterungen beim Militär, als Ungeziefersuche bei Auswanderern, als Kofferdurchsuchungen an den Zollgrenzen, als Prüfung von Banknoten am Schalter und als Hausdurchsuchungen und Hunderte anderer Polizei- und Militärmaßnahmen, die niemals Gegenstand programmatischer Proteste waren. Man versuchte also nach der Revolution, sich auf andere Weise vor Diebstählen zu schützen, hauptsächlich durch genaue Zuweisung des Rohmaterials und dessen Gewichtsvergleichung mit dem abgelieferten Halbprodukt. Das führte jedoch dazu, daß einzelne Diebe vom Stand des Nachbars stahlen, besonders in der Zeit des Bürgerkriegs, da Stoffe, Kämme, Schuhe unerschwinglich waren. Man schritt nun zur Selbstkontrolle, indem man die Visitation durch die Kommandanten – so heißt man die Hauswarte an den Fabriktoren – wieder einführte und ihnen die Verdächtigen noch besonders bezeichnete. Der Hauswart prüft jeden Mann, der das Gebäude verläßt, durch einen Griff, eine Frau macht es mit den Arbeiterinnen ebenso. Bedingung war, daß sich jeder dieser Untersuchung zu unterwerfen habe, doch auch dies mißlang: fünf oder sechs Spezialisten, auf ihre Unentbehrlichkeit pochend, stellten ein Ultimatum, und man mußte ihnen wohl oder übel einen Sonderausweis geben.

XXIII

So wird in Rußland jeder Beschluß zu korrumpieren versucht, die Leute der entthronten Schicht sind feindselig gegen die neue Ordnung eingestellt, ein Ersatz läßt sich nicht schnell schaffen, die geistige und wirtschaftliche Blockade verhindert den freien Arbeitsmarkt, Industriekredite wird das ausländische Kapital doch nicht geben, damit die Russen dessen Überflüssigkeit und Schädlichkeit auch praktisch restlos beweisen, und so herrschen in den Intelligenzberufen noch vielfach Menschen, die den Geist des neuen Wollens erst dann bejahen werden, wenn er sich trotz ihres Widerstandes durchsetzen wird.

Putilow-Werke

Über, unter und zwischen Traversen, Laufkränen, Dampfhämmern, Treibriemen, Blöcken stolpert der Betrachter stundenlang hin und her.
Der gute Geruch heißen Eisens begleitet und erinnert ihn an Knabenzeiten, da er vor der Dorfschmiede stand.
Martinöfen arbeiten mit flackernden roten Augen, gefüllt mit frischem Gold sind die Kokillen, abgekühlt liegen die Stahlblökke graublau da, wie Bausteine. In der Fassongießerei hocken Former mit Löffeln, Spachteln, Kellen, sie kopieren die Holzmodelle in den dünnen Sand der Formkästen. Schlanke Vasen aus Alabaster schmücken in langer Reihe einen Tempel, in dem unterirdische Feuer lodern. Nur Schamottetiegel sind diese Alabastervasen, sie haben die Mischung von Gußstahl, Ferrochrom, Nickel und Wolfram aufzunehmen; in den unterirdischen Opferfeuern, de facto Tiegelöfen, wird all das zusammengeschmolzen und in die Schränke gefüllt, die die Sandskulpturen einschließen. Ehedem diente der Formenguß ausschließlich den Produktionsmitteln und den Erzeugnissen des eigenen Hauses, jetzt wird auch für andere Unternehmungen gearbeitet, Schneidewerkzeuge und Maschinen an die einstige Konkurrenz geliefert, an die Leningrader Metallfabrik und die russischen Dieselmotorenwerke, vor allem aber an die hydroelektrische Station Wolchow-Stroi. (Die verwandelt die durch Stauung der Petropawlowsker Stromschnellen angesammelte Wasserkraft in elektrische Energie, in einen Strom von hundertzehntausend Volt: mit der Vollendung dieses Werkes, das dreißig Millionen Rubel kostet und an dem zehntausend Arbeiter beschäftigt sind, will Leningrad 1927 das zehnjährige Jubiläum Sowjetrußlands feiern, ähnlich wie es Tiflis und Eriwan mit ihren Elektrizitätswerken und alle anderen Städte mit der Eröffnung öffentlicher Industrieanlagen zu begehen gedenken.)
Die Putilow-Werke bedürfen neuer Absatzgebiete, denn die alten sind eingeschränkt. Ohne Anordnung eines Friedensvertrages wurde der Hauptproduktionszweig, die Artilleriewerkstätten, be-

seitigt, Kanonen fabriziert auch Rußlands Krupp nicht mehr. Und die Lokomotiverzeugung ist stark zurückgegangen; während man im Frieden monatlich sechzehn neue Lokomotiven baute, genügen jetzt bloß zwei, das Eisenbahnnetz ist kleiner geworden, vom Warschauer Bahnhof gehen keine russischen Züge bis Polen mehr, vom Baltischen keine bis Reval, Dorpat und Riga, vom Finnländischen keine bis Wiborg und Helsingfors; auch ist noch zuwenig Geld da, und man muß sich mit Reparaturen bescheiden.

In einer Backsteinhalle von hundertdreizehn Meter Länge und fünfunddreißig Meter Höhe sind die alten Maschinen auf Stellagen gehoben und sehen noch gigantischer aus als dort, wo sie leben und Kohlenfeuer zerkauen. Unter dem Laufkran, der in schwindlichter Höhe mit Lasten von siebzig Tonnen über dem Gehämmer dahinrollt, entstehen Lokomotiven des letzten Systems, solche, die mit einem Schwanz von dreißig Personenwaggons hundert Werst in der Stunde fahren. Neue Waggons werden gleichfalls zusammengefügt und Straßenbahnwagen – vierzig Stück hat eben ›das sterbende Petersburg‹ bestellt, außer den hundert neuen Autobussen aus dem Ausland.

Der große Fabrikationszweig, den die Putilow-Werke inaugurieren, ist die Fabrikation von Fordson-Traktoren. In der Edelstahlschmiede senken sich, manchmal mit der unheimlichen Langsamkeit eines Tigerbisses, manchmal im knappen Niederfall der Guillotine, manchmal in sausendem Auf und Ab, die großen und kleinen Hämmer auf stählerne Blöcke, plattgeschlagen werden sie zu Flachstahl oder zylindrisch geformt zu Rundstahl von allerhand Profilen, die in der Sortierungsabteilung fertigzustellen und dann doch noch nicht fertig sind; denn die thermische Bearbeitung harrt ihrer. Die Kleinschmiede: Bolzen, Nieten, Kurbelwellen, Schrauben, Schraubenmuttern, Eisenbahnfedern, Details für Dampfpflüge und Textilmaschinen und Hebezüge in Statu nascendi. Eben hebt der Kran eine Kurbelwelle von zehn Tonnen Lebendgewicht aus dem Fegefeuer des Schmelzofens in die Hölle der hydraulischen Presse: der rote Kopf eines roten Nilpferdes – die Hängebacken zerfressen von der Flechte des Zunders – senkt sich auf die Schlachtbank, zehn Metzgerknechte mit Knüppeln und Stangen schieben ihn zurecht, sie setzen ein Messer auf den Dickhals, schlag zu, hydraulischer Henker!, der hydraulische Henker schlägt zu, und der Nilpferdnacken wird schmäler um ein starkes Stück. Jetzt drehen ihn die zwanzig Schlächterarme auf die andere Seite, wieder der Hieb aufs Messer, wieder auf eine andere Seite und dann auf die vierte, und Meister Dickhals ist zum Meister Schwanenhals geworden – ein Knie der Kurbelwelle ist fertig.

Der Hof: Hof eines Eisenwerks. Schwarze Rauchfänge aus Rundblech und hohe rote Schornsteine, eine Holztribüne – Fallwerk zum Zerbröckeln von Gußeisen – und Naphthatanks gliedern ihn vertikal. Der Fuß des Betrachters aber strauchelt über Schwellen und Schienen, tappt in Ölpfützen, stößt auf Winkeleisen, besteigt Hügel von Kalkstein, Hämatit, Gußeisen, Kohle und rotem und schwarzem Schrott, an Laboratorien vorbei, Gießereien, Kesselschmieden, Preßschmieden, Dampfzentrale, Motorzentrale, Administrationsgebäude, Montagewerkstätten, an metallurgischen und mechanischen Betrieben. Man kennt das alles vom Bochumer Verein her, von Krupp, von der Poldihütte, von den Arsenalen in Wien, Pola und Wilhelmshaven, von den Werften in Hamburg und London, man kennt den Zauber des Walzwerks, man weiß, wie der heiße Block unwillig sprüht, wenn ihn die Fänge der Walze packen, und daß es ihm nichts nützt, er muß durch, muß wieder durch, bis er transsubstantiiert ist in eine Hydra mit sechs flammenden Köpfen, die sich gierig durch den Raum stößt und von neuem zurück muß, woher sie gekommen ist, und hervorspringt, ja springt, wer sah schon eine springende Schlange?, sie springt zweimal, dreimal, sie bäumt sich zum viertenmal und schlängelt sich kriechend weiter, rasch, aber bäuchlings, wie sich's für eine Schlange geziemt, und wäre sie noch so golden und noch so lange und noch so schmal – ließe sich erraten, daß sie vor kaum fünf Minuten ein breiter Stahlblock war? Man kennt diesen Zauber, an dem alle Künste scheitern, man hat schon Stunden damit verbracht, ihm zuzusehen, und kann den Blick nicht wenden... Kam man jedoch von Mitteleuropa hierher an den Finnländischen Meerbusen, neuerlich der Magie des Eisens zu unterliegen? Man kam hierher, die Putilow-Werke zu obduzieren; denn daß sie tot seien, war seit 1918 allenthalben gelehrt worden und überdies klipp und klar bewiesen, warum sie sterben mußten: weil ohne Initiative des Unternehmers, der seinerseits seine Initiative durch die Aussicht auf die Profitrate nährt, kein Betrieb bestehen könne ... Wie man eben sieht, lebt Moribundus noch immer, ist recht rüstig und regt sich unaufhörlich.

Elftausendachthundert Arbeiter sind in drei oder vier Schichten Tag und Nacht am Werk.

›Jede Selbstverwaltung der Arbeiterschaft‹, so hieß es in Zeitungen und Versammlungen, und höhnische Lustspiele und Witze illustrierten das Axiom, ›jede Selbstverwaltung der Arbeiterschaft lähmt die Produktion derart, daß sie binnen kurzem eingestellt werden muß.‹ Wie steht's nun mit den Arbeitern? Sie arbeiten wie anderswo, man sieht ihnen, wenn sie mit dem hydraulischen Meißel eine Form von Schlacke reinigen, wenn sie in Kesseln hämmern, Öfen heizen, Karren schieben, Bandeisen schneiden, Kräne treiben, Modelle nachformen und Stahl gießen, nicht an, daß sie die Herren der Fabrik und des Staates sind. Auf die weißen Asbestwände, die einen Arbeitsplatz vor der Glut des angrenzenden Ofens schützen, sind satirische Bilder gekritzelt, von der gegossenen Hauskapelle in der Halle der Grobschmiede ist nur die Hinterwand stehengeblieben und dient als ›Schwarzes Brett‹, und an allen Mauern hängen bunte, eindringliche Bilderplakate des Arbeiterschutzes: ›Während der Arbeit denke an die Arbeit‹ – eine Gruppe von hobelnden Arbeitern, einer liest das humoristische Wochenblatt ›Krokodil‹ vor, und einem der lachenden Zuhörer gerät die Hand in den Seitenhobel. – ›Eßt nicht in der Werkstatt‹ – ein gesunder Arbeiter verzehrt beim Gußofen sein Frühstück, Mikroben und Ruß fliegen auf das Butterbrot, und auf dem Gegenbild liegt der gesunde Arbeiter krank im Lazarett. ›Bring den Treibriemen nicht mit der Hand in Ordnung!‹ – ›Wirf kein brennendes Streichholz fort!‹ – ›Wenn du stehend arbeitest, sitze in der Pause, wenn du sitzend arbeitest, erhole dich stehend!‹ – ›Wenn du Alkohol getrunken hast, arbeite nicht!‹

Streik gibt es nicht mehr. In den Putilow-Werken! Deren Arbeiter waren seit eh und je die radikalsten in der sozialistischen Bewegung Rußlands – wie überall die Arbeiter der Eisenreviere. Kohlenarbeiter sind dumpf und gedrückt, aus der Psychologie der Grube glauben sie an eine Lösung durch die Katastrophe, sie neigen zum Anarchismus, Metallarbeiter aber wissen, daß sich auch ein Stahlblock in Flächen und Linien verwandeln läßt, wenn man's versteht. Der Streik der Putilow-Werke leitete die Revolution von 1905 ein, von hier aus zogen sie am Sonntag, dem 9. Januar, unter Führung des Priesters Gapon durch die Narwaer Triumphpforte zum Zaren, um Gerechtigkeit zu suchen und Gewehrsalven zu finden, von hier aus wurde damals der erste Arbeiterrat Petersburgs organisiert, dessen Mitglieder mitsamt dem jungen Vorsitzenden, namens Trotzki, verhaftet, verurteilt und in die Verbannung geschickt wurden, und von hier aus wurde, nachdem während des Krieges 35 000 Menschen an der Herstellung von Kriegsmaterial gearbeitet hatten, das Schicksal Kerenskijs in den Straßen Petrograds entschieden. Und jetzt sind die Metallarbeiter von Putilow staatserhaltende Elemente.

Über die Verhältnisse der Arbeiterschaft kann man im Büro des Betriebsrates Auskunft bekommen. 82 Prozent beziehen Akkordlohn, also nur 18 Prozent sind Tagelöhner.

Es gibt, wie in allen Industrieanlagen Rußlands, siebzehn Lohnkategorien (Rasrjady), der Mindestlohn der ersten Kategorie beträgt 16 Rubel 75 Kopeken (ohne Zulagen), und jeder nächste erhöht sich um einige Prozent, solcherart, daß der Mindestlohn der siebzehnten Kategorie achtmal so groß ist wie der der niedrigsten, demnach 134 Rubel.

Der ersten Stufe gehören bloß die sechzehn bis achtzehn Jahre alten Schüler des Fabsawutsch an, derzeit 220, die vier Stunden theoretischen Unterricht und vier Stunden Arbeitsunterweisung in der Fabrikbrigade nehmen. Die anderen verdienen ihren tarifmäßigen Stundenlohn plus Akkordlohn, der etwa 118 Prozent beträgt, in den höheren Kategorien zusammen etwa 60 bis 62 Kopeken per Stunde. Auf der zweiten Stufe stehen 11 Arbeiter, die 40 Rubel 24 Kopeken im Monat verdienen, auf der dritten Stufe 679 mit je 58 Rubel 73 Kopeken, auf der vierten 1368 Mann mit Monatseinkommen von 66 Rubel, Stufe fünf: 1852 mit 78 Rubel, Stufe sechs: 1739 mit 88 Rubel, Stufe sieben: 1381 mit 101 Rubel, Stufe acht: 853 mit 119 Rubel und Stufe neun: 1932 mit 134 Rubel. Die anderen acht Lohnkategorien sind (zum größten Teil ohne Akkordzuschuß) auf Kanzleikräfte, Ingenieure, kommerzielles Personal und Spezialisten (›Spez‹) verteilt, der technische Direktor Sablin erhält 500 Rubel im Monat, der aus dem Arbeiterstand

hervorgegangene, also ›rote‹ Direktor Gratschow, dem die gesamten Putilow-Werke unterstehen, bezieht 192 Rubel im Monat, den Höchstlohn, den ein Kommunist annehmen darf.
(Zur Illustrierung dieser Ziffern sei angeführt, daß in Leningrad 400 Gramm schwarzes Brot 3 bis 5 Kopeken kosten, weißes Brot 9 bis 12 Kopeken und 400 Gramm Rindfleisch 40 Kopeken.)
Das Fabrikkomitee besteht aus fünfundzwanzig Mann: dreizehn Kommunisten, zwölf Parteilose, gewählt für ein Jahr, aber jeder kann vor Ablauf dieser Zeit abberufen werden, wenn es ein Drittel seiner Wähler wünscht.
Jedes Mitglied des sechsgliedrigen Präsidiums, das den ganzen Tag amtiert, bezieht 192 Rubel, auch die Volkskommissare im Kreml haben nur dieses Einkommen.
Der kommunistischen Zelle der Putilow-Werke gehören 2250 Arbeiter an. Der Betriebsrat entscheidet alle Lohndifferenzen, besonders die Einteilung in die Rasrjady und die Abrechnungen, die Fragen des Arbeiterschutzes und der Fabrikorganisation, und untersteht der Metallarbeitergewerkschaft. Außerdem gibt es natürlich eine große Einkaufsgenossenschaft, eine Ortsgruppe der ›MOPR‹, ein Smytschka-Komitee, das die Beziehungen zwischen Stadt und Dorf zu intensivieren hat, eine Kulturkommission, deren Obhut siebenhundert Jungpioniere, die Fabrikschule für Vierzehn- bis Sechzehnjährige, die Schulen und Krippen für Kinder und die Bibliothek anvertraut sind, eine Abteilung des ›Avioradiochim‹, ferner noch ein Komitee zur Liquidierung des Analphabetentums, eine Chefkommission, die die Funktion der Putilow-Werke als Inhaber dreier Regimenter und als Patron eines ganzen Landbezirkes (Opotschensk) durch Belieferung mit Radioapparaten, Büchern, Filmen und Vorträgen auszuführen hat, einen Marx-Zirkel und einen Lenin-Zirkel, Theaterverein, Gesangverein, Schachklub, Sportklub, Frauenzelle (320 weibliche Kräfte sind in den Putilow-Werken tätig als Hilfsarbeiterinnen) und vor allem den großen Klub, der in einer ehemaligen Kirche untergebracht ist, ein Theater und zwei Kinos. Der Urlaub beträgt vierzehn Tage im Jahr, in den heißen Betrieben, Schmiede, Stahlgießereien und Walzwerk, wo übrigens die tägliche Arbeitszeit bloß mit sechs Stunden bemessen ist, einen Monat; sechshundert Mann verbrachten ihn in dem großen Sanatorium auf dem Kamennyj Ostrow,

einige mit ihren Familien auf den ›Datschen‹, den Holzvillen, der Umgebung oder in den Kurorten von Krim und Kaukasus. Das kann man den Eintragungen entnehmen, es stimmt jedoch nicht mit dem überein, was man uns seit 1918 gelehrt hat.

Der 1. Mai und das Osterfest

Die beiden großen Feste Rußlands, das des alten und das des neuen, fielen zusammen. Die einen feiern die Auferstehung des Herrn, die andern den 1. Mai, denn sie sind selber auferstanden. Drei Demonstrationen fanden statt. Demonstrationen von einer Eindringlichkeit und Mächtigkeit, wie sie nur ein Staat aufbringt, der aus der Organisation hervorging, und wie sie nur die Kirche hervorbringt, die die Psychologie der Massen länger kennt, als die Bolschewiken sie kennen, aber statt der lauten Agitation die stillen Mittel der Suggestion gewählt hat, dauerhafte Mittel, man sah es heute abend.

Zuerst war die Parade, eine Truppenparade mit allem, was dazu gehört und was im Grunde genommen auch auf dem Marsfelde von St. Petersburg nicht gefehlt hat und heute auf dem Champ de Mars in Paris nicht fehlt. In massiertem Viereck stehen funkelnagelneue Truppen mit geschultertem Gewehr, schnurgerade ausgerichtet und schnurgerade aufgedeckt, Fußvolk, Reiterei, Kanoniere und Troß, die Musikkapellen spielen Märsche und Hymnen, sogar der deutsche Schellenbaum hebt sich klingend empor, Kommandos erschallen, es wird geschworen mit vielen tausend Stimmen. Die Geschütze feuern den Salut, und am Schluß wird, Augen rechts, defiliert. Das ist überall so.
Und doch ist es anders. Schon Soffitten und Hintergrund: kein Exerzierfeld, sondern die krenelierte Kremlmauer mit frommen Fresken und geschichteten Türmen, über denen noch der Zarenadler horstet, und vor ihnen, aus neuer Zeit, die Gräber der Revolutionäre, drüben der Kaufhof und das Historische Museum und auf der vierten Seite das bizarrste Bauwerk Europas: die bunte Basilika des heiligen Basilius; ein steinerner Richtplatz bevor, Schädelstätte Iwans des Grausamen, dort ließ er alle köpfen, die ihm nicht gefielen. Affichen von fünfzehn Quadratmetern sind heute an die Innenfläche des Würfels ›Roter Platz‹ gespannt, ein russisches, ein deutsches, ein englisches und ein französisches Plakat, Aufrufe zur Einheit der arbeitenden Menschen.

Auf dem Mausoleum Lenins stehen die Ehrengäste der Parade, andere Ehrengäste als die auf den Marsfeldern von Petersburg und Paris, keine Fürstlichkeiten mit damastenen Ordensschärpen, keine Damen, deren Dekolletés Schaufenster eines Juwelenladens sind, keine Diplomaten in Operettenuniformen. Es sind die Vertreter der Volkskommissariate und der Gewerkschaften, der Organisationen, denen die Armee gehört, und doch defiliert sie nicht vor ihnen, sondern vor – – wir werden es sehen.

Auch die Truppen bieten einen andern Anblick als andere Truppen dar. Nicht weil sie Kalmückenhelme tragen mit dem roten Pentagramm, das ist schließlich egal. Aber weil die Mannschaft genauso aussieht wie die Offiziere; die bilden keine besondere Kaste, sind Mannschaftspersonen, die bereits eine Kompanie kommandieren oder ein Regiment, eine Brigade oder eine Division, wo ist der bunte Glanz der Generalsuniformen mit silbernen Tressen und goldenen Epauletten und grünen Federbüschen und weißen Waffenröcken und goldenen Lampassen! Da reitet eben eine solche Mannschaftsperson die Front ab, Woroschilow, Volkskommissar der Land-, See- und Luftstreitkräfte, jedem Truppenteil ruft er ein ›Sdrawstwuitje, towarischtschi‹ zu und erhält gleichfalls den Gruß zur Antwort: ›Sei gegrüßt, Genosse.‹ Er sprengt moi-tout-seul-allein über den großen Platz, kein Adjutant, kein Stab begleitet ihn. Dann spielen die Musikkapellen die Hymne. Es ist keine Hymne, Gott möge den König schützen, den Herrscher des Vaterlandes, überhaupt ist vom Vaterland nicht die Rede. Die russische Armee ist nicht die Armee Rußlands, sie ist die Armee der Weltrevolution, ihr Lied ist die Internationale, die im Westen entstand und längst in alle Sprachen übersetzt war, bevor man auch in Rußland singen durfte: ›In Stadt und Land, ihr Arbeitsleute, ihr seid die stärkste der Partei'n, die Müßiggänger schiebt beiseite, diese Welt muß unser sein ...‹

›Zum Schwören‹ wird kommandiert. Von wem? Von wo? Von allen Seiten dröhnt das Kommando aus den Lautsprechern. (In der Stadt hört man durch alle Radios die Befehle und die vorgesprochenen und nachgesprochenen Worte des Schwurs.)

Hierauf defilieren die Truppen. Vierzigtausend Soldaten der Moskauer Garnison ziehen in Reih und Glied vorüber an dem Befehlshaber, der in Uniform mit dem Orden der Roten Fahne ruhig lächelnd im gläsernen Sarge liegt: an Lenin. Vor Lenin senken sich die breiten Pallasche, vor ihm beugen sich Fahnen und Standarten und Reiterfähnchen, zum Grabgebäude wenden sich, Augen rechts, die Kolonnen. Hinter der Infanterie kommen die Zöglinge der militärischen Fortbildungskurse, die Marine, die GPU, die Kavallerie, nach der Farbe der Pferde geordnet, eine Eskadron von Schimmeln, eine Eskadron von Rappen, eine Eskadron von Falben, dann die Maschinengewehre, die leichten und die schweren Geschütze, die Trains. Und jetzo rattern die unheimlichsten Gebilde der Welt, die Tanks, es dröhnt das Pflaster, kein Mensch ist zu sehen auf diesen Riesenwagen, neben diesen Riesenwagen, in diesen Riesenwagen, über deren Verdeck die Kette rollt, der Platz ist leer, als wäre alles geflüchtet, und man erschrickt beinahe, wenn sie, räderlose, fußlose Ungetüme, dem toten Lenin ihre Ehrenbezeigung leisten, indem sie einen Augenblick lang vor dem Eingang des Grabmals innehalten . . . Vom Firmament kommt das Geschwader der Äroplane, so hoch sind sie, daß man die Propeller nicht hört, plötzlich senken sie sich herab, tief herab, man glaubt, sie stürzen, aber sie neigen sich nur vor der Gruft Iljitschs und heben sich schwirrend wieder empor, über die Plakate, über die geschweiften Schießscharten der Kremlbrüstung, über die Zarenadler und die Kirchenkuppeln.

Es ist zwölf Uhr mittags geworden. Automobile rollen an, ihr Dach wurde als Rednertribüne hergerichtet (das Geländer besteht aus Buchstaben ›1. Mai‹), und nun erst naht der Zug der Arbeiter. Alle Unternehmungen Moskaus sind ausgerückt. Zehnerreihen. Die Zahl der Teilnehmer: sechs mal hunderttausend Menschen. Vor jedem Betrieb eine Standarte, dann kommen die Söhne und Töchter der Arbeiter aus diesem Betrieb, meist mit dem roten Halstuch der Jungpioniere, sie tragen Attrappen oder Embleme mit den Produktionsmitteln und Arbeitsprodukten ihrer Eltern, Webstühle oder Spindeln, Hobel oder Hämmer, Automobilreifen oder Schuhe, Brote oder Zigaretten, Messer oder Ziegel. Hinter den Kindern marschieren die Komsomolzen, die Sechzehn- bis Zwanzigjährigen, die in dem Unternehmen angestellt und organisiert sind. Nach ihnen die Männer und Frauen, und so bewegen sich tausend Fabriken, tausend Werkstätten, tausend Schulen, tausend staatliche Ämter und staatliche Firmen, tausend Vereine über den Roten Platz.

Fast vor jedem Kindertroß schreitet eine Musikbanda, setzt sie aus, so fangen die Kleinen selbst zu konzertieren an, jeder Pionierklub hat seine zwei Tamboure und seine zwei Trompetenbläser, manche nehmen die Sache sehr ernst und trommeln, daß sich der Rücken bewegt, manche sind lustig und werfen die Schlegel mitten im Wirbel in die Luft. Auch innerhalb der Betriebe gibt es Musikinstrumente – in jeder zehnten Reihe ist eine ›Garmoschka‹, die Ziehharmonika, oder eine Balalaika – eine Gruppe von Mädchen mit roten Kopftüchern spielt auf Kämmen, die mit Seidenpapier umwickelt sind – Frauen halten sich untergefaßt und singen.

Vom Dach des Rathauses sieht man die beiden Teile des Zuges herankommen, rechts und links kilometerweit nichts als rote Fahnen und rote Standarten, von den Peripherien Moskaus bis ins Zentrum eine unendliche rote Schaukel. Auf den Standarten stehen meist Zitate, die ganze achtzehnbändige Gesamtausgabe Lenins kann wohl am 1. Mai auf der Straße ausgelesen werden, auch Karl Marx unterrichtet heute peripatetisch. Einige Sprüche sind individuell und selbst verfaßt, eine Jugendgruppe trägt die Devise: ›Wir werden euch ablösen!‹, eine zweite noch knapper: ›Wir: der Schichtwechsel!‹ Eine Betriebszelle: ›Lieber sterben als jemals einer Regierung dienen, die nicht aus Kommunisten besteht!‹ Sehr viele schwingen fremdsprachige Parolen, deutsche, französische, englische. Die Nationalitäten Rußlands sind in Einzelgruppen vertreten, die Sensation machen, Tataren in buntem Schmuck, Kaukasier in ihrer Wildwestuniform, Mongolen und Kirgisen. Die Organisation der Arbeiterkorrespondenten trägt ein überlebensgroßes Porträt Franz Mehrings als Standarte vor sich.

Auch karikaturistische Gruppen gibt es, mit Ausfällen gegen Völkerbund, Faschismus und Zweite Internationale. Mussolini in schwarzem Hemd ist auf ein tragbares Plakat gemalt, wie er Matteotti ermordet, eine Karikatur Kautskys, unter der die Worte stehen: ›Wenn ich sterbe, wird die kapitalistische Presse doch sagen, daß ich der beste Sozialist war.‹ Eine dicke Puppe mit der Tafel: ›Ein Viertelstündchen lang war ich Revolutionär, weil Papa mich geärgert hat. Gezeichnet: Friedrich Adler.‹ Der tschechoslowakische Außenminister Benesch, der vor zwei Tagen gegen das deutsch-russische Abkommen protestiert haben soll, wird als Hampelmann gezeigt, den Schneider-Creuzot in der Hand hält, Macdonald mit einem Strumpfband, das drei Leute tragen: ›Honny soit, qui mal y pense.‹ So geht das stundenlang. Alles über den Roten Platz von zwei Seiten kommend, an der Gruft Lenins vorbei und an den Tribünen, auf denen die Volkskommissare stehen, jubelnd begrüßt. Der alte Kalinin, der im Rat der Volkskommissare das Ressort Popularität verwaltet, dürfte heute einige hundertmal gerufen haben: ›Seid bereit, Kinder der Arbeiter- und Bauernklasse‹, und aus einigen hunderttausend Kehlen die Antwort erhalten haben: ›Wsegda gotow! – Allzeit bereit!‹ Er ist nicht zu beneiden, der alte Kalinin, und die Jungpioniere auch nicht. Denn sie sind mindestens sechs, sieben Stunden im Manifestationszug, und man kann diese Anstrengungen nicht vermindern, da man die Kinder nicht allein defilieren, sondern mit den Betrieben der Eltern ziehen lassen will. Viel besser haben es die ganz kleinen, die Oktobrinen, die nach dem Oktober 1917 geborenen Kinder; für sie sind sämtliche Automobile, Lastwagen, Droschken frei gemacht worden, die Fahrzeuge sind dekoriert mit Girlanden und Schleifen, jedes Kind hat ein Fähnchen in der Hand und darf es schwenken und nach Herzenslust brüllen, und diese Autos dürfen überallhin fahren, auch der Demonstrationszug muß ihnen Platz machen und selbstverständlich die Kordons der Polizei.

Noch immer marschieren die Kolonnen. Es ist schon sieben Uhr abends, die roten Fahnen auf den Häusern sind von Reflektoren beleuchtet, an den öffentlichen Gebäuden brennen Sichel und Hammer, Marx und Lenin, Sowjetstern und die Buchstaben ›1. Mai‹, die Straßenbahnen fahren nicht, die Geschäfte sind geschlossen, aber die Schaufenster drapiert und illuminiert, in den Klubs der Organisationen wird unentgeltlich Theater und Kino gespielt.

Am selben Abend wieder eine Demonstration, gleichfalls eine, wie die übrige Welt sie nicht kennt: russisches Osterfest, eine Veranstaltung voll mittelalterlicher Mystik und mittelalterlicher Ekstasen. Voll waren die Kirchen, die Menschen zwängten sich ineinander, jeder trug eine brennende Kerze, und die tausend Flämmchen warfen ihren Glanz auf die goldenen Mäntel, die über die Heiligenbilder gespannt sind und nichts frei lassen als das Gesicht, die Haare und die Hände des Abgebildeten. Viele hatten gefastet, und der Wachsgeruch der Lichter mischte sich mit dem heißen Atem der Hungernden und mit dem Weihrauch, der in Schwaden unter den Kuppeln lag. Eine Viertelstunde vor Mitternacht ergriff der Priester das Venerabile, schritt aus der Kirche, hinter ihm Mönche, Nonnen und Popen, hinter ihnen jene Gläubigen, denen vergönnt war, eine Ikone zu tragen, doch berührten sie diese nicht, sondern hielten sie mit einem Tuch, und ihnen nach strömten tausend Fromme, jeder die Mütze und die Kerze in der Hand. So wandelte die Prozession aus der Kirchentür und dreimal um das Gotteshaus, singend, daß Christus im Grabe liege, was sich auch die Glocken zuriefen. Und Punkt zwölf Uhr, der Ostersonntag beginnt, steht der Zug wieder vor der Tür, sie öffnet sich, das Bild des Heilands über dem Altar ist von Lichtern umstrahlt, der weißbärtige Erzdiakon schreit auf: ›Christ ist erstanden!‹, alle Stimmen schreien auf, als sähe man das Wunder vor sich: ›Er ist in Wahrheit auferstanden!‹ Das wird jetzt wiederholt in einer Litanei, ›Christos woskresse‹ – ›Woistinu woskresse‹, zehnmal, zwanzigmal, hundertmal, immerfort, bis der Morgen da ist, man nach Hause geht, um Kulatsch zu essen, den Osterpudding, und Paska, die süße Osterspeise. Krüppel stehen und liegen vor der Tür und betteln die Frauen an, die mit der brennenden Kerze die Kirche verlassen, daheim das Lämpchen in der heiligen Ecke daran zu entzünden, und jene Frommen, die vorsichtig die Kerze verlöschen und in der Tasche verbergen, weil sie nicht gern als fromm erkannt werden möchten. Wie viele von ihnen mögen nachmittags an der Maifeier teilgenommen haben, die ›gegen Pfaff, Adel, Kapital‹ durch die Straßen zog? Viele, gewiß.

Aber eines ist festzustellen: Jugend ist am Abend nicht dabei, keinen jungen Menschen sieht man in der Kirche. Die Jugend weiß nicht mehr, was am Karfreitag vor neunzehnhundertsechsundzwanzig Jahren geschah und was sich zwei Tage später ereignet hat, und weiß auch nicht, was man feiert. Und wenn sie es weiß, so glaubt sie es nicht. In den ersten Jahren nach der Revolution hat man die Auferstehungsfeier verhöhnt, indem man die mitternächtlichen Prozessionen mit Katzenmusik oder Gelächter empfing. Das hat aufgehört, diesmal, am 1. Mai, zog der Ostersonntag ohne Störung ein.

So ist heute jede der drei Demonstrationen solenn verlaufen. Welche hatte Beweiskraft? Die, zu deren Begleitung die Kanonenschüsse dröhnten, die, zu der die Melodie der Internationale erklang, die, zu der die Glocken läuteten?

Ein Tank, hinter seinem unheimlichen Panzer läßt kein Mensch sich ahnen, wackelt räderlos, fußlos durch die nächtliche Straße nach Hause.

Petruschka und Wanka-Wstanka

Petruschka, Petruschka, wenn ich zur Gruppe der linksrevolutionären Literaten gehörte, die mit der Laterne bei schneehellem Tage nach Kleinbürgern suchen, Petruschka, Petruschka, dann ginge es dir schlecht! Dann schleuderte ich zweiundzwanzig Thesen gegen dich und eröffnete eine jener Debatten, die so lange währen, bis alle Diskussionsredner tot sind, und manchmal auch der, über den man diskutiert. Dann wärest du also mausetot, Petruschka, Petruschka, und könntest nicht einmal sagen, daß du unverdient gestorben seiest. Denn du bist ein Gegenrevolutionär, Petruschka, nichts mehr und nichts minder.

Nicht etwa, weil du dich, gleich da der Vorhang hochgeht, als ein Parasit entpuppst, der, faul wie der selige Oblomow imperialistischer Ära, sich im Bett wälzt, ja, von einem Neger in Livree bedient wird (obwohl schon das in einem Staatswesen der Werktätigen unzulässig ist). Auch nicht, weil du einen ausgesprochen individualistischen Schriftsteller, den Fabeldichter I. A. Krylow, einen großen dicken Herrn mit hellblauem Biedermeierrock und Ratsherrenstock, als Patron des Hauses vorstellst und das Publikum veranlassest, ihn aus vielen hundert Stimmchen mit ›Sdrawstwuitje, Iwan Andrejewitsch‹ zu begrüßen. Nein, nicht deshalb, sondern –

Was ist das überhaupt für eine monarchistische Angelegenheit, die Fabel von der Erbsenprinzessin, he, Petruschka? Es war einmal ein König, der hatte einen Sohn, und selbiger Sohn verliebte sich in ein fremdes Mädchen, das aus einem fernen, fernen Reich namens Deutschland gekommen war und angab, des dortigen Königs Tochter zu sein. Des verliebten Königssohnes Mutter aber hat noch nie etwas von einem Reich namens Deutschland gehört, glaubt auch nicht an die Geschichte von der hohen Herkunft, und um die präsumtive Schwiegertochter der Lüge zu überführen, der unverwöhnten Jugend und rauhen empfindungslosen Haut, legt sie eine Erbse auf das Bettgestell, darüber eine himmelblaue Matratze, darüber eine damastweiße Matratze, darüber eine rosenrote Matratze, darüber eine smaragdgrüne Matratze, darüber eine

dunkelviolette Matratze und hoch hinauf eine goldene Matratze. Und nun wird es dunkel, mit einer brennenden Kerze kommt die junge Dame in ihr Schlafzimmer, entzündet die sechs Lichter des Kronleuchters und löst ihre blonden Zöpfe, dabei in deutscher Sprache das Lied von der ›Loreley‹ anstimmend, woraus die Königinmutter die deutsche Abstammung des Mädchens erkennen könnte, wenn sie bei diesem Coucher anwesend wäre. Solches aber ist nicht der Fall, ganz schwiegermutterseelenallein verlöscht die Königsbraut alle Kerzen und legt sich auf die sechs Matratzen – um entsetzt aufzuschreien, denn etwas drückte ihr süßes Popotscherl: eine Erbse am Grunde der Matratzengruft! Da erkennen alle, daß sie eine Fürstentochter von reinstem Geblüte, die mißtrauische Schwiegermama gibt ihren Segen, Prinz und Prinzessin heiraten, und wenn sie nicht gestorben sind, so gehören sie alle auf den Galgen, bevor sie um die Fürstenabfindung einkommen. Petruschka, Petruschka, willst du dich um deinen Hals spielen?!
Oder soll ich gar den Inhalt des Gesprächs wiedergeben, das der Schoßhund mit dem Wächterhund führte? Wie sich der rauhe Köter mit dem Riesenschwanz darüber beklagt, daß er in Frost und Nacht das Haus beschützen muß, während der Pinscher im silbernen Fell behaglich auf dem Diwan ruht? Und die Antwort des Pinschers (geradezu eine Apologie des arbeitslosen Einkommens): Auch Schönheit habe ihren Wert und müsse belohnt werden. Nein, nein, darüber wollen wir erst gar nicht sprechen, sonst geht's dir schlimm, Petruschka, Petruschka.

Was könntest du zu deiner Verteidigung sagen? Daß dein Publikum Kinder sind, die nicht verstehen, was ein Prinz und ein Schoßhündchen und ein Lakai sind? Nein, nein, Petruschka, du hast auch eine Gemeinde von Erwachsenen, Zuhörer aus der Zeit der Prinzen, Schoßhündchen und Lakaien. Ich sah dich einmal im Haus der Vegetarier spielen, vor alten Herren mit abendfüllenden Umhängebärten und mit apostolisch gescheitelter Mähne, bereit zur Aufnahme des Glorienscheines, Heilige und Narren, die da glauben, durch Grasfressen und Gottergebenheit könne man Tyrannei, Ausbeutung, Massenmord und Not aus der Welt schaffen und dir begeistert Beifall klatschten, Petruschka, Petruschka!

Die Ausrede, daß du in einem dreiaktigen Spiel auch zwei Zarengenerale verspottest, die sich auf einer Insel nicht zu helfen wissen und schließlich durch einen Bauer vom Hungertode errettet werden, diese Ausrede würde dir nichts nützen, denn die harmlose Satire stammt aus der kaiserlichen, der schrecklichen Zeit, von dem bürgerlichen Dichter Saltykow- Schtschedrin.

Aber ich weiß, was dir helfen würde, und ich glaube, du weißt es selbst, Petruschka, Petruschka: es würde dir helfen und hat dir geholfen, daß dein Theaterchen das entzückendste und reizendste von ganz Moskau ist, trotz Stanislawskij, trotz Meyerhold und trotz Habima! Der Bildhauer Jefimow hat dich und dein Ensemble so wunderbar aus Holz geschnitzt und die Malerin Simowa dich und dein Ensemble so herzig und witzig bekleidet und bemalt, und beide wissen mit euch so prachtvoll zu agieren, daß man dir nicht böse sein kann, Petruschka, Petruschka. Voll von Einfällen ist die Regie! Zum erstenmal erblickt man zum Beispiel einen lebenden Menschen auf der Puppenbühne, eigentlich steht er nicht auf der Bühne, sondern dahinter, und nur der Oberkörper ist sichtbar: es ist Gulliver im Lande der Zwerge. Männlein kribbeln auf ihm herum. Nicht sie sind klein, sondern er ist übermenschlich groß; so ungeheuer wirkt er auf das Publikum, wie er auf die Zwerge wirkt, und die Relativitätstheorie des Puppentheaters, die Heinrich von Kleist aufstellte, bekommt eine neue erstaunliche Bestätigung. Am Schlusse fängt das ganze Ensemble närrisch zu tanzen an – du, Petruschka, mit der alten Königin – der Königssohn mit dem Seidenpinscher – der Fuchs mit dem Kranich – der Gewerkschaftsführer aus dem Zwergenreich mit dem Riesenschwanz des Wächterhundes – die Königstochter allein, Pirouetten machend, daß die Pawlowa, die Karsawina und die Gelzer vor Neid erblassen müssen – und der schwarze Lakai, der keine Partnerin bekommt, aus Verzweiflung mit dem Vorhangtuch, immerfort stolpernd.

Du hast die vielhundertjährigen Traditionen des russischen Puppentheaters stark modernisiert. Du hast statt des Pferdes und des Teufels, die auf den Bauernbühnen mit dir gemeinsam spielten, Menschen hingestellt, das ist gut, Petruschka! Aber du stelltest Menschen aus einer alten Welt hin, und den Teufel mit Beelzebub auszutreiben, das ist nicht gut, Petruschka! Du mußt noch weitergehen, obwohl dir keine Gefahr droht von der GPU, denn der Bürgerkrieg ist schon vorbei, und man läßt dich aufführen, was du willst, man weiß, daß deine Bewegung nicht weiterreicht als eine Spanne, die Spanne zwischen den beiden menschlichen Fingern, die in den Ärmeln deines Kostümes stecken, und daß du kein gefährlicher Gegenrevolutionär bist, sondern nur Petruschka, Petruschka, das russische Kasperl.

Auch in dem ständigen staatlichen Puppentheater auf der Uliza Kropotkina werden ziemlich unziemliche Dinge vorgeführt, Boxkämpfe zum Beispiel, die in Rußland verboten sind, Akrobaten, die sich eine Zeitlang nur im Rahmen des ernsten Schauspiels betätigen durften, treiben dort Schabernack, Schlangenmenschen wickeln sich auf der Bühne zusammen, ein mondänes Tänzerpaar zeigt seine Künste, Athleten werfen Gewichte in die Höhe, und eine mutige Dompteuse legt einem Löwen ihr Köpfchen in den Rachen. Das Spiel ist stumm, die Figuren bewegen sich auf Drähten, aber sie sind mit derart kunstvoller Mechanik ausgestattet, daß die Symmetrie ihrer Gliederverrenkungen helles Entzücken erregt.

›Kinder, besucht euer Theater‹, so steht es mit großen Buchstaben an allen Straßenecken für jene, die noch nicht lesen können. Und am Sonntagmittag besuchen die Kinder ›ihr Theater‹, Eintrittspreis wird nicht erhoben, der obdachlose Betteljunge kann einen Platz in der ersten Reihe bekommen, und das sorgsam verpackte Zärtelkind muß oft hinten vorliebnehmen, wo man gar nichts sieht, denn auch in den vorderen Reihen hält das Publikum nicht still, alles steht auf, gestikuliert und feuert die stummen und tauben Schauspielerchen durch begeisterte Zurufe an. In ihrer Gemischtheit haben diese Zuschauer doch etwas Gemeinsames: sie sind die Oktobrinen Moskaus, die Kinder, die seit jenem Oktober geboren sind, in dem man das Kapital verjagte und die Beamtenschaft und die Offiziere und die Gesetze und die Nonnen und die Gendarmen und den Herrgott und tausend andere Dinge, von denen diese Kleinen nunmehr keine Ahnung haben. Sie haben merkwürdige Namen, heißen Ninel, was die Umkehrung des Wortes Lenin ist, unzählige Mädchen führen den Doppelnamen Rosa-Luxemburg, ebenso wie Knaben mit dem Vornamen Karl-Liebknecht benannt sind; Oktobrina (nach dem Oktober 1917) und Maia (nach dem 1. Mai überhaupt), Remira (Abkürzung für Rewoljuzionnyj mir –

Revolutionäre Welt) oder Rima (Abkürzung für Rewoljuzionnaja internazionalnaja molodjosh – Revolutionäre internationale Jugend), Ana (Abkürzung für Anarchie) und Uta (Abkürzung für Utopie) sind häufige Mädchennamen, sehr viele Knaben heißen Kim nach den Anfangsbuchstaben der Kommunistischen Internationalen Jugend (Molodjosh) oder Revo, der ersten Hälfte von ›Revolution‹. Nach der Riesenpropaganda für die Traktorenwirtschaft und die Elektrifizierung Rußlands nannten einige Bauern ihre Töchter Traktora oder Elektrifikazija. Knaben führen den Vatersnamen Lenins ›Iljitsch‹, also z. B. Iljitsch Petrowitsch, was soviel wie Sohn des Ilja und Sohn des Peter bedeutet. Viele Mädchen wurden ›Prawda‹ genannt, was zwar ›Wahrheit‹, aber auch der Titel einer Moskauer Zeitung ist und einige Eltern veranlaßte, ihr nächstes Töchterchen nach der andern Zeitung zu rufen: ›Iswestija‹ – Nachrichtenblatt. (Wenn nur nicht die dritte Tochter konsequenterweise den Namen ›Wetschernjaja Moskwa‹ – ›Moskau am Abend‹ – bekommt.) Ähnlich wie es in der Französischen Revolution war, haben antike Helden wie Spartakus, Gracchus oder Junius Patenstelle vertreten (auch Anarchasis fehlt nicht), und geistige Heroen wie Giordano, Galileo oder Leonardo.

Diese Jugend mit den historischen Namen und mit der Ahnungslosigkeit von den historischen Dingen, die sich rings um ihre Geburt abgespielt haben, jauchzt und jubelt und klatscht einem europäischen Varieté zu, das auf ihrem Theater vorgeführt wird. Sie wissen nicht, daß dieses ihr Theater einmal Besitz und Vorrecht reicher Kinder war, daß viele der Marionetten aus dem Kreml stammen und aus den Adelsschlössern in der Krim und daß ein vierjähriger Herr Graf kaum ein paar Wochen lang damit tändelte, worauf das Theaterchen mitsamt dem Ensemble in die Bodenkammer geworfen wurde.

Ungeheure Mengen alten Spielzeugs sind der Masse zugänglich gemacht worden. Aus dem Zarenschloß Livadia in der Krim trafen nicht weniger als vierzig Pud, also fast 650 Kilogramm kostbarer Spielwaren beim Kindertheater in der Uliza Kropotkina ein, wo manches in die Künstlertruppe eingereiht, das meiste an Kinderheime und Familien verteilt und das kultur- oder kunsthistorisch Wichtige in den Vitrinen angeordnet wurde, die das Theaterchen umgeben und ein Puppenmuseum bilden, das mehr ist als ein Puppenmuseum: eine miniature Darstellung des Unterschieds zwischen dem Spiel des reichen und des armen Kindes. Für die Prinzen, nicht für die des Märchens, sondern für die leibhaftigen, für die kleinen Romanows, Dolgorukows, Bolkonskijs, Trubezkois gab es Spielsachen, die kein Märchenerzähler erfinden kann. Im Puppenmuseum staunen jetzt Proletarierkinder diese Herrlichkeiten an, aber auch der Erwachsene wundert sich. Eine Puppenwohnung zum Beispiel mit einem Klavier, das, aufgezogen, Melodien aus ›Eugen Onegin‹ spielt, mit einer Standuhr unter Glassturz auf dem Kamin, die kaum drei Zentimeter groß ist und regelrecht die Zeit ansagt, mit einem Spind, in dem Wäsche für die Puppen geordnet liegt, mit himmelblauen oder blaßroten Schleifen, ganz zu schweigen von den Schränken, in denen Morgenkleid, Reitgewand, Straßenkostüm und Abendtoilette für Fräulein Puppe hängen, und von den geschnitzten Möbelstücken. Oder ein Panzerfort mit drehbaren Geschütztürmen, gebrauchsfähigen Kanonen, weithin blitzenden Scheinwerfern und einer Besatzung von einigen hundert Mann, die auch nicht von Pappe sind, sondern aus Zinn. Oder ein Gartenhaus im Empirestil, einen Meter hoch, worin das dreijährige Prinzchen seine Freundin empfangen konnte, früh krümmt sich, was ein Fürstchen werden will. Oder ein Theater mit Kulissen und Soffitten und Souffleurkasten und mit gelenkigen Akteuren, wie sie eben beim Spektakel mitwirkten. Oder das Puppenporzellan, ein Service, das drei Regale eines breiten Glasschrankes füllt, so winzig die einzelnen Stücke auch sind: eine lange, gedeckte Tafel, auf der nichts fehlt, nicht die Servietten und Gläser, nicht die Karaffen und Teller, nicht die Champagnerflasche mit dem Sektkübel, die Weinflaschen und die Römer, nicht der Samowar und die Teetassen (mit goldenem Überfang), nicht die Suppenterrine und die Löffel, nicht ein gebratener Schweinskopf, nicht Hühner, Fische, Gurken, Puddings, Käse, Obst, Konfekt.

Von den armen Kindern, die das jetzt mit aufgerissenen Augen umdrängen, bekam wohl keines früher solche Herrlichkeit zu schauen, und hätte es sie zu schauen bekommen, hätte es nur eine Frage gestellt, auf die es keine Antwort gab: ›Warum kriege *ich* so etwas nicht?‹ So ist das Museum ein Stück politischer Geschichte. Und überdies ein Stück Kulturhistorie.

Man kann die Moden und Aktualitäten von gestern an diesem ausrangierten Inventar der Kinderstuben studieren, Puppendämchen tragen einen Cul, Puppendämchen tragen Puffärmel, Puppenherrchen spreizen sich im grauen Zylinder und grünen Frack des Biedermeier, zwei aufziehbare Blechfiguren verspotten die Anfänge der Entente cordiale, indem sich Präsident Fallières und King Edward VII. vorne umarmen und hinten zu erstechen versuchen, ein Geduldspiel trägt die Aufschrift: ›Home Rule or How to solve the Irish question‹, ein altes Brettspiel geht um den Besitz von Port Arthur, edle Gesichter haben die russischen Soldaten, quittengelbe Affen sind die Japaner.

Den Gegensatz von Hoch und Nieder, der wohl nirgends so kraß war wie im Zarenreich, bekunden die liebevoll mit Lumpen umhüllten Puppen aus Stroh, die unweit des filigranen Porzellans ihren Stand haben, und die ›Schauspieler‹ des Kartoffeltheaters. Die Babys der Samojeden vergnügen sich mit gesichtslosen Puppen – ein Walroßzahn mit Kleidern umwickelt, fürsorglich mit warmen Kleidern, die dem arktischen Klima Trotz bieten können. Kinder der Mandschurei lassen Drachen aus giftgrünem Papier in die Lüfte steigen, spielen mit Schlangen, aus Holzringen beweglich zusammengesetzt, und mit grotesken Fratzen, Schattenbildern. Zentralrussische Heimarbeit sind grelle Ostereier und Würfel, jedes nur Hülle für ein kleineres, andersfarbiges Exemplar, das seinerseits wieder ein Futteral bildet – zehnmal verkleinert sich die Schachtel. Geschnitzte Figuren, zwei Holzfäller mit Äxten, die sich gegeneinander bewegen; ein Arbeiter mit dem Hammer und ein Bauer mit der Sichel schlagen auf einen Amboß, was soll das für eine Arbeit werden! Ganze Gruppen, bewegliche und unbewegliche. Eine hölzerne Bauernhochzeit zeigt den Popen mit breitkrempigem Hut über dem glatten, lang herabreichenden Haar und dem Christusbart, den Bräutigam in der bunten Rubaschka, in Pluderhosen und Lederstiefeln, die Braut im Sarafan und mit dem riesigen glasperlenübersäten Kokoschnik auf dem Kopf. Es gibt keine Auffassung, die zur Herstellung des Wanka-Wstanka, des russischen Stehaufmännchens, nicht schon zutage getreten wäre, bald ist er ein Muschik mit fadenscheinigem Schafpelz, bald ein schnauzbärtiger Hauptmann, bald ein Kosak, bald eine runde Bäuerin, bald ein Pope und schließlich ein

Rotarmist mit dem spitzen Kalmückenhelm aus Tuch. Ein Motiv, in Marzipanbäckerei und Holzschnitzerei auf dem Lande viel verwendet, ist das Begräbnis der Katze, das die Mäuse jubelnd und tanzend begleiten. Neueste Krippenidee ist ein Arbeitertrupp mit Standarten, der sich, dreht man die Kurbel, über den Roten Platz bewegt, längs der Kremlmauer, am Lenin-Mausoleum, an der Schädelstätte Iwans des Schrecklichen und an dem bizarren Kuppelgewirr der Wassilij-Kathedrale vorbei, während das Spielwerk die ›Internationale‹ hören läßt. Auch den ›Zentrorynok‹, den Moskauer Markt, hat ein emsiger Heimgewerbler mit vielen Buden, Hunderten von Verkäufertypen, Polizisten und Passanten aus weichem Holz und hartem Papier zu gestalten versucht.

Sie wird plumper und billiger, die Kunst des Spielzeugs, das ist nicht zu leugnen, und kein Proletarierkind besitzt wohl ein Empireschloß für Puppen, aber es wird auch kein anderes Kind beneiden müssen, das um nichts artiger ist und doch ein solches Zauberwerk sein eigen nannte, bloß weil seine Wiege im Palaste stand.

Marx-Engels-Institut

Von Werkstätte und Werk, die ich eben rekonstruiert gesehen, bin ich bewegt, ich bin benommen von der Intimität alter Schriftzüge, in denen ich mit Entwürfen, Streichungen, Änderungen, Einfügungen fluktuierend das werden sah, was ich als feststehend kannte, ich bin erfüllt von dem direkten Wirkungswillen, aus längstbekannten Aufsätzen sprang er mir entgegen, da sie in ihrer ersten Form auf hastigen Zeitungsblättern vor mir lagen, ich bin betäubt von den Gebirgen an Material, das verwendet wurde, und von der Flut von Gegenschriften, Protesten...
Nun hinabgehend zum Moskwafluß, male ich mir den Kontrast aus zwischen diesem schicksalsschweren Strom und der idyllischen Ilm, an deren Ufer ich nach dem Besuch des Goethe-Schiller-Archivs rastete in Weimar, dem Naturschutzpark vergangener deutscher Geistigkeit.
Auch das Haus, von dem ich mich eben trennte, gilt dem Werk zweier deutscher Denker – aber Fürstengunst umsonnte sie nicht, und der Jubel des Theaterpublikums umtobte sie nicht, nie schritten sie würdig aus eigenem Palazzo am Frauenplan, niemals konnten sie sich in Leidenschaften der Liebe süß verzehren, sie bekamen keine Denkmäler, apollinisch verklärt, und ihre Werke sind nicht Erbgut und Möbel des deutschen Heims, ihre Namen spricht der Oberlehrer nicht mit verzücktem Schauer aus, und ihre Biographie hat der Schüler nicht ehrfurchtsvoll auswendig zu lernen. Gehetzt von Polizei und Verleumdung, irrten sie von Stadt zu Stadt, von Land zu Land, sie, die mit wissenschaftlichem Geschütz und aktuellem Kleinkaliber gegen eine internationale Front der Mächtigen kämpften und im Exil starben.
Da sitze ich am schrägen Kairand, noch voll von Eindrücken, noch erregt über Verfolgung, Mißhelligkeit, Verleumdung und Not zweier Sozialisten und über die Unzerbrechbarkeit ihrer Riesenkraft, zu meinen Füßen fließt die Moskwa – anders plätscherte die Ilm. Wie konnte mir Weimar auch nur einfallen. Es muß doch Vergleichsmöglicheres geben in meiner Erinnerung? Was sah ich nicht schon für sonderbare Wallfahrtsorte, Ruhmestempel und

Gedächtnisstätten in aller Welt. Zeigte man mir nicht gegen Eintrittsgeld ein Bauernhaus, in dem sich ein Kaiser gefangen gab. Sah ich nicht von Staats wegen ein Auto ausgestellt, in dem ein Thronfolger erschossen wurde. Sah ich nicht im Hôtel des Invalides einen gewöhnlichen Eisenbahnwaggon anstaunen, nur ungewöhnlich dadurch, daß darin ein Begehren um Waffenstillstand überreicht wurde. Sah ich nicht Familiengrüfte und Ahnengalerien, nicht Prunkbetten, in denen diese Fürstin mit ihren Liebhabern oder jener Fürst mit seinen Mätressen für Wohl und Wehe ihrer Untertanen sorgten, ungeheure Gebäude voll alter Uniformen und Ordenskollektionen. Welch teure Votivkirchen sind aufgerichtet, wo ein erlauchter Herr einer vermeintlichen Gefahr entging, pompejanisch konserviert die Häuser, in denen ein schlauer Staatsmann oder wenigstens ein Dichter geboren ward; Moden, Theaterdekorationen, Ballett und Schmuck haben Museen ... nie aber gab es ein großes Institut, bestimmt zur Ehre und Lehre jener, die die Ungerechtigkeit der Gesellschaftsform erkannten und physisch dafür leiden mußten, daß sie ihrem Leid darüber Ausdruck liehen, in Studierstuben oder auf der Barrikade ihr Streben zur Änderung menschlicher Nöte bezeugten. Nein, niemals wurden Anstalten gemacht, ihr Wirken dem Vergessen zu entreißen, in das Monarchen, Politiker und Beamte sie stürzen wollten. Niemals. Sonst hätte ich nicht heute im Marx-Engels-Institut in Moskau das zu sehen vermocht, was ich vergeblich in meinem Kopf und meinem Herzen zu ordnen versuche, dieweil ich bewegt und erschöpft am Uferbord der Moskwa sitze. Sonst wäre nicht binnen fünf Jahren eine Spezialliteratur in zwei mal hunderttausend Bänden zusammengebracht worden, einst aktuell gewesene Broschüren und längst vergriffene Bücher, darunter Unikate, Originalfolianten aus dem sechzehnten Jahrhundert und viele hundert handgeschriebene Dokumente. Wie wäre das selbst bei der reichen Dotierung, die das neue Rußland für die wissenschaftlichen Grundlagen seiner Staatsform opfert, wie wäre das selbst bei den größten Geldmitteln und dem Fanatismus des Marxforschers Rjasanow möglich gewesen, wenn je vorher ein öffentliches Institut in der Welt Interesse an dergleichen bekundet hätte?

Da fand ich mich denn, seit Monaten fern von Deutschland, im Hause an der Moskwabiegung, im einstigen Palais des Fürsten

Dolgorukow, vor Schränke gestellt, deren Reihen deutscher Bücher sich mit nichts befassen als mit der Rheinfrage und dem Moselstrom und der Stadtgeschichte Kölns, weil dort die ›Rheinische Zeitung‹ und die ›Neue Rheinische Zeitung‹ ihre Kämpfe ausfochten; als ausgedienter Österreicher staunte ich, in Bänden und Broschüren und Flugblättern die Revolution von 1848, chronologisch geordnet und über alle sozialistischen Begebenheiten hinaus bis zum Weltkriege und zur Gründung der Roten Garde in Wien fortgeführt, zu erblicken; die lückenlose Serie des ›Vorwärts‹ und sogar die seines Vorgängers, des ›Berliner Volksblattes‹, und alle preußisch-revolutionären Reminiszenzen des Sturmjahres, die mir in Berlin nur unter großen Schwierigkeiten zugänglich geworden waren, stehen zur Benützung; im Schweizer journalistischen Universitätsseminar meines Freundes Professor Wettstein hatte ich vor kaum Jahresfrist die Emigrantenzeitungen durchsucht und muß mich nun wundern, wie Moskau es fertigbrachte, soviel mehr davon zu erlangen als das Land der Drucklegung; der tschechoslowakische Staatsangehörige blätterte heute in den rarsten Raritäten seiner heimatlichen Literatur, im unversehrt erhaltenen ›Volksblatt für Böhmen‹, herausgegeben von C. W. Medau, redigiert von Eduard Breier, in den Nummern der vom ›Konstitutionellen Verein‹ (Bernh. Gutt, Dr. Franz Klier) edierten ›Deutschen Zeitung aus Böhmen‹ und in Klutschaks ›Bohemia‹ und in Längstgesuchtem, verschollen Geglaubtem wie dem ›Spiegel des konstitutionellen Lebens‹, verlegt bei Gerzabek, Brenntegasse, in dem der Autor Josef Wintiř, Kriminalaktuar in Prag, für mündliches Gerichtsverfahren eintritt.

In dieser Abteilung kommt mancher Schriftsteller zu den revolutionären Ehren, auf die er im späteren Mannesalter verzichtet hatte, so Joseph Görres oder Richard Wagner, der in den Dresdner ›Volksblättern‹ August Röckels in wahren Siegfriedsrufen zu Haß und Verachtung gegen die Gesellschaft aufreizte. Klassiker, die ihre Gesinnung nicht widerriefen, wurden vom deutschen Parnaß relegiert, Georg Forster oder Franz Mehring, und Rußland ist es, das sie nun auf einem internationalen Parnaß vereinigt.

Die Demagogenverfolgungen stehen hier auf dem Pranger, die Darstellung der Todesmißhandlung Pastor Weidigs, der Kerkerhaft Sylvester Jordans, wenn auch die Bücher des Hauptdenunzianten Witt von Doering nur dürftig vertreten sind. Die Bedeutung der Kriminalsoziologie, zu der diese politische Martyrologie überleitet, wird vom Marx-Engels-Institut offensichtlich unterschätzt; in den Regalen fehlt Wesentliches, die Spitzel-, Provokateur-, Verhaftungs- und Verurteilungstaktik im Kölner, Wiener, Leipziger, Berliner (Waldeck-)Prozeß, und in den übrigen Hochverratsprozessen ist immer die nämliche und wird vergleichend aufgedeckt werden müssen; das Juristische Kabinett des Marx-Engels-Instituts füllt die vorhandene Lücke nicht auf, und nur unter den Anarchisticis beleuchten einige Darstellungen politischer Verbrechen die Tat von der andern Seite und verurteilen den Gerichtshof.

Aber mit Einwänden, denen Gegeneinwände der Archivare folgten, und mit kritischen Überprüfungen konnte ich mich nicht länger aufhalten, da ich die Räume durchwanderte, deren es viele gibt, und eben wird noch ein Seitentrakt mit Aufwand von vier mal hunderttausend Dollar angebaut. Die bibliophile Hingabe an einzelne Objekte muß man sich gleichfalls aus Zeitmangel versagen, so schwer es auch fällt, angesichts von Büchern, die noch vor Erscheinen beschlagnahmt wurden, von Werken, die nur handschriftlich existieren, wie Bruno Bauers Kritik der Hegelschen Rechtsphilosophie, angesichts einer Marat gewidmeten Sammlung mit den vollständigen Nummern des ›Ami du Peuple‹, der Seltenheiten von und über Danton, Robespierre, Saint-Just, Cloots und Babeuf. Fünfzehnhundert Nummern, darunter Manuskripte von Louise Michel, Blanqui, Jaurès, Photographien und Zeitungsbände umfaßt das Archiv der Pariser Kommune von 1871, aus England sind Erstausgaben von Godwin, Ricardo, Adam Smith, Morus und Mill da, Pamphlete und Flugschriften aus den Zeiten ökonomischer Aufstände und Organisationsversuche.

Es wird angestrebt, die von Marx zitierten Ausgaben zu sammeln und alle ihn beeinflußt habenden Werke. Streitschriften um Kant, Fichte, Schelling und Hegel und vor allem um den historischen Materialismus sind in der Philosophischen Abteilung vertreten, und die ganze Bibliothek, die Fichte besaß und die von ihm an Windelband überging. Den Saal der Politischen Ökonomie hat Marx selbst in Fachgruppen eingeteilt: die Bestände brauchten bloß nach den Kapitelüberschriften des ›Kapital‹ angeordnet zu werden, Wert, Mehrwert, Profit, Preis-, Geld- und Kreditverkehr und so weiter, doch sind die Bücher teils recht vormarxistisch, teils nachmarxistisch und viele antimarxistisch. Was es je an Systemen der Gesellschaftsverbesserung, des Sozialismus, des Kommunismus und des Anarchismus gab, wurde in der Abteilung für Sozialismus zu vereinigen versucht, die Utopistica, der Saintsimonismus, die Phalanstère, Proudhon und Owen mit ihren Schriften und Zeitungen, und vom Abbé Meslier, der auf dem Obelisk im Alexanderpark am Kreml unter den Vätern des Kommunismus eingereiht ward, ist ein handgeschriebenes Exemplar des Testaments vorhanden, aus der Mitte des 18. Jahrhunderts stammend; auch die Anarchisten haben hier ihr Pantheon gefunden, Bakunin, Kropotkin, Elisée Réclus, Bellegarrigue mit ›L'Anarchie, Journal de l'Ordre‹, Most mit seiner ›Freiheit‹ und andere, Götter kleiner Leute.

Allerheiligstes dieser soziologischen Kathedrale ist das Marx-Engels-Kabinett, wo alles ist, was von den beiden Dioskuren herrührt: Erstausgaben ihrer Arbeiten, die in Amerika und in der Schweiz erschienenen Auflagen des Kölner Kommunistenprozesses, die ›Kritik der politischen Ökonomie‹ in jenem Exemplar, in das Lassalle seine polemischen Bemerkungen an den Rand schrieb, die ›Rheinische Zeitung‹ von 1842 bis 1843, der Pariser ›Vorwärts‹, die ›Deutsche Brüsseler Zeitung‹, die Londoner ›Kommunistische Zeitschrift‹ von 1847 und die ›Neue Rheinische‹ in ihrer vollständigsten Form – die fehlenden Seiten sind nach den in andern Archiven liegenden Originalen photographisch ergänzt, ebenso alle Manuskripte von Marx und Engels und die von ihnen geschriebenen oder an sie gerichteten Briefe, soweit sie nicht original vorhanden. Nicht weniger als 55 000 Aufnahmen von Druckseiten und Schriftstücken hat das Institut herstellen lassen, zumeist im SPD-Archiv in Berlin, im Historischen Archiv der Stadt Köln, im Engelsschen Familienarchiv in Engelskirchen, im Geheimen Staatsarchiv Berlin und in der New York Public Library, so daß man im Haus an der Moskwa das ganze Werk der beiden deutschen Gelehrten, ihrer philosophischen, politischen, literarischen und ökonomischen Freunde und Feinde studieren und zur Publikation einer monumentalen Marx-Engels-Ausgabe schreiten kann; die bisherigen Veröffentlichungen litten teils an der Lükkenhaftigkeit des Materials, teils an der physischen Unzulänglichkeit von Einzelpersonen, alles wissenschaftlich durchzuarbeiten, und teils an Streichungen, die aus Platzmangel oder aber aus Gründen der aktuellen Politik vorgenommen worden sind. Jetzt vergleicht man mit philosophischer Akribie jede handschriftliche und gedruckte Zeile, prüft jedes Zitat und jede statistische Angabe nach und beschafft Erklärungen zu den Werken, dem Briefwechsel und den Akten. Welch seltsame Dinge sah ich hier: die Aufgabe des Schülers Marx ›Betrachtungen eines Jünglings bei der Wahl seines Berufes‹ mitsamt dem Zeugnis, worin der Lehrer tadelt, daß ›sein Aufsatz... häufig mit Ungehörigkeiten beladen‹ ist, Briefe und Briefentwürfe aller Art, aus denen unter anderem die vergeblichen Versuche Marx' hervorgehen, im September 1848 in Wien sozialistisches Verständnis zu finden und den Prager Verleger Borrosch zur Bundesgenossenschaft zu bewegen. Komisch andere Briefe aus der Tschechoslowakei, wie das Schreiben aus Brünn vom 21. März 1872, worin der Absender Jos A. Fiedler sich in einer Familienangelegenheit an den emigrierten Marx nach England wendet: der Herr Doktor möchte doch so liebenswürdig sein, sich nach einer Verwandten Fiedlers zu erkundigen, die sich in London der Prostitution ergeben hat...

Engels antwortet seiner Mutter (sie wollte ihren Fritz von dem Verkehr mit Marx abhalten) in einem Brief, in dem er seine Empörung darüber äußert, daß die Pariser Kommune wegen der Erschießung einiger Geiseln überall wütend beschimpft wird, während sich gegen die Versailler Armee, die 40000 Menschen ermordete und brandschatzte, nirgends ein Wort der Anklage erhebt. Die Verleumdungen, Lügen und Haßgesänge gegen jeden Versuch der Weltverbesserung gehen jahrhundertelang durch die Literatur, Marat ist ein Bluthund und Napoleon ein Gott, die Räteregierungen der intelligenten Arbeiter und arbeitenden Intellektuellen sind ›Blutregime‹, und die Metzeleien der jagdlüsternen Aristokraten und sadistischen Feldwebel heißen: Restauration der Ordnung. Man müßte diese Stelle aus dem Briefe Engels' als Motto über dem Moskauer Institut anbringen, denn von hier aus soll wissenschaftlich die Defensive gegen die ewige Lüge und die Offensive für die ewige Wahrheit aufgenommen werden.

In den Kabinetten, im Lesesaal und in dem bilderreichen Museumszimmer arbeiten Forscher von überall, Dokumente benützend, die das Vaterland nicht besitzt, und ich hocke unten an der schrägen Kaimauer und blättere in Zetteln, auf die ich mir Hinweise und Büchertitel notiert. Es ist, denke ich, dieses Haus eine lebende Bibliographie, eine Bibliographie in Büchern – es gibt viele Spezialbibliotheken, medizinische zum Beispiel, aber für die Medizin, die nicht den einzelnen heilen will, sondern alle, gibt es nur diese.

Ich blättere in meinen Notaten; heimgekehrt nach Deutschland, werde ich dieses oder jenes Buch in der Staatsbibliothek heraussuchen. Das wird jetzt leicht sein – wenn sie es nur hat. Wahrscheinlich nicht. Sonst würden die Leute, die im Lesesaal und in den Kabinetten arbeiten, das in Berlin besorgen. Sie sind meist Deutsche.

Das Heim einer verleumdeten und verfolgten Wissenschaft, zur Heilung der Gesellschaft begründet, steht dort, wo ihre Schöpfer gelebt und ihr Grab gefunden haben: in der Fremde. Ein Archiv im Exil.

Paradies Amerika

Kischs Amerika-Reportagen sind in gewisser Weise das Gegenstück zu seinen Rußland-Berichten. Allerdings war es für den Kommunisten Kisch weit schwieriger, in die Vereinigten Staaten zu gelangen als in die Sowjetunion zu kommen. Er reiste schließlich mit einem falschen Paß unter dem Namen ›Dr. Becker‹. An verschiedenen Stellen läßt er sich auch selber als ›Dr. Becker‹ auftreten.
Die ›Parteilichkeit‹ des Autors wird vor allem in dem ironischen Titel und in der Auswahl der Themen deutlich. Kisch erwies sich jedoch wiederum als präziser Beobachter mit einer untrüglichen Witterung für sich anbahnende Entwicklungen und Veränderungen. Als einer der ersten sah er in Amerika nicht nur das Land der unbegrenzten Möglichkeiten, sondern auch der ungeheuren sozialen Spannungen und sich abzeichnenden wirtschaftlichen Krisen. Da sein Buch gerade zu dem Zeitpunkt erschien, als die Kunde vom ›Schwarzen Freitag‹ in Europa vernommen wurde, bestätigte sich erneut sein Ruf als großer vorausschauender Reporter.
Einige seiner Arbeiten wurden mit Recht als Sensation empfunden. Das gilt vor allem von seinem Bericht über Charlie Chaplin, der damals noch als außerordentlich pressescheu galt. Kisch, der durch Vermittlung des Schriftstellers Upton Sinclair Zutritt zu Chaplins Atelier erhielt, war der erste, der – jedenfalls in deutscher Sprache – die Arbeit des Regisseurs exakt beschrieb. Seine Schilderung gilt bis heute als die beste und instruktivste Information über die Entstehung eines Chaplin-Films.

Kisch in Versailles 1936. Photo von Fred Stein

Getreidebörse in Chicago

I. *Deine Sache ist's,* die verhandelt (ver-handelt) wird auf der Chicagoer Getreidebörse, Board of Trade of Chicago, dem entscheidenden Platz des Erdballs.

II. *Du mußt,* um dich einigermaßen zu orientieren, zuerst die Händlergruppe Nr. 1 vornehmen, die unwichtigere. Sie steht, geht und agiert zwischen den Tischen an der Fensterfront. Auf den Tischen liegen Papiersäckchen mit leibhaftigem Getreide, Proben, den in Chicago angekommenen Waggons entnommen und vom Landwirtschaftsinspektor des Staates Illinois gradiert. Die Kassenkunden (cash grain dealers, jene Gruppe Nr. 1) befühlen die Ware. Sie beriechen sie. Sie zerbeißen sie. In ihren Kontoren lassen sie die Körner sogar zwischen zwei feuchten Löschblättern wachsen, aber das hat mit dem Kauf nichts mehr zu tun, der ist dann schon abgeschlossen, und die Feldarbeit auf dem Löschpapier geschieht nur, um zu erfahren, wie das gekaufte Getreide am Ablieferungstag mit anderen Sorten gemischt, ›verschnitten‹ werden kann. So, das ist die Händlergruppe Nr. 1.

III. *Nun widme dich* der Gruppe Nr. 2. Das sind die Leute am ›Pit‹, einer flachen, rund ins Parkett geschnittenen Mulde von etwa vier Meter Durchmesser. Stiegenförmig ist der Umfang des Kreises erhöht, und auf der Rundtreppe stößt, drängt, beschreit und bedroht sich die Börsenmenschheit. Jeder will näher an die Mulde heran, in die Mulde hinein, und mit Recht! Denn was ist darin? Nichts ist darin. Hier werden weder Körner befühlt und berochen, zerbissen und zerfeilscht, noch geht's hier überhaupt um Getreide, hier wird mit edlerer Ware gehandelt: mit Kontrakten.

IV. *Du darfst beileibe nicht glauben,* daß das, was als Ernte verkauft wird, gesät ist. Ach nein! Man beabsichtigt nicht einmal, das alles zu säen und zu ernten – der Umsatz der Chicagoer Weizenbörse stellt ein Vielfaches des amerikanischen Weizenhandels dar, er ist sogar höher als die Welternte.

Aber wie gesagt, am ›Pit‹ wird ja nicht Getreide gehandelt, sondern Kontrakte.

V. *Heimgebracht sind nur die Lieferungsverträge* (›futures‹) für je 5 000 bushels Weizen (ein bushel wiegt 60 amerikanische Pfund) ab März, Mai, Juli oder Dezember. Nun werden sie in der Runde verkauft und gekauft.
An wen? Von wem? Der ›Pit‹ ist der innerste Kreis, an den nur Inhaber einer großen Getreidehandlung herangelassen werden oder ihre Vertrauensleute; jedem hat die Firma für fünfzigtausend Dollar einen auf seinen Namen lautenden Börsensitz gekauft.

VI. *Der Nachrichtendienst.* Los geht es täglich um 9 Uhr 20 vormittags mit einem Glockenzeichen und dem gestrigen Schlußkurs. Heute nacht hat in der Ferne, wo keine Nacht, sondern Tag war, das Gefecht weitergetost, und von dort, vom Frontabschnitt Liverpool, liegen nun Berichte vor: Schiffe aus Argentinien und Australien nähern sich dem Hafen, auf der Liverpooler Börse ist Angebot größer als Nachfrage, der Liverpooler Kurs notiert niedriger als gestern.

VII. *Ungünstige Meldungen.* Chicagos Firmen haben aus den Frühkabeln von den europäischen Vertretern erfahren, daß in Südungarn, Pommern und Rumänien fruchtbringender Regen eingesetzt hat. Die nach Oklahoma, Missouri, Panhandle, Texas und Salina-Kansas entsandten Reisenden depeschieren, die Felder seien genügend feucht. Es meldet der kanadische Geschäftsfreund, die dortige Regierung habe den Frachttarif herabgesetzt. In ›Chicago Tribune‹ steht: Die Kongreßmänner MacNerry und Haugen monierten gestern bei der Regierung Maßnahmen gegen die Spekulation.
All das sind schlimme Botschaften, man wird die Ware in der nächsten Zeit nicht vorteilhaft abstoßen können.

VIII. *Was wären günstige Meldungen?* Froher empfände es der Händler, wäre in Idaho ein jäher Frost, in Buenos Aires ein Streik der Hafenarbeiter, im Wolgagebiet eine Hungersnot oder gar im Calumet District, der Speichergegend Chicagos, eine schöne Feuersbrunst ausgebrochen, oder wenn der Staat die vollkommene Aufhebung der Börsenkontrolle beschlossen hätte. Am frohesten wäre der Makler freilich, könnte er riechen, ob Mr. Cotton, der König der Haussisten, seinen Leuten Aufträge zum Kaufen gegeben. Aber ›Big Bull‹ arbeitet geruchlos.

IX. *Und noch immer kein Erdbeben,* das unseren Nachbarstaat zerstört! Kanada handelt sein Getreide durch eine Vereinigung, die sich Pool nennt, und verkauft weit unter dem Weltmarktpreis, weil dort die Arbeitskräfte und die Fracht billiger sind und die Kooperative der Bauern den Zwischenhandel bis zu einem gewissen Grad ausgeschaltet hat. Das ist schlecht für die Chicagoer Börse. Und das Erdbeben kommt nicht, Kanada zu verschlingen.

X. *Nur eine einzige Freudenbotschaft* ist heute in den Blättern, aber sie reicht aus: Kansas meldet eine voraussichtliche Mißernte. Mißernte!
Trara, die Hausse ist da, Trara, die Hausse ist da, von weitem hört man schon den Ton ...
Die gute Nachricht von einer bevorstehenden Katastrophe in Kansas wiegt für den Tag alle Gegenargumente auf. Bartlett-Frazier hat seinen Maklern Auftrag gegeben, viel zu kaufen, zu gleicher Zeit hat er seine Spekulationskunden davon überzeugt, daß durch diese Mißernte die Getreidepreise in die Höhe gehen werden; so bekam die mächtige Firma verschiedene Orders.

XI. *Du beobachtest jetzt* einen Makler von Bartlett-Frazier. Mit Aufträgen bewaffnet kommt er an den ›Pit‹. Er versucht, zum gestrigen Schlußpreis zu kaufen, der auf einer Tafel vermerkt ist: 1 Dollar 30 Cent per bushel. Heute schreiben wir März, also ist Mai der nächste Termin, und auf diesen konzentriert sich der Einkauf deines Freundes. Zuerst schreit er in den Saal, er möchte einen Kontrakt (5 000 bushel) Maiweizen zum gestrigen Schlußkurs kaufen: ›Buy five May-weath one thirty.‹ Dabei hebt er den Arm, Handfläche zu sich gekehrt, Zeigefinger ausgestreckt.

XII. *Verstehst du seine Technik?* Warum beginnt er mit einer so kleinen Quantität? Damit die ihn geschlossen umringende Kon-

kurrenz nicht sofort merke, wie sehr er mit Aufträgen beladen ist. Husch, husch, schnell würden da die Preise in die Höhe sprießen!
Das ist nicht seine einzige Vorsichtsmaßregel. Er hat die Aufträge an mehrere Makler verteilt, um den Verdacht, seine Firma wolle den heutigen Markt aufkaufen, im Keim zu ersticken. (›Im Keim zu ersticken‹, diese Redewendung stammt todsicher von der Getreidebörse.)

XIII. *Dein neuer Freund* hat außer der ausgestreckten oder auszustreckenden Hand noch eine zweite. In dieser hält er eine Karte, die ihrerseits zwei Seiten hat, eine rote für die Notierung der Käufe und eine blaue für die Verkäufe.
Vorläufig notiert er nichts, weder rot noch blau; denn auf sein Angebot ›1,30‹ hat ihm das eisige Schweigen der sonst so glühend Beredten geantwortet. Sie haben erkannt, daß sozusagen ihr Weizen blüht, und halten an ihrem blühenden Weizen fest.

XIV. *Er holt Rat ein!* Dein Vertrauensmann kehrt der unfreundlichen Tafelrunde den Rücken und gibt dem Telephonisten seiner Firma einen Wink: Ich kann für den Preis nichts kriegen.
Die Telephonisten, Vorposten der Getreidehandlungen, bilden eine geschlossene Kette, jeder Stift hält den Stift der direkten Leitung gezückt. Am andern Ende des Telephondrahts, fern vom Schlachtenlärm, sitzt in seiner Operationskanzlei am grünen Tisch der Dis der 1 617 Börsenmitglieder. Und das ist nur der geringste Teil der Einnahmen.

XIX. *Der kleine Mann,* der spekuliert, wird fast immer zugrunde gerichtet: er kauft in der Hausse, weitere Aufwärtsbewegung erhoffend, und gibt nicht ab, bevor die Baisse ihm Angst einjagt. Da die Ware nicht bar gekauft, sondern nur ein Vorschuß bezahlt wird, den das Fallen der Getreidepreise auffrißt, kann der kleine Spekulant bei einer Baisse nicht im Markt bleiben, er muß ausverkaufen und verliert sein Geld.

XX. *Anders der Großhändler!* Auch er kauft viel, aber er verfügt entweder durch Export über seine wirkliche Ware, oder er

deckt sich für spätere Exportkontrakte ein. Nimmt er Getreide zu einem Termin, so verkauft er dasselbe Quantum zum nächstspäteren Termin, lagert es in seinem Speicher ein und verdient die Differenz zwischen dem Kostenpreis des einen Termins und den Zinsen und Lagergebühren des andern Termins. Das ist spreading, etwa Ausbreitung der Spannung.
Märzweizen notiert heute 1 Dollar 30, Maiweizen korrespondierend fünf Cent höher, also 1,35. Für die heute gekaufte und ab Mai verkaufte Ware hat der Großhändler 1,30 bezahlt, welcher Betrag sich bis zum Ablieferungstermin durch Zinsverlust und Lagerspesen um dreieinhalb Cent erhöht. So hat er beim Ein- und Verkauf am gleichen Tag kraft seiner Speicher anderthalb Cent per bushel verdient – oft viele tausend Dollar. Und außerdem sind seine Scheunen gefüllt mit Getreide, das er bei einer Hausse glänzend abstoßen kann.
Noch wichtiger aber als spreading ist hedging, die Taktik, sich einzudecken. Der Exporteur unterhält auf dem flachen Land Leute, die kleine Quantitäten von den Landspeichern zusammenkaufen; damit sichert er sich einen Preis, auf Grund dessen er anbieten kann, und macht seine wirkliche Ware vom Marktwert unabhängig.
Bleibt ihm die Ware in den Lagerräumen, dann kann er im April entscheiden, ob er seine Kontrakte mit wirklicher Ware erfüllen oder den Kontrakt zurückkaufen soll und zum übernächsten Termin weiterverkaufen.

XXI. *Vielerlei Waren.* So wird gehandelt, an jedem der ›Pits‹, an einem mit Weizen, am andern mit Korn, Hafer, Baumwolle und Leinöl und an einem dritten, an dem die Herren nicht stehen, sondern sitzen und korpulent sind, mit Rindvieh, Schweinen, Talg und Innereien.
Auch Provisionen sind hier ein Börsenartikel. (Mit Schiffsfrachten spekuliert man nur in New York und auf der erstaunlichen Baltic-Shipping-Exchange in London.)

XXII. *Finale furioso.* Um ein Uhr schellt die Glocke: Beginn des Endkampfs. Fünfzehn Minuten später werden die Waffen ruhen. Nur ein Viertelstündchen, jedoch was für eines, meine Freunde!

Die Telegraphenbeamtenfinger verfitzen sich.
Der Kotierungstafelanschreiber verlöscht die Ziffern mit der Kreide und schreibt mit dem Schwamm.
Die ausgestreckten Hände am ›Pit‹ sind heiser.
Die Stimmen bewegen sich matt in den Armgelenken.
Das Papier der Orderbücher fährt nur dünn und unleserlich über den Bleistift.
Die Pagen raufen sich die weißen Vollbärte.
Und dann glockt der Schlag.
Zwei bis drei ehemals menschliche Stimmen versuchen noch ein Geschäft abzuschließen, aber der Mann im Krähennest klimmt bereits herab. Man kann zwar Kulissenkontrakte tätigen, aber die sind nicht mehr legal.

XXIII. *Das Nachspiel* beginnt, die Rückversicherung derer, die zu große Quantitäten über ihren Bedarf gehandelt haben; wer hunderttausend bushel lang ist, einigt sich mit einem hunderttausend bushel Kurzen für den morgigen Börsentag auf ein Gegenseitigkeitsgeschäft, bid and offer, wodurch beide vor dem Risiko einer übertriebenen Kursschwankung gesichert sind. Eine gewisse Summe unter oder über dem heutigen Schlußkurs wird als Grundlage erfeilscht. Hier betätigen sich kleine Spekulanten, die entweder ihren Einsatz von zehn Dollar verlieren oder ihn doppelt und dreifach zurückgewinnen.

XXIV. *Opfer der Börse: der Kleinbauer,* der Landmann, der nicht Speicher noch Kapital hat, um dort mitspielen zu können, wo es um sein Produkt geht. Ist die Ernte gut, so läßt die Börse sie ihm oft am Hals; ist die Ernte schlecht, so hat er nichts, was er zum guten Preis verkaufen könnte. Oft muß er eine Anleihe für Maschinen, Arbeitskräfte und Instandsetzungen aufnehmen, die der Bankier zu einem Moment einfordert, da er weiß, daß die an Zahlungs Statt gegebene Frucht bald an Wert steigen wird.
Das alles interessiert die Börse nicht; denn sie ist ein Geschäft, und ihre Mitglieder wollen hier nichts weiter als Geschäftsleute sein. Oder doch . . .?

XXV. *Siehe, was sich begibt* nach Schluß der Börse: diese Menschen, die den Menschen Wölfe sind, diese Wölfe, die einander anfallen und zu zerfleischen versuchen, die Börsianer, deren Optimismus ein die Welternte vernichtendes Elementarereignis innigst erhofft, diese um die Provision heulenden und um den Spekulationsgewinn sich balgenden Kornwucherer – –

– – sie streuen, wenn sie das Gebäude verlassen, den nunmehr überflüssigen Inhalt der Mustersäckchen auf die Straße – –

– – sie füttern die Tauben.

Und das nennt sich Fußball

I. Vor der Abfahrt zum Wettspiel

›Ein gefährliches Spiel, dieses amerikanische Fußball!‹
Der Doktor Becker stellte es bereits fest, als er – es war Sonnabend Punkt halb zwei Uhr nachmittags – in der Halle der Untergrundbahn stand, um zu dem Wettkampf von New York University gegen Missouri University hinauszufahren.
Er hatte noch nie ein amerikanisches Fußballspiel gesehen.
Aber seine Ansicht, daß ›dieses amerikanische Fußball‹ ein roher und lebensgefährlicher Sport sei, stand für ihn – es war, wie vielleicht bereits gesagt wurde, Sonnabend Punkt zwei Uhr nachmittags – felsenfest. Nicht so fest stand der Doktor Becker selbst. Anfangs eingekeilt in eine kompakte Einheit von Wartenden, war er allmählich an den Rand des Bahnsteigs gedrängt worden; die vorderen Reihen hatten sich Plätze in den Untergrundbahnzügen erkämpft, indem sie die Aussteigenden trotz deren fluchend-tretend-boxender Gegenwehr in die Waggons zurückschlugen und sich selbst hinterherzwängten. Jetzt hing der Doktor Becker, an Nachbarn geklammert, Sonnabend Punkt halb drei Uhr nachmittags, schräg über der Schienenstrecke.
Eine verzweifelte Lage, fürwahr. Doch sehnte er sich nach ihr zurück, als er – es war Sonnabend Punkt dreiviertel drei Uhr nachmittags – von seinen Hintermännern in einen Waggon gepökelt ward, der eine Masse von Vergnügungssüchtigen zum Yankee-Stadion hinausbrachte. Neue Gedanken vermochte der Doktor Becker keineswegs zu fassen, und so spann er den Gedanken, daß ›dieses amerikanische Fußball‹ gräßlich roh und unbedingt lebensgefährlich sei, etwas weiter aus. Selbstverständlich wollte er – hatte er doch noch kein Spiel gesehen – damit nur sagen, dieser Sport verrohe das Publikum und sei für das Publikum lebensgefährlich. Nun begann sich der Doktor Becker vorzustellen, wie bequem es die Spieler im Vergleich zu den Zuschauern haben, wie . . . Hier irrt Becker.

II. Am Rand des Spielfeldes

In geschlossenen Formationen strömte das Volk dem Stadion zu, die Autofahrer im Auto, die Fußgänger zu Fuß, wiewohl nicht erst bemerkt werden muß, da sich dies bei uns ähnlich verhält. Auffallend anders dagegen die Tatsache, daß Menschen mit Lebensgefahr und einer Aufopferung, deren seit Arnold Winkelrieds Tagen nur das amerikanische Erwerbsleben fähig ist, sich den Autos in den Weg warfen; mit Stentorstimme befahlen sie, und als dieses nichts fruchtete, beschworen sie mit flehenden Gestikulationen die Autolenker, ja doch bei ihnen zu parken. Sie hatten den Raum gemietet, Sonnabend ist der einzige Tag, an dem sich die Spekulation lohnen kann, daher ihre Todesverachtung. Aber mit stahlharten Gummireifen fuhren die Wagen über diese Verkehrhindernisse hinweg.

III. Starr vor Staunen im Stadion

erscheint der Doktor Becker. Wir können ihm das nicht verübeln. Mit Tausenden hatte er sich an und in der Untergrundbahn gedrängt, mit Zehntausenden von Fußgängern und Tausenden von Autos das letzte Stück des Weges zurückgelegt – und nun ist der Zuschauerraum des Stadions leer!! Denn man muß doch den Ausdruck ›leer‹ von einem Hause gebrauchen, in dem nicht weniger als 40000 Plätze unbesetzt sind. Daran ändert die Tatsache nichts, daß 45000 Plätze besetzt sind. Das Yankee-Stadion faßt 85000 Personen, und von denen fehlt eben nahezu die Hälfte.

IV. Präludium des Spiels

Vorläufig wird auf dem Spielfeld ein Marschreigen von einer Militärkapelle exekutiert, die keine Militärkapelle ist, sondern das uniformierte, aus Studenten bestehende Orchester; auch der Regimentstambour mit dem hohen weißen Federhut über dem gestrengen Gesicht ist im Privatberuf ein Hörer der New Yorker Universität. Sie trippeln ab. Beifall.

In die Manege jagen die Spieler von Missouri. Beifall. Es sind ihrer dreißig. Obwohl nur elf jeweils auf dem Felde tätig sind, treten immerfort Ersatzmänner ein, wir werden das alles später sehen.
Ein läuft die Mannschaft von New York University mitsamt ihren Substituten. Stürmischer Beifall. Die New Yorker haben violette Hemden und olivengrüne Hosen, die Gäste aus Missouri orangerot-schwarz-gestreifte Dreß. Alle tragen Helme, die Einheimischen weiße, die Missourianer goldfarbene; runde massive Platten schützen die Ohren – bei anständigen Wettspielen reißt man einander nicht mehr die Ohrläppchen ab.
Auch sind die Spieler vollständig mit Watte ausgestopft, was dem Doktor Becker nicht gefallen will, denn ein Fußballspiel mit Binden und Bandagen dünkt ihm (du Europäer) unlogisch.
Der Referee erscheint, eine Art Unter-Schiedsrichter. Lebhafter Beifall. Der Umpire erscheint, eine Art Ober-Schiedsrichter. Stürmischer Beifall.

V. Die Einpeitscher der Ekstase

Nun aber mag es an der Zeit sein, etwas über Entstehungsgeschichte und Art der hier wiederholt gebrauchten Begriffe ›Beifall‹, ›Lebhafter Beifall‹ und ›Stürmischer Beifall‹ zu sagen.
Da bewegen sich nämlich an der Außenlinie sympathische junge Leute, die den amtlichen Titel ›Cheerleaders‹ führen. Diese Organisatoren der Ovation stellen sich mitten im Spiel, mit Megaphonen bewaffnet, vor die einzelnen Sektoren der Arena und ordnen brüllend an, welcher Mannschaft oder welchem Spieler jetzt zuzujubeln ist. Haben sie das getan, so legen sie den Schalltrichter von sich und dirigieren – bei gleichzeitiger Ausführung von Gelenksübungen: tiefe Kniebeuge, Arme vorwärts heben und seitwärts strecken – den kollektiven Freudenruf. Ritus und Rhythmus scheinen altindianischen Ursprungs zu sein, am häufigsten wird der Doktor Becker den anfeuernden Spruch zu Ehren des Quarterbacks von Missouri namens Rosenheim oder zu Ehren des linken Außenstürmers von New York namens Jerry Nemecek erklingen hören.

Rah, rah, rah,
Sis, bum bah,
N. Y. U., N. Y. U.
Nemecek, Nemecek, Nemecek.
(Ohne Gewähr für die Richtigkeit der Rechtschreibung.)

VI. Der Ball

Der Ball ist beileibe nicht rund wie ein normaler europäischer Ball. Er hat die Form einer Pflaume, und zwar einer Pflaume, die sehr groß, aber noch nicht reif und noch nicht rund ist, hingegen spitz auf beiden Seiten. So sieht er aus. Mit Recht.
Eine Detonation erschreckt den unvorbereiteten Doktor Becker; in der Mitte der Seitenlinie wurde eine Pulverladung zur Explosion gebracht, das Spiel beginnt.

VII. Naturgeschichte des Spiels

Der amerikanische Nationalsport wird schlankweg ›Football‹ genannt, als ob es kein anderes Fußballspiel gäbe, als ob es mit dem Fuß oder mit dem Ball etwas zu tun hätte. (Siehe unten.) Zwar wird das in Europa vorkommende Fußballspiel auch in Amerika teils in Treibhäusern gezüchtet (Professionalismus), teils wuchert es im Freien (Amateurismus), aber niemals heißt es ›Fußball‹, sondern ›Soccer‹, was eine Ver-(fuß-)ballhornung des Wortes ›Association‹ sein dürfte. Das sogenannte Football ist jedoch nichts anderes als Rugby mit einigen veränderten Spielregeln.
Das Spiel wickelt sich in Viertelzeiten ab, viermal je fünfzehn Minuten. Hundert Meter lang ist das Feld, je fünf Meter werden durch eine Linie markiert. Es gibt zwei Tore (Goals); die Querstange ruht nicht auf dem oberen Ende der beiden senkrechten Pfosten, sie ist in deren Mitte angebracht. Die drei Stangen bilden also den Buchstaben H, was aber keineswegs andeuten soll, daß das Goal ein Heiligtum darstellt, wie das auf vernünftigen Kontinenten der Fall ist; es spielt im Gegenteil eine untergeordnete Rolle und steht außerhalb des eigentlichen Spielfeldes.

Dieses beginnt mit dem fünf Meter vom Goal entfernten ersten, quer über das ganze Feld verlaufenden Strich, der Goal-Line. Gelingt es einer Mannschaft, den Ball über die gegnerische Goal-Line zu *tragen*, so hat sie damit einen ›Touchdown‹ erzielt – den großen Erfolg, der etwa unserem Tor entspricht.

Die Mannschaft, die ein Touchdown erringt, heimst sechs Punkte ein und hat das Recht, einen ihrer Spieler aus einer Entfernung von zwanzig Metern ungehindert gegen das Mal schießen zu lassen; geht der Ball *über* die Querstange, so ist's gut: das gilt einen weiteren Punkt.

Dreimal darf eine Partei anwerfen und muß innerhalb dieser drei ›Forward passes‹ den Ball mindestens zehn Schritte vorwärts bringen. Wird der Ball mit dem Fuß über den Torpfosten getreten, Goal from field, so zählt das drei Punkte.

VIII. Der Spielverlauf

Der Ball wird also immerfort getragen. Oder vielmehr: zu tragen versucht. Denn die gegnerischen Elf sind insgesamt darauf aus, zu vereiteln, daß die zehn Schritte, geschweige denn ein Lauf über die Torlinie gelinge.

Wie verhindern sie das?

Sie verhindern das, indem sie ihre behelmten Köpfe dem Träger des Balles in den Bauch rennen, ihn bei den Füßen packen, ihn ins Gesicht boxen oder mit ähnlichen Zärtlichkeiten regalieren.

Naturgemäß stürzt innerhalb eines Zeitraumes von längstens einer Viertelminute der jeweilige Ballbesitzer auf die Erde, Freund und Feind über ihm zu einem beängstigenden Klumpen von Leibern. Es pfeift der Schiedsrichter, es entwirrt sich der Knäuel.

Nur der zuunterst liegende Spieler, noch vor kurzem stolzer Träger des Balles, bleibt zumeist auf dem Boden, verwundet oder ohnmächtig oder beides.

Schwarze Klubdiener jagen über den Platz, um das Opfer durch künstliche Atmung und Essig zu sich zu bringen. Auch der Arzt kommt mit dem Medikamentenkasten.

Der Schiedsrichter jedoch kann Schlamperei auf dem Spielfeld nicht leiden, er läßt den Menschenrest wegtragen.

Inzwischen haben sich die überlebenden Spieler, Zeit ist Geld, mit Eiswasser erfrischt, und weiter geht das friedliche Spiel. Wieder eine Viertelminute lang, manchmal eine halbe.

IX. Wie wird angeworfen?

Die anwerfende Mannschaft begibt sich drei Schritte hinter den Ball und hält, zu einem Kreis geschlossen, mit vorgebeugtem Oberkörper eine geflüsterte, chiffrierte Beratung ab. ›4 wirft an 7, 9 gibt an 2 ab‹ oder so.
Dann schreiten zehn Mann vor und stellen sich sprungbereit in einer Reihe auf; der elfte, der Quarterback, bleibt hinten, und ihm wird gewöhnlich der Ball zugeschleudert. Denn er ist als einziger nicht gedeckt.
Den andern zehn Spielern stehen auf einen Schritt Entfernung die elf Feinde geduckt gegenüber, entschlossen, jeden erbarmungslos niederzuschmettern, der das Leder bekommt.

X. Der rein symbolische Ball

Der Ball vertritt etwa die Stelle des Stäbchens beim Stafettenlauf. Man könnte ihn durch ein anderes Symbol ersetzen, das über die Goal-Line zu tragen ist. Das ganze Spiel: eigentlich ein Lauf, den der Gegner verhindern soll. Phalanx gegen Phalanx.
Auch das Treten des Balles mit dem Fuß kommt bei diesem merkwürdigen Fußballspiel selten vor und bedeutet wenig. (Siehe oben.)

XI. 45 000 Stehaufmännchen

Erstaunlich ist nicht, daß das Publikum mit Aufregung und Huronengebrüll den Kampf begleitet, sondern daß sich diese Aufregung alle viertel oder halben Minuten legt.
Im Moment des Anwerfens springen die 45 000 (sonst wohl: 85 000) Menschen von ihren Plätzen auf, um sich im Augenblick des Schiedsrichterpfiffs wieder zu setzen. Der Anblick dieser sich unausge-

setzt setzenden und ständig aufstehenden Massen ist von monumentaler Komik.

In der Pause werden außer dem Musikreigen allerhand läppische Unterhaltungen geboten, zum Beispiel balgt sich ein Mann im Bärenfell (der Bär ist Sinnbild von Missouri) mit einem violetten (also New Yorker) Collegeboy herum.

Auf der Pressetribüne arbeiten die Berichterstatter. Am Morseapparat, am Telefon, am Radiomikrophon. Einer klopft die Tastatur des Diagramms – zur gleichen Sekunde bewegt es sich auf den Fassaden der amerikanischen Zeitungsgebäude. Menschenmassen stehen davor, sehen und hören, daß der Schiedsrichter ›Abseits‹ gibt; sie brüllen ›Lüge‹, ›Schiebung‹, . . . in St. Louis, in San Francisco, Tausende von Meilen entfernt.

XII. Kritische Betrachtungen des Doktor Becker

In europäischen Sportbegriffen befangen, beirrt durch den Namen ›Fußball‹ und durch das Vorhandensein eines Tors und eines Lederballs, hat der Doktor Becker sich nahezu drei Viertel Stunden lang bemüht, den Sinn des Spieles zu begreifen, der dem glücklichen Leser dieses Artikels hier dargereicht wird.

Die allgemeine Aufregung erfaßte ihn nicht, und so hatte er Zeit, sich Betrachtungen hinzugeben, deren Resultat hiermit veröffentlicht sei.

1. Dem europäischen Fußballspiel ist das amerikanische *gleich:* an Betätigung von Solidaritätsgefühl, von Schnelligkeit und Geistesgegenwart;

2. dem europäischen Fußballspiel ist das amerikanische *überlegen:* durch Entwicklung größeren Mutes und durch die gleichzeitige Stählung des Oberkörpers sowie der Arme;

3. dem europäischen Fußballspiel ist das amerikanische *unterlegen:* durch den Vorteil, den in Amerika der körperlich starke Spieler gegenüber dem schwächeren hat und der durch keinerlei Geschicklichkeit auszugleichen ist.

XIII. Resultat und Skalp

Als der Doktor Becker zu diesem Ergebnis gekommen war, pfiff der Schiedsrichter das Wettspiel beim Stande 27 : 6 für New York ab. Die siegreiche Mannschaft demolierte die Torpfosten, um sie als Trophäen nach Hause zu tragen.

An der Untergrundbahn, an der Straßenbahn und an den Autobussen – es war Sonnabend Punkt fünf Uhr nachmittags – erneuerten sich lebensgefährliche Kämpfe.

Vierzehn Dinge in Sing-Sing

Wir wissen nicht, warum das Gittertor, das von den Kanzleiräumen aus abwärts führt, goldgestrichen ist, wir treten ein durch das goldgestrichene Tor und sind starr vor Entsetzen. Schon allerhand haben wir gesehen, gelesen und gehört – aber das da!
Das da ist die Main Cell Hall, jetzt ›Old Cellhouse‹ genannt.
Man stelle sich einen rechtwinkligen Felsblock vor, etwa achtzig Meter lang, zehn Meter hoch, fünf Meter breit.
In diese achtzig Meter Seitenlänge sind vorne fünfundsiebzig Löcher gehackt und hinten auch fünfundsiebzig, obwohl der Block nur fünf Meter breit ist.
In die zehn Meter Höhe sind sechs Stockwerke gebohrt, jedes mit ungefähr zweimal fünfundsiebzig Höhlen.
Der Felsen ist kein natürlicher Felsen: vor hundert Jahren wurde er aus grauem Stein aufgerichtet, solcherart, daß die Höhlungen frei blieben, nicht erst gehackt werden mußten.
Diese Arbeit leisteten Sträflinge, vielleicht Diebe, vielleicht Räuber, vielleicht Betrüger und vielleicht Meuchelmörder, an jener Stelle des Hudsonufers, wo einst die Sinck-Sinck-Indianer bestohlen, beraubt, betrogen und gemeuchelt worden waren von Menschen, die sich und ihren Nachkommen dadurch Reichtum, Macht, Ehre und Standesbewußtsein und vor allem das Recht errungen hatten, Verbrecher unnachsichtlich zu strafen.
Die Sträflinge aber bauten für sich und ihre Nachkommen diese steinerne Wabe.
Drei Jahre arbeiteten sie, von 1825 bis zum Jahre 1828.
Fünfzig Jahre später, 1878, wurde der Bau als untauglich und gesundheitsschädlich erklärt, weil die Menschen in diesen Kerkerhöhlen unweigerlich an Lungenschwindsucht und Gicht zugrunde gingen.
Nach weiteren fünfzig Jahren sind diese 930 feuchten, kalten, niedrigen, engen Steinlöcher noch im Gebrauch und 930 Menschen darin.
Manche für ein Jahr (Sing-Sings kürzeste Mieter) und viele für zehn Jahre, für fünfzehn, für Lebensdauer. (Sing-Sing hat unter

seinen 1730 Insassen nicht weniger als 128 Lebenslängliche, abgesehen von jenen, die jeweils im Totenhaus darauf warten, bis eine Partie Verurteilter beisammen ist und die Einschaltung des elektrischen Stroms sich lohnt...)

Die amtlichen Maße der Zellen lauten: 6 Fuß (180 cm) Höhe, an der Tür 18 Zoll (45 cm) und im Innern 3 Fuß (90 cm) Breite, 7 Fuß (210 cm) Länge.

Darin ist tagsüber ein Klappbett und ein Schemel, in der Nacht auch ein mit Exkrementen gefüllter Eimer und ein Mensch.

Das Kopfende des Bettes stößt an die Querwand, hinter der das Kopfende der jenseitigen Zelle ist, die Beine jedes Häftlings sind gegen die Tür gerichtet.

Eine gußeiserne Platte bildet die untere Hälfte der Tür, ein Gitter die obere. Diese Klapptür, von innen nicht zu öffnen, wird außerdem vom Gefängniswärter mit einem Schlüssel versperrt, und nachdem dies überall geschehen, senkt der Oberschließer noch eine Stahlstange herab, die sich als Riegel vor je fünfundsiebzig menschliche Obdache schiebt.

Auch waschen muß man sich auf dem Gang. Wo wäre denn in der Zelle Platz dazu?

Rings um den Zellenblock und über ihn ist ein Haus gestülpt. Der gemauerte Deckel ist größer als der Inhalt, und als Zwischenraum bleibt ein Korridor, auf dem die Wärter patrouillieren und die Gefangenen sich morgens in Reih und Glied stellen, um gemeinsam ihre Eimer zur Senkgrube zu tragen.

Auf einem der Höfe ist etwas zu sehen, was es in keinem anderen Gefängnis der Welt gibt: ein Vogelhaus.

In bunten Käfigen hüpfen, zwitschern und plappern Zeisige, Kanarienvögel, Papageien und sogar Kolibris.

Auf die Frage, wie sie herkommen, erfahren wir, es seien Geschenke an die Gefangenen. Ja, aber warum sind die Vögel dann nicht in den Zellen?

»Wo? Im alten Zellhaus? Binnen drei Tagen würden sie sterben. Oft richten Gefangene Mäuse oder Ratten ab, doch selbst diese Tiere krepieren schnell, sie halten die Luft dort nicht aus.«

Der Mensch, der diese Luft aushalten, in diesem hundertjährigen Dumpf Nacht für Nacht schlafen muß – was Wunder, daß er morgens froh ist, herauszukommen, und sei es auch nur in die shops, in die unhygienischen und mit längst überholten Maschinen versehenen Arbeitssäle.

In der Weberei, die die Armen- und Krankenhäuser des Staates New York mit Strümpfen und Unterwäsche beliefert, geht alles drunter und drüber, doch wird uns erklärt, vor acht Tagen habe in der Versandabteilung eine Feuersbrunst gewütet, wodurch der Betrieb desorganisiert sei.

Gleichfalls nur für den Staatsgebrauch gearbeitet wird in der Schuhwarenfabrik, der Blechschmiede, der Bürstenbinderei, der Druckerei und in der Matratzenfabrik von Sing-Sing und jährlich für zwei mal hunderttausend Dollar Fertigware geliefert, abgesehen von den Arbeiten, die man für die Instandhaltung der Gefängnisanlage, der Sträflingskleidung und dergleichen leistet. 185 verschiedene Artikel werden hier erzeugt.

Die Arbeitszeit beginnt mit dem achten Glockenschlag. Mittags um zwölf Uhr rangieren sich die Arbeiter in Reihen und marschieren in den Speisesaal – unter den lustigen Klängen einer zwölfgliedrigen, im Hof postierten Sträflingsmusikkapelle, was ein alter Brauch von Sing-Sing ist. Von ein bis vier Uhr wird die Arbeit fortgesetzt.

Bezahlt wird sie – und das ist die vom nutznießenden Staat verübte Ungeheuerlichkeit – mit anderthalb Cent für den siebenstündigen Arbeitstag.

Das Projekt, den Sklavenlohn auf zehn Cent zu erhöhen, eine noch immer menschenunwürdige Bezahlung menschlicher Kraft, ist nicht Wirklichkeit geworden. Ohne Penny verläßt der Sträfling nach jahrelanger regelmäßiger und fruchtbarer Arbeit das Gefängnis. Und vorher, in der Zeit seiner Haft, kann er die im Wert von drei Dollar per Woche bewilligte Menagezubuße und Zigaretten nicht kaufen, die sich der von Haus aus wohlhabende Zellennachbar leistet.

Der Häftling, der während der Arbeitszeit raucht oder sich sonst gegen eine Anstaltsregel vergeht, wird in eine Korrektionszelle des Old Cellhouse gesteckt und aus der A-Klasse, zu der jeder bei der Aufnahme in die Anstalt automatisch gehört, in eine niedrigere versetzt.

Dadurch verliert er das Recht, jeden Monat an vier Werktagen und einem Sonntag Besuch zu empfangen, monatlich einen Wochentags- und vier Sonntagsbriefe zu schreiben und Gebrauch zu machen von dem Warenkauf bis zu drei Dollar wöchentlich.

Nicht weit vom Speisesaal ist das Vorstandszimmer der Mutual Welfare League, der Gefangenenorganisation von Sing-Sing. Jeder eingelieferte Sträfling ist als solcher Mitglied der Liga und darf an den Wahlen seiner Werkstätte oder seiner Arbeitsgruppe teilnehmen; je fünfundvierzig Mann werden von einem Delegierten vertreten.

Die Delegiertenversammlung konstituiert einen Vollzugsausschuß, an dessen Spitze ein gewählter Sekretär steht und ein Sergeant-at-arms, der den Ordnerdienst bei allen von den Sträflingen veranstalteten Aufführungen und Spielen sowie bei den Mahlzeiten versieht. Die Liga wahrt die Interessen der Häftlinge gegenüber der Direktion und schlichtet Streitigkeiten unter den Gefangenen. Es ist wohl nur dieser Organisation zuzuschreiben, daß in Sing-Sing kein Beamter oder Wärter eine Waffe bei sich hat. (Wogegen zum Beispiel in den Tombs, dem Stadtgefängnis von New York, die Aufseher mit Revolver, Schlagring und Schließeisen ausgerüstet sind, ohne dadurch verhindern zu können, daß in regelmäßigen Zeitabständen einige von ihnen erschossen werden.)

Die Baseballmannschaften der M. W. L. trainieren täglich nach vier Uhr nachmittags auf dem von Tribünen umsäumten Spielplatz am Ufer des Hudson, aber nur einmal im Jahr haben sie das sportliche Vergnügen, ein Wettspiel gegen einen Klub auszutragen: alljährlich kommen die ›New York Giants‹ nach Ossining und schlagen die ›M. W. L.‹.

Während die streitbare Jugend baseballt, geht der gesetztere Mann spazieren oder liest die Tagesblätter, auf die er oder ein Kollege abonniert ist; Austräger und Zeitungsstand sind in diesem Gefängnis nicht geduldet.

Bei Beginn der Abenddämmerung ertönt das Signal: ›Kübel holen.‹ Mit diesem Gefäß in der Hand treten nun alle den Weg zu ihrer Wohnung an. Die Bretter, die das Bett bedeuten, sind aber noch nicht heruntergeklappt, da die im Alten Zellhaus wahrhaft eingelochten Sträflinge nach zwei Stunden wieder geholt werden: sie müssen in die Kapelle zur – Kinovorstellung. Sie müssen, auch wenn sie den faden Film schon vier- oder fünfmal gesehen haben, sie müssen bis halb zehn Uhr nachts hinaus aus ihren Felsenlöchern, denn jede Stunde des Aufenthalts darin erhöht die Sterblichkeitsziffer von Sing-Sing!

Das Spital beherbergt eben zweiundsechzig Kranke, Leute, die fast erblindet sind, Leute, die Gichtknoten an den Knöcheln der Zehen und Finger haben, Tuberkulöse.

In drei Längsschiffe ist die Kirche geteilt, das mittlere dient dem katholischen Gottesdienst, das linke dem protestantischen, das rechte dem jüdischen, auch Andachtsübungen der Heilsarmee und der Christian Science werden hier abgehalten, und jeder Sträfling kann in den Worten seiner Religion vernehmen, daß Gottes Gnade unerschöpflich strahlt. Oder er lenkt seinen Blick verstohlen durchs Fenster und sieht dann den roten Ziegelbau des Totenhauses, in dem die Toten leben, bis man sie zum elektrischen Stuhl schleppt...

Kein Verlaß ist auf die Gnade Gottes! Anscheinend vermag sie ebensowenig durch Zuchthauswälle einzudringen, wie man aus ihnen hinausdringen kann.

Wer denkt nicht an Flucht, wer träumt nicht von Freiheit! Aber überall dort, wo sich die Mauern kreuzen, lugen gläserne Türme über Strom und Land. Die Türmer haben Dienst bei Tag und bei Nacht; ein Griff, und der Scheinwerfer schießt los, um die Spur eines entwichenen Wildes zu suchen.

Der Jagdruf erschallt. Die Bedeutung seines Klanges ist an allen Wänden angeschlagen: ›Im Falle einer Flucht ertönen aus der Alarmsirene durch zehn Minuten Pfiffe von dreißig Sekunden in Abständen von je dreißig Sekunden, während im Falle einer Meuterei fünf kurze Pfiffe von je zwei Sekunden Dauer mit einer Sekunde Intervall ertönen; bei diesen Signalen haben sich sämtliche Wärter eiligst in den Dienstraum des Oberwärters (principal keeper) zu begeben und zu dessen Verfügung zu halten.‹

Im vorigen Sommer kenterte auf dem Hudson, etwa dreihundert Schritte von der Ufermauer des Zuchthauses entfernt, ein Ruderboot. Die Verunglückten, ein Mann und eine Frau, hielten sich über Wasser und schrien um Hilfe. Fast alle Gefangenen boten sich an, flehten darum, hinausschwimmen, Rettung bringen zu dürfen. (Es gibt im Zuchthaus selbstverständlich keinen Kahn.) Die Wärter gaben die Erlaubnis nicht, und vor den Augen von Hunderten rettungsbereiten Menschen mußte das Paar ertrinken.

Vor kurzem fand man in einem Heizraum das Skelett eines Sträflings, der sich vor zehn Jahren hier versteckte, um bei passender Gelegenheit zu entkommen. In seinem Schlupfwinkel war er lieber Hungers gestorben, als daß er sich entdeckt hätte und damit seinen Fluchtplan für immer vereitelt.
Wir passieren den Eingang zur Classification Prison Clinic, die zur kriminologischen Untersuchung der Verbrecher von ganz Amerika bestimmt ist und die Einteilung, Unterbringung und Erziehung der Gefangenen nach Alters-, Bildungs- und Neigungsgruppen vornehmen – wird. Vorläufig hat man damit nur viel Reklame gemacht. Ebenso wie für die außerhalb des alten Komplexes aufgeführten sechsstöckigen Zellentrakte mit 680 beziehungsweise 704 Käfigen; der kleinere Trakt ist nach dem Outside-System gebaut, also mit einem Fenster in jeder Zelle, der größere nach dem Inside-System – ein Block, von einem Haus umgeben.
Die Anlage, mit Wasserspülung und Wasserleitung in jedem Käfig, ist bereits fertig, eine dreifache Kirche im Bau; es fand auch schon eine Exkursion hierher statt, zwecks Verkündigung, mit diesem Neubau hätten die Greuel des alten Sing-Sing aufgehört. Vorläufig sind nur 279 und 308 Sträflinge darin, mehr könne man nicht unterbringen, bevor eine Umfassungsmauer gelegt sei, und das wird lange dauern.
Das Old Cellhouse ist noch immer voll besetzt, und obwohl es als ein Schaustück gräßlicher Vergangenheit gezeigt werden sollte, wie die wenigstens geräumigeren Kasematten der Peter-Pauls-Festung, bleibt es ein Beweisstück gräßlicher Gegenwart.
Gehen wir weiter. Da ist ein funkelnagelneues Ziegelgebäude in freundlichem Rot; hat dreihunderttausend Dollar gekostet und ist sein Geld wert. Offiziell heißt es ›Condemned Cells‹, die Leute von Sing-Sing nennen es das Schlachthaus.
Siebenundzwanzig Zellen der Verdammten: ein Dutzend für Männer (drei sind eben besetzt!), ein Vierteldutzend für Frauen, ein halbes Dutzend Hospitalzellen (für die, die erkrankten und nun geheilt werden, damit man sie hinrichten kann) und ein halbes Dutzend ›Zellen der letzten Minute‹, auch ›der Tanzsaal‹ geheißen, wohin man die Opfer am Morgen des Hinrichtungstages bringt. An diesen siebenundzwanzig Käfigen vorbei führt der Korridor zu dem Raum, der scheu nur ›Dahinten‹ genannt wird...

Hier, meine Herren, sehen Sie den berühmten Stuhl, der den Geist des Mittelalters mit der größten Erfindung der Neuzeit, der Elektrizität, vereinigt. Auf diesem Stuhl – bitte, Sie können ruhig darauf Platz nehmen, der Strom ist nicht eingeschaltet –, auf diesem Stuhl haben schon viele Männer und Frauen gesessen.

Am 7. Juli 1891 wurde als erster Harry A. Smiler in Sing-Sing hingerichtet, seither haben die hierorts exekutierten Exekutionen die Zahl zweihundertdreiundneunzig erreicht; ein Blinder war darunter, zwei Einbeinige (von denen der eine seine Prothese einem besonders feindseligen Gerichtssaalberichterstatter mit dem Wunsche vermachte, er möge sie bald tragen müssen), mehrere Frauen (vor kurzem Mrs. Snyder mit ihrem Geliebten Grey), ein deutscher Priester namens Hans Schmidt, die Brüder Morris und Joseph Diamond und ihr Komplice Giovanni Farina, die in Brooklyn zwei Kassenbeamte einer Bank erschossen und vierundvierzigtausend Dollar erbeuteten, die märchenhaft schöne Gattenmörderin Marta Place. Der prominenteste Delinquent war der New-Yorker Kriminalchef Leutnant Charles Becker, der vier Bravi gedungen hatte, um am 13. Juli 1913 den Spielklubbesitzer Rosenthal erschießen zu lassen, weil er an diesem Tage in der ›World‹ eine eidesstattliche Erklärung veröffentlicht hatte, daß der Herr Kriminalchef an den Einnahmen der verbotenen hazard saloons mit zwanzig Prozent beteiligt sei...

Über der Tür zum ›Tanzsaal‹ sehen Sie das Wort ›Silence‹. Es ist das einzige Wort, das in diesem Saal zu sehen ist, und es ist auch keines zu hören. Dort in den vier polierten Bankreihen sitzen die zwölf Zeugen, die großen goldglänzenden Spucknäpfe sind für den Fall da, daß einem der Zeugen zum Bewußtsein käme, er lebe im zwanzigsten Jahrhundert...

Die Elektrifizierungen finden hier um elf Uhr nachts statt, und zwar am Donnerstag, damit, wenn ein Zwischenfall sie verhindert, noch drei Tage übrigbleiben zur Vollstreckung des Gerichtsurteils: ›... in der am Montag, dem ..., beginnenden Woche vom Leben zum Tode zu bringen.‹

Der Delinquent nimmt so auf dem Stuhle Platz, wie Sie jetzt dasitzen. Die Lederriemen sind daran befestigt, sie müssen nur noch über den Brustkorb, die Beine und die Arme des Mannes geschnallt werden, was kaum eine Minute dauert, da drei erfahrene

Gefängniswärter am Werke sind. Ebenso schnell wird ein Kontakt auf seinem rechten Bein befestigt; ein zweiter legt sich, wenn man die in Salzwasser getauchte Ledermaske über sein Gesicht drückt, auf den heute geschorenen Hinterkopf.

Dann gibt unser Chefarzt, Dr. Sweet, dem Mann am Schalter das Zeichen. Der Mann am Schalter ist Mr. Robert Elliot aus Long Island. Der hat einen feinen Job – hundertfünfzig Dollar für jede Hinrichtung, für einen einzigen Griff am Hebel. Dabei ist er Executioner für mehrere Staaten. Sacco und Vanzetti hat er auch umgebracht. Das war aber ein schlechter Job, denn vor einigen Monaten hat man dafür sein Haus mit Bomben beworfen, und alles ist vernichtet worden.

Er hat also den Hebel nur herunterzudrücken, so daß ein Strom von zweitausend Volt entsteht, der auf fünfhundert Volt herabgesetzt und wieder auf zweitausend Volt erhöht wird. Nach zwei Minuten nickt Dr. Sweet dem Mr. Elliot zu, und der schaltet aus. Wer das erfunden hat, die Electrocution? Wer anders soll's denn erfunden haben als Edison, der alte Zauberer? Aber wie sie von Staats wegen eingeführt wurde, das ist eine echt amerikanische Geschichte, haha, ein Konkurrenzmanöver. In den achtziger Jahren propagierte Edison die elektrische Beleuchtung durch Schwachstrom, dessen Leitung große Kosten verursachte; das von George Westinghouse angewandte Stark- und Wechselstromverfahren kam bedeutend billiger.

Die bedrohte Edison-Gesellschaft wies nun auf die Gefahren der Starkstromleitungen hin und trat für deren Verbot ein. Sie entsandte auch einen Angestellten, Harald P. Brown, nach Albany, dem Regierungssitz des Staates New York. Dort tötete Mr. Brown in öffentlichen Schaustellungen Pferde, Hunde, Katzen und Kaninchen durch Berührung mit dem Apparat der Konkurrenz. Und schließlich drückte die Edison-Company ein Gesetz durch, demzufolge alle Hinrichtungen im Staate New York nicht mehr durch den Strang, sondern durch Starkstrom vorgenommen werden sollten; damit war die Gefährlichkeit des Westinghouse-Systems allen Leuten vor Augen geführt. Business as usual.

Der Delinquent ist tot und wird in den Anatomiesaal geschafft, wo die Ärzte konstatieren, was aus einem lebendigen Menschen binnen zwei Minuten werden kann.

Daneben, meine Herren, ist die Leichenkammer mit sechs Regalen. Was diese kleine Kiste ist? Das ist ein Sarg. Die Verwandten des Hingerichteten können den Leichnam abholen; wenn sie es nicht tun, bestatten wir ihn in Ossining ohne Kreuz und ohne Namen.

Das ist alles, was in Sing-Sing sehenswert ist. Ich empfehle Ihnen, draußen noch einen Blick zu werfen auf den majestätischen Hudson, der mit funkelnden Opalen Fangball spielt, während drüben hinter den herrlichen Felsenpalisaden die Sonne untergeht, die Forste strahlen, alles Frieden und Freiheit atmet. Es ist eine Lust zu leben.

Als Leichtmatrose nach Kalifornien

Die ganze Geschichte, von der ich nicht weiß, wie sie ausgehen wird, ob sie überhaupt ausgehen wird und ob sie überhaupt eine Geschichte wird – denn ich beginne kurz nach ihrem Beginn ihren Beginn zu notieren, heute am 12. Januar 1929, und unsere Reise soll bis tief in den Februar hinein dauern! –

Die ganze Geschichte also begann im Internationalen Seemannsklub in New York. Dort kam ich mit einem Burschen in ein Gespräch. Er hieß Harry Warwick, wie ich später erfuhr, aber voraussichtlich sind weder er noch sein Name von irgendwelcher Wichtigkeit für den weiteren Verlauf der Begebenheit, deren Anlaß und Ursprung er gewesen. Begierig fragte er mich über Deutschland aus, das sich in ihm zu einem Sehnsuchtsland entwickelt hatte, obwohl oder weil er noch niemals jemanden aus Deutschland gesehen oder gesprochen hatte und weil er so viel über Deutschland gehört. Gleich möchte er bei der United States Line anheuern, wenn er nicht schon morgen früh den verdammten Trip nach Oregon antreten müßte. Aber im April sei er wieder hier, und dann gehe es nach Bremen, koste es, was es wolle.

»Morgen segelst du?«

»Morgen um neun.«

»Wie fahrt ihr da?« fragte ich, hatte ich doch keine rechte Ahnung, wo das liegt: Oregon.

»Die Küste entlang bei Pennsylvanien, Maryland und South Virginia. In Georgia stoppen wir, von dort geht's nach Florida und dann hinüber zum Panamakanal, durch, und hinauf nach Los Angeles und San Francisco und bis Portland, das ist schon Oregon.«

»Teufel«, sagte ich, »möcht ich da gerne mitfahren!«

Wer hätte denn etwas anderes gesagt? Wenn jemand eine besondere Reise antritt, muß er diesen Satz hören, oft mit humoristisch sein sollenden Beifügungen: ›Können Sie mich da nicht im Koffer mitnehmen?‹, ›Brauchen Sie nicht einen Sekretär oder jemanden, der Ihnen die Stiefel putzt?‹

Aber selten kriegt der Sehnsüchtige die Antwort, die mir der junge Matrose Harry Warwick gab: »Nun, so fahr doch mit.«

»Wie?« fragte ich, denn ich glaubte, nicht richtig verstanden zu haben. Wie sagst du? sollte das etwa heißen. Aber er verstand: Wie mache ich es, um mitzufahren? Und erwiderte, ich möge ihn jetzt einfach begleiten, sein Schiff, die ›Hiawatha‹ lichte morgen früh Anker, vielleicht nehme man mich mit.

»So schnell kann ich nicht weg.«

»Nun, sobald du Zeit hast, meldest du dich im Sea Service Bureau und sagst: ich will als Seemann gehen. Da schickt dich der Clerk auf irgendein Schiff, das Leute angesprochen hat. Das muß dich aufnehmen.«

»Ich bin doch kein Seemann!«

»Wen kümmert das etwas! Wenn du zur See fährst, bist du einer. Jeder, der zur See fährt, ist ein Seemann.«

Da war etwas mehr oder etwas weniger darin als eine Behauptung des guten Harry: es war eine allgemeine amerikanische Banalität, ›Are you a good sailor‹ ist nicht etwa die Frage, ob man ein guter Angehöriger der Marine ist, sondern ob man nicht seekrank wird. ›My wife is a bad sailor‹ – nicht ein schlechter Matrose, sondern zu Seekrankheit neigend.

»Aber ich habe doch keine Papiere!«

»Du brauchst nur das erste!«

»Hab ich auch nicht.«

Ganz groß sah mich Harry Warwick an, er hatte sieben Meere durchschifft und allerhand Menschen gesehen, heute sogar einen, der geradewegs aus Deutschland kam – aber daß jemand, und gar dieser schon ohnedies Absonderliche, nicht einmal das Erste Bürgerpapier der Staaten habe, das war dem Seemann Harry Warwick denn doch noch nicht begegnet.

»Macht nichts. Wenn du auf die Löhnung verzichtest, kannst du überall mitfahren. Da steckt der boos'n deinen Lohn ein – das tun sie immer, wenn sie einen work-a-way haben . . .«

»Wen . . .?«

»Einen Studenten oder einen Kaufmann, der anheuert, um seine Reise unentgeltlich zu haben.«

»Wie hast du das genannt?«

»Einen work-a-way, einen, der sich seinen Weg erarbeitet, das kommt oft vor, meist so Burschen gegen zwanzig. Wie alt bist du denn?« – »Zweiundzwanzig.« – »Na, das ist gerade noch gut.

Kannst Mittwoch fahren mit der ›Hannawah‹, das ist unser Schwesterschiff. Sie liegt neben uns, bei India Street in Brooklyn. Sie segelt schon am Mittwoch. Komm mit mir, du wirst Dave Dunge treffen – er ist boos'n auf der ›Hannawah‹, du kannst es gleich ausmachen. Ich hole ihn ohnedies ab.«

So gingen wir in ein Billardlokal, nachdem mir Harry noch eingeschärft, ich möge mit Dave Dunge nicht über Politik sprechen, er interessiert sich zwar nicht dafür, aber es sei besser so.

Dave Dunge spielte Billard oder das, was man hierzulande so nennt, ein Spiel für Amerikaner und Kinder, mit sechzehn verschiedenfarbigen und numerierten Kugeln, die durch Anspielen mit der weißen in sechs Seitentaschen des Bretts zu karambolieren sind. Nur zwei Regeln scheint es zu geben: daß man den Rock ablegen, aber Hut und Revolverfutteral anbehalten muß.

Dave Dunge war entzückt zu hören, daß ich als work-a-way anheuern möchte und ihm meine Löhnung zu überlassen geneigt sei, immerhin 42 Dollar im Monat, wie ich bedauernd vernahm. Er legte gleich das Queue nieder, zahlte der herbeischießenden Mulattin seinen Teil vom Billardgeld, und selbdritt wanderten wir zum Brooklyner Hafen, wo wir alle wohnten: Dave auf der ›Hanawah‹, Harry auf der ›Hiawatha‹ und ich am Ufer bei Mrs. Field, 104 Columbia Heights. Wir kehrten noch in eine Flüsterkneipe ein. Darauf bestand Dave Dunge, und ebenso darauf, unsere neun Glas Whisky zu bezahlen, mich dadurch sozusagen mit Handgeld verpflichtend.

Am liebsten hätte er es wohl gesehen, wäre ich gleich an Bord mitgekommen. Das tat ich um so weniger, als ich erfuhr, daß das Schiff fünf Tage in Baltimore vor Anker liegen werde. »Kann ich nicht erst in Baltimore an Bord kommen?« fragte ich. »Bis zum 10. kann ich auf jeden Fall meine Angelegenheiten in Ordnung bringen. Ob das bis Mittwoch geht, weiß ich nicht so bestimmt.«

»Alles recht. Wenn du bis Mittwoch nicht da bist, kommst du nach Baltimore. Ich nehme keinen anderen auf. Am 9. abends bist du an Bord, wir machen dann noch eine Nacht. Ich hab dort ein Mädel – Harry kennt sie. Auf Pier 9, Locus Point, Baltimore and Ohio Railroad liegen wir.« (Er schrieb mir das auf.) »Hast du Arbeitsanzug und Stiefel? Alles recht, ich borg dir einen guten Overall und Stiefel.«

»Ist es auch ganz sicher? Ich möchte die Bahnfahrt nach Baltimore nicht vergeblich machen.«

»Perfekt sicher.« Handschlag.

Die letzte Frage hatte ich nur gestellt, um seine Besorgnis zu zerstreuen, daß ich's nicht ernst meine.

Meinte ich's ernst?

Es war eine schwierige Sache. Einerseits: ich kann Florida sehen und Kalifornien mitsamt Los Angeles und Hollywood, und San Francisco, wozu ich sonst nicht käme; die Reise von New York dorthin und zurück kostet an 400 Dollar, die ich bei weitem nicht besitze.

Andererseits: fünf, sechs Wochen meiner für Amerika bewilligten Aufenthaltsdauer durch eine vielleicht langweilige, vielleicht stürmische Seereise auf einer alten Frachtkiste totzuschlagen, bei jämmerlicher Kost, in einem schmutzigen Bett (so fürchtete ich damals – oh, hätte ich doch wenigstens ein schmutziges Bett!) und bei achtstündiger Arbeitszeit!

Zweiundzwanzig Jahre! Dieses Alter hat mir Harry Warwick geglaubt. Das sei gerade noch recht!

Guter Harry! Ich bin doppelt so alt, und diese zweiundzwanzig, die ich mehr zähle als zweiundzwanzig, sind nicht wie die ersten zweiundzwanzig, worin ja Kindheit und Schule inbegriffen sind: nein, diese zweiten zweiundzwanzig sind zweiundzwanzigmal 365 Tage und Nächte mit Arbeit und Affären und Aufregungen, mit Wünschen und Erfüllungen und Nichterfüllungen, mit Gasthauskost und fremden Betten und Frauen und einem Weltkrieg. Und jetzt soll ich da eine fremde Arbeit beginnen, auf fremdem Frachtkahn in eine fremde See?

Nein, ich meinte es doch nicht ernst.

Und ich zählte meine Barschaft. Sie reichte so ungefähr für eine Fahrkarte nach San Francisco und einen Aufenthalt von etwa vierzehn Tagen in San Francisco oder Chicago, vorausgesetzt, daß ich dort in der gleichen Preislage leben könnte wie in New York. Aber nicht mehr zur Rückreise, verflucht! Es wäre schade, die Amerikareise gemacht zu haben und nichts als New York und Chicago zu sehen. (Meine Rückreise-Schiffskarte nach Europa hatte ich schon in Berlin gelöst.)

Nach meiner Vorlesung in der New Yorker Volksbühne hatten

mich die Veranstalter gefragt, ob ich nicht in ihren Ortsgruppen im Westen lesen wolle, dreißig Dollar für einen Abend. Das mußte ich ablehnen, denn das hätte kaum für die Spesen gereicht. Wenn ich nunmehr nach dem Westen unentgeltlich fahren kann, bleibt nur die Rückreise nach New York zu bezahlen, und diese ließe sich von den Vorträgen decken. Ich fragte telefonisch an: »Seid ihr noch bereit, die Tournee zu arrangieren?« Sie bejahten. So, jetzt meinte ich es ernst!

Den Koffer ließ ich bei Mrs. Field, 104 Columbia Heights, Brooklyn, und fuhr nach Baltimore. Meine New Yorker Freunde, denen ich von diesem Reiseentschluß Mitteilung machte, konnten sich allesamt in Bekundungen aufrichtigen Neides nicht genug tun, bewunderten die ›Kühnheit‹ meines Entschlusses und behaupteten, ich sei ein ›Mordskerl‹.

Dies muß reproduziert werden, weil ich betonen will, daß ich von Anfang an meine Fahrt nicht im geringsten als beneidenswert empfand und nicht als beneidenswert empfinde, daß ich mir von ihr weder Abenteuer noch Sensation versprach, sie eher als Zeitvergeudung ansah, daß ich damit weder originell noch ein Kopist Jack Londons sein wollte; daß ich mir viel beneidenswerter erschienen wäre, hätte ich meinen Weg nach dem Westen im Pullmanwagen zurücklegen können, und daß mein Entschluß kein Entschluß, geschweige denn eine Kühnheit und noch weniger die Äußerung eines Mordskerls war, sondern nichts weiter als das traurige Ergebnis einer klaren Rechnung, einer Aufnahme des Vermögensstandes.

Über Washington fuhr ich nach Baltimore. Am 9. Januar um ein Viertel eins mittags war ich im Weißen Haus, am Abend selbigen Tages kletterte ich, mein Ränzlein auf dem Rücken, von Pier 9, Locus Point, Baltimore, das Fallreep empor auf S. S. ›Hannawah‹. Dave Dunge begrüßte mich. In seiner Kabine auf dem Poopdeck sollte ich mein Bündel ablegen und gleich mit ihm in die Stadt gehen, sein Mädchen warte auf ihn. Wenn wir wieder an Bord kämen, würde er mir einen Schlafplatz anweisen.

Die Nacht war mehr als wüst, ich weiß nicht, ob es wichtig ist, sie zu beschreiben, es scheint jedoch, sie werde auf mein Bordleben nicht ohne Folgen bleiben. In Hull Street pfiff er durch die Finger, einen langen und zwei kurze Pfiffe, und schon stand Deborah vor ihrem Haus. Sie war Anfang der Dreißig, nicht eben häßlich, obzwar sicherlich nur aus Höflichkeit oder Kameradschaftlichkeit der gute Harry Warwick in New York so verzückt bestätigt hatte, wie hübsch sie sei.

Und dann ein Saloon mit vier oder fünf kleinen besetzten Tischen und einer dicht umstandenen Bar, der Whisky, laut Etikett der Flaschen, ›Old Kentucky‹, aber sicherlich nicht O. K. Wir tranken, ergatterten schließlich einen Tisch, aber Dave segelte zur Bar, um dort große Reden zu halten und schließlich zu würfeln. Als wir gegen Mitternacht mit dem Antrag, endlich aufzubrechen, zu Dave Dunge an die Theke kamen, lehnte er ab.

Unser Tisch war inzwischen besetzt. Dave würfelte und war so betrunken, daß er Deborahs nicht achtete. Wir wurden abgedrängt von ihm. »Komm mit mir weg«, sagte Deborah. »Kann ich nicht machen«, erwiderte ich, nicht nur, weil Dave mein Chef war. Sie war wütend, nun noch überzeugter, ich sei ›etwas Besseres‹, und vermutete,ich wolle mich nicht zum besten halten lassen.»Komm«, flüsterte sie mir zu, »wir sind gleich zurück. Ich warte auf dich, Hull Street 19.« Sie ging.

Ich drängte mich zu Dave Dunge. »Hallo, Dave, ich glaube, Deborah ist nach Hause gegangen.« – »Sei sicher, sie kommt zurück.« – »Kann ich mitwürfeln?« – »Nein, das geht nicht mehr.« Es waren sechs Spieler da, die mit ihm um ihren Einsatz kämpften. Er schob mich mit der Hand beiseite.

Noch immer spielte er mit den sechs, schaute nicht auf, als ich ins Lokal zurückkehrte. Dann kam Deborah, er gab ihr keinen Blick. Aber als wir endlich gingen, fragte Dave Dunge: »Wo seid ihr gewesen?« – »Ich war zu Hause«, sagte Deborah. – »Ich weiß.« Das war alles. Er war schlecht gelaunt, obgleich er drei Dollar neunzig gewonnen hatte.

An Bord forderte er mich auf, sein Bett zu nehmen. Er werde sich in das des Lotsen legen.

Und so schlief ich den Rest der Nacht vom 9. auf den 10. Januar in der Koje des Bootsmanns. Das erste- und wohl auch das letztemal.

Als ich am Morgen erwachte, spät, benebelt und vergiftet von dem üblen Whisky, beängstigt aus mehreren Gründen, wimmelte es auf Deck von Schauerleuten, durchweg Polen. Sie löschten merkwürdigerweise, obwohl das Schiff aus New York kam, wo doch sicherlich keine Ladung für Baltimore genommen worden war. Später erfuhr ich, daß die ›Hannawah‹ vor Monatsfrist in Oregon Kupferplatten für die Baltimore Copper Smelting and Rolling Co. geladen und wegen ihrer Schwere auf den Grund der Luken gebettet hatte. Nachdem man in New York den übrigen Kargo gelöscht, konnte man nun in Baltimore darangehen, den kupfernen Grund an seinem Bestimmungshafen auszugeben.

Wir luden übrigens ebenso schwere Dinge – Baltimore, Maryland, ist der Vorhafen Pennsylvaniens, des Stahl- und Eisenlandes –, Stahlröhren, Rundeisen, Zinnblech. Auch drei Lastautos schwebten vom Pier empor und in den Schiffsrumpf hinab.

Möwen schwirrten knapp über den polnischen Arbeitern. Der Hafen, riesenhaft, war voll von Schiffen. Die Fähren mit den Waggons sind stark gewölbt, sie sehen wie überschwemmte Eisenbahnbrücken aus, deren Pfeiler im Wasser stehen. Drüben in Hull Street, rechts zu ebener Erde, wohnt Deborah. Todsicher war der Whisky giftig, fast aller Alkohol ist hier giftig.

Dave kam mich holen, führte mich zum Steuermann und dieser zum Kapitän. Dort unterschrieb ich auf dem Umschlag die Bedingungen, die innen auf dem Bogen standen und mir gar nicht gezeigt wurden.

Nun wurde mir Arbeit zugewiesen; darüber zu schreiben, werde ich später noch Zeit finden, ebenso über das Massenquartier, in dem ich nun allabendlich in meine Hängematte kletterte.

Am 11. waren wir in Norfolk – ich glaube, so schreibt sich das –, einem Hafen in Virginia, nahmen Erdnüsse, Zigaretten und Karbid. Nach Sonnenuntergang segelten wir zur Kohlenschütte, wo ein gigantisches Klistier in den Unterleib der ›Hannawah‹ gesenkt wurde und siebenhundertfünfzig Tonnen hineinspritzte. Auf einem kreisrunden Geleise hoch über unseren Häuptern drehte sich donnernd ein Karussell von Kohlenwaggons.

Ein Lotse kam an Bord. Er lenkte uns vom Ozean in den Savannah River, und am 14. warfen wir im Hafen von Savannah Anker. Ich bekam den Auftrag, Briefe aufzugeben, und ging in die Stadt; am Abend privat ein zweites Mal.

Im Kino hörte ich unter anderem einen Sprechfilm mit Eddie Kantor, dem Curt Bois von Amerika. Man sieht ihn anfangs, wie er am Telefon das Engagement zu dem Sprechfilm abschließt. »Soll ich in englischer Sprache spielen«, fragte er, »oder ist es ein Film über New York?« Man kann das Beifallsgetrampel des Publikums nicht schildern, minutenlang war kein weiterer Witz des kostspieligen Eddie zu vernehmen, so sehr freute sich die Provinz, daß die Metropole eins ausgewischt bekam für ihre Internationalität, ihr Kauderwelsch, ihr Gemauschel.

Der Weg vom Hafen nach Savannah führt durch den Bezirk der Schwarzen. Palmen, ungepflegt und verkümmert, stehen vor den Häuschen aus Lattenwerk, das grau ist wie das Baumaterial in ihrer Urheimat: Lehm mit Kamelmist gemischt. Viel anders sieht es hier zwischen India Street und Lumber Street nicht aus als am Nordrand der Sahara.

Dagegen ist die Kostümierung verschieden: gleich Affenjäckchen hängen die europäischen Kleider von vorgestern und urvorgestern auf ihren Leibern – die Bettler Afrikas in zerlumptem Leinenmantel und zerschlissenem Burnus, die nackten Kinder von den Oasen bei Sidi-bel-Abbès oder bei Tuggurt sehen königlich aus gegen ihre verschleppten und zivilisierten Vettern.

Tragigrotesk die weißbärtigen Neger mit harten Hüten, die schwarzen Matronen mit den längst zerfallenen Heckenrosen auf schwarzem Strohhut. Noch immer, noch immer hocken sie vor Onkel Toms Hütte. Außerhalb der Stadt ist ein Hüttendorf, die Hermitage, aus der Sklavenzeit unverändert erhalten. Die Neger tun heute dasselbe wie damals, sie arbeiten hart in den Baumwollplantagen, tragen und laden die schweren Ballen. Saust ihnen auch die neunschwänzige Katze nicht mehr über den blutenden Rücken, Massa zahlt ihnen nur das, was gerade zum Essen und Wohnen reicht, das also, was sie damals bekamen.

Ich habe die schwarzen Schauerleute nach ihrem Lohn gefragt. Dreißig Cent die Stunde. Für 100 Pfund gepflückter Baumwolle – soviel kann eine Negerin mit ihren Kindern an einem Tage schaffen – bekommen sie einen Dollar, in der Baumwollmühle zwölf Cent für die Stunde.

Der Kai ist ein Hochgebirge von Ballen und Kisten mit wollener Ware. Auf Draisinen bewegen sich dunkle Fahrer von den Stapelplätzen zum Landungsplatz, wo Genossen die Last auf die Hebemasten haken und emporwinden.

Ein oder der andere Ballen platzt. Dann bücken sich die Farbigen und kehren mit den Händen die Watteflocken zusammen, und die schwarze Wolle ihrer Köpfe mischt sich auf der Erde mit der weißen, der teureren.

Auch Kisten mit ›Snowdrift‹ (was so etwas wie Baumwollfett zu sein scheint), mit Harz, Terpentin und Kolophonium werden verfrachtet.

Der Barbier, bei dem ich mich rasieren lasse, erzählt mir, es seien vierzigtausend Neger in der Stadt ansässig, die neunzigtausend Einwohner hat. »Sie haben viel mehr Kinder als wir«, seufzt er, »die Schulen sind voll von ihnen. Was soll werden, wenn sie die Mehrheit haben . . .« – Vielleicht machen sie dann die Weißen zu Sklaven?

Diese kleinen Städte Amerikas haben mit New York nichts gemein, als daß man auch hier englisch spricht, einen weißen Hallenbau für die Saving Bank, die Sparkasse, aufgerichtet, einen Wolkenkratzer auf die Main Street gestellt hat und daß Woolworth eine Filiale besitzt; aber hier hat er Konkurrenz, alle lokalen Ramschgeschäfte benutzen sein ziegelrotes Schild mit den goldenen Buchstaben und der Aufschrift ›5 and 10 Cents Store‹.

Den Drugstore gibt's auch, er dient mehr den Zusammenkünften, seine Bar vertritt den Stammtisch. Überhaupt, was der Drugstore, die angebliche Drogerie, alles ist! Vor allem: Überbleibsel des Blockhauses, in dem der Digger eine Handvoll Nuggets auf den Tisch warf und sich dafür einen guten Sattel aussuchen konnte, ein paar Pistolen, ein Hemd und einen mächtigen Bärenschinken. So vielseitig kann man auch heute noch darin einkaufen: Ansichtskarten, Schinkenbrot, Zahnbürste, Romane, Zigaretten, Eislimonade, Briefmarken, heißen Kaffee, Uhren und Kameras. Wenige Drogerien führen Drogen, ohne daß der Laden deshalb auf seinen Ehrentitel verzichtet – wer möchte, o du Land der Demokratie, wer möchte denn ein Gemischtwarenhändler sein, wenn er ein Drogist sein kann!

Ja, also, außer diesen Kleinigkeiten hat Amerikas Provinz nichts gemein mit Europas Brückenkopf an der Hudsonmündung. Untereinander ähneln sich die Kleinstädte viel mehr. Dafür sorgt vor allem der große Gleichmacher. In New York, wo das Volk gottlos ist, nicht so bedingt an den alleinseligmachenden Himmelsvater der Standardisierung glaubt, wagt er sich nicht auf die Straße, aber in der Kleinstadt unterstützt ›Sears, Roebuck & Co.‹ den Text und die Bilder seines allumfassenden Versandkataloges durch die Schaufenster einer Filiale.

Jeder Staat Amerikas ist von einem aus England herübergekommenen Manne gegründet worden, der sich im Laufe der Jahrhunderte den Titel eines voraussehenden Staatsmannes, echten Philosophen und wahren Menschenfreundes samt zugehörigem Denkmal vor dem Rathaus der Hauptstadt erwarb und der seinerzeit mit einem edlen Indianerhäuptling Frieden schloß.

In Savannah, der Hauptstadt von Georgia, heißt besagter Vereiniger von staatsmännischer, philosophischer und philanthropischer Tugend James Oglethorpe, und sein Partner beim Friedensvertrag war Tomatschitschi, Häuptling der Yamacraws. Außerdem gibt es Helden aus den beiden Kriegen gegen die beiden Erbfeinde: England und die Nordstaaten. Die militärische Tradition hat sich erhalten, man sieht viele Kasernen, und Kinder in Uniformen der Armee.

Der Erfolg von ›The Beggar's Opera‹ (›Dreigroschenoper‹) ist noch nicht bis hierher gedrungen, das Theater hält erst bei dem Reißer ›Regen‹ und kündigt ihn als ›the most talked – of play of the century‹ an. Wenn wir noch erwähnen, daß am 20. Mai 1819 der allererste Überseedampfer ›City of Savannah‹ von hier seine Reise antrat und am 20. Juni des gleichen Jahres in Liverpool eintraf, so glauben wir alles gesagt zu haben, was sich einem schlichten, in den Straßen Savannahs promenierenden Leichtmatrosen an Tatsachen aus der Vergangenheit, Gegenwart und Zukunft dieser Stadt darbietet.

Als unser Schiff Anker gelichtet hatte, kaum zwei Meilen auf dem Fluß zurückgekommen war, dem Ozean zu, grüßte die Dampfpfeife – eine Frau. Sie stand auf einer Insel im Fluß, schwang ein großes weißes Tuch. Die Matrosen erwiderten diesen Gruß, sie kannten sie schon, ›the waving girl of Savannah‹, und der Lotse Captain MacKenzie wußte sogar, daß sie Flora Martin heiße, 65 Jahre alt sei und seit 1880 auf Elba Island stehe und jedem Schiff zuwinke, bei Tag mit dem großen weißen Tuch und bei Nacht mit einer Laterne.

Es soll ein Seemann gewesen sein, den sie geliebt und der sie verlassen hat vor fünfzig Jahren. Sie winkt, denn auf einem Schiff muß er doch einmal vorüberkommen, und er wird wissen: dieser hartnäckige, jahrzehntelange Gruß gilt *ihm*. Er wird an Land gehen, gerührt von solcher Treue, und wird bei ihr bleiben. Dann braucht sie nicht mehr bei Tag und Nacht Tuch und Laterne zu schwingen. Künftige Geschlechter, von Savannah südwärts steuernd, werden sich die Geschichte erzählen, ›das winkende Mädchen von Savannah‹.

Und da wir nun schon einmal bei Liebe und Romantik sind, so wollen wir erwähnen, daß alle Matrosen, die gestern an Land gewesen, sich aus prophylaktischen Gründen eine Einspritzung mit Protargol machten.

In der Nacht auf den 16. steuerten wir in den St. John's River und legten in Jacksonville an. Das ist die letzte Station auf unserer Fahrt nach Süd und West, das letztemal Ufer. Es wurden zehntausend Kisten Grapefruit an Bord genommen. Grapefuit ist die Lieblingsfrucht des Amerikaners, weil sie nicht ein Naturprodukt ist, sondern eine Erfindung, ein Kreuzungsprodukt von Apfelsine und Zitrone, so daß sie nichts riskiert: ist sie sauer, was wollen Sie denn, wie soll sie denn sein, sie stammt doch aus der Zitrone! Ist sie dagegen süßlich und wässerig, so kommt das eben von der Orange her.

Etwa ein Kilometer war vom Landungsplatz zur Straßenbahn zu Fuß zu gehen, ein Weg, auf dem man kaum zu atmen vermochte. Schwefelgeruch von einer Kunstdüngerfabrik füllte die Atmosphäre; an gelben Hügeln arbeiteten Neger.

Eighth Street East stiegen wir in die Straßenbahn ein. Auf den Plätzen waren Aufschriften: ›White‹ oder ›Colored‹. Die Zurücksetzung des Negers war uns überall begegnet, sie schien traditionell und uneingestanden, aber daß ihm von Amts wegen ein anderer Platz als dem Weißen zugewiesen wird, hätte man doch nicht für möglich gehalten.

Die Tram führte uns in diese Stadt Jacksonville, deren Namen wir nie gehört hatten. Vom Winter und von der Arbeit kommend, sahen wir sie. Zuerst: geschnitzte Bretterhäuser, auf kurzen Pfählen stehend, von blühenden Beeten umduftet; auf den offenen Veranden saßen weißgekleidete Männer und Frauen auf Gartenstühlen oder Schaukeln. Das waren die ›Whites‹. Die ›Colored‹

bewegten vorsichtig leicht die Schaukeln oder reinigten die Wege zwischen den Beeten.

Dann begann das Straßenpflaster. Die Stadt öffnete sich, und wir erstaunten. Wunderbare Avenuen mit Alleen gepflegter Palmen verbreiterten sich zu Parkanlagen von tropischer Pracht. Mädchen in ganz hellen, ganz grellen, ganz durchsichtigen Sommerkleidern schritten uns, die wir unvorbereitet waren, entgegen. Andere saßen mit übergeschlagenen Beinen plaudernd an den Tischen der Drugstores und der Automatenresaurants. Weißgekleidete Herren mit Spazierstöcken machten ihnen Fensterpromenade – sind wir in Amerika oder in Spanien, schreiben wir Mittwoch, den 16. Januar?

Auf dem Dach des Y. M. C. A.-Gebäudes (Young Men's Christian Association) spielte man Handball, in den Geschäften wirbelte der ›Elektrische Fächer‹, der Ventilator, über dem Kopf jedes Eiscreme-Essers oder Eislimonadentrinkers, in einem Laden, der dem Skee Ball, einem lustigen Kegelspiel, dient, drängten sich die Leute, Männer mit Schutzbrillen gegen die Sonne verhandelten an den Straßenecken, das Logenhaus der ›Shriner‹, eines Freimaurerordens, war geöffnet, man konnte eintreten durch ein ägyptisches Portal mit grünen Sphinxen und silberblauen Skarabäen und die Altarbrüder im Heiligtum hemdärmelig Billard spielen sehen. Blumen wurden überall verkauft, unwahrscheinlich hellfarbige Blumen, dünn wie aus Seidenpapier, aber dennoch echte Blumen. Ein Block aus Gold, so lag die Sonne zwischen den Häuserreihen.

Auf freiem Platz haltend, lädt ein Autobus zur Rundfahrt nach Fort San Augustin, dem ältesten von Europäern besiedelten Platz Amerikas. Einigen Damen, die unschlüssig sind, beteuert der Fahrer, dort sei noch eine Markthalle für den Sklavenhandel, wo bis zum Bürgerkrieg die schwarze Ware, männliche und weibliche gemeinsam!, unbekleidet!, öffentlich!, feilgeboten wurde. Die Damen stiegen ein.

Wir können nicht das gleiche tun, dürfen nicht länger unter Palmen wandeln, müssen an Bord, die Luken über den nunmehr eingelagerten zehntausend Grapefruit-Kisten schließen, die Taue lösen.

Im Augenblick der Ausfahrt bricht ein Platzregen nieder. Die Küste Floridas entlang schauen wir sehnsüchtig nach den Kastellen und Villen am Zauberufer.

Zwischen Palm Beach und Miami kommen wir nachts an einer riesigen Jacht vorbei. Ihre Masten und Kamine und Geländer sind mit Glühkörpern in den Farben des Regenbogens illuminiert, vom Deck tönt Jazzmusik. Lichte Paare tanzen, eine Dame in Lindengrün, den Fuß auf die Reling gestützt, winkt uns zu, die wir, ihr ewig fremd, vorüberfahren.

Noch ein Schiff überholen wir, einen merkwürdigen Bagger. Er ist zweistöckig, sieht wie ein Puppenhaus aus, die Kabinen sind außenbords offen. Es wird noch gearbeitet an den Pumpen, der emporgeförderte Schlamm geht durch eine kilometerlange Röhre ans Ufer, wo er Ackerland wird.

Da wir zurückschauen, überschneiden die flammenden bunten Konturen des Millionärschiffes die Lichter des Arbeitsdampfers, als ob sie brüderlich beieinanderlägen. In Wirklichkeit trennt sie ein Zwischenraum.

Uff! Das ist schon lange her, seit wir Jacksonville passiert haben, den letzten Hafen unserer Fahrt. Die ›Hannawah‹ hat inzwischen drei Schritte gemacht, jeden Tag einen mit ihren 240-Meilen-Stiefeln, und jetzt schwimmt sie unter dem Kreuz des Südens, sechs Sternen, die abends ein Doppelkreuz bilden, dem Äquator zu.

Nicht leicht war es, das niederzuschreiben, und es wird täglich schwerer. Die Hitze, sie wälzt sich über das Deck, die Hitze, sie wärmt das Wasser der Dusche, die Hitze, sie drängt sich unter den Propeller der Ventilatoren. Nackt gehen wir umher, das Taschentuch, mit dem wir gestern noch bekleidet waren, ist heute gefallen, es klebte sich zu fest an die Haut. Ich habe Schwindelanfälle, die Nächte sind schlaflos, auch außer der Zeit, da ich auf dem Auslug stehe.

Wir fahren eben die Bahama-Inseln durch, Britisch-Westindien, an San Salvador vorbei, wo Kolumbus landete. Morgen geht es zwischen Kuba und Haiti in das Karibische Meer und in die Doldrums – etwas, was mit Windstille und heißen Luftströmungen zu tun hat und wahrscheinlich auch einen deutschen Namen besitzt. In dieser Tropenglut der tropischsten Tropen wohne ich in einem engen Raum mit neun anderen. Es sind sechs Matrosen, ›A. B.‹ genannt (able-bodied seamen), und wir vier Leichtmatrosen, ordinary seamen. Acht haben Kojen, je zwei übereinander angeordnet. Nur ein alter Ordinary, der plattfüßig ist, stottert und als eine Art Narr behandelt wird, und ich hängen inmitten der Stube. Ist es geglückt, in die Hängematte zu klettern, so pendelt sie noch lange, wie wohl meine Wiege pendelte, die ich verlassen habe vor – ja, richtig, vor zweiundzwanzig Jahren. Zwei dicke Laken sind über das Netzwerk gelegt, doch sie verhindern keineswegs, daß ich am Morgen ein Muster von zusammenhängenden Rhomben auf meiner Haut trage.

Wir zehn sind es nicht allein, die den Raum, die ›skants‹, füllen, sondern noch zehn kleine Blechschränke für die Arbeitskleider und die Arbeitswäsche und zwei große Schränke für die Ausgangskleider. Über ihnen ein dreifarbig nacktes, lächelndes Frauenzimmer – Wandkalender einer Firma für Seemannsartikel in Seattle, Washington. Vor jedem Zweibett eine Bank, auf die wirft man Stiefel und Kleider, wenn man sich niederlegt, und unter ihr stehen die Koffer. Wir zwei Fledermäuse haben natürlich keine Bank; unser Gewand muß einfach auf der Erde bleiben, nachdem wir mit Hilfe eines Stuhls zur Ruhe gestiegen sind.

Die Tür ist offen, und die Ölmänner in der Kabine gegenüber lassen ihr Grammophon laufen bis Mitternacht, unterbrochen von Darbietungen auf zwei hawaiischen Geigen.

Man kann die Luft in unserem Schlafsaal nicht als gut bezeichnen, dieweil die Kleider, Wäschestücke und Stiefel, in denen alle tagsüber gearbeitet haben, sich nachts tiefatmend erholen. Auch ist es mitnichten angenehm, bruchstückweise Grammophonmusik zu hören und zu spüren, wie sich die Haut mit einem Muster zusammenhängender Rhomben imprägniert.

Immerhin hatte ich in den ersten Nächten geschlafen, denn die Arbeit ermüdet. Dave Dunge wies sie mir in reichlichem Maße zu; dennoch war ich mir bis zu der Geschichte mit den Briefen nicht klar darüber, ob er mir aufsässig sei. Davon später.

Von acht Uhr morgens bis vier Uhr nachmittags ist daywork. Auf dem Bootsmannstuhl sitzend, wird man den Mast emporgezogen, oben macht man sich das Brett mit einem Knoten fest; dem Knoten vertraute ich anfangs wenig und war allzeit bereit, wenn er sich lösen sollte, mich mit den Händen am Tau zu fangen und festzuhalten.

Schließlich lernt man es aber, auch an den selbstgeschürzten Knoten zu glauben.

Der Mast wird mit einer Bürste abgerieben, der Kübel mit dem Seifenwasser ist unter dem Schwebesitz angebunden; Anfänger schaukeln bei der Arbeit, und das Seifenwasser spritzt hinab, worauf man von den Untenstehenden als Sohn einer Hündin bezeichnet wird.

Anders ist die Behandlung der Ladebäume. Sind die zu waschen oder zu streichen, so läßt man sie herunter. Man sitzt also nicht mehr, während der Mast steht, sondern man steht, während der Mast liegt, und zwar liegt er in Mannshöhe, festgehalten vom Sockelpflock. Der Inhalt der Eimer klatscht in rasantem Bogen überallhin, das Wasser fließt den Körper hinunter, wer Gummistiefel besitzt – sie reichen bis zum Schritt und kosten vier Dollar –, zieht sie zu dieser Arbeit an.

Senkrecht bleiben die beiden Hauptmasten, wenn sie neues Schiffsgelb empfangen. Um den Kamin zu lackieren, wird man wieder auf dem Bootsmannstuhl hochgezogen, einen Topf mit schwarzer, später je einen solchen mit weißer und roter Farbe unter sich an das Sitzbrett gehängt. Der Kamin hat einen roten Ring und darin eine mächtige weiße Swastika, zu deutsch: Hakenkreuz, das schön und ordentlich zu streichen und dabei der Heimat zu gedenken ich mir nicht nehmen ließ.

Schwarz sind die Windfänge außen zu färben und viele andere Schiffsbestandteile, von deren Existenz ich jetzt scheuernd erfuhr. Vom Teeren aber wollen wir, bitte, nicht reden.

Portland, Heimathafen der ›Hannawah‹, liegt auf der Pazifikseite Amerikas, wohin unser Kurs geht. Wir sind also ›homeward bound‹, und das ist der Grund, weshalb das alles nicht schon auf der vorigen Fahrt, auf der von Portland nach New York, getan worden ist. Allmorgendlich schickt der Chefingenieur dem Bootsmann, unserem Dave Dunge, einen Zettel achtern, auf dem geschrieben steht, was heute zu leisten ist. Dave Dunge weist die Matrosen und uns Leichtmatrosen an, welchen Teil der Aufgabe jeder zu vollbringen hat.

Acht Stunden beträgt die Arbeitszeit. Ich mache nur vier Stunden daywork, vormittags von acht bis zwölf. Dafür muß ich von Mitternacht bis vier Uhr am Bug Wache halten. Ich luge aus. Sehe ich ein Schiff, einen Leuchtturm oder Land steuerbords auftauchen, ziehe ich den Strang der Glocke über der Ankerklüse einmal, kommt eines backbord, so gebe ich ›zwei Glasen‹, ist eines geradeaus, lasse ich ›drei Glasen‹ erklingen. Ist ein Schiff hinter uns, auch wenn es uns vorfährt, so geht mich das nichts an; auszuweichen ist die Sache jener.

Mein Glockenzeichen gilt den beiden Männern auf der Kommandobrücke, dem Navigationsoffizier und dem Rudergänger, einem A.B.-seaman. Sie haben in ihrem Häuschen nicht so feinen Ausblick und sind mit Kompaß, Steuerrad und Karte beschäftigt.

Der Kollege, der von acht bis zwölf Dienst hat, weckt mich zwanzig Minuten, bevor mein Dienst beginnt. Wenn die Glocke auf der Brücke Mitternacht schlägt, nur achtmal läutet sie, gehe ich auf meinen Platz. Nichts sehe ich stundenlang als ein riesenhaftes Lager von Staubkohle, durch das wir waten; ein wenig glitzert der pulverisierte Anthrazit unter unseren Schritten. Das ist das Meer, das sind meine Nächte.

Wir passierten die Bahama-Inseln, heute wanden wir uns durch zwischen Kuba und Haiti, zwischen Haiti und Jamaika – Inseln, wo Zauber wohnt und das Paradies noch lebt. Was waren sie für mich? Kuba: ein Glockenzeichen, Haiti: ein Glockenzeichen, Jamaika: zwei Glockenzeichen!

Mitten in die Seekarte sind die Verhaltungsmaßregeln gedruckt für Hurrikane, das heißt für Schiffe, die in einen Hurrikan geraten. Bis jetzt ist nichts von einem Herannahen des grausen Karussells zu merken, toi, toi, toi. Wir haben genug daran, daß sich die Sonne mit ihrer ganzen Last auf uns legt, als ob wir Hängematten wären, und daß unter uns das Meer nichts ist als rieselnder Kohlenstaub.

Zu Anfang amüsierten mich die fliegenden Fische. Sie fliegen nicht – vielleicht ist ihnen die Luft zu heiß –, sie schwirren aus dem Wasser empor und sausen die Oberfläche entlang wie flitzende, blitzende Kieselsteine, von kundiger Hand der Dorfjugend über das Wasser des Teiches geschnellt. Jetzt schaue ich ihnen nicht einmal mehr zu, obwohl sie leuchten bei Nacht.

Auf der Kommandobrücke wird auch geläutet, alle halben Stunden: um halb ein Uhr nachts: ein Glas, um eins: zwei Glasen und so fort bis zu den acht Glasen, die für den Offizier, den Rudergänger und mich das Ende des Dienstes bedeuten. Diese klingenden Zäsuren verlängern die Zeit des Wartens nur. Die Sterne schaukeln und springen, wenn sie wissen, jemand beobachtet sie von der Spitze eines Schiffes.

Zwanzig Minuten vor vier Uhr klopfe ich an die Kabinentür des Ersten Offiziers, so lange, bis er mir die Tatsache, daß er erwacht ist, mit der Formel bestätigt: ›Go to hell, damned fool.‹ Dann wecke ich den dritten Rudergänger, der sich hierfür mit den Worten: ›Dry up, you son of a bitch‹ bedankt. Und schließlich versichert mir mein Kollege, den ich auf den Beginn seines Dienstes aufmerksam mache: ›I don't give a shit...‹

Allmählich aber kommen sie alle vor, und ich darf wieder in mein Netz, mich bis halb acht Uhr morgens mit Rhomben imprägnieren lassen. Frühstück, hernach Tagesarbeit, Mittagessen im Meßraum, und nachmittags kann ich, kardanisch gehängt, schlafen, wenn ich's nicht vorziehe zu schreiben.

Das Karibische Meer, durch das wir jetzt schwimmen, ist die erste Landschaft, die die Gespräche der zehn Schlafgenossen beeinflußt. Jeder weiß – es scheint eine verbreitete Jugendlektüre in Amerika zu sein –, daß hier der Bukanier sein Handwerk trieb, der Seeräuber des siebzehnten Jahrhunderts, der Schrecken der spanischen Kauffahrtei in Westindien. Östlich von uns – so nah an Nikaragua und so fern von uns, daß ich nicht einmal den Glokkenstrang ziehe – sind die Inseln der Piraten, Saint Andrew und Old Providence, Berge darauf. Steile Ufer, vorgelagerte Korallenriffe und ein Felsen, der die Züge des Korsarenhäuptlings Morgan trägt und ›Morgan Head‹ heißt, ließen den Pfeffersäcken und ihrer Armada den Versuch nicht ratsam erscheinen, das Nest ihrer Peiniger auszuheben. Dennoch haben die ihre Beute, ungeheure Schätze von Gold und Edelgestein, anderswo aufbewahrt – all das liegt auf der Cocos-Insel vergraben. Viele hundert Schiffe haben sich aufgemacht, den Räuberhort zu finden, aber alle erlitten Schiffbruch, wenn sie sich dem Eiland näherten. Wie wär's, Jungens, wollen wir es einmal versuchen?

Die Matrosen und die Leichtmatrosen erzählen mir, der ich in der Mitte des Schlafraums schwebe, gleich Mohammeds Sarg in der Kaaba, mit Begeisterung von den Freibeutern und ihren Kaperschiffen. Ihre Begeisterung gilt den Piraten, nicht mir. Warum sollten sie für mich auch nur Sympathie empfinden? Ich bin der ungeschulteste Arbeiter, offenkundig ein Außenseiter, kenne die Personen und die Lokale nicht, um die die Gespräche gehen, und die Aufsässigkeit Dave Dunges (davon später) trägt nicht dazu bei, mich beliebt zu machen. Und doch werde ich als einer der Ihren angesehen, denn ich habe etwas mit ihnen gemeinsam: ich habe Jack London gelesen und liebe ihn, wie alle rings um mich. Wir sprechen von dem Ende des Romans ›Martin Eden‹, das dadurch nicht weniger unwahrscheinlich wird, daß der Autor später selbst dieses Ende nahm, und wir sprechen von der ›Eisernen Ferse‹ ... Darüber ist viel zu sprechen.

Heute wuschen wir das Bootsdeck, nachmittags war Feueralarm, abends stürmische See. Dazwischen ein Tag, eingeschnürt in eine Schlinge des Äquators, wir glaubten zu ersticken.

Wir sind nahe dem Panamakanal, von wo wir Post senden können. Verschiedene Dinge, Wäschestücke, Papier, zollfreie Zigarren, Parfüme usw., kann man beziehen, der Funker notiert die Bestellung und wird sie bei der Einfahrt dem Kommissionär übergeben. Auch ich habe Briefe aufzugeben und den Wunsch nach hundert ägyptischen Zigaretten und komme daher heute, 23. Januar, neun Uhr, zum Radiomann, dem ›sparks‹, der sich, wie oft, mit mir unterhält, während die Kurzwellen einander Geschichten erzählen, von Weltmeer zu Weltmeer, schnurrige Geschichten und surrende Geschichten von Weltteil zu Weltteil.

Plötzlich wird er blaß und nimmt den Hörer.

Aber er würde ihn nicht brauchen, ich höre so wie er: ... — — — ...
S–O–S.

Rettet unsere Seelen!

Es ist still geworden von Weltmeer zu Weltmeer, von Weltteil zu Weltteil; alle surrenden und schnurrigen Gespräche haben zu verstummen, wenn dieser Aufschrei ertönt: SOS.

Die Station Kuba ruft in den Äther: »Wo bist du? Gib uns deine Position.«

Antwort: SOS.

Weiter nichts als der Hilferuf. Das Schiffsradio der Schiffbrüchigen hat zu hören aufgehört, wahrscheinlich ist der Empfänger schon vernichtet, der Funker drückt nur auf den Taster ... — — — ... mit einem neidischen Blick auf jene, die sich in die Rettungsboote schwingen und vom Hurrikan wieder emporgeschleudert werden. Sie hegen noch Hoffnung auf Rettung ihrer Seelen. Nicht mehr retten kann sich der Funker. Man sieht die Todesgedanken, man sieht diesen Todeskampf von Menschen über tausend Meilen hinweg, in derselben Sekunde, gleichzeitig. Unheimlich ist das und beklemmend.

Irgend jemand irgendwo scheint von nichts zu wissen und funkt. Ganz schrill – denn sie ist uns besonders nahe – ruft die Station Colon im Panamakanal ihr ›kusch‹ ins All: QRT.

Die Stille im Funkraum ist das Echo der Stille, die in der Unendlichkeit eingetreten ist – bis auf das Knacken der Luftelektrizität. Luft und Wasser sind Mordkomplicen. (Preist nur die Natur, ihr Naiven!)

Kuba fordert dringend Auskunft: »Deine Position! Deine Position!«

Niemand antwortet Kuba.

Nicht einmal das ...–––... ist mehr zu hören. Ungerettet blieben die Seelen.

Schon will das Gezwitscher und Gesurre wieder beginnen, da tönt ein neues SOS in den Raum. Unfern dem ersten ausgestoßen, aber von einer anderen Station: ...–––... Anschließend ein Radiogramm. Unser Funker, angeschnallt die Hörer, schreibt: ›SOS SOS SOS de KOPD KOPD KOPD KOPD: SS Dannedaiki sinking Lat. 37,56 north, Long. 59,37 west. Require immediate assistance. Any ships near position please report.‹

Zwei Minuten Totenstille. Dann eine Antwort an den Kapitän der sinkenden ›Dannedaiki‹: »KOPD de PDMQ Master KOPD. Our position about 75 west yours. We are coming your assistance at once. Please keep us informed your ...... weather. Signed Master SS President Harrison.«

Und fürchterlich und unglaublich: mitten in diese Antwort stößt ein drittes Schiff den dreifachen Todesschrei aus: »SOS SOS SOS de IXB IXB IXB Lat. 38,05 north, Long. 60,12 west. SS Florida... and lost rudder... Wind west force 10, seas high... please... need help.«

Auch ihr, der mindestens steuerlosen ›Florida‹, wird zu helfen versprochen: »IXB de . . . 39,54 north . . . 4 west . . . you . . . changed course for your position . . . Signed Master SS America.«

Unser Funker knüllt seine Radiogramme zusammen und wirft sie in den Papierkorb. Wir können nicht helfen, sind viele Breitengrade südlicher und viele Längengrade westlicher. (Nachts, da ich von der Wache gehe, hole ich die Telegramme aus dem Korb.)

Märchenhaft die nächtliche Einfahrt in den Panamakanal, vor allem für uns, die wir die Lichtgirlanden der Städte lang entbehrt haben. Hier spiegeln sie sich golden in seichtem Gewässer, in das wir mit ein Drittel Dampf einfahren, ganz langsam, und dann den Anker rollen lassen. Rechts ist Dschungel, links eine weiße Stadt. Ihre Landungsplätze blitzen wie des Sultans Marmorpalast im Goldenen Horn.
Bei Tag sehen wir das alles viel deutlicher und schöner und haben Zeit, es zu betrachten, denn viele große Schiffe ›sind im Begriffe, auf dem Kanale hier zu sein‹ (Goethe), und sie kommen vor uns dran; die deutsche ›Isis‹, das französische Schlachtschiff ›Edgar Quinet‹ mit vier Kaminen, das drüben am Kohlenhafen bunkert, Frachtkähne mit Brettern aus Kalifornien, ein Dampfer mit Eisenerz aus Chile, ein Kabelleger, die französische ›Miriam‹, die Gefangene für das Bagno an Bord haben soll, vier Frachtschiffe der Luckenbach-Linie, ›James Luckenbach‹, ›Julia Luckenbach‹, ›Edward Luckenbach‹ und ›Paul Luckenbach‹, ei der Tausend, da muß doch schon die ganze Familie Luckenbach komplett sein, Ölschiffe, ein Postschiff ›Mongolia‹ und nicht weniger als zwanzig Schiffe der Kriegsflotte, darunter ein Dreadnought.
Von Toro Point hinüber nach der Marinestation und dem Torpedohafen von Coco Solo Point verkehrt eine aus Zement gebaute Fähre. Hydroplane schwingen sich vom Wasserspiegel in die Lüfte. Die weiße Stadt ist Colon, gehört zu Panama und soll gutes Bier, gute Schnäpse und gute Zigarren haben. Jenseits des Eisenbahngleises hinter den Landungsbrücken liegt die Stadt Christobal. Das ist schon Kanalzone, also USA, Prohibition herrscht und amerikanisches Rauchzeug. Glücklicherweise ist's für Christobals Yankees nur drei Minuten weit zu den irdischen Genüssen.
Südlich von Christobal steht eine Druckerei am Ufer, das Trokkendock, der Friedhof ›Mount Hope‹ und eine Raffinerie. Das Trokkendock und den Friedhof haben die Franzosen angelegt und drei Kilometer ›Kanal‹, einen schmalen, von den Amerikanern nicht

verwendeten Durchstich, der niemals zum Transport der Schiffe, sondern nur der Spekulation dienen sollte: wurde ein neu vollendeter Kilometer gemeldet, so schnellten die Börsenkurse empor. Unzählige Familien Frankreichs wurden finanziell zugrunde gerichtet, weil sie dem Namen Lesseps und der Unfehlbarkeit der heimatlichen Ingenieure glaubten. Mehr als ihr Geld verloren Tausende, die hierher zogen, um an dem Sieg des französischen Unternehmungsgeistes und der französischen Technik mit eigener Hand mitzuarbeiten. Das gelbe Fieber hat sie geholt. Vom Deck unseres Schiffes sehen wir den Friedhof ›Mount Hope‹ mit den Kreuzen und Hügeln über den wahren Opfern des Panamaskandals.

An Bord kommt der Agent der Schiffahrtsgesellschaft und bringt Zeitungen mit, ›The Panama Tribune‹, ›Panama-American‹ und ›Star and Herald‹, die zweisprachig sind. (›Pagina deportiva‹ heißt die Sportrubrik auf spanisch!)

Auf die vorgestrigen Schiffskatastrophen bezieht sich nur eine kurze Meldung in den Blättern. Das erste Schiff, dessen SOS wir vernahmen, war der britische Frachtdampfer ›Tessbridge‹ mit 38 Mann Besatzung; ohne Zweifel ging er unter. Über das Schicksal der sinkenden ›Dannedaiki‹, die ein amerikanischer Öltanker ist mit einer Bemannung von 33, und das der ›Florida‹, italienisch, Bemannung: 35 und Passagiere, ist nichts bekannt.

Ausführliche Erläuterungen über die massenhafte Anwesenheit der amerikanischen Kriegsmarine finden wir in den Blättern. Nichts Geringeres hat sie zu verhindern als die Zerstörung des Panamakanals. Wann soll denn die Vernichtung erfolgen? Schon in der nächsten Woche! Und wer ist es, der dieses Zerstörungswerk beabsichtigt? Neun Schlachtschiffe, ein Flugzeugmutterschiff ›Saratoga‹, viele kleinere Einheiten und 97 Flugzeuge. Und woher kommt diese Flotte? Vom Stillen Ozean, sie nähert sich bereits dem Orte Balboa. Und wer ist diese Kriegsmacht? Sie ist die ›Black Fleet‹. Und welchem Staat gehört sie? Sie gehört den USA. Das Ganze ist das diesjährige große Flottenmanöver.

Keine Angst, die ›Blaue Flotte‹ wird die schwarze schon zurückschlagen! Obwohl wir vom Angriff des bösen Feindes überrascht worden sind und nur vier Schlachtschiffe und auch weniger Torpedoboote als er bei der Hand haben, nur 24 Aeroplane, den Flugzeugtender ›Lexington‹ und 22 Wasserflugzeuge! Wir besiegen ihn, bevor wir Verstärkung durch die vom Norden des Atlantiks heransegelnde Hauptflotte bekommen! Gelingt es ihnen dennoch, den schwarzen Schurken, uns zu überrennen, dann sollen sie an unserer Festungsartillerie im Kanal ihre blauen Wunder erleben, und auch die Infanteriebesatzung an den Schleusen ist bis zum letzten Mann entschlossen, ihren angestammten Panamakanal vor Vernichtung zu schützen.

Ich gehöre zu der Bemannung des Frachtschiffes ›Hannawah‹, das in diesem brudermörderischen Kampfe strengste Neutralität bewahrt. Pazifistisch und neutral, wünschen wir beide Parteien zum Teufel, denn wir müssen ihretwegen warten. Nacht, Tag und wieder Nacht. Wir werden ungeduldig.

Mit einer elektrischen Signallampe fragen wir über drei Meilen und viele Schiffe hinüber den Leuchtturmwächter, wann wir endlich in den Kanal dürfen: ›When do we move?‹ Antwort: ›I will find out.‹ Schließlich buchstabiert er mit zuckenden Lichtern zu uns herüber: Morgen um sechs Uhr vormittags.

Und so geschieht es. Ein Lotse steigt ein und einige nonchalant zerrissene Eingeborene. Sie haben die Seile zu knüpfen, an denen wir durch die Schleusenkammern geschleppt werden. Große grüne Zitronen, Kokosnüsse, Bananen und Ansichtskarten bringen sie an Bord, wofür sie so viel Geld verlangen, daß niemand etwas kauft. Wahrscheinlich hat jemand diese Preise für die Passagierdampfer festgesetzt, und niemand kam auf den Gedanken, bei der Mannschaft der Frachtschiffe nach niedrigerem Tarif zu verkaufen. Für Alkohol bekämen sie freilich so viel, wie sie wollten. Aber sie dürfen keinen an Bord bringen, darauf steht eine Strafe von 200 Dollar oder zwei Monate Haft. Das Schmuggelgeschäft betreiben andere – größere und hellere Herren.

Übrigens machen sich die schwarzen Westindier nichts daraus, daß ihnen wenig abgekauft wird. Mit dem nackten Hintern, der aus den Resten ihres Hosenbodens lugt, setzen sie sich im Kreis auf Platten glühenden Eisens, das Deck, und spielen Domino.

Die Lemon Bai durchfahrend, sehen wir noch einmal den ›French Channel‹, wie aufgedämmt aus Straßenkot von planschenden Kinderhänden und doch das Corpus delicti eines Massenmordes.

Wir kommen durch die drei Schleusen der atlantischen Seite, die

Gatun-Locks. Jeder dieser flüssigen Fahrstühle hebt uns etwa zwölf Meter empor, denn das Niveau der panamischen Seen liegt 34 Meter über dem Meeresspiegel. Auf der pazifischen Seite, bei Pedro Miguel und Miraflores, werden wir drei ebenso hohe Stockwerke hinabsteigen müssen.

Was aber liegt dazwischen?

Dazwischen liegt das Weltwunder.

Dazwischen liegt der vollführte Entschluß, aus einem Weltteil zwei Weltteile zu machen.

Dazwischen liegen 44 Meilen, die den Westen des Erdballs dem Osten um 8000 Meilen näher brachten, als er seit der Erschaffung der Welt war.

Dazwischen liegt eine Barauslage von 34 Milliarden Dollar. Die Kosten anderer Kanäle, des Suezkanals mit 127 Millionen, des Kieler Kanals von Nordsee zu Ostsee mit 40 Millionen und des Kronstadt-Leningrad-Kanals mit 10 Millionen Dollarkosten, sind wohlfeile Anschaffungen dagegen.

Dazwischen liegt menschliche Arbeit.

Sie mußte zur Korrektur der Natur geleistet werden. Die wehrte sich verzweifelt. Sandte Erdrutsch auf Erdrutsch gegen das Werk. Schickte Armeen von Moskitos und Wolken des gelben Fiebers gegen die Arbeiter. Feuerte die heißesten Strahlen und hetzte Alligatoren und Krokodile gegen den, der vor der mordenden Sonne ins Wasser zu flüchten versuchte.

Wie unschuldig und verführerisch die Landschaft jetzt daliegt! Leicht gewellt dehnen sich die beiden Urwälder, die aus dem einen geworden sind, backbords und steuerbords dem Himmel zu. Farnkräuter, groß wie Palmen, und Palmen, ohne Stamm wie Farnkräuter. Ein ungeahntes Grün und ein ungeahntes Gelb sind die Komponenten dieses tropischen Dschungels, nur Gauguin hatte solche Farben auf seiner Palette. Am Gipfel der flachen Hügelwellen, die der Horizont sind, vereinigt sich das Laubwerk zu Kegeln, als stünde dort ein Dorf von runden, geflochtenen Hütten. Über dem totenstillen Wasser, durch das wir fahren, schaukeln blauschimmernde und hellviolette Schmetterlinge. Vögel stelzen oder springen am Ufer umher, samtene und seidene.

Hinter dem Gestrüpp sind Sümpfe und Schlamm versteckt. Von den Menschen, die hier jahrelang gearbeitet haben, durfte es niemand wagen, in den Schatten zu gehen. Auf beiden Seiten des dichtestbelebten Schiffahrtsweges ist jungfräuliches Gebiet.

Auch zwischen Felsen windet sich die Strecke zeitweise hindurch, sie ist hier eingleisig, man muß die Schiffssirenen schrillen lassen und an einer etwas verbreiterten Stelle warten, wenn über der Felsenspitze signalisiert wird, von der Pazifikseite komme ein Dampfer.

Gestein, Land und Schlamm wegzuschaffen, das war die erste Arbeit für den Panamakanal, der Durchstich; Dynamit, Schaufel und Bagger die ersten Hilfsmittel. Dann erst kam der Damm, das Land zwischen den Seen in Wasser zu verwandeln, indem man den Chagres River in einem Reservoir auffing. Und schließlich errichtete man die Maschinenanlagen, um die Schiffe von der Tiefe des Meeres zur Höhe des Kontinents zu heben und von der Höhe des Kontinents wieder zur Tiefe des Meeres zu senken, ihnen mit elektrischen Linealen den Weg von Kammer zu Kammer zu weisen.

Ein ausgeruhtes Köpfchen hat berechnet, daß ein Lastauto, beladen mit der diesem Isthmus entrissenen Erde, zweimal so lang sein müßte wie der Äquator, 165 Millionen Kubikmeter wurden bis zu zwölf Meilen weit weggeschafft.

Mehr als eine halbe Million Kilogramm Dynamit war der Monatsbedarf innerhalb des Jahres, in dem der Kanalbau zum Culebra Cut vorschritt. Hier wurde ein steinerner Riesenberg mit Luftkompressoren tief durchlöchert, in jedes der Löcher eine Tonne Dynamit gestopft und elektrisch entzündet, bis er gesprengt war, um Raum für den künstlichen Strom zu schaffen. Hatte sich der Urwald schleichend gerächt – das Felsenmonstrum rächte sich vehementar: urplötzlich, als die Menschenhand ihr Werk schon vollendet glaubte, brach sich der gespaltene Leib nochmals selbst entzwei, stürzte hinab, alles zerschlagend und verlegend.

Je vier schmalspurige Lokomotiven, wie Tanks gebaut, ziehen das Schiff in die zementene Staumauer empor oder hinab; ihre Geleise krümmen sich schärfer aufwärts als die Berg- und Talbahn des Lunaparks.

Steht man am Bug des Schiffes, so sieht man das Wasser in die nächste Schleusenkammer strömen, sich aufbäumend und schäumend und tobend muß es von dorther, wo man es nicht mehr braucht, dorthin, wo man es braucht.

Nachdem wir die drei Treppenstufen auf der Atlantikseite erklommen haben, hören die elektrischen Kanalschlepper auf, uns zu ziehen, nur die Neger, die uns an die kleinen Lokomotiven gebunden und wieder losgebunden haben, bleiben an Bord und spielen vierzehn Stunden lang Domino. Diese vierzehn Stunden lang fahren wir mit eigener Kraft ganz langsam, bis wir gegen Mitternacht auf einem anderen Weltmeer auftauchen.

Woran hat uns dieser Tag vorbeigeführt! An Flamingos und an Baggern, an Krokodilen und Leuchtbojen, an Kolibris und an den schwimmenden Demag-Drehkränen ›Ajax‹ und ›Herkules‹ mit je fünfzig Tonnen Hebekraft, an Port Miguel mit seinen glasgedeckten Veranden und seinen goldenen Palmengärten und an schwimmenden Gesteinsbohrern, an den Ruinen der französischen Maschinen aus der Zeit des ersten Panamatraums und an kobaltblauen Schmetterlingen, an fliegenden Fischen und einer schwimmenden Kraftstation.

Und an unerfreulichen Dingen. An Kasernen zum Beispiel, luftig gebaut wie Bungalows und anscheinend doch nicht bewohnbar, denn lange Reihen von Zelten stehen davor, der Eingang mit Gaze verhängt. Darin schlafen die, die sich von den Werbeplakaten an den Straßenecken locken ließen. Zwei Jungens, man weiß nicht, ob sie Pfadfinder oder Soldaten sind, sitzen am Schleusenkai. Wir fragen sie: »Hallo, guys, you belong to the army?« – »Sure, we stay in Camp Clayton.« – »Have you been here a long time?« – »Two months, and jail looks good to us.«

Sie meinen damit, jedes Zuchthaus scheine ihnen ein Paradies, seit sie hier in Garnison sind. Wir sehen aber auch das Zuchthaus in concreto. Die schwarzen Westindier, vom Dominospiel aufstehend und scheu ans Ufer lugend, flüstern mir zu, wer abends die Drähte berühre, sei gleich tot. Canal Zone Penitentiary ist eine lückenlos geschlossene Holzhalle im Einschnitt des Gambo-Hügels: ein Glasturm mit Maschinengewehr für den Wächter; auf einer terrassenförmigen Erhöhung die Häuser der Beamten. Das ganze Tal: ein Käfig aus stählernem Draht.

Marine – die ›Blaue Flotte‹ – fährt vor uns, neben uns und hinter uns, und überall gibt es Befestigungen und Geschütze.

Zwischen den Staukammern sind breite Dämme, und auf diesen spielt sich etwas ab, was wir längst vergessen haben: Leben. Festländisches Leben. Wir starren hinunter. Drei Mädchen – einander untergefaßt haltend – gehen spazieren. Ein weißgekleideter Herr zieht vor ihnen seinen mit Luftlöchern geschmückten Strohhut. Männer ohne Rock tragen dort, wo der Gentleman seinen Revolver trägt – ein Telefon, das heißt ein Hörrohr mitsamt Mikrophon und Draht; von Zeit zu Zeit gehen sie zu einem der Zementkandelaber, schalten sich ein und sprechen.

Ich habe – seit zehn Tagen zum erstenmal – Strümpfe und Schuhe angezogen, Hosen und ein Hemd mit Kragen und Krawatte. In Miraflores, der letzten Schleuse, frage ich vom Deck herab einen der Knaben, die auf dem Kai spielen, ob er mitkommen möchte. Der Kleine sagt nichts. »Ne sais-tu pas répondre?« schilt die Gouvernante. »Ah, Madame est française?« – »Non, Monsieur, je suis de la Suisse.« – »De quelle ville, Madame?« – »De Berne.« – Dütsch? Ja, dütsch. Reden wir deutsch. Von Berner Burgern und Bürgern. Sie hat schon lange nicht mehr Deutsch sprechen gehört. Freilich, freilich kennt sie Herrn Dr. W., er ist ein Freund ihres Vaters.

Wir stehen uns jetzt gegenüber, auf gleicher Plattform. Als das Gespräch begann, schrie ich von vier Meter Höhe hinab, jetzt bilden Deck und Kai eine Fläche. »Das ist ein sehr gelehrter Mann, der Herr Dr. W., und auch ein netter Mensch ist er, hier aber gibt's keine besonders netten Menschen, überhaupt keine Ansprache, ich möchte . . .«

Bei jedem Wort muß sie einen Schritt vorwärts gehen, denn unser Schiff sinkt, sie ist schon nahe an dem Seil der Lokomotive, am liebsten möchte sie es überspringen.

»Bleiben Sie heute in Balboa?« fragt sie herunter.

»Nein, wir fahren gleich weiter«, rufe ich hinauf, dorthin, wo ich nur ihre Beine sehe.

»Schade«, ruft sie.

»Sehr schade«, schreie ich, ich sehe auch ihre Beine nicht mehr. Das letzte Tor der letzten Schleuse öffnet sich, der Panamakanal entläßt uns, wir fahren in den Pazifischen Ozean hinaus.

Am Ende des Piers von Miraflores weist ein transparenter Pfeil nächtlichen Schiffen den Weg. Unter dem Lichtpfeil steht das Mädchen aus Bern. Sie winkt mit dem Taschentuch. Die drei Kinder, die sie zu betreuen hat, müssen auch winken, obwohl sie nicht

wissen, warum. Hier spielt sich das Ende eines Romans ab, der nicht begonnen. Vielleicht wäre er von Claude Farrère.
Ein Motorboot kommt heran, macht an uns fest, der Lotse klettert die Strickleiter herab. Nach ihm die Neger, sie drängen sich am Heck des Kahns zusammen.
Beleuchtet sind die Straßen von Panama, Hauptstadt der Republik, beleuchtet die Fenster von Balboa, der Festung des Kanals, und ihrer auf den vorgelagerten Inseln zum Herstellungspreis von zwölf Millionen Dollar ausgebauten Forts. Sogar auf Palo Seco, einer Sammelstelle für die amerikanische Leprakolonie von Agua Bendita in Kolumbien, brennen Lichter. Achtern funkelt noch der Pfeil oberhalb der Schleuse von Miraflores. Aber darunter ist niemand mehr, der mir winkt.
Old Panama liegt im Dunkel, es ist eine Ruine. Vor dreihundert Jahren hat Morgan, der große Pirat, die Stadt eingeäschert.
Wir dampfen südwestlich bis Cap Mala und den siebenten Breitengrad entlang, ganz nahe dem Äquator. Bei der Insel Quileo, zur Republik Panama gehörig, wenden wir Nordwest. Es geht an vielen Staaten vorbei: Costa Rica, Nicaragua, Honduras, San Salvador, Guatemala, Mexiko.

Gewiß, auch die Anstreicharbeit hat ihre Nachteile. Die Befürchtung, daß die Strippe, mit der man seinen Schwebesitz in einer Höhe von sechs Metern befestigt hat, nicht kunstgerecht-dauerhaft geknüpft ist, gehört nur örtlich zu den höchsten der Gefühle. Zu ebener Erde arbeitet man sicherer.
Ganz mechanisch läßt sich's allerdings auch unten nicht machen. Nach ehernem Brauch müssen bestimmte Teile des Schiffes in bestimmten Farben gestrichen werden, die Ankerspills und die Innenseite der Windfänge, die Alarmglocken, die Feuerlöschgeräte, die Hydranten und das Geländer der Kommandobrücke zinnoberrot, die Türen braun, die stählernen und hölzernen Mastbäume ledergelb (buff), das ganze Deck, Reling, Davits, Funkenrahe, Maschinen und Winden zuerst mit roter Bleifarbe und dann schwarz, Rettungsboote und Wände oben weiß und unten mastgelb. (›Finishing color‹ steht auf den Farbtöpfen – nie habe ich daran gedacht, daß das Wort ›Firnis‹ vom lateinischen ›finis‹ kommt.) Man muß achtgeben, daß der Pinsel mit einer Deckfarbe nicht aus-

rutscht, fährt er in den andersfarbigen Teil, so ist alles verdorben. Die Lacke besudeln den Körper des Anstreichers, und die Tropensonne brennt diese Flecke ein. Für ewig? Mit heißem Wasser und Seife gehen sie nicht weg, am allerwenigsten unter der Seewasserdusche.

Schwellen und Türklinken sind aus Messing und werden mit ›grease‹ poliert (weiß der Teufel, wie die Putzpasta, Schmiere und alle diese Dinge auf deutsch, geschweige denn auf Seemannsdeutsch heißen).

Weitaus am schlimmsten ist es, die alte Farbe und den darunter befindlichen Rost von den Eisenplatten des Decks abzukratzen. Der steel scraper, den man mit beiden Händen festhält, macht keine Haarstriche. Man muß aufdrücken, sonst geht nichts weg, kein Stäubchen des tief eingefressenen Rostes. Wenn man aber aufdrückt – zuerst entsteht auf dem rechten Daumen eine Blase und auf beiden Handflächen Schwielen. Man will schlau sein, stützt den Kratzerstock nicht mehr auf den Daumen, sondern auf die anderen Finger. Auch hier bilden sich Blasen, und der Anfänger glaubt, dadurch, obwohl er noch nicht eine einzige Platte fertig hat, von weiterer Entrostungsarbeit befreit zu werden. Stellt sich als Irrtum heraus. Er kann Handschuhe anziehen, was ihm früher nicht eingefallen ist, da die anderen keine anhaben.

Im Personalstand unseres Schiffes sind zwei definitive und mehrfache gelegentliche Änderungen eingetreten; kurz nach Abfahrt von Jacksonville erkrankte ein Matrose und stöhnte nächtelang vor Unterleibsschmerzen, bis in Lemon Bai ein Arzt an Bord kam, Blinddarmentzündung konstatierte und den armen Kerl, dessen Zustand sich in den langen Tagen der Seefahrt sicherlich verschlimmert hat, nach Colon zur Operation nahm; er wurde auf der angeseilten Matratze in ein Spitalsboot hinabgesenkt.

Glücklicher war ein Heizer, der im Maschinenraum stürzte, sich den rechten Unterarm und den Beckenknochen brach. Er war deshalb glücklicher, weil sich der Unfall in Culebra Cut ereignete und er schon wenige Stunden später, bei Pedro Miguel, ärztliche Hilfe bekam; er humpelte vom Deck zu einem Wagen des nahen Ancon-Hospitals. Die anderen Fälle waren Fußverstauchungen und ein Durchfall mit Fieber.

Vertretungen mußten erfolgen, und so habe ich zwei Tage in der

Mannschaftsmesse und vier Tage in der Offiziersmesse als Steward fungiert. In der Mannschaftsmesse ist der Zinnteller mit Suppe, dann der mit Fleisch und Gemüse und der mit Pudding aufzutragen und schließlich die Blechtassen mit Kaffee.

In der Offiziersmesse wird vor dem Essen der Tisch gedeckt, die Bestecke, Zucker- und Butterdosen und die Servietten in ihren Ringen angeordnet. Es gibt eine Speisekarte, und jeder Offizier kann eines von den beiden Fleischgerichten wählen; serviert wird hier in Porzellantellern und Porzellantassen. Die ›steam table‹, worin die aus der Küche geholten Speisen warm gehalten werden, steht nicht wie bei der Mannschaft im Eßzimmer, sondern in einem Nebenraum, der Pantry. Zwei Mittagessen sind zurückzustellen: für den eben wachehabenden Offizier und den im Dienst befindlichen Ingenieur.

Nach dem Frühstück ($^{1}/_{2}9$), dem Dinner ($^{1}/_{2}12$) und dem Supper ($^{1}/_{2}6$ Uhr) sind in der Pantry die Schüsseln, Gläser, Teller und Tassen zu waschen, die Speisereste wegzuschütten und das Eßzimmer zu reinigen.

Kaltes Fleisch und eisgekühlter Tee bleiben nach dem Abendbrot auf dem Tisch für die Offiziere, die in der Nacht von der Wache kommen.

Während ich auftrage oder, an die Anrichte gelehnt, darauf warte, bis der Gang vorbei ist, werde ich vom Kapitän oder von den Offizieren ins Gespräch gezogen, befragt, und man disputiert mit mir. Äußerliche Betonung eines Standesunterschiedes, das Distanzhalten und das Katzbuckeln, der Begriff des Respektverhältnisses, all das, was in Europa und insbesondere in Deutschland jeder Zigarrenfritze von seinem ›Untergebenen‹ verlangt, existiert nicht. Man spricht mit dem Fabrikbesitzer, dem Präsidenten des Verwaltungsrats, dem Chef genauso wie mit dem Laufburschen; der Kapitän bittet den Öler um eine Zigarette, ein Leichtmatrose fragt den Ersten Ingenieur um Feuer. Sie sind durchaus nicht alle gleich, sie sind sogar viel ungleicher als in Europa, aber da sich jedermann nur nach dem Dollar bemißt und vom anderen weiß, ›wieviel er wert ist‹ (dieser Wertbegriff wird auch in allen Biographien, Nekrologen, Handbüchern und Festreden ziffernmäßig angewendet), und da jedes Dollarplus ein Plus der Lebensform bedeutet, das durch keinerlei andere Eigenschaft ausgeglichen werden kann, so ist die Hervorkehrung des Unterschiedes überflüssig.

Von Kaiser Franz I. wird erzählt, daß er beabsichtigte, allabendlich mit den Bauern seines Schloßdorfes Kegel zu spielen, diesen Wunsch jedoch aufgab, als ihn bei der ersten Partie ein Bauer fragte, wann er denn die Leibeigenschaft aufheben wolle.

Keiner der amerikanischen Kaiser hat eine solche Frage zu befürchten, denn Kaiser und Bauern denken über alles gleich und sind nicht nur für die Beibehaltung der allgemeinen Leibeigenschaft, sondern auch der allgemeinen Geisteigenschaft, Kaiser und Bauer lesen genau dieselben niveaulos aufgemachten Zeitungen, genau dieselben hirnverbrannten Magazine, dieselben phantasielos-abenteuerlichen Kurzgeschichten, alle sehen dieselben Kitschfilme, und alle hören das uniformierte Programm des Radios, des Grammophons und der Sonntagskirche. Ob sie nun für Hoover oder für Smith gestimmt haben, sie sind begeistert darüber, daß Hoover Präsident wurde, da er persönlich ein hochanständiger Mensch ist – wäre Smith gewählt worden, könnte er jetzt der hochanständige Mensch sein. (Das ist übrigens überall so: vor drei Jahren habe ich in Warschau den Pilsudski-Putsch erlebt, die vier Tage, in denen sich auf den Straßen die Leichen häuften, bis am Morgen des 16. Mai 1926 Pilsudski in der allgemeinen Meinung ein ›persönlich hochanständiger Mensch‹ geworden war.)

Außerdem sei Smith Katholik, und die Religion bleibe besser von der Politik fern. Wirft man bescheiden ein, daß Hoover Protestant sei, also die Religion auch bei ihm nicht von der Politik fernbleibe, bekommt man zu hören: das sei etwas ganz anderes, ein Protestant wird nie . . ., aber bei den Katholiken, ha, ›ich habe einen Katholiken gekannt . . .‹, ›in unserer Stadt war eine katholische Familie . . .‹ Über die Minderwertigkeit der Neger – über die Notwendigkeit der Todesstrafe – daß Sacco und Vanzetti vielleicht unschuldig gewesen seien, aber man durfte sich von Schreiern nicht einschüchtern lassen – darüber, daß es zum Teufelholen ist, kein Glas Bier trinken zu können, die Prohibition jedoch aufrechterhalten werden muß, ›weil die Arbeiter am Samstag ihren Lohn vertrinken würden‹ – über Automobilmarken und Lebensfragen ist man sich vollkommen einig.

Die Gespräche und Ansichten und Ausdrücke, die mathematisch gleichen, die man von Kaufleuten auf Manhattan und von Beamten in Washington und von Arbeitern in Pennsylvanien gehört hat, hört man in der Offiziersmesse und auf dem Achterdeck wieder. Die Main Street der selbstbewußten Engstirnigkeit führt nicht nur, wie Sinclair Lewis meint, von jeder Kleinstadt des Ostens geradewegs zu jeder Kleinstadt des Westens, sie verläuft auch durch den Broadway New Yorks bis an die Landungsplätze und darüber hinaus auf beide Ozeane. Wir schwimmen auf Gopher Prairie durch den Meerbusen von Tehuantepec.

Was fragt man mich? Warum ›the Kaiser‹ den Krieg ›gestartet‹ hat. Ob er ein Sadist war. Ob die Deutschen froh sind, daß Amerika sie vom Kaiser befreit hat. Ich sehe mich in die spaßige Lage versetzt, Wilhelm II. verteidigen zu müssen, indem ich etwas über die Kriegsursachen sage. O weh! Ich erfahre erst hier, Kaiser Wilhelm habe den Mord in Sarajewo persönlich organisiert, um jedem seiner vielen Söhne einen Thron zu verschaffen.

»Und daß Captain Schweiger der Freund, der beste Freund des Kaisers war, wissen Sie auch nicht?« Nein, ich weiß nicht einmal, wer Captain Schweiger ist! »Der hat die ›Lusitania‹ versenkt mit tausend Frauen und Kindern, mit hundert Amerikanern, und deshalb haben wir sofort den Krieg an Deutschland erklärt.« So? Ich glaube, die Kriegserklärung kam mehr als ein Jahr später. Wir streiten, und schließlich wird der ›World Almanac‹ geholt, ein Buch mit hohen Auflagen, weil es alle Wetten entscheidet und als Hilfsmittel für Kreuzworträtsel unentbehrlich ist.

Ich borge mir das Jahrbuch aus und lese es abends: die Gesetze der Bundesregierung und Gesetze einzelner Staaten, die Kerkerstrafen auf Ehebruch und Bruch des Eheversprechens, die Verbote des Theaterspielens und des Sports am Sonntag, des Unterrichts in der Entwicklungslehre; lebenslänglicher Kerker für jeden, der das viertemal verurteilt wird, auch wenn er nur eine Übertretung des Prohibitionsgesetzes begangen hat. Ich lese das projektierte Gesetz gegen die noch immer vorkommende Lynchjustiz an Negern.

Und ich lese, nicht ohne persönliche Anteilnahme, das Einwanderungsgesetz, besonders den Absatz 2 des Artikels: ›Excluded classes‹, worin jenen die Einreise verboten wird, die der Idee ei-

nes gewaltsamen Umsturzes anhängen und Mitglieder oder Freunde von Organisationen sind, die Unglauben (disbelief) oder Opposition gegen die Regierung lehren; auf die Übertretung dieser Bolschewiken-Klausel steht die strengste Strafe des Einwanderungsgesetzes: fünf Jahre Kerker und Geldstrafe bis fünftausend Dollar.
Das lese ich vor dem Schlafengehen im Meßraum, nicht mehr in meiner Hängematte, denn keine Lampe bescheint sie. Wir liegen schon lange in freier Luft, auch zur Nachtzeit.
Tagsüber gehen wir nackt herum, nur mit dem Hut bekleidet, nicht von wegen ›wenn doch jemand kommt‹, sondern weil Sonnenstich unangenehm ist. Man möchte sich auch die Haut vom Körper reißen, dieses enganliegende unbequeme Kleidungsstück. So ist uns eingeheizt. Brennenden Leibes fahren wir Mexikos Ufer entlang, und was sehen wir dort auf dem Festland, was winkt uns höhnisch herüber? Schnee! Es sind, wie ich der Karte entnehme, zwei feuerspeiende Berge, der Vulcano de Safa (14118 Fuß hoch), auf indianisch Pico Helada genannt, und der Vulcano Colima, 12745 Fuß.

Cap San Lucas ist die Südspitze der kalifornischen Halbinsel, deren unterer Teil zu Mexiko gehört. Wir sind zum 24. Breitengrad emporgestiegen, und noch glühen wir nachts unter dem Kreuz des Südens, noch schlafen wir auf Deck. Aber wir haben wieder Hosen an, wenn wir arbeiten.
Dave Dunge. Kein Zweifel, er haßt mich. Das wußte ich schon in den ersten Wochen der Reise, obwohl er sich verzweifelt zusammennahm – er fürchtete, ich würde in einem der Häfen desertieren. Dann wäre er um sein, das heißt um mein Geld gekommen.
In Jacksonville sah ich den Agenten der Schiffahrtskompanie mit Post an Bord kommen. Wenige Minuten später standen oder saßen die Offiziere und einige Matrosen herum und lasen Briefe. Ich erhielt nichts. Das war mir unverständlich, denn ich hatte in New York gebeten, mir alles nachzusenden. Erst nachts lagen zwei Briefe auf meiner Hängematte, die vorher nicht dort gewesen waren. Uneröffnet. Dave Dunge hatte jedenfalls den Auftrag gegeben, meine Briefe aufzufangen und ihm einzuhändigen, wenn er aus der Stadt komme. Er wollte sich überzeugen, ob mir Debo-

rah schreibe. Möglicherweise hat sie es getan – dann hat er eben den Brief. Bin nicht neugierig.

Ich schreibe diese Tagebuchnotizen entweder im Meßraum oder – bohrt sich die Sonne nicht allzutief in mein Fleisch – irgendwo auf dem Schutzblech sitzend, das befestigt ist über den vier durch das ganze Schiff führenden Röhrenleitungen für Dampf, Frischwasser, Wasserspülung und Wasser für die Feuerlöschschläuche.

In den ersten Tagen machte sich Sid, ein A. B.-seaman, der eine Kreatur Daves ist, an mich heran. »Was schreibst du da?« – »Einen Zeitungsartikel über unsere Reise.« – »Zeig mir, was du schon geschrieben hast.« Er versteht natürlich nicht deutsch, obwohl er auf einem Getreideschiff in Bremen war, von dort einen Abstecher nach Berlin gemacht hat und immer vor den anderen mit mir ›deutsch‹ spricht: »Bringe Sie mir thwei Bier.« Und dann, mit seinen Sprachkenntnissen genugsam imponiert habend, beteuert er: »Oh, I like Berlin. The Köllnischer Fischmarkt – that's a wonderful place.« Hab ich gar nicht bemerkt, es wird wohl in Berlin places geben, die more wonderful sind als ausgerechnet der Köllnische Fischmarkt, aber ich sage: »Oh, yes, it's really a fine place.« Er will also sehen, was ich geschrieben habe. Ich gebe ihm ein paar Seiten, in meinem so unbequem hingekritzelten Manuskript könnte kaum ich, geschweige denn Sid das finden, was er sucht, den Namen ›Deborah‹. Daß es kein Brief an sie ist, hat er wohl gemerkt, denn er ist deutsch, und Deborah versteht nicht einmal die Worte ›bringe Sie mir thwei Bier‹ und ›Köllnischer Fischmarkt‹. Vielleicht aber ließe sich erkennen, wie weit meine Liebe zu Deborah gediehen ist oder ob ich Dave Dunge als gehörnten Liebhaber verhöhne.

»Was kann man denn so viel über unsere langweilige Reise schreiben? Übersetz mir etwas daraus.« Ich lese ihm vor, was ich eben über den Panamakanal notiert habe, und er geht.

Dave Dunge hegt sicherlich keinen Zweifel an den deutschen Sprachkenntnissen seines Spitzels und weiß daher aus Sids Geheimbericht, daß meine Schriftstücke persönliche Mitteilungen nicht enthalten. Trotzdem hängt Dave mir die übelsten Arbeiten an: die Dampfsirene anzustreichen, die auf einer hohen Stange vor dem Rauchfang befestigt ist, oder die Brillen der Mannschaftsaborte zu lackieren. Das tue ich mit sichtlichem Vergnügen. Ich schimpfe nur über den nächtlichen Wachdienst am Vordeck, damit Dave mich auf diesem Posten belasse.

Offen darf er mir seinen Haß ja nicht zeigen, denn er hat meinen Lohn noch nicht in der Tasche. Mit schlechtgespielter Freundlichkeit unterhält er sich mit mir. Ich überlege, ob ich ihm das Geld nicht erst nach der Landung auf dem Ufer auszahlen soll, wo sicherer Boden ist. An Bord würde ich bei einer Rauferei den kürzeren ziehen. Er kann mir auch die Strickleiter wegziehen, wenn ich aussteige ...

Ohne viel raffinierte Gesprächsübergänge zeige ich eines Abends in der Messe meinen Browning. »Muß ihn immer bei mir haben, wohne in Berlin in gefährlicher Gegend, und wenn man so viele Reisen macht ...« – »Hast du ihn denn schon gebraucht?« – »Leider«, brumme ich. »War das Unglück meines Lebens.« – »Weißt du, daß du furchtbar eingehst«, sagt mir einer, »wenn man erfährt, du hast eine Schußwaffe an Bord genommen?« Nein, das wußte ich nicht, hab ich doch die Schiffsartikel unterschreiben müssen, ohne sie gelesen zu haben. Aber ich erwidere: »Hab dem Capt'n den Revolver gezeigt, er hat sich ihn erklären lassen und mir wiedergegeben.«

Seit dieser öffentlichen Vorführung meiner Waffe trage ich sie wirklich in meiner Hosentasche. Nachts lege ich sie unter das Kissen der Hängematte. Sonst würde sie bald verschwinden.

Ich bin wieder Kellner in der Offiziersmesse. Die Gespräche kenne ich schon auswendig. Jeder der Offiziere hat einen anderen Bildungsgang, der eine die Ingenieurhochschule absolviert, der andere war noch beim vorigen Trip ein Öler; der eine hat Will Dunant gelesen, einen der zehn eben modernen Vulgärphilosophen Amerikas; der andere ist informiert über Sigmund Freud (sprich: Professor Fruhd), da seine Frau ganz ›crazy‹ mit Psychoanalyse ist; der eine ist Quäker und hat Smith gewählt, der Captain – nach eigener vertraulicher Angabe – sogar Mitglied des Ku-Klux-Klan, der nationalistisch-amerikanisch-protestantischen Femeorganisation, und gleichzeitig – siehe sein Abzeichen – Mitglied der Freimaurer, die Menschenliebe und Weltverbrüderung zu propagieren glauben.

Sie sind über alles einig. »Der Kellogg-Pakt macht jeden Angriffskrieg in den nächsten dreißig Jahren unmöglich.« – »Sure, die

amerikanische Kriegsflotte (Nachrichten über die eben im Senat verhandelte Cruiser-Bill bringt der Funker) muß die stärkste der Welt sein, aber nur deshalb, weil wir die größte Küste der Welt zu schützen haben.« Die militärische Besetzung von Nicaragua? »Die war notwendig, um dort endlich Ordnung zu schaffen, und man sollte es mit allen mittel- und südamerikanischen Staaten so machen. Und die Weiber und die Pazifisten sollte man einfach einsperren.« Über Sozialisten und ›radicals‹ wird überhaupt nicht mehr gesprochen; woran die aufgehängt gehören, darüber besteht keine Meinungsverschiedenheit. »Die Kerle wollen ja nur Geld machen.« – Lenin? »Aber seien Sie nicht so naiv, der Mann wird schon sein fettes Bankkonto gehabt haben wie alle anderen.«
Nach dem Essen, den letzten Bissen noch im Mund, hasten alle davon – ich brauche nicht einmal die Aschenbecher hinzustellen. Meine Gäste gehören zum Volk derer, die allmorgendlich und allabendlich den gleichen Fraß im Automatenrestaurant herunterschlingen, die sich vor der Arbeit und nach der Arbeit von den Fußtritten des Schaffners in die kompakte Masse der Untergrundbahnfahrer hineinfetzen lassen, sie gehören zum Volk derer, die ihren Sporttrieb vor den telegrafisch bewegten Diagrammen der Baseballwettspiele, ihren gesellschaftlichen Ehrgeiz beim Lesen der Society news, ihren wirtschaftlichen Ehrgeiz bei Betrachtung der Wolkenkratzer und ihren sexuellen Ehrgeiz beim Besuch der Burlesks und anderer leg shows ausleben, ihre literarische Bildung aus ephemeren Kitschgeschichten der Magazine und der Filme beziehen, zur wissenschaftlichen Aufklärung im Gänsemarsch in den High Schools und Colleges antreten und politisch von der Schule und hernach von den klischierten Tageszeitungen ausgebildet werden.
Wohin kann man während der Mittagspause auf einem Schiff rennen? Zwei wollen gemeinsam mit dem diensthabenden Öler im Maschinenraum das Kreuzworträtsel der Zeitschrift ›Individuality‹ lösen. Ein anderer die Biographie Henry Fords im Magazin ›Personality‹ zu Ende lesen. Einige spielen Dame oder Halma in der Kajüte mittschiffs. Die meisten haben sich aus der Bücherkiste, die von der ›American Merchant Marine Library Ass.‹ zur Verfügung gestellt ist, einen der hanebüchenen, mit bunten Illustrationen versehenen Liebesromane ausgeborgt. Kapitän und

Chefingenieur lassen kein Radioprogramm aus, obwohl manchmal alle 35 amerikanischen Broadcastingstationen nacheinander die gleichen, von Reklamen für die Zigarettensorte ›Lucky Strike‹ unterbrochenen Musikstücke senden.

Eine Bäuerin auf dem Balkan hat selbständigere Gedanken, ein Eskimo interessiert sich mehr für Lebensfragen als der Americano. Es ist, als ob ein riesenhaftes Megaphon das in Reih und Glied angetretene Hundertzwanzigmillionenvolk zu streng einheitlichen Übungen in ›individueller Betätigung‹ kommandierte. Jedes Wort, das sie sagen werden, weiß man schon im voraus, es sind ja nicht so viele Worte. ›All right‹ zum Beispiel. Das bedeutet: ›Ganz richtig‹ – ›ja, sehr gerne‹ – ›nein, das macht nichts‹ – ›schon recht‹ – ›aber, bitte‹ – ›das stimmt‹. Und wenn zwischen ihrem ›sure‹ und ›all right‹ etwas eingefügt werden muß, so kommt ein ›damned‹ davor, damit sie Zeit gewinnen, dieses Wort aus ihrem Gehirnmagazin hervorzuholen.

Sie hasten vom Essen weg und stehen bei der Arbeit herum, sie sind das Volk, das in der Pause eilt und sich bei der Arbeit Zeit läßt. (Sklaven und Emigranten werden's schon erledigen.) Mit Vorliebe sprechen sie über den Krieg. Wieso ich denn bestreiten könne, daß die Deutschen die Gefangenen im Schützengraben gekreuzigt, ihnen den John Henry abgeschnitten und in den Mund gesteckt haben? »Well, Sie haben es nicht gesehen, die Front war viele tausend Meilen lang, aber bei uns stand es in den Zeitungen und wurde von der Kanzel herab verkündigt.« Ich brülle, sie sollten sich schämen, zehn Jahre nach dem Krieg solchen Mist zu glauben, der 1914 bei uns auch zu lancieren versucht wurde gegen Belgier und Serben. Nun denken sie, mein Nationalgefühl sei empört, und das tut ihnen leid, sie haben ja nichts gegen die Deutschen, im Gegenteil, sie sind jetzt gegen England: »Wir wollen ja nicht sagen, daß es das deutsche Volk war – unter Millionen Soldaten finden sich auch ein paar sadistische, kriminelle Naturen, das ist doch selbstverständlich. Und die anderen machen es eben nach . . .«

Von Rußland wissen sie auch nur solches Zeug, das scheinbar politisch ist, aber den gewünschten sexuellen Einschlag hat, von der Sozialisierung der Frau (Benützungsdauer: eine halbe Stunde) und von Millionen räubernder, schändender und geschlechtskranker Knaben. »In Moskau betteln doch nachts Menschen auf der Straße, auch Kinder.« Ich halte ihnen entgegen, daß es im reichen Amerika ebensoviel Bettler gibt, unbefugte und ›licensed‹, daß Kinderarbeit noch schlimmer als Kinderbettel ist und daß am Hallowe'en und am Thanksgiving Day die Straßen New Yorks voll armer Kleiner sind, von ihren Eltern oder von fremden Bosses kostümiert und zum Tanzen, Singen und Betteln angehalten. Und die Buben, die in den nächtlichen Waggons der Untergrundbahn ausrufend mit unbeschreiblich schweren Zeitungspaketen herumlaufen? Und in Wall Street die zerlumpten Zehnjährigen, den Börsenbesuchern die Stiefel putzend, statt zur Schule zu gehen? Und . . . meine Diskussionsgegner lachen mich aus: »Das ist business, mein Lieber. Unsere größten Millionäre haben so angefangen!«

Es ist Februar geworden. Noch 1200 Meilen haben wir zu machen, und die Tagesration beträgt 240 Meilen. Jeder wäscht seine Taschentücher, Socken, Hemden und Unterhosen. Auch ich. Nicht sehr gut. Aber ein solch großartiges Kunststück, wie uns das die Frauen weismachen wollen, ist es nicht, das weiß zu machen.

Der Koch, ein schöner irländischer Bursche, gab mir gestern Adressen in Los Angeles an, Lokale, wo man tanzt und Whisky kriegt, wo auch Mädchen hinkommen, die in Filmen mitspielen, natürlich nur in kleinen Rollen, ein Hotel, wo man billig und ungestört wohnen kann, ein gutes Restaurant. Auf meine Frage, wieso er sich so gut auskenne: seine Braut sei in einem Modengeschäft von Los Angeles angestellt. Er zeigte mir auch ihr Bild, das über einem Paket Briefe liegt, sie schreibt ihm nach jedem Hafen und er ihr auch. »Da bist du ja glücklich, daß du übermorgen wieder in Los Angeles bist!« – »Ach was, hol's der Teufel!« Dann brummte er etwas von der verdammten Navy, und als ich fragte, was denn die Kriegsmarine mit seiner Freundin zu tun habe, erklärte er mir die tragikomische Situation einer Seemannsliebe: »Jedes Schiff unserer Kompanie macht im Jahr viereinhalbmal den gleichen Trip, von Portland (Oregon) nach New York und wieder zurück. Es läuft also die Häfen neunmal an. Bei einem dieser neun Hafenurlaube in Los Angeles habe ich meine Braut vor drei Jahren kennengelernt und seither jedes Jahr neunmal gesehen. Ich

war auf der ›Hiawatha‹. Wie's die verfluchte Hölle will, die ›Hiawatha‹ macht immer am Zehnten eines Monats in Pedro (dem Hafen von Los Angeles) fest, manchmal auch einen Tag früher, manchmal einen Tag später, aber immer so um den Zehnten herum, und das ist gerade eine schlechte Zeit für mein Mädel, du verstehst. Zwei Jahre schon geht das so, da ist mir jetzt die Geduld gerissen, und in New York hab ich mit dem Koch von der ›Hannawah‹ getauscht. Der war natürlich froh, zwei Wochen früher in Portland bei seiner Familie zu sein. Die ›Hiawatha‹ segelte also am 3. Dezember von New York, und wir sollten vierzehn Tage später los. Aber wie's die verfluchte Hölle will, kommt die Geschichte mit dem Untergang der ›Vestris‹ dazwischen, die Schiffahrtsgesellschaft schickt eine Kommission zur Untersuchung der Rettungseinrichtungen, dann erscheint eine Kommission vom Hafenamt, und wir müssen Weihnachten in New York feiern. Ich dachte mir nichts dabei, daß wir acht Tage verlieren, denn ob ich am 24. Januar oder am 1. Februar bei meiner Freundin Anker werfe, kann mir egal sein. Da laden wir in Baltimore Kargo auf Kargo und bleiben vier Tage länger. Hol's der Teufel, denke ich, wenn's nur nicht noch ein Tag mehr wird! Das wäre verdammt! Nun, wir segeln am Elften von Baltimore, und ich freu mich, doch zurechtzukommen. Bums, da ist die ganze Kriegsmarine wegen ihrer verdammt blödsinnigen Manöver, und wir müssen zwei Tage in Lemon Bay sitzen, bevor wir durch den Panamakanal dürfen. Und übermorgen sind wir in Los Angeles – am Zehnten.«
Er sah noch einmal den Kalender an, so wie Polikuschka voll hoffnungsloser Hoffnung noch einmal das Futter seiner Pelzkappe durchsucht, ehe er sich erhängt. Nein, das verlorene Geld ist nicht in Polikuschkas Mütze, und auf des Kochs Kalender steht der Zehner blutigrot.

Übermorgen werden wir in Los Angeles sein, und ich werde von Bord gehen. Seit drei Tagen schwimmen wir entlang der kalifornischen Halbinsel, die mexikanisch und feucht ist, morgen überschreiten wir die Alkoholgrenze. Tiajuana, einst nur berühmt durch Pferderennen, ist jetzt das Ziel allabendlicher Autorennen: die Herrschaften aus Hollywood fahren hinüber, um gut zu trinken.

Einen Wunsch an mich hat der Erste Maat, ein leidenschaftlicher Amateurphotograph: ich möge ihm einen Katalog von Zeiß-Jena schicken. Gern, und ich habe auch einen von Goerz zu Hause, den ich nicht brauche. »Ach, Sie werden sicherlich vergessen?!« Da fällt mir etwas ein: »Mate, machen wir einen Tausch: knipsen Sie mich, wenn ich im Hafen von Bord klettere, und schicken Sie mir das Bild. Bekomme ich's, kriegen Sie beide Firmenkataloge.« Er ist einverstanden, ich soll ihn holen, bevor ich aussteige.

Kaum mehr in Erinnerung haben wir die Tage, da wir mit heraushängender Zunge in der Sonnenglut lagen. Kalt ist es, niemand schläft mehr auf Deck. Heute zeigt das Thermometer 50 Grad Fahrenheit, und ein steifer Westwind stößt und rollt unser Boot. Rollt unser Boot dem Hafen zu.

Ich werde ausbezahlt und bringe Dave Dunge meine 42 Dollar 50 Cent aufs Vorderdeck, das von der Kommandobrücke aus eingesehen ist. Droben steht der Captain. Dave sagt kein Wort, während er meinen Lohn in die Blusentasche schiebt.

Nur noch dreißig Meilen nach San Pedro, dem Hafen von Los Angeles! Ein lokaler Wind, ›Santa Ana‹ genannt, von Osten wehend, versucht noch im letzten Moment, uns abzudrängen. Wir schaukeln und dampfen vorwärts. Es ist die Zeit der Flut.

Zweiundzwanzig Meilen lang haben wir das Ufer von Santa Catalina an unserer Backbordseite, die Kaugummi-Insel. Ein vielgepriesenes Eiland, Theater und Kasino sind dort, ein Vogelhaus mit goldenen Pfauen, silbernen Schwänen und orangeroten Flamingos. Unterseegärten, über denen Schiffe mit gläsernem Boden schwimmen, so daß man Meeresgetier und Meeresgewächs beobachten kann. All diese Lustbarkeiten waren noch nicht da, als die spanischen Seefahrer hier landeten und die Insel der heiligen Katharina widmeten.

Der gehört sie nicht mehr, sie gehört dem Mr. Wrigley, dem Kaugummifabrikanten, der das Eiland für eine oder zwei Millionen kaufte, um einen Staat zu besitzen und Herrscher zu sein. Ein neuer Trieb war erfunden und der Menschheit aufgepfropft worden. Zähne und Kiefer der Amerikaner und solcher, die es scheinen wollen, wurden in unaufhaltsame Bewegung gesetzt, auf daß der Kaugummikönig ein wirkliches Königreich erwerben könne, eine große Insel nur für sich allein. – Mr. Wrigley meditierte wie der träumerische russische Hasenfellhändler: Wenn ich der Zar wäre, so wäre ich noch mehr als der Zar, denn ich würde ja außerdem mit Hasenfellen hausieren! Und so hat Mr. Wrigley sein stilles, privates und einsames Reich als öffentliche Vergnügungsstätte jedem zahlenden Gast zugänglich gemacht. Santa Catalina di Chewing Gum!

An einem ähnlichen Unternehmen kommen wir vorbei, bevor wir den Leuchtturm von Fermin Point erreichen, die Südspitze von Los Angeles. Ein alter, zitronengelb angestrichener Schoner ankert seit Jahr und Tag mitten im Meer. Vor zehn Jahren hätte kein Mensch für den Kasten fünfhundert Dollar bezahlt, und jetzt bringt er seinen Besitzern mehr ein als der stattlichste Passagierdampfer. Er ist eine Spielhölle geworden mit Roulette und Bakkarat und Poker, ein Nachtlokal mit Damen und Jazzband und Tanz, eine Trinkstube mit schottischem Whisky und deutschem Bier und französischem Kognak. Regelmäßiger Bootsverkehr bringt allabendlich Gäste aus Los Angeles. Kein Puritanismus und keine Prohibition können dem Lasterschiff etwas anhaben, denn es ankert ja – wenn auch nur fünf Schritte – außerhalb der Küstengrenze. Geschäftsadresse: 35,35 Grad nördl. Breite, 118,15 Grad westl. Länge.

Der Lotse kommt an Bord und geleitet uns in den Hafen. Grün und golden leuchten die Hügel, grün und golden. Pinien hinter Long Beach, am Horizont sind die Bohrtürme von Signal Hill, berühmt durch den großen Petroleumskandal. Fast alles im Hafen dient dem Öl: Zisternenschiffe und Zisternenwaggons, die Ladeschläuche der Pumpstationen, die Schläuche, wie Därme aus den Tankdampfern hängend, die Raffinerien und die über alle Hügel verstreuten Reservoire, die Speicher, auf deren flachen Dächern hunderttausend Möwen sitzen – all das trägt rot und gelb die Aufschriften ›Shell‹ oder ›Standard Oil Company‹ oder ›General Petroleum Corporation‹ oder ›Pan-American Oil Co.‹.

Was nicht Öllager ist, ist Holzlager – ungeheure Waldungen Kaliforniens liegen, gefällt und zu Brettern zersägt, rechts und links unserer Fahrt. Die Kreosotstationen vereinigen beide Substanzen des Hafens von San Pedro, hier wird das Holz mit einem Ölprodukt konserviert.

Wir werfen die Leinen aus und vertäuen auf Berth 158. Die Schauerleute, die ausladen, sind nicht mehr Deutsche und Italiener wie in New York, nicht mehr Polen wie in Maryland, nicht mehr Neger wie in South Virginia und Florida, nicht mehr Westindier wie im Panamakanal, sondern bronzefarbene, glatthaarige Mexikaner. (Amerikaner sind es nirgends.)

Drei Beamte der Hafenbehörde erscheinen an Bord und stellen den hier losheuernden Matrosen die Zeugnisse aus. Auch ich bekomme ein mit dem amerikanischen Adler rundgestempeltes ›Certificate of Discharge‹ eingehändigt, worin der U. S. Shipping Commissioner und der Captain unterschriftlich bestätigen, daß der Matrose E. E. K. ordnungsgemäß abgefertigt wurde und daß sein Charakter very good und seine Fähigkeiten gleichfalls very good sind. Nicht ohne Stolz steckt der Seemann ein solches Zeugnis in die Tasche.

Ich bin fertig. Ziehe meinen Zivilanzug an, Kragen, Krawatte und Hut, packe meine Siebensachen. (Mehr als sieben sind es wirklich nicht.) Der Landungssteg ist ausgeworfen – Dave Dunge steht dort, er hat eine Trosse in der Hand.

Ich gehe in die Kabine zum Ersten Maat: »Wollen Sie mich jetzt photographieren?« – »All right.« Dave Dunge erschrickt, als er mich mit dem Vorgesetzten ankommen sieht. »Ich bin abergläubisch, Mate«, sage ich zu meinem Begleiter, »ich spucke immer in die Hände, bevor ich aufnehme, dann wird das Photo gut.« Lachend spuckt der Maat in die Hände. Dave Dunge wird es wohl als Drohung auffassen.

Das Gesicht rückwärts gewendet, die Hand an der Revolvertasche, steige ich von S. S. ›Hannawah‹ hinab auf Berth 158. Nichts geschieht.

Erst als ich unten bin, schreit mir Dave Dunge den übelsten amerikanischen Fluch zu, den, mich selbst zu schänden: ». . . yourself, ye son of a bitch.«

Die Matrosen neben ihm lachen. Ich rufe hinauf: »I don't need to do it, I have your girl for that. – Brauch ich nicht, dazu habe ich dein Mädel.«

Er spuckt nach mir.

Aus harter Wirklichkeit gehe ich nun nach Hollywood.

Arbeit mit Charlie Chaplin

»Chaplin? Ja,wir können uns inzwischen bei ihm aufhalten, wollen Sie?«
Selbstverständlich wollte ich, denn er ist einer von den Gerechten, um derentwillen Amerika verschont werden muß vor dem Schicksal Sodoms und Gomorrhas.
Ein anderer dieser Gerechten ist der, der mir die Frage stellt, ob wir uns inzwischen bei Chaplin aufhalten wollen. Er heißt Upton Sinclair.
Wir waren eben in einer großen Filmentwicklungsanstalt von Hollywood, wohin Upton Sinclair seinen ›Nash‹ gelenkt hatte, um einen Film abzuholen. Für seine Frau. Sinclair sprach von ihrem Leiden. Sie war von der ununterbrochenen verzweifelten Furcht erfüllt, krebskrank zu werden, obwohl sie vernunftgemäß die Grundlosigkeit dieser Angst einsah. Durch Suggestion und Wachhypnose Heilung suchend, wurde sie auf einen Magnetiseur aufmerksam, der sich bei seinen öffentlichen Experimenten ›Nostradamus‹, privat ›Roman Astoja‹ nennt, aber ein Pole ist und okkulte Fähigkeiten zu entwickeln vermag. Aufnahmen der Trancezustände, in denen sich Roman Astoja Nägel durch Zunge und Arme sticht, enthielt der Filmstreifen, den Upton Sinclair abholen wollte. Er erzählte mir, der Film zeige auch, wie sich Astoja in Long Beach lebendig begraben und auf seinem Grab Fußball spielen läßt.
... Ein Fußballspiel auf dem Grab des Fakirs, fiel mir ganz unvermittelt ein, welch eine Filmgroteske! Für Chaplin! Der Fußballspieler Chaplin fühlt transzendentale Fähigkeiten, wird auf seinen Wunsch lebendig beerdigt, kratzt sich während des Wettspiels bis zur Erdoberfläche empor und wehrt einen gefährlichen Ball ab.
Diesen Einfall sprach ich nicht aus, er paßte nicht zum Ernst unseres Themas. Kein Wort sagte ich.
Aber Sinclair antwortete. Es war jetzt, da er das okkulte Gespräch mit dem Vorschlag unterbrach: »Chaplin? Ja, wir können uns inzwischen bei ihm aufhalten, wollen Sie?«

Ich erwiderte, daß ich längst den Wunsch ausgesprochen hätte, bei ihm eingeführt zu werden, aber noch gestern hatte ich von Filmgewaltigen erfahren, alle ihre Versuche, ihn kennenzulernen, seien gescheitert, und jeder, der sich in Hollywood brüste, Charlies bester Freund zu sein, habe ihn bestenfalls in Henris Restaurant einmal Abendbrot essen sehen.

»Ja, er wird furchtbar überlaufen«, sagt Sinclair, »mehr als hundert Menschen kommen täglich mit irgendwelchen Anliegen, um ihn zu sehen, ihm ihre Begeisterung auszudrücken, mit einem Projekt oder einem Pumpversuch.«

Sinclair stoppt seinen Wagen Ecke Longpré Avenue und La Brea Avenue vor einer Gruppe rotgedeckter Häuschen. Es ist nichts dahinter zu vermuten, am allerwenigsten ein Filmatelier, denn Filmateliers sind in Hollywood gigantisch ummauerte Komplexe mit Gittertoren und Pförtnern, jede Giebelwand für Kinoreklame ausgenützt. Hier ist auf winzigem Metalltäfelchen ›Chaplins Studio‹ graviert, und wir treten ins Büro ein, das heißt zu einem Fräulein, das abwechselnd mit Telefonstiften hantiert und Korrespondenz erledigt. Wir gehen vorbei in den Hof, der wirklich ein Hof ist und auf dem Filmbauten stehen. Anderswo wär er kein Hof, und wär er einer, hieße er ›Stage Nr. 35‹, Eintritt wäre verboten und ein Wächter majestätisch davor postiert.

Zwei Männer begrüßen Sinclair, es war gerade Aufnahme, erzählen sie, und einer sagt: »Dort kommt ja der Boß!«

Der Boß! Der Alte! Der Chef! Wir wenden uns um nach dem Boß. Nach Charlie Chaplin. Wenn er wenigstens in einem anständigen Anzug daherkäme, wie sich's für einen Boß, einen Chef, den Alten geziemt, so könnte er allenfalls außerhalb dieser Zeit – wenn er kein Boß, kein Chef, nicht der Alte ist – jener tieftraurige Vagabund mit den komischen Einfällen sein, den wir so sehr lieben. Aber er naht auch jetzt in den herabhängenden geflickten Hosen, in den geflickten großen Schuhen, mit der verschobenen Krawatte und mit dem zerschlissenen Röckchen. Er kommt eben von der Arbeit, er ist ein Boß, der arbeitet.

»Hallo, Upton«, ruft er von weitem, »daß Sie sich wieder mal anschaun lassen!« Sinclair äußert etwas über den Gast, den er mitgebracht. »Das ist fein«, erwidert der leibhaftige, eigenhändige, höchstselbstpersönliche Charlie Chaplin, und wir schütteln ein-

ander die Hände. Er flucht, seine Arbeit geht nicht vorwärts, er dreht einen neuen Film ›City Lights – Die Lichter einer Stadt‹, aber »jetzt ist wieder ein toter Punkt da, der Teufel soll es holen, wir können ja nicht weiter – wollt ihr mir helfen, Burschen?«
Ja, wir Burschen wollen Charlie Chaplin helfen.
Es ist nicht ganz der Charlie Chaplin aus dem Film. Er kommt zwar aus der Arbeit, aber er ist nicht während der Arbeit, oder, besser gesagt, er spielt gerade nicht. Sein Hut fehlt, das eingedrückte Melonenhütchen, und das Bambusstöckchen fehlt, und das schwarze Zahnbürstchen unter der Nase fehlt. Außerdem sind seine Stiefel gar nicht so überwältigend groß und gar nicht so überwältigend lächerlich, wie sie im Film erscheinen, es sind ausgelatschte, geflickte, zerrissene, vielleicht etwas zu große, aber immerhin gewöhnliche Schuhe, und erst die Kunst ihres Boß hat ihnen komisches Ausmaß verschafft. Jetzt, da er mit uns, die wir ihm ›helfen‹ sollen, dem Vorführungsraum zueilt, sind die Stiefel unauffällig und der Boß alles andere als plattfüßig. Er trägt eine Hornbrille. Ohne sie kann er nicht einmal seinen Namen unterschreiben, so weitsichtig ist er.
Von seinem Haar fallen zwei Strahlen einer Fontäne silbern über die Mitte seiner Stirn. Auch am Nacken ist das Haar grau – dort, wo es nachwächst. (»Sie sollten es dort schneiden lassen, Charlie«, sagte ich einige Tage später vorsichtig zu ihm. Aber er macht kein Hehl aus seinem gefärbten Haar. »Sie sehen, daß ich mich nicht mehr darum kümmere. Was weiß wird, wird nicht mehr nachgefärbt. Schluß damit. Mit vierzig Jahren werde ich wieder ganz weiß sein, wie ich's mit fünfunddreißig gewesen bin.« – »Und was macht Ihre Frau jetzt?« – »Ich weiß es nicht«, bemerkt er mit einer Gebärde der Gleichgültigkeit, »aber ich habe zwei Kinder, und die sind bei ihr.«)
Jetzt sind wir im Vorführungsraum; während der Streifen eingelegt wird, spielt Charlie Chaplin auf dem Harmonium das Lied ›Violetera‹ und singt spanische Worte dazu, die es nicht gibt, und lädt mich ein, in sein Haus zu kommen, dort werde er mir Orgel vorspielen, bis mir Hören und Sehen vergeht. »Was, Jungens?«
Die Jungens bestätigen dem Boß wunschgemäß, daß er zu Hause eine großmächtige Orgel hat, auf der er sehr laut und brausend zu spielen versteht, ob's nun dem Besucher recht ist oder nicht.

»Ich spiele schrecklich schön«, lacht Chaplin. »Ihr versteht aber einen Dreck von meiner Musik.«
Der Jungens, die übrigens den Boß mit ›Charlie‹ ansprechen, sind es zwei, und sie heißen Harry Crocker und Henry Clive. Harry Crocker ist ein junger Amerikaner mit Sweater und Humor, hat im ›Zirkus‹ den Seiltänzer im Frack und glücklichen Nebenbuhler Chaplins gespielt und außerdem den Clown, den Charlie einseift, und noch einige Rollen. Henry Clive ist schon älter, achtundvierzig Jahre, und hat eine seriöse Laufbahn als Zauberkünstler an amerikanischen Provinzvarietés hinter sich. Der dritte der Jungens heißt auch Heinrich, wie die beiden anderen, und ist heute nicht da, aber das ist eine Ausnahme, wir werden keinen weiteren Besuch in Chaplins Studio erleben, ohne daß Mister Henry Bergmann, breitbäuchig und breitspurig, in einem dementsprechenden Stuhl sitzt. Nachts aber ist Bergmann-ur (so wollen wir ihn lieber statt ›Mister‹ nennen, denn er ist ein ur-Magyare) selbst ein Boß, Besitzer eines Hollywood-Boulevard-Restaurants für Prominente und solche, die sie sehen wollen. Den Restaurateur Henry hat Chaplin erzeugt und ihm als Mitgift seinen allabendlichen Besuch gegeben, für den sich Bergmann-ur durch alltäglichen Besuch bei Chaplin revanchiert.
Ein schwarzlederner Lehnstuhl und vier hölzerne Sessel sind außer dem Harmonium das Inventar des Vorführungsraumes. Charlie will mich in den Ledersessel nötigen, aber da ich ablehne, scheint er sehr zufrieden, denn er hockt sich mit untergeschlagenen Beinen darauf, es dürfte sein gewohnter Platz sein.
Und nun wollen wir den Film abrollen lassen. Vorläufig ist nur ein Viertel fertig, vierhundert Fuß, von denen noch mancher eingerenkt und mancher amputiert werden wird.
Der Film rollt.
Bei der Stelle mit der Uhrkette (siehe unten) lache ich laut auf. Aber jemand legt mir die Hand auf das Knie und bedeutet mir, still zu sein. Wer ist es, der mir das Naturrecht, bei einem tollen Einfall Charlie Chaplins toll zu lachen, streitig machen will? Er heißt Charlie Chaplin und sitzt neben mir. Der Film ist noch nicht fertig, wir sollen ja ›helfen‹, mein Lachen ist fehl am Ort, wie wenn der arme Chaplin lacht, da er im ›Zirkus‹ die Späße der Clowns erlernen soll.

»Großartig«, flüstern wir, nachdem das Filmfragment abgerollt, der Vorführungsraum erhellt ist.
Der Boß wehrt ab: »Möchten Sie mir erzählen, was Sie gesehen haben?«
Gewiß. Gern. Also ein Mädchen verkauft Blumen an der Straßenecke. Da kommt Chaplin ...
»Oh, noch nicht.«
Vorher kommt ein Mann mit seiner Frau und kauft eine Blume.
»Ein Mann? Was für ein Mann?«
Ein Mann, der ein wenig wie Adolphe Menjou aussieht.
»Ja, ein eleganter Herr mit einer Dame. Das ist wichtig. Nun, und?«
Dann biegt Chaplin um die Straßenecke. Er sieht einen Brunnen an der Mauer und zieht die Handschuhe aus, um zu trinken. Das heißt: nicht die Handschuhe als Ganzes, sondern jeden Finger einzeln. Einer fehlt, und Charlie sucht ihn, ohne ihn zu finden.
»Sehen Sie, Charlie!« ruft Harry Crocker siegreich.
»Nein, es ist nicht klar. Wir werden die Stelle noch einmal drehen.« (Er erklärt mir, daß es ein Fehler ist, als ersten Handschuhfinger den abziehen zu wollen, der nicht da ist, ihn auf dem Boden zu suchen und dann erst die vorhandenen Handschuhfinger abzunehmen.)
Nun nimmt Charlie den Trinkbecher von der Mauer ...
»Haben Sie erkannt, was ich vorstelle?«
??
»Bin ich diesmal nicht etwas anders als sonst?«
Ja. Sie haben eine kleine Schmetterlingskrawatte und die Handschuhe. Sie wollen diesmal ein etwas geckenhafterer Landstreicher sein, nicht? Darauf deutet ja auch der Einfall mit dem Trinkbecher hin.
»Bitte, erzählen Sie auch den.«
Chaplin nimmt den Becher, der an einer Kette hängt. Sie legt sich um seinen Bauch, und Chaplin bemerkt, daß das eine herrliche Uhrkette wäre, und versucht, sie von der Mauer loszulösen (siehe oben), während er trinkt. Es mißlingt, resigniert watschelt er weiter zu dem Blumenmädchen. Die Kleine bietet ...
»Halt, halt. Da ist etwas dazwischen.«
Chaplin sieht mich ganz scharf an, angstvoll, fast flehend.

»Etwas ist dazwischen.«
Nein, ich kann mich absolut nicht erinnern, daß etwas dazwischen war.
»Es kommt doch ein Auto!«
Ja, ein Auto kommt, ein Herr steigt aus und geht an Chaplin vorüber. Chaplin grüßt wie immer.
»Und was tut das Auto?«
»Ich weiß nicht«, sage ich.
Und Upton Sinclair meint: »Ich glaube, es fährt weg.«
»Teufel, Teufel«, murmelt Chaplin, »alles verdorben.« Auch seine Mitarbeiter sind niedergedrückt.
Ich erzähle nun weiter, was geschieht. Das Mädchen reicht Chaplin eine Blume, sie fällt zur Erde, beide bücken sich, Chaplin hebt die Blume auf, aber die Verkäuferin sucht weiter, sie sucht weiter, obwohl er ihr die Blume hinhält. Da erkennt er, daß das Mädchen blind ist. Er kauft die Blume und entfernt sich.
Um sich zu überzeugen, ob er sich nicht getäuscht hat, schleicht er nochmals hin ...
»Nein, nein, er schleicht nicht.«
Er kommt das zweitemal sehr rasch, als ob er vorbeieile, bleibt aber stehen, indem er, auf der Stelle gehend, den Schall seiner Schritte allmählich abdämpft. Dann kehrt er, leise, auf den Zehenspitzen zurück und setzt sich neben das Mädel. Das hat eben die Blumen besprengt und schüttet den Eimer aus – Chaplin ins Gesicht. Er schleicht sich weg und kommt ein drittes Mal. Kauft wieder eine Blume. Die Kleine will sie ihm anstecken und fühlt dabei in seinem Knopfloch die ihm vorher verkaufte Blume. Sie erfährt so, daß der Mann ihretwegen zurückkam. Chaplin bedeutet ihr, das andere Knopfloch sei noch frei, aber sie erwidert, man könne nicht in beiden Knopflöchern Blumen tragen. Da bittet er sie, die Blume zu behalten. Sie befestigt die Blume an ihrem Busen ...
». . . und . . .«
. . . sie ist verliebt!
»In wen?«
In Chaplin!
»Teufel, Teufel!«
??

»Geht nicht jemand vorbei?«
Nicht, daß ich wüßte.
»Teufel, Teufel! Haben Sie nicht wieder ein Auto bemerkt und wieder einen Herrn?«
Nein.
»Und Sie, Upton?«
Nichts bemerkt.
Verzweifelt vergräbt Chaplin sein Gesicht in den Händen, ein Bild des Jammers auf schwarzledernem Hintergrund. Auch die Mitarbeiter sind traurig. Was aber ist geschehen? Wo steckt das Unglück, wenn ich, ein hergelaufener Fremder, einen gag, einen Einfall, nicht verstehe?!
Oh, es ist mehr als ein gag, es ist die Grundidee des Films, die, absolut unklar, unter den Tisch gefallen ist – nichts Geringeres als das geht aus meiner Nacherzählung hervor. Die Straße ist eine elegante Straße, versinnbildlicht durch den ersten Käufer und seine Dame. Den aus dem Auto steigenden Herrn hält die Blumenverkäuferin für den, der die Blume kauft und ihretwegen zurückkehrt. Das Auto – wir haben das gar nicht beachtet – hat während der ganzen Szene an der Straßenecke gehalten.
Gerade als die Blinde auf Wunsch Chaplins die zweite Blume selbst ansteckt, kommt der Herr zurück und steigt ins Auto. *Ihm*, dem reichen Mann mit dem Wagen, gilt die erwachende Liebe. Und Chaplin soll diesen Irrtum jetzt merken und den ganzen Film hindurch die Rolle des reichen Verehrers durchführen, das Geld stehlen, das sie zur operativen Heilung ihrer Blindheit braucht, es beim Arzt erlegen, arretiert werden und das Mädchen nach abgebüßter Haft wiedersehen. Und das Mädchen wird ihn zum erstenmal *sehen* und – auslachen, da es nicht ahnt, wer er ist, und da er so komisch aussieht, wie Chaplin eben aussieht …
Aber wenn das Publikum das tragische Quiproquo nicht blitzartig begreift, die Erschütterung Chaplins, das Fühlbarwerden seiner Bettelarmut und den Augenblicksentschluß zu Hochstapelei und Diebstahl um dieser Verwechslung willen, um seiner Liebe willen, um ihrer Liebe willen – wenn das Publikum all das nicht elementar erfaßt, so ist alles verloren.
»Wir müssen das Ganze von neuem drehen«, sagt Chaplin.
Und nun beginnt die ernste, schwere, qualvolle Arbeit der Drama-

turgie und der Regie zu diesem Detail, die fast acht Tage dauert, und selbst im Übermut der Nächte unterbrach Charlie plötzlich die Stimmung: »Wie wär's, wenn wir das mit dem Blumenmädchen so machen würden ...«

Bücher sind über Schauspieler, über Mimiker, über Regisseure, über dramatische Volkskunst geschrieben worden; warum hat noch niemand den Versuch unternommen, Charlie Chaplin, dessen Wirkung in der Bühnengeschichte nicht ihresgleichen hat, der eine Legendenfigur: eben Charlie Chaplin dichtete, inszenierte und darstellte, bei seiner Arbeit festzuhalten, sei es durch Stenogramm oder durch Diktaphon?

Acht Tage lang wurde die Szene probiert, jeder von uns war unzähligemal das Blumenmädchen (am seltensten Virginia Cherril, die sie spielen wird), jeder von uns war der Herr aus dem Auto, jeder von uns der Chauffeur, der den Wagenschlag öffnete, aber Charlie Chaplin war immer Charlie Chaplin, zu jedem Versuch eines Versuchs gab er sich her, hoffnungsvoll-hoffnungslos.

›Wie wär's, wenn ...‹ So beginnt es immer. Einer springt auf, seines Einfalls voll, und postiert die anderen.

Die dramaturgische Unmöglichkeit der Anfangssituation ist bald festgestellt: die Tatsache, daß die Kleine Chaplin für den aus dem Auto steigenden Herrn hält, kann der Zuschauer keineswegs erfassen, weiß er ja noch nicht, daß sie blind ist. Also sollte man ihre Blindheit vorher zeigen. Das lehnt Chaplin ab, die tragische Entdeckung muß er mit dem Publikum gleichzeitig machen.

Könnte man die Autoszene so eindringlich gestalten, daß die Zuschauer sich wenigstens später daran erinnern? Wie wär's ... Der Herr steigt aus dem Auto und sagt (Titel): »Chauffeur, warten Sie hier.« Chaplin schließt höflich die Wagentür des Fremden, das Mädchen macht ein paar Schritte zum Auto ...

Oder so: der Herr geht hinter Chaplin in gleichem Schritt, bleibt stehen und zündet sich eine Zigarette an, so daß Chaplin die dem Fremden entgegengestreckte Blume auf sich bezieht.

Sollte der Mann mit dem Auto nicht etwas weniger indifferent sein, etwa ein auffallend hübscher junger Mensch, der übermütig aus dem Wagen springt? Zwar sieht ihn die Kleine nicht, aber das Publikum sieht ihn doch und merkt: der da ist sicherlich wichtig für das Mädchen!

Die Leute hätten so vor Augen, was die Illusion der Blinden ist.
Wie wär's, wenn das schon als blind erkannte Mädchen zu Chaplin mit Bezug auf die zweite Blume sagen würde (Titel): »Geben Sie sie Ihrem Chauffeur.«
Wie wär's, wenn Chaplin dem Herrn in den Wagen helfen würde, und die Verkäuferin versuchte, ihm die zweite Blume durchs Fenster zu reichen, aber sie stößt an die Glasscheibe, und es ist gar nicht das Fenster, sondern die geöffnete Autotür, hinter der Chaplin steht.
»Wunderbar, wunderbar«, ruft Chaplin und probt das. Es ist wirklich wunderbar, wie er das spielt, aber plötzlich springt er auf seinen Lehnstuhl und sinkt da zusammen. »Es geht nicht. Ich kann doch nicht einen Lakaien abgeben, wenn mich eine Minute vorher die Blindheit der Kleinen erschüttert hat und ich mich in sie verliebt habe.«
Wie wär's wenn der Mann sagt: »Chauffeur, nach Hause« oder »Ins Ritz-Carlton«, und das Mädchen sieht sich an seiner Seite in einem prunkvollen Palast oder in der Halle des Hotels . . . »Um Gottes willen, nur keine Vision!«
Wie wär's, wenn die Blinde, gleichsam durch Chaplin hindurch, gleichsam durch die Luft dem Auto nachsehen würde . . . Und Chaplin bemerkt plötzlich, daß sie ihn für den Reichen hält. Man müßte auch das Auto zeigen, wie es um die nächste Ecke biegt und dann noch um eine Ecke und wieder um eine Ecke. Und dazwischen das nachstarrende Blumenmädchen. Zwar kann kein Mensch ein Auto mehrfach einbiegen sehen, aber die Kleine ist blind, *sie* kann es . . .
So geht es, wie gesagt, tagelang. An dem Aufbau der Straßenecke, wo man mit dem Auto laborieren kann, oder oben im Bungalow, wo der Kriegsrat abgehalten wird, oder in der Garderobe oder vor dem großmächtigen Denkmal dreier allegorischer Figuren, dessen Zweck uns Chaplin so lange als Geheimnis zu bewahren bittet, bis dieses Denkmal und dieses Geheimnis vor allen Bewohnern aller Weltteile enthüllt werden wird.
Von jeder dieser Lokalitäten ließe sich eine Episode erzählen. Zum Beispiel aus der Garderobe, die eigentlich gar keine Garderobe ist, sondern der gesellschaftsfähigste Raum des ganzen Studios. Links ist ein mit Spiegel und Schminktisch ausgestatte-

tes Kämmerchen, auf der anderen Seite das Badezimmer. Eines Nachmittags tranken wir Tee, als eine sehr berühmte Dame, die beste Freundin Chaplins, gemeldet wurde. Er ging ihr entgegen, und ich trat in den Seitenraum, um mich zu kämmen.

Vor dem Spiegel lag ein Kamm, weiß, aber nicht sehr rein: es stak ein Büschel ausgekämmter, dunkler Haare darin. Ich schob sie heraus, warf sie auf die Erde und brachte meine Frisur in Ordnung. Dabei fiel mir ein, man könnte auf dem blitzsauberen Parkett das kleine Haarbüschel sehen und erkennen, daß jemand unbefugt die Garderobe des Boß benutzt habe. Vielleicht waren die Härchen sogar zu einem bestimmten Zweck da? So hob ich sie auf und legte sie wieder auf den Kamm.

Harry Crocker kam herein, um sich auch ein bißchen schön zu machen. »Sehen Sie«, sagte er und zeigte auf das schwarze Etwas, das wieder auf dem weißen Kamm war, »das ist der Schnurrbart. Er hat ihn schon fünfzehn Jahre, immer denselben, ein New-Yorker Theaterfriseur hat ihn dem Boß angepickt. Kein anderer Bart taugt etwas für monatelange Aufnahmen bei jeder Witterung. Und den New-Yorker Friseur können wir nicht mehr ausfindig machen. Wenn der Bart kaputt ist, sagt Charlie, wird er glattrasiert weiterspielen.« Ich muß wohl bleich geworden sein. Kinder, denkt einmal an: Chaplin ohne sein Bärtchen – und ich wäre schuld.

Die Gespräche mit Chaplin drehten sich immer und immer wieder um die Einheit von ästhetischem und sozialem Zweck. Er, in dessen Werk diese Einheit sich verkörpert, er, der als ein ›radical‹ und ›bolshevik‹ gesellschaftlich fast geächtet ist, spricht immerfort Zweifel aus, vielleicht aus Gründen der Diskussion, vielleicht um von den Besuchern neue Argumente zu erhalten, vielleicht infiziert von der Atmosphäre Hollywoods. »Wenn alles so einfach wäre, wie wir es uns wünschen! Wie ist es mit Poe, meinem Lieblingsautor? Ich kann nirgends eine Spur von Liebe zu den Entrechteten in ihm entdecken – so leidenschaftlich ich auch suche. Und Shakespeare! Dieser unerträgliche Spott über den gemeinen Mann ...«

Hier wird das Gespräch stürmisch. Wir schreien auf ihn ein, die Könige habe Shakespeare noch mit ganz etwas anderem beschüttet als mit Spott, und Shakespeare sei Rebell gewesen gegen das absolute Königtum und für die nächste Gesellschaftsklasse, den Adel, er wollte also zeigen, daß Adel nicht Plebs sei ...

»Nein, nein«, überschreit Chaplin uns, »Shakespeare ist homosexuell, die Homosexuellen sind, vielleicht wider Willen, eine Kaste, und jede Kaste denkt aristokratisch. Alle Männer bei Shakespeare sind verkleidete Frauen und alle Frauen verkleidete Männer. Julia liegt oben und Romeo unten, sie ist über die Balkonbrüstung gelehnt und doziert, er ist im Garten und girrt. Selbst die königlichen Greise sind Weiber, Lady Macbeth aber ist ein Mann, und Porzia zieht sogar die adäquate Kleidung an und erscheint als Anwalt vor Gericht. So wie Hamlet zu Ophelia spricht, so spricht kein Mann zu seiner Frau, das ist keine Einladung, keine sexuelle Sublimation, das ist Verachtung, das ist obszön ...«

Und Chaplin spielt den Hamlet, spricht Shakespearesche Blankverse, die wie Peitschenhiebe auf eine Sklavin sausen. »Nein, nein, das ist kein soziales Fühlen, und es ist – dennoch Genie.«

(Es sei ihm hier das letzte Wort gegeben, obwohl er es keineswegs behielt.)

Wir sprachen oft über Filme, Charlie kennt keinen der russischen. (Hollywood!) Gestern war er im Kino und regt sich nun endlos darüber auf, daß die als Vorspiel gegebene Tanzvorführung einen wallenden silbernen Hintergrund hatte, der die Wirkung ruinierte. Auch von seinen Filmen erzählt er Episoden. Die Affen im ›Zirkus‹ hatten ihn fürchterlich zerkratzt, und sechs Wochen lang mußte er in ärztlicher Behandlung bleiben. Noch jetzt sind zwei Wunden zu sehen. Und das Gebrüll der Affenbesitzer. Die Affen haben nämlich vier verschiedenen Extras gehört, und jeder hielt den seinen für die Hauptperson. »Dreh den Apparat nach unten«, schrie einer dem Kino-Operateur zu, »du siehst doch, daß Jonny auf der Erde ist.« Der andere: »Jetzt, jetzt! Mungo wendet das Gesicht herüber.« Charlie spielt die Szene: vier Affen, vier Bändiger, sich selbst und den Kameramann.

›Nächte einer schönen Frau‹ war kein Erfolg. Was ich, Mr. Kisch, von ›Shoulder the Arms‹ halte? Ich kenne den Film nicht, er durfte in Deutschland nicht gespielt werden.

»Und in Amerika darf er jetzt nicht gespielt werden, weil Hindenburg darin vorkommt, der Präsident eines befreundeten Staates. Dabei ist er gar nicht verspottet, nicht einmal der Kaiser und der Kronprinz! Ich habe die Hetzerei nicht eine Sekunde lang mitgemacht, niemanden habe ich karikiert, nur einen preußischen Offizier, der mit den preußischen Soldaten schlecht umspringt. Und da ich ihn verprügle, kommen die deutschen Soldaten und schütteln mir dankbar die Hände. Das war den Militaristen nicht recht: ein amerikanischer Soldat, der mit den ›Hunnen‹ Händedrücke tauscht! Ich bin sehr stolz auf diesen Film, inmitten der wahnsinnigsten Kriegspsychose ist er entstanden und zeigt den ganzen Unfug und die Schrecken des Krieges. Es ist ein revolutionärer Film — nein, nicht pazifistisch, revolutionär angesichts der Zeit. Sie müssen ihn sehen, Sie müssen ihn sofort sehen.«

Er wirft das Bambusstäbchen und das Hütchen hin, läuft in den Vorführungsraum. Nun sitze ich dort, wo ich vor einigen Tagen bei dem Fragment von ›City Lights‹ neben einem saß, der mir Beifallsäußerungen verbot. Heute sitzt einer neben mir, der mich immerfort am Knie packt und mich an die Schulter stößt: »Passen Sie jetzt gut auf — jetzt kommt eine feine Szene.« Du Pferd an meiner Linken, stoß mich nicht, wer braucht mir bei einem Chaplin-Film den Rat zu geben, gut aufzupassen!

»Sehen Sie, das hat man mir auch verübelt, daß ich einen stinkenden Käse als amerikanische Liebesgabe ankommen lasse. Und daß der Unterstand überschwemmt ist . . .« (Der Soldat Chaplin legt sich ins Wasser, nimmt aber einen Schalltrichter vor den Mund, um nicht zu ertrinken. Frühmorgens zieht er die eingeschlafenen Füße aus dem Wasser und reibt sie, bis er bemerkt, daß es die seiner beiden Nachbarn sind.)

»Die Szene da« (Chaplin ist als Baum verkleidet hinter den deutschen Linien) »haben wir im Freien gemacht. Kein Double konnte mich vertreten, in einer mörderischen Hitze mußten wir herumjagen, bis ich zusammenbrach. Sehen Sie den Dicken? Kennen Sie ihn?« Ja, ich erkenne ihn, es ist Bergmann-ur, er sitzt friedlich vor mir und gedenkt der Hetzjagd hinter einem fliehenden Baum in mörderischer Hitze.

»Sehen Sie . . .? Sehen Sie . . .«

Um des Teufels willen: *ja*, ich sehe. Sehe alles, stören Sie mich nicht! Aber dann kommt eine Stelle, schöner als Gorkis Novelle von der alten Dirne, die sich von einem Schreiber Briefe an einen erfundenen Geliebten verfassen läßt.

Die Feldpost hat dem Soldaten Chaplin zu seiner Enttäuschung nichts gebracht, nicht einmal eine Karte. So begnügt er sich damit, einem Kameraden über die Schulter zu schauen, der einen Brief aus der Heimat liest. Chaplin nickt befriedigt, denn er erfährt, daß es zu Hause allen gut geht. Chaplin lacht über die Bemerkungen, die die beiden Kinder gemacht haben. Die braune scheckige Kuh aber ist vor acht Tagen krank geworden und gestorben. Chaplin weint über die braune scheckige Kuh, und seine Tränen fallen auf den Nacken dessen, den der Brief angeht.
Der dreht sich wütend um, und Chaplin zuckt chaplinisch die Achseln, er watschelt schuldbeladen davon, denn er hatte kein Recht auf diese Freude und dieses Leid . . .
Da lege ich meinem Nachbarn die Hand aufs Knie.

Egon Erwin Kisch Nichts ist erregender als die Wahrheit Band 2

Egon Erwin Kisch

Nichts ist erregender als die Wahrheit

Reportagen aus vier Jahrzehnten
Herausgegeben von Walther Schmieding
In 2 Bänden mit 12 Abbildungen
Band 2

Kiepenheuer & Witsch, Köln

Egon Erwin Kisch. Gemälde von Rudolf Schlichter.

Impressum

 Gesamtausstattung Juergen Seuss, Niddatal bei Frankfurt am Main. Satz und Druck Color- und Werkoffsetdruckerei Richard Wenzel, Goldbach bei Aschaffenburg. Schrift Korpus Excelsior mit halbfetter Times-Antiqua (Linotype) als Auszeichnung. Bindearbeiten Osswald & Co., Neustadt an der Weinstraße. Printed in Germany 1979. ISBN 3 7632 2341 1

Bildquellen: Für den Schutzumschlag wurde ein Foto von Fred Stein verwendet; *Seite 5* Ullstein-Bilderdienst, Berlin (nach einem Gemälde von Rudolf Schlichter); *Seite 10* und *Seite 66* Fred Stein, New York. Alle übrigen Bilder stellte der Verlag zur Verfügung.

Asien gründlich verändert

Im Februar 1931 übernahm Kisch eine Gastprofessur für Zeitungswissenschaft an der Universität Charkow. Im gleichen Jahr reiste er auch durch die asiatischen Republiken der Sowjetunion. Er fand sie ›gründlich verändert‹. Er beschrieb sie auf dem Sprung von mittelalterlichen Verhältnissen in die Neuzeit und nahm sich vor, nicht die Romantik der Vergangenheit ›anzuglotzen‹, sondern asiatisches Altertum, mohammedanische Vergangenheit und die Wirklichkeit der Gegenwart zu schildern.
Kischs anschließende China-Reise kam ähnlich abenteuerlich und geheimnisvoll zustande wie vorher seine Reise nach Amerika. Er fuhr schließlich im Frühjahr 1932 mit der Transsibirischen Eisenbahn von Moskau aus nach Tschita, der Grenzstadt an der Mandschurei, und erlangte dort nach mancherlei Tarnungen ein Visum. Das China, das er zu sehen bekam, war ein von Bürgerkriegswirren zerrissenes Land, das zum Spielball der Großmächte geworden war.
Das Buch ›China geheim‹ war das letzte, das Kisch in Deutschland herausbringen konnte; es erschien Anfang 1933. Im Februar 1933 wurde Kisch in seiner Berliner Wohnung verhaftet und anschließend aus Deutschland ausgewiesen. Kurze Zeit später erklärten der ›Kampfbund für deutsche Kultur‹, der ›Börsenverein‹ und die ›Zentralstelle für das deutsche Bibliothekswesen‹ in einer gemeinsamen Veröffentlichung, die Werke Kischs seien – ebenso wie die Remarques, Tucholskys, Heinrich Manns, Alfred Kerrs, Arnold Zweigs, Ernst Gläsers und Theodor Pliviers – für das deutsche Ansehen als ›schädigend zu erachten‹. Man erwarte, daß der deutsche Buchhandel diese Werke nicht mehr verkaufe.

Der Emigrant Egon Erwin Kisch 1934 in Paris

Zufälliger Besuch bei Eunuchen

Es war einer jener sommerlichen Spaziergänge in der Umgebung von Peking, die nichts mehr mit Peking und seiner Umgebung zu tun haben. Unser Hirn war übersättigt von Eindrücken, unser Auge überbelichtet. Hier stand eine Pagode, vierzehnstöckig, als vierzehn malachitgrüne, parallele Wellen mit goldenen Kämmen schwammen die Dächer im Äther, dort überwölbte eine bunt bemalte Ehrenpforte den Weg. Wir streiften Pagode und Bogen kaum mit einem Blick, waren es müde, immerfort entzückt zu sein.

Auf solchen Spaziergängen pflegt sich die Laune in einem Gespräch über die chinesische Landschaft zu entladen.

Es gäbe keine chinesische Landschaft, behauptet der eine. Die Westberge hier, sie sind Berge, weiter nichts. Ebensogut könnten sie Berge in der Schweiz sein oder in der Eifel. Die Äcker? Äcker sind überall korngelb. Wiesen überall grün.

Der Gesprächsgegner – morgen können die Rollen vertauscht sein – kehrt Spezifisches hervor: die Form der Pappelweiden. die silberglitzernden Streifen der Reisfelder. Und diesen Zug von nickenden Kamelen, findest du den auch in der Schweiz oder in der Eifel?

Nein, aber in der Türkei oder in Afrika!

Du mußt doch zugeben, daß es solche Porzellanzäune und die Katafalke auf den Feldern nur in China gibt!

Sie haben nichts mit der Landschaft zu tun. Sie sind Architektur – willst du vielleicht auch die Tigerbrücke oder Minggräber in die Natur einbeziehen?

So redeten wir, um zu reden; dabei gingen wir vorwärts, immer in gleicher Richtung, einen Tempelhügel hinan und auf der andern Seite hinab. Im Tal stellte sich eine Mauer quer.

Wir, von der Hartnäckigkeit der Ziellosen besessen, wollten unsere Richtung beibehalten und schritten die Mauer ab, um dorthin zu kommen, wo sie uns den Weg wieder freigeben würde.

Nach hundert Schritten öffnete sie sich breit, es war das Portal eines Meierhofes, durch das wir – unsere Richtung, unsere Richtung! – hindurch mußten. Hunde umsprangen uns kläffend, feig

und aggressiv jagten sie um uns her, drei Schritte Distanz, sie blieben lauernd stehen, wenn wir stehenblieben, drei Schritte Distanz. Ein solches Gefolge war nicht eben angenehm. »Man sollte immer einen Stock mitnehmen«, sagten wir.
Dennoch vergaßen wir die Hunde bald. Die Menschen, die uns entgegenkamen, sahen einander in befremdlicher Weise ähnlich. Mit jeder neuen Begegnung wirkte diese Gemeinsamkeit stärker, und schließlich wurde sie unheimlich.
Es waren durchweg alte Frauen, offenbar Arbeiterinnen des Gutshofs, die einen führten Vieh an der Leine, die andern trugen Säcke huckepack oder kamen mit Rechen und Heugabel vorbei. Sie hatten dunkelblaue Hosen an, wie es bei den arbeitenden Frauen hierzulande Sitte ist, jedoch waren, allem Gebrauch zuwider, ihre Oberkörper nackt, die Brüste hingen schamlos herab.
Die Matronen sprachen miteinander, und obwohl sie nicht schrien, klang ihre Stimme schrill, genauer gesagt: ein schrilles Nebengeräusch begleitete jeden Laut.
Auf einem strohbeladenen Wagen stand stämmig eine Frau, ihr Gesicht war von zahllosen Runzelchen schraffiert. Unten bearbeitete man Getreide nach der altbiblischen und noch immer neuchinesischen Art: das in der Tretmühle gemahlene Korn wird mit einer Holzschaufel emporgeworfen, die Körner fallen kraft ihrer Schwere senkrecht zur Tenne hinab, die leichte Spreu, wie eine Staubwolke fortgeweht, findet ein paar Schritte abseits ihren Boden.
Alle Arbeit leisteten die alten Frauen. Locker wackelte ihr Kinn im Kiefergelenk. Kahlgeschoren der Kopf, nur auf dem Scheitel ein ›Dutt‹, ein so dünnes, so graues Büschel Haare, daß es das vorgeschrittene Alter der Trägerin verriet. Von Gebrechlichkeit war nichts zu bemerken, alle packten ihre Arbeit wacker an.
Plötzlich überraschte und verwirrte uns eine Kleinigkeit und brachte uns dennoch im gleichen Moment die Spur einer Aufklärung: eine der Frauen, uns abgekehrt, verrichtete stehend ihre Notdurft, stehend, wie es Männer tun.
»Wem gehört dieses Gut?« fragten wir eine andere Alte, die mit den jappenden Hunden bereits eine geraume Weile um uns herumschlich. Sie trat näher: »Wir sind kaiserliche Hofbeamte, und das ist unser Kloster.«

Nun begriffen wir vollends. Ohne zu wissen oder zu wollen, waren wir in das Altersheim der Eunuchen geraten.
Korn und Spreu wurden emporgeworfen, Eselchen im Kreise getrieben, um Getreide zu mahlen, Garben auf Wagen geladen – wir starrten die Leute an. Vor fünf Minuten hatten wir sie als Frauen angesehen, dann schienen sie uns Männer zu sein, jetzt wußten wir, was sie waren.
Diese und ihresgleichen hatten im kaiserlichen China von eh und je die tragende Rolle als Günstlinge und Begünstiger gespielt, waren Staatsmänner, Ratgeber, Drahtzieher, Intriganten gewesen, Kuppler für die Paläste und Henker für die Hütten. Die Eunuchen schraubten das Maß der Tribute an ungemünztem Gold, gegossenen Taels, gestickten Drachengewändern und bemalter Tributseide so hoch hinauf, daß sich die Provinzen auflehnten. Die Eunuchen führten durch Staatsstreich oder Giftmord das Ende von Dynastien herbei, um besser zahlenden Herren auf den Thron zu helfen. Die Eunuchen verwendeten das für den Bau der Kriegsflotte bestimmte Geld für den Bau des Pekinger Sommerpalastes, und der Krieg gegen Japan wurde 1895 verloren.
Fünf Jahre später bedrohten Reformbestrebungen die Stellung der kastrierten Schranzen. Rasch bemächtigten sie sich der Boxersekte und nährten planmäßig den Glauben des Kaiserhofs, daß die Boxer kugelfest und überhaupt unverwundbar seien. Unter diesem Einfluß unterstützte die Kaiserin den aussichtslosen Aufstand gegen die Fremden. Aber als die Bewegung zusammenbrach, war kein Eunuch auf der langen Liste derjenigen, deren öffentliche Hinrichtung die europäischen Großmächte racheschnaubend-blutrünstig forderten – die gelben Höflinge und die weißen Diplomaten hatten sich zu verständigen gewußt.
Einmütig war der Haß des Volkes gegen die Palast-Eunuchen, die einander innerlich und äußerlich glichen wie ein Ei dem andern, sofern dieser Vergleich hier am Platz ist. Man haßte sie mehr als Kaiser und Prinzen, als Konkubinen und Mandarine, und viele Denkschriften der ›Zensoren‹, der im Land verteilten beamteten Horchposten, verlangten die Beseitigung der höfischen Eunuchen, wörtlich: ›der verschnittenen Kerzen im Schatten des Thrones‹.
Wirklich wurde auch nach mißglückten Unternehmungen man-

cher Eunuch als Sündenbock in die Wüste geschickt, obwohl ihm organisch mehr zu Sünden und zum Bock fehlte als den andern höfischen Herren. Allerdings nicht jedem. An Te-hai zum Beispiel trug den Titel eines Obereunuchen, aber er war es nicht, denn er zeugte mit der Kaiserinwitwe Tsu-Hsi einen Sohn, der noch heute in China lebt. Die andere Kaiserinwitwe Tsu-An, eifersüchtig auf An Te-hai, ließ ihn hinrichten und mußte diesen Befehl mit dem Tod durch Gift büßen. An Te-hais Nachfolger wurde Li Lien-jen, er bekleidete das Obereunuchat bis zum Jahre 1911, bis zum Sturz des Kaisertums.

An der Institution selbst konnte nichts geändert werden, man bedurfte erprobt fähiger, beweisbar unfähiger Hüter des Serails, sonst hätten sich angesichts des Erbfolgeprinzips Kaiserinnen und Konkubinen zwecks Kinderkriegens aller erreichbaren Mannspersonen bedient. Kastraten standen Wache vor dem kaiserlichen Frauenzimmer und hüteten ihrer Herren eheliche Ehre. Wenn aber ein Haremswächter einem fremden Schlüssel zu öffnen erlaubte, dann war die daraufhin entstehende Kaiserinmutter mitsamt ihrem Sprößling in seiner gierigen Macht.

Vor uns wird Garbe auf Garbe geladen, Spreu vom Weizen gesondert und Korn gemahlen von den einst Mächtigen ... Der Alte fragt uns, ob wir den Tempel besichtigen wollen. Mitten durch ein Wohngebäude des Stifts führt der Weg zum Tempel; die Hunde, züngelnd, begleiten uns. Wir passieren die Diele, nur durch die halbgeöffnete Tür empfängt sie ihr Licht, ein mehr als spärliches Licht. Über dem Teetisch schaukeln Köpfe von Greisinnen mit hochgestecktem Zopf. Ein Keifen, das vielleicht keines ist, zersägt die Atmosphäre.

Sehr reich sei das Kloster gewesen, erklärt der Führer, und da er unserm Verständnis nicht traut, zeigt er, wie sehr reich das Kloster gewesen, zeigt es, indem er so tut, als hole er immer wieder Geld aus der Tasche hervor. Aber jetzt, jetzt müsse man schwer arbeiten. Er veranschaulicht: Lasten tragen, Getreide dreschen, kutschieren.

Wir begreifen. In der Kaiserzeit hatten die beinahe omnipotenten Obereunuchen nicht mit Stiftungen für das Stift gespart, in das sie jederzeit von der Höhe der kaiserlichen Huld hinabstürzen konnten. Solange ein Eunuch aktiv im Hofdienst stand, den Ver-

kehr im Harem regelte und im Staatsrat eine hohe Stimme geltend machte, vermochte er leicht für seine im Kloster befindlichen Geschlechtsgenossen zu sorgen und damit allenfalls für sein eigenes Altar.
Mit der Dynastie sank auch die politische Zeugungsfähigkeit der Eunuchen dahin. Der Kaiser ging, die Generale blieben. Sie teilen sich mit den fremden Kolonialherren und den Schanghaier Bankiers in die Herrschaft. Ihre Geschäfte besorgt ein bleicher Börsenschieber mit seiner Bonzenschar, die das ist, was die Eunuchen waren.
Die Palasteunuchen von einst bearbeiten ihr Gut. Garbe wird auf Garbe geladen, Spreu vom Weizen gesondert, Korn gemahlen. Sie arbeiten gut, obwohl sie weder für Frauen noch für Kinder zu sorgen haben, sie arbeiten gut, obwohl sie mit dem Erlös der Arbeit ihren Zustand nicht verändern können. Hallo, ist das nicht ein Argument für Reaktionäre? Die wettern doch stets dagegen, daß man dem Menschen seine Klassenlage zum Bewußtsein bringt. Dadurch mache man ihn erst unzufrieden. Sie wollen den Armen in Unwissenheit, Aberglauben und Schmutz erhalten, weil er sich darin wohl fühle. Sollte man nicht noch weiter gehen – konsequent wär's! – sollte man nicht durch Kastration ihn vor Emotionen, Gefühlen, Ideen bewahren, die ihn von der Arbeit ablenken? Freilich erst dann, wenn jedermann die erforderliche Zahl von proles, Nachkommen, in die Welt geschafft hat. Geht nicht aus dem vorliegenden Bericht hervor, wie tüchtig Eunuchen arbeiten? Doch genug von diesem politischen Zukunftsprogramm für Reaktionäre. Da ist der Tempel, ein Buddhatempel wie andere auch. Im Schrein eine historische Hellebarde, so großmächtig, daß man glaubt, es gehöre ein ganzer Mann dazu, sie zu schwingen. Aber im Gegenteil, ein Eunuch hat sie geschwungen, Kang-Kung hieß er und hat in den Schlachten viele Feinde getötet. Deshalb ist sein Andenken allen Eunuchen heilig. An seinem Grab erstand ›Hu-Kuo-Szü‹ – ›Der den Staat beschützende Tempel‹ samt Kloster und Friedhof.
Der Friedhof ist merkwürdig, weil er ein Friedhof ist. Im allgemeinen läßt sich der Chinese auf freiem Feld begraben, mit Vorliebe in jenem Ort, wo er geboren ist, wo die Mitglieder seiner Familie wohnen. Eunuchen tun das also nicht, sie haben keine

Familie, sie haben kein Geschlecht, selbst dann nicht, wenn sie Fürsten sind.

Ja, ein Fürst ist auch hier bestattet, jener obenerwähnte Li Lien-jen, der vierzig Jahre lang an der Seite der Kaiserinwitwe Tsu-Hsi geschaltet und gewaltet, in ihrem Namen und zu beider Nutzen das Chinesenvolk heillos gebrandschatzt hat.

Wir äußern (in Frageform) zu unserem Führer das Gerücht, Fürst Li Lien-jen sei kein richtiger Eunuch gewesen. Grenzenlose Verachtung ist die Antwort. Gilt das unserem kläglichen Chinesisch, gilt das der Tatsache, daß wir einem Eunuchen durch unsere Bemerkung die Ehre abschneiden?

Die fünfzig Cent Führerlohn versöhnen den Alten – vielleicht ein ehemaliger Oberkämmerer oder Hofmarschall – keineswegs. Auch die Hunde geben ihr Mißtrauen gegen uns nicht auf, sie begleiten uns lauernd, sie züngeln und äugen so lange, bis wir wieder aus der Mauer hinaustreten, in deren Bereich wir unversehens geraten waren.

Kinder als Textilarbeiter

I

»Eine genügt«, sagt der Arzt.
Wir haben um die Erlaubnis gebeten, einige Krankheitsgeschichten abschreiben zu dürfen.
»Wozu einige? Die Fälle sind im Grunde alle gleich.« Er deutet ringsumher auf die Betten in der Schanghaier Tuberkuloseklinik. Aus unentwickelten Kinderkörpern dringt roter Husten.
»Alle sind Fabrikarbeiterinnen, sie haben die gleiche Anamnese und den gleichen Befund. Wozu brauchen Sie einige Krankheitsgeschichten? Eine genügt.«
Sie genügt wirklich: Tsai-Bi, Mädchen, achtzehn Jahre alt, aus der Provinz Tschekiang stammend, kam vor sieben Jahren mit ihren Eltern nach Schanghai. Arbeitet in Textilfabriken seit ihrem elften Lebensjahr. Erste Menses vor zehn Monaten (im Alter von siebzehn Jahren), die nächste drei Monate später, beide Male geringe Mengen hellen, dünnen Blutes. Später hat sich die Periode nicht wiederholt. In der Fabrik arbeitet Patientin dreizehn Stunden täglich, abwechselnd einmal Nachtschicht, einmal Tagschicht, außer einer Urlaubswoche im Winter. Vater starb vor fünf Jahren an schleimig-blutigem Durchfall (wahrscheinlich Dysenterie). Mutter lebt und war bisher gesund, leidet in letzter Zeit aber an Husten mit Auswurf. Auch eine Schwester leidet an Husten. Keine sicher festgestellte Tuberkulose in der Familie.
Patientin klagt derzeit über starken Husten mit grünlichem Auswurf seit mehr als einem Monat. Die Erkrankung begann mit Schüttelfrost, Fieber und Schwindelanfällen. Hatte schon etwa zwei Monate vorher leichten Husten, seit Beginn der Erkrankung starke Vermehrung des Auswurfs, der in der letzten Zeit übelriechend ist. Patientin klagt weiter über allgemeines Schwächegefühl und starke Nachtschweiße. Patientin hat bis zu ihrer Einlieferung trotz der obigen Beschwerden gearbeitet, obwohl der Husten sie wesentlich behinderte.
An früheren Erkrankungen gibt Patientin eine Attacke von Dysenterie vor drei Jahren an, ferner vor einem Jahr Schwellung der Halsdrüsen.

Aus dem Status praesens: Unterernährte und unterentwickelte Patientin. Scham- und Achselhaare fehlen. Die Brüste entsprechen in ihrer Entwicklung denen eines dreizehnjährigen Mädchens. Uhrglasnägel. Leichte Cyanose des Gesichts und der abhängigen Teile.

Diagnose (auf Grund der physikalischen und der Röntgenuntersuchung): Pubertätsphthisis der rechten Lunge mit mittelgroßem Cavum des Oberlappens.

»Gibt es Hilfe?« fragen wir den Arzt.

»In China? Nein.«

II

Chinas Industrie ist eigentlich den Kinderschuhen bereits entwachsen, ihre Arbeiterschaft noch nicht. Physisch nicht: sie besteht zu vierzig Prozent aus Kindern, die, wie wir aus dem Krankenbefund ersehen, aus dem Kindesalter auch dann nicht herauskommen, wenn sie aus dem Kindesalter bereits heraus sind.

Schreiten wir die Spinnereisäle einer großen Fabrik ab. Kleine Mädchen hantieren an den Spinnmaschinen, an den Verzwirnungsmaschinen, an den Vorspinnspindeln. Keines der Kinder sieht älter aus als sechs Jahre. Aber wir wissen von der Klinik her, daß der Schein täuscht. Dort sahen die Zwanzigjährigen wie Dreizehnjährige aus, also sind die, die hier in Gestalt von kaum Sechsjährigen an den Maschinen arbeiten, allenfalls schon elf oder dreizehn Jahre alt. Sie können mit ihren Händchen jeden Faden manipulieren, der es nötig hat, sie können leere Spindeln aufstecken und volle Spindeln abnehmen, ohne sich auf die Fußspitzen oder gar auf einen Schemel stellen zu müssen – die Apparatur ist ihrer Größe angemessen.

Es sind Maschinen aus England. Dieses Triumphes der Technik rühmt man sich wenig, wir haben über Kinder-Spinnmaschinen noch nie etwas gelesen, auf den kleinen Maschinen prangt auch nicht die Plakette der Herstellungsfirma, während auf jeder großen eindringlich der Name ›Asa Lees, Oldham‹ oder der einer andern englischen Fabrik steht.

»Wurden diese Miniaturmaschinen eigens für China erfunden?«

forschen wir bei nächster Gelegenheit einen englischen Fabrikvertreter aus. Er beeilt sich, uns zu versichern, daß das nicht der Fall sei. »Im Gegenteil, die Child-Size-Machinery war jahrzehntelang im ganzen Textilgebiet von Lancashire in Gebrauch. Als man die Kinderarbeit in Großbritannien verbot, wurden die Maschinen nach Amerika geliefert, nach New England und in die Negerstaaten des Südens. Erst jetzt gehen sie in die Kolonien und nach China.« Wir bitten höflich um Entschuldigung, England ungerechterweise verdächtigt zu haben.

III

Zweihundert Meter sind die Spinnereisäle. Die vielen Maschinen werden durchweg von Mädchen bedient.

Knaben sind für die Reinigungsarbeiten da. In Schwaden wirbeln Faserflug und Staub ununterbrochen empor, und ununterbrochen muß gefegt werden. Jeder Junge schiebt zwei Besen auf dem Boden gegeneinander, was solcherart zusammengekehrt ist, lädt ein anderer Junge auf seinen Bauchladen und trägt es davon. Dreimal so lang wie die Auskehrknaben ist die Besenstange, mit der sie ins Vertikale wirken: hoch oben auf dem Deckel des Transmissionsrades und auf den Treibriemen setzt sich Faserwerk an, das heruntergefegt wird, um neuem Anflug Platz machen zu können. Männer arbeiten in den Verpackungsräumen und in der Elektrizitätswerkstätte. Auch im Fabrikkontor kriegt man keine Frau zu sehen, nicht einmal in den englischen Fabriken Schanghais; die Korrespondenz mit dem Stammland wird im Stadtbüro, in der City besorgt, fern von den Chinesen.

Zu dem männlichen Personal gehört die uniformierte und bis an die Zähne bewaffnete Wache am Fabrikeingang; ihre Alarmvorrichtung in den Schilderhäuschen ist wohl die modernste Apparatur der Fabrikanlage.

Die Belegschaft der Websäle: Frauen. Alte, jüngere, schwangere. Zwar gibt es auch in der Weberei Kinder, die aber arbeiten nicht. Sie sind nur Säuglinge und liegen in Körben unter der Zettelmaschine oder dem Webstuhl; wenn sie der Mutterbrust bedürfen, werden sie hervorgeholt.

Entschieden ist der Aufenthalt in Fabrikräumen den Säuglingen nicht zuträglich. Aus diesem Grunde ward ein Verbot erlassen, sie mitzunehmen. Vielleicht aber waren für das Verbot die Vermutungen maßgebend, daß Säuglinge erstens nicht arbeiten und zweitens die Mütter bei der Arbeit stören.

Vermutung Nummer zwei hat sich als unbegründet erwiesen, Fabriksäuglinge stellen keine Betriebsstörung dar. Im Gegenteil, die junge Mutter bedient den Scherbaum und das Weberschiffchen mit doppelter Achtsamkeit, weil eine Maßregelung oder gar Entlassung nicht nur sie, sondern auch ihr Kind dem Hungertod preisgeben würde. So braucht kein Fabrikherr auf die Einhaltung des Aufenthaltsverbotes für Säuglinge zu achten. Mit dieser Benevolenz kommt er sich nun besonders human vor, ebenso wie er die Einstellung von Kinderarbeitern als Wohltat an den Proletarierfamilien auffaßt, die sonst nicht genug zum Leben hätten.

IV

Vierzig Prozent der Textilarbeiter von Schanghai und Wuhan sind kleine Mädchen, vierzig Prozent Frauen und nur zwanzig Prozent Männer. Geschäftstüchtig wie sie ist, hat sich die Industrie eines religiösen Vorurteils zu bemächtigen gewußt. Einen Sohn zu haben ist in China der Sinn des Lebens und auch der des Todes, denn was hätte das Sterben für einen Sinn, verbliebe nicht ein männlicher Leibeserbe auf Erden, auf daß er das Ahnenopfer darbringe?

Die Tochter dagegen, sie ist nichts.. In Hungergebieten wirft man die Neugeborenen den Hunden zum Fraß vor. Kann man ein Mädchen als Sklavin verkaufen, so war es doch zu etwas wert. Der Sklavenhandel blüht. Am lebhaftesten in Hongkong, der britischen Kronkolonie, und wann immer der Kolonialminister wegen des Handels mit ›Mui-Tsai‹ interpelliert wird, so antwortet er dem Unterhaus, die kleinen Sklavinnen würden ausschließlich gekauft, um in den Haushalten zu dienen.

Offener Kinderkauf zu Prostitutionszwecken ist überall im Schwange. Auf den Strichstraßen der großen Städte tauchen mit dem abendlichen Lampenlicht seltsame Gruppen auf: eine Matrone mit blauen Hosen und neben ihr, der Größe nach aufgestellt, in hellblauen Atlaskitteln ihre Sklavinnen, große und kleine. Dieweil die Besitzerin jeden Passanten anspricht und lobpreisend auf ihre Ware hinweist, steht diese teilnahmslos da. Am linken Flügel sind die Kinder postiert; auch sie lassen sich, ohne eine Miene zu verziehen, von den Mietswilligen prüfen, und wird eines von ihnen ausgewählt, dann trippelt die Kleine ernst ihrem Gast voran über Hinterhöfe und Hintertreppen in die Liebeslaube.

Eine Kategorie von Mädchenkäufern arbeitet für die Industrie. Sie erstehen eine Partie Kinder, geben ihnen einen Raum zum Schlafen und eine Schale Reis auf den Weg in die Fabrik. Vor Beginn der Arbeitszeit fährt ein Kuli vor und bringt zwölf Kinder, sechs rechts und sechs links, auf seinem Wheel-Barrow, dem einrädrigen Karren, in eine Spinnerei von Jangtsepoo. Der Lohn der Kinder gehört ihren Besitzern.

Fast niemals verkaufen die Großstadtkulis ihre kleinen Töchter, weil diese mitverdienen müssen. Bei voller Beschäftigung in der Fabrik, am Hafen oder vor der Rikscha erzielt der Kuli zehn bis sechzehn Silberdollar monatlich, während nach kommissionellen Erhebungen (Shang. Labour Comm.) das Existenzminimum eines Ehepaars achtzehn, das einer Familie mit drei Kindern 21,30 Silberdollar beträgt. Also muß nicht nur die Frau, sondern müssen auch die Kinder mitarbeiten, daß wenigstens dieser Elendsstandard erreicht werde. Der niedrige Lohn der Erwachsenen ist Ursache und Wirkung der Kinderarbeit zugleich.

V

1919 besaßen in China die chinesischen Fabrikanten 889 000 und die japanischen 333 000 Spindeln, heute drehen sich in Schanghai und Wuhan 2 499 000 chinesische, 1 821 000 japanische und 178 000 englische Spindeln.

Der antijapanische Boykott richtet sich vielfach gegen Waren, die aus chinesischer Baumwolle auf chinesischem Boden von chinesischen Arbeitskräften gesponnen und gewebt worden sind. Nur die Aktionäre und die Dividenden sind japanisch.

VI

Viereinhalb Millionen Spindeln. Kinder schleppen die leeren herbei und die vollen davon und passen unausgesetzt auf, daß der Faden sich nicht verheddere oder gar breche, in welchem Fall sie ihn mit ihren Fingerchen zurechtzwirnen. Die englische Kinderspinnmaschine, brav, brav, erleichtert ihnen die Arbeit.
Stolz tragen einige Mädchen gelbe Schärpen, das Abzeichen der Diensthabenden. Kinder lassen es als Aufsichtspersonen an Strenge nicht fehlen, sie freuen sich ihrer Macht und zeigen unnachsichtlich ihre Altersgenossinnen an, teils um sich wichtig zu machen, teils um sich an einer kleinen Kameradin zu rächen, die gestern als Diensthabende die heute Diensthabende verpetzt hat. Wohl auszunützen wissen die Erwachsenen dieses kindische Spiel. Nicht nur in den Fabriken. Vor Schanghais Bars und Matrosenkneipen stehen die ganze Nacht hindurch bunt livrierte Chinesenknaben. Ihrem Ehrgeiz genügt es nicht, eine Reklamefigur oder ein Türaufreißer zu sein, und so helfen sie den Polizisten bei der Mißhandlung der Rikschakulis. Verläßt ein Gast die Bar, dann stößt die längst auf diesen Augenblick harrende Herde der Mensch-Pferde mit ihren Karren schreiend, einladend, flehend auf ihn zu, gilt es doch, eine Arbeit zu finden, zehn Pfennig zu verdienen. Was schiert den armen Kuli das Verbot, den Bürgersteig zu befahren, was schiert es ihn, daß der Polizist mit dem Knüppel auf ihn losdrischt? Jubelnd nützen die kleinen Portierjungen die Gelegenheit, dem Büttel Hilfsdienste zu leisten, sie schlagen die Rikschakulis mit Stöcken auf den Kopf, treten sie in den Bauch, werfen den Karren um und zerren am Rad, um es abzubrechen, bis – entwürdigende Szene – der chinesische Erwachsene im Arbeitskittel vor dem chinesischen Kind in der Affenjacke die Knie beugt und mit flatternden Händen um ›holesche‹, Barmherzigkeit, zu betteln beginnt. Aber wir sind doch in der Textilfabrik, bei den Lebenslänglichen. Der Begriff der Lebenslänglichkeit ist hier wörtlicher gefaßt als in Strafgesetzbüchern: das Neugeborene liegt unter dem Webstuhl, Schwesterchen steht an der Spinnmaschine, Mutter arbeitet am Scherbaum, Großmutter näht die Ballen zusammen. So soll dein Leben ablaufen, Baby, nach dem Gesetz, nach dem du angetreten.

Hier sollen deine Wangen bleichen, deine Augen trüb und deine Beine schwach werden, in diesem Saal, in dem die Spindeln schnurren, die Webstühle klappern und die Luft geschwängert ist von Flocken und Zupfen und Werg. Der Handgriff, dir am ersten Tag beigebracht, soll dein Handgriff sein am letzten Tag, sonst sollst du nichts erlernen und erleben. Schule und Spielplatz leben weder dir, Kind, das du kein Kind sein darfst, noch deinen Mitschülern, die keine Mitschüler sein dürfen, noch deinen Spielkameraden, die keine Spielkameraden sein dürfen.

VII

Zwölf bis vierzehn Stunden täglich arbeiten die Kinder ohne Mittagspause. Keinen Augenblick lang stoppt die Rotation der Spindeln, auch wenn eine Partie der Kinder eilig zum Heizraum trippelt, um für sich und ihre Kameradinnen die Körbchen mit dem mitgebrachten Reis zu holen. Gegessen wird, während man darauf achten muß, wie sich die Kurbel weiterdreht und die Ringbank weiterhebt und der Faden weiterstreckt. Faserflug und Staub schwingen sich auf die Eßstäbchen und setzen sich zwischen den Reiskörnern fest.

Vormittags und mittags haben die Kinder noch nicht die resignierten Mienen der Erwachsenen, sie schneiden lustige Grimassen, und die Arbeit geht ihnen spielerisch vonstatten. Seht sie aber am Abend: da fallen ihnen die geschlitzten Äuglein zu, die Beinchen wanken. Nicht etwa spielen möchten die Kinder, nur ein wenig ausruhen. Ausruhen? Die Fabrik zahlt den Lohn nicht, damit der große oder kleine ›Belohnte‹ innerhalb der Arbeitszeit ausruhe.

Dieser Lohn beträgt für Kinder bis zum Alter von fünfzehn Jahren in den großen Schanghaier Textilfabriken 22 (in Worten: zweiundzwanzig) Pfennig; in den Seidenspinnereien 6 (in Worten: sechs) Pfennig täglich.

VIII

In den Seidenspinnereien Schanghais gehen Aufseher mit Stökken in der Hand durch den Saal, um auf der Stelle jeden Fehler durch Züchtigung zu bestrafen.
Entlang der Wände sitzen die Frauen auf eisernen Bänken, ihnen gegenüber stehen die Kinder, oft kaum fünfjährige.
Die Kleinen weichen die Kokons in Becken mit siedendem Wasser; ihre Händchen sind verbrüht, denn sie haben weder Gummihandschuhe noch Löffel zum Baden der Kokons. Im heißen Dampf, der ihnen in die Augen und Lunge dringt, suchen sie das Fadenende und reichen die Kokons den Frauen hinüber, die je sechs Fäden zusammenzwirnen und über eine der von ihren Füßen bewegten Haspeln leiten. Ein Kind bedient je zwei Frauen, eine Frau spult gleichzeitig dreißig Kokons ab, fünf Haspeln à sechs Fäden. Dampf und Hitze und Schweißgeruch. Keine Ventilation. Der Mann mit dem Stock durchwandert den Saal, damit keine Stokkung eintrete.

IX

Unbegrenzt und unentgeltlich arbeiten Kinder in den Heimwerkstätten ihrer Eltern, doch schreibt ihnen hier keine Maschine und kein fremder Mann mit dem Stock das Tempo vor. Aus diesen patriarchalischen Arbeitsverhältnissen ist die Verwendung von Kinderarbeit für die Großindustrie hervorgegangen.
Nun, da die Periode der ursprünglichen Kapitalsakkumulation vorbei ist, könnte die Einstellung ihrer Mordmethoden erzielt werden, wenn – wenn nicht seit dem Tode Sun Yat-sens die revolutionären Gewerkschaften mit Henkerbeil und Revolver in Leichenhaufen verwandelt worden wären.
Initiative von oben? Hören wir! Die Shanghai Child Labour Commission empfahl in ihrem Bericht vom 9. Juli 1924 dem Municipal Council, dem Stadtrat des Internationalen Settlements, ein Verbot der Fabrikarbeit für Kinder unter zehn Jahren zu erlassen. Weiter beantragte sie, die Verwendung von Kindern unter vierzehn Jahren auf zwölf Stunden innerhalb eines vierundzwan-

zigstündigen Arbeitstages einzuschränken, ihnen alle vierzehn Tage einen Ruhetag zu gewähren und sie nicht an gefährlichen, gesundheitsschädlichen, ungeschützten Maschinen zu beschäftigen. Weiß Gott, eine recht bescheidene Anregung. Aber selbst die wurde von der sauberen Schanghaier Fremdenherrschaft zu Fall gebracht. Zu der außerordentlichen Bürgerschaftsversammlung, die darüber beschließen sollte, ob die Reform zum Gesetz zu erheben sei, erschienen um 302 Gemeindemitglieder weniger, als zur Beschlußfähigkeit erforderlich waren. Die englischen Zeitungen vom nächsten Tage fügten der Nachricht von dem nicht zustande gekommenen Meeting of rate-payers ganz offen den Kommentar hinzu, die meisten Steuerzahler hätten ihr Fernbleiben für das einfachste Mittel gehalten, um eine Beschlußfassung über den Bericht der Kommission für Kinderarbeit zu vereiteln.

So endet ein Bericht über soziale Verhältnisse in Schanghai.

Reise von der Quelle bis zur Mündung der Seide

I. *Ausgenütztes Liebesleben*

Ab ovo, vom Ei an muß man bei der Seidenerzeugung beginnen. Vom Ei an ... oder soll man gar mit jener Tätigkeit anfangen, der das Ei seine Entstehung zu verdanken hat? Das ist die Frage der griechischen Sophisten, ob das Ei früher da war als die Henne. In der Grenageanstalt von Taschkent wird jedenfalls nicht nur das Ei des Seidenwurms mit größerer Sorgfalt behandelt, als man sonst ein rohes Ei zu behandeln pflegt, sondern die Wissenschaft betätigt sich hier auch als Gelegenheitsmacherin für das Liebesleben der Seidenfalter, denen dieses rohe Ei entspringt.
Keineswegs bloß um der Wissenschaft willen sind all die Mikroskope und Wärmemesser und Apparate da, sie sind vor allem wegen der Industrie da, der Seidenindustrie, deren Quell dieses Institut darstellt. Aus diesem Quell holpert lang und langsam der Bach über Dorf und Berg, holpert im Zickzack durch ganz Mittelasien, bevor er zum großen Strom aus Seide wird.
Im April kommen die Leute hierher in den Grenashnyj-Sawod von Taschkent oder in die ihm unterstellten Kokonstellen in Usbekistan und in Tadshikistan und holen sich die Eier des Seidenwurms, Bombyx mori.
Erst wenige Jahre bestehen die Verteilungsstellen. Trotzdem läßt sich ihre Geschichte bereits in drei Zeitalter einteilen. Zunächst – sozusagen Altertum – waren es die Männer, die die Eier abholten und nach Monatsfrist die fertigen Kokons gegen Geld ablieferten; die Frauen hatten nur die Arbeit: Fütterung und Pflege der Raupen. Die zweite Phase – sozusagen Mittelalter: der Muselman erhöhte das Arbeitspensum seiner angetrauten Sklavin und vereinfachte sein eigenes, indem er sie auch die Eier abholen schickte. Er selbst brachte nur die Kokons in die Fabrik und steckte den Preis ein. Aber hier erfolgte der dialektische Umschlag: in der Kokonanstalt wurden die Frauen darüber aufgeklärt, daß dem, der die Arbeit leistet, die Bezahlung gebührt. So kamen das nächste Mal – sozusagen Neuzeit – die Frauen selbst, um Kokons

abzugeben und Geld zu erhalten. Nunmehr besteht fast die ganze Klientel aus Frauen, sie sind es, mit denen man die Verträge abschließt; auch mit Schulen schließen die Kokonstellen Verträge ab. Wie der Fieberkranke das Thermometer, so klemmen die Frauen auf dem Heimweg das Schächtelchen mit den Eiern in die Achselhöhle, sie behaupten, das sei die richtige Temperatur, in freier Luft wäre es zu warm und der Wurm schlüpfe zu frühzeitig aus. Das Schächtelchen ist so groß wie eines für 25 Zigaretten und wiegt auch nur 25 Gramm. Immerhin sind diese 25 Gramm nicht weniger als 35 000 bis 40 000 Eier, und wenn man sie aus der Achselhöhle und aus dem Schächtelchen nimmt, entwickeln sich bald in der warmen Stube ebenso viele winzige mehlweiße Raupen.

Mit feingeschnittenen Maulbeerblättern werden sie dreimal täglich gefüttert, auf daß das Würmchen ein Wurm werde. Es wird einer und frißt weiter. Bis es besagtem Wurm langweilig wird, immerfort zu fressen und sich zu häuten, und er sich Mitte Mai, also ungefähr dreißig Tage, nachdem er aus dem Ei geschlüpft ist, dazu entschließt, wieder in ein Ei zu schlüpfen. Das muß freilich größer sein als das, dem er entsprossen. Und er muß es selber bauen, er legt es, einen sturmfreien Rundbau, mit Geduld und Spucke um sich herum. Binnen zwölf Tagen ist er fertig.

Während die Raupe nun darangeht, sich in ihrem Eigenheim zu verpuppen, wird dieses und die Eigenheime ihrer dem gleichen Schächtelchen entstammenden Mitbürger in die Grenageanstalt zurückgebracht.

Dazu genügt nicht mehr ein Schächtelchen, das man in die Achselhöhle pressen kann. Die Arba wird angespannt, der Wagen, dessen Räder zwei Meter hoch sind, aus dem gleichen Grunde, aus dem den Kamelen so lange Beine gegeben sind: damit der Wüstensand die Karosserie nicht spurlos verwehe; der Kutscher sitzt niemals auf dem Wagen, sondern auf dem Rücken des Pferdes, die Beine hochgezogen, die Füße auf die beiden Deichseln stützend. In Tadshikistan, wo sich der Gebrauch des Wagens noch immer nicht überall eingebürgert hat, bringen Maulesel die seidene Last.

Allein könnte ein Mensch die aus den Samen emporgeschossene Ernte nicht weit tragen. Des Schächtelchens Inhalt hat innerhalb von sechs Wochen sein Volumen beträchtlich erhöht, aus 25 Gramm sind 60 Kilogramm geworden, wobei zu bemerken ist, daß auf ein Kilogramm 540 Kokons gehen.

Im Hof laden die Züchterinnen, den Roßhaarschleier züchtig vor dem Gesicht, Säcke und Körbe aus dem Wagen. Für weiße Kokons, ›Bagdada‹, bekommen sie 1,75 Rubel per Kilogramm, für ›Ascoli-piccio‹, in deren Innern die Raupe angeklebt ist, 2,20 Rubel, für die chinesischen, die die italienischen Spezialisten ›giallaoro‹ nennen, 2 Rubel; die einheimischen heißen ›Tshoidari‹, sie bringen nur 1,50 Rubel per Kilogramm.

Lieferantinnen, verschleierte und unverschleierte, umringen die Waage, sie tauschen auf dem Hof Produktionserfahrungen mit ihren Kolleginnen aus, die über andere Berge nach Taschkent gekommen sind. Schulkinder beteiligen sich an der Produktionsberatung.

Die gold- und silbergefüllten Säcke werden ins Innere der Hallen geschafft. Lang wie ein laufendes Band sind die Sortiermaschinen. Arbeiter überprüfen jeden Kokon, ob er auch schön eirund ist und keine Anomalie aufweist, ob er nicht etwa launisch in der Form eines Herzens gesponnen ist oder in der einer Kugel. Kalibriert werden die Kokons, indem man sie über drei Siebe rollen läßt, die kleinsten fallen durch die Löcher des ersten, die größten durch das letzte, die mittleren aber sind die beste Sorte.

Was nicht für gut befunden wird – oft zum Beispiel hat ein vorwitziger Schmetterling sein Kerkerchen bereits durchbrochen –, das geht nach Moskau, wo man Schappeseide daraus macht. Noch vor wenigen Jahren wurde solches Material zweiten Ranges nach Mailand verkauft, heute ist die Sowjetunion mit Hilfe italienischer Spezialisten imstande, alle Halbfabrikate und Fertigware selbst herzustellen und zu exportieren.

Diese schlechten Stücke und auch der überwiegende Teil der guten, der waggonweise in die Spinnereien geht, werden vorher in die Trocknungsöfen geschoben. 60 Grad Hitze. Sie dringt durch die seidenen Wände, und der hinter ihnen verborgene Bewohner stirbt.

23 Tonnen der besten Kokons bleiben in einem temperierten Saal zurück, in der Zuchtanstalt für Schmetterlinge. Dort geht es ja schön zu! Aus den grobmaschig vergitterten Rahmen, zwischen die man die Kokons gelegt, springen vom fünften Tage an Hun-

derttausende, ja Millionen von Faltern heraus. Sie flattern nicht weit.
Kaum daß sie das Licht der Welt erblickt haben, fangen sie an, sich auf den Gitterdrähten oder auf dem Tisch zu paaren. Die Weibchen verbreiten einen Geruch, der die Partner anlockt. Das Weibchen, ein dickes Geschöpf mit kurzen Flügeln, bleibt ziemlich unbeweglich, während das Männchen mit seinem Hinterteil sich ihrem Hinterteil vermählt. Dagegen der Mann – er hat einen aufgezwirbelten Schnurrbart – gibt reichlich an. Unausgesetzt macht er Wellen mit seinen Flügeln, umher wirbelt der Flügelstaub, so daß die Arbeiter ersticken müßten, wenn nicht energische Ventilatoren, Luftschächte an der Decke und im Fußboden den Puder davon- und Luft zuführen würden.
Nach zweistündiger pausenloser Kopulation hat das Weibchen genug, es weiß, was die Gelehrten der Raupenzucht erst durch langwierige Experimente herausgefunden haben: daß diese Zeitspanne zur Befruchtung eben die richtige ist. Aber glauben Sie, der Gatte krallt herunter? Er würde seine Tätigkeit mit staubaufwirbelndem Flügelschlag noch mehr als zwei Tage fortsetzen, Sperma hat er genug; erst nach fünfzigstündigem ... sinkt er, erfüllt von Orgasmus und Euphorie zugleich, tot vom Venusberg. Das weiß man allerdings nur vom Experimentieren her; hier läßt man ihm nicht länger das Vergnügen, als es ersprießlich ist. Die rauhe Menschenhand reißt die Männchen nach zwei Stunden aus den Armen der Geliebten und wirft sie in einen Korb, der in den nächsten Geflügelkolchos wandert – Futter für die Hühner.
Infolge sorgfältiger Zuchtwahl ist die Zahl der männlichen und weiblichen Falter ungefähr gleich. Ist ein Männchen überzählig, so versucht es, einen glücklichen Nebenbuhler zu verdrängen, eine Prügelei entspinnt sich, der Stärkere hat den Genuß, der Schwächere hat das Nachsehen. Manchmal greift eine mitfühlende Arbeiterin in diesen Eifersuchtskampf ein und hilft dem Unterlegenen bei seinem Liebeswerben nach.
Ebenso muß man – hier ist es nicht mehr freundliche Gefälligkeit, sondern Pflicht der Arbeiter – dem allenfalls sitzengebliebenen Weibchen einen Partner verschaffen, der anderswo sein Werk bereits getan hat. Denn: zwar legt auch ein unbegattetes Weibchen Eier, aber diese sind nicht befruchtet, so wie es die der Henne

nicht sind, die der Hahn liebevoll zu behüpfen tags zuvor nicht würdig befand.

Ist die Massenhochzeit vorbei, klopft eine Menschenhand auf die Gitterstäbchen oder auf den Tisch, und im Nu lösen sich die Ehepaare voneinander und beginnen gleichzeitig zu urinieren. Weiße milchige Flüssigkeit bedeckt den Boden. Würde man die Falter nicht auf diese Weise abhalten, so würden die Männchen nachher den Korb besudeln, was kein Malheur ist, aber die Weibchen ihr Wochenbett, und das muß rein bleiben.

Ihr Wochenbett – jedes Weibchen wird in ein Kuvert gepackt. Am Abend des Hochzeitstages, da die Schmetterlingin geboren, zur Frau gemacht und zugleich zur Witwe ward, wird sie auch Mutter. Sie beginnt Eier zu legen, binnen zwei Tagen 400 bis 700 schiefergrau-bläuliche Eier. Hierauf verliert sie alle innere Feuchtigkeit und stirbt.

Stirbt sie? Nach den Grundsätzen der Naturwissenschaft stirbt sie nicht, obwohl sie ohne Zweifel tot ist. Nach den Grundsätzen der Naturwissenschaft kann man nur auf drei Arten sterben: durch Krankheit, durch Alter oder auf gewaltsame Weise. Von keiner dieser drei Tatsachen kann hier die Rede sein, der Zustand des Weibchens ist normal, es ist jung, auch für einen Falter jung, und weder Liebesverkehr noch Mutterschaft läßt sich als gewaltsamer Tod bezeichnen. Das vermeintliche Hinscheiden ist also nichts anderes als eine Transfiguration des weiblichen Schmetterlings in seine Eier, so wie sich die Eier ihrerseits in Raupen, diese in Puppen und diese wiederum in Falter verwandeln.

Der Leichnam der gestorbenen oder transfigurierten Mutter liegt neben ihren Kindern in dem Kuvert. Doch ist ihr Leid noch nicht vorbei. Man zupft ihr die Flügel ab, zerstampft ihren Leib in einem Mörser und legt ihn unter das Mikroskop, das fünfhundertmal vergrößert. Leicht läßt sich solcherart erkennen, ob die Mutter Spuren von Pebrina aufweist, einer den Seidenwürmern erb- und eigentümlichen Art von Flecktyphus, die Pasteur entdeckt hat, oder ob sie an Fettsucht, Gelbsucht oder Schwindsucht litt. Stellt man eine solche Krankheit fest, dann wird auch der Nachwuchs im Keim vernichtet.

Jene Eier aber, deren Mutter sich bei der Obduktion als unverdächtig erwies, beläßt man bei gleichbleibender Temperatur hier, bis sie im nächsten April wieder in Schächtelchen zu 25 Gramm ausgegeben, in den Dörfern gefüttert und als Kokons zurückgebracht werden, um als Falter zu erstehen, sich zu begatten, zu befruchten, zu gebären und zu sterben im Dienst der Seidenindustrie.

II. *Eine Frau an der Seidenfront*

Die Anlage der Kokonsammelstellen ist überall gleich: am Rand der Bezirksstadt ein Flugdach, darunter Regale, etwas abseits Trocknungsöfen aus Lehm.

Wir kamen an vielen vorbei, in jeder war eine andere Manipulation im Gange. Während in Taschkent die ersten Kokons abgeliefert wurden, war im Süden Tadshikistans, in Sarai-Kamar, die Ablieferung längst beendet und die ganze Ausbeute schon in die Spinnereien gesandt, in manchen Berggebieten aber wurden erst die Eier ausgegeben.

Oft sahen wir, wie das eiserne Tablett mit dem schneeweißen oder goldgelben Konfekt in den Backofen geschoben wurde. Mit der steifen Schicht der allgemeinen Hitze mischte sich der Ofenrauch. Das verlockte nicht dazu, hier haltzumachen.

Erst in einem höheren, kühleren Bezirk, in den Vorbergen des Pamir – unter uns sprangen die Wasser des Wachsch blitzend über rotes Geröll, über uns versengte das Weiß der Zar-Peter-Berge unseren Blick –, stiegen wir vor einer Kokonanstalt vom Pferd.

Die Leiterin trug Breeches und hohe Stiefel, was sie uns im Laufe des Gesprächs damit erklärte, daß sie im Bürgerkrieg Uniform getragen habe und sich an Frauenkleidung nicht mehr gewöhnen könne.

»Das ist eine Schußverletzung, Genossin, auf Ihrer Wange?«

»Ja, das ist ein Schuß, am Halse habe ich auch einen Schuß und zwei am Bein.«

»Da haben Sie viel durchgemacht, Genossin?«

»Was ein Mensch durchmachen kann, das können Sie gar nicht wissen . . . Mein Mann war Führer einer Partisanenabteilung. Schwer verwundet kam er nach Hause. Unser Dorf wurde von den Weißen genommen, das erste Haus, in das sie eine Abteilung schickten, war unseres – vielleicht hat ihn jemand verraten. Sie packten meinen Mann, fesselten ihn und schrien: ›Jetzt wirst du keine Internationale mehr singen!‹ Darauf begann er die Internationale zu singen. ›Wir werden dich gleich zum Schweigen bringen!‹ Sie warfen mich aufs Bett und riefen ihm höhnisch zu: ›Willst du uns vielleicht auch dazu singen?‹ Er sang die Internationale, während sie mich schändeten. Er hörte nicht auf mit dem Singen. Sie brachten unsere beiden Kinder herein und brüllten, sie werden sie erschießen. Zuerst haben sie die Kleine erschossen, die war drei Jahre alt, dann legten sie auf den Buben an, er hieß Mischa, fünf Jahre war er alt. Mein Mann hörte mit dem Singen auf. Jetzt jubelten sie, und dann haben sie auch den Jungen totgeschossen und nachher meinen Mann. Das war in der Ukraine, 1918.«

Sie hat recht gehabt, diese Frau, bei deren kurzer Lebensgeschichte es uns kalt überlief, sie hat recht gehabt, als sie unserer Phrase mit dem Satz begegnete: ›Was ein Mensch durchmachen kann, das können Sie gar nicht wissen.‹

Was sollen wir ihr sagen, nachdem wir ihr Schicksal erfahren haben? Wir fragen, wie sie hierherkommt, aus der Ukraine auf den Pamir, vom Bürgerkrieg zu den Seidenraupen. Sie dreht sich eine Zigarette.

»Vierzehn Tage später meldete ich mich an die Front. Vier Schüsse habe ich abbekommen. Auch noch schwerere Wunden hätten mich nicht abhalten können, an der Front zu bleiben. Aber leider bekam ich epileptische Anfälle, sobald ich die Internationale hörte. Das hat bis heute nicht aufgehört – wenn jemand die Internationale singt oder nur pfeift, so bekomme ich schon die Krämpfe. Jede Arbeit wurde mir dadurch unmöglich gemacht. Die Partei hat mir angeboten, mir selbst eine Beschäftigung auszusuchen. Ich habe geantwortet, ich möchte irgendwohin, wo man die Internationale nicht singt. Darauf wurde mir gesagt, gut, ich könne nach Italien. Das wollte ich nicht . . . ›In der Sowjetunion gibt's aber keinen Platz, Genossin, wo man die Internationale nicht singt – höchstens vielleicht auf dem Pamir.‹ Da habe ich mich eben auf den Pamir schicken lassen. Hier oben gibt es keine Musikkapelle, die Bauern zupfen auf ihrem Du-Tar (tadshikische Gitarre) meist ihre Volkslieder. Jetzt hat es sich freilich schon geändert. Auch Radio ist da, wenn ich abends nach Hause gehe, muß ich mir Straßen aussuchen, wo der Lautsprecher nicht hindringt. Außerdem trage ich fast immer Watte in den Ohren. Ich bin schon zwei Jahre hier und habe erst vier Anfälle gehabt – in Rußland hatte ich jede Woche mindestens einen. Früher konnte ich von diesen Dingen nicht sprechen, aber man hat mir geraten, nicht alles so in mich hineinzufressen, und ich glaube, die Leute haben recht. Nun, genug von mir . . . Sprechen wir davon, was hier gemacht wird.«

Wir sprechen davon, was hier gemacht wird.

Aus der Taschkenter Grenageanstalt bekommt die Kokonstelle 4000 Schachteln mit Raupeneiern. »Am 1. Mai haben wir keinen Feiertag. Gerade an diesem Tag fangen wir an, die Schachteln auszugeben; in anderen Bezirken liefert man um diese Zeit schon die Kokons ab. Dort unten in den Tälern entwickeln sich die Raupen bei natürlicher Temperatur, unsere Züchter müssen ihre Stuben oft eigens heizen, um eine Wärme von 26 Grad zu erzielen. Bei uns spinnt sich der Wurm erst im Juni ein. Aus zehn Gramm Eiern werden ungefähr 24 Kilo Kokons, wir haben meist Bagdader Sorte. Die abgelieferten Kokons kommen hier in den Ofen und bleiben fünfzehn Minuten im Dampf, bis der Wurm ganz weiß und tot ist. Anderthalb bis zwei Monate liegen die Kokons zum Trocknen auf unseren Regalen, dann gehen sie in die Garnfabrik.

Auch aus Afghanistan holten die Bauern Schachteln von uns und brachten uns die Kokons. Die waren sehr klein, weil sie drüben wenig Maulbeerbäume haben. In diesem Jahr haben sie überhaupt nichts abgeliefert. Jetzt sind die Grenzen gesperrt. Aber das macht nichts, unsere Produktion nimmt zu, wir erzielen schon fast viermal soviel Kokons wie vor drei Jahren.«

»Sie sind also zufrieden, Genossin?«

»Wie man's nimmt. Die Seidenzucht von Tadshikistan hat sich seit dem vorigen Jahr um 1939 Zentner Kokons erhöht, das ist um 27 Prozent. Daran ist unser Bezirk am stärksten beteiligt – wir machen fast doppelt soviel Kokons wie das Wilajet Gissar, das Wilajet Kurgan-Tjube und das Wilajet Kuljab. In diesem Jahr haben wir 946 Zentner. Das ist aber viel zuwenig, das Wetter war schlecht, viele Wege ungangbar, die Maulbeerbäume blühten verspätet ... laut Fünfjahrplan hätten wir 1804 Zentner abliefern sollen, und dann hätte unser Bezirk nächstes Jahr eine eigene Spinnerei bekommen. Wir haben nur 52 Prozent des Plans erreicht. Machen wir im nächsten Jahr 2200 Zentner, so haben wir den Plan trotzdem erfüllt und bekommen die Fabrik. Es wird uns gelingen. Und wenn man die Fabrik zu bauen anfängt, lasse ich die Internationale spielen. – Dann ist die Vergangenheit vorbei.«

III. *Bei den Spinnerinnen von Samarkand*

In Buchara, wo die Romantik rauh und despotisch war, hat man Teppiche gewebt von alters her, und Waffenschmiede standen am Blasebalg; in Samarkand, wo die Türmchen und Fassaden glitzern wie Spiegel, spann man Seide. In Europa ist eine solche geographisch-ästhetische Einteilung, sofern sie je bestand, längst verlorengegangen, man liest in den Zeitungen von ›Schlachthausbrand in Saragossa‹ oder ›Die Weimarer Polizistengreuel‹, ohne das als deplaciert zu empfinden. Vielleicht wird auch in Sowjetasien die sentimentale Geographie bald verschwunden sein, denn die moderne Industrie sucht sich ihre Wirkungsgebiete nach praktischeren Gesichtspunkten aus. Andererseits aber kann im Reich der Planwirtschaft ein traditionelles Gewerbe nicht durch willkürliche Konkurrenz brachgelegt werden, im Gegenteil, ein traditionelles Gewerbe kann neue Impulse durch den sozialistischen Staat erfahren.

Leider ist das mit der Buchareser Teppichweberei nicht geschehen. Dieses Handwerk hatte in den Hungerjahren, als die Reaktion das Reich des Emirs abschnitt von Sowjetturkestan und Sowjetturkestan abschnitt von Europa, zu existieren aufgehört; während des Bürgerkrieges wanderten die Meister mit ihren Webrahmen und Mustern nach Afghanistan aus, und später blieben die Versuche der Sowjets, die Teppichweberei wieder hochzubringen, vergeblich. Buchareser Teppiche sind in Buchara schwerer zu kaufen als in Berlin.

Anders steht es mit der Seidenspinnerei. Es ist geglückt, sie zu beleben, sie zu industrialisieren und sie gleichzeitig einzuordnen in den Prozeß zur Befreiung der Frau. ›Chudschum‹, ›Der Sturm‹, heißt die größte Spinnerei von Samarkand, sie hat 1100 Arbeiter und Arbeiterinnen, ebensoviel wie die Spinnerei ›Zehnter Jahrestag der Oktoberrevolution‹ in Fergana, mit der sie in sozialistischem Wettbewerb steht. Wie bei den Fernpartien der Schachspieler werden die Züge herüber und hinüber telegrafiert, und groß angeschlagen ist in den Betriebsräumen des ›Jahrestags‹ und des ›Sturms‹ der bisherige Verlauf des interurbanen Wettkampfes.

Sosehr wir uns auch angesichts der Samarkander Sakralbauten an den Anblick von Gold und Weiß gewöhnt haben, blendet uns doch im Lager der Spinnerei das viele Gold und das viele Weiß der aufgestapelten Kokons, das viele Gold und das viele Weiß der Seide, die ein Wurm gesponnen hat und vom Menschen entsponnen werden muß, um wieder gesponnen zu werden.

Das ist die Aufgabe in der Fabrik. Sobald der Kokonbestand nach Farbe, Art, Größe und Qualität sortiert worden ist, rutscht er auf einer Schütte hinab zu den Spinnerinnen in der Werkhalle. Gründlich getrocknet waren die Kokons, bevor man sie hierher brachte, und nun ist der erste Arbeitsgang der, sie wieder zu befeuchten. Ein Dampfbad löst den Mörtelverputz des seidenen Häuschens, den Leim, und rotierende, zarte Bürstchen fahren die Fassade entlang. Das eirunde Stück glatten Goldes oder carrarischen Marmors hört auf, ein eirundes Stück glatten Goldes oder carrarischen Marmors zu sein, und ist nun das, was es ist: Gespinst. Die Struktur liegt bloß und bleibt bloßgelegt, auch wenn man die Stücke nach dem heißen Bad einem kalten aussetzt.

Aus dem fischt sie die Arbeiterin. Abgelöst wird die äußere Schicht des Kokons, ein bastartiges Zeug, nur gut für Schappegarn. Jetzt macht man den letzten Hauch der Raupe ausfindig, den Endpunkt des von ihr gesponnenen Fadens, erfaßt ihn und leitet ihn durch die Öse eines Achatsteins, der außerdem noch die Fäden fünf anderer Kokons aufnimmt.

Viele Samarkanderinnen tragen das roßhaarne Visier bei ihrem Turnier gegen Fergana, manche nehmen es nicht einmal ab, wenn sie den Faden durch den Achatstein stechen und von dort über die Haspel führen, das Rad, das, mathematisch genommen, ein Achteck ist, aber sich so schnell dreht, daß man seine Ecken übersieht. Es rollt die sechs Kokons ab und zwirnt die sechs Fäden zu einem einzigen Faden von 250 bis 500 Meter Länge.

Über die Köpfe der Arbeitenden hinweg laufen die sich umeinanderwindenden Fäden und schlingen sich um sausende Spulen. Netze zerschneiden den Raum, in dem man die Kokons weicht und bürstet und abwickelt, die Enden der Zwirne knüpft, die Spulen wechselt, die mattglänzenden Strähnen abhebt und zu Docken dreht.

Tausenden und aber Tausenden von verpuppten Würmern wird das Obdach geraubt. Schutzlos liegt der Wurm da, der das teure Material geliefert, kunstvoll das erste Halbprodukt verfertigt hat, hüllenlos und leblos liegt er da. Er heißt ›Chrysolitha‹, alles hier hat italienische Bezeichnungen, denn vor drei Jahren wurde die Fabrik von Turiner Spezialisten eingerichtet. Jetzt arbeitet sie schon ohne fremde Hilfe und erfüllt den Fünfjahrplan; aus der Chrysolitha macht man Seife, aus dem Seidenleim Brennöl, und in die Seidenweberei nach Chodschent gehen die Rohgarne, die wir hier abrollen und aufrollen sehen.

Aus den Wasserbecken wallt Dampf empor, das Geäder der Fäden, das Kreisen der Haspeln und Spindeln verwirrt unseren Sinn . . .

Wo sind wir?

Ein enges Tal im Mondscheinglanz.

Auf Sträuchern flammt Schlehdorn und Goldregen. Spinnweben hängen im Gezweig.

Nebelschwaden steigen aus dem Wiesengrund.

Nymphen heben silberne und goldene Vogeleier aus Nestern, pflücken Löwenzahn, drehen sich im Reigen zum Schleiertanz.

Durch die Luft weht Altweibersommer.

130 Rubel beträgt der Durchschnittslohn der Arbeiterinnen. Am Abend besuchen sie Unterrichtskurse. Vor ein paar Jahren waren sie eingekerkerte, mittellose, analphabetische Sklavinnen ihres Gatten.

IV. *Vom Fliegenwedel zum Großbetrieb*

›Es gibt keine antiquarischen oder exotischen Andenken von der Seidenerzeugung . . .‹
Das hat vor ein paar Monaten der Direktor des ›Musée des tissus‹ in Lyon geantwortet, als wir erwähnten, diese Galerie unbeschreiblich schöner Gewebe aller Zeiten und Völker würde erst dann auch Nichtfachmänner interessieren, wenn veranschaulicht wäre, unter welchen ökonomischen und technischen Bedingungen diese Meisterwerke entstanden sind.
›Es gibt keine antiquarischen und keine exotischen Andenken von der Seidenerzeugung‹, antwortete er, ›immer und überall vollzog sich die Herstellung in der gleichen Weise. Joseph Jacquard hat den Webstuhl nur vervollkommnet, der in der ganzen Welt im Gebrauch war. Im Treppenhaus sehen Sie die Modelle seines und des ursprünglichen Systems. Ein Original steht im Musée Gadagne. Mehr Andenken gibt es nicht.‹
Seit heute wissen wir, daß das nicht stimmt. Hier in Chodschent finden sich Geräte, um derentwillen man dem Lyoner Gewebemuseum eine technologische Abteilung angliedern könnte. Über die Rückständigkeit der Spulen, Spindeln und Haspeln, die man da zu sehen bekommt, würde selbst die älteste Spulerin auf der Croix-Rousse, dem Seidenviertel von Lyon, den Kopf schütteln, vor den Handwebstühlen verblaßt deren ehrwürdiger Vetter im Musée Gadagne. Aber der Vertreter des Lyoner Gewebemuseums muß sich beeilen, wenn er sehen will, wie mit diesem vorsintflutlichen Handwerkszeug gearbeitet wird.

Die letzten Handweber hausen in der Altstadt von Chodschent. Ihre langgestreckten Werkstätten aus Lehm durchläuft ein Draht. Unter dem Scherbaum und an der gegenüberliegenden Wand hängt je ein steinernes Gewicht an diesem Draht und spannt das gewebte Seidenstück. So alt wie die Arbeitsweise sieht der Weber aus, sein Bart: als wären Docken von Schappeseide auf Kinn und Backen geklebt, sein Nacken: als drückten auch ihn die steinernen Gewichte nieder. Dennoch ist der Alte rüstig und gelenk. Mit den Füßen hebt er den Scherbaum, mit den Händen wirft er ein Weberschiffchen unter den Faden; dergestalt bewegt er die

Kette mit dem Fuß, den Schuß mit der Hand, Tritt und Wurf, Tritt und Wurf ein Menschenleben lang. ein Greisenleben lang, Tritt und Wurf, das gleiche Gewebe aus grünem und blauem und violettem Garn, ein Greisenleben, zehn Greisenleben lang.

Noch bizarrer als der Webstuhl, diese Kombination von Kamm und Bürste, wirkt eine kleine Apparatur: in den Scherbaum ist eine Latte senkrecht eingerammt, und von ihr baumelt ein Fell, das bei jeder Bewegung des Pedals dem Weber sanft ins Gesicht schlägt.

Das ist, endlich begreifen wir's, eine Vorrichtung zum Verscheuchen der Fliegen, auf daß sie den Meister nicht stören, wenn er das Weberschiffchen schnellt. Fliegen sind genug da, der Dampf, der den Raum erfüllt, verjagt sie nicht. Der Dampf kommt aus zwei Töpfen, in denen ununterbrochen zwei Flüssigkeiten kochen, Stärke und grüner Tee.

Sechs Meter am Tag macht der Weber und verdient kaum die Hälfte von dem Lohn eines Fabrikarbeiters. Obwohl die handgewebte Ware teurer ist als die industriell erzeugte, läßt sie sich leicht an den Mann bringen, weil die Produktion der Großbetriebe den gesteigerten Bedarf noch nicht deckt. Nicht lange mehr werden Weber unter fellnem Fliegenwedel hocken. Schon weben die Fabriken den Hauswebern das Leichentuch.

Drüben rattern bereits die Webstühle im Vielklang, drüben arbeiten die jüngeren Kollegen der weißbärtigen Heimarbeiter – Überläufer vom Handwebstuhl zum halbmechanischen, vom Handwerk zur Fabrik. Die Seidenfabrik ›Roter Weber‹ ist ein Artel, eine Produktionsgenossenschaft von 413 ehemaligen Heimwebern. Außer ihnen sind noch 116 Arbeiter und Arbeiterinnen in der Fabrik tätig.

Die Einnahmen der Mitglieder richten sich nach der Produktion, fallen aber niemals unter die Löhne der Kategorie, in der sie arbeiten: der Taglohn in der Weberei beträgt 6 Rubel, in der Haspierei 6 Rubel 58 Kopeken und in der Fransennäherei 5 Rubel 50 Kopeken.

Grellglänzende, buntgemusterte Seiden werden gewebt, grünblau-violett gestreifte Stoffe für die Chalate der Männer, bordeauxrot-golden geblümte Tücher für die Frauen. Tausendlöchrig

sind die Kartonrollen zu Häupten der Arbeiter, durch die die verschiedenfarbigen Fäden in verschiedene Richtungen laufen, um sich in der Luft wiederzufinden, aneinanderzuschließen, als Fläche zu vereinigen und in der ihnen streng vorgezeichneten Weise eine Figur zu bilden.
132 Webstühle. Ein Zug an der Schnur, und das Weberschiffchen schnellt an das andere Ufer des seidenen Stromes, der ewig die gleichen Reflexe wirft und ewig dasselbe Bett durchrinnt, also ewig der gleiche ist und doch ewig ein anderer, da er aus immer neuen Rinnsalen immer neu ersteht. Auch der auf einem Wellenkreis schaukelnde Strauß, der sich allmählich glättende und wieder versinkende Blumenstrauß ist ein anderer Blumenstrauß als die gleichen Blumensträuße, die vor ihm und nach ihm schwimmen und im sachten Wasserfall versinken.

Tadshiken übertragen in der Zeichenkammer die Entwürfe für die Dessins auf winzig quadrierte Bogen und stanzen das Sujet in die Schablonenrollen. Das ist die Männerarbeit. Tadshikinnen sitzen auf der Erde. So saßen sie jahrhundertelang im Itschkari, dem Frauenhaus ihres Gebieters, auf der Erde. Und an den Geräten, mit denen sie die aus der Spinnerei von Samarkand ankommenden Garne aufspulen, mögen schon ihre Mütter und Großmütter gesessen haben: schwarze Spindeln, jede in anderer Manier gedrechselt und geschnitzt. Das Lyoner Gewebemuseum sei auf diese Stücke besonders hingewiesen, sowie auf die skulptierten Gestelle der quadratischen und achteckigen Riesenhaspeln.
Frauen mit starren Augen, des unvergitterten, ungesiebten Lichtes ungewohnt, Mädchen mit aneinandergeschminkten Augenbrauen, jung, ihrer Wirkung froh, singen bei der Arbeit. Text und Melodie sind fremd dem Fremden, er weiß nicht, ob da zum Gesurr und Geschnurr der Spindeln das warnende Lied der Atropos gesungen wird oder das zufriedene der Klotho oder das vorsichtig ordnende der Lachesis:

Fäden kommen, Fäden weifen,
Jeden lenk' ich seine Bahn,
Keinen lass' ich überschweifen,
Füg' er sich im Kreis heran.

Schließlich erweist sich, daß das Lied kein Parzengesang ist, die Worte ›Lenin‹ und ›Fabrika‹ lassen sich verstehen, und der Gesang nimmt den Rhythmus der Räder an, die zum Finale jubelnd zu sausen beginnen.

Die Fabrik, eingerichtet im ehemaligen Tuskulum eines Gendarmeriegewaltigen, liefert für 5 109 000 Rubel Seidenstoffe im Jahr. Doch wie die Hausweber der Nachbarschaft technisch rückständiger sind als ihre rückständigsten Kollegen von der Croix-Rousse, so kann diese Fabrik mit ihrem handbewegten Antriebsrad, ihren hockenden Spulerinnen und ihren stehend arbeitenden Webern keineswegs einen Vergleich mit den Lyoner Großbetrieben aushalten.

Wir müssen noch weitergehen, um in das dritte Zeitalter der Seidenweberei zu kommen. Es ist nicht fern. In einem Komplex mächtiger Bauten wird sich jener Werdegang der Seide vollziehen, den zu verfolgen wir ganz Mittelasien durchreisten, von der Raupenzuchtanstalt in Taschkent zu den Kokontrocknungsstellen an der afghanischen Grenze, von ihnen zur Spinnerei in Samarkand und schließlich zu den Handwebern und zu den halbmechanischen Webstühlen in Chodschent.

Alle diese Arbeitsgänge und noch neue werden nun vereinigt, auch die Verarbeitung der Nebenprodukte findet hier ihren Platz. Man nennt das bekanntlich ›vertikale Gliederung‹. Im Raum äußert sich eine solche Vertikalität horizontal. Nebeneinander angeordnet sind die Betriebe, zwei Hallen für die Spinnerei mit 384 Kokonbecken, die Zwirnfabrik mit 1800 Spindeln und die Weberei mit 400 Webstühlen.

Schon baulich ist das Kombinat als Fabrik des Arbeiters angelegt. Das Hauptportal dient als Eingang für die Belegschaft (die Verwaltungsräume liegen in einem anderen Block) und führt in einen kreisrunden Portikus von nicht weniger als 48 Meter Durchmesser; in einer Höhe von elf Metern schwebt die Kuppel darüber. Rings um diese Säulenhalle sind die Arbeiterinstitutionen untergebracht, der Betriebsrat, die Zellen der Partei, der Gewerkschaft und anderer Organisationen, die Inspektion für Arbeitsschutz, die Lohnkasse, die Garderoben mit 5000 verschließbaren Schränken und das Schwimmbassin mit den Duschen.

Fast in der Mitte der hellen, riesenfenstrigen Werkhallen, Achtung, eine senkrechte Schlucht, fünf Meter tief, unten ein Talkessel, zwanzig Meter lang, zwölf Meter breit. Das sind die Ventilationskammern, sie werden mit ihren elektrischen Anlagen einem ähnlichen Zweck dienen wie die Fliegenwedel der benachbarten Handweber.

Vier Millionen Rubel kostet der Bau des Seidenkombinats, das Hunderte von Tonnen Seide liefern wird. Mit Volldampf arbeitet die Zementmaschine, Stämme werden zu Pfosten gehackt (nicht gehobelt), es wird gewalzt, dachgedeckt und gezimmert. Die Spinnmaschinen sind schon da, amerikanischer, französischer und einheimischer Faktur, auf die Fabrikmarke ›Grusinischer Metalltrust, Tiflis‹ weist der alte Sekretär der Parteizelle besonders hin. Der Alte unterrichtet im Fabsawutsch, der Werkschule, die bereits 400 Schüler hat, darunter mehr als ein Drittel Mädchen aus Tadshikistan, wogegen er selbst nicht aus Tadshikistan ist, sondern aus dem Rheinland. Freilich ist schon viel Wasser den Rhein hinabgeflossen, seit er, Cäsar Storch, nach Turkestan kam, um in Taschkent die ersten Maschinen von Krupp zu montieren. Er ist hier geblieben und hat fünf Kinder, alle Kommunisten, wie er als braver Familienvater sofort hervorhebt. Ein Sohn ist Chefchemiker, ein anderer, Adolf Cäsarowitsch, ist roter Direktor des Öl- und Fettinstituts in Saka-Andischan. Ja, ja. Es sind schon vierunddreißig Jahre her, seitdem Genosse Cäsar die Maschinenfabrik Ackersdorf am Rhein verlassen hat. Sein Bruder ist zu Hause geblieben und arbeitet noch immer in dieser Fabrik. Genosse Cäsar bezweifelt, daß auch die Söhne seines Bruders inzwischen studierte Leute und Fabrikdirektoren geworden sind.

Es gilt, einen Verbrecher zu bestatten

Es starb Chang Tsi-kuei. Chang Tsi-kuei war Führer der Za-Bao-Tong, der ›Schutzgewährenden Gesellschaft‹. Gegen seinen Magenkrebs konnte ihm diese Gesellschaft keinen Schutz gewähren. Wissend, daß er dem Tode verfallen, erschien er vor wenigen Wochen in dem besonders heiligen buddhistischen Kloster von Putu und bot dem Oberpriester eine Summe von 25 000 Tael als Spende an, Sühne oder Ablaßgeld. Der heilige Laodah zeigte ihm die kalte Schulter: »Tsien bu tsching tsang – es ist kein klares Geld.« Chang Tsi-kuei mußte, den Krebs im Magen, die Todesangst im Herzen, das Geld in der Tasche, wieder aus dem Kloster ziehen.
Kein anderer als der heilige Laodah, der Abt von Putu, durfte dem Chang Tsi-kuei solchen Schimpf bieten. Aber anderseits hätte ja auch Chang Tsi-kuei keinem andern als dem Abt von Putu Geld geboten, er war kein Geber, er war ein Nehmer – der Schanghaier Bezirk Hongkew kannte und fürchtete Chang Tsi-kuei und wird seiner niemals vergessen.
Wenn in einem Bezirk das Oberhaupt der Geheimgesellschaften zu Grabe getragen wird, so ist das die seltene Stunde, in der sich ein Vorhang lüftet. Gestalten der Finsternis wandeln durch das Sonnenlicht. Mancher Fremde, der die Erzählungen von Chinas unterirdischen Verbrechergilden für puren Mythos hält, wird in dieser Stunde eines Besseren belehrt.
Welch eine Beerdigung! Der ganze Stadtteil, soweit er nicht mitwirkte, stand Spalier. Voran, hoch zu Roß, drei Sikhs, beturbant und bebärtet, Lanzen in der Hand, ja sogar ein europäischer Polizeisergeant ritt mit ihnen. Für die Beistellung der drei indischen Paradefiguren zahlten die Veranstalter je zehn Silberdollar, für den Weißen fünfzehn.
Einen europäischen Zivilisten aus Hongkew, der als Leidtragender hinter dem Sarg einherginge, hatte man nicht bekommen.
Unter den vielen, die man gegen ein Honorar von hundert Dollar für diese Rolle zu gewinnen versuchte, war auch der mir gut bekannte Amerikaner M. Mister M. ist immer geneigt, für drei Glas Brandy oder eine Unze Opium jede gewünschte Schandtat zu be-

gehen, hat mit Gericht und Polizei und Gefängnis reichlich zu tun, kein anständiger Mensch verkehrt mit ihm.

Dennoch hat er das Angebot, durch einfaches Hinter-dem-Sarg-Gehen die Totenfeier des Chinesen zu verschönen, mit Verachtung zurückgewiesen.

Auch ohne Mister M. gestaltete sich die Beerdigung pompös genug. Nach den indischen Hellebardieren und dem europäischen Sergeanten kamen chinesische Reiter in Mongolentracht mit spitzen Hüten, dann folgte wie üblich, aber weit über das Übliche hinaus, der Zug der Bildsäulen: überlebensgroße, drei vier Meter hohe Figuren aus buntem Papiermaché, darstellend Götter, Drachen, Hunde, Sänften mit schönen Frauen darin, Diener, Pferde – nun, um eine lange Sache kurz zu sagen, all diejenigen Wesen, die den Toten ins Jenseits begleiten mögen. Vierzehn Musikkapellen marschierten spielend hinter dem Mummenschanz.

– –

– –

Den Sarg trugen 32 Kulis, wie es für ein Begräbnis Erster Klasse Vorschrift ist. (Zweiter Klasse: 16 Kulis, Dritter Klasse: 8 Kulis, Vierter Klasse: 4 Kulis, gar keine Klasse: man schmeißt die Leiche aufs Feld, wo Hunde und Katzen sie beknabbern, oder vor die Tür eines Europäers, der sie eingraben lassen muß.)

Hinter dem Sarg schreitet immer der älteste Sohn des Toten. Im Falle Chang Tsi-kuei schritt der älteste Sohn nicht, sondern ließ sich tragen.

Weiße Kittel, schäbigsten Zwillich, hatten zum Zeichen der Trauer die Angehörigen angelegt. Die endlose Kolonne ihrer Wagen beschloß den Zug. Er ging vom Trauerhaus in der Yaloo Road bis zum Haus der Jangtschou-Gilde, Sinza Road. Dort beteten Priester (keineswegs so streng in puncto ›klaren Geldes‹, wie es zu sein der reiche Oberpriester von Putu sich leisten darf), sie rührten die Trommeln und bliesen die Flöten und sangen die Gebete. Rauchopfer stiegen himmelwärts.

Die Leiche bleibt im Schanghaier Haus der Landsleute aus Jangtschou bis zu dem Tag, den die Geomanten nach langen Überlegungen und Gestirnuntersuchungen als den für die Beerdigung vorteilhaftesten feststellen werden. An diesem authentisch günstigsten Tag wird man den toten Chang Tsi-kuei, der einst in

Jangtschou zur Welt gekommen war, nach Jangtschou zurückbringen.

So prächtig, wie ein Fürst der Schanghaier Unterwelt zu Grabe fährt, könnte auch ein anderer reicher Mann von Schanghai zu Grabe fahren. Aber der Unterschied zwischen dem Fürsten der Unterwelt und einem andern reichen Mann von Schanghai liegt dort, wo wir – ihr erinnert euch? – zwischen den vierzehn Musikkapellen und den zweiunddreißig Sargträgern zwei Reihen Gedankenstriche gemacht haben. Diese zwei Zeilen bedeuten zwei mal tausend Gangster, zweitausend Mitglieder der Za-Bao-Tong, der ›Schutzgewährenden Gesellschaft‹, zweitausend immertreue Mitglieder vom Ringverein. Diese Immertreu-Solidarität veranschaulichten sie heute, nur heute coram publico, indem sie wirklich einen Ring bildeten, einen langgezogenen, sich vorwärts bewegenden weißen Ring. Sie, alle zweitausend, trugen gemeinsam ein einziges weißes, in sich zurückkehrendes Band.

Im Schritt würdiger Bürger, als die sie sich fühlten, bewegten sich die würdigen Gauner von Hongkew, die Mannen des würdigen Obergauners Chang Tsi-kuei, miteinander durch die Trauer und das weiße Band verbunden, am profanen Volk vorbei.

Der Vater zeigt sie seinem Kind: Sieh hin. Die da, die im Innern des weißen Bandes einhergehen, die da sind es! Sie saugen unser Blut, sie heben von uns Tribute ein, sie sind eine schutzgewährende Gesellschaft für die Mächtigen, die zu ihnen gehören oder ihnen Schutz gewähren. Da gehen sie, präge sie dir ein und hüte dich vor ihnen, sie sind das Messer im Nacken.

Nichts ändert sich dadurch, daß Chang Tsi-kuei starb. Ein neuer Führer kommt. Sein ältester Sohn kann es diesmal nicht sein, er ist erst sechs Monate alt. Deshalb kann er auch nicht hinter dem Sarg gehen, sondern wird getragen. Der neue Führer ist schon gewählt, ein Verwandter des Toten, er heißt Tschao Mo-lun. Fürs erste wird er den Besitz Chang Tsi-kueis verwalten, seine Schlösser und seine Konkubinen, und für uns wird unter Tschao Mo-lun alles so bleiben, wie es unter Chang Tsi-kuei war.

Zum Mitte-Herbst-Fest, am fünfzehnten Tage des achtzehnten Mondes, zum Ching Ming, dem Frühlingsfest am fünften Tage des fünften Mondes, und zum Neujahrsfest kommt die Bande und präsentiert dir ihre Rechnung. Gegen die Höhe der Abgabe, die dir vorgeschrieben wird, gibt es keinen Rekurs. Der Bote sagt dir, was du zu zahlen hast, und gibt dir keine Quittung, aber du bezahlst, was verlangt wird, und er liefert ab, was du ihm bezahlst, sonst ginge es euch beiden schlecht. Denk an das Messer im Nacken.

Zahle regelmäßig, ordentlich deine Lösegelder; die unregelmäßigen, außerordentlichen werden dir von Fall zu Fall vorgeschrieben. Gewinnst du im Spielsaal, macht das Pony, auf das du gesetzt hast, das Sweepstake-Rennen, wird dir ein Los gezogen, beerbst du einen Verwandten – glaube ja nicht, daß es geheim bleibt. Der Gewinnsteuer an die ›Schutzgewährende Gesellschaft‹ entgehst du nicht. Sie hat ihre Informationsquellen in jedermanns Nähe. Eine eifersüchtige Geliebte wird dich früher oder später anzeigen, sei es, um sich an dir zu rächen, sei es, um ihre Rivalin zu schädigen. Vor dem Geheimbund bleibt nichts geheim.

Nicht von diesen direkten Abgaben allein leben die zweitausend ihr gutes Leben, nicht davon allein bezahlen Chang Tsi-kuei und seine Getreuen ihre Schlösser und ihre Nebenfrauen und ihre Autos. Einträglicher als die Einhebung von Tributen (wenn auch noch immer nicht das Einträglichste, das kommt erst) ist die Volksvergiftung. Die privaten Lotterien, die unbefugten Spielhöllen, der geheime Kinderverkauf bringen großes Geld. Vor allem aber die Opium-Kombinate, die Konzerne von Mohnpflanzern, Opiumeinkäufern, Großhändlern und Einzelverschleißern.

Angefangen vom Mohnfeld in der fernen Provinz Szetschuan bis zur Opiumpfeife in der nahen Yohang Road ist der Weg mit Abgaben an die ›Schutzgewährende Gesellschaft‹ gepflastert, die freilich Schutz gewähren kann, da die Polizei – Hongkew gehört zum Internationalen Settlement – ihr Werkzeug ist.

Ebenso die Justiz. Ob wohl innerhalb des weißen Bandes jene Richter mitgehen, die Mitglieder der Za-Bao-Tong sind? Ich kenne einen gut, Kwang Hwa-hsien, heute habe ich ihn nicht gesehen. Kwang Hwa-hsien war schon in der Kaiserzeit ein Mandarin vierten Grades, in der Republik ward er noch mehr: Mitglied des inneren Kreises der ›Schutzgewährenden Gesellschaft‹ und gleichzeitig Richter bei allen großen Prozessen. Jetzt hat er sich von seinem Amt als Diener der Gerechtigkeit mit einigen Millionen zurückgezogen.

Reichlich und sicher fließen diese Quellen seit Jahrhunderten.

Mehr aber, als das Volk zu schröpfen und zu vergiften, trägt das moderne Geschäft ein: das Volk niederzuhalten, jeden Versuch einer Auflehnung, ja, jeden Ansatz zur Organisation in Blut zu ertränken und jeden eines radikalen Gedankens Verdächtigen um die Ecke zu bringen.

Als Tschiang Kai-schek, um die Bundesgenossenschaft Englands zu erwerben, den Befehl zur Ausrottung der Revolutionäre gab, war schnell die ›Schutzgewährende Gesellschaft‹ zum Henkerswerk bereit. Zwar konnte der konkurrierende Geheimbund, die ›Blaurote Gesellschaft‹, die unter der Regierung Du Yu-sens in der Französischen Konzession die Franzosen besticht und die Chinesen aussaugt, weit mehr Arbeiter und Studenten in Nantao und im Erholungspark (Recreation Ground) schlachten, als die Za-Bao-Tong in den Straßen von Hongkew und im angrenzenden Tschapei zu schlachten vermochte, aber immerhin gab es auch in Tschapei und Hongkew Tausende von roten Toten.

Durch solche Taten erwirbt man sich gleichermaßen das Vertrauen der chinesischen Regierung wie der ausländischen Herren, durch solche Taten erweisen sich die Verbrecherbanden als Stützen der Gesellschaft. Nimmermehr wird der Staat so brauchbare Bürger in ihren geheimen Bundesangelegenheiten stören. Sie können sich mit Stolz mit Reitern und Musikkapellen öffentlich zeigen, wenn es einen der Ihren zu bestatten gilt.

Die Hinrichtung

Da starb einer von des Henkers Hand, Blut stieß in langem und breitem Strahl aus seinem Nacken, das Leben spritzte hoch aus einem, der tot gewesen schien vorher.
Unwirklich, blaß im gelben Gesicht, huschte er morgens aus dem Raum des Polizeiautos, seine Hände staken in Nickelspangen, sein fadendünner, fadenlanger Körper im grauen Chinesenmantel. Er wiegte sich in den Hüften, er schwebte dahin wie ein Gespenst im Kirchhofswind.
Ich hatte mir seine Physiognomie und seine Gestalt, während ich wartete, nicht vorgestellt, ich weiß, daß Mörder im allgemeinen keinen Stiernacken, kein vorgeschobenes Kinn, keine fliehende Stirn haben. Dieser aber sah doch allzusehr nach Nicht-Mörder aus, sah eher wie ein Ermordeter aus, nicht wie einer, der noch vom Leben zum Tode zu befördern ist.
Tsang Kja-ying schlenkerte mit den Schultern, mit den Beinen und sogar mit den aneinandergefesselten Händen, als man ihn in die Zelle des Bagatellgerichts abführte zu den dreißig, vierzig Leuten, die heute zur Verhandlung kommen sollten und ungewiß ihres Schicksals harrten, er war tot und konnte dem Totsein nicht entfliehen. Seine beiden polizistischen Begleiter waren draußen vor der ohnedies hinreichend bewächterten Eisentür geblieben. So konnte er sich als Gleicher unter Gleichen in die Schar der ihm Ungleichen ducken. Sie merkten nicht, daß einer von ihnen nur mehr ein Schemen war.
Plötzlich öffnete sich die Eisentür respektvoll weit. Großmächtig, breitspurig trat das Leben ein: eine Polizeifigur. Sie bewegte sich schlüsselklirrend auf Tsang Kja-ying zu. Jetzt erst erfuhren die andern...
Behaupten die Europäer nicht, dem Chinesen bedeute der Tod nichts oder wenigstens weniger als uns? »Die Kerle lachen bei ihrer Hinrichtung«, hat mir draußen der Inspektor erzählt.
Hm, Tsang Kja-ying, aus dessen Leichnam Leben verspritzen sollte, hatte einen halb geöffneten Mund mit hochgezogenen Mundwinkeln, was im Verein mit stoßweiser Sprache und fortwäh-

render Schwingung des ganzen Körpers so wirkte, als wäre er belustigt. Aber war Tsang Kja-ying wahrhaftig belustigt? Oder bewegte die Angst seinen Mund und seinen Leib? – Wozu die Fragen, allzubald sollten wir sehen, ob er freudvoll oder leidvoll den Weg zwischen Tod und Leben beschritt.

Was seinen Zellengenossen der Tod bedeutet, sahen wir bereits: ihre Augen hatten sich wie Mündungen von Gewehrläufen aus allen Winkeln nach dem Gerichteten gerichtet, als das Leben, verkörpert in einer Polizeifigur, schlüsselklirrend auf ihn zutrat. Der Inspektor, ein Schotte, steht schon lange genug im Schanghaier Gerichtsdienst, um einen Häftling chinesisch fragen zu können, was er vor dem Tode zu essen wünsche. Tsang Kja-ying wünscht warme Pasteten mit gehacktem Fleisch, kalten Fisch, Reis und Suppe. Und Zigaretten.

Im Saal nimmt der Bagatellgerichtshof Platz. An sich ist eine Hinrichtung zwar keine Bagatellsache, aber dieses Gericht hat mit der Hinrichtung nichts anderes zu tun, als den Hinzurichtenden zu fragen, ob er noch eine Bekundung machen, eine Mitteilung an Verwandte oder Freunde durch das Gericht zustellen lassen wolle. Tsang Kja-ying wird zur Wand der Angeklagten geführt, er hat den Vortritt vor seinen Zellengenossen, er ist kein Angeklagter, er ist mehr als ein Angeklagter, mehr als ein Verurteilter, er ist ein Vollstreckter. Sein Oberkörper irrlichtert über der Holzwand. Auf der Bank der Detektive sieht Tsang Kja-ying einen Bekannten sitzen und wendet sich mit stoßenden Worten bald an ihn, bald an den Richter.

Begrüßt er den Bekannten? Beschimpft er ihn? Bekennt er seine Schuld? Beteuert er seine Unschuld? Ich weiß es nicht. Die hochgezogenen Mundwinkel, die Schwingungen und Drehungen der Schulter sagen nichts aus, und der Assessor der Internationalen Niederlassung, der sonst mit Hilfe eines Übersetzers jedes Wort eines Angeklagten oder Zeugen, Polizisten oder Detektivs für die Akten der ausländischen Polizei niederschreibt, läßt sich diesmal nichts übersetzen. Tsang Kja-ying interessiert nicht mehr. Ist erledigt.

Letztwillige Bekundungen hat Tsang Kja-ying bei Gericht nicht zu deponieren und kann daher abgeführt werden in den Hof, wo ihm ein ungedeckter Tisch gedeckt ist. Ein Päckchen billiger Zi-

garetten wird ihm hingeworfen, er reißt den Karton auf, bevor noch seine Hände entfesselt sind, und zündet sich eine an. Seit seiner Tat – Einbruch mit tödlichem Revolverschuß gegen den ihn überraschenden Wächter – hat er wohl nicht geraucht.
Und sich wohl nicht satt gegessen. Mundwärts fliegen die Holzstäbchen mit den Fisch- und Fleischstücken, mit dem Reis, über den er die Suppe gegossen. Ein chinesischer Aberglaube weiß, daß Pasteten den Weg ins Jenseits erleichtern. Noch eine Zigarette. Er streckt die Schachtel mit den übrigen einem Polizisten zu. Willst du sie? Du willst sie nicht? Achselzuckend wirft Tsang Kja-ying sie auf den Tisch, eine Zigarette fällt hinunter. Während er sich nach ihr bückt, erinnert er sich: es ist sinnlos, sie aufzuheben. Fünf Minuten vorher, wie gierig hätte er sie ergriffen – rasch wandelt sich alles, wenn das Leben dem Ende zurast.
Man übergibt ihm in einem Säckchen die Habe, die man ihm bei seiner Verhaftung abgenommen hatte, 44 Kupfer, einen Pfandschein, einen Schlüssel. Tsang Kja-ying zählt sein Geld, wie Chinesen zählen, je fünf Kupfer aus einer Hand in die andere schleudernd. Lange starrt er mit eingekniffenen Augen den Pfandschein an, dann zerreißt er ihn sorgfältig und legt das Geld auf den Tisch.
»Gehen wir!« Mit einem Ruck steht Tsang Kja-ying auf, schiebt die Ärmel hoch und streckt dem Polizisten die Hände gekreuzt hin, um sich wieder fesseln zu lassen. Der dünne Mann steigt in das große Polizeiauto. Ein zweites folgt, Maschinengewehr neben dem Führersitz. »Das ist Vorschrift«, erklärt mir mit Bezug auf das Maschinengewehr der Sergeant, der neben mir im zweiten Wagen sitzt, »eigentlich hat es nur einen Sinn, wenn wir Politische befördern.«
»Werden oft Politische hingerichtet?«
»Oh, my goodness – du meine Güte, fast jede Woche! Nur Kommunisten natürlich. Vielleicht kommt bald ein Europäer dran, dieser Noulens, Sie wissen?«
»Ja, ich hörte von diesem Noulens. Ruegg heißt er in den europäischen Zeitungen. Wann, glauben Sie, wird er hingerichtet?«
»Der Teufel weiß es. Sollte schon ein halbes Jahr erledigt sein. Weil der Krieg gekommen ist und die Zeitungen soviel Krakeel gemacht haben, schieben es die verdammten Gelben immerfort hinaus. Jetzt machen sie sogar eine öffentliche Verhandlung.«

Ärgerlich gießt sich der Sergeant einen Whisky in den Mund. Sein Ärger ist verständlich. Das Internationale Polizeikorps verhaftet und händigt die Verhafteten den Chinesen aus, damit diese das Todesurteil fällen; das Internationale Polizeikorps hält nachher den zum Tode Verurteilten in Gewahrsam und übergibt ihn schließlich wieder den Chinesen zwecks Hinrichtung. Wie können sich die verdammten Gelben erlauben, den Vollzug ihres Auftrags zu verzögern!
Unsere Wagen fahren durch die Franzosenstadt, am Canidrom, dem Hunderennplatz, vorbei, über den Soochowkanal. Vor einem Neubau, vor dem, wie bei Staatsgebäuden obligatorisch, zwei Steinlöwen Posten stehen, hält der Wagen. Der Sergeant geht hinein, um einen chinesischen Beamten zu holen, der die Amtshandlung leiten soll. Ist es doch eine ›rein chinesische Hinrichtung‹. Da fährt ein toter Mann zum Tode, aber niemand weiß es, die Rikschakulis nicht, die unserer eiligen Autokolonne ausweichen, die Straßenhändler nicht, die mit langgezogenen Kehllauten ihre Waren anbieten, die Arbeiter nicht, die mit einem halb gestöhnten, halb gesungenen Duett Lasten auf Bambusstangen tragen, nicht die, die in den Garküchen hocken, nicht die, die vor dem Käfig des Geldwechslers stehen, nicht die, die sich vom Straßenbarbier den Kopf rasieren und die Ohren kitzeln lassen. Der Mann im Wagen vor uns schaut nicht aus dem Wagen. Für den, der tot zum Tode fährt, gibt es nichts mehr zu sehen.
Der Sergeant genehmigt sich wieder einen Schluck Whisky.
»Dauert so eine Hinrichtung lange?« frage ich ihn.
»Haben Sie denn noch keine gesehen?«
Er setzt die Taschenflasche vom Mund, erstaunt über meine Frage, denn er hat schon viele hundert Hinrichtungen mitgemacht: »Noch nicht eine einzige?«
Ich bekenne: »Noch nicht eine einzige.«
»Nun, es kostet nicht viel Zeit. Im allgemeinen wenigstens. Wenn sich der Delinquent gleich taufen läßt, geht es schnell, aber ...«
»Was sagen Sie da? Ich verstehe Sie nicht... Sagten Sie ›taufen‹?«
»Gewiß. Zu jeder Hinrichtung kommt ein katholischer Missionar. Manche Delinquenten wollen zuerst nichts davon hören, sich bekehren zu lassen, aber der Priester läßt nicht ab, und so werden sie nervös (wörtlich: then they become nervous) und fügen sich

drein. Nur die Politischen bleiben halsstarrig. Die andern lassen sich alle taufen.«
Unmöglich! Und warum gerade ein katholischer Geistlicher? In China machen alle Arten von Religionen und Sekten einander wütendste Konkurrenz. Adventisten und Christian Scientisten, Quäker und United Free Church of Scotland, Wesleyanische Methodisten und Heilsarmee kaufen Seelen, Grundstücke und militärische Geheimnisse, sie bauen Kirchen und Tankstellen, sie versprechen himmlische Seligkeit dem, der sich von ihnen taufen, und Unfallrenten dem, der sich von ihnen versichern läßt, sie vertreten das Reich Jesu Christi und dasjenige Henry Fords auf chinesischem Boden.
Sogar buddhistische Missionare kommen in diesen jahrtausendealten Religionsbezirk Buddhas – japanische; Japan will sie die Rolle spielen lassen, die die christlichen Missionen für die europäisch-amerikanischen Staats- und Handelsinteressen spielen.
So viele Kirchen gibt es also, und jede führt den garantiert einzigen Weg ins Paradies, warum müssen die zum Tode Verurteilten gerade den katholischen gehen?
»Sagen Sie, Sergeant, warum gerade ein katholischer Missionar?«
»Weiß nicht.«
Unsinn, denke ich mir, aus dem Sergeanten spricht der Whisky. Hat die Kirche ein Interesse daran, chinesische Verbrecher zwei Minuten vor der Hinrichtung für sich zu gewinnen? Unsinn.
Weiter die Fahrt, die Läden der Händler und Handwerker entlang. An einer Straßenkreuzung drehe ich mich nach rechts und lege wie zufällig die Hand vors Gesicht, ich möchte nicht erkannt werden. Links ist nämlich ein Antiquariat. Der Buchhändler weiß nicht – oder weiß er es? –, was für Broschüren ihm seine chinesischen Stammkunden antiquarisch verkaufen. Englische, deutsche, russische. Er weiß aber, daß er jede dieser Schriften noch am selben Tag an einen andern chinesischen Stammkunden weiterverkauft, der sie, nachdem er sie gelesen, wieder in diesem Buchladen veräußern wird. Neben der illegalen revolutionären Literatur hat er, wie alle Antiquare, chinesisch-englische und chinesisch-deutsche Wörterbücher, Lehrbücher und Grammatiken auf Lager. Was würden meine Freunde im Buchladen sagen, wenn sie mich an der Seite eines uniformierten Sergeanten hinter einem Gefan-

genenwagen dahinfahren sehen? Was würde gar die Folge für sie sein, wenn der uniformierte Sergeant an meiner Seite merken würde, daß bücherlesende, bücherkaufende Chinesen mit einem Europäer befreundet sind? Bald würden sie dann den Weg fahren, den das Polizeiauto vor uns nimmt. Es ist wahr, Bücherlesen führt zum Schafott, aber keine Bücher zu lesen ist auch noch keine Rettung, der Tote, den wir mit uns führen, geht nicht als Bücherleser auf den Richtplatz.
Wir schlängeln uns zwischen sumpfigen Reisfeldern durch, vorbei an Särgen aus Stein. Auf dem Hwanghofluß blähen sich die Segel der Dschunken im Maienwind. Ein breitgebogenes Tor öffnet sich. Nicht zum erstenmal öffnet es sich einem Toten, es führt zum Gefängnis und zum Richtplatz. Mein Begleiter zeigt mir ein Rasenbeet: hier werde es geschehen. Hier wird der Tote sterben.
Vorläufig ist er noch im Polizeiwagen. Ein Tisch wird herausgebracht, Kinder spielen auf Sandkästen und klettern auf Bäume, sie haben, als unser Wagen nahte, andere Kinder herangewinkt. Umständlich und ungeschickt schiebt ein Amtsfotograf sein Stativ auseinander und stellt es auf. »Jetzt muß jeder vor und nach dem Tod fotografiert werden«, wird mir erklärt, »früher haben die Chinesen einfach einen Stellvertreter zur Hinrichtung geschickt, den Bruder oder den Sohn, oder auch nur einen Kuli, den sie dafür bezahlten, daß er sich umbringen ließ.«
Am Richtertisch hat der chinesische Beamte Platz genommen, Polizisten stehen umher, der Henker ist todsicher darunter. Auf dem Kiesweg zwischen den grünen, angenehm duftenden Rasenbeeten hält ein geschlossener Polizeiwagen, und darin wartet ein Toter auf seinen Tod. Warum fängt man nicht an?
»Der Missionar ist noch nicht da.«
Der Sergeant, der Schnaps gefrühstückt hat, setzt also seinen Spaß mit mir fort, will mir, weil ich noch keine chinesische Hinrichtung mitgemacht habe, weismachen, es werde ein Missionar kommen. Und da, bei Gott, rollt wirklich einer ein. Zu gleicher Zeit öffnet ein Mesner dem faßdicken Priester das Kleinauto und ein Polizist dem spindeldürren Toten das Großauto, zu gleicher Zeit steigen der Priester und der Tote aus. Auf daß er sich frei fühle, wenn er das Christentum vernimmt, schnallt man Tsang Kja-ying die Handschellen ab.

Der Pfarrer ist ein Chinese. Er spricht chinesisch. Ich weiß nicht, wie er es anstellt, einem Neuling so schnell das Alte und das Neue Testament faßlich zu machen, ihn so schnell von Buddha zu Christum zu bekehren. Tsang Kja-ying ist zuerst erstaunt, dann unwillig, dann wütend, will nichts davon hören. Unbeirrt spricht der dicke Lebende auf den mageren Toten ein, bis dieser schließlich achselzuckend sich ein Medaillon mit der Jungfrau Maria umhängen und taufen läßt. Nun soll er ein Kreuz schlagen, aber er schüttelt den Kopf, und so schlägt der Pater über dem Neophyten das große Kreuz. Inzwischen hat der Mesner die Salbenbüchse geöffnet, der Pfarrer nimmt eine Dosis, wiederum macht der Tote eine energisch abwehrende Geste, er will die Letzte Ölung nicht empfangen. Na, gut. Auf Geheiß kniet er nieder und wiederholt hastig (he becomes nervous) ein Gebet, das ihm der Missionar vorspricht. Dann soll er aufstehen. Er steht nicht auf.

Er steht nicht auf, er schlägt den Kopf auf den Boden, als ob er ihn zertrümmern wollte, und brüllt.

»Er schreit, man solle ihn nicht so lange quälen«, übersetzt mir der Sergeant spontan, »er schreit: Erschießt mich doch endlich.«

Gleich, gleich, mein Sohn, fasse dich in christlicher Geduld, alles ist bereit.

Siehe, da sitzen der Exekutionsleiter und seine Beamten unter freiem Himmel und warten schon.

Der Fotograf, wenngleich ungeschickt, knipst dich, man führt dich zu dem Platz, wo das Gras besonders heil und besonders dicht wächst, die Kinder drängen sich ganz nah heran, vierjährige, sechsjährige, sie haben sicherlich oft zugeguckt, doch bleibt eine Erschießung für Kinderchen immer interessant, man heißt dich niederknien.

Der Mann neben dir knallt mit dem Revolver in deinen Hinterkopf, und springt zurück, damit ihn das Blut nicht bespritze, das minutenlang in fingerdickem Strahl aus dir emporschießt, während du, Tsang Kja-ying, wie urplötzlich vom Leben erfaßt, dich zuckend aufbäumst und dich dann niederschleuderst, als wolltest du den Boden erwürgen. Fest hältst du deinen Widersacher, auf den du dich geworfen.

Du wehrst dich dagegen, daß man dich von ihm loszureißen versucht, dich umwendet, einen Stein unter deinen Kopf legt, um

dich zu fotografieren, zum letztenmal. Fürchterliche Augen, ein lebendiges, blutiges, unvergeßliches Gesicht gibst du der Linse.
So ist das also. Ich fahre nach Hause, das Ufer des Hwangho entlang und durch den Stadtteil Nantao, an Dschunken mit geblähten Segeln, an den Kunden der revolutionären Buchhandlung vorüber, an Händlern und Handwerkern, an Rikschakulis und Bettlern vorüber, alle sehen tot aus. So wie sie sah Tsang Kja-ying aus, als er noch tot war, sich wie ein Irrlicht bewegte, seine letzte Mahlzeit aß, vor Gericht redete und auf dem Richtplatz kniete, ein christliches Gebet nachsprach und in den Kopf geschossen wurde.
Jetzt fährt er lebendig vor mir her, läuft an mir vorbei, sitzt, immer der einzige Lebendige, an der Straßenecke, sein Blut steigt hoch, sein Körper ringt, seine Augen sind aufgerissen, sein Gesicht gerötet.

Was hat sich geändert in Chodschent?

Vor dem Kriege hat die Bevölkerung von Chodschent 50 000 Rubel aufgebracht, damit ihre Stadt von der im Bau befindlichen Eisenbahn Taschkent–Kokand nicht berührt werde.
Damit ist folgendes ausgesagt:
I. Daß Chodschent keineswegs wie die übrigen Gebiete des heutigen Tadshikistan fern von allem Verkehr gelegen,
II. daß Chodschent eine sehr reiche Stadt und
III. daß Chodschent eine sehr reaktionäre Stadt war.
Ad I. Das Gebiet ist beinahe eine Enklave der Sowjetrepublik Tadshikistan innerhalb der Sowjetrepublik Usbekistan, der ersteren zugesprochen, weil die Bevölkerung nicht mongolischen Stammes ist und nicht türkisch-usbekisch spricht, sondern iranischen Stammes ist und persisch-tadshikisch spricht.
Ad II. Das Gebiet besaß eine Seidenindustrie, die von armen Hauswebern getätigt und von reichen Händlern glänzend ausgenützt wurde, sowie umfangreiche Obstgärten und Baumwollfelder, die von Knechten bestellt und von einem Dutzend Beys in Besitz gehalten wurden.
Ad III. Das Gebiet war gesegnet mit Mullahs und Medressen und Moscheen und Minaretts; auf je 400 Einwohner der Stadt kam eine Moschee. Alle Frauen waren verschleiert, der reiche Mann hatte bis zu sechs Ehegattinnen, der arme Mann sah die Möglichkeit, sich eine Frau zu kaufen, nicht vor sich, aber die Sicherheit, der Homosexualität zu verfallen, hinter sich.
Reste solcher Vergangenheit sind zu spüren. Die Eisenbahn sucht nach wie vor ihren Weg durch die Hungersteppe und läßt die Stadt Chodschent zwölf Kilometer weit links liegen. Von den 110 Moscheen sind noch genug in Betrieb. Mehr verschleierte Frauen als in anderen Städten sieht man hier. Viele Seidenweber haben ihre Heimwerkstätten geschlossen, und die, die es nicht getan, verdienen wohl nicht mehr daran als zur Zeit, da sie der Händler ausbeutete.
Was also hat sich geändert?
›Was also hat sich geändert?‹ Wie oft hat man diese Frage zu hö-

ren bekommen, wenn man in den letzten vierzehn Jahren über die Sowjetunion sprach! Wie oft wurde einem diese Frage entgegengehalten, wenn eine ungünstige Meldung, eine wahre oder eine erlogene, durch die Blätter ging! ›Was also hat sich geändert?‹

›Was also hat sich geändert, wenn es im Wolgagebiet Hungersnot gibt?‹ (1920.)

›Was also hat sich geändert, wenn man die NEP, den freien Handel, wieder eingeführt hat?‹ (1921.)

›Was also hat sich geändert, wenn die Sowjets das Erbübel der verwahrlosten Kinder nicht aus der Welt schaffen können?‹ (1922.)

›Was also hat sich geändert, wenn der Arbeiterstaat nicht imstande ist, die Arbeitslosigkeit zu liquidieren ...?‹ (1924.)

›... wenn man Trotzki verbietet, ins Ausland zu reisen ...?‹

›... wenn man Trotzki zwingt, ins Ausland zu reisen ...?‹

›...wenn man die angeklagten Ingenieure aus rein politischen Gründen erschießen will ...?‹ ›... wenn man die angeklagten Ingenieure aus rein politischen Gründen nicht erschießen will ...?‹

›... wenn der Fünfjahrplan nicht gelingt, weil er nicht gelingen kann ...?‹ ›...wenn der Fünfjahrplan gelingt, weil er gelingen muß ...?‹

›... wenn man nicht imstande ist, Waren zu erzeugen ...?‹ ›...wenn man mit den erzeugten Waren in der ganzen Welt Dumping treibt . . .?‹

›...wenn ohne Unternehmerinitiative, ohne Macht der Vorgesetzten und ohne Angst vor Entlassung und Arbeitslosigkeit die Menschen selbstverständlich nicht zur Arbeit gezwungen werden können ...‹ ›... wenn ohne Unternehmerinitiative, ohne Macht der Vorgesetzten, ohne Angst vor Entlassung und Arbeitslosigkeit selbstverständlich Zwangsarbeit herrscht ...?‹

›... wenn gleicher Lohn für alle gilt ...‹ ›... wenn nicht gleicher Lohn für alle gilt ... ‹

Was also hat sich geändert?

Wenn sich nichts geändert hätte auf diesem Sechstel der Erdoberfläche, als daß die Ausbeutung weggefegt worden ist – auch ohne die Abschaffung der Arbeitslosigkeit, des Kinderelends, des Analphabetismus, der Religionsverdummung, der Korruption, auch ohne die Erfüllung von hundert Millionen Menschen mit werktätiger Begeisterung, mit Wissen und Kultur, auch ohne all

dies, nur um dieser Beseitigung der Ausbeutung willen verlohnte es sich, Zeitgenosse unserer Zeit zu sein.
Aber wer begreift das? Der in kapitalistische Verhältnisse hineingeborene und von ihrer Ideologie benebelte Mensch findet das furchtbarste Unheil nicht furchtbar; er hat sich an die soziale Ungleichheit gewöhnt, die lange vor der Geburt des Menschen beginnt und mit seiner Grablegung noch lange nicht endet. Er empfindet es nicht als grausam, er empfindet es bestenfalls als unabwendbar, daß Hunderttausende Menschen für einen roboten müssen; wer durchschaut die Mittel der Massenverdummung, die diese Verhältnisse künstlich und künstlerisch aufrechterhalten?
Der Leser hat obige Abweichung ins Leitartikelhafte mit Unwillen gelesen. Diese ausnahmsweise Überschreitung ist jedoch notwendig, weil hier unerfreuliche Details nicht nur nicht verschwiegen, sondern oft kraß skizziert wurden und daher auch angegeben werden muß, daß die verschiedenen Skizzen verschiedene Maßstäbe haben: die Originalgröße der unerfreulichen Details ist verschwindend klein im Verhältnis zum erfreulichen Gesamtbild.
Gewiß, es ist noch vieles von dem unrühmlich Alten da, vieles hat sich wirklich noch nicht geändert, wie zum Beispiel hier in Chodschent und... da wären wir glücklich zurück von unserem kurzen Ausflug, wieder in Chodschent, wo die Bahn die Stadt vermeidet, Frauen Schleier tragen, viele Moscheen Moscheen blieben, ja sogar eine Strafanstalt besteht.
Was also hat sich geändert?
Spät nachts kamen wir mit der Eisenbahn an, unser Wagen wurde abgehängt, wir legten uns schlafen und wollten am Morgen mit dem Autobus in die Stadt fahren. Es kam anders. Ein Chodschenter Freund unserer Stalinabader Freunde erschien mit einem Auto. Abendbrot und Zimmer seien vorbereitet, unseren Rucksack könnten wir am Morgen holen. Gut. Wir fuhren in leinenen Breeches, Pantoffeln und Nachthemd zum Abendbrot. Der Wagen hielt vor einem neuen Hotel, wir betraten einen Speisesaal mit weißgedeckten, blumengeschmückten Tischen — ein Restaurant, in das bei uns keinem Arbeiter im besten Sonntagsanzug Einlaß gewährt werden würde. Die Gäste: Tadshiken, die vor einigen Jahren lieber gleich in den tiefsten Höllenpfuhl gesprungen wären, als mit einem Giaur am gleichen Tisch zu essen; russische Ar-

beiter, vor einigen Jahren wäre hier jeder Russe lieber Hungers gestorben, als mit einem ›Sarte‹ am gleichen Tisch zu essen. Nun saßen sie beisammen und starrten auf den eintretenden Repräsentanten der kapitalistischen Welt: eine mangelhaft bekleidete Figur.

Wir waren bereit, lange auf das Essen zu warten, den Plow, der uns in den letzten zwei Monaten sechzigmal als Zeichen besonderer Gastfreundschaft vorgesetzt worden war. Aber was war es, das uns – ohne Warten – vorgesetzt wurde? Suppe mit Leberknödeln.

Wir staunten und schwiegen.

Zweiter Gang: Selchfleisch mit Semmelknödeln und Kraut.

Wir staunten und schwiegen.

Dritter Gang: Kaiserschmarren.

Wir staunten und äußerten unser Staunen. Da kam auch schon der Koch herbei, er hatte im Türrahmen gelehnt, um sich an unserem Appetit und unserer Verwunderung zu weiden: »Nun, verstehe ich mich auf deutsche Küche ...?«

»Das war doch österreichische!«

»Jessas, saan Sö 'leicht aa an Österreicher wie i?« Ja, mir saan aa so an Österreicher wie er, er war ein erbeingesessener, geborener Ur-Wiener aus Brünn, und angesichts des Landsmannes aus Berlin, Wien und Prag brach er in Gelächter aus; unser tadshikischer Gastfreund, der georgische Hotelverwalter und die russischen und tadshikischen Gäste lachten mit, denn sie ahnten etwas von den fröhlichkeitsbildenden Fluiden der Semmelknödel und des Selchfleisches.

Am nächsten Tag gingen wir, einen Verband zu erneuern, hinüber ins Krankenhaus. Der Arzt, wie jedermann, der hier einen Fremden als Fremden erkennt, wollte uns das Spital zeigen, wenigstens die neuen Apparate. Es ist ein Institut für physikalische Methoden der Heilung, keine anderen Medikamente werden angewandt als Elektrizität, Wärme, Wasser und Luft. Wir besahen Quarzlampen, Schwitzkästen mit 48 Lampen, Pantostat, die Franklinsche Elektrische Dusche, die Heydenschen Röntgenröhren, einen Hochleistungsapparat Heliopan, 300 000 Volt, der allein 21 000 Mark ab Berlin gekostet hat, und ähnliche Kombinationen aus Ebonit, Silber und Quarz, gleich uns vom fernen Ausland gekom-

men, während andere diathermische Apparate schon die Herkunftsbezeichnung ›Schwachstrom-Trust, Leningrad‹ trugen.
Überall, unter den Duschen und in den Galvanisationswannen und unter den Höhensonnen, saß die Patientenschaft, Tadshiken und Usbeken. Man behandelt solcherart Lähmungen, Ekzeme, Rheumatismus und andere Krankheiten, und jede Heilung ist mehr als nur ein ärztlicher Erfolg, sie ist Verdrängung der Religion durch die Wissenschaft, ein Sieg, der sich in den Hirnen der primitiven Völker unter Zaubereffekten, blauem Licht und knatternden Funken für immer vollzieht.
Patienten sitzen zeitunglesend, bücherlesend auf ihren Betten, sie spielen im Erholungsraum Schach, sie schreiben. Einige humpeln im Park des Physio-Therapeutischen Instituts, der sich zum Ufer des Syr-Darja hinabzieht, auf den Kieswegen. In einem Bassin blüht, o Traum, die Victoria Regia.
Chodschent hat ganze Bezirke von Gärten, man durchwandelt sie, betäubt von Farbe und Duft, hier reift der Granatapfel, dort sproßt die Tuberose; es sind Jasmin, Reseda, Salbei, Lavendel, Muskat, Geranium, vor allem aber Gräser und Kräuter um unsere Narkose bemüht.
Ausgenützt wird diese Orgie der Gerüche. Vor zwei Jahren begann die Fabrik ätherischer Öle, eingerichtet in einem ehemaligen Serail, mit einem einzigen Destillationsapparat und einem Transportauto ihre Tätigkeit, jetzt wird Tag und Nacht ununterbrochen gearbeitet, im analytischen und im synthetischen Laboratorium, in der Extraktion, in der Rektifikation, in der Enfleurage, in der Elektrozentrale, in den Plantagen. Die jährliche Kapazität stellt sich folgendermaßen dar: ätherische Öle 31 Tonnen, Parfüm 540 000 Flakons, Eau de Cologne 1 620 000 Flakons, Toilettewasser 1 080 000 Flakons.
Die Fläche, unter der wissenschaftlichen Leitung des Chodschenter Botanischen Instituts mit Pflanzen bebaut, deren Blüten ätherische Öle geben, beträgt 1200 Hektar und soll eine Ernte von 32 301 Tonnen bringen.
Tadshiken und Tadshikinnen (unverschleiert; wenn die Sirene Feierabend schrillt, werden sie sich verhüllen) hantieren fachkundig am Refraktometer aus Jena und an den Mischapparaten aus Taschkent, als hätten sie nicht noch vor wenigen Jahren ›Stier-

gefechte‹ mit Ziegenböcken ausgefochten oder Briketts aus Hammelmist gebacken.

In Stoßbrigadenarbeit machen sie Quelques fleurs und Beauté-de-nuit und Chypre, ohne zu ahnen, wieviel Sorgen es der fernen mondänen Welt bereitet, ob sie sich mit Chypre oder mit Quelques fleurs besprengen soll.

Im sozialistischen Wettbewerb miteinander stellen sie ganz genau den Duft von Maiglöckchen und Veilchen her, von Blumen also, die sie nie gesehen und nie gerochen haben.

Sie füllen am laufenden Band das Eau de Cologne ein, viertausend Fläschchen am Tag, es ist nicht viel geringer als 4711; am Ufer des Syr-Darja geschieht also das gleiche wie am Ufer des Rheins, gegenüber der Moschee von Chodschent das gleiche wie gegenüber dem Dom von Köln.

Sie mischen Amylalkohol mit Phenyläthylalkohol, Amylacetat mit Hydroxydcitronellal, Vanillin mit Amylvalerianat, ohne diese unaussprechbaren Benennungen, geschweige denn die zugehörigen Formeln in der Schule gelernt zu haben.

Ja, aber ist es mit den Arbeitern des Herrn Farina oder des Monsieur Coty nicht ebenso? Was hat sich geändert?

Schon öffnet sich uns ein Saal mit Stühlen und Tafel und Podium und Retorten: das Technikum, eine Station des ehemaligen Kräutersammlers und jetzigen Parfümeriearbeiters auf seinem Wege zum Beruf eines Chemikers.

Es ist gerade keine Unterrichtsstunde, nur drei Hörer sind im Lehrsaal, Tadshiken natürlich, einer, der nicht einmal Russisch kann, ist mit verzweifelter Anstrengung bemüht, die Geheimnisse der ›Deutschen Parfümerie-Zeitung‹ zu enträtseln. Die beiden anderen kontrollieren – Eprouvetten gegen das Licht und an die Nasenlöcher haltend – die Experimente, die sie gestern gemacht haben. Mit dem einen unterhalten wir uns.

Name: Usman Dschon Gajbow.
Alter: 32 Jahre.
Besuchte die Schule: nein.
Religion: konfessionslos.
Beruf: früher Ziegelarbeiter, jetzt Gerber.
Mitglied der Partei: Ja, seit 1928.
Mitglied der Gewerkschaft: Ja.

Funktionen: Vorsitzender der Leder-Gewerkschaft, Gau Chodschent.
Beruf des Vaters: Gerber.
Aber diesen Vater hat Usman Dschon Gajbow schon als Kind verloren,und deshalb war's, daß er sich als Ziegelarbeiter auf einem Bau verdingen mußte. Dabei fand er, der mit ganzem Herzen am Beruf seines Vaters und seiner Ahnen hing, noch immer Zeit, Wurzeln zu sammeln und mit ihnen Gerbversuche zu machen. Jetzt studiert er hier Chemie, um seine Erfindungen allen Gerbern der Sowjetunion zur Kenntnis bringen zu können.
Nicht alle sind soweit. Packträger und Kameltreiber beleben den Hof des ausgedienten Serails. (So stürzen Umstürzler um: aus ehemaligen Herrensitzen und Frauenhäusern machen sie Fabriken und Schulen.)
Auf dem Hof entfaltet sich ein Krippenspiel, durch das Tor ziehen Männer und Kamele und Eselchen schwerbepackt herein, wandeln zur Waage, zum Warenlager und ziehen durch das Tor hinaus, Männer und Kamele und Eselchen.
Sie ziehen hinaus, um auf wilden Wiesen wiederum wohlriechende Korbblütler, hierorts Burgan genannt, zu pflücken, sie in Bündel zu schnüren, den Menschenrücken, den Kamelrücken, den Eselsrücken aufzupacken und damit von neuem durchs Fabriktor einzuziehen, zur Waage und zum Magazin zu wandeln und durchs Fabriktor hinauszuziehen. Solange, bis die Plantagen der Parfümerie genügend Rohmaterial, veredelteres Rohmaterial geben werden oder gar – Wunschtraum der Chemiker – alles synthetisch hergestellt, die Natur entbehrt werden kann.
Kisten mit Flakons treffen von fernher ein, aus Mokau, jedoch die Glasfabrik im nahen Degmay geht ihrer Fertigstellung entgegen.
Stolz zeigt man uns die Etiketten: sie sind schon hier gedruckt! In drei Farben! »Schön, nicht wahr?!« Na. In den Schaukästen der Rue de la Paix würden sie nicht viel Käufer anlocken. Aber das ist ja Exportware, geht aus Tadshikistan nach primitiven Ländern, nach Westchina und nach Afghanistan, und dort würden die Frauen angesichts einer Aufmachung von Chanel und Worth nur ›na‹ sagen.
Aufgeladen auf Lastautos wird die Fertigware, Toilettewässer,

Haarwässer, Pomaden. ›An die Friseur-Kooperative in Leningrad‹, ›An die Friseur-Kooperative in Kiew‹, ›An die . . .‹ (Nebenbei bemerkt: Wissen Sie schon, daß Friseur auf russisch ›Parickmacher‹ heißt?)

Aus der Parfümfabrik auf die Straße tretend, schöpfen wir mit geblähten Nasenflügeln Luft, zauberhaft aromatische Luft. Welch eine Wohltat nach dem Aufenthalt in den Fabrikräumen! Denn nirgendwo stinkt es so bestialisch wie in einer Parfümfabrik.

Wir denken an den tadshikischen Arbeiter, der die ›Deutsche Parfümerie-Zeitung‹ zu entziffern bemüht war. Er will erkunden, wie man im fernen Westen Wohlgerüche erzeugt, und es kommt doch von hier, aus dem nahen Osten, dieses Gewerbe. Hier salbte man sich mit Ambra und Balsam, hier besprengte man sich einst mit Rosenöl, hier räucherte man die Gemächer mit Myrrhenduft. Der ferne Westen hat den nahen Osten gründlich plagiiert.

Sahen wir nicht im Physio-Therapeutischen Institut die einheimischen Patienten beim Schach, beim Spiel ihrer Urväter oder ihrer persischen Vettern? Die heutige Generation hat das Spiel erst jetzt von den Russen wiedergelernt, so wie sie die Kunst, Balsame herzustellen, von ihnen wiedererfahren hat. Vielleicht hat sich unendlich viel geändert gegen gestern, aber nichts geändert gegen vorgestern?

Das Volk der Tadshiken, Iraner, Väter der arischen Völker Europas, wird aus Dumpfheit und Sklaverei gerissen und lernt, es erfindet sogar. Nicht mehr nur für den Westen, aber auch nicht mehr für sich allein, sondern für Ost und West.

Obstgärten: mit lässiger Hand kann man Granatäpfel pflücken. Weingärten: mit lässiger Hand kann man langgestreckte Weinbeeren pflücken, die im Reich der Bolschewiken, wo es den Begriff der ›Dame‹ nicht gibt, ›Damenfinger‹ heißen.

Eine Strickstoff-Fabrik, Kostenpunkt 600 000 Rubel. Eine dreistöckige Garage für 400 Autos. Ein Stadion. Das Seidenkombinat. Fabriken für Obstkonserven. Feuerwehrzentrale. Pädagogium. Alles eben vollendet oder noch im Bau.

Durch ein offenes Tor schauen wir in einen alten Park, beschließen einzutreten. Alte Parks! Die Sträucher, einst von des pedantischen Gärtners Schere beschnitten, atmen auf und wachsen nun nach Herzenslust. Die Beete brauchen keine Rücksicht mehr zu nehmen auf den ornamentalen Sinn und den Symmetriewahnsinn ihres Herrn und sprengen ihre Konturen. Die Wege, ehedem Schnittwunden in den Rasenplätzen, sind verharscht durch Blumen und Gras. Der befreite Park, er blüht viel blühender, als er je in seinem goldenen Käfig geblüht haben kann.

Der blätterbesäte Weg mündet in ein Rondeau. In dessen Mitte ein großer offener Pavillon, in dem Feldbetten aufgestellt sind. Auf der Treppenstufe sitzt ein Mann, andere hocken zu seinen Füßen. Sie beachten den sich nähernden Fremden kaum, erst da dieser sich vorstellt, tut Genosse Azimow ein Gleiches, er ist Rektor der Mittelasiatischen Universität in Taschkent und hält hier einen Kurs ab für Leiter und Funktionäre wirtschaftlicher Unternehmungen. Ein Hörer arbeitet im Obst-Trust, der andere in der örtlichen Arbeiter- und Bauerninspektion, ein dritter in der Filiale des Gos-Torg (Staatshandel), ein vierter ist Mitglied des Baumwoll-Komitees, ein fünfter Vorsitzender eines Hausweber-Artels, die meisten anderen Leiter von Konsumgenossenschaften und Kolchosen.

In dem Kursus, in den wir spazierend hineingeraten sind, wird Geschäftsführung der Kollektivwirtschaften sowie die Grundbegriffe der Parteigeschichte und des Leninismus gelehrt – Fächer, die auf Europas hohen und niederen Schulen unbekannt sind. Im nächsten Kursus werden die Teilnehmer auch Histmat lernen – so kürzt man in der Sowjetunion den Gebrauchsbegriff ›Historischer Materialismus‹ ab, ähnlich wie man im Berliner Westen schlicht ›Miko‹ statt ›Minderwertigkeitskomplex‹ sagt.

Die Schüler sind rote Wirtschaftskapitäne oder werden es bald sein. Sie leiten Unternehmungen, die ökonomische Lage ganzer Bezirke ist ihnen anvertraut, sie müssen organisieren, sie bauen, sie verwalten Millionen von Rubel, sie bewilligen Ausgaben, sie führen Beschlüsse durch.

Bi-Dodo-Chudo, das heißt ›Nicht-von-Gott-geschenkter‹ – früher hieß er ›Dodo-Chudo‹, der ›Von-Gott-Geschenkte‹ – lernt erst jetzt die Künste des Lesens und Schreibens, obwohl er schon seit zwei Jahren Leiter eines Gemüsekolchos von 40 Wirtschaften mit 140 Hektar ist.

»Wie kannst du ein solches Amt ausfüllen, wenn du nicht lesen und schreiben kannst, Bi-Dodo-Chudo?«

Er lächelt: »Meine Methode habe ich an dieser Stelle gelernt.«
»Du warst schon früher hier in einem Kurs?«
Er lächelt wieder: »Ich habe vor der Revolution als Gärtner in diesem Park gearbeitet, zehn Jahre lang. Er hat dem Distriktsverwalter der Stadt Chodschent gehört. Mirza Bogadir Mujinow war allmächtig, er hatte sechs Frauen, und trotzdem hatte ihm jeder seiner Arbeiter, der heiraten wollte, die Braut zuerst zu bringen. Die Verheirateten mußten ihm ihre Töchter zuführen, wenn sie elf Jahre alt waren. Auch die Frauen der in Haft befindlichen Männer und ihre Töchter ließ er sich kommen. Von den Verwandten der reichen Verbrecher nahm er Geld. So wurde er der reichste Mann des Bezirks.«
»Ist es das?« rufen lachend die anderen, »ist es das, Bi-Dodo-Chudo, was du von ihm gelernt hast?«
»Nein, nicht das ist es, was ich von ihm gelernt habe. Etwas anderes. Er war schlau, und weil er nicht lesen und schreiben konnte, ließ er sich alles, was er einem Schreiber diktiert hatte, von einem anderen Schreiber vorlesen. So verhinderte er, daß eine Eigenmächtigkeit oder ein Fehler vorfalle oder gar ein Versuch, ihn zu hintergehen. So mache ich es auch – genau wie Mirza Bogadir Mujinow.«
»Was also hat sich geändert?« äußern wir, gleichsam im Scherz. Da Rektor Azimow sogar diese Bemerkung einer Übersetzung ins Tadshikische für würdig hält, antwortet der Nicht-von-Gott-Geschenkte, indem er uns zwei beschriebene Schulhefte reicht: »Mirza Bogadir Mujinow starb als Analphabet, und ich werde nicht als Analphabet sterben. Das also hat sich geändert.«

Kampf gegen den Faschismus

Mit allen journalistischen und schriftstellerischen Mitteln hat Kisch praktisch vom ersten Augenblick an Hitler und den Nationalsozialismus bekämpft. In Paris, wo er seit 1933 lebte und eine Zentralfigur der deutschen Emigration wurde, bemühte er sich vor allem um den Aufbau einer antifaschistischen ›Volksfront‹.
Ihren Höhepunkt erreichte die politische Aktivität Kischs mit seiner berühmten ›Landung in Australien‹. 1934 war er als europäischer Delegierter zu einem antifaschistischen Kongreß nach Melbourne entsandt worden, erhielt jedoch, nach Intervention der Berliner Regierung, von den Behörden dort keine Einreisegenehmigung. Als das Schiff im Hafen von Melbourne bereits wieder ablegte, sprang er in letzter Sekunde über Bord auf den Kai, brach sich ein Bein und wurde verhaftet, erreichte aber schließlich, daß er auf dem Kongreß sprechen durfte.
Unsere Sammlung aus dieser Phase des Kischschen Lebens enthält außer dem Bericht über die Landung in Australien, dem polemischen ›Briefwechsel mit Adolf Hitler‹, der Schilderung seiner Verhaftung in Berlin am Tag nach dem Reichstagsbrand und einer Reportage aus dem spanischen Bürgerkrieg auch zwei so gut wie unbekannte Arbeiten: den Text eines Briefes an den mit dem Nationalsozialismus paktierenden Gottfried Benn und die Tagebuchnotizen von der zweiten Reise nach New York, die Kisch als gehetzten Flüchtling zeigen, der erst im letzten Augenblick das rettende Visum erhält. Beide Texte sind über das Biographische hinaus auch wichtige Dokumente zur Situation der deutschen Intellektuellen in den Jahren der Emigration.

Während des Schriftstellerkongresses in Paris 1934
Photo Fred Stein

Der erste Schub

Am Abend brannte das Reichstagsgebäude, und am Morgen wurde ich verhaftet.

Das Zimmer in der Motzstraße hatte ich genau vier Wochen vorher bezogen, an dem Tage, an dem Herrn Hitler die Macht über Deutschland von Hindenburg übergeben worden war, von Hindenburg, den die Sozialdemokraten einige Monate vorher mit ungeheurer Agitation zum Reichspräsidenten kandidiert hatten.

Dienstag, den 28. Februar, am Morgen nach dem Reichstagsbrand, klingelte es um fünf Uhr an der Wohnungstür. Ich höre, wie meine Hausfrau fragt, wer draußen sei, jemand sie fragt, ob ich zu Hause sei, ob mein Zimmer eine zweite Tür habe ... Gleich darauf klopft die Hausfrau an meine Tür. »Herr Kisch, bitte öffnen Sie.« Ich schließe auf, herein springt ein Mann. »Kriminalpolizei! Hände hoch!« Ich zeige, daß ich nichts in den Händen habe, ein zweiter Mann ist auch ins Zimmer gesprungen. »Herr Kisch, wir haben Befehl, Sie ins Polizeipräsidium abzuführen.«

»Bitte sehr, meine Herren, nehmen Sie Platz. Ich werde mich inzwischen anziehen, wenn Sie gestatten.«

»Haben Sie eine Waffe?«

Ich verneine. Sie schauen in meinem Nachttisch nach, in meinen Kleidern. Keine Waffe.

Darf ich mich waschen? Ja, ich darf mich waschen, sogar auf die Toilette darf ich gehen, aber in Anwesenheit eines fremden Herrn ist es nicht das Rechte. Während ich mich ankleide, so im Gespräch, fragen mich die Herren – es sind ein Kriminalkommissar und ein Inspektor von der Kriminalpolizei –, wann ich heute nach Hause gekommen sei.

»Es wird wohl halb ein Uhr nachts gewesen sein.«

»Hm. Wo waren Sie denn?«

»Hier im Westen. Mit dem Brand des Reichstags habe ich nichts zu tun.«

»Wieso wissen Sie von dem Brand? Sie haben unseren Besuch wohl erwartet?«

Ihnen scheint klar, daß sie in meiner Person den Brandstifter gefunden haben. Sie ahnten nicht, was wir alle schon heute nacht vermutet hatten: daß zur gleichen Stunde von hundert anderen Beamten Hunderte andere Linksradikale abgeholt wurden.

Ich sagte ihnen zwar, daß ich mitnichten der Brandstifter sei, aber sie antworteten nur, das sei egal, sie hätten den Auftrag, mich aufs Polizeipräsidium zu bringen. Außerdem müßten sie eine Haussuchung vornehmen.

»Ich habe gar kein Geld bei mir. Darf ich mir von der Hausfrau etwas leihen?« . . . »Bitte sehr.« Die Hausfrau borgt mir fünf Mark . . . dieser Betrag hat sich auf dem Polizeipräsidium als gleich Null erwiesen, denn von dem Geld, das dem Gefangenen dort abgenommen wird, bleiben sieben Mark sechzig Pfennig zur Deckung der offiziellen Haftspesen zurück. Nur wenn man mehr als sieben Mark sechzig bei sich hat, kann man sich vom Überschuß Zigaretten oder eine Aufbesserung der Menage leisten.

»Haben Sie die Absicht zu flüchten oder sich zu widersetzen?« fragen mich meine beiden Gäste.

»Nein, habe ich nicht.«

»Gut. Wir nehmen das zur Kenntnis – eigentlich sollten wir Ihnen nämlich Handschellen anlegen.«

Wir gehen zur Untergrundbahnstation. Viktoria-Luise-Platz. Dort verteilt ein Arbeiter gedruckte Flugblätter: ›Die Brandstiftung des Reichstags . . . bestellte Arbeit! Provokateure am Werk!‹

Meine Begleiter sehen einander an. Sollen sie den Kolporteur verhaften? Der Kommissar schüttelt den Kopf. Er ist nur angewiesen, den Kisch aufs Präsidium zu bringen, warum soll er durch eine polizeiliche Fleißaufgabe den Vollzug dieses ausdrücklichen Auftrags gefährden? Wir fahren mit der Untergrundbahn zum Alexanderplatz.

So, und jetzt geht es zur I A, der Politischen Polizei. Auf dem Korridor ist es schwarz von Menschen. Der erste, den ich von weitem erblicke, ist der Rechtsanwalt Dr. Apfel, der Verteidiger von Max Hölz. Fein, denke ich, fein, daß er da ist, der kann gleich für mich intervenieren. »Hallo, Dr. Apfel, ich bin verhaftet.«

»Ich auch«, sagt er nur.

Und schon sehe ich andere. Carl von Ossietzky, Chefredakteur der ›Weltbühne‹, Deutschlands Demokrat, der unter einem Hagel

von Spott erklärt hatte, man müsse Thälmann wählen, denn ›wer Hindenburg wählt, wählt Hitler‹. Heute ist es genau ein Monat, seit Hindenburg das deutsche Volk an Hitler ausgeliefert hat, seit einem Monat lacht von den demokratischen und sozialdemokratischen Hindenburgwählern keiner mehr. Da sitzt Erich Mühsam, Idealist, Humorist und Anarchist, ein ewiger Junge trotz des Vollbarts, da sitzen die Romanschriftsteller Ludwig Renn und Kurt Kläber, Dr. Hodann, der Sexualforscher, der Abgeordnete Schulz-Neukölln, Otto Lehmann-Rußbüldt, der alte Obmann der Liga für Menschenrechte, Dr. Schminke, der sozialistische Stadtarzt, Vorkämpfer für Sozialmedizin in Deutschland ... Da sitzen noch viele andere, für welche die nächtliche Verhaftung von heute, dem 28. Februar 1933, die erste Station auf dem direkten Wege zu ihrer Opferung bedeuten wird. Sie wissen es schon heute.
Ein Kordon von Polizisten riegelt uns vom übrigen Teil des Korridors ab. Je einer hält den Revolver erhoben in der Hand, der Nebenstehende schwingt den Gummiknüppel. Es sind durchwegs Leute mit den stumpfen Gesichtern professioneller Raufbolde, ›Schläger‹, wie man in ihrer Welt sagt. Ihre Rolle als Polizist ist ihnen, denen der Polizist als der Feind schlechthin galt – diese Rolle ist ihnen neu. Wie haben sich Strolche zu benehmen, wenn sie als Obrigkeit verkleidet sind? Sie beantworten diese ihrer Unsicherheit gestellte Frage damit, daß sie sich noch strolchischer benehmen als sonst. Sie machen höhnische Bemerkungen über uns, und wenn sie einen anschreien, so apostrophieren sie ihn als ›Dreckkerl‹, ›rote Sau‹ und per du.
Nach einigen Stunden Wartens wird die Kompanie der Gefangenen in die Kellerräume eskortiert, wo sie die Schuhbänder aus den Schuhen zu ziehen und die Tascheninhalte in den Hut zu leeren haben. Die mit dem Hakenkreuz geschmückten neuen Beamten kontrollieren genau, ob keiner etwas von seiner Habe zurückbehält. Sie haben sich schon oft in fremden Taschen zu schaffen gemacht, fachmännisch gleiten ihre Hände das Rockfutter und die Hose entlang, geschulte Finger fahren in Strümpfe und Taschen.
Während dieser Prozedur, die an den Überfall einer Postkutsche erinnert, kommt der neuernannte Polizeipräsident mit seinem ganzen Stab vorbei, Herr von Levetzow – ja, er heißt Levetzow

wie die geliebteste Geliebte der deutschen Poesie, und er ist vielleicht aus dem gleichen Geschlecht wie Goethes Ulrike. Der Nachfahre wäre nicht imstande, Goethes Zuneigung zu wecken, aber die Zuneigung Noskes hatte er zu wecken vermocht; Noske hat ihn gegen den Protest der Linken zum Admiral der deutschen Republik gemacht. Und jetzt steht der Admiral auf der Kommandobrücke am Alexanderplatz und befehligt die Schlacht.

»Das ist also das Pack?« fragt er und schielt das Pack verächtlich an.

»Jawohl, Herr Polizeipräsident«, beeilt sich der Adjutant zu schnarren.

»Wo bist du verhaftet worden?« fragt er einen grauhaarigen Häftling. »Wirst du die Hacken zusammenreißen, wenn ich mit dir rede, du Saubengel?«

Und schon hat er einen anderen erspäht, der ihm nicht stramm genug zu stehen scheint. »Schmeißen Sie den Lümmel sofort in den Bunker und legen Sie ihm Eisen an, daß ihm die Schwarten krachen.«

Diensteifrig stürzen sich zwei Büttel auf Otto Lehmann-Rußbüldt und zerren ihn fort. Bleich ob ihrer Ohnmacht erleben die Gefangenen den ersten amtlichen Greuel.

»Die Menschenrechte sind vorbei«, flüstere ich meinem langen Freund zu, der neben mir steht.

»Für einige Zeit allerdings«, antwortet Ludwig Renn.

Briefwechsel mit Gottfried Benn

An Herrn Dr. Gottfried Benn!

Juni 1933.

Sie haben einen Brief aus der ›Nähe von Marseille‹ von einem emigrierten Literaten erhalten und antworten darauf durch Presse und Radio. Aus dem an Sie gerichteten Brief zitieren Sie vor allem und wiederholt, daß Sie, Herr Dr. Benn, für den (oder die) Absender der Inbegriff des höchsten Niveaus und einer geradezu fanatischen Reinheit gewesen sind. Nun stehen manchmal in Briefen an Künstler dick aufgetragene Schmeicheleien, deren sich kein Empfänger von Geschmack öffentlich rühmen würde. Sie bedurften aber der Berufung auf solches Lob, um sich damit vor einem neuen Leserkreis zu legitimieren, vor einem alten zu verteidigen. Ihre wiederholte Reproduktion des Attests über Ihre fanatische Reinheit täuscht jedoch nicht darüber hinweg, daß ein anderer Satz des Briefes falsch wiedergegeben ist, laut welchem Ihr Bewunderer Ihnen geschrieben habe, die Emigranten säßen ›in den kleinen Badeorten am Golfe de Lyon und in den Hotels von Zürich, Prag und Paris‹.

Nein, Herr Dr. Benn, so hat Ihnen das niemand geschrieben, bestenfalls haben Sie die Tatsache, daß Sie einen Einzelbrief aus einem französischen Fischerdorf bekamen, zu Ihrer Behauptung verallgemeinert. Zu Ihrer Behauptung, die von wenig Einfühlungsgabe zeugt: Woher sollten denn die deutschen Schriftsteller, deren Manuskripte, jahrelange Arbeit, bei den Haussuchungen zerfetzt, deren Bücher verboten und verbrannt, deren Verleger zugrunde gerichtet, deren Mitarbeit an Zeitungen und Zeitschriften des heutigen Deutschland unmöglich ist, woher sollten sie das Geld für Rivierareisen und Hotelrechnungen nehmen? Sie, Herr Dr. Benn, behaupten zu wissen, daß die Flüchtlinge ihr Heute als Badegäste oder Hotelgäste verbringen, während die Flüchtlinge keineswegs wissen, auf welcher Matratze welcher Kammer sie heute nächtigen werden – – ihr einziger Luxus ist der, ihre Überzeugung nicht mit den Anschauungen kulturloser Machthaber gleichgeschaltet zu haben.

Nach Ihrer Ansicht können die Emigrierten über die Dinge Deutschlands nicht mitreden. Nur mit denen, die ›durch die Spannungen der letzten Monate hindurchgegangen . . . von Zeitung zu Zeitung, von Umzug zu Umzug, von Rundfunkübertragung zu Rundfunkübertragung . . . mit diesen allen kann man reden, aber mit den Flüchtlingen, die ins Ausland reisten, kann man es nicht‹. Da haben wir also Ihr irrationales Plus über uns. In Absatz Nr. 1 legitimieren Sie sich mit Eigenlob, in Absatz Nr. 2 mit der Tatsache, daß Sie dabei waren, indem Sie Zeitungen lasen, Umzüge sahen, Rundfunkübertragungen hörten.

Immerhin sind auch die Emigranten durch die Spannungen der letzten Monate hindurchgegangen. Durch Spannungen anderer Art: aus dem Bett gerissen, verprügelt, barfuß in die Nazikaserne, Revolverschüsse, Hiebe auf Kopf und Gesäß, Zwangsexerzieren, Hand- und Fußfesseln für greise Intellektuelle wegen Nicht-Strammstehens, Demütigungen nicht wiederzugebender Art, Einzelhaft ohne Sprecherlaubnis, ohne Nachricht von den Angehörigen. Andere: Sprung aus dem Fenster, den Atem anhaltend, im Hof versteckt, Flucht aus dem Haus, Flucht über die Grenze . . .

Die Umzüge haben wir gleichfalls erlebt, wir hörten in der Zelle die Demonstranten, die hereinwollten, um den oder jenen Gefangenen zu erschlagen, wie sie es in Kiel und anderswo getan.

Die Zeitungen lasen wir wie Sie, lasen von Massenverhaftungen unserer Kollegen und Freunde. ›Selbstmord in der Zelle‹, ›auf der Flucht erschossen‹, ›Leichenfunde in der Mark‹, Boykott, Judenverfolgung, Studentenhetze gegen die Literatur, Bücherverbot, Bücherverbrennung. Wir haben sogar mehr Zeitungen gelesen als Sie, Herr Dr. Benn, Zeitungen des Auslands, in Deutschland verboten, die herausgeschmuggelte ›Greuelmärchen‹ brachten, ›Greuelmärchen‹, leider wahr, leider dokumentarisch belegte.

Auch Radio hören wir. Hören die Sprecher des erwachten Deutschland. Im klaren Ton eines ohne Zweifel echten Pathos, einer ohne Zweifel ehrlichen Überzeugung werden die abgeschabtesten Phrasen des Bierbankräsoneurs, werden soziale Allheilmittelchen des Kleinbürgers verzapft, die als Unsinn schon vor hundert Jahren widerlegt waren. Wir glauben Ihnen, Herr Dr. Benn, daß Ihnen das gefällt, denn auf höherer Ebene laufen Ihre Denunziationen jenen parallel. Wie jene mit politischem Feuer, so arbeiten Sie mit dem exquisiten Ausdruck und dem entlegenen Zitat, aber der Inhalt ist bei Ihnen, der Sie denkerisch schwach und in sozialistischen Fragen ahnungslos sind, ungefähr der gleiche wie bei Ihren Führern. Daß Sie sich aber der neuen Kulturpolitik zugesellen, mit deren feierlichem Potsdamer Bekenntnis zu einem Parteidichter (Sie haben doch früher die Parteidichter so sehr gehaßt, nicht?) namens Dietrich Eckardt, mit deren Romandreck ›Michael‹ von Minister Goebbels oder dem Dramendreck ›Totila‹ von Minister Kube oder dem Biographiedreck ›Horst Wessel‹ von Ewers, daß Sie sich solidarisieren mit der Verfemung der ›Intelligenzbestie‹ und der ›übermäßigen Geistigkeit‹, mit denen, die das sprechen ›wenn ich das Wort Kultur höre, entsichere ich gleich meinen Browning‹ – das ist allerdings nicht einfach mit einer Analogie zu erklären.

›Weil es mein Volk ist, das sich hier seinen Weg bahnt . . .‹, dies sei der Grund, daß Sie sich, Herr Dr. Benn, zur Barbarei bekennen. Das also? Demnach hätten Sie sich, wäre der Kommunismus gekommen, ebenso begeistert für diesen Weg zu entschließen versucht, den sich Ihr Volk gebahnt! Es kam aber der Faschismus, und schon wissen Sie seine Argumente und Behauptungen, schon wissen Sie, was wir nicht wissen und was Sie uns in den letzten fünfzehn Jahren nicht verraten haben, zum Beispiel, daß in Rußland der Staat, als der Marxismus siegte, zwei Millionen bürgerliche Intelligenz erschlug.

Wenn Sie behaupten, daß die Emigranten in ihren Badeorten dem deutschen Staat und dem deutschen Volk Krieg wünschen, um es zu vernichten, Zusammenbruch, Untergang, so – nur die Tatsache, daß Sie der Inbegriff einer geradezu fanatischen Reinheit sind, hindert mich, Ihnen zu antworten, daß das eine Lüge ist. Kein Emigrant wünscht einen Krieg gegen Deutschland, keiner Deutschlands Zusammenbruch, Untergang. Was jeder fanatisch wünscht, ist: Deutschlands Befreiung, Deutschlands Aufstieg, von innen heraus, in sozialistischem Sinn.

Das wünschen wir nicht aus dem Grund, den Sie uns entgegenhalten. Nicht deshalb, weil wir Deutschland unseren geistigen Besitz, unsere Namen und unseren Ruhm verdanken, nicht deshalb, weil Deutschlands Industrie unsere Bücher druckte und seine

Theater unsere Stücke spielten. Was soll ein solches Argument? Haben Shakespeare und Goethe ihren Ländern dankbar zu sein, daß sie sie druckten? Wohl ist unter den Emigranten kein Goethe und kein Shakespeare, und das ist ebensowenig Schuld ihres Landes wie es Verdienst ihres Landes wäre, wenn es sie gäbe. Weil man Schulbildung und Kultur eines Landes aufnahm, Erfolg erntete, soll man sich jeder Regierung, jeder Staatsform dieses Landes verschreiben? Das ist ein Argument, das selbst Ihre Chefs nicht anerkennen werden. Ihr Führer höchstpersönlich stammt aus dem Ausland, dessen Schulbildung er genoß, und viele Deutsche im Ausland, die sich nach dem Anschluß ans Hakenkreuz sehnen, könnte man mit Ihrem Argument mundtot machen. Hat man jemals Victor Hugo oder Rochefort vorgeworfen, daß sie aus England und Belgien gegen Napoleon den Kleinen loszogen?
Dennoch möchten wir Ihnen das Recht zur Dankbarkeit für jene Männer, die Ihre Gedichte druckten und denen Sie Ihren Ruhm zu danken haben, nicht absprechen. Gut, Herr Dr. Benn, gehen Sie zu diesen Förderern, stellen Sie sich in Treue und politischer Solidarität zu diesen, wenn Sie es nun durchaus wollen. Ich kann Ihnen die Adresse des Mannes geben, der uns allen die Bekanntschaft mit dem Namen Gottfried Benn vermittelt hat, der sich mit Fanatismus jahrelang für Sie eingesetzt hat, die Adresse Franz Pfemferts; er hungert in der Emigration. Auch andere kann ich Ihnen nennen, sie sitzen im Kerker oder müssen sich versteckt halten.
Nein, Herr Dr. Benn, Sie werden jene dankbare Solidarität nicht üben, die Sie selbst postulieren — — mit Ihrer Logik sieht es ja genauso aus wie mit Ihrem Charakter. Und wie mit Ihren Behauptungen: ›Sie wissen, daß ich als Kassenarzt mit vielen Arbeitern in Berührung komme, auch mit früheren Kommunisten und Angehörigen der SPD, es kann gar nicht zweifelhaft sein, ich höre es von allen Seiten, daß es ihnen besser geht als zuvor.‹
Das ist uns neu. Wir lasen bisher, daß ›frühere Kommunisten und Angehörige der SPD‹ in die Nazikasernen geschleppt wurden, in die Kasematten der Festungen, in die Zellen der deutschen Zuchthäuser, in die Konzentrationslager, nicht einzelne, nicht Hunderte, nicht Tausende, sondern Zehntausende, an hunderttausend ... Wir lasen, daß Zwangsarbeit, genannt ›Arbeitsdienstpflicht‹ eingeführt

ist, daß der Butterpreis von 1 Mark 5 Pfennig auf 1 Mark 50 gestiegen, Fett und Margarine unerschwinglich geworden sind, der Fleischbezug zurückgeht (die ›DAZ‹ schreibt in unmittelbarer Nachbarschaft Ihres Artikels vom Rückgang des Verkaufs der übrigen Lebensmittel), wir lasen, daß den Lehrlingen Löhne und Rechte genommen wurden, den Arbeitern das Recht der freien Koalition und die freien Gewerkschaften.

Wir haben in der gleichgeschalteten Presse Deutschlands gelesen und haben überdies von Dr. Goebbels im Rundfunk gehört, daß 10 000 Schnüffler (sein Wort) tätig sind, um die Nester der Marxisten aufzuspüren. Sind das zufriedene Arbeiter, zu deren Ausforschung eine Spitzelarmee erforderlich ist? Welch eine Armee wäre erst nötig, diese Marxisten zu überwältigen. Dreizehn Millionen marxistische Wähler! Glauben Sie, daß die so schnell und eifrig umgelernt haben wie Sie, Herr Dr. Benn, Inbegriff einer geradezu fanatischen Reinheit?

Schreiben Sie weiterhin gutbezahlte Artikel, die Sie überdies gegen noch besseres Honorar im Rundfunk vorlesen können. Unterlegen Sie auch weiterhin das Gerülpse alkoholisch-morphinistischer Banausen mit subtilen Fremdworten und Analogien aus der Quartärperiode (das Wort Tertiärperiode klingt Ihnen zu abgebraucht), begleiten Sie Ermordung und Brandschatzung Ihrer Schriftsteller- und Ärztekollegen mit kostbaren Zitaten, besingen Sie in schöngeschwungener Syntax die Rechtlosmachung und Einkerkerung von Arbeitern und Intellektuellen, begründen Sie mit dunkler Metaphysik die Kriegshetze, polemisieren Sie nur weiterhin gegen sich selbst, türmen Sie auch weiterhin neue Schurkereien auf Ihren Verrat am Geist — — all das, was Sie aus Ihrer heutigen Gesinnung heraus tun, kann Ihnen bei Ihren heutigen Gesinnungsgenossen nur nützen, nur nützen bei den Machthabern, Sie Inbegriff einer geradezu fanatischen Reinheit.

Egon Erwin Kisch

Briefwechsel mit Adolf Hitler

Lieber Kollege Meldegänger!
Besten Dank für die prompte Antwort. Sicherlich hast Du nur deshalb, weil ich mich als Dein engerer Fachkollege aus dem Krieg legitimierte, so rasch geantwortet, noch dazu aus Bayern, wohin Du doch eigentlich zur Erholung gefahren bist.
Oder antwortest Du deshalb so schnell, weil Stellen aus dem Schreiben, das ich vor einigen Tagen verfaßte, in der englischen Presse abgedruckt wurden? Ich hatte Dich auf Grund der Tatsache, daß auch ich im Krieg zeitweise ein schlichter Meldegänger war, daran erinnert, welch ein Kleber, Streber und Beber man sein mußte, um sich jahrelang in den hinteren Befehlsstellen halten zu können, ohne jemals zur Auffüllung einer dezimierten Schützengrabenbesatzung herangezogen zu werden. Mir gelang es nicht, mich so lange hinten herumzudrücken. Du, lieber Adolf, hast durchgehalten, alle Achtung!
Wie aber ist es mit dem Kreuz an Deiner Linken? Nur wenn ein ganz dumpfer Pferdeknecht ein Heldenstück beging, so hat er seine Auszeichnung gekriegt, ohne befördert zu werden. Hat man Dich, nachmaligen Kommandeur des Dritten Reiches, für einen solchen Tölpel gehalten? Adolf, erzähl doch nicht solche Sachen! Es ist ganz unmöglich, daß ein Gefreiter, des EK I. würdig befunden, vier Jahre lang für unfähig erachtet wird, eine Korporalschaft zu führen. Im Krieg braucht man nun einmal Unteroffiziere. Selbst wenn Du zwischen 1914 und 1918 ebenso hartnäckig gebettelt hättest, man möge Dich nicht zum Unteroffizier ernennen, wie Du von 1931 bis 1933 gebettelt hast, daß man Dich zum Kanzler ernennen soll – als Ritter des Eisernen Kreuzes hätte Dir solches Betteln im Krieg gar nichts genützt.
Du weißt das so gut wie ich und behauptest in Deinem Buch ›Mein Kampf‹ auch nicht, daß Dir das EK I. verliehen worden wäre. Deine heutigen Meldegänger könnten versuchen, das als Bescheidenheit oder Vergeßlichkeit anzusehen, wenn ... wenn nur Dein Memoirenbuch sonst an irgendeiner Stelle Spuren von Bescheidenheit oder Vergeßlichkeit aufwiese. Aber Du registrierst ja jede Klei-

nigkeit im Felde, Du brüstest Dich jeder Heldentat, die Du während der bayrischen Räteregierung oder beim Putsch vor der Feldherrnhalle vollführt haben willst, und nur auf die Heldentat, die Dir das stolze Kriegsandenken an Deinem Rock verschafft hat, deutest Du mit keinem Wörtchen hin, gibst weder Wortlaut noch Inhalt des Verleihungsvorschlages an, ja nicht einmal die Daten von Antrag und Ernennung, von Anheftung und Verlautbarung. Du hast einfach in Deinen Militärpaß hineingekritzelt, daß Dir das Kreuz am 4. August 1918 verliehen worden sei. Ich habe nichts dagegen, im Gegenteil, ich finde, es paßt glänzend zu Dir.
Nun antwortest Du. Natürlich schreibst Du mir ebensowenig per Post, wie ich Dir per Post geschrieben habe – die heutigen Verhältnisse in Deutschland gestatten es leider zwei alten Landsleuten und Meldegängern nicht mehr, brieflich miteinander zu verkehren. Wir müssen es durch Zeitungen und Zeitschriften tun. Du tust es durch die ›DAZ‹. Die erscheint in Berlin, aber die Antwort kommt aus Bayern, wo Du jetzt auf Erholungsurlaub weilst. Sie ist vom 2. August datiert und in der Nummer vom 3. August erschienen. ›Wie Hitler das EK I. erwarb.‹ Daß Du eine historische Abhandlung telegrafieren läßt, zeigt, wie eilig es Dir ist. Herzlichen Dank, Adolf, ich hätte auch ein paar Tage gewartet, ich weiß, daß Du jetzt viel zu tun hast mit den Marxisten.
Der deutsche Schriftsteller Egon Erwin Kisch, der derzeit im Ausland weilt, hat über die Verleihung des Eisernen Kreuzes I. Klasse an Adolf Hitler einige Zweifel ausgesprochen, die auch von der Weltpresse übernommen wurden. Der Herr Reichskanzler stellt dazu fest, daß…
Nein, mit einer solchen Wendung beginnst Du natürlich nicht. Du leitest Deine Antwort damit ein, daß ein Jubiläum bevorstehe; bald werden es auf den Tag fünfzehn Jahre her sein, daß der damalige Gefreite Hitler das Eiserne Kreuz I. Klasse erhielt. Aber Dein Meldegänger von der ›DAZ‹ läßt einen Wermutstropfen, ein einschränkendes ›freilich‹ in das Telegramm fallen – ein ›freilich‹, für das ich das Blatt wieder verbieten würde, wenn ich Du wäre. So steht's zu lesen: ›Für diese Verleihung wurde freilich eine besonders tapfere Tat, die fast drei Jahre lang zurücklag, angeführt.‹ Adolf, Adolf! Dadurch wird die Sache *freilich* noch schlimmer. Seit wann bleibt ein Auszeichnungsantrag drei Jahre lang liegen? Es

wäre *freilich* möglich, daß ein höheres Kommando einen Auszeichnungsantrag als unzureichend an das antragstellende Kommando zurückleitet, wodurch sich die Verleihung *freilich* verzögert. Es wäre sogar möglich, daß dieser Konflikt drei Jahre dauerte – aber daß Du, Adolf, jede Belanglosigkeit aus Deinem Soldatenleben vermerkst und nur diesen Kompetenzkonflikt nicht, Dich nicht darüber beklagst, wenn Deine Großtat drei Kriegsjahre lang keine Belohnung fand, das glaubt Dir *freilich* niemand. Noch weniger wird Dir geglaubt, daß man Dich, einen solch anerkannten, wenn auch noch nicht dekorierten Helden, drei Jahre lang mit Gefreitenknöpfen herumlaufen ließ.

Nee, Adolf, das EK I. hast Du also nicht. Aber Du erzählst mir, für welche Tat Du es bekommen haben willst. Leg mal los, alter Meldegänger, ich höre zu: ›Im Herbst 1915, in der Herbstschlacht bei *Arras* und *La Bassée*, machte Adolf Hitler mit dem Meldegänger *Weiß* bei *Fromelles* eine *freiwillige* Patrouille, da Zweifel bestand, ob vor dem Regimentsabschnitt noch eigene Truppen lagen oder ob die Franzosen schon bis in den vorliegenden Ort vorgedrungen waren. Hitler und Weiß arbeiteten sich vorsichtig bis an die Ortschaft, die menschenleer schien. Plötzlich hörten sie aus dem Kellereingang eines zusammengeschossenen Hauses französische Stimmen. Kein Zweifel, es mußte sich um die Mannschaft eines französischen Vorpostens handeln, der im Augenblick noch nicht aufgezogen war. Mit kühnem Entschluß riß Hitler die Kellertür auf und erklärte in gebrochenem Französisch die Insassen des Kellers für gefangen. Eine deutsche Kompanie stehe hinter ihm. Um seine Worte glaubhaft zu machen, gab er deutsche Kommandos an die nicht vorhandene deutsche Kompanie und forderte dann die Franzosen auf, einzeln, ohne Waffen und mit erhobenen Händen den Keller zu verlassen, andernfalls würden sie erschossen. Als die Franzosen die Gewehrläufe der beiden Meldegänger auf sich gerichtet sahen, dachten sie nicht mehr an Widerstand, sondern ließen sich durch die verwegenen Angaben Hitlers überrumpeln. Auf diese Weise nahmen die beiden Meldegänger *einen Leutnant und zwanzig Mann gefangen* und brachten sie unter ungeheurem Jubel ihrer Kameraden zum bayrischen Kommando. Für diesen tollkühnen Handstreich erhielt Hitler dann am 4. August 1918 das Eiserne Kreuz I. Klasse.‹

Fein, Adolf! Du merktest gleich, was los ist. Es konnte nur die Mannschaft eines französischen Vorpostens sein, was da im Kellereingang eines zusammengeschossenen Hauses saß. Wer sitzt denn sonst im Kellereingang? Wo soll denn ein französischer Vorposten sitzen, der im Augenblick noch nicht aufgezogen ist? Die Kellertür war nicht zerschossen, sondern geschlossen, und wartete bloß darauf, daß Du hinkommst, Adolf, um sie mit kühnem Entschluß aufzureißen.

Haha, diese Schafsköpfe von Franzosen. Jetzt stehen sie draußen, ein Leutnant und zwanzig Mann, und sehen, daß sie übertölpelt sind! Ja, wenn es deutsche Soldaten gewesen wären! Die hätten sich, da zwei Gewehrläufe nicht auf einundzwanzig Mann gerichtet sein können, sofort auf Dich und Weiß gestürzt, aber Franzosen... haha.

Übrigens: Weiß. Wer ist dieser Weiß, der doch auch seinen Anteil an dieser in alle Lesebücher des Dritten Reichs aufzunehmenden Geschichte hat? Warum gibst Du nicht einmal seinen Vornamen an? Ich will nicht hoffen, daß er Bernhard hieß und Isidor genannt wurde? Welchen Orden hat er für diese Tat bekommen? Und vor allem wann?

Nun soll der 4. August, so dekretierst Du in Deiner Antwort mir zum Trotz, für immer sein ›ein stiller Gedenktag an das Frontsoldatentum, an die Tapferkeit und Opferfreudigkeit des Kanzlers während des Weltkriegs, ein Tag, an dem das ganze deutsche Volk inneren Anteil nimmt‹. Der Tag der Verleihung Deines Dir niemals verliehenen Ordens steht fest. Nur die Angaben über den Tag Deiner niemals begangenen Heldentat schwanken ein wenig, sie schwanken nämlich um einige Jahre. In dem Buch ›Adolf Hitler im Felde, 1914–1918‹, das sozusagen den militärischen Ergänzungsband zu Deinem Buch ›Mein Kampf‹ bildet, schreibt Hans Mend, Meldereiter bei dem 16. bayr. Res.-Inf.-Regt. ›List‹, Du habest Deine große Tat erst 1918, nach Deiner ›Erblindung‹ getan. Dort wird die Sache so dargestellt: ›Zu seinem großen Glück hatte er das Augenlicht wieder zurückerhalten und war von neuem dem Regiment ›List‹ zugeteilt, wo er wieder als Gefechtsordonnanz funktionierte. Das Regiment war schon stark dezimiert. Während des schweren Kampfes um den *Brückenkopf Mondidier* hatte Adolf Hitler eine *wichtige Meldung* zu überbringen. Als er mit dieser im Graben anlangte, stand er plötzlich einem Trupp Franzosen gegenüber. Er verlor aber die Geistesgegenwart nicht, legte das Gewehr an und forderte die Franzosen in ihrer Muttersprache auf, sich sofort zu ergeben, denn es läge eine Kompanie hinter ihm und sie hätten keine Aussichten mehr, zu entkommen. Die Franzosen warfen sofort ihre Waffen weg und ergaben sich Hitler als Gefangene. *Zwölf an der Zahl* führte er dem Regimentskommandeur Freiherrn von Tubœuf vor. Mancher hätte in dieser Situation den Mut verloren. Wegen dieser seltenen Tat wurde Adolf Hitler am 4. August 1918 mit dem Eisernen Kreuz I. Klasse ausgezeichnet.‹

Da hätten wir also die andere Fassung! Welche soll nun Hanns Johst dramatisieren, welche Hanns Heinz Ewers für seinen nächsten Roman benützen? Adolf, mach's Deinen Leuten nicht so schwer.

Wie meinst Du? Was, es gehe auch so? Es genüge eine eiserne Stirn, um den eisernen Kanzler zu spielen – das Eiserne Kreuz brauche man sich nur im nächsten Laden zu kaufen?

Mag sein. Aber es gibt auch Leute, die wissen, was es mit dem Kriegsheldentum auf sich hat, die wissen, daß man auch mit einem wirklich verliehenen EK I. oder mit dem Pour le mérite ein Feigling sein kann, ein erbärmlicher Feigling, der Mordwut entfesselt und sie nicht einzudämmen wagt, der jämmerlichste Feigling, nämlich einer, der seinen Mut gegen Wehrlose betätigt.

Schreib mir bald wieder, Adolf, ich werde Dir die Antwort nicht schuldig bleiben.

Mit unveränderten Gefühlen *Egon Erwin Kisch*

Landung in Australien

Im Erste-Klasse-Salon werden die Pässe der aussteigenden Passagiere kontrolliert, unser Mann geht hinüber und erhält den Bescheid, zunächst würden die britischen Staatsangehörigen abgefertigt. So hätte er denn die Gelegenheit wahrnehmen können, sich in der Welt Erster Klasse umzusehen, in die ihm bislang der Zutritt verwehrt gewesen war. Am Tag vorher hätte er das auch sicherlich getan, heute zieht er es vor, seine Augen scharf auf das langersehnte Ufer einzustellen. Er schaut hinüber, sieht Holzlager, ein Monument, seltsame weißstämmige Bäume, vielleicht die australischen Kautschukbäume?, Hafenspeicher, Gasthöfe und...
Was bedeuten die Telegramme, fällt ihm ein, was bedeutet der Brief? Warum beeilt sich das Komitee so sehr mit der Begrüßung, warum lenkt es die Aufmerksamkeit auf den Delegierten, warum telegrafieren die Journalisten die Einladung, warum bietet sich der Melbourner Handelsherr zur Sicherstellung an?
Nun, vorläufig schaut unser Mann ans Ufer, um es sich für alle Fälle einzuprägen, viele Holzlager, ein Monument, seltsame weißstämmige Bäume, vielleicht die australischen Kautschukbäume?, Hafenspeicher, Gasthöfe und...
Da schreiten zwei stattlich gebaute strenge Männer über das Deck, schnurstracks auf unseren Mann zu: »Are you Mister Kisch?«

Sie führen ihn vor den Zollbeamten, der ihm im Namen des Commonwealth, der Allaustralischen Bundesregierung, eröffnet: Eintritt verboten. Jeder Versuch, das Verbot zu über- beziehungsweise das Land zu betreten, würde schwere Strafen zur Folge haben. Der Paß bleibe in den Händen der Behörde.
Dann schickt sich der Zollbeamte an, den Koffer unseres Mannes in dessen Kabine zu durchsuchen. Der Ausgesperrte protestiert dagegen, entweder Einreiseverbot oder Gepäckrevision – beide Vergnügen dürfe sich ein Staat nicht gönnen. Verdutzt stottert der Zollbeamte, er habe seine Weisungen, er nehme zwar den Protest zur Kenntnis, die Revision aber vor.

Von zwei zu Tode entschlossenen westaustralischen Sherlock Holmessen unterstützt, untersucht er nun gründlich, jedes Taschentuch wird entfaltet, jedes Buch durchblättert, die Kofferwände sachverständig abgeklopft, die Tube mit Zahnpasta befühlt.

»Keine Bomben darin«, sagt unser Mann, welche Bemerkung jedoch weder ein Lächeln noch eine Antwort hervorlockt.

Ernst setzen die drei Männer das Werk fort, es dauert etwa eine halbe Stunde, während der unser Mann darüber nachdenkt, was mit ihm geschehen werde.

Man könnte ihn auf den nächsten Dampfer eskortieren, der europawärts fährt, das ist eine und so ziemlich die schlimmste Möglichkeit. Man könnte ihn auf der ›Strathaird‹ isolieren, in welchem Fall seine australischen Freunde vielleicht nicht erfahren würden, ob er überhaupt angekommen, ob er ausgestiegen sei und wo er sich befinde, das ist eine andere und ebenfalls schlimme Möglichkeit. Sollte aber die Behörde nicht imstande sein, seine Ankunft und das Landungsverbot geheimzuhalten, sollte unser Mann mit seinen Freunden Kontakt aufnehmen können, dann wäre noch keineswegs alles verloren.

Inzwischen perkutieren und auskultieren die Internisten der Zollbehörde weiterhin das Köfferchen. Da sie es endlich zuklappen, wiederholt ihr Chef mit noch größerem Nachdruck, jeder Versuch, australischen Boden zu betreten, würde schwere Strafen zur Folge haben.

Unser Mann begleitet die Herren aus seiner Kabine. Am Ende des Korridors sieht er eine Gruppe von Leuten, die anscheinend das Ende der amtlichen Prozedur abgewartet haben. Das sind keine Häscher, Häscher sind gemeiniglich nicht junge Burschen mit so schlaksigen Bewegungen, Häscher tragen selten eine Kamera auf dem Bauch, hier sind Vertreter eines Standes, die ihm aus der Patsche helfen könnten.

»Ihr seid die ›blokes‹ von der Presse, nicht wahr? Laßt uns mal ins Rauchzimmer hinaufgehen und die story mixen.«

Sie lachen, weil er sie als ›blokes‹ anredet, also Australisch kann, weil er vom ›story mixen‹ spricht, also den Zeitungsjargon kennt, und da man sich oben hinsetzt, ist man bereits ein Kollegenkreis. Das hindert ihre erste Frage nicht, eine Gewissensfrage zu sein: »Sind Sie Kommunist?«

»Ausgezeichnet«, gibt unser Mann zur Antwort, »ausgezeichnet, daß mir die Frage nach der Parteizugehörigkeit zuerst gestellt wird, so kann ich gleich erklären, daß ich mich weder auf meine Zugehörigkeit zu irgendeiner politischen Partei berufen noch durch Betonung meiner Nichtzugehörigkeit mich von irgendeiner Partei distanzieren werde. Ich komme als Antifaschist und als militanter Kriegsgegner, der Bewegung gegen Krieg und Faschismus gehören Mitglieder aller fortschrittlichen Parteien an, auch Millionen von Kommunisten, viele große Gelehrte und Schriftsteller, wie Henri Barbusse, Romain Rolland und andere.«

»Und Sie wollten bei uns gegen Deutschland agitieren?«

»Für Deutschland. Gegen die Nazis, in deren Hände es gefallen ist, gegen den Nationalsozialismus, der eine Gefahr für den Frieden in der Welt ist.«

»Das sagen Sie aus politischen Gründen, nicht wahr? Sie wissen ja selbst, daß das Hitlerregime dem Charakter der Deutschen entspricht. Wenn Sie wollen, werden wir nicht erwähnen, daß wir Ihnen diese Frage gestellt haben.«

»Im Gegenteil, ich bin hier, um der Behauptung vom Kriegswillen des gesamten deutschen Volkes entgegenzutreten; um zu berichten, wie all die, mit denen ich in Haft war, sich durch die scheußlichsten Torturen nicht zum Faschismus zwingen ließen; um zu erzählen vom Widerstand und der illegalen Arbeit in Deutschland, geleistet unter unbeschreiblichen Gefahren. Nur Helden können sich einer Bluttyrannei mit solcher Selbstverleugnung widersetzen, wie es die Illegalen in Deutschland tun.« Man notiert.

»So. Und jetzt wollen wir die Sache einteilen, damit ihr einander keine Konkurrenz macht. Ihnen erzähle ich von der Kriegsgefahr jenseits des Suezkanals, Ihnen vom Naziterror, Ihnen von der Tätigkeit unserer Bewegung, und Sie, Herr Kollege vom Bilderblatt, kriegen Anekdoten aus meinem Reporterdasein. Dann hat jeder seinen scoop, seinen Alleinbericht, ist das O. K.?«

»O. K.«

Nachher verfaßt unser Mann ein Telegramm an die Regierung in der Bundeshauptstadt Canberra, in dem er seiner peinlichen Überraschung Ausdruck gibt, so unfreundlich empfangen worden zu sein, und um Beseitigung des offenkundigen Mißverständnisses ersucht. Das schreiben sich die ›blokes‹ von der Presse ab.

Die Passagiere der ›Strathaird‹ sind an Land gegangen, um den Tag in Perth zu verbringen. An Bord geblieben sind die beiden stattlich gebauten Detektive, die zwischen sich und unserem Mann eine Distanz von drei Schritten halten.
Neiderfüllt schaut unser Mann auf den breiten Weg, der von Fremantle ostwärts läuft. Am Ende dieses Wegs, dem Blick nicht erreichbar, liegt Perth, eine Großstadt; in ihren Straßen mögen jetzt Passagiere der ›Strathaird‹ zwischen australischen Palästen und australischem Leben spazieren, in australischen Restaurants zu Mittag essen, australische Waren einkaufen, bis ihnen gegen drei Uhr nachmittags Zeitungsblätter entgegengeschwenkt werden, auf deren Titelseite sie das Foto eines Mannes sehen, mit dem sie in den letzten Wochen beisammen waren, ohne von seiner Gefährlichkeit eine Ahnung zu haben.
Die Berliner haben es besser. Die erfahren schon vor dem Mittagessen die Anhaltung unseres Mannes samt allen Details, sie lesen den Vorfall zur gleichen Stunde, da er in Westaustralien erfolgt, wobei allerdings zu bemerken ist, daß die gleiche Stunde am 120. Grad östlicher Länge neun Stunden früher eintrifft als in Mitteleuropa. Auf dem Wedding und in Neukölln, am Potsdamer Platz und vor der Gedächtniskirche rufen die Zeitungsjungen aus: ». . . wird nich nach Australjen jelassen! Der Rasende Reporta entrüstet! Nachtausjabe!« Wir (die Beobachter) trennen unseren Astralleib von dem australischen und kaufen einem Zeitungshändler, der eben das Wort ›entrüstet‹ dramatisch in die Berliner Luft schmettert, ein Blatt ab: *›London, 7. November. Nach einer Reutermeldung aus Canberra (Australien) ist dem ›Emigranten‹ Egon Erwin Kisch, der als Abgesandter des Weltausschusses der Antikriegsbewegung auf dem australischen Kontinent gegen den Krieg sprechen sollte, von den Einwanderungsbehörden die Erlaubnis zur Einreise verweigert worden. Als Begründung wurde angeführt, daß Kisch, seit er Deutschland verlassen habe, offen kommunistische Propaganda treibe. Kisch hat daraufhin ein entrüstetes Telegramm an das Innenministerium in Canberra gesandt, in dem er Einspruch gegen diese Behandlung eines ‚Schriftstellers von internationalem Ruf' erhebt.‹*
Ebenso flugs, wie Reuters Telegrafenagentur mit der Nachricht nach Europa lief, läuft sie wieder nach Australien zurück, um hier

zu erzählen, was man dort dazu sagt: ›... die Zurückweisung, die er nun in Australien gefunden hat, ist ein erfreulicher Beweis dafür, in welchem Umfange jetzt die Welt den wahren Charakter der Emigranten aus Deutschland zu begreifen beginnt ...‹
Das und ähnliche äußerst befriedigte Äußerungen des Goebbelsschen Propagandaministeriums liegen abends den Redaktionen in Sydney und Melbourne wörtlich vor, und man kann sie nicht anders als unter dem Titel ›Allgemeine Zustimmung in Berlin‹ bringen. Die englische Presse, teilt Reuter der australischen mit, beschränkt sich auf die Wiedergabe der Nachricht, nur der ›Manchester Guardian‹ findet das Landungsverbot ›kleinlich und dem Prestige des Commonwealth abträglich‹.
Am Kap Leeuwin, der Südwestspitze des ablehnenden Kontinents, vorbei und die Südküste Australiens entlang bewegt sich die ›Strathaird‹ mit unserem Mann durch eine stürmisch bewegte Bucht.
Radiogramm aus Melbourne: stimmt behauptung der regierung, betreten englischen bodens sei ihnen verboten fragezeichen rückfunket sofort stop komitee.
Was antwortet man den Freunden auf eine solche Frage, nachdem man über das Landungsverbot so betroffen getan hat? Unser Mann rückfunkt, die Behauptung, England möge ihn nicht, sei einfach lächerlich. Im Vorjahr habe er zu London in Essex-Hall und Kingsway-Hall Vorträge gehalten. Erst als er zum Londoner Gegenprozeß des Leipziger Reichstagsbrandprozesses fuhr, sei er, wie viele ausländische Zeugen, auf Intervention der deutschen Botschaft an der englischen Küste gestoppt worden, was sich aber klarerweise nur auf diesen einen Fall bezog.
Dieses Radiogramm kostet achtzehn Schilling und wird von dem Geld bestritten, das für die transkontinentale Eisenbahnfahrt bestimmt war.

Versammlungen, Proteste an die Regierung, parlamentarische Anfragen, Flugschriften, Demonstrationen. Die Labour Party, vor kurzem noch an der Macht im Staatenbund und in den meisten Bundesstaaten, steht jetzt zu ihren Nachfolgeregierungen in schroffer Opposition. Sie erklärt, von Entschließungen ihrer Ortsgruppen und der Jugendverbände veranlaßt, das Landungsverbot als

Verletzung der Gastfreundschaft, als Bevormundung der Arbeiterschaft, als Vorbereitung zum Faschismus.

In Melbourne war ein Empfangskomitee für den Weltdelegierten gegründet worden, nach dem Landungsverbot wird es in ein Verteidigungskomitee umgewandelt, Ortsgruppen erstehen im ganzen Land. Die Gewerkschaften brandmarken die Regierungsmaßnahme, Schriftsteller treten gegen den an dem europäischen Kollegen begangenen Willkürakt auf, Universitätsprofessoren nennen die Verbannung des Gastes eine Beleidigung für das australische Volk, und ein Bischof sendet dem Komitee eine Sympathieerklärung.

Kühl und höhnisch läßt Minister Menzies, Generalstaatsanwalt und Minister, diesen Sturm zu seinen Füßen branden. Zwar habe er das Verbot nicht erlassen, antwortet er im Parlament dem ersten Interpellanten, es sei bereits von der vorigen Regierung beschlossen worden, aber er werde es durchführen. »Die Landung dieses Mannes ist vom Minister des Innern untersagt worden, und dabei bleibt es (and there the matter rests)«, erklärt er wörtlich und fügt hinzu, der Delegierte werde ›seinen Fuß nicht auf den Boden des australischen Gemeinwesens setzen‹. Das Melbourner Antikriegskomitee zeiht ihn der Unwahrheit, wenn auch nur wegen der Behauptung, das Verbot stamme vom vorigen Ministerium. Schon seit August sei die gegenwärtige Regierung im Amt, damals war von einem australischen Antikriegskongreß noch gar nicht die Rede, und erst am 12. Oktober erfuhr das Komitee, daß ein Delegierter aus Europa kommen werde. Wieso kann es die Regierung Monate vorher gewußt haben?

Über diesen Widerspruch interpelliert, erwidert Menzies, wenn das Landungsverbot von der jetzigen Regierung ausgesprochen wurde, so geschah es in seiner Abwesenheit. Das ändere jedoch nicht das geringste an der Tatsache, daß der Delegierte ›seinen Fuß nicht auf den Boden des australischen Gemeinwesens setzen‹ wird. And there the matter rests.

Auch an Postminister MacLachlan wird im Parlament eine Anfrage gerichtet: Wieso kommt es, daß ein die Behauptung der Regierung widerlegendes Radiogramm, an Bord der ›Strathaird‹ hinter Fremantle um sieben Uhr fünf Minuten abends aufgegeben, am selben Abend bereits im Kabinett diskutiert, dem Adres-

saten (Melbourner Komitee gegen Krieg und Faschismus) aber erst am nächsten Tag um halb elf Uhr zugestellt wurde?
Minister MacLachlan antwortet, die australische Post befördere täglich 100 000 Telegramme, es lasse sich selbst bei größter Sorgfalt nicht vermeiden, daß eines oder das andere sich verzögere.

Indessen segelt unser Mann den brodelnden Kontinent entlang. Seine Rolle an Bord hat sich wesentlich verändert, wenn auch nicht verbessert. Mütter verbieten ihren Kindern, mit ihm zu spielen, und seine täglichen Partner im Seilringwerfen beginnen die Partien ohne ihn, ach.
In flachem Bogen schneidet die australische Bucht in die Südküste ein. Dieser Teil der Fahrt ist der stürmischste; bald steuerbords, bald backbords richten sich die Wogen neben dem Schiff auf, eine drohende Wand. Der Passagier saust an die Reling, wenn er aber, schon mal dort, sich auf Gnade oder Ungnade übergeben will, so wird er gerade im entscheidenden Moment wieder davongerissen und einem Mitpassagier gegen die Rippen geschleudert; Gemöbel, Koffer, Geschirr und Mensch, alles rutscht und kracht durcheinander. Der Ozean schreit sein sinnloses Geschwätz lauter und lauter in den Wind, verrenkt seinen Rumpf und wirft seine Gliedmaßen nach allen Seiten. Diesem Exzeß kann der Passagier selbst in der Kabine nicht entrinnen, das Bett tanzt den Veitstanz mit.
Kaum legt die ›Strathaird‹ an, kaum ist sie in Ruhe, als sie auch schon von Bewegung erfüllt ist: von der Bewegung des Festlands. Der Landungsplatz heißt Adelaide, doch ist von der Stadt Adelaide kein Rauchfähnchen zu erblicken; fünfzehn Meilen sind's vom Outer Harbor in die Stadt, und ebensoviel von der Stadt zum Außenhafen. Diese Distanz hindert die verfügbaren Bewohner nicht, zum Outer Harbour hinauszupilgern, den umstrittenen Fremdling zu besichtigen, zu begrüßen und zu knipsen. Auch ein Interview muß er geben – nicht geben, sondern abhalten, denn es wird ein Massenmeeting, aus ganz Australien sind Pressevertreter gekommen, Zuhörer umdrängen das Interview, währenddessen er zum Telefon gerufen wird: Ferngespräch.
Zum Telefon? Ferngespräch? An Bord eines Schiffes? Er lernt,

daß Ozeandampfer im Augenblick ihrer Landung in das Telefonnetz eingeschaltet werden. Der Melbourner ›Star‹ ruft unseren Mann auf der ›Strathaird‹ an, um eine originellere Form des Interviews zu haben: »Was ist ihr Tip für die Saarabstimmung? Was denken Sie über den England-Australien-Flug?« und ähnliches. Zum Glück hört man elend.

Die an Bord erschienenen Reporter fragen unseren Mann, ob er Vicki Baum persönlich kenne; nein, er kenne sie nicht persönlich; sie fragen, ob er Remarque persönlich kenne; nein, er kenne ihn nicht persönlich; die Enttäuschung ist offenkundig; sie fragen, ob er Fjuktwendscher persönlich kenne; Gott sei Dank, den Fjuktwendscher kennt er persönlich, und das ergibt die Überschrift: Bester Freund von Lion Feuchtwanger usw.

Aber auch andere deutsche Schriftsteller, sagt unser Mann, kenne er, die heute nicht mehr leben. Und er erzählt von Erich Mühsam, von Theodor Lessing, Erich Baron, Franz Braun, von den Meuchelmorden in den Nazikasernen, von den Inquisitionsmethoden der Gestapo, von den Todesmartern in den Konzentrationslagern, er sagt den Journalisten, wer Ossietzky, Mierendorff, Renn und Neubauer sind, Hirne hinter Stacheldraht, er spricht von Ernst Thälmann, der als Präsidentschaftskandidat sechs Millionen Stimmen auf sich vereinigt hat und nun seit fast zwei Jahren ohne Leseerlaubnis, ohne Schreiberlaubnis, ohne Besuchserlaubnis in Einzelhaft gehalten wird, er berichtet von Zehntausenden Antifaschisten, denen es ebenso ergeht, und von den ›auf der Flucht erschossenen‹ oder mit dem Beil hingerichteten deutschen Arbeitern.

Davon weiß man wenig in Australien.

Von der Roten Hilfe Australiens ist in Melbourne ein Prozeß anhängig gemacht worden, eine Klage wegen Menschenraubs: der Kapitän eines Schiffes habe nicht das Recht, einen Mann, dem in einem Land die Landung verweigert wird, als Gefangenen durch die sieben Meere zu schleppen. Hat sich der Kapitän der ›Strathaird‹ überzeugt, ob dieses Landungsverbot zu Recht erfolgte? Australien hat Gesetze, unliebsame Personen abzuschieben, aber landen lassen muß er jeden, gegen dessen Einreise nicht ›von der

Regierung einer befreundeten Macht durch offizielle Kanäle Einspruch erhoben wurde‹. Gab es einen solchen Einspruch und von welcher befreundeten Macht? Wurde er dem Kapitän übergeben? Wenn nicht, so hat er an dem Weltdelegierten kidnapping begangen, Menschenraub. Nach britischem Recht gibt es nur eine einzige Person, die wegen Verletzung des britischen Rechts Klage erheben kann: der König von Großbritannien. Der denkt schwerlich daran, den Kapitän der ›Strathaird‹ wegen Verschleppung eines Kriegsgegners vors Gericht zu ziehen. An des Königs Stelle und in des Königs Namen darf es der Geschädigte tun. Wo aber der Kläger ist, nämlich auf hoher See, ist kein Richter, und wo ein Richter ist, nämlich auf dem australischen Festland, ist kein Kläger, weder König Georg V. noch sein Klagevertreter Kisch, und keiner von beiden hat jemandem eine Vollmacht zur Klage gegeben. Allerdings kann das Oberste Gericht des Staates Victoria das nicht vorher wissen. Es muß augenblicklich zusammentreten, wenn eine Klage eingebracht wird wegen Verletzung der Magna Charta und ihres Gebots: Du sollst deinen Körper haben und über deinen Körper verfügen können, solange er nicht durch gerichtliche Entscheidung in Haft genommen ist. Also wurde auf Grund der Klage wegen Bruchs der Habeaskorpusakte die Verhandlung angesetzt, und erst bei Beginn dieser Verhandlung wird das Gericht feststellen, ob eine Klagelegitimation vorliegt.
Nun, auch von diesem Prozeß brauchen die Veranstalter der Jahrhundertfeier keine Beeinträchtigung des Festes zu fürchten. Der Regierungsvertreter wird einfach die Note vorlegen, mit welcher eine befreundete Macht, und zwar England, sich durch offizielle Kanäle die Landung unseres Mannes verbeten hat, und dann wird der Kapitän freigesprochen werden und das Schiff mitsamt dem Kläger nach Sydney weitersegeln.
Vorläufig fährt die ›Strathaird‹ erst in Port Phillip ein, dem Hafen von Melbourne; aus einer Barkasse steigt eine Dame an Bord und stellt sich unserem Mann als Mrs. Rosenove vor, seine Rechtsanwältin im Prozeß gegen Mister Carter wegen kidnapping . . . habeas corpus . . . Sehr erfreut, sehr erfreut, murmelt unser Mann und denkt: Was für ein Prozeß? Wer ist Mister Carter? Kidnapping ist amerikanisch, habeas corpus ist lateinisch, und das Ganze kommt ihm spanisch vor.

»Ein Notar wird kommen, um Ihre Identität festzustellen. Mrs. Arens wird bestätigen, daß sie Sie kennt, von Berlin her, vom Januar 1932, aus der Wohnung des Abgeordneten M. in der Friedrichstraße ...« Ah, da sind sie schon, ein Notar und eine Frau, und der Notar fragt unseren Mann, ob er diese Frau kenne. Freilich, erwidert der, freilich kenne er diese Dame, das ist ja Mrs. Arens, nicht wahr? Und er sei mit ihr in der Wohnung des Abgeordneten M. in der Berliner Friedrichstraße beisammen gewesen. – Wann das gewesen sei, fragt der Notar streng und hält ein Protokoll in beiden Händen, wie ein Herold die kaiserliche Bulle. Das sei Januar 1932 gewesen, äußert unser Mann, ohne mit der Wimper zu zucken, und damit ist alles in Ordnung; genau so steht es nämlich auch im Protokoll von Mrs. Arens, das nun notariell gefertigt und gesiegelt werden kann. Unser Mann ist behördlich als derjenige festgestellt, der er wirklich ist, obwohl er ebensogut im Januar 1932 in Schanghai statt in Berlin gewesen sein könnte, und Herr M. möglicherweise niemals in der Friedrichstraße gewohnt hat. Aber nur auf solche Art ist die Wahrheit gerichtsordnungsmäßig zu beweisen.

Es treten ab der Notar, die Anwältin und die Zeugin, sie müssen zum Gericht, es treten andere auf. Zwar hat die Polizei den Kai abgeriegelt, keine Abordnung und kein Einzelbesucher darf zu unserem Mann, aber sie kommen doch. Denn zu den anderen Passagieren darf man, man muß nur den zu Besuchenden nennen, und die Polizisten schauen in der Schiffsliste nach, ob der wirklich darin steht. Er steht immer wirklich darin, die Freunde unseres Mannes haben sich die Schiffsliste beschafft, und jeder nennt einen unanfechtbaren Namen.

Parlamentsmitglieder werden durch jeden Kordon gelassen. Erstaunt schüttelt unser Mann dem Senator Arthur Rae und dem Abgeordneten Dr. Maloney die Hände. Als er auf der Überfahrt in dem Buch ›Australia's Awakening‹ diese Namen las (mit ihnen traten die ersten Arbeitervertreter in die frühkapitalistische Urzeit Australiens ein), dachte er, die beiden nur noch auf Denkmälern zu finden, aber hierzulande liegt ja nichts sehr weit zurück, da stehen die zwei Sagenhaften in persona.

»Haben Sie einen Entwurf Ihres Referates oder so etwas?« fragt der Sekretär des Kongresses unseren Mann. Ja, so etwas habe er,

erwidert unser Mann und freut sich, daß seine Arbeit nicht vergeblich war; mit dem Konzept der Rede eilt der Sekretär davon, um sie von der Tribüne zu verlesen.
Auf dem Schiff gibt es viele Wände, und an den Wänden kleben viele Zettel, und auf den Zetteln ist der fromme Wunsch gedruckt: ›Kisch must land‹, und ein Exemplar wurde unserem Mann an den Rock geheftet, was die Photographen zur Großaufnahme seines Knopflochs veranlaßt. Boote, mit antifaschistischer Jugend bemannt, umkreisen die ›Strathaird‹, ihre Fahnen und Banner tragen Losungen gegen die Nazibarbarei, für die Freilassung der politischen Gefangenen im Dritten Reich; Burschen und Mädel heben die Ruder, schwingen die Fahnen, rufen im Sprechchor: »We want Kisch«, und unser Mann kann darauf nur antworten: »I want you.« Gleichzeitig wickelt sich vor dem Obergericht von Victoria der Prozeß ab; Menschenraub oder legale Abschiebung, das ist die Frage. Was dort und überhaupt auf dem Festland vor sich geht, darüber berichten die rasch einander folgenden Ausgaben der Abendblätter, Meldungen vom Kongreß, vom Prozeß, von Szenen am Kai und von Verhaftungen wegen Flugblattverteilung, wegen Zettelklebens, wegen Nichtbefolgung der Polizeibefehle, wegen Amtsehrenbeleidigung.
Größer und größer ist das Getriebe an Bord geworden, alles drängt und stößt durcheinander, Einzelgespräche sind unmöglich geworden. Organisieren wir ein Meeting! Es wird ein dreistöckiges Meeting. Vom Oberdeck leitet es der Präsident der Eisenbahnergewerkschaft, und von dort sprechen die Redner, auf dem Verdeck darunter, backbords und steuerbords, bilden die Besucher und die neugierig hinzutretenden Schiffspassagiere das Auditorium, aber beileibe nicht das ganze; Versammlungsteilnehmer, meist Hafenarbeiter, stehen bis zum Wasserrand am Kai, Versammlungsteilnehmer, meist Jugend, lauschen in den rotbeflaggten Booten zu Füßen der ›Strathaird‹.
Seit Schiffe die Welt durchsegeln, haben wohl noch niemals Bewohner des Festlands ein Schiffsdeck als Podium für eine politische Massenversammlung gewählt. Filmoperateure kurbeln die Revolution auf dem Meer, eine Polizeiabteilung marschiert die Landungsbrücke empor, aber sie schreitet nicht ein, so scharf auch die Redner losziehen gegen die Regierung.

... gegen die Regierung. Die tagt in Canberra, dort tagt auch das Parlament, dort schlägt die Erregung Wellen.
Der Minister für Zollwesen, Mr. White, drückte heute seine Überraschung und Mißbilligung über den vom Präsidenten des Schriftstellerverbandes, Mr. Bernard Cronin, verfaßten Protest gegen die Verbannung von Kisch aus, der ohne Befragung der Mitgliedschaft erfolgte. »Ich selbst bin Mitglied«, sagte Minister White, »und ich wurde nicht befragt. Wie man der Angabe Kischs Glauben schenken kann, daß er Schriftsteller sei, ist mir unerfindlich. Die Werke, die er geschrieben zu haben behauptet, scheinen der Welt unbekannt zu sein. Jedenfalls steht fest, daß keines seiner Bücher jemals in die englische Sprache übersetzt wurde.«
Es mag für einen Autor recht bitter sein, solchen Hohn über sich ergehen lassen zu müssen, aber der zu Kränkende hat keine Zeit, sich zu kränken. (Vielleicht später.)
Generalstaatsanwalt Menzies läßt sich wieder vernehmen, alle Aktionen für den Ausgewiesenen seien sinnlos und zwecklos, denn ebenso wie der neuseeländische Antikriegsdelegierte Gerald Griffin rücksichtslos dorthin zurückexpediert wurde, woher er kam, werde es dem Weltdelegierten ergehen ... »Er wird, so erkläre ich zum dritten und letzten Male, seinen Fuß nicht auf den Boden des australischen Gemeinwesens setzen.«
Es mag für einen Delegierten recht bitter sein, solche Verdammung über sich ergehen lassen zu müssen, aber der zu Entmutigende hat keine Zeit, entmutigt zu sein. (Vielleicht später.)
Die Entscheidung, ob unser Mann seinen Fuß auf australischen Boden setzen darf, liegt vorläufig noch in den Händen des Obersten Gerichts von Victoria. Am frühen Morgen begann der Prozeß. Mrs. Arens hat ausgesagt, der Kapitän der ›Strathaird‹, Mr. A. E. Carter, halte ihren Berliner Freund widerrechtlich an Bord fest, obwohl dieser ein ordnungsgemäßes Einreisevisum vom britischen Generalkonsulat in Paris besitzt. Mrs. Rosenove, die im Namen unseres Mannes dasteht, der seinerseits im Namen des Königs von Großbritannien und Irland dasteht, verlangt ein ›order nisi‹, die Aufhebung der unrechtmäßigen Festhaltung an Bord. Dagegen wendet der angeklagte Kapitän ein, er sei dafür verantwortlich, daß die Befehle der Commonwealth-Regierung auf seinem Schiffe durchgeführt werden. Allerdings kann er die Befehle

der Commonwealth-Regierung, die die Festhaltung des Klägers verfügen, derzeit nicht vorweisen. Vertagung des Prozesses auf morgen.
Auch der Tag vertagt sich, und der Abend sinkt über Port Phillip und die Stadt Melbourne, die Wellen werden müde und die Fenster finster, jedoch der Besucherwirbel auf der ›Strathaird‹ flaut nicht ab, er währt die Nacht hindurch, setzt sich ohne Unterbrechung am nächsten Morgen fort.

Am nächsten Tag erscheint ein Vertreter der Bundesregierung vor Gericht und verliest eine Erklärung des Innenministers Paterson: *»Am 18. Oktober 1934 hat in Verfolgung von Abschnitt 3, § GH des Einwanderungsgesetzes der für besagtes Gesetz zuständige Minister auf Grund einer von einem anderen Teil des Britischen Imperiums durch offizielle Kanäle erhaltenen Information den Egon Erwin Kisch als einen unerwünschten Besucher oder Bewohner des Commonwealth erklärt.«*
Die Vertreterin unseres Mannes bezeichnet die Angaben dieses Dokuments als falsch; am 18. Oktober war dem Minister unbekannt, daß der Delegierte kommen werde. Der Befehl an die Hafenbehörde in Fremantle besagte, ›Kisch, der laut Melbourner Zeitungsnachrichten zu Vorlesungszwecken eintreffen werde, ist an der Landung zu verhindern‹. Aber die ersten Zeitungsnachrichten über die bevorstehende Ankunft erschienen erst vierzehn Tage nach jenem 18. Oktober. Das Verbot erfolgte auf Wunsch des nazistischen Generalkonsulats in Australien, und die Behauptung des Ministers, es liege eine durch offizielle Kanäle eingelangte Information von seiten eines anderen Teiles des Empires vor, trage den Stempel der Unwahrheit. Wo ist diese Information? Wie ist ihr Wortlaut?
Die Fragen werden nicht beantwortet. Um ein Uhr mittags erhebt sich der Oberrichter und verkündet, er werde, entgegen der Gepflogenheit, das Urteil der Urteilsbegründung folgen zu lassen, diesmal das Urteil voranstellen, damit die ›Strathaird‹ nicht länger als notwendig im Hafen bleibe. Und also laute das Urteil: Die Klage wird abgewiesen, die Festhaltung des Klägers an Bord ist rechtsgültig; die Kosten des Verfahrens gehen zu seinen Lasten.

Telefonisch meldet man die Nachricht an Bord, die Signalpfeife schrillt, alle Besucher müssen das Schiff verlassen. Unser Mann verabschiedet sich und verspricht, auf dem Vorderdeck zwecks Winke-Winke zu erscheinen. Einem jungen Reporter, mit dem er über dessen politische Zweifel diskutiert hat, gibt er zum Abschied den Rat, nach Abstoßen des Schiffes noch ein paar Minuten am Ufer zu bleiben. – »Das kann ich nicht, ich komme ohnehin schon zu spät in die Redaktion.« – »Riskieren Sie fünf Minuten.«

Einige Tage später bekommt unser Mann einen überschwenglichen Dankesbrief des jungen Reporters, er habe gewartet, ›hätte ich Ihren Rat nicht befolgt, wäre ich mit Schimpf und Schande entlassen worden, denn ich hätte alles versäumt, was sich ereignet hat‹. Was hat sich denn ereignet?

Die ›Strathaird‹ stieß ab, ein Meter Wasser war schon zwischen dem Schiffsrumpf und dem Uferrand, da sah die Menschenmenge auf dem Kai mit Entsetzen, wie sich fünfeinhalb Meter hoch über ihr ein Mann auf die Reling schwang; um Gottes willen, er wird sich doch nicht herunterstürzen?

Man wird verstehen, daß wir nicht selbst sagen, was sich ereignet hat, sondern es weniger Beteiligten, unberufen Berufeneren zu sagen überlassen. Im Berliner ›Angriff‹ zum Beispiel wird es folgendermaßen gesagt: ›Jüdische Frechheit des Rasenden Reporters. – Gerechte Strafe: Kisch bricht sich die Beine.‹ Ohne Zweifel ist dieser ›Angriff‹ übertrieben; so groß war die jüdische Frechheit denn doch nicht, sie begnügte sich damit, ihm ein Bein zu brechen, allerdings doppelt.

Wer dem Tatort näher ist, kommt dem Tatbestand näher. Kleben wir einfach die Titelseite irgendeiner australischen Zeitung hierher: »*Erfahrend, daß das Gericht den Antrag auf seine Freilassung abgelehnt hat, sprang Egon Erwin Kisch, der verbannte tschechoslowakische Schriftsteller und Vortragende, vom achtzehn Fuß hohen Achterdeck der ‚Strathaird', als diese eben im Begriff war, nach Sydney abzusegeln. Auf eine Stahlschiene des Piers fallend, verletzte er sein Bein und brach, nachdem er einen Schritt gemacht hatte, zusammen. Freunde wollten ihm helfen, aber von allen Seiten herbeieilende Konstabler ergriffen ihn und trugen ihn unter Führung zweier Detektivinspektoren trotz aller seiner Proteste in der Richtung zum Schiff.*

,Wenn Sie mich an Land verhaftet haben', schrie er unterwegs mit gellender Stimme, ,dürfen Sie mich nicht auf ein Schiff bringen!' Diesem Protest wurde jedoch nicht stattgegeben und Kisch auf das Schiff gebracht, das Gegendampf gegeben hatte, zum Kai zurückkehrte und eine Landungsbrücke auswarf. Jenes Teils des Publikums, der in der Nähe des Achterdeckes stand, bemächtigte sich ungeheure Erregung, die sich in verschiedenartiger Weise Luft machte und auch nach Wiederabfahrt der ,Strathaird' nicht verstummte. Zur Stunde ist die Polizei dabei, den Station-Pier zu räumen.

Der Sprung war die Folge der an Bord gelangten Mitteilung, daß Oberrichter Irvin die Klage abgewiesen habe. Kisch, obzwar er vorher Freunden und Besuchern versichert hatte, daß er nicht erwarte, in Melbourne befreit zu werden, war sehr betroffen über die gerichtliche Entscheidung. Seine Besucher begaben sich ans Ufer und warteten auf ein Abschiedswort. Als er an der Reling erschien, riefen einige: ,Warum kommen Sie nicht ans Ufer?' Er deutete auf einen Mann, der sich mehr oder minder an seiner Seite hielt und ihn zu bewachen schien. Dann entfernte sich Kisch, worauf die meisten seiner Freunde den Pier verließen, da sich das Schiff zu bewegen begann.

Kaum drei Minuten später erschien er auf dem Achterdeck, schwang sich auf das Geländer und sprang hinab. Er stürzte auf den Pier, erhob sich, machte einen Schritt vorwärts und brach mit schmerzverzerrtem Gesicht zusammen. Im selben Augenblick hatte ihn schon der Konstabler I. B. Weller erreicht und fragte ihn in freundlicher Weise, ob er sich verletzt habe. Er antwortete, er habe sein rechtes Bein gebrochen. Man trug ihn fort, und zwar auf Weisung der Detektive, trotz seines lauten Protestes, auf das wieder anlegende Schiff zurück. Vom Hauptquartier der Polizei werden wir informiert, daß der Kommandant der ,Strathaird', Capt. Carter, für den sicheren Gewahrsam Kischs haftbar ist und im Augenblick der Rückkehr des Schiffes von der Polizei verlangte, daß man den Flüchtigen zurückschaffe.

Ehe die ,Strathaird' von neuem abstieß, beklebten Demonstranten den Bug mit Zetteln, auf denen die Worte gedruckt waren: ,Kisch, deportiert von Hitler 1933 — von Lyons 1934. Kisch muß landen!' Zwei Frauen wurden beim Zettelkleben festgenommen.‹

»Ich?« fragte er und wurde über und über rot vor Verlegenheit. Daß er so auf meine Anrede reagieren würde, hatte ich mir gedacht, deshalb hatte ich mich ja gerade an ihn gewendet, obwohl viele andere sich begierig zeigten, mir ihren Weg nach Spanien zu erzählen. Er aber hatte stumm im Hintergrund gesessen und mit großen Augen den Abenteuern gelauscht, die die Genossen vom österreichischen Bataillon ›12. Februar‹ bestanden hatten auf ihrem Weg von Österreich bis nach Albacete in Spanien.
Seine Augen waren auch dann groß, wenn er nicht zuhörte. Über die hohe Stirn fiel eine dunkelblonde Strähne, weit holte sein Hinterkopf aus, bevor er sich zum Nacken senkte, und sein Mund glich in seiner Schwingung einem Mädchenmund, wie er denn überhaupt einem jungen gesunden Mädchen ähnlicher sah als einem Bürgerkriegssoldaten.
»Und wie bist du hergekommen?« hatte ich mich an ihn gewandt.
»Ich?« fragte er.
»Ja, du.«
»Ich bin einfach mit der Bahn nach Paris gefahren und von dort hergekommen wie alle anderen.«
»Warst du Arbeiter?«
»Ich war Bauer.«
»Bauer? Du meinst wohl: Landarbeiter.«
»Nein, ich hab ein kleines Anwesen gehabt in Tirol.«
»Da hattest du also Geld?«
»Geld hab ich keins gehabt, ich hab meine Küh verkauft, um herzufahren.«
Die Kameraden ringsumher fingen zu lachen an. Keiner von den Kameraden ringsumher hat seine Fahrkarte nach Spanien aus seinem Bankkonto bezahlt. Viele von ihnen hatten irgend etwas veräußert, der eine vielleicht einen ererbten Rollstuhl mit Handbetrieb, der andere eine Schmetterlingssammlung, der dritte ein Maskenkostüm (Ritterrüstung aus Pappendeckel), der vierte ein Tandem, vorne Herrensitz, hinten Damensitz, der fünfte, sechste sonst welche andere eigenartige Sachen. Aber – Kühe! Daß je-

mand seine Kühe verkauft, damit er in Spanien gegen den Faschismus kämpfen könne, schien ihnen maßlos komisch.
Ihn jedoch, den meine bloße Anrede in Verlegenheit gebracht hatte, brachte das Lachen der Kameraden gar nicht in Verlegenheit, er lachte mit und erzählte frei und ohne Scheu, wie das war mit seinem kleinen Anwesen in Tirol und wieso er kein Geld hatte, obwohl er ein Bauer auf eigenem Grund mit eigenem Viehbestand war. Ermuntert, auch zu sagen, wie in ihm die Absicht entstand, nach Spanien zu gehen, sagte er auch das, nicht mehr und nicht weniger, sachlich und gerundet, nie über den Bereich der Frage hinausgehend und mit einem Schlußpunkt, den er definitiv hinsetzte, um Frager und Hörer nicht zu ermüden, falls sie sich für nichts Weiteres interessieren sollten. Ich mußte wieder fragen, wie sich sein Entschluß verwirklicht, wie er die Kühe verkauft, die Reise vollzogen und wie sein Schicksal im Krieg sich gestaltet hatte, bevor er je einen Bericht zur Antwort gab, wiederum jeden als ein abgeschlossenes Kapitel. Es wurde eine Bauerngeschichte, aber eine anderer Art als die, die man bei Peter Rosegger oder bei Adolf Pichler oder bei jenem Berthold Auerbach liest, über den der Schüttelreim geht: ›Ganz anders ist der Bauer, ach – als wie bei Berthold Auerbach.‹
Der Bauer, der uns hier im Kreise seiner Kameraden seine Bauerngeschichte erzählt, heißt Max Bair, ist Tiroler, zwanzig Jahre alt, im Weltkrieg geboren. Sein Vater war Bauer und hatte den Hof geerbt, den er später seinem Sohn vererbte, einen kleinen Hof zwischen dem kleinen Weiler Staatz und dem kleinen Weiler Salfaun. Wipptal heißt die Gegend, und man kann dieses Tal nur dann ein Tal nennen, wenn man eben jeden Zwischenraum zwischen zwei Bergen ein Tal nennen will. Die Landstraße hat gerade noch Platz in der schmalen Furche, die Eisenbahn muß sich ihren Weg schon höher oben suchen, auf dem Abhang. Auf dem Abhang stehen auch die Bauernhäuser, ihr Fundament ist ebenso schief wie die Felder. Für die Fuhrwerke ist kein Fuhrweg da, die Bauern tragen den Dünger und die Bäuerinnen die Jauche auf dem Rücken ins Feld hinauf und das Heubündel auf dem Kopf in den Stall hinab. Nur an den tiefsten Stellen des Berghangs, bevor der Fichtenbestand anfängt, ist Feld, also wenig.
Nicht in jedem Jahr kann geerntet werden. Wenn der Sommer

nicht warm ist, war alle Feldarbeit vergeblich, die Weizenhalme stehen leer. Wenn im Winter zuwenig Schnee fällt, vereist der Boden, dann gibt's auch keine Ernte. Arm sind die Bauern im Wipptal, von hundert sind höchstens drei, deren Haus schuldenfrei dasteht. Zwangsversteigerungen sind an der Tagesordnung; zuerst wird das Inventar versteigert. Wütend sieht der Bauer, weinend die Bäuerin, wie ihre Habe geringgeschätzt und Stück für Stück davongeschleppt wird; das nächstemal kommt das leere Haus mit dem Grundstück dran und findet meistens keinen Bieter.

Die Landstraße unten ist keine gewöhnliche Landstraße. Es ist die Brennerstraße, seit zweitausend Jahren der Hauptweg ins Italienische. Ununterbrochen sausen Autos vorbei, schöne, glitzernde Autos, aber noch keinem ist es eingefallen, in Staatz oder in Salfaun haltzumachen, geschweige denn vor dem Bairschen Häuschen, das just dazwischen liegt.

Bair-Vater hatte eine Frau, die hat ihm drei Kinder geboren und sich dann so lange gerackert, um das Essen für sie aus dem Hof herauszuwirtschaften, bis sie starb, zweiunddreißig Jahre alt.

So geht's also nicht, sagte sich Bair-Vater, man muß den Hof vergrößern, damit er etwas trägt. Er kaufte ein Feld, und weil er kein Geld hatte, borgte er es sich von der Raiffeisenkasse aus, 3600 Schilling, die wurden als Hypothek eingetragen. Außerdem heiratete er zum zweitenmal.

Die drei Bair-Kinder gingen nach Matrei in die Schule. Maxl lernte am besten, nicht nur am besten von seinen Geschwistern, sondern auch am besten von allen Schülern. Der Lehrer hätte es gern gesehen, daß der Bair-Max studieren gegangen wäre an die Lehrerbildungsanstalt nach Innsbruck. Aber es war ja kein Geld da für so etwas. Da hat der Lehrer mit dem Pfarrer gesprochen und der Pfarrer mit dem Bair-Vater, er, der Pfarrer könnte dem Jungen einen Freiplatz im Priesterseminar verschaffen. Auch darauf konnte der Vater nicht eingehen, weil er die Kinder ja zur Arbeit brauchte. (Avis für Leser, die glauben, mit Stipendien und Schulgeldbefreiung sei den Kindern der Armen die gleiche Möglichkeit zum Studium gegeben wie den Reichen: Immer werden die Kinder der Armen daheim zur Arbeit gebraucht.)

Der Maxl hat schon vom vierten Lebensjahr an gearbeitet, Holz getragen, gemolken, »aber vom sechsten Jahr«, sagt Max, »hab ich schon Arbeiten gemacht, die Kinder erst mit zwölf Jahren machen sollen, Holz sägen, kochen, waschen, buttern«. Selbstverständlich konnte ihn der Vater nicht entbehren. »Daß ich nicht nach Innsbruck gangen bin, wie's der Lehrer gewollt hat, dös hat mi gstiert, i hätt gern studiert. Aber daß mich der Vater dem Pfarrer nit gebn hat, dös hat mi gar nit gstiert, a Pfarrer wär i doch nit worn, dös glaub i nit.«

1934 starb der Vater, ein paar Wochen lang bewirtschaftete die Witwe das Haus, kam nicht vorwärts und nahm ein Darlehen auf, 400 Schilling. Dann wurde der Bruder vom verstorbenen Bair-Bauer, ein ausgedienter Weichensteller mit 200 Schilling Monatspension, als Vormund auf das Gut gesetzt und sollte es so, wie er es übernommen hatte, dem Max bei dessen Volljährigkeit übergeben. Onkel Bair behauptete, er werde es sogar in noch weit besserem Zustand übergeben, man solle ihn nur schalten lassen. Gut, Max verdingte sich in Matrei als Holzknecht, die Schwester, kaum fünfzehn Jahre alt, ging ins Oberinntal, und die Stiefmutter ins Stubaital als ›Dirn‹ in Dienst. Onkel Bair saß auf dem Hof, verstand nichts von der Wirtschaft, trank gern Weinschnaps und noch lieber Kranewittschen Beerenschnaps, machte 500 Schilling Schulden für Gespanne zur Feldwirtschaft und verkaufte schließlich die Vorratssäcke mit Mehl, die Feldgeräte und alles andere, was nicht niet- und nagelfest war, einschließlich der Bettüberzüge.

So übernahm der Max, als er im Januar 1937 volljährig geworden war, das hohle Haus mitsamt den Schulden von Stiefmutter und Onkel. Sozusagen bei seinem Einzug standen schon die Gläubiger da und mahnten, von Tag zu Tag wurden sie dringlicher. Der Max, jetzt selbständiger Bauer, mußte eine neue Schuld aufnehmen, um etwas von der alten bezahlen zu können und eine Kuh zu kaufen. 900 Schilling bekam er geborgt.

Dreieinhalb Joch hat er gehabt, fast nur Weide. Für drei Kühe hat's grad noch gereicht zum Füttern, das heißt, nur für das, was sie an Gras brauchten.

Das Essen mußte er einkaufen, für sich Mehl und für die Kühe Futtermehl. Ein wenig Kartoffeln hatte er, das Schmalz und Salz zahlten für ihn die Kühe mit ihrer weißen, flüssigen Währung. In Staatz, ein paar Kilometer weiter, ist eine Spinnerei, deren Personalhaus ihm täglich acht Liter zu je dreißig Groschen abnahm.

Mit Buttern kommt der Bauer schlechter weg, als wenn er die Milch als Milch verkauft, der Händler will an der Butter noch mehr verdienen als an Margarine. Zu einem Kilogramm Butter braucht man 25 Liter Milch, das sind zu obigem Preis 7 Schilling 50 Groschen, aber für ein Kilo Butter werden nur 3 Schilling gezahlt, also weniger als die Hälfte von dem Wert des Materials. Und wo bleibt die Bezahlung der Arbeit? Nur zwei Kilo butterte Max allwöchentlich für die Milchkundschaft, die sich das ausbedungen hatte, und ein drittes Kilo für sich. Jedoch aß er es nicht selbst auf, sondern tauschte es gegen zwei Kilo Margarine ein. Wie die Reisbauern in Japan zu arm sind, um Reis essen zu können, so essen die Viehbauern in Tirol nur Margarine. Wie soll man da die Schulden abarbeiten, das geht gar nicht. Wenn nicht der Bruder, die Schwester und die Stiefmutter in Dienst gegangen wären, hätten sie alle miteinander verhungern müssen, trotz ihrem eigenen Hof.

»Da hab i halt die Küh verkauft und bin nach Spanien gefahren, über Paris, wie alle andern hier. Das ist die ganze Gschicht.«

Schön, Max, aber wie bist du auf die Idee gekommen, gerade nach Spanien in den Krieg zu gehen?

Da muß man zurückgehen in die Zeit, als Maxl noch ein ganz kleiner Junge war, ins Jahr 1928 nämlich. Da ist im nahen Gschnitztal ein fürchterlicher Wolkenbruch niedergegangen, habt ihr nicht davon gehört? Nun, macht nichts, es war also damals ein Wolkenbruch, und gleichzeitig ist das Wasser vom Ferner heruntergekommen, alle Brücken und alle Dämme und alle Archen wurden damals in Stücke zerschlagen, und die Grundlawinen haben die Häuser weggerissen. Alles sollte wieder hergerichtet und ein Reservebett für den Gschnitzbach gemauert werden. Seit neun Jahren arbeiten sie dort, sind noch nicht fertig, aber jede Weile wird ein Teil der Arbeiter entlassen. Unter den zuletzt Entlassenen von 1937 war ein gewisser Knotzer Johann, ein Steinmaurer und Mineur, er hat die Bäche mit Steinmauern eingedämmt, und in den Steinbrüchen hat er die Sprengungen gemacht.

Zuerst, als sie ihn abgebaut haben, hat der Knotzer Johann eine Arbeitslosenunterstützung von 2 Schilling 10 pro Tag bezogen; nach fünf Monaten, als die Abgebauten schon zerstreut waren und nicht mehr zusammen etwas dagegen machen konnten, wurde ihnen die Unterstützung auf 1 Schilling 60 gekürzt. Johann ist in der Gegend geblieben, weil ihm gesagt worden ist, man werde ihn bald wieder einstellen, und er ist Kostgänger beim jungen Bair-Bauer geworden. Dafür zahlte er dem Max zwanzig Schilling für je vierzehn Tage.

Mit Politik hat sich der Max nie sehr befaßt. Als die illegale Hitler-Jugend von Steinach ihn aufforderte, gelegentlich zu einem Wochenabend zu kommen, hat er ihnen gesagt, dazu sei ihm der Abend zu schade. Wanderredner der Nazis hatte er ja schon gehört und gemerkt, daß das, was sie da schwitzend und schreiend vortrugen, ihn nichts anging. Vielleicht, wenn sie etwas von Bodenaufteilung für die armen Bauern erzählt hätten oder davon, daß man Schulden nicht erben dürfe oder daß auch der Arme studieren solle, vielleicht hätte ihn das schon interessiert. Aber mit ihrer ›Wehrhaftmachung‹ und ihrem ›Schmachfrieden‹ konnten sie ihn am Arsch lecken, wie er auf gut tirolerisch dachte.

Von Zeitungen hatte der Max die ›Bauernzeitung‹ und den ›Innsbrucker Volksboten‹ gelesen; darin waren eigentlich nur die Ankündigungen der Viehmärkte und die Vieh- und Milchpreise für ihn wichtig, sonst stand nicht viel Gescheites drin.

Aber der Knotzer Johann, der hat etwas gewußt von der Welt, er war ein Linzer und ein Arbeiter, und hat den Max aufgeklärt über Sowjetrußland und warum der Pfarrer von Kufstein und die Zeitungen so darauf schimpfen, und dann über den Sozialismus. Mehr darüber zu hören und zu lesen, das wurde Maxens stärkster Wunsch. Es gab im Steinbruch einen, der hatte solche Literatur, der Knotzer Johann kannte ihn, und bald saßen sie mit diesem dritten, dem Stefan, auf Maxens Hof, und ein vierter gesellte sich dazu, der Ludwig, ein Arbeiter aus der Staatzer Spinnerei, und lasen ›Weg und Ziel‹ und ›Rote Fahne‹ und andere illegale Zeitungen Österreichs, und redeten von der Sowjetunion und von Spanien.

Nach Spanien müßt man! Nach Spanien müßt man, um mitzutun, mitzuhelfen. »Zu den Internationalen Brigaden«, wurde plötzlich eine ganz leise und langsame Stimme laut.

Danach sprach keiner was. Nachdenklich saßen sie um den Tisch, das Wort ›Internationale Brigaden‹ war in ihnen wie eine Sehnsucht.

Eine unerfüllbare Sehnsucht, denken sie. Es geht doch nicht, einfach zum Schalter zu gehn und eine Fahrkarte zu lösen, dritter Klasse von Matrei nach Guadalajara, selbst wenn man Geld hätte, geht das nicht.

Der nächste Tag ist ein Samstag, wieder sitzen sie abends beisammen, die Arme haben sie auf den Tisch gelegt und schweigen. Sie schweigen alle das gleiche: ›Internationale Brigaden‹.

Wie sie am Sonntag zu viert in Schönberg spazierengehen, treffen sie den Hugo, einen Zimmermann, der früher mit Johann und Stefan auf dem gleichen Bau geschafft hat. Jetzt arbeitet er am Bau einer neuen Finanzerkaserne auf dem Brennerpaß, gerade an der Grenze, und hat viel zu erzählen von oben. Heute nacht seien wieder zwei junge Italiener herübergekommen, um den Weg nach Spanien zur republikanischen Armee zu machen. In den letzten Wochen kamen schon zehn herüber, einmal drei Soldaten, einmal ein Reservist, die anderen waren Militärpflichtige. Alle schimpften darauf, daß der Mussolini die ganze italienische Jugend nach Spanien verfrachtet. »Wenn wir schon nach Spanien müssen, so wollen wir dort lieber für das Volk gegen die Generäle kämpfen als für die Generäle gegen das Volk.« Die österreichischen Arbeiter oben helfen ihnen, so gut sie können. Sind doch auch aus Innsbruck schon Freiwillige nach Spanien gegangen.

»Aus Innsbruck?« fragen der Max und der Johann und der Ludwig und der Stefan. »Von wo denn in Innsbruck?«

Das weiß der Hugo nicht, Adresse weiß er nicht. »Nun«, meint der Stefan, »wenn wir hinwollten, eine Adreß hätt ich schon. In einer von den Zeitungen steht die Adreß von der Redaktion. Die ist in Paris. Von dort könnten wir uns ja weiterfragen bis nach Spanien.«

»Ja, das könnten wir«, nickt der Max, »und das werden wir auch machen.«

»Wenn wir nur a Geld hätten«, seufzt der Johann.

Darauf hat ihnen der Max erklärt, er werde seine Küh verkaufen. »Das hab ich gemacht«, sagt uns der Max, um seinen Bericht abzuschließen, »und alsdann sind wir vier über Paris nach Spanien gefahren. Das ist die ganze Gschicht.«

Ob er denn seine Kühe sofort zu Geld machen konnte?

O ja, ganz leicht. Drei Kühe hat er gehabt, die ›Graue‹, die ›Moltl‹ und die ›Schwarze‹. Die Graue war die beste, sie hat manchmal

vierzehn Liter Milch täglich gegeben und alle Jahre gekälbert, und vier Wochen nach dem Kälbern konnte der Max schon mit ihr fuhrwerken.
Diese also, die Graue, verkauft der Max gleich am Montag einem Großbauern in Mühlen, der schon lange ein Auge auf sie geworfen hat; noch vor einem Monat hat der Großbauer 640 Schilling für sie zahlen wollen, aber inzwischen sind die Preise für Kälberkühe um hundert Schilling gefallen, und weitere 30 Schilling zieht der Großbauer ab, weil er sieht, daß der Max sie loswerden möchte. So hat denn der Max die Graue für 510 Schilling nach Mühlen hinaufgeführt, ganz offen, denn das kommt öfters vor, daß ein Bauer eine von seinen Kühen verkauft.
Bei der zweiten, der ›Moltl‹, mußte schon vorsichtiger zu Werk gegangen werden, damit die Nachbarn nicht stutzig werden und Gedanken darüber anstellen, warum der junge Bair-Bauer seine Kühe verkauft. Dabei war's, was die Moltl anlangte, eigentlich viel einleuchtender, daß der Max sie loswerden wollte. Die hat ja am Tag nicht weniger als zwölf Kilo Heu verfressen, ein halbes Kilo Futtermehl und ein Viertelkilo Roggen, also weit mehr als die Graue, die vier Liter Milch mehr gegeben hat.
Für 400 Schilling bietet sie der Max einem Viehhändler an, das heißt einem der Großbauern, die sich mit Kauf- und Wiederverkauf von Vieh befassen. Höchstens 300, sagt der Viehhändler. Bei 320 wird man handelseins; der Max hat sich ausbedungen, die Kuh könne bis zum nächsten Markttag bei ihm bleiben, damit er mit der Milchlieferung nicht ins Stocken komme, bevor er sich eine neue Kuh angeschafft habe. Der Viehhändler zahlt gleich ein ›Kompare‹ von 40 Schilling, einen Handschlag in barem Geld, das ist bei jedem Vieh üblich, gewöhnlich sind's aber nur 10 bis 15 Schilling.
Am 3. Juni 1937 ist Viehmarkt in Steinach. Dorthin geht der Max, nachdem er die Moltl ihrem Besitzer abgeliefert hat, mit seiner dritten und letzten Kuh. Seine Schwester begleitet ihn, sie glaubt, der Max will heute drei neue Kühe anschaffen, und ahnt nicht, daß alles anders ist, er noch heute auf eine lange, lange Reise gehen wird. Seine drei Freunde sind schon vorausgefahren, nach Innsbruck.
Die dritte Kuh ist die ›Schwarze‹, die schlechteste von allen dreien.

Ob ich sie nur loswerde,denkt der Max, der am Abend nach Spanien fahren wird, um Soldat zu werden.
Er ist kaum im Ort, noch gute zehn Minuten vom Viehplatz entfernt, da trifft er den Händler, von dem er vor vier Monaten die Schwarze für 420 Schilling gekauft hat. »Na, Bair-Bauer«, ruft der Händler, »willst sie wieder verkaufen, die Schwarze da?«
»Will sie wieder verkaufen«, bejaht der Max, »sie gibt mir zuwenig Milch. Nur neun Liter gibt sie, und du hast gesagt, sie gibt elfe.« Das sagt der Max, und er könnte zur Begründung der Verkaufsabsicht und als Vorwurf gegen den Händler noch hinzufügen, daß die Schwarze nimmer kälbert worden ist, obwohl sie in den vier Monaten schon dreimal beim Stier war. Aber das sagt der Max dem Händler nicht, damit der nicht noch weniger bietet, wenn er sie etwa kaufen will.
»Was?« sagt der Händler. »Nur neun Liter gibt sie? Wahrscheinlich gibst du ihr nicht das rechte Futter.«
»Kannst du ihr ja das rechteFutter geben,wannst sie haben willst.«
Dann handelt man so hin und her, und schließlich geht die Schwarze für 280 Schilling an den Händler zurück, der sie vor vier Monaten für 420 Schilling verkauft und wahrscheinlich schon damals an dem Verkauf schön verdient hat – soviel kann der Bair-Bauer und seine Nachbarn bei aller Arbeit in vier Monaten niemals verdienen.
Nun sind die drei Kühe weg, die Graue, die Moltl und auch die Schwarze, und in der Tasche ist das Fahrgeld nach – pst, Maxl, nur Ruhe.
Zur Schwester sagt der Max: »Brauchst nit nach Haus kommen zum Kochen heut. I kauf noch die Küh und fahr dann nach Innsbruck. Die Küh kommen erst abends. Da hast 170 Schilling, damit ich's nit verputzen tu.«
Dann ist der Max nach Hause gegangen und hat einen Abschiedsbrief an die Schwester geschrieben und einen Brief an den Vormund, darin hat er geraten, man soll das Haus verkaufen und das Geld aufteilen an Stiefmutter, Schwester und Bruder.
Ade, Bair-Hof! Abfahrt nach Innsbruck. Vor dem Triumphbogen warten die drei Freunde, sie waren schon im Reisebüro, sie wissen schon alles: die Fahrkarte nach Paris kostet nicht, wie Hugo behauptet hat, 60 Schilling (vielleicht gilt das für Personenzüge?),

leider kostet sie mehr, sie kostet 68 Schilling 50, trotz der Ermäßigung für Weltausstellungsbesucher, und der Zug geht um halb fünf. Um halb vier sind die vier schon an der Bahn, um halb fünf fährt der Expreß Wien-Paris aus der Innsbrucker Bahnhofshalle. Ade, mein Land Tiro-o-ol, ade, mein Land Tirol.
»Dann waren wir in Paris, und von dort sind wir nach Spanien. So, und jetzt wißt ihr alles von unserer Reise!«
Und auf der Fahrt, Max, und in Paris ist gar nichts passiert?
Gar nichts. Alles ist glatt gegangen. Ein bißchen haben sich die vier im Abteil darüber Sorgen gemacht, ob sie sich durchfinden werden ohne Französisch.
»Was kann uns denn geschehen?« sagt der Johann mit gespieltem Gleichmut. »Die Adreß in Paris ham wir ja, und die werden uns schon weiter dirischieren. Die Adreß ist die Hauptsach.«
Stefans Hände bewegen sich nervös in seinen Rock-, Hosen-, Manteltaschen, dann im Köfferchen. Stefan ist blaß. »I hab die Adreß vergessen.«
Schöne Bescherung! Aber schließlich und endlich wird sich doch in Paris das Amt ausfindig machen lassen, das die Soldaten zu den Internationalen Brigaden nach Spanien schickt. Schließlich und endlich sind ja schon viele tausend Freiwillige nach Spanien gegangen.
Um sieben Uhr früh sind sie in Paris, der Johann, der Stefan, der Ludwig und der Max, der gestern um diese Zeit die Moltl zum Viehhändler gebracht hat und nachher die Schwarze zum Viehmarkt nach Steinach.
Paris ist etwas ganz anderes, gar kein Vergleich. Man traut sich gar nicht vom Bahnhof auf die andere Seite des Platzes zu gehen, so viele Autos rennen hin und her.
Gegenüber ist ein Hotel, Grand Hôtel du Nord heißt es, und der Portier spricht Deutsch. Das ist gut. Die vier Ankömmlinge wollen ein gemeinsames Zimmer, und der Portier sagt, er habe eins mit zwei Betten, da können je zwei in einem Bett schlafen. Das ist auch gut. Hundert Francs pro Tag kostet es, sagt er. Das ist nicht gut. Die vier fragen, ob er kein billigeres hat. Nein, antwortet er, ein billigeres hat er nicht.
Ob sie das Zimmer nicht billiger bekommen könnten, fragen sie. Ja, sagt er, da müßten sie es für einen ganzen Monat nehmen, im

Monat kostet's nur 2500 Francs. Teufel, Teufel, staunen die vier. Lacht der Portier und rühmt sich, das sei noch gar nichts, sonst kosten die Zimmer bei ihm bis zu 6000 Francs im Monat, und wirklich zeigt er ihnen solche Ziffern in seinem Geschäftsbuch.
Was bleibt den vieren übrig? Mit den Handkoffern können sie nicht durch Paris trotten, um die Adresse der Internationalen Brigaden zu suchen. Also nehmen sie das Zimmer für hundert Francs.
Während sie im Fahrstuhl hinauffahren, denkt der Max allerhand. Seines Vaters Leben, ein Menschenleben voll Arbeit, und das Leben seiner Mutter, die sich zu Tode rackerte, hatte als einziges Ergebnis, daß sie ihren Kindern, die sich von klein auf mitgeplagt hatten, eine Schuld von 3600 Schilling hinterließen.
Immer höher fährt der Lift, und der Max denkt an die 400-Schilling-Schuld, aufgenommen von der Stiefmutter. Der Max denkt an den Bair-Onkel, den pensionierten Weichensteller, der nichts von der Wirtschaft verstand und Kranewittschen Beerenschnaps trank, und binnen zwei Jahren 500 Schilling Schulden machte.
Der Fahrstuhl hält. Geführt von einem Kellner, gehen sie auf einem Teppich zahllose Zimmertüren entlang. In eines treten sie ein, das ist aber ein Zimmer! Der Schrank selbst ist ja ein Zimmer, das Waschbecken ist wieder ein Zimmer, in den Schränken sind Spiegel eingelassen. Dafür kostet's auch hundert Francs. Eine Woche, wenn man hier schlafen müßte, tät mehr kosten als drei Küh zusammen, die Graue, die Moltl und die Schwarze.
Es heißt so schnell wie möglich aus Paris wegzukommen. Sie gehen auf die Straße. Und dann? Kurze Beratung. Zwei sollen nach rechts, zwei nach links gehen und ein Arbeiterviertel suchen. Dort wird ihnen schon jemand raten, was zu tun ist. Und mittags wollen sie einander wieder hier vor dem Hotel treffen.
Nur das letztere klappt. Kein Arbeiterviertel haben sie gefunden und keinen, der ihnen Auskunft gegeben hätte, welcher Weg nach Spanien führt.
Sie sitzen in einem Kaffeehaus, eigentlich an einem Tisch auf der Straße, aber die Tische gehören zu einem Kaffeehaus. Die vier haben Hunger. Sie wissen aber nicht, wie man auf französisch ein Butterbrot mit Salami bestellt, also trinken wir Kaffee und sind traurig, so schwer hatten sie sich die Reise nach Spanien nicht vorgestellt.

Ein Straßenhändler geht vorbei, bietet Mandeln und Zuckerln an, sie kaufen Mandeln und Zuckerln, und es stellt sich heraus, daß der Händler ein Elsässer ist und Deutsch versteht. Sie zwinkern einander zu: Soll man den fragen?

Als er weggeht, folgt ihm der Stefan und fragt ihn. Der Zuckerhändler kauft eine Zeitung: Sehen Sie, das ist das Organ einer Volksfrontpartei und da ist die Adresse. Nehmen Sie die Métro, bei Châtelet müssen Sie umsteigen. Er schreibt es sogar auf, Umsteigestation und Endstation.

Etwas ist schon erreicht, und die Untergrundbahnbillette werden ohne besondere Schwierigkeiten gelöst. Freilich, unten im Labyrinth ist es für vier neuangekommene Tiroler Buam sehr schwer, sich auszukennen. Zum Glück merkt eine Frau, wie die vier verstört herumstehen und nur deutsch sprechen. Sie fährt mit ihnen zu der Zeitung, hat aber keine Zeit, mit ihnen hinaufzugehen.

Bei der Zeitung ist man sehr mißtrauisch und gibt nur den Bescheid, die vier sollen in einer halben Stunde wiederkommen, bis ein Übersetzer da sein wird.

Sie warten vor dem Haus, und ein Mann tritt zu ihnen, der spricht auch ein wenig Deutsch und fragt leise, ob sie weiterfahren wollen. »Ja, das eben möchten wir«, erfährt er. Ob sie eventuell nach Spanien fahren würden? »Warum nicht?« sagt einer. Dazu könne er ihnen verhelfen, noch heute abend könnten sie fahren und hundert Francs bekäme jeder als Handgeld. Der Zug geht direkt nach Mailand, dann mit dem Schiff nach Spanien.

»Nach Mailand?« staunen die vier, wieso denn nach Mailand, wieso denn nach Italien? Sie wollen ja zur republikanischen Armee, nicht zu Franco.

Aber der Fremde erklärt, das sei ein Fehler. Franco stehe militärisch viel günstiger, und es gäbe dort mehr zu verdienen ...

Ohne ein Wort zu erwidern, ohne sich miteinander zu verabreden, ohne sich auch nur anzusehen, treten unsere vier schnell wieder in das Zeitungshaus und warten oben auf den Übersetzer.

Der kommt schließlich, fragt sie aus nach Strich und Faden und fährt mit ihnen in einem Taxi zu einem Büro. Dort fragt ihnen wieder einer das Beuschl aus dem Leib, aber am Schluß der Aussprache, am Schluß spricht er sie mit dem Wort ›Genossen‹ an. »Genossen, Montag werdet ihr fahren.« Quartier wird besorgt für die Genossen, um sieben Uhr sind sie wieder im Grand Hôtel du Nord und müssen für das Zimmer, das sie nicht benutzt haben, fünfundsiebzig Francs zahlen. Mit ihren Koffern ziehen sie um zu anderen Genossen.

So ergebnisreich und so glücklich endend dieser Tag auch war, der nächste Tag ist noch viel ereignisreicher und glücklicher. Ganz zeitig stehen sie auf und gehen in die Weltausstellung. In die Weltausstellung? Sie schauen sich kaum um in der Weltausstellung auf ihrem Weg vom Eingang bis zum Sowjetpavillon, so eilig haben sie's. Sie wollen das sehen, was sie gelesen und gehört und worüber sie gesprochen haben. Drei Tage lang, vom frühen Morgen bis zum späten Abend, sind sie im Sowjetpavillon, alles fassen sie an, alles wollen sie wissen. Den Max interessiert am meisten die Viehzucht da drüben, er schaut sich die Karten an, die Dokumente, die Photos, die Statistiken, die Zeitungen. Nein, dort kann es keine Viehhändler geben, die an einer einzigen blöden Moltl beim Verkauf mehr verdienen, als sie je tragen kann. Nein, dort kann ein junger Bauer sein Anwesen nicht so verschuldet erben, daß er es sein Lebtag nicht hochbringen kann. Dort kann es auch keine Zwangsversteigerung geben. Dort gibt es Milchkollektive und Milch- und Buttersowchose, elektrische Separatoren, Veterinärpunkte, Tierapotheken, Bauernhochschulen, Bibliotheken, Klubs, dort gibt es . . .

Halt, halt, Max! Wir glauben dir, daß du uns stundenlang vom Sowjetpavillon erzählen möchtest und daß du noch heute dort stündest und gafftest, wenn du nicht nach Spanien hättest abmüssen! Erzähle lieber von der Weiterfahrt.

Da gibt's nicht mehr viel zu erzählen. Von Paris aus ist es nach N . . . gegangen, dort hat der Max den Rest seines Geldes an die Schwester abgeschickt und ihr geschrieben, sie soll ihm einmal einen Brief darüber schicken, was zu Haus geworden ist. Rückadresse: Internationale·Brigaden, Spanien. Dann ging's über die Grenze. In X . . . haben schon hundertfünfzig Freiwillige aus allen möglichen Ländern auf den Abtransport zu den Brigaden gewartet. Der kam bald, und alle haben sich schon gefreut, es geht an die Front. Aber keine Spur, nach Y . . . ist's gegangen, dort sind sie dreizehn Tage lang ausgebildet worden, und nachher kamen der Max und der Stefan zum vierten Bataillon von der elften Bri-

gade, der Johann und der Ludwig blieben noch in Y . . ., um einen Ausbildungskursus als Telefonisten mitzumachen.
Die elfte Brigade ist eine Internationale Brigade, und ihr viertes Bataillon ist ein österreichisches Bataillon, es heißt ›Bataillon des 12. Februar‹ zur Erinnerung an den Tag von 1934, da sich die österreichische Arbeiterschaft gegen die Reaktion erhob.
In der mittleren Juliwoche wird das Bataillon ›12. Februar‹ zum Sturm auf Quijorna und Brunete befohlen, der Sturm ist siegreich, der Max und der Stefan sind auch dabei. Der Max ist nachher zum Unteroffizier befördert worden, aber auf unsere Frage, warum das geschehen ist, antwortet er, das könne er nicht sagen, das wisse er auch nicht.
Dann kommt Villalba, eine Station der Ruhe und der Ausbildung, aber keiner langen. Dorthin kommen auch Ludwig und Johann, und die vier sind wieder beisammen. Schon am 24. August sind sie bei Quinto im Gefecht, und dort wird der Max verwundet.
»Damit ist die Gschicht aus«, sagt der Max, »das war eine verflucht lange Gschicht.« Er wischt sich den Schweiß vom Gesicht.
Sag uns noch, wie's bei Quinto war, Max.
Das wissen ja hier alle, wie's bei Quinto war. Um zehn Uhr vormittags wird Sturm befohlen, ohne Tanks geht es vor, der Feind ist auf den Grat eingeschossen, der zwischen ihm und uns liegt, die Republikaner haben große Verluste, und ihr Angriff stockt. Die Österreicher bleiben einen halben Tag auf halbem Weg vor Quinto liegen und graben sich dort ein; dort teilt der Kommandant dem Max mit, daß er zum Sergeanten ernannt ist, aber auf unsere Frage, warum das gewesen ist, antwortete er wieder, das könne er nicht sagen, das wisse er auch nicht.
Um sechs Uhr abends stürmen sie nochmals und nehmen den Ostrand von Quinto, wo sie sich verschanzen. Vor ihnen ist noch die Kirche, ein Offizier und vier Mann wollen rekognoszieren. Durch zwei Straßen kommen sie unbeschossen, als sie wieder um die Ecke biegen, kriegen sie Feuer, vielleicht aus einem Fenster, vielleicht aus dem Kirchturm, der Offizier und drei Männer sind tot, den vierten Mann der Patrouille trifft ein Explosivgeschoß in die Hüfte, zerschmettert sie, nachdem es vorher den Stiel seiner Handgranate durchgeschlagen und das Holz ins Fleisch hineingetrieben hat. Dieser Mann, der sich zwischen den vier Toten vor Schmer-

zen krümmt, ist der Max. Aus allen Fenstern der Straße böllert's, niemand kann ihn holen, sind doch die Sanitäter nicht einmal bis zur Kompanie vorgekommen, und die vier Toten und der Verwundete liegen weit vor der Kompanie, ihr unsichtbar. Drei Straßenecken sind dazwischen. Es dämmert. Keine Hoffnung für dich, Max ...

Keine Hoffnung für dich, Max, wenn da nicht plötzlich jemand angekrochen käme, das ist der Stefan, und sagt: »Wollt nur mal gucken, ob du noch lebst, Maxl.«

»I leb schon noch«, sagt der Max, »aber i bin troffen.«

»Dös seh i ja«, sagt der Stefan, »wart noch a Weil, mir kommen di holen.«

Da wartet der Max ›a Weil‹, und dann kriechen drei heran, schieben eine Decke unter ihn, der Stefan, der Ludwig und ein Wiener von der Kompanie, und tragen ihn fort; unterwegs kommt auch der Johann heran, und jetzt tragen ihn die vier hinter eine Mauer, wo sie ihn mit ihren Verbandpäckchen ein bißchen verbinden und hinterher aus dem Dorf hinaustragen aufs Feld vor Quinto, hinter den Hügel, auf dem sie vormittags lagen, zum Hilfsplatz. Und dann wird der Max umbandagiert, seine Freunde nehmen Abschied, sie gehen nach vorne zurück, und er wird in einen Ambulanzwagen geladen. Der fährt die ganze Nacht lang über Straßen, die schon vorher miserabel waren und jetzt noch zerfahren und zerschossen sind. Die schmerzvollste Nacht in Maxens Leben. In Hijar wird er operiert, bleibt ein paar Tage, dann kommt er nach Benicasim, dort kann er schon aufstehen und am Meeresstrand spazierengehen und Bücher lesen, von denen ihm der ›Bauernkrieg‹ von Engels am besten gefällt, über dieses Buch kann man so lange nachdenken, auch wenn man's schon ausgelesen hat. Und jetzt ist er wieder hier bei den Kameraden.

»Ist das alles, Max?«

»Das ist alles, glaub ich. Ja, richtig: von meiner Schwester hab ich einen Brief. Sie haben das Haus nicht verkauft, trotzdem ich es ihnen geraten hab. Die Gemeinde hat es verpachtet, aber der neue Pächter wird gar nichts zahlen, das weiß ich schon im voraus. Bis jetzt hat er nur eine neue Hypothek aufgenommen, 600 Schilling. Was kann er denn dafür kaufen? Zwei schlechte Küh höchstens. Vielleicht die Schwarze und die Moltl.«

Landung in New York

Samstag, den 23. Dezember 1939. – Bin wieder Gefangener auf dem Schiff. Meine Kabine ist abgesperrt. Durchs festgeschraubte Bullauge sehe ich die Neue Welt, der ich vierzehn Tage, Kriegstage lang auf der ›Pennland‹, Holland Am.-Linie entgegenfuhr langsam durch Minenfelder, rasch einem gesunkenen torpedierten Griechenkargo ›Germaine‹ zu Hilfe, und schaukelnd in einer besonders stürmischen See. Das ärgste war die Kontrolle durch die englischen Behörden in Southampton, die freilich nur mich betraf. Sie verpatzten mir den Paß durch ein ostentatives Landungsverbot, obwohl ich weder landen wollte, noch konnte, und erhöhten die Wahrscheinlichkeit dessen, was bisher nur leichte Möglichkeit war: Landungsverbot in Amerika. Dennoch ließ ich mir's gut gehn, ›verlobte‹ mich mit der Bochumerin Hilde Markus und spielte mit Kindern. Daß mein Koffer aus unerfindlichen Gründen nicht an Bord gekommen war, focht mich wenig an. Erst heute, als die Freiheitsstatue und die Felsenlandschaft der Wolkenkratzer an uns vorüberschwamm, meldete sich die Krankheit wieder, die ich vor jeder Grenze zu überstehen habe: die Grenzenkrankheit. Mit dem Pilotenschiff kamen die Reporter und Leonard Minz namens der Guild of American Writers. Der Immigration Officer sagte, mein Paß sei nicht in Ordnung, denn ein chilenisches Visum aus Paris genüge nicht für ein Durchreisevisum nach Amerika, obwohl es dem Amerikanischen General-Konsulat in Paris genügt hätte. Ich müsse eines vom chilenischen Konsulat in New York haben. Während er mit mir sprach, zeigte ihm ein Beamter einen Zettel, ohne Zweifel etwas über mich. »Ich weiß«, sagte er. Ich muß also auf ›Island‹ – Euphemismus für Ellis Island, die Insel der Tränen. Aber Ellis Island ist komplett, die Mannschaft des deutschen Passagierdampfers ›Columbus‹, der sich vor drei Tagen in die Luft sprengte, ist dort untergebracht, 1000 Mann. Deshalb müssen wir auf der ›Pennland‹ bleiben, aber das ist die ›Pennland‹ nicht mehr. Bis jetzt waren Sie unsere Gäste, jetzt sind Sie unsere Gefangenen – sagte ein Steward und sie ließen es uns fühlen. Außer mir sind ihrer acht Personen da, und sie haben gebeten, morgen soll kein Fleisch serviert werden. Die Mehrheit deshalb, weil morgen Assarah Betewet ist, ein jüdischer Festtag, die verschwindende Minderheit, weil morgen Weihnachtstag ist. Aus der versperrten Kabine sehen wir die Hoboken Docks der Holland-America und der Gdynia-Am.-Line, 6 street, ferner rechts die Skyskrapers. Zeitungen haben wir bekommen, Weihnachtsnummern optimistischen Inhalts, auch daß ich gestern gelandet bin steht darin. Brief von Weisskopf, Paket von Joris Ivens, Grete und F. F. C., Telegramme von Klaus und Erica Mann aus Princeton.

Weihnachten und Sonntag, 24.12.1939. Nachts in der versperrten Koje, tags in der Lounge, Langeweile und Sorge. Draußen denken Freunde an mich, aber dürfen mich nicht besuchen. Hans Eisler und Reni telegrafieren, sie erwarten mich mit Ungeduld. Was ist das aber gegen die meine. – Abends gibt der Purser eine Runde Bier aus für uns.

Montag, der 25. Dezember, verläuft ebenso bewegungslos und aufgeregt wartend wie der Tag vorher. Kein Mensch darf an Bord, kein Bote kommt an Bord. Endloser Tag. Und der morgige?

Dienstag, 26. Dezember. Herunter von der Pennland, auf der wir mehr als 14 Tage waren, herunter mit dem Gepäck (meines blieb in Belgien) in die eiskalten Docks, wo Zollrevision vorgenommen wird, dann auf einem Tender zu der von der Freiheitsstatue (ich versteh' immer Freiheitsstatue) gehüteten Gefängnisinsel. Hier war ich vor 10 Jahren als Reporter bei den Stowaways. Jetzt warte ich mit den paar Hunderten. Ein Zettel, uns ausgehändigt, besagt, wir mögen bitte, mit Geduld auf unser Verhör durch die Spezialverhörskommission warten. Einverstanden. – Ich rufe Irma Otte an: »She passed away«, sagt mir eine Stimme, die zu meiner Enttäuschung nicht die von Irmchen ist. Ich frage, wann Irma wiederkommt: »Don't you understand, she passed away?« Ich frage nach der Telefonnummer und der vorige Satz wird so entsetzt wiedergefragt, daß ich stottre: »Ist sie gestorben?« – »Ja.« – Schrecklich, schrecklich, das ist es, was mich, bisher den einzigen Gutgelaunten niederwirft. – Telefongespräch mit Grete Weisskopf, Telegramm von Louis Fischer. Begegnungen mit Landsleuten, Lesern, sogar mit einem Verwandten Kraus aus Jilovi. – Vor dem Essen ruft das Personal ›Für jüdische Leut‹ zu den Koscher-Tischen, an den anderen essen Malayen, ganz ferne die Mannschaft der ›Columbus‹. – Diese wohnt auf den Galerien des großen Saales und schaut auf die Juden hinab, die allerdings einen elektrisch strahlenden Weihnachtsbaum haben. Gelobt sei Moses Christus.

Mittwoch, 27. 12. Ich kann nicht schlafen, wenn Licht brennt. Der Schlafsaal, in dem ich mit 22 andern lag, ist besser, als er vor zehn Jahren war. Aber einen Platz, wohin man die Kleider und Tageswäsche legen oder hängen könnte, gibts nicht. Mittags vergaß ich meine Brille im Speisesaal, und ging hin zurück. Dort aber war schon die nächste Schicht. – 600 Nazis. Viele sahen mich groß an, ich hörte meinen Namen. Nichts geschah. ›Aber treff' ich dich draußen im Freien . . .‹ Die Brille war übrigens abgegeben worden. – Von den neun Schiffbrüchigen der Pennland sind fünf bereits geheilt entlassen. Vom Generalkonsulat kam eine Flasche Kognac und ein Hemd, gekauft von Laurin. Von der Writers Ligue ein Telegramm, daß der Chilenische Konsul das Pariser Visum affirmierte, von Oskar Maria Graf namens der deutschen Schriftsteller ein netter Brief. – Abends Bekanntschaft und langes Gespräch mit dem chinesischen Kollegen H. T. Tsiang, der schon monatelang hier ist. Er zeigt mir Gedichte, die er über Ellis Island schreibt: Gespräche über Pässe, Transitvisa, Visitors-Visa, Immigration-Visa; er erzählt von Selbstmorden.

Donnerstag, 28. 12. Seit drei Tagen gehen wir hier auf den Fliesen auf und ab, und die Nazi-Offiziere schauen auf uns hinunter. – Wir kennen einander schon so, daß wir jede Bewegung voraussehen. ›Show-up‹, heißt diese Art von Vorführung im Chicagoer Polizeigebäude. Das, was unser Gefängnis von jedem andern unterscheidet, ist die Telefonzelle. Eine Kerkerzelle mit Telefonzelle gibt's sonst nirgends. Man kann sich, sofern man einen Nickel gab, in die übrige Welt einschalten und kann es doch nicht. Angerufen kann man nicht werden – Verhandlung – Folksome und Paul Kisch als Zeugen. 500 Dollar Bond. Frei! Frei! Frei! – Spaziergang im Hof, der statt vier nur zwei Wände hat, die fehlenden sind Wasser – Hier wie oben in der Halle fühlt man die Schritte, spricht über Transit- und Visitors-Visen und Affidavits über Einwanderungsquoten. Das Telephon, die Wäscheleine in der Damentoilette, Garn und Stricknadeln vom Comitee, viele Herren haben ihre Arbeitsgeräte zum Glück mit: Spielkarten. Der Chinese H. T. Tsiang, Schriftsteller. – Re-Enter-Permit – Garn und Stricknadeln für Arbeit. Alle sind unschuldig, unkriminell und ungewiß. – Schnelles Essen. – Die beiden amerikanischen Fahnen. Ja, Neger sind hier, einst mit Gewalt eingewandert worden. Hinter mir verschwimmen vier malachitgrüne Zwiebelkuppeln, sieben graphitgrüne Wasserbanks.

Eintritt verboten

Trotz aller politischer Aktivitäten ist Kisch auch in den Jahren des Exils der unermüdliche Reporter gewesen. Die vor allem auf Reisen durch Frankreich, Belgien und die Niederlande entstandenen Arbeiten zeigen, daß Kisch von seiner Fähigkeit zur scharfen Beobachtung, von seinem sprühenden Witz und von seiner Findigkeit bei der Wahl seiner Themen nichts eingebüßt hatte. Formulierungen wie ›Menschen im Quecksilber, Quecksilber im Menschen‹ haben Freunde wie Theodor Balk dazu veranlaßt, ihn statt den ›rasenden‹ den ›dialektischen Reporter‹ zu nennen; tatsächlich ist Kisch nie ein den Sensationen nachhetzender Journalist, sondern ein gründlicher Arbeiter gewesen, der alle erreichbaren Quellen studierte, ehe er eine Reportage begann. Andererseits nutzte er jede Gelegenheit zur Beobachtung und zum Bericht. Die Reportage von den ›Gefahren der Body-Line‹ entstand gewissermaßen nebenbei auf der Agitationstour durch Australien.
Die Auswahl der Arbeiten aus dieser Zeit sollen das Bild des Reporters in der Emigration ergänzen und vertiefen. Eines seiner Bücher aus dieser Zeit trägt den bezeichnenden Titel ›Eintritt verboten‹. Der Titel ist einmal ein Hinweis auf die persönliche Situation des Emigranten Kisch, dem der Eintritt nach Deutschland verboten war. Er ist aber auch ein Hinweis auf Kischs Devise, daß den echten Reporter nichts so zu reizen habe wie ein Schild mit dieser Aufschrift, die seine Neugier und seinen beruflichen Ehrgeiz nur anstacheln könnte, ja daß der Reporter dieses Verbot nur als Gebot verstehen dürfe, einzudringen, um die Wahrheit zu erforschen und darüber zu schreiben.

Egon Erwin Kisch und die Herausgeberin
seiner Werke in tschechischer Sprache, Frau Jarmila Nečasová

Ich bade im wundertätigen Wasser

Ich wollte mir Schwimmhose und Handtuch mitnehmen, als ich von zu Hause wegging. Es war richtig, daß ich es nicht getan.
Das heilige Bad ist gleich neben der Grotte Masabielle, in der im Jahre des Heils 1858 die Mutter Gottes einem vierzehnjährigen Mädchen, wie man aus dessen Munde weiß, achtzehnmal erschien. Beim dritten Male hatte Maria verkündet: »Kommet zu diesem Brunnen, um zu trinken und euch hier zu waschen.« Dabei wies sie in eine Ecke, wo eine Quelle sprudelte. So steht es in den Legendenbüchern, und Millionen Gesunde und Kranke wallfahren seither nach Lourdes, dieses Wasser zu trinken und sich damit zu waschen.
Den schwersten Fällen genügt das nicht, sie wollen in dem heiligen Wasser auch baden. Für sie sind die Piscinen da, ein dreifaltiger Pavillon, je eine Einfalt für die Frauen, eine für die Kinder und eine für die Männer bestimmt. Ich wollte mir Schwimmhose und Badetuch mitnehmen, als ich von zu Hause wegging. Es war richtig, daß ich es nicht getan. Denn keineswegs so spielt sich der Besuch dieser heiligen Badeanstalt ab wie der Besuch irgendeiner anderen Badeanstalt, man kann nicht einfach hineingehen, eine Karte lösen, eine Kabine zugewiesen bekommen, in eine frischgefüllte Wanne oder in ein Bassin steigen, sich massieren lassen, duschen, abtrocknen – nein, nichts von alledem.
Vorerst muß jeder, der da hofft, daß das heilige, heilende Wasser nun allen Gebrechen von und aus seinem Leibe spülen werde, zu warten verstehen. Oberste Badevorschrift hier ist das Sprichwort: Hoffen und harren macht ...
Man hofft und harrt im Vorhof, der durch ein Gitter vom Weg zur Grotte getrennt ist. Am Eingang stehen Männer mit Gurten und helfen, Kranke von der Tragbahre auf Rollbahren umzuladen. Diese Rollbahren, eiserne Bretter auf Rädern, gehören zum Inventar der Wundertäterei, Täfelchen mit Danksagungen schmükken sie. Je drei Bankreihen sind den bäderheischenden Fußgängern zugewiesen; verläßt eine Partie gebadet die Piscinen, darf die nächste eintreten, und die übrigen rücken vor. Vorläufig sind

wir noch lange nicht soweit. Zuerst kommen die *Wallfahrer* im engeren Sinne daran, die, die herangefahren werden. Immer neue, der Vorhof ist voll, er könnte keinen Rollstuhl, keine Bahre mehr fassen.

Jenseits des Gitters zieht das Heer der Pilger zur Grotte. In allen Winkeln der Katholität gesammelt, marschiert es, Regimenter und Troß von nah und fern. Trachten aller Länder und Stände, Spitzenhauben und Hüte, Zylinder und Fellmützen. Davor, dazwischen, dahinter huscht männliche und weibliche Geistlichkeit– Offizierskorps und Unteroffizierskorps dieser Armee, der man Kultus statt Kultur, Abkehrung statt Aufklärung gibt, Wunder verspricht, statt Hilfe zu versuchen. Achtzig Jahre lang währt dieser Zug.

Unendliche Armee von Freiwilligen und Geworbenen, die keine Löhnung erhalten, sondern Löhnung bezahlen. Sie sind die Bauherren der Basilika aus Gold und Marmor auf dem Hügel, sie bezahlen eine zweite zu Füßen der ersten, Mosaike und Statuen und Kapellen und eine goldene Krone von zehn Meter Umfang, sie deckten die Kosten für eine dritte Kirche unter der zweiten, einen unterirdischen Dom, sie trugen die Spesen für den Bau der Via triumphalis, der Parkanlagen, eines Bischofsschlosses, der Herrensitze für den Klerus und des Passionsweges mit monströsen Bronzegruppen. Ganze Volksvermögen wurden in Lourdes verbaut und verbraucht, und noch mehr Geld ging und geht via Lourdes nach Rom. Hier ist ein Wunder, glaubet nur.

Nun defilieren die Heerscharen vor uns, Klappstuhl unter dem Arm, Rosenkranz und Gesangbuch in der Hand, das Abzeichen ihrer Pilgergruppe auf der Brust. Alle sehen uns an, uns, denen das Gebet vor der Grotte und der Trunk aus der Quelle nicht genügt, uns, die wir zur Erlösung von unserem Leiden eines Vollbades bedürfen. Viele bleiben stehen, warten, ob jemand aus dem Bad stürzen wird, die Krücken schwenkend, seine Prothese abreißend, ›ich bin geheilt, ich bin geheilt!‹, und den Schrei der Menge auslösend: ›Un miracle . . . ein Wunder!‹

Drei Patres auf dem Vorhof flehen ein solches Wunder herab. Der in der Mitte, barhäuptig, ist der Prediger, ein Sprecher von hohen Graden. Er wendet sich an die Menge am Gitter. Kein Schauspiel sei das Leiden anderer, es sei Pflicht aller Vorübergehenden, mitzubeten und Gelübde zu tun, auf daß die Jungfrau herniedersteige und das Wunder der Gnade vollziehe. Dann gibt er seinen beiden Amtsbrüdern das Wort, und diese beten vor, das Credo, das Gloria, das Vaterunser, den Englischen Gruß. Die Menge spricht den Chor.

Jenseits des Gitters beten Angehörige der Badenden, der aufs Bad Wartenden mit, inbrünstiger als die Priester, inbrünstiger als die anderen Pilger. (Auch auf mich wartet jemand draußen und wird mir nachher erzählen, daß ein deutsches Ehepaar mit den Worten vorüberging: »Du, der zweite in der zweiten Bank sieht wie der Kisch aus.« – »Zuzutrauen wär ihm das.«)

Zu Füßen der geistlichen Fürsprecher stöhnen und wimmern Kranke ein gebetetes Stöhnen, ein betendes Wimmern, wenn es nicht gar ein schreiendes, befehlendes Gebet ist. Ein Kind kreischt unaufhörlich, die anderen übertönend. Sein Rollstühlchen steht hart neben dem Geistlichen in der Mitte, neben dem, der so ergreifend von der Mildtätigkeit Gottes und von der Pflicht zur Güte zu sprechen weiß, ohne sich durch das gellende, verzweifelte Gebrüll des Kindes auch nur im geringsten stören zu lassen. Aber da die fromme Stimmung gestört wird, rollt einer der Träger den Krankenwagen aus dem Gitterhof.

Schreiender als die Schreienden sind die Stillen, ihre weißen Augen sehen das Nichts. Bahren trägt man herbei, auf denen Bündel von Tüchern und Decken liegen und nichts anderes zu liegen scheint als diese Bündel von Tüchern und Decken. Doch müssen in diesen Bündeln Menschen sein.

Leben sie noch?

Schwimmhose und Badetuch wollte ich mitnehmen! Welch grotesker Einfall, irdische Utensilien in eine Welt, wo Sterbende umherfahren und Tote baden und Publikum erwartet, daß das Wasser sie ins Leben zurückrufe.

Wir zu Fuß Gekommenen sitzen schon über zwei Stunden im Vorhof, und noch immer kommen Bahrlägerige aus dem Innern des heiligen Badehauses. Wer vorher wimmerte, wimmert auch jetzt, wer stöhnte, stöhnt auch jetzt, in die leichengelben Gesichter fuhr keine Lebensröte, in die leeren, der Leere zugekehrten Augen kein Inhalt, Lippen bewegen sich zitternd, nur in den Tücherbündeln auf den Bahren regt sich nichts. Die Angehörigen stürzen

auf die Kranken zu und rufen und schauen sie forschend, hoffend an. Nichts ...
Aber die Chance ist noch nicht vorbei, vor der Grotte kann sich die heilige Jungfrau gnädig herabneigen zu dem Leidenden, der ihr Gebot erfüllte, der von weit her kam, um von diesem Wasser zu trinken und hier zu baden. Also wird der Kranke nach dem Bad zum heiligen, heilenden Fels gebracht, die Träger beten laut, die Angehörigen begleiten betend die Bahre.
Wir, dem Bad noch entgegenharrend, können die Grotte nicht sehen, sie liegt um die Ecke, etwa fünfzig Schritte von uns entfernt, aber wenn sich ein Wunder begäbe, so würden wir den Jubelruf des Erlösten hören und den Freudenschrei der Menge.
Nichts hören wir.
Die gehend Gekommenen und sitzend Wartenden rücken je einen Platz hinauf, bald werden wir aus dem Wartezimmer der Mutter Gottes in ihr Ordinationszimmer gerufen werden. Mein Nachbar zur Linken wohnt in meinem Gasthof, er ist Kanzleibeamter in Paris, gestern abend haben wir miteinander Schach gespielt. Er hat eine Wirbelsäulenverkrümmung von Geburt an, der Körper ist um fast fünfundvierzig Grad nach rechts geneigt, kein Spezialist konnte ihm helfen. Nun versucht er es mit Lourdes. Es sei wegen der Frauen, gestand er mir gestern, man käme ihnen lächerlich vor.
Dem langbeinigen Iren habe ich im Eisenbahnzug den Dolmetscher gemacht. Er schaut immerfort zu mir herüber, vielleicht will er etwas fragen, aber er läßt es sein, denn jetzt ist nicht der Moment zu Gesprächen.
Mein dritter Bekannter schritt am Sonntag auf seinen Krücken wacker neben mir einher in der Prozession, zu der halb Portugal mit dem Erzbischof und allen Bischöfen gekommen war. Es war eine der abendlichen Prozessionen von Lourdes, deren Ausstattung raffiniert und kostbar ist.
Vor der Grotte sammelte man sich, ein Zweig in der Felsenritze bewegte sich, vielleicht durch das Flackern der Kerzen, vielleicht vom vieltausendstimmigen Gemurmel.
Beim ersten Klang der Glocken entzündeten die Wallfahrer ihre Fackeln, formierten sich zum Zug und stimmten das Ave-Maria an. Der Refrain war kaum verklungen, als er, wie ein Engelschor,

von der Höhe der Felsenwand noch einmal ertönte. Dort waren die Kirchensänger von Lourdes postiert. Dieweil wir um die Ecke bogen und des Doms ansichtig wurden, leuchteten seine Konturen auf, als wären sie entflammt vom Singen. Tore und Türme und Fenster und Rosette strahlten in der Umrahmung der Glühbirnen. Mit sangen die Gocken

Ave,
Ave,
Ave Maria,

der Zug der Flammen und Stimmen bewegte sich die Rampe hinauf. Zu Füßen der gekrönten Mutter Gottes brannte der Rosenstrauch, zu ihren Häupten brannte die Krone, Lautsprecher gaben unseren Gesang zurück, der Zug der Flammen und Stimmen bewegte sich auf der andern Seite die Rampe hinab.

Vor der Rosenkranzkirche standen die Bischöfe, ihnen entgegen wand sich in Schlangenlinien die Prozession über den großen Platz. Von der Freitreppe herab dirigierte ein Chorregens abwechselnd die Menge und den Kirchenchor, das Ave-Maria wurde vom Credo abgelöst, der portugiesische Erzbischof und seine Bischöfe erteilten der niederknienden, sich bekreuzigenden Menge den Segen.

Den ganzen Weg war der Mann, der jetzt mit mir des Bades gewärtigt, mitgehumpelt. Seine Krücken hatte er in die Achselhöhle geklemmt, das Gesangbuch hielt er in der Hand und begnügte sich damit, den Refrain mitzusingen, das Ave, Ave, Ave Maria, er schmetterte in hellem Bariton alle Strophen über die Menge. Von Zeit zu Zeit schaute er mich, der ich neben ihm ging, Anerkennung heischend, an – jetzt streift er mich mit keinem Blick. Hier hat niemand einen anderen Nachbarn als sich selbst. Hoffen und Harren ist eine ausfüllende Tätigkeit.

Endlich ist die Reihe an mir. Ein Vorhang mit den Initialen von Nôtre Dame des Lourdes wird zurückgeschlagen, ich trete mit drei anderen in eine kleine Kabine. Der steinerne Fußboden ist naß und schmutzig, auf einer Bank sitzend, entkleiden wir uns. Neben mir ist ein Mann, schon nach dem Bad, anscheinend nicht imstande, sich allein anzukleiden. Stoßweise zuckt sein Körper, seine Hände können die Knöpfe nicht schließen. Ein Badediener hilft ihm.

Drei Becken sind in den Boden eingelassen, aber nur das mittlere ist mit Wasser gefüllt. Einer der Bademeister, stattlicher Mann mit Habichtsnase und weißem Bart, sieht wie ein Wildschütz in den Alpen aus. Sein jüngerer Kollege, weltmännisch, weist uns an, außer dem Hemd alles abzulegen. Der lange Irländer wendet sich an mich. »What did he say?« Bevor ich übersetzen kann, hat schon der Bademeister seine Aufforderung englisch wiederholt. Werden wir mit dem Hemd ins Wasser gehn? Vielleicht hätte ich doch Schwimmhose und Badetuch mitnehmen sollen?

Oberhalb des Badebeckens münden zwei Messingröhren, sie sind geschlossen. In das stehende Wasser muß ich jetzt hinein, in diesem Wasser haben alle Siechen und Aussätzigen, alle Sauberen und Unsauberen heute (mindestens heute) gebadet, die auf Bahren, in Rollstühlen und zu Fuß hierhergekommen sind.

Die Quelle in der Grotte liefert pro Tag 122 Hektoliter. Tausende trinken täglich von dem Wasser und füllen es in ihre Blechflaschen, außerdem wird das heilige Wasser in alle Welt versandt. Längst wurde der Vorwurf laut, es sei nicht das Wasser der Quelle, sondern des Flusses Gave de Pau, das man den Wunderkurgästen als heiligen Quell biete. Die Kirchenbehörde behauptet jedoch, der Überschuß des Wassers stamme aus dem Reservoir bei der Rosenkranzkirche, dessen Eingang markiert ist durch die Tafel:

Entrée formellement interdite.

Das Reservoir in allen Ehren – unmöglich aber könnte man glaubhaft machen, es reiche auch aus, nach jedem Bad das Becken neu zu füllen. So bleibt das Wasser stehen, wir müssen alle hinein, Gesunde und Kranke, Reine und Unreine. Ansteckende, mit Hautausschlägen Behaftete sollen erst am Schluß der Badezeit eingelassen werden, Herzkranke und Tuberkulöse dürfen überhaupt nicht baden. Das kann jedoch nur für solche gelten, die aus dem Hospital hierhergebracht werden. Wer direkt kommt, braucht sich keiner Prüfung zu unterziehen. Mich hat niemand untersucht. Auf der Brust meiner Badegenossen glänzen Medaillons. Es war mein Fehler, nicht ein Medaillon mitzunehmen, statt an Schwimmhose und Badetuch zu denken. Der Lange aus Irland tritt als erster an den Rand des Beckens, Badewärter Wildschütz und Badewärter Weltmann nähern sich ihm von rechts und links, da plötzlich stößt er hervor: »No!« Er wendet sich ab. »No!« Sein Gesicht, sein ganzer Körper sind eine Gebärde der Abwehr, niemand vermag sich vorzustellen, welch abgrundtiefe Gegnerschaft sich aus zwei Buchstaben offenbaren kann: »No!«

Eine Pause des Denkens schaltet er ein, ruft sich ins Bewußtsein, daß er von so weiter ferner Ferne kam, eigens um dieses Bad zu nehmen – soll er seinen Widerwillen nicht eine Sekunde lang überwinden? »No«, stöhnt er sich zur Antwort . . . »No!« In unserem kleinen Raum wirkt sein Protest, dieses ›No‹ weit lähmender, als vorhin auf dem Badehof das Schreien der Kranken gewirkt hat.

Die Badeknechte Mariae zucken die Achseln, sie scheinen Fluchtversuche ihrer Gäste gewöhnt zu sein, und winken dem nächsten. Das bin ich. Ich gehe im Hemd zum Bassin. Man reicht mir einen Schurz, den ich umnehme, er ist naß; wie viele Kranke haben ihn vor mir angehabt, was für Kranke? Ach, meine Schwimmhose, sie ist daheim. Jetzt darf ich das Hemd ausziehen – Keuschheit bis zum letzten Augenblick –, man wirft es auf den Schemel, auf dem der Schurz lag.

»Vous êtes Français?«

»Non, monsieur, je suis Allemand.«

»Beten Sie, was dort auf der Tafel steht«, sagt der weltmännische Bademeister deutsch und weist auf eines der vier Plakate, die über der Wanne hängen. Im gleichen Augenblick packen mich zwei Paar Arme mit einem unentrinnbaren Griff, und während die Männer beten, was rechts auf der Tafel steht (links steht spanischer, in der Mitte englischer und französischer Text), reißen sie mich drei Stufen hinab ins kalte, trübe Wasser und werfen mich darin nieder, so daß mir das Wasser bis an den Mund reicht. Sie stehen in den beiden leeren Becken und halten meinen Körper nach unten, mein Kinn nach oben, sie beten mit mir, der ich auf die rechteste der Gebetstafeln starre und die Lippen bewege:

Gebenedeit seist du, heilige und Unbefleckte Empfängnis . . .
Mutter Gottes von Lourdes, bitte für uns!
Meine Mutter, habe Mitleid mit uns!
Unsere liebe Frau von Lourdes, heile uns aus Liebe
und zum Ruhme der Heiligen Dreifaltigkeit!
Heil der Leidenden, bitte für uns!

Hilfe der Kranken, bitte für uns!
O Maria, ohne Sünde Empfangene, bitte für uns!
Allerseligste Bernadette, bitte für uns!

Dann stellen sie mich auf die Füße, der eine holt von der Konsole eine winzige Marienstatue herab, wie man sie in den Geschäften von Lourdes für einen Franc bekommt. Ich habe keine Zeit, darüber nachzudenken, warum man nicht eine größere kauft, zum Beispiel eine für zwei Francs, er hält sie mir an die Lippen. Alle Kranken müssen nach dem Bad diese Statue küssen. Die beiden Männer helfen mir, die drei Stufen hinaufzusteigen, einer ergreift mein Hemd – ach, mein Badetuch daheim, kein Badetuch, was denkt ihr, einen ins heilige Wasser getauchten Körper darf man doch nicht abtrocknen! Übergeworfen wird mir das Hemd, und da nun meine Scham schamhaft bedeckt ist, nimmt man mir den Schurz ab.
»No!« lallt der lange Irländer, sein Gesicht ist noch verzerrt, seine Unterlippe hängt angeekelt herab, seine Augen fahren über mich hin, ob mir bereits Tod oder Heilung anzusehen ist. Das ›No‹ wird leiser. Allmählich flaut sein Entsetzen ab, und nachdem die beiden anderen unserer Gruppe aus dem Becken gestiegen sind, läßt auch er sich in das Wunderwasser tauchen.
Unsere nackten triefenden Füße treten den Boden, den sie vorher in Schuhen traten, nasser Schmutz klebt sich an die Ferse. Kein Badetuch gibt es – heilig ist heilig. Strümpfe über den Schmutz, Anzug über die Nässe, hinaus, es warten noch viele. Die drei Priester sind bereits weg, für leichtere Fälle lohnt sich wohl keine Fürsprache. Auch die Menge am Gitter hat sich gelichtet.
Wir gehen zur Grotte, dort ist der Schlußakt der Wasserzeremonie. Unsere Mitpatienten auf den Bahren begegnen uns. Sie werden von der Grotte dorthin getragen, woher sie kamen, in das Depot der Kranken, die Hospitalité. Ihre Gesichter sind noch gelber geworden, noch blasser, die Bündel regen sich nicht.
Wer in der Hospitalité stirbt, wird von seinen Angehörigen in die Heimat gebracht oder hier auf dem Friedhof bestattet, dem einzigen öffentlichen Platz in Lourdes, von dem man kein Aufhebens macht, wohin man keine Wallfahrer führt. Zu leicht könnten sie dort auf die Vermutung kommen, daß die heilige Maria

ihrem Gnadenort reichlich Ungnade erwiesen hat. In Gruppengräbern liegen die Opfer einzelner Prozessionen. Und drüben auf dem Passionsweg steht ein Totenmal für die Katholiken aus Bourbon, die am 1. August 1922 auf ihrer Pilgerfahrt nach Lourdes durch einen Zugzusammenstoß ums Leben gekommen sind. Selbst die heilige Grotte blieb nicht von Unheil verschont, eine Überschwemmung setzte sie im Juni 1875 unter Wasser, zerstörte den Altar, das Marienbild und alle Zugänge.

Warnungstafeln an allen Ecken und Enden: ›Achtung aufs Portemonnaie!‹ – ›Hütet euch vor Handtaschenräubern!‹ Die Kirche warnt, paßt auf euer Geld auf, ihr könnt es günstiger verwenden, es gibt Messen zu stiften, die Kosten der Ewigen Lampe für neun Tage zu tragen, Exvoto-Plaketten zu bezahlen, geweihte Kerzen zu kaufen. Hier die Bedingungen des Ablasses.

Die Allmächtige kann in ihrer Domäne den Taschendiebstahl nicht verhindern, ja sie kann nicht einmal bei den von ihr lebenden Kaufleuten die Heiligung des Sonntags durchsetzen. Die plakatierten Aufforderungen, nur in Geschäften zu kaufen, die sonntags geschlossen haben, sind Formalität. Am Sonntag strömt das Volk der Pyrenäen zusammen, jeder braucht eine Fackel für die Abendprozession, eine Kerze für den Altar, eine Ansichtskarte an die Angehörigen, ein Gesangbuch für die Kirche, ein Heiligenbild für die Wand, ein Medaillon als Andenken, einen Rosenkranz als Mitbringsel, eine Darstellung der Grotte für die Kinder, ein Gruppenbild von der Vormittagsmesse, auf dem man mit aufgenommen ist, eine blauemaillierte Flasche für einen Vorrat an wundertätigem Wasser, Votivtafeln ›Merci à Marie‹, Marienstatuen, gipsweiße und dreifarbige, Öldrucke und Statuetten von der heiligen Bernadette Soubirous. Gasthäuser müssen offenhalten, Apotheken und Drogerien, und auch der Moniteur der kirchlichen Obrigkeit, das ›Journal de la Grotte‹, wird sonntags verschleißt.

Ich dränge mich in der Menschenkette, die vorwärtsdrängt, um die Grotte zu passieren. Noch bin ich feucht vom Bad, die Wäsche klebt an der Haut. Ein paar Reihen vor mir steht der schiefe Ministerialbeamte, unmittelbar hinter mir, noch immer verstört, der irische Hüne, er betet vielleicht um Vergebung für sein frevles ›No‹. Auf einem von einer Barriere umschlossenen Platz stehen die Krankenbahren.

Von der Wölbung der Grotte hängen Krücken herab wie Stalaktiten, die Kerzen ragen wie Stalagmiten empor. Alt und schwarz sind die Krücken, neu und weiß oder aus blumenbuntem Wachs geflochten die Kerzen. Links ist der Felsen gleichsam tapeziert mit Holzbeinen, Lederkorsetten und Gipskorsetten, lauter Folterinstrumenten, die die moderne Orthopädie nicht mehr kennt. Wurden sie hierher gehängt, als die Kranken neue Prothesen bekamen, sind sie der Nachlaß jener, deren Gebrechen die heilige Maria von Lourdes dadurch beseitigte, daß sie sie in Lourdes sterben ließ? Die Almanache und Zeitungen der Grotte, das Bulletin der Medizinischen Gesellschaft Unserer Lieben Frau von Lourdes, die Predigtstühle der ganzen katholischen Christenheit behaupten Wunderheilungen und stützen sich auf die Dankestafeln an den Kirchenwänden von Lourdes. Aber die beweisen nichts. Eine ganze Krypta ist voll von Plaketten zur Erinnerung an im Weltkrieg Gefallene, andere Tafeln danken für den günstigen Ausgang irgendeiner Angelegenheit (ein Pope dankt für seine Bekehrung vom russisch-orthodoxen zum katholischen Glauben). Und wenn auch eine Inschrift einer Heilung gilt, so ist das noch lange keine, die die Kirche als Wunder anerkennt, die Kirche anerkennt hier nur Heilungen von Unheilbaren.

Durchaus nicht einverstanden ist sie mit der liberalistischen Auslegung, daß suggestive Momente Heilungen auslösen könnten. Vor einigen Jahren hatte ein Balneologe von Amts wegen das wundertätige Wasser zu untersuchen. Um sich's mit der Geistlichkeit nicht zu verderben und die angeblichen Heilungen nicht direkt in Abrede zu stellen, fügte er seinem Befund, daß es gewöhnliches Wasser sei, die Klausel bei, ›möglicherweise enthalte der Quell vorläufig nicht feststellbare minerale Elemente kurkräftiger Art‹. Aber da kam er beim Klerus schön an. Erstens habe es die Mutter Gottes nicht nötig, sich kurkräftiger Flüssigkeiten zu bedienen, zweitens wäre eine Heilung durch ein wenn auch nur möglicherweise kurkräftiges Wasser kein Wunder, und drittens (und wichtigstens!) hätte nach einem solchen Befund die staatliche Bäderverwaltung das Recht, die Quelle von Lourdes zu übernehmen. Schließlich betraute man einen anderen Amtsarzt mit der Abfassung des Gutachtens, und der stellte ohne Einschränkung fest, das Lourdaiser Wasser enthalte keinerlei aktive Substanzen von the-

rapeutischer Wirkung. Damit war die Kirche zufrieden, es ist ganz gewöhnliches Wasser, was da den Krebs und die Blindheit und Wirbelsäulenverkrümmungen heilt und fehlende Gliedmaßen nachwachsen läßt.
Flehend richten sich die Blicke aller Beter auf die Grotte, daß das Original der dort aufgestellten Statue erscheine, wie es der Bernadette Soubirous erschien, aber von den Millionen Wallfahrern hat keiner noch die lebende Maria zu sehen bekommen.
Vor einigen Monaten ist der Bruder von Bernadette, ihr letzter Blutsverwandter, gestorben, und gleich darauf wurde in Rom ihre Heiligsprechung durchgeführt. Ihre Familie war in der Gemeinde nicht so sehr angesehen. Der Vater Bernadettes hatte im ausrangierten Gemeindearrest gratis gewohnt, und was die Tochter anbelangt, so sind selten einer Heiligen so wenig gute Taten zugeschrieben worden wie unserer Bernadette, nur Aussprüche sind von ihr erhalten, die beweisen, welch ein ›kesses Gör‹ sie war.
Wie geschah es überhaupt, daß sie die Gesichte hatte? Als sie mit zwei anderen Kindern Holz klauben ging, kam sie nahe der Grotte Masabielle an einen schmalen Mühlbach. Bernadette wollte ihre Schuhe und Strümpfe wegen der drei Schritte nicht ausziehen und wieder anziehen und forderte ihre beiden barfüßigen Gefährtinnen auf, sie hinüberzutragen. Die dachten gar nicht daran, schalten sie Faulpelz und liefen weiter. Bei der Rückkehr tat Bernadette das, was ein Kind in einem solchen Fall tut: sie ärgerte ihre Kameradinnen, indem sie ihnen erzählte, sie habe inzwischen etwas Wunderschönes gesehen. Das übrige besorgten die Seelsorger und die Dorfbewohner.
Im Museum Bernadette hängt die Totenmaske des historischen Pfarrers von Lourdes, ein feistes, schlaues Gesicht. Sicherlich war Abbé Peyramale noch nicht so feist, als sein Pfarrkind die Heilige traf, aber schlau war er schon damals, ging niemals selbst zur Grotte, besprach alles mit Bernadette und seinem Bischof.
Einige Jahre vorher war in dem Dorf La Salette die Mutter Gottes aufgetaucht, um Reden gegen den beginnenden Sozialismus und die Streikbewegungen zu halten. ›Wenn mein Volk sich nicht in Demut unterwerfen will, so wird mein Sohn die Hand von euch zurückziehen ... Ich habe euch befohlen, sechs Tage zu arbeiten, und der siebente sei Gott geweiht ...‹

Das waren Worte der Stellungnahme, und dementsprechend reagierten auch die politischen Parteien auf die Einmischung der Göttlichen in irdische Dinge. Die Kirche hatte entschieden Pech in der entfesselten Diskussion. Zwei Hirtenkinder, ein Knabe und ein Mädchen, waren Kronzeugen für die verkündeten Worte, aber die beiden, eifersüchtig aufeinander, widersprachen sich in den Aussagen darüber, woher die Erscheinung gekommen, wohin sie verschwunden war und was sie gesprochen hatte. Man brachte das Mädchen in ein Kloster und den Jungen, der sich inzwischen dem Suff ergeben hatte und in den Wirtshäusern unangenehme Dinge schwatzte, in ein Zuavenregiment. Bald darauf wurden zwei Abbés der Gegend, P. Deléon und P. Cartellier, wegen angeblich privater Verfehlungen exkommuniziert und enthüllten nun mit allen Details, die ganze Erscheinung sei eine Komödie gewesen, sogar Name und Adresse der Dame nannten sie, die die Rolle der heiligen Jungfrau gespielt hatte.

In Lourdes gab es nur einen Zeugen, die Bernadette, und ihrer mußte man sich versichern. Die Mutter Gottes durfte keinesfalls von Politik reden, die Anerkennung des Wunders sollte vom Volk verlangt werden, und die Kirche sollte sie sich nur ›widerstrebend‹ abringen lassen.

Am Geburtstag des Pfarrers Peyramale wurde Bernadette zum letzten Male in die Grotte geschickt, es war das wichtigste Zusammentreffen mit der ›Dame‹.

Papst Pius IX. hatte eben, einen alten Kirchenstreit beendend, die Bulle ›Ineffabilis‹ erlassen. Darin wurde zum Dogma erhoben, Maria sei in der Ehe des heiligen Joachim mit der heiligen Anna jungfräulich geboren worden. Noch aber gab es keine Andachtsstätte zu Ehren der Unbefleckten Empfängnis. Was Wunder, daß die Erscheinung nicht nur die Grotte zum Wallfahrtsort ernannte, sondern sich auch als Unbefleckte Empfängnis vorstellte. Die Worte ›ich bin die‹ sprach sie baskisch, damit das Lourdaiser Kind sie verstehe, während die beiden nachfolgenden Worte von dem Kind unmöglich verstanden werden konnten. Sie sagte: ›Que soy era immaculada concepciou.‹

Hernach durfte die Mutter Gottes in der Grotte das Kind nicht mehr sehen. sosehr sie es sich wünschen mochte. Der Pfarrer verbot Bernadette, je wieder hinzugehen, sie wurde in das Kloster

von Nevers gebracht, und selbst als sie an Lungenschwindsucht erkrankte, ließ man sie, obwohl es damals das Badeverbot für Tuberkulöse noch nicht gab, nicht an die heilende Quelle. Bernadette starb jung mit den Worten: ›Ich bin eine große Sünderin.‹
Ihre Entdeckung aber florierte. Fast jede bessere Grotte in den Pyrenäen hat als heidnische oder christliche Kultstätte Dienst getan.
Warum sollte die von Masabielle ungeeignet sein? (Später entdeckte man in ihr einen quadratisch behauenen Block aus der Urzeit, einen der Venus geweihten Altar!)
Das bigotte Bergvolk hatte es von Anfang an für viel wahrscheinlicher gehalten, daß der kleinen Soubirous die Mutter Gottes in der Höhle erschienen sei, als daß ihr dort nichts erschienen sei. So waren sie mit ihr hingezogen und hatten zwar nicht ›die Dame‹ gesehen, aber gesehen, wie Bernadette mit verzückten Bewegungen Gras aß und sich mit der Quelle benetzte. Sie bekreuzigten sich bei diesem Anblick und gerieten in religiösen Taumel, andere hingegen begannen zu tanzen und auf die Felsenwand zu klettern, was sonnenklar bewies, daß diese vom Teufel besessen waren, der Maria in ihrer Wohnung stören wollte. Es ging recht wüst zu an der heiligen Stätte und wurde nicht besser, als Bernadette schon in den Klostermauern von Nevers festsaß.
Der Polizeiverwalter von Tarbes (der Sohn dieses Herrn Foch war damals noch nicht einmal Militärschüler) wurde veranlaßt, den Besuch der Grotte zu untersagen, die Pfarrkinder von Lourdes und Umgebung scherten sich nicht um das Verbot und warfen die dort aufgerichteten Planken um. Nachdem die Kirche die Wundertätigkeit des Wassers anerkannt hatte, hob die weltliche Behörde selbstverständlich das Verbot auf. Seither ziehen Heilungsuchende und Opferfreudige in unendlicher Kolonne aus aller Herren Länder zum Gnadenquell.
Schritt für Schritt bewegt sich die endlose Kette von Menschen durch die Grotte. Ein eiserner Baum dient als Leuchter, 160 000 Kerzen brennen auf ihm jedes Jahr zu Ende. Rechts ist der Felsen wie schwarzes Eis geworden von den Küssen der Frommen. Ein mächtiger Korb ist der Postkasten fürs Jenseits, Briefe an die Madonna werden eingeworfen und im Wege der Verbrennung regelmäßig an ihren Bestimmungsort geleitet; am Ausgang der

Höhle wird das Porto bezahlt, breit steht dort der Opferstock wie ein Schlagbaum.

Es knistern die Kerzen, es tropft das Wachs, und sein Geruch mischt sich betäubend mit dem Weihrauch und dem Geruch von Schweiß, manche Pilgergruppen erfüllen das Gelübde, sechs Wochen vor der Wallfahrt ihr Hemd nicht zu wechseln. Eintönig rauschen die Litaneien dahin.

Da beten die, die ihre irdische Seligkeit gegen die Hoffnung auf ein besseres Jenseits eintauschen und sich den Obrigkeiten fügen und Geist und Wissenschaft den Teufelswerken gleich achten sollen, um Zufriedenheit zu erlangen.

Da steht sie, diese Welt. Zufrieden? Nein, geduckt, angstbebend, armselig, bresthaft. Da geht sie, da steht sie, da kniet sie, diese Welt, geduckt, angstbebend, armselig, bresthaft. Die Arme krampfhaft ausgestreckt, das Wunder zu empfangen, das nicht kommen kann. Die Augen aufgerissen, um etwas zu sehen, das niemand je gesehen hat, niemand je sehen wird. Die Lippen bewegend zu einem Gebet, das niemand hört. Briefe aufgebend, die ungelesen verbrannt werden.

Die Wäsche an meinem Leib ist schon trocken. Mein Weg führt an der Hospitalité vorbei. Vor der Pförtnerloge stauen sich die Bahren, der Zug der Siechen, der Sterbenden.

Der Liberalismus zuckt die Achseln. ›Man lasse jeden nach seiner Fasson selig werden.‹ Wahrlich, die hier werden bald selig sein. Aber nach ihrer Fasson? Nach einer Fasson, ihnen aufgezwungen von Nutznießern dieser Fasson. ›Religion ist Privatsache‹, verkündet nachsichtig der Reformismus. Hier sieht man die ›Privatsache‹ zur öffentlichen Sache geworden – Massen bezahlen den Streitbann der militanten Kirche mit ihrem Geld und ihrem Leben.

Wie unter einem Alpdruck gehe ich heim. Auf dem Stuhl in meinem Zimmer liegen Schwimmhose und Handtuch, die ich mitnehmen wollte, aber nicht mitgenommen habe. Kommt, Schwimmhose und Handtuch, wir gehen baden.

Das Räderwerk von Monte Carlo

In meiner Jugend gab's ein Chanson:

Mein Mann ist in Monte,
Mein Mann spielt Roulette,
Und ich sitze hier in Berlin . . .

Weiter weiß ich's nicht. Aber es genügt. Mit diesen wenigen Worten war schon das ganze mondäne, leichtfertige, lasterhafte Milieu hervorgezaubert: Eine Dame, deren Mann in Monte Roulette spielt! In ›Monte‹. Familiär klingt diese Abkürzung, merkt man nicht, wie die Strohwitwe geradezu intim mit ihrem Monte Carlo ist?
Natürlich ist ›Monte‹ ein Blödsinn. Es gibt kein ›Monte‹, kein Mensch, der Monto Carlo kennt, kennt ›Monte‹. Sagt man ›Ober‹, wenn man Oberhof meint? Würden Sie erraten, daß es sich um Sankt Moritz handelt, wenn eine Brettldiva singt:

Mein Mann ist in Sankt,
Mein Mann läuft dort Ski . . .

Das vergessen geglaubte Chanson begleitet mich, dieweil ich die altmodisch-modische Baulichkeit namens Monte Carlo durchwandle. Sie sieht just so aus, wie das Chantantpublikum der neunziger Jahre sich ›Monte‹ vorgestellt haben mag.
Wer reich geworden war, kam sich erst dann vornehm vor, wenn er an die Riviera fahren, heimgekehrt von ›Monte‹ erzählen konnte. Insbesondere russische Kaufleute und Grundbesitzer fühlten sich erst dann als Europäer, nachdem sie ihre Datsche an die Riviera verlegt hatten. Überall findet man ihre Spuren. Noch heute erscheint in Nizza eine ›Riviera-Gazeta‹ in russischer Sprache, Gesellschaftsnachrichten sind ihr Hauptinhalt. Viele Firmentafeln tragen auch russische und polnische Aufschriften, auf den Juwelenläden ist eine Aufschrift in russischen Lettern dazugekommen, ›Lombard‹ nämlich, und in den Schaufenstern der Antiquitäten-

läden dominieren Doppelkreuze und Ikonen, Andreasorden und Medaillons mit kyrillischen Heiligen. (Lombard.)

Ein Bahnhof, der auch mal fesch sein will, das ist das Casino. Er hat sich Lichtgirlanden um den Kopf gewunden und läßt sich von Geniengeflügel umgeben, das, ach wie allegorisch, dem Beschauer goldene Blumen entgegenstreckt.
Das Hotelportal gegenüber wird von einem großmächtigen Negerportier in hellvioletter Livree geziert, auf der die Orden bis zum Nabel und noch tiefer hinab arrangiert sind, im Café Paris sitzt man unter orangeroten Sonnenschirmen, und geometrischer Mittelpunkt des Rondeaus vor dem Casino (des sogenannten ›Camembert‹) ist ein Verkehrspolizist samt schlohweißem Tropenhelm, goldenem Koppel, weißen Glacéhandschuhen, weißen Hosen, perlmutternem Degenknauf, Epauletten und himmelblauem Waffenrock, goldverschnürt sogar.
All das ist der Geschmack einer Zeit, da der Herr die Dame mit den Worten ›Netter Käfer‹ ansprach, sie ihm geistesgegenwärtig mit ›Sie Schwerenöter‹ antwortete und die Witzblätter dieses Gespräch unter der Überschrift ›Gut gegeben‹ oder ›Abgeblitzt‹ registrierten.
›Monte‹ lebt immer noch, trotz allen Krisen ist es bevölkert von Touristen und Spielern, von reichen Leuten, von solchen, die es scheinen, von solchen, die es werden wollen.

Alle Staatskosten des Fürstentums Monaco mitsamt der Privatschatulle des Herrscherhauses zahlt die Spielbank, die sich unauffällig ›Seebäder-Gesellschaft‹ nennt. Der Staat Monaco ist anderthalb Quadratkilometer groß und besteht aus der Stadt Monaco, die ihrerseits aus den Stadtteilen Monaco und La Condamine besteht. Nur der Hügel schräg gegenüber dem Hafenrand La Condamine ist Monte Carlo. Hier hält der Luxuszug, gerade unter dem Casino, ein Fahrstuhl hebt die Passagiere aus dem Abteil an den Roulettetisch.
Außerhalb des Spielzimmers, rechts und links, fängt die Republik Frankreich wieder an, in der die Hasardspiele Roulette und Trente-et-Quarante streng bestraft werden. Nicht streng sind die Grenzen. Man kann mit Auto und Jacht, mit Autobus und Eisen-

bahn hinüber- und herüberfahren, ohne mit der Frage nach dem Paß belästigt zu werden.
Im Stadtteil Monaco der Stadt Monaco des Staates Monaco lebt das zum Spieltisch nicht zugelassene Volk der Monegassen, und hoch über dem Volk thront der zu den Gewinnen des Spieltischs zugelassene Souverän Louis II. aus dem Hause Grimaldi, das seit mehr als zwei Jahrhunderten ausgestorben ist. Der letzte Grimaldi hat allerdings eine Pragmatische Sanktion erlassen, nach der die Erbfolge auf seinen Schwiegersohn de Matignon überging. Dessen erste Nachkommen kamen selten in ihr Land, und nur um die Bewohnerschaft auszuplündern; deshalb revoltierten von den drei zu Monaco gehörenden Städten zwei, Mentone und Roquebrun, und erklärten sich unabhängig.
Ein späterer Herrscher, Karl III., hat diesen Verlust an Hausmacht reichlich wettgemacht, indem er 1863 dem Leiter der Homburger Spielbank, Herrn Blanc, für die nächsten fünfzig Jahre die Konzession erteilte, das gleiche Gewerbe in der übriggebliebenen Stadt des Fürstentums auszuüben.

Seither verbringen die Landesväter nicht mehr ihr ganzes Leben außerhalb. Ihr Stammsitz, bis in die sechziger Jahre eine verfallene Ghibellinen-Burg, gleicht jetzt einem Kaiserschloß und ragt prunkvoll und majestätisch empor, von öffentlichen Bauten umrahmt. Als lebendige Karyatiden hampeln mit geschultertem Gewehr und aufgepflanztem Riesenbajonett die Doppelposten der Leibgarde vor dem Portal auf und ab, straff und stramm, jahraus und jahrein, Tag und Nacht, auch wenn Seine Hoheit auf Reisen ist.
Der vorige Zéronissimus war viel auf Reisen. Fürst Albert interessierte sich für Tiefseeforschung. Um seine Sammlungen herum hat er ein gigantisches Gebäude aufführen lassen. In der Vitrine mit Muschelperlen sieht man Porträts von Personen, die berühmten Perlenschmuck besaßen: den Schah von Persien, englische Prinzessinnen, internationale Tänzerinnen. Es ist weder angegeben, wie sie die Kleinodien erwarben, noch wie sie sie verloren.
Alberts zweite Gattin, Marie Alice, war eine geborene Heine aus Hamburg, eine Nichte Heinrich Heines, der diese gute Partie nicht mehr erlebt hat.

Des Fürsten Albert Sohn, der jetzige Herrscher, war nie verheiratet und besitzt dennoch eine legitime Tochter. Die Mutter dieser Tochter, die Mutter der offiziellen Erbprinzessin Charlotte, lebt verborgen am Hof ihres Nichtgemahls. Sie kann wohl Mutter einer Monarchin werden, nimmer aber die Gattin eines Monarchen. Denn sie ist, man bedenke, nicht nur eine eingeborene Afrikanerin, sondern auch eine Wäscherin gewesen, damals, als Louis II. noch Prinz und Offizier der Fremdenlegion in Algier war. Sein Vater zwang ihn, die Tochter der Afrikanerin zu adoptieren, und diese energische Stellungnahme des Fürsten Albert hat das Gemüt der Monegassen so verwirrt, daß sie sich nicht darüber klarwerden können, ob es Vaterliebe, Großvaterliebe oder Liebe überhaupt war, die den Fürsten dabei leitete.
Prinzessin Charlotte hat zwei Kinder und keinen Mann. Von ihrem Gatten, dem französischen Grafen Peter von Valentinois et Polignac, ließ sie sich scheiden, und vom zweiten Mann ihrer Wahl, dem italienischen Arzt Delmasso, mußte sie sich auf Wunsch Frankreichs trennen. Mitten in dem gegen Italien bis auf die Zähne bewaffneten französischen Regierungsbezirk Alpes-Maritimes könnte unmöglich ein Italiener als Prinzgemahl regieren oder die Vormundschaft über den unmündigen Sohn Charlottes, den Prinzen Rainier, führen.

Man sieht, auch die reichsten Dynastien haben ihre Sorgen. Selbst die Dynastie Blanc hat das erfahren. François Blanc, Partner und Nährvater der Fürsten von Monaco, war ursprünglich Kellner in einem kleinen französischen Gasthaus, wurde entlassen, weil er sich bei den Rechnungen allzusehr zu seinen Gunsten irrte, machte hernach Börsengeschäfte und saß sieben Monate im Pariser Kerker. Dann ging er nach Homburg, wo er, ein guter Rechner, es zum Konzessionär der Spielbank brachte.
In den fünfziger Jahren des vorigen Jahrhunderts waren Homburg und Baden-Baden die Sammelplätze der Spielwütigen aus aller Welt, und aus den Schilderungen Dostojewskis weiß man, wie dort Werte und Menschenleben aufs Spiel gesetzt wurden und zugunsten der Bank zugrunde gingen. Mit Anspielung auf den Namen ihres Besitzers galt in Homburg der Spruch: ›Manchmal gewinnt rouge, manchmal gewinnt noir – aber immer gewinnt

Blanc.‹ Blanc war Gegenstand heftiger Angriffe. Man bezeichnete ihn als den Urheber von Selbstmorden und Familienkatastrophen, als den Blutsauger vom Taunus. Die Erregung der Bevölkerung nahm gefährliche Formen für ihn an. In dieser Situation drohte ihm ein Stubenmädchen namens Lotte Hensel, die er im Treppenflur, gewissermaßen im Vorbeigehen, geschwängert hatte, sie werde ihre Verführung mit skandalösen Details publik machen. Blanc heiratete sie auf der Stelle.

Aber er fühlte sich nicht mehr geheuer in einem Tätigkeitsgebiet, wo er so sehr unter dem Druck der öffentlichen Meinung stand, daß ein Fehltritt auf dunkler Treppe seinen Absturz bedeuten konnte. Als er daher nach einem neuen Bezirk Umschau hielt und auf Monaco verfiel, machte er es sich zum Vorsatz, nur Fremden aus allen Richtungen der Windrose das Geld abzunehmen, die Einheimischen jedoch unbedingt aus dem Spiel zu lassen. Die Versuchung, auch Einheimische zu rupfen, war allerdings so klein wie die Bewohnerschaft von Monaco.

Das Spielhaus baute er auf der Felsenklippe ›Speluga‹. Er taufte sie um, der Anklang an ›Spelunke‹ gefiel ihm nicht, und nannte sie zu Ehren seines fürstlichen Strohmanns, Karls III., ›Monte Carlo‹.

1877 starb François Blanc mit Hinterlassung eines Barvermögens von 200 Millionen Goldfrancs. Seine Witwe richtete nun ihren ganzen Ehrgeiz darauf, ihre beiden Töchter an Männer zu verheiraten, die von höherem Adel waren als der Herrscher von Monaco. Die ältere Tochter Louise bekam den Fürsten Konstantin Radziwill, die jüngere, Mariechen, den Prinzen Roland Bonaparte. Madame Blanc, geborene Hensel, stellte eine riesige Büste Napoleons I. neben die ihres verstorbenen Gatten und rühmte sich: ›Die beiden mächtigsten Männer der Welt gehören zu meiner Familie.‹

Roland Bonaparte mußte ihr versprechen, ehebaldigst in Frankreich das Kaisertum wieder aufzurichten und sie zur Königin von Monaco zu proklamieren. Prinz Roland, der sich als Thronprätendent nicht gut vorwerfen lassen konnte, von Gelegenheitsmacherei für Hasardspiel zu leben, verwandelte im Einverständnis mit seinem Schwager Radziwill und seinem Schwager Edmund Blanc das Casino in eine Aktiengesellschaft. Hundert von den achthundert Anteilscheinen zu je zweihunderttausend Francs wurden dem Fürsten von Monaco überlassen. Roland Bonaparte stieß sein Aktienpaket bald ab, bekam bare Millionen, war fein heraus.

Im Casino herrschte Camille Blanc, einer von den natürlichen Söhnen des François Blanc, und hatte dafür zu sorgen, daß seine Verwandten, die sich seiner schämten, möglichst viel Geld aus der Quelle schöpften, deren sie sich nicht minder schämten. Nie haben ihm Verwaltungsrat und Aktionäre in seine Geschäftsführung hineingeredet.

Erst der Krieg hat ihm hineingeredet. Damals, als alle Grenzen der europäischen Staaten beinahe so dicht besetzt waren wie bislang die Spieltische von Monte Carlo, damals, als fast jedermann gezwungen wurde, für das Spiel hoher Herren sein Leben als Einsatz hinzuwerfen, damals schlich Camille sorgenvoll durch die kläglich besuchte Salle Schmit, den einzigen Spielsaal, der noch nicht geschlossen war. Dreißig Millionen Francs hatte die Bilanz für das Geschäftsjahr 1913/1914 ausgewiesen, das nächste brachte kaum zwölf Millionen.

Das wurde nicht besser, als der Weltkrieg für das Fürstentum Monaco siegreich zu Ende war. Große Investitionen waren nötig geworden, und man suchte einen Geldmann.

Wozu in die Ferne schweifen? Im Licht der Rivierasonne sitzt der ›Mann im Dunkel‹, er, der im Weltkrieg Staaten nach seinen Interessen gelenkt hat, er, dem der Frieden eine noch bessere Gelegenheit zur Abwicklung großzügiger Waffengeschäfte bietet. Basil Zaharoff kneift das linke Auge zu – seine berühmte Geste. Er kalkuliert: Tanks und Artilleriematerial sind stabile Werte, denn sie stützen sich auf die Dummheit des Menschengeschlechts. Steht nicht die Spielbank auf dem gleichen Fundament?

Sir Basil beteiligt sich am Casino mit einer Million Pfund Sterling und mit Rationalisierungsplänen. Camille Blanc, der letzte seines Namens auf dem rotschwarzen Felsen, muß 1922 zurücktreten und stirbt bald darauf. Sein Nachfolger ist René Léon, dessen Nationalität und Vergangenheit auch die findigsten seiner Feinde nicht ans Tageslicht fördern können.

Drei Landzungen springen von der Corniche, der Rivierastraße, ins Meer. Auf der einen, dem Felsen von Monte Carlo, thront René Léon, auf der nächsten hat Fürst Louis II. seinen Herrschersitz, und auf der dritten, dem Cap d'Ail, wohnt still und versteckt Sir Basil Zaharoff. Ewig ist hier der Sommer, groß die Aussicht.
Vielleicht treffen sich in einem unendlich fernen Punkt des Ozeans die Gedanken der drei Schloßherren: Wie herrlich wäre es, könnte man den grünen Tisch des Mittelmeers in Felder einteilen, die Sonne um eine Achse drehen, die Segmente zwischen ihren Strahlen mit Nummern versehen ... Ringsumher säßen Gäste, längs des azurnen Randes von Frankreich, der bergigen Wasserkante Italiens, der gezackten Buchten Nordafrikas ... Mit einem gewaltigen Rechen zöge man die Einsätze an sich ...
Auch ohne Erfüllung solch kosmischer Träume hat Basil Zaharoff an der Bank binnen kurzem ganz schön verdient. In einem günstigen Moment stieß er sein Aktienpaket mit hundertprozentigem Nutzen an das Pariser Bankhaus Daniel Dreyfus ab. Die ›Société Anonyme des Bains de Mer et du Cercle des Etrangers à Monaco‹ verfügt über ein Kapital von 47,5 Millionen Francs, das in 95 000 Aktien im Nominalwert von je 500 Francs geteilt ist; eine Dividende von etwa 725 Francs wird gegenwärtig per Aktie ausgeschüttet.
Der Vertrag, den Anno 1863 Herr François Blanc mit dem Beherrscher Monacos geschlossen hat, ist Anno 1913 auf weitere fünfzig Jahre verlängert worden – eine fürstliche Schmarotzerfamilie und ein paar Börsenschieber hoffen, bis zum Ende des Jahrtausends Millionennutzen daraus zu ziehen, daß Narrenheere nach Monte Carlo pilgern.

In sechs Terrassen steigt der Friedhof empor. Die Abteilung für Selbstmörder wurde vor kurzem aufgehoben, nur nach Religionen geordnet sind jetzt die Toten. Über dem Friedhof, auf dem Felsengipfel, steht das französische Fort Tête-de-Chien, am Hang fröhliche Villen mit Hecken und Lauben, und drüben auf dem Schloß flattert die Fahne von Monaco.
Ein Teil von Condamine ist das Elendsviertel Carmélite. Das Elendsviertel! Die steuerfreien Untertanen des reichen Fürsten, die Anrainer der Bank leiden Not, sosehr man's vor den Fremden

verschleiern möchte. Auch die bürgerlichen Parteien führen eine besorgte Sprache auf ihren Plakaten zur Neuwahl für das Comité Electoral, das ebenso demissioniert hat wie die Stadtvertretung: ›Es ist höchste Zeit, eine Lage zu beseitigen, die täglich verzweifelter wird, ein Elend, das erschreckende Formen annimmt.‹ Die Zeitung ›L'Avenir‹ wagt es sogar, sich gegen den Bankhalter zu wenden: ›Monsieur René Léon will nichts davon hören, daß die Ausgabenbücher der S. B. M. (lies: der Spielbank) revidiert werden, er widersetzt sich einer Finanzreform, er zahlt Hungerlöhne und vertreibt die Einheimischen aus Monaco. Er, fremd in diesem Lande, ist sein Diktator geworden.‹

3288 Angestellte hat das Casino, Bürokräfte, Spielbeamte, Theaterarbeiter, Musiker, Diener, Wächter und Gärtner, von denen die meisten kaum 600 Francs im Monat verdienen. Nur das Personal der Spieltische ist etwas günstiger daran, weil ihnen die ›cagnotte‹ gehört: Bei größeren Gewinnen schieben die Spieler dem Croupier einige Jetons hin, der sie mit ostentativ lautem Dank in den Schlitz des Tisches wirft. Citroën, der Automobilfabrikant, zahlte die Trinkgelder in anderer Weise aus: Jeder Croupier seines Tisches erhielt eine Anweisung auf ein Kleinauto.
Im Dienst des Spiels stehen: der Direktor, drei Vizedirektoren, sieben Generalinspektoren, drei Sekretäre, fünfzehn Chefs der Partie, neununddreißig Chefs des Tisches, vierzig Vizechefs und vierhundertneununddreißig Croupiers.
Eingekeilt in das Tohuwabohu der Leidenschaften, mit gespannter Aufmerksamkeit, den Kontrolleur hinter ihrem Rücken, in erstickender Luft, so arbeiten die Angestellten vier Stunden lang, um nach vier Stunden Pause wieder ans Rad geflochten zu sein. Auch sonntags wird gespielt wie an jedem anderen Tag, von zehn Uhr morgens ohne Mittagspause bis Mitternacht oder zwei Uhr morgens. Einen Tag in der Woche haben die Angestellten frei.
Die Bemannung der Tische ist bei weitem noch nicht die ganze Bemannung des Saals. Diener in betreßten Kniehosen und weißen Strümpfen leeren ununterbrochen die Aschenbecher, andere, in langen unbetreßten Hosen, kehren den sich immer wieder mit Zetteln bedeckenden Fußboden. Um sechs Uhr abends werden Petroleumlampen in den Wandnischen und auf den Ziergalerien

angezündet, damit, wenn das elektrische Licht versagt, keine Panik entsteht, bei der Menschen getötet werden könnten oder gar Einsätze verschwinden.
Inspektoren, genannt ›croque-morts‹, Leichenträger, und andere Spitzel lungern herum, Männer und Frauen, die am Spiel teilnehmen. Im Ärztezimmer ist Bereitschaft.
Zwei ›physiognomistes‹ stehen am Eingang zum Saal; ihre Aufgabe ist es, sich das Gesicht des Besuchers einzuprägen, zu wissen, ob seine Eintrittskarte abgelaufen ist, zu erkennen, ob sich jemand mit fremdem Billett einschleicht, zu unterbinden, daß unter falschem Namen jemand wiederkehrt, dem der Eintritt verboten ist, zum Beispiel einer, der das ›viatique‹, das (Ab-) Reisegeld erhalten hat, weil er sein Vermögen restlos verlor.

Da saust die Kugel, die für den nachmaligen Bewohner des Selbstmördergrabes die letzte war, da saust sie weiter, da dreht sich das Rad, sie aufzufangen, da zieht die Bank die Einsätze an sich, da fliegen oder kriechen Jetons auf Nummern und Farben und Felder. Die Zigarette erlischt im Mundwinkel, Hände kritzeln die gefallene Nummer auf eine Systemtabelle, Augen bohren sich in die Einteilung des grünen Tischs, in die sausende, schwarzrot schimmernde Scheibe. Die vor dem Spieler aufgeschichteten Jetons vermehren sich oder verringern sich. Haben sie sich verflüchtigt, so winkt man einen Diener heran, reicht ihm einen Hundertmarkschein, einen Fünfpfundschein oder Tausendfrankenschein. Er eilt zur Kasse, und im Nu kommt er zurück; er hat die Banknote eingewechselt in die Währung von Monte Carlo, in Spielmarken.
An den Roulettetischen beträgt der Mindesteinsatz zehn Francs, mehr als 24 000 Francs darf man nicht setzen, bei Trente-et-Quarante kann man von 40 Francs an bis 60 000 Francs setzen. Mitunter arbeiten fünfundzwanzig Roulettes und sieben Trente-et-Quarantes gleichzeitig. An jedem Tisch sitzen etwa dreißig Personen, und über hundert stehen mitspielend in zwei, drei kompakten Reihen hinter ihnen. 500 000 Eintrittskarten werden im Jahr ausgestellt. Saisonkarten und Jahreskarten sind darunter, deren 20 000 Inhaber täglich kommen, solang ihr Vorrat reicht. Artikel 3 der Hausordnung (auch unten in der Halle großmächtig angeschlagen) besagt:

Anständige Kleidung ist strenge Vorschrift.
Arbeitern und Personen, die nicht unabhängig sind,
ist der Eintritt verboten.

Fällt der Ball auf ›zéro‹ (null), so gehören der Bank die Einsätze, die auf dem ersten Dutzend (1 bis 12), auf dem mittleren (13 bis 24), auf dem letzten Dutzend (25 bis 36) oder ›sur deux‹, das heißt auf Schwarz und Gerade oder umgekehrt liegen, die Einsätze, die sechs Nummern umfassen (transversale de six numéros), vier Nummern (carré), drei Nummern (transversale de trois) oder zwei Nummern (à cheval) und alle auf irgendeiner Nummer (en plein). Wenn ›zéro‹ fällt, zahlt der Croupier nicht dem einen den doppelten Einsatz aus, nicht dem andern den sechsfachen und nicht dem dritten den achtzehnfachen – der ganze Tisch, viele tausend Francs gehören der Bank. Nur die Einsätze auf den ›einfachen Chancen‹ (Schwarz, Rot, Gerade, Ungerade, höhere Hälfte, niedere Hälfte) bleiben ›en prison‹ bis zum nächsten Spiel liegen. Wer aber auf ›zéro‹ gesetzt hat, gewinnt nicht mehr, als man bei jeder anderen gefallenen Nummer gewinnt.
Siebenunddreißigfaches Geld? Nein. Sechsunddreißigfaches Geld? Auch nicht. Man kriegt zwar im Gewinnfall für zehn Francs, die man auf eine der 37 Ziffern gelegt hat, 360 Francs, doch ist in diesen 360 Francs der Einsatz einbezogen. Demnach gewinnt man nur dreiunddreißigfaches Geld.
Morgens, vor Eröffnung der Säle, wird Kapital ausgegeben: 80 000 Francs für jeden der Roulettetische mit zehn Francs Mindesteinsatz, 150 000 Francs für die Roulettes zu zwanzig Francs und 400 000 Francs für die Hundert-Francs-Tische. Geht einem Tisch das Geld aus, so wird das Spiel in dramatischer Weise unterbrochen, auf daß wieder einmal in die Welt posaunt werden kann: ›Die Bank gesprengt.‹ Die Spielbank ist die einzige Bank, die an der Veröffentlichung ihrer Verluste gewinnt. Neue Gimpel werden dadurch herangelockt.
Geschäftsschädigend dagegen ist ein Selbstmord wie der des Polizeipräsidenten von Nizza, der die Gehälter der Beamtenschaft verspielt hatte, oder das Benehmen von Rücksichtslosen, die sich mitten im Spielsaal erschießen.
Mit Schaudern denkt die ›Seebäder‹-Direktion an die Affäre Gould.

Der irische Baronet Sir Vere Gould und seine Gattin luden, nachdem sie ihr Vermögen verspielt hatten, an einem Julinachmittag von 1907 die reiche dänische Witwe Levy in die von ihnen bewohnte Villa Meusini. Lady Gould erschlug Frau Levy mit einer Axt, das Ehepaar packte die Tote in einen Koffer, spielte bis Mitternacht im Sporting-Club und reiste am nächsten Tag mit der Leiche ab. In Marseille wurden die Goulds verhaftet und nach Monaco zurückgebracht, wo man sie zu lebenslänglichem Zuchthaus verurteilte.

Ein Jahr später gab ein anderer Mord zu peinlichstem Aufsehen Anlaß. Auf dem Weg nach Mentone war der Engländer George Allender ermordet aufgefunden worden. Mister Allender hatte seit Wochen enorm gewonnen, aber jedermann wußte, daß er allabendlich sein Geld in der Kasse des Casinos deponierte. Auch der Umstand, daß man in der Tasche des Toten dessen Brieftasche mit mehreren Pfundnoten fand, sprach gegen einen Raubmord. So erhielt sich das Gerücht, George Allender sei umgebracht worden, damit er durch sein Glück oder sein System das Casino nicht länger schädige. Die Täter wurden nie ermittelt.

Nach jeder Affäre donnerte es von den Kirchenkanzeln gegen den Spielteufel, die Presse grub vergessene Opfer aus, aber der Betrieb der Spielhölle stockte nicht.

In der angrenzenden Villensiedlung Beau-Soleil wurde vor dem Krieg ein Konkurrenzunternehmen gebaut. Zwar waren hier, auf französischem Hoheitsgebiet, lediglich Boule und Bakkarat und Chemin de fer erlaubt, doch konnten die Untertanen des Fürsten, die Angestellten der Hotels und die Dienerschaft der Fremden mitspielen, und die Einsätze waren geringer als im alten Casino. Camille Blanc bekam die Geschäftsstörung zu spüren; flugs kaufte er die neue Bude auf und betrieb sie durch Mittelsmänner so lange, bis er sich überzeugt hatte, wie richtig seines Vaters Prinzip gewesen war, die einheimische Bevölkerung aus dem Spiel zu lassen.

Das ›Städtische Casino von Beau-Soleil‹ ward zum Kino ›Capitol‹. In einigen Sälen ist die Universität für zukünftige Croupiers untergebracht. Man lehrt dort das Mischen der Karten, das Drehen der Roulette, das Schnellen der Elfenbeinkugel, das Zuwerfen der Gewinne und vor allem das Einziehen der Verluste. Auch als

flinke Kopfrechner müssen sich die Hörer erweisen. Mitte Oktober ist Semesterschluß, der Ernst des Lebens tritt an sie heran: das Spiel.
Geldeswert ziehen sie nun im Casino an sich und Liebesblicke. Denn viele glauben, der Croupier könne den Lauf des Balls bestimmen. Aber die Kugel, von seiner Hand geschnellt, jagt dreißigmal bis fünfzigmal im Rund dahin, verliert den Atem, verlangsamt ihr Tempo, schließlich taumelt sie, schwindlig geworden, auf der glatten Wölbung, sucht unschlüssig einen Unterschlupf, und wenn sie sich endlich in eines der Felder fallen lassen will, so sinkt sie in ein anderes, weil die Scheibe, während die Kugel kreist, in entgegengesetzter Richtung rotiert.

Die Bundesgenossenschaft mit dem Croupier nützt dem Spieler nichts. Wie unversehens ließ einmal eine Spielerin am Trente-et-Quarante-Tisch Geldstücke zu Boden fallen. Ihr Komplize benützte die abgelenkte Aufmerksamkeit des Tisches, um dem neben ihm sitzenden, im Bunde befindlichen Croupier eine päparierte Kartenserie zuzuschieben. Das Konsortium war vorsichtig und wiederholte den Trick nur dreimal innerhalb von vier Wochen – beim drittenmal wurde es erwischt. Seither ist der ›Addison-Coup‹ bekannt, und fällt Geld auf die Erde, so richten sich aller Detektive Blicke sofort auf den Croupier.
Keine Spielerhand hat auf dem grünen Tuch etwas zu schaffen, sobald die Worte ›Le jeu est fait‹ gerufen sind. Niemand kann einen Einsatz hinlegen, wenn sich die Kugel in eine Delle gebettet hat und die Harke des Spielbeamten über den Tisch zu fahren beginnt.
Falschspieler erfanden die ›Schießende Krawatte‹ (im Kriminalmuseum von Zoppot kann man aparte Muster dieser Krawatte sehen), aus der sie ein Jeton auf das Gewinnfeld schnellen. Auf der andern Seite des Tisches steht ein Komplize. Der bezeichnet die Spielmarke als seinen Einsatz und bekommt den Gewinn.
Patent und Geheimnis des Kartenkönigs Korff war, ehe es durch die Berliner Polizeiausstellung öffentlich gezeigt und weiteren Kreisen zur Nachahmung freigegeben wurde, der Gummischlauch im Anzug. Drückte Korff die Knie zusammen, so wurde dadurch eine im Ärmel verborgene Spielkarte in seine Hand geblasen. Ob

der Apparat auch zum Herausblasen von Münzen ausgebaut wurde, ob damit in Monte Carlo nachträglich gesetzt wurde und wie oft man die Täter ertappte, kann man nicht erfahren. Monte Carlo hat weder ein Kriminalmuseum wie Zoppot noch eine Polizeiausstellung wie Berlin.

Mit gefälschten Spielmarken ins Casino zu kommen ist eine naheliegende Idee. Die echten Jetons (von den Deutschen ›Chips‹, von den Engländern ›Counters‹ genannt) werden unter den gleichen Vorsichtsmaßregeln hergestellt, wie sie ein Staat beim Prägen von Geld walten läßt. Gleichwohl sind es nur Plättchen aus Galalith, die eine Ziffer tragen, und sie nachzuahmen ist nicht schwer; man riskiert, selbst wenn man erwischt wird, kein Verfahren wegen Falschmünzerei, wird wahrscheinlich überhaupt nicht belangt, nur schleunigst aus Monaco – und wie groß ist schon ganz Monaco? – ausgewiesen.

Dennoch lohnt sich auch dieser Betrug nicht. Beschaffung echter Jetons als Modell, Herstellung der falschen, ihr geheimer Transport, die Reise nach Monte Carlo machen Spesen, die im Laufe eines Tages nicht gedeckt werden, geschweige denn am gleichen Tag noch einen entsprechenden Gewinn bringen können. Und zwischen dem ersten Tag und dem zweiten wird die Sache brenzlig. Nachts werden alle abgelieferten Jetons gezählt (nicht Stück für Stück, sondern man schüttet jede Sorte in Stangenmaße) und ihre Zahl mit der am Morgen ausgegebenen verglichen. Durchschnittlich fehlt ein Prozent, die Stücke, die die Gäste nach Hause nehmen, um morgen damit weiterzuspielen. Sind aber mehr Münzen vorhanden, als ausgegeben wurden, beträchtlich mehr sogar, dann ist Alarm. Einzelüberprüfung. Man findet die gefälschten Marken.

Am nächsten Vormittag ist's in der Salle Schmit wie an allen anderen Tagen. Da kommt jemand zur Kasse, will einen Posten falscher Jetons gegen Geld einwechseln und wird diskret dingfest gemacht . . .

Das Casino schützt sich gegen Betrug und brüstet sich mit seinen Vorsichtsmaßregeln. Die Spielkarten sind eigens für Monte Carlo hergestellt, von der Regierung kontrolliert, das sechsfache Kartenspiel von ›Trente-et-Quarante‹ wird nur zweimal verwendet und dann in der Gasfabrik verbrannt.

Nach Feierabend werden die Roulettes mit einem Deckel verschlossen, damit niemand an den Rädern feilen könne. Morgens mißt ein Ingenieur mit der Wasserwaage, ob Tisch und Scheibe keine Abweichungen zeigen, keine Zuneigung nach einer Richtung hin.

Nein, Sie können beruhigt sein, die Bank spielt ehrlich, Sie verlieren Ihr Geld auf korrekteste Weise. Sie verlieren Ihr Geld um so sicherer, je sicherer Ihr System ist.
Sie haben keines? Nun, dann können Sie sich eines kaufen. In den Spielwarenläden für Erwachsene gibt es wohlassortierte Lager von Gleichungen, Tabellen und Schriften in allen Sprachen: ›Leichtes Leben durch Roulette und Trente-et-Quarante‹; ›Neues wissenschaftliches System des Roulettespiels‹; ›Mathematische Theorie des Spiels‹; ›Der Schlüssel zur Macht‹; ›Die d'Alembertsche Steigerung‹; ›Geheimes Manuskript des orientalischen Professors Alyett‹; ›Die Methode des Mandarins Ching-Ling-Wu‹, teils Schriften in verklebtem Umschlag, der erst nach Kauf geöffnet werden darf, teils gelehrt aufgemachte Werke wie das dickleibige ›Le gain scientifique à la Roulette ou au Trente-et-Quarante par les lois du Hasard‹ von Marigny de Grilleau.
Die Mehrheit der Spieler hat vermeintlich selbstausgeheckte Systeme, die aber längst von anderen ausgeheckt worden sind. Bestechend sind die ›Martingales‹: Man setzt auf eine einfache Chance in arithmetischer Progression, das heißt, man verdoppelt die Einsätze so lange, bis man gewinnt. Dann fängt man von neuem mit zehn Francs an. Der schließliche Gewinn beträgt immer um einige Stück mehr als die Summe der gesetzten Stücke. Ich setze zum Beispiel zehn Francs, verliere und setze zwanzig Francs, verliere wieder und setze vierzig Francs. Nun gewinne ich, bekomme achtzig Francs ausbezahlt. Siebzig hatte ich angelegt.
Wenn die Einsätze bloß nicht so rasend rasch anwachsen würden! Schon bei neunmaligem Verlieren sind es 511 Stücke (1 + 2 + 4 + 8 + 16 + 32 + 64 + 128 + 256), das sind 5110 Francs. Das zehntemal müßte ich zweimal 256 Stücke, also 5120 Francs setzen. Riskiere ich diese Summe und gewinne endlich, dann beträgt der Gewinn 10 240 Francs, nachdem ich 10 230 eingesetzt habe. Zehn Francs gewonnen in so langem, hohem Spiel!

Zu meinem Glück oder Unglück besitze ich diese 5120 Francs nicht. Ein Kapitalist müßte nicht wegen Geldmangels aufhören, dennoch ist auch er nicht imstande, viel länger zu verdoppeln. Denn die Bank schreibt eine Grenze der Einsätze vor.

Einmal, zu später Nachtstunde, war ich in einem Café auf der Place d'Armes zu Monaco. Am Nebentisch saß ein Mann mit grauem Spitzbärtchen, ich hätte ihn um zwanzig Jahre älter als mich geschätzt. Aber ich schätzte weder sein Alter, noch hatte ich ihn überhaupt bemerkt, bevor er sich an mich wandte: »Vous êtes Monsieur Kisch, n'est-ce pas?« – »Oui«, antwortete ich geistesgegenwärtig, obwohl mich diese Erkennungsszene auf der mitternächtlichen Condamine überraschte.

»Du erkennst mich nicht? . . . Ich war dein Mitschüler auf der Realschule.« – »Ach, natürlich«, beeilte ich mich, mich zu besinnen, »du bist der Horatschek Wenzel!« – »Der Krebs Benedikt«, verbesserte er und fügte hinzu: »Ich habe dich schon heute im Casino gesehen und sofort erkannt.« – »Warum hast du mich nicht angesprochen?«

Darauf gab er keine Antwort. Wir rückten unsere Stühle zusammen und sprachen von der Vergangenheit in Prag und von der Gegenwart in Monte Carlo. Er sei vor dem Krieg hierhergekommen, mit einer Frau, habe gespielt, gewonnen, verloren, wieder verloren, sei 1915 zur monegassischen Armee eingerückt, die, auf Kriegsstärke erhöht, ein Halbbataillon war. Sein rechter Fuß sei kein rechter Fuß, sondern eine Prothese. Nun spiele er nicht mehr.

»Du sagtest doch, daß du mich heute im Casino gesehen hast?« – »Ja, aber ich spiele nicht mehr. Hast du gespielt?« – »Ein wenig.« – »Nach welchem System?« – »Nur aufs Geratewohl. Ich habe kein System.« – »Es gibt auch keines, das ist alles Unsinn. Wenn's eines gäbe, stünde die Bude da oben nicht mehr. Alle Welt hat geglaubt, Garcia habe das System – er gewann zwei Millionen binnen vier Wochen. In der nächsten Saison verspielte er die ganzen Millionen. Wenn sein System ein System gewesen wäre, hätte ihm die Bank Millionen gezahlt und nicht das Viatique. Mit Wells war's ähnlich.« – Ich nickte. »Es ist am besten, man schmeißt ein Jeton auf ein beliebiges Feld. Hat man Schwein, kriegt man Geld, hat man Pech, so kriegt man nichts.«

»Nein, nein«, ereiferte er sich, »das ist Unsinn. So denken die Touristen. Die setzen ihre Garderobennummer, und wenn sie verlieren, werfen sie dem Verlust den Rest der Jetons nach. Schade ums Geld! Man muß vernünftig spielen.«

Vernünftig spielen? Ich erinnerte ihn, daß er noch vor fünf Minuten behauptete, es gäbe kein System. »Natürlich gibt's kein System«, rief er, »sonst könnte man ja immerfort die Bank sprengen. Aber Spielregeln gibt es. Wenn man sie einhält, so verschleudert man sein Geld nicht, muß sogar kontinuierlich gewinnen, wenn auch nur geringe Summen.« – »Na, na!« – »Was heißt: Na, na? Die Sache ist sehr einfach. Sogar du wirst es verstehen, obwohl du der Schlechteste warst beim Mrazek – Mrazek war unser Mathematiklehrer, wenn du auch das vergessen haben solltest.« – »Du warst wohl sehr gut beim Mrazek?« – »Ja, ich hatte immer vorzüglich. Es war leider meine einzige gute Note. Mathematik verstehe ich, und deshalb glaube ich nur an die Wahrscheinlichkeitsrechnung. Ihre Grundsätze muß man befolgen.« – »Wie machst du das?« – »Ich mache das überhaupt nicht mehr. Aber ich kenne die Regeln.«

Er nahm den Bleistift. »Paß auf! Man setzt dreißig Francs auf Manque, die niedrigere Hälfte der 36 Ziffern. Kommt eine von den Nummern 1 bis 18 heraus, gewinnt man dreißig Francs, nicht wahr?« – »Und wenn 19 bis 36 herauskommt, so verliert man dreißig Francs, nicht wahr?«

»Richtig. Gleichzeitig aber mit Manque hat man auf Dernière Douzaine zwanzig Francs gesetzt, auf die Ziffern 25 bis 36. Jedes Dutzend zahlt zweifaches Geld. Kommt also Dernière Douzaine, so hat man für zwanzig Francs sechzig Francs.« – »Fällt aber eine Ziffer der beiden anderen Dutzend, so verliert man seine zwanzig Francs.«

»Aber da man ja gleichzeitig für die dreißig Francs auf Manque dreißig Francs gewonnen hat, so verliert man nichts, sondern hat zehn Francs mehr. Man setzt also immer fünfzig Francs und gewinnt immer sechzig, gleichgültig ob Niedere Hälfte oder Letztes Dutzend herauskommt. Das ist alles.« – »Und wenn weder Niedere Hälfte noch Letztes Dutzend herauskommt, so verliert man immer fünfzig Francs.« – »Sehr richtig«, Krebs Benedikt lächelte ironisch. »du bist vielleicht gar kein solcher Esel in Mathematik, wie der Mrazek geglaubt hat. Sehr richtig; wenn weder Niedere Hälfte noch Letztes Dutzend herauskommt, so verliert man fünfzig Francs. Aber«, er kopierte Mrazek, »können Sie mir aus Ihrem Köpfchen hersagen, welche Nummer zu diesem Behufe des Verlierens fallen müßten?« – »Die Nummern 19, 20, 21, 22, 23 und 24.«

»Sieh mal an, der Kisch Egon scheint ausnahmsweise etwas gelernt zu haben. Also sechs Nummern. Die Chance des Verlierens beträgt demnach nur ein Sechstel.« – »Und außer diesen sechs Nummern kann auch Null fallen.« – »Mit dem Zéro darf man nicht rechnen. Das ist eben Refait der Bank. Davon lebt sie, und von den Patzern. Wenn man immer das Zéro einkalkulieren würde, könnte man überhaupt nicht spielen.«

Ich verzichtete also auf Zéro, im übrigen war ich noch nicht überzeugt. »Bei sechs Spielen kann man mit deiner Methode sechsmal zehn Francs gewinnen. Es besteht aber die Wahrscheinlichkeit, daß bei je sechs Spielen einmal eine Nummer aus dem Sechstel herauskommt, das nicht belegt war, eine Nummer von 19 bis 24. Dann verliert man den Einsatz von fünfzig Francs.« – »Da man aber fünfmal zehn Francs gewonnen hat, kostet der Verlust nichts. Erst nach zweimaligem Verlieren innerhalb von sechs Spielen wäre der Einsatz weg. Wie du richtig gesagt hast, soll nach der Wahrscheinlichkeitsrechnung eine Ziffer des vierten Sechstels bei je sechs Spielen nur einmal kommen. Erfahrungsgemäß aber kommt sie viel seltener.« – »Warum spielst du also nicht mehr?«

Mein Mitschüler war zu Anfang unserer Begegnung ein gedrückter Mensch gewesen. Während des Gesprächs hatte er sich ereifert, eine überlegene Art angenommen. Jetzt wurde er wieder zu einem Mann, dessen Alter ich um zwanzig Jahre höher als das meine geschätzt hätte. »Warum ich nicht mehr spiele? Ich darf nicht mehr spielen.« – »Wer verbietet es dir?« – »Ich bin Angestellter des Casinos.« – »Croupier?« – »Nicht Croupier – Angestellter . . . Und was hast du für einen Beruf? Bist du Ingenieur geworden?«

So lenkte er ab, und mir fiel ein, wo er mich im Casino gesehen, es war auf der Toilette gewesen, deshalb hatte er sich geschämt, mich anzusprechen: Er, der beste Mathematiker unter meinen Mitschülern, der Spieler mit den verläßlichen Regeln, war der

›Letzte Mann‹ des Casinos von Monte Carlo. »Nein, ich bin nicht Ingenieur geworden«, antwortete ich, »ich bin Schriftsteller, ein beschissener Beruf, das kannst du mir glauben.«

Auf der zum Hafen hinabführenden Rampe, in einem vornehmen Gebäude, tagt der ›Sporting Club‹. Er hat mit Sport soviel zu tun wie die Seebädergesellschaft mit Seebädern und ist auch kein Klub, sondern ein ebensolches Geschäftsunternehmen wie das Casino.

Früher haben die um zwei Uhr nachts zum Verlassen des Casinos gezwungenen Nobelgäste in Nizza, im ›Cercle de la Méditerranée‹, weitergespielt. Um diesen Hartnäckigen die Mühe der nächtlichen Reisen nach Nizza zu ersparen, kaufte das Casino von der Fürstin Radziwill, geborene Blanc, das Hotel ›Monte Carlo‹ und richtete es als exklusiven Spielsaal für Aristokraten und Millionäre ein. Als die Abwanderung dieses Publikums nicht mehr zu befürchten war, lockerte man die strengen Aufnahmebedingungen. Keine Sperrstunde und keine Maximalgrenze für die Einsätze gibt es im ›Sporting‹, kein Roulette hat ein Betriebskapital unter einer halben Million Francs, die Trente-et-Quarante-Tische mit 500 Francs Mindesteinsatz sogar 600 000 Francs täglich. Man braucht keine Jetons, Bargeld und Schecks gelten als Einsätze, selbst Ehrenwort genügt oft. Die Filiale einer Pariser Großbank amtiert im Klub, gewährt bei Tag und Nacht Kredite. Das Telegrafenamt liegt gegenüber, und wer im Bakkarat verliert, kann nach Hause telegrafieren: ›abbrechet verhandlung mit gewerkschaften stop hinweiset auf katastrophale wirtschaftslage der fabrik durch ausbleiben südamerikanischer aufträge.‹ Oder: ›kann nicht weiter zusetzen stop schließet zementabteilung entlasset belegschaft per sonnabend.‹

Nachts ist die weiße Fassade des Casinos von Scheinwerfern überschüttet, die Girlanden leuchten, sicherlich wirkt dieser geschminkte Bahnhof von ferne wie ein Feenpalast. So lockt er die Gäste der Küste und die Passagiere der Schiffe.

In den Sälen sieht es anders aus als am Tage. Die Damen tragen Abendkleid, Schmuck und grellrote Fingernägel, die Herren sind im Frack, und auch die Sous-Chefs, die das Spiel vom erhöhten

Platz überwachen. (›Gamblers look-out‹ hieß dieser Stuhl im Kalifornien der Goldgräberzeit, und der Spielinspektor schwang zwei große Pistolen.)
Zigarettenrauch umschwelt die Kronleuchter. Gesteigert haben sich die Leidenschaften, fiebernd wartet man auf den Zu-Fall. Man hält keine Karte in der Hand, man mischt nicht, man teilt nicht, hat nicht einmal die Fiktion, etwas für seine Chance zu tun. Bei Trente-et-Quarante muß der Croupier vier bis fünf Leute auffordern, bevor einer die Karten abhebt, niemand will Hand anlegen, niemand ins Schicksal eingreifen.
Aberglauben und Mathematik schließen einander nicht aus. Am Freitag ist der Casinobesuch um die Hälfte schwächer als sonst, auch jene, die streng nach der d'Alembertschen Progression spielen, vertrauen an diesem Tag der Wissenschaft nicht. Dagegen ist die Dreizehn nicht für jedermann eine Unglückszahl; viele glauben, daß sie Glück bringt, und für solche hat das Hotel drei Zimmer mit dieser Nummer reserviert: 13 a, 13 b und 13 c. Vitrinen an den Wänden des Casinos präsentieren ein Parfüm ›treize‹ und goldene Dreizehner als Krawattennadeln und Broschen. Jeder Monat hat sein Amulett mit einem anderen Halbedelstein und der Figur des Tierkreises.
Die Geschichten von dem buckligen Bettler, der als Glücksbringer vor dem Casinoeingang stand, sind allerdings erfunden, den Buckligen hat's nie gegeben und auch seinen Sohn nicht, dem er nach dem Tod den falschen Buckel vererbt haben soll. In und vor dem Casino gibt's keinen Bettler. Von hier muß man im Augenblick, da man zum Bettler wird, abfahren.
Drinnen in der Salle Schmit hat sich ein alter Vierschrot, Knollennase, hohe Stiefel, anscheinend ein Landwirt, auf das Sofa in der Ecke geworfen. Er rauft sich das Haar, reißt es in Büscheln aus, sucht in den Taschen, in einem um den Hals gebundenen Säckchen, stöhnt. Dann wankt er hinaus – er wankt, es ist wie in einem Schundroman. Wir sehen durch das Fenster dem Verzweifelten nach, er schleppt sich ein paar Schritte, bleibt stehen, wankt dem Park zu.
Mann über Bord. Hart und unbeirrt segelt das Geschwader weiter. Hart und unbeirrt drehen die Steuermänner die Räder. Hart und unbeirrt lugen die Kapitäne von der Kommandobrücke. Star-

ren Blicks beugen sich die Passagiere über die Reling. Sie wollen von diesem Kap der Guten Hoffnung zu jener Insel Thule. Seekranke taumeln auf dem Deck, ein Verzweifelter klimmt das Fallreep hinab, ausgeschifft wider Willen.

Auf einer meterhohen schwarzen Tafel in der Vorhalle werden ununterbrochen Telegramme aus aller Welt angeschrieben.

Im Spielsaal setzt jemand ›Noir‹ und ›Inverse‹, während draußen verzeichnet wird, daß im Hafenbezirk von Kairo vierhundert Menschen der Beulenpest zum Opfer fielen. Einer verliert tausend Francs, die auf der mittleren Kolonne lagen, Fridtjof Nansen heute nacht gestorben; Nummer 23 kommt zum viertenmal heraus, hundertvierzigtausend Bergarbeiter sind gestern in Wales in den Streik getreten; Eisenbahnunglück bei Warschau, sechzig Tote, der Lokomotivführer verhaftet, ›Rouge gagne et Couleur‹; Bankenkrach in Wallstreet, Grundsteinlegung der Schleuse Dneprostroi, die Scheibe kreist, die Kugel rollt, der Schwamm löscht weg, der Croupier zahlt aus, Telegramme kommen, die Karten fallen, eine Welt hungert, eine Welt spielt, eine Welt stirbt, eine neue Welt wird gebaut. Machen Sie Ihr Spiel, meine Herren.

Das Eingangslicht des Hôtel de Paris fällt auf die hellviolette Livree des Negerportiers, die Strahlen der Fontaine lumineuse wechseln die Farben allmählich oder jäh, die Tropfen glitzern bald wie rote Funken, bald wie Brillantensplitter.

Im Park duften Rosen und Glyzinien, schwingen sich die Zweige der Agaven und Palmen kühn empor und neigen sich sanft wieder herab, Baldachine aus Ranken und Blüten überwölben die Bänke, auf denen man sich erschießt.

Menschen im Quecksilber, Quecksilber im Menschen

I

Hinab rasselt der Förderkorb. Ein Brett oben, ein Brett unten. Dazwischen die Passagiere. Die Felsen, die wir durchfahren, werden zu Seitenwänden des Förderkorbes. Plötzlich klafft eine Wölbung im Schacht, rechts und links ahnen wir Korridore.
In diesem Stockwerk hat der Förderkorb (der gleiche wohl) hundert Jahre lang hundertmal am Tag gehalten, alle Passagiere, alle Lasten wurden ein- und ausgeladen, hundert Jahre lang war hier Endstation. Ein Heer von Sklaven schürfte von morgens bis nachts, von nachts bis morgens, aber eines Tages war die Strecke abgebaut, und der Fahrstuhlschacht wurde tiefer hinabgeführt.
Nach fünfzig Metern springt wieder ein Bogen Schwarz in den Lichtschein unserer Karbidlampe. Der Eingang zu diesem Korridor ist so niedrig, daß ein Mensch ihn nicht aufrecht passieren kann. Hier stieg kein Mensch ein und keiner aus. Wer in diesem Stollen gearbeitet hatte, hob nach getaner Arbeit nicht sich im Fahrstuhl zum Lichte empor, nur das von ihm geförderte Erz. Die Bergleute dieser Region kamen zu Fuß durch einen Tunnel, den sie sich von ihrer Wohnstätte auf der Erdoberfläche schräg in den Felsen hacken mußten, und kehrten nach Feierabend wieder zu Fuß durch ihren Tunnel heim. Mitten in ihr Haus, das das Königlich spanische Strafhaus war.
In das Königlich spanische Strafhaus von Almaden wurden nur die zu lebenslänglicher Zwangsarbeit Verurteilten eingeliefert. Ihre Lebenslänglichkeit dauerte nicht lange; viele, viele Generationen haben innerhalb des vorigen Jahrhunderts einander abgelöst, die quecksilberne Luft im Bergwerk verkürzte die Haft.
Das alte Zuchthausgebäude steht noch ganz rüstig und massiv inmitten der kleinen Wohnwürfel von Almaden. Man renoviert es jetzt, um Arbeiterwohnungen zu schaffen. Der schräge Felsengang vom Zuchthaus ins Bergwerk wird nicht mehr benutzt.
Vorbei fahren wir am Stockwerk der Sträflinge und an anderen Stollen. Sooft der Förderkorb einen toten Gang passiert, knarrt er, als wolle er sich der Weiterfahrt widersetzen, wieder dort Station machen, wo er Tausende und aber Tausende Male gehalten

hat, und noch einmal Fühlung nehmen mit der Rampe, deren bewegliche Fortsetzung er solange gewesen. Jedoch das Förderseil stoppt nicht. Nimmermehr wird jemand hier oben die kilometerlang sich windenden Labyrinthe betreten, ihr Abbau ist längst vollbracht.

Fast fünf Minuten lang tauchen wir hinab zwischen Stein und Stein, zwischen Schiefer und Quarzit. Im zwölften Stockwerk der Grube San Aquino steigen wir aus, hier endet der Förderschacht, wenn auch die Schichten noch weiter nach unten abgeteuft sind. Wir klimmen eine ungefüge, schwankende Leiter bergab, und wieder eine ungefüge, schwankende Leiter bergab, und wieder eine – beschwerlich solches Klettern mit dem offenen Licht in der Hand, insbesondere für einen, der es nicht gewohnt ist. Dann sind wir in Sohle dreizehn, dreihundertsiebzig Meter unter dem irdischen Licht.

II

Gekrümmten Rückens tappen wir den Weg. Es heißt aufpassen aufs Hangende, damit der mit einer Art Stahlhelm bedeckte Kopf nicht gegen die Holzstempel stoße. Aus allen Adern blutet der Berg, Blutgerinnsel bedeckt ihn. Das Blut ist Zinnober, die Tränen aber, die auf den rotwunden Felsen glitzern, sind schieres Quecksilber. An manchen Stellen haben sich Bäche gestaut, eine Lache, silbern, sperrt uns den Pfad, der Tränensee aus dem Märchen.

In der Nähe sind Hauer vor Ort, wir hören Metall auf Stein schlagen, hören dröhnendes Rattern des Bohrhammers. Von der Hauptstrecke aus sind alle vierzig Meter lang Querschläge zu den Erzkörpern getrieben. Am Ende des Querschlages hängen Lichter, schwingen Schatten umher.

Wo das Gestein gebräch ist, genügt die Haue, um es abzubauen. Andernorts wird geschrämt. Der Mann, der den Bohrhammer bedient, kehrt uns den Rücken zu und schießt in die steinerne Front, daß die Funken stieben; rechts der Auspuff für den Dampf vervollständigt unsere Illusion, in der Schwarmlinie neben einem nach vorne gut gedeckten MG-Stand zu stehen.

Das breite Eisenrohr mit der luftigen Munition – wir sind unter-

wegs darüber gestolpert – mündet nicht in den Preßluftbohrer, sonst würde es bei einer Sprengung zerrissen werden. Fünfzig Schritt vor Ort geht sein Inhalt in einen Schlauch über, den man leicht wegräumen kann, bevor gesprengt wird.
In der Pause beim Schichtwechsel nimmt man die Sprengung vor. Ekrasit wird ins Bohrloch geschoben, die Kapsel mit Fulminat hinterher. Fulminat ist $(CNO)_2Hg$, eine Quecksilberverbindung. Quecksilber schießt auf Quecksilber, wie der Mensch auf den Menschen schießt.

III

Die Menschen hier unten sind fast alle jung. Blasse, hagere Kumpels, wie anderswo auch. Es hieße lügen, verschwiege man, daß in ihrem Mund unversehrt die Zähne blitzen. Es hieße lügen, spräche man nicht aus, daß ihre Hand fest die Haue schwingt, sicher den Bohrhammer bewegt.
Aber es hieße noch mehr lügen, wenn man nicht hinzufügte, was man obertags in den Straßen von Almaden zu sehen bekommt, es hieße noch mehr lügen, wenn man nicht erwähnte, was Geschichte und Statistik aussagen.
Almaden, das war mehr als die Goldgrube Iberiens, weit mehr: es war seine Quecksilbergrube, Lieferantin der Welt.
Roms galante Damen brauchten Vermillon, das Quecksilbersulfid, zur Schminke. Abdurrahman III., Kalif von Cordova, ließ für seine Geliebte im Lustschlößchen Medinat-az-Zahra die berühmte Fontäne aus Mondlicht errichten, das Quecksilber war. Mit Quecksilber vertrieben die Landsknechte ihre Filzläuse, die Offiziere ihre Franzosenkränke. Der Goldmacher primäres Elixier war Quecksilber, das Metall ist und Flüssigkeit zugleich und überhaupt zur Zauberei reizt.
Nicht nur die Quacksalber verordneten Quecksilber gegen alle inneren Störungen, die studiertesten Medici taten desgleichen. Es schien logisch, daß ein Kügelchen Arznei, vorne-oben eingenommen und ohne Formveränderung, ohne Quantitätsverlust hinten-unten von sich gegeben, alle Stoffe wegstoße, die sich unbefugt auf diesem Weg befinden.

Zum Messen von Temperaturen ist jede Flüssigkeit geeignet, aber von der mit dem größten spezifischen Gewicht reicht das kleinste Quantum aus. Deshalb trug jahrhundertelang jede Thermometerröhre Quecksilber im Leibe, ebenso Barometer und Manometer und Rektifikator.

Hasenfelle beizt man von alters her mit Quecksilbernitraten, ehe sie zu Filzhüten geformt werden. Viele Farben, vornehmlich der submarine Schiffsanstrich, taugen nichts, wenn sie nicht Quecksilber enthalten. Und alles kam aus jener iberischen Grube, die keinen Namen hatte, einfach die Grube (arabisch: ›al maden‹) war. Nur im österreichischen Idria und im italienischen Montamietta gab es eine Konkurrenz; die Vorkommen dort konnten sich jedoch an Ergiebigkeit mit dem spanischen niemals messen. Der Erzzug von Almaden erreicht eine Mächtigkeit von acht bis vierzehn Metern bei einem durchschnittlichen Erzgehalt von dreizehn Prozent, wogegen in jenen Auslandsgruben der Erzgehalt kaum 0,8 Prozent ausmacht.

In Montamietta und Idria werden die Arbeiter, die obertags beim Destillationsprozeß die Quecksilberdämpfe einatmen, nach einiger Zeit zur Grubenarbeit kommandiert, damit sie sich unten erholen. Das Umgekehrte geschieht in Almaden, denn der Gifthauch der unterirdischen Felsen ist hier stärker als der des kondensierten Quecksilbers. Almaden: reichste Quecksilbergrube in der Erde der Erde.

Die christlichen Könige aus den Häusern Aragonien, Kastilien, Habsburg und Bourbon, mit Galeerensklaven, also unentgeltlichen Bergleuten, weniger gesegnet als ihre phönikischen, griechischen, römischen, westgotischen und arabischen Vorgänger und verschuldet bis dorthinaus, konnten ihre Gläubiger nur mit Quecksilber bezahlen, mit dem noch nicht geförderten Quecksilber. Zunächst ward Almaden als Lehen den Tempelrittern gegeben, die dem Hof bei seinen Kriegen halfen. Später, gerade als Quecksilber für die spanischen Kolonien zur Ausbeutung der neuentdeckten Silbergruben unentbehrlich geworden war, erhielt die Familie Fugger zu Augsburg für eine Karl V. gewährte Anleihe die Grube zum Pfand.

Was Spanien für Südamerika brauchte, kaufte Spanien anderthalb Jahrhunderte lang bei den Fuggern, die es dem spanischen

Boden durch spanische Leibeigene entreißen ließen. Endlich war der Vertrag abgelaufen, und Spanien versuchte, die Grube in eigener Regie zu führen, wobei Mörder und Staatsverbrecher als unentgeltliche Arbeitskräfte helfen sollten. Jedoch 1870 mußte dem englischen Haus Rothschild für die dem Staat geborgte Summe von 42 Millionen Pesetas eine Hypothek auf Almaden und eine jährliche Abzahlung von 32 000 Flaschen Quecksilber gewährt werden.

Um eine solche Produktion herauszuholen, reiste Direktor José de Monasterio nach Mitteleuropa, studierte die modernsten Bergwerkseinrichtungen, kaufte eine Wattsche Dampfmaschine und andere Apparate. Das Pensum wurde erfüllt, mit dem Nebenergebnis, daß die Belegschaft von den Giftgasen geradezu niedergemäht wurde.

Vor der Ofenanlage rotteten sich die Arbeiter zusammen und protestierten gegen den Massenmord. Direktor Monasterio stellte sich ihnen mit seinem Ingenieur Sebastian Buceta entgegen, und beide wurden getötet. Das war um 1870, während der ersten spanischen Republik. Das absolute Königtum hätte nicht härter Rache nehmen können: an zehn Galgen ließ die Republik zehn Arbeiter von Almaden baumeln.

Nicht bekannt sind die Namen der Gehängten, nicht bekannt das genaue Datum. Über die Revolte von Almaden steht kein Wort in der Geschichte von Almaden, kein Bild und kein Andenken im Betriebsmuseum. Weder in der spanischen Enzyklopädie noch in den Monographien über soziale Bewegungen findet sich etwas über diesen Aufstand. Und doch war er ein einzigartiger Maschinensturm. Er richtete sich nicht gegen die Maschine als Verdrängerin vom Arbeitsplatz, er richtete sich gegen ihre Massenfabrikation von Giftmord. Diesem Maschinensturm fielen nicht die Maschinen zum Opfer, sondern zwei Männer, die sie eingeführt hatten, und zehn von denen, die sich dagegen gewehrt.

Die Arbeiter Almadens wissen von dieser Begebenheit ebensowenig wie die Bücher. Es lebt kein Zeitgenosse mehr des Tumults und der Hinrichtungen, vielleicht auch keiner mehr von den Söhnen der Zeitgenossen.

Man erreicht kein hohes Alter in Almaden.

IV

Auf einen Greis deutend, der abends auf der Calle de Canalejas bettelte, sagte mein Begleiter: »Das ist der Bruder eines Jugendgenossen.«
Ich verstand nicht gleich. »Du meinst wohl, der Großvater?«
»Aber nein. Er ist erst dreißig Jahre alt.«
Ich sah ihn an, den Greis, der dreißig Jahre alt ist. Ohne Zähne, ohne Farbe im Gesicht, stand er da und streckte seine Hände dem abendlichen Korso auf der Calle de Canalejas entgegen. Wahrlich mitleidheischende und mitleiderregende Hände! Sie schwangen in rasendem Tempo hin und her, als gehörten sie nicht zu dem Körper, der müde, wie tot, an einer Wand lehnte.
Solchen Schüttlern und Zitterern – nicht Opfer des Krieges, sondern Opfer des Quecksilbers – begegnet man in der Zeile zwischen den ebenerdigen kahlen Häuschen von Almaden auf Schritt und Tritt. Zahnlose anämische Greise, auch sie vielleicht nur dreißig Jahre alt. In Bretterkisten, die mit Rädchen versehen sind, werden einjährige oder fünfjährige Kinder – wer vermag hier das Alter abzuschätzen – von älteren Geschwistern spazierengeschoben. Welch eingefallene, unkindliche, hoffnungslose Gesichterchen! Ich würde mich nicht wundern, wenn mein Begleiter mir sagte, diese Kleinen hätten schon Jahre der Grube hinter sich. Aber sie haben sie erst vor sich.

V

Vor den Kumpels, die wir im matten Flämmchen unserer Grubenlampe den Zinnoberstein behauen oder bebohren sehen, haben in anderen Epochen die Schicht gemacht: Galeerensträflinge der Phöniker; Sklaven der Griechen; von den Arabern gefangene Giaurs, Ketten und Kugeln klirrten an ihren Füßen; Leibeigene, mit Peitschen angetrieben. Die nachfolgende Schicht hatte nur einen Ausgang aus dem Schacht: den Eingang ins Zuchthaus, nur einen Ausgang aus dem Zuchthaus: den Eingang in den Schacht. Sklavenarbeit und Sträflingsarbeit wurden schließlich aufgehoben, und Lohnarbeit trat an ihre Stelle; Spanier einer spanischen

Republik fuhren ein, von denen man eines Tages zehn an den Galgen knüpfte, um die anderen einzuschüchtern.

Noch vor einigen Jahren war die Belegschaft von Almaden vom Militärdienst entbunden. Ohne dieses Privileg hätten hier nur wenige Arbeit gesucht, hätte man den Betrieb unmöglich vor Abwanderung schützen können. Heute ist das Gesetz aufgehoben. ›Die allgemeine Wehrpflicht der Republik Spanien duldet keine Ausnahme.‹ Vor allem, wenn Arbeitslosigkeit herrscht. Dann nimmt jeder jede Arbeit an. Auch die im Quecksilberbergwerk.

Almaden ist von der Krise nicht verschont geblieben. Langsam schlich sie durch die Jahrhunderte heran. Wo sind sie hin, die Kurtisanen Roms, die nur des Mercuriums und der Purpurschnecken bedurften, um Lippen und Wangen verführerisch zu röten? Wo sind sie hin, die verliebten Kalifen, die das Herz ihrer Favoritin mit sprudelndem Mondschein erfreuten? Wo sind sie hin, die schlichten Scharlatane, die mit Quecksilberkügelchen gleichermaßen der Hartleibigkeit wie dem Zipperlein und den fraulichen Störungen zu Leibe rückten? Wo sind sie hin, die Hofalchimisten, die mit trockenem Wasser, dem ›Diana-Regen‹, und anderen Quecksilbergaukeleien den gläubigerbedrängten Monarchen Hoffnungen einflößten?

Verschwunden, verschwunden all das und anderes auch. Das Salvarsan verdrängte die Schmierkur. Es gibt Barometer und Thermometer ohne Quecksilber, Spiegel mit Zinnbelag. Die Republiken Mittel- und Südamerikas, die bis in die letzte Zeit das Quecksilber zur Ausbeutung ihrer Gold- und Silberminen aus dem einstigen Mutterland bezogen, sind zur Autarkie übergegangen und schroten ihre geringprozentigen Zinnobervorkommen selbständig aus. Was als Antiseptika und für Zahnplomben, was in der Mechanik für Rotationspumpen und für automatische Stromausschaltungen an Quecksilber gebraucht wird, fällt im Weltkonsum nicht ins Gewicht. Der Plan, in den Superzentralen, insbesondere auf Schiffen, statt Wassers Quecksilber verdampfen zu lassen und wieder zu kondensieren, weil Quecksilber weniger Raum einnimmt, hat sich bisher nicht durchgesetzt.

Dennoch ist Almaden keineswegs pleite. Es besteht Bedarf an Quecksilber bei einer Industrie, die keine Pleite kennt, bei einer Industrie, die als Bezieher alle anderen Industrien reichlich aufwiegt. Erraten, die Kriegsindustrie! Jener Quecksilberverbindung, mit der wir den Quecksilberfelsen hier sprengen sehen, des Fulminats, bedürfen die Kapseln der Gewehrpatronen, der Artilleriegeschosse, der Dynamitpatronen, und das ist viel.

Die Almadener Statistik reicht bis zum Jahr 1419 zurück. Wieviel von diesem mittelalterlichen Jahr an bis 1925 jährlich gefördert wurde, ist auf einer graphischen Tabelle im Direktionsgebäude klar ersichtlich. In diesem halben Jahrtausend wurden 5 527 899 Flaschen (nur eine Flasche fehlt seltsamerweise zur runden Zahl) zu vierunddreißigeinhalb Kilogramm produziert, was einer Förderung von 2 847 163 Tonnen Zinnober entspricht. Jene 32 000 Flaschen, die in den siebziger Jahren an Rothschild als Jahrestribut abgeliefert werden mußten und zur Aufstellung von neuen Maschinen und zehn Galgen Anlaß gaben, bildeten den Rekord, niemals war bisher mehr erzielt worden. Erst im Jahre 1928 wurde dieser Rekord gebrochen, mehr als die doppelte Leistung vollbracht: 70 000 Flaschen.

Das ist auch wieder vorbei, soviel beträgt heute der Weltbedarf, von dem Almaden die Hälfte deckt. Produktionsrückgang um fünfzig Prozent nach erfolgter Modernisierung der Maschinen und Rationalisierung des Betriebes bedeutet Massenentlassungen.

Natürlich wird nicht nur die Anzahl der Arbeiter davongejagt, um die man die Belegschaft verringern will, sondern man entläßt alle jene, die nicht mehr die Jüngsten und Gesündesten sind, und nimmt an deren Stelle Junge und Gesunde auf, neue Kräfte.

Auswahl ist da, weit mehr als die 2500 Mann, die das Werk braucht, hundertmal 2500, tausendmal 2500, fast zehntausendmal 2500 Mann. Es gibt Millionen von Arbeitslosen in der Welt, und sie sind allesamt einschränkungslos bereit, sich zu jedem Lohn und unter jeder Bedingung an jeden Arbeitsplatz zu stellen. Verzweiflung bemächtigt sich der Entlassenen und der vergeblich Arbeitsuchenden.

War man ursprünglich mit Fesseln an die verderbenspeienden Höhlen geschmiedet, war man später dadurch hier festgehalten, daß zwischen Kerkerwand und Giftwand nur ein Weg, aber kein Ausweg blieb, hatte man sich hernach nur deshalb ins Quecksilber verdingt, um sein Leben nicht auf Kriegszügen in Südamerika oder Nordafrika zu beenden, entschloß man sich schließlich zur

Arbeit in Almaden, weil es keine andere Erwerbsmöglichkeit gab (Tod durch Hunger ereilt die ganze Familie, während das Gift der Mine nur einen umbringt) – im zwanzigsten Jahrhundert hat der Wahnsinn der Wirtschaft den Gipfel erklommen, man wird gewaltsam von den Plätzen der Kettensträflinge verjagt, sehnsüchtig streben Massen in die Korridore des Todeshauchs und vergeblich. Wer hätte je eine solche Vision auszudenken vermocht; eine Inquisitionskammer, in der die Gefolterten vor Angst zittern, man könnte ihre Daumenschrauben lösen, sie von der eisernen Jungfrau trennen, vom Streckbrett vertreiben. Eine unabsehbare Menschenmenge drängt heran, schaut neidisch auf die, die gerädert und gestochen und gepfählt werden, und fleht, auch vorgenommen zu werden.
»Da könnte jeder kommen«, schreien die Folterknechte den Bewerbern zu, »schert euch zur Hölle!«
Zur Hölle? Dort ist sicherlich längst die alte Aufforderung beseitigt worden, beim Eintritt alle Hoffnung fahrenzulassen. Dort steht heute sicherlich nur die Aufschrift:

Wegen Überfüllung geschlossen.

VI

Die Kumpels im Stollen sind zumeist Neueingestellte. Sie sehen nicht aus, als wären sie einst als Kinder in den Bretterkisten durch die Gassen von Almaden gefahren worden. Wohl aber werden sie bald so aussehen wie die vermeintlichen Greise, die dem abendlichen Korso auf der Calle de Canalejas die flatternden Hände entgegenstrecken.
Von der jeweiligen Belegschaft leiden 36,2 Prozent an chronischen Krankheiten, darunter 29,9 Prozent an Merkurialismus (Hydrargyrasis). Festgestellt ist, daß Dämpfe durch die Schleimhäute und den Atmungsapparat sowie durch Wunden in den Körper eindringen; möglicherweise erfolgt die Infektion auch durch die Verdauungsorgane.
Die Folgen sind: Ausfall der Zähne, Blutarmut, Herzschwäche, vorzeitiges Altern, Zerstörung des Nervensystems (die Gliedmaßen beginnen konvulsivisch zu zucken, wenn sie zu einer Bewe-

gung eingesetzt werden), Entzündungen im Mund und Speichelfluß, Diphtherie des Dickdarms.
Statistiken liegen vor. 535 aktive Arbeiter, über dreißig Jahre alt, mehrere Jahre in der Grube tätig, wurden ärztlich untersucht. Von ihnen wurden nur 251 als gesund befunden, und zwar sieht ihre Gesundheit so aus: 75 vollkommen gesund, 69 von Hydrargyrasis geheilt, ohne daß Spuren zurückgeblieben sind, 107 mit zurückgebliebenen Spuren.
Nicht weniger als 234 der Untersuchten zeigten Vergiftungserscheinungen, davon 16 solche leichterer Art (auffallende Blässe, Zahnausfall, Körperschwäche, Herzfehler und verfrühtes Altern), die übrigen 268 schwere Hydrargyrasis mit Zittern, Entzündungen und inneren Krankheiten. Eine Statistik, entsetzlich genug. Aber im Laufe der Jahre, da die Untersuchten im Quecksilber arbeiteten, haben viele andere an ihrer Seite gehackt, mancher eine kurze, mancher eine lange Zeit. Die konnten nicht mit untersucht werden. Sie fahren nie mehr in die Grube.

VII

Die Erzblöcke, die losgehauenen, werden emporgehoben zum Sonnenlicht. Dort oben die Förderrampe, auf der der Bergmann nach Feierabend aussteigt, ist für das Erz nur eine Umsteigestation, es fährt weiter auf einer Schwebebahn in den metallurgischen Distrikt des Werkes, den Cerco de Buitrones.
Will man das Material begleiten, um keine seiner Etappen aus dem Auge zu verlieren, so muß man diese Marotte mit Unbequemlichkeiten bezahlen. Schlecht sitzt es sich in einem hängenden Hunt.
Eben noch hat man rotwunde, tränenglitzernde, dunkle und lärmende Labyrinthe des Erdinnern durchirrt, jetzt schwebt man dahin zwischen Himmel und Wiesen. Graugrüne Berge mit zinnenartig gezacktem Kamm (die Sierra Morena) spannen sich als Rahmen um die Ebene. Ein karges, aber friedliches Land, Schafe grasen.
Tief darunter kauert das Quecksilber, älter als das Menschengeschlecht, und wehrt sich wie ein Drache mit gifttragendem Fau-

chen gegen den Eindringling. Beide siegen, beide unterliegen. Mit mir fahren Stücke des erzenen Drachenleibes, blutende, weinende Stücke, unter mir siechen Menschen an seinem Gift dahin.
Die Luftbahn führt über ein Renaissancetor hinweg, den Eingang zum Destillationswerk, über den Mittelbogen ist das spanische Wappen gemeißelt, umhängt von der Kette des Goldenen Vlieses.
Halt! Taumelnd bleiben die Wägelchen stehen, das meine knapp über dem Gipfel eines Abraumhügels. Die Waggonets kippen, das Erzgestein fällt in den Hof, der Passagier klimmt zu Fuß den Hang der Halde hinab.
Arbeiter ordnen die Zinnoberblöcke nach der Ergiebigkeit und laden sie dem Kran auf, der sie zu Haufen schlichtet. Als arm gelten Stücke mit etwa zwei Prozent, die reichen sind oft fünfunddreißig Prozent reich. Einer der Hügel besteht aus zerstückeltem Häuserrest, Ziegeln, alten Bausteinen, Mörtel – Trümmer demolierter Kondensationskammern, sie haben im Laufe ihrer Arbeit viele Atome von Quecksilber in ihre Mauerwände gesogen und müssen jetzt wieder alles hergeben. Quecksilber ist ein kostbarer Stoff, vielleicht wird es auch einmal zur Ausbeutung des Menschenfriedhofs kommen, wenn's der Konsum verlangt ...
Einen Schachtofen aus Spaniens Araberzeit, einen ›Bustamento‹, hat man hier belassen, und ›Xabecas‹, bauchige Destillationsgefäße aus Ton, zu langen Strängen verbunden und in Rinnen nebeneinanderliegend. Diese antiken Produktionsmittel verstärken die monumentale Wirkung der modernen.
Acht Schüttröstöfen stehen wie eine Serie von Ozeanriesen da. Alle vom gleichen Typ (System Czermak-Spierck), doch trägt jeder einen anderen Namen am Bug, den Namen eines verstorbenen Verwaltungsrates oder Direktors. Jeder Ofen nimmt andersprozentige Blöcke auf, und seine Endprodukte gehen in ein nur ihm zugehöriges Becken des Quecksilbermagazins über.
Auf einem achtzig Meter langen Laufband nahen Gestein und Kohle, in der fünfhundertfünfziggrädigen Glut des Kessels schmilzt der Zinnober, vergast das Quecksilber und entweicht – glaubt zu entweichen.
Felsengrau und felsenhoch stehen die Wellen der Röhrenanlage in der Landschaft. Senkrecht steigt in ihnen das Quecksilber hoch, das so lange gebunden war und sich nun freut, ein luftiges Aggre-

gat zu sein; dann läßt es sich längs der nächsten Felsenwand hinab, steigt wieder hinauf, wieder hinab. Kälter wird es ringsumher, immer schwerer wird dem flüchtigen Element zumut, es verliert sein Schweben und Schwingen, um schließlich – just zweihundert Meter hat es innerhalb der Kondensationsrohre durchmessen – müde in ein Becken zu rinnen.

Jawohl, zu rinnen. Es ist das geworden, was es ist: eine Flüssigkeit. Die schwerste aller Flüssigkeiten. Der Aufseher am Ufer des perlmuttnen Sees will das dem Besucher beweisen. Er legt ein eisernes Gewicht auf die Oberfläche des Quecksilbers, ein Stück von fünf Kilogramm. Dann schaut er dich stolz an; siehe, das Gewicht schwimmt wie Papier.

Er schöpft von dem Naß in ein weißes trockenes Tuch, er schwenkt das rundgefüllte Tuch über dem Bassin, glitzernde Strahlen wachsen augenblicklich im Kreis, eine Monstranz entsteht und vergeht, denn allzubald hat der Diana-Regen zu Ende geregnet, das trokkene Tuch ist trocken geblieben. Um meine Hand ins Becken zu tauchen, muß ich stark drücken, es ist, als wäre ein Wasserspiegel auf eine Sprungfeder montiert, ich schiebe auch den Arm hinein mitsamt dem Rockärmel, alles bleibt trocken. Ob meine Manschettenknöpfe aus Gold seien, fragt der Arbeiter besorgt. Wären sie aus Gold oder auch nur vergoldet, so hätten sie sich aufgelöst.

»Sie können auch das Gesicht eintauchen«, fordert er mich auf.

Ist das nicht schädlich?

Er lächelt, wie man im Schützengraben über die Fragen und das Verhalten von Neulingen zu lächeln pflegte.

»Ach nein, einmal eintauchen ist nicht gefährlich.«

VIII

Casa Grande, das große Haus, nennt man in Almaden das Direktionsgebäude, denn im Vergleich zu den Arbeiterhäusern, die es umgeben, ist es ja wirklich ein Wolkenkratzer. In der Casa Grande amtiert der Direktor. Señor Madariaga ist von Amts wegen auch Leiter der zum Werk gehörenden Bergwerksschule, privaterweise Präsident der Internationalen Psychotechnischen Vereinigung.

Wir sprechen über das Bergwerk. Mir ist da unten einiges aufgefallen, die primitiven Grubenlampen mit offenem Licht, keine Schutzvorrichtungen, kein Ausbau im Förderschacht.
»Oh, das reicht alles aus«, sagt der Direktor, »wir hatten seit hundert Jahren keine Katastrophe, schlagende Wetter gibt es nicht im Zinnobererz, ernsthafte Unfälle sind sehr selten. Wenn nur die Quecksilberdämpfe nicht wären!«
Der Ventilator im Stollen war auf 600 Kubikmeter eingestellt, ist das nicht zuwenig Wetterzufuhr?
»Der Ventilator kann per Minute 1250 Kubikmeter leisten, aber es ist nicht gut, ihn voll einzustellen, das entwickelt noch mehr Quecksilbergas.«
Was also läßt sich gegen das Gift tun?
»Es gibt kein Mittel. Die Einwirkung auf den Arbeiter kann man nur dadurch herabmindern, daß man die Arbeitszeit des einzelnen beschränkt. Die Bergarbeiter machen alle drei Tage eine sechsstündige Schicht, sind nur achtmal im Monat unter Tag. Zwei Monate im Jahr sind sie mit Feldarbeit beschäftigt, ein Gut von 10 000 Hektar gehört zum Werk. Die Belegschaft der Destillation ist in sieben Schichten geteilt, wer heute in der ersten Schicht steht, arbeitet morgen in der vorletzten. Es wird Tag und Nacht gearbeitet, viermal zu sechs Stunden.«
Bekommt die Belegschaft Milch während der Arbeitszeit?
Der Direktor schaut mich von der Seite an. »Sie meinen, wie in Rußland?«
Ja. Ich war im vorigen Jahr in der Sowjetunion, dort bekommen die Arbeiter der chemischen Betriebe alle zwei Stunden ein Glas Milch. Das soll das beste Gegengift sein.
»Der spanische Arbeiter ließe sich das nicht vorschreiben.«
Und Gasmasken?
»Ein Spanier würde nicht mit der Gasmaske arbeiten. Außerdem dringt ja, wie Sie wissen, der Giftdampf nicht nur durch die Atmungsorgane in den Körper ein. Da müßten die Arbeiter auch noch Handschuhe haben und hermetische Kleider. Das mag vielleicht in Rußland durchführbar sein, in Spanien sind die Leute zu individualistisch.«
Nun, so gehen wir denn in Freundschaft auseinander.
Im Patio, dem schönen Hof der Casa Grande, hängen Arbeits-

schutzplakate, wie überall in Fabriken. Abschreckende Bilder mit den Texten: ›Es ist ungesund, während der Arbeit zu rauchen.‹ – ›Hütet euch vor dem Alkohol.‹ – Und so.
Der Bergmann von Almaden muß in der Höhle jener unsichtbaren, unterirdischen, verschlungenen Viper arbeiten, die mit unbemerktem Biß seine Knochen und Adern und Muskeln vergiftet. Überall lauert sie, doch Plakate, wohlmeinend, fürsorglich, warnen den Bedrohten vor anderen Gefahren. Wie, du rauchst? Wie, du trinkst?

Belgisches Städtchen mit 3000 Irren

I. *Abschiedsszene auf dem Bahnhof*

Der Abend war hereingebrochen, die Windmühlenflügel auf der Heide, in der das Städtchen wie eine Insel liegt, bewegten sich schläfrig in der schwachen Brise, die Fenster warfen Lichtquadrate auf die Straße. Auf dem Weg zum Bahnhof begegneten wir, der holländische Schriftsteller Nico Rost und ich, einer heimkehrenden Herde; die Schafe trotteten auf dem Bürgersteig an den mehrstöckigen Häusern und den Kandelabern der elektrischen Beleuchtung vorbei und drängten sich dann durch den engen Eingang eines Hauses, in dessen Hof ihnen wohl der Stall bereitet ist. Ihr Läuten trippelte ab, das letzte Klingling wurde von den Vesperglocken abgelöst.
Wir atmeten tief, dieser Klang von Glocke und Glöckchen schien das versöhnende Finale der schauerlichen Grand-Guignol-Szenen zu sein, die wir tagsüber erlebt. Irrtum. Es war nicht der Schlußakkord, ein unfriedlicher Schlußakkord sollte noch ertönen. Ein Wächter überholte uns auf seinem Rad, er hielt für einen Augenblick an und erzählte uns, ein Patient, der seine Angehörigen zur Bahn begleite, wolle den Versuch machen, mit dem gleichen Zug zu entfliehen. Deshalb brauche der am Bahnhof ständig postierte Wächter Sukkurs.
Kurz nach uns kam der Kranke mit Eltern und Schwester auf den Bahnhof. Der Vater, ein dekrepiter Mann mit dem Bändchen der Ehrenlegion, die Mutter um so lebensvoller, immerfort sprechend, die Tochter ein schlankbeiniges Sportmädel. Etwas abseits von ihnen hielt sich der junge Patient, sein Schritt und sein Gesicht, ein sehr geistiges Gesicht, verrieten Erregung. In zehn Minuten, in acht Minuten wird es sich entscheiden, ob es mir glückt, aus diesem fürchterlichen Milieu wegzukommen. Niemand darf mir anmerken, was ich vorhabe . . . noch sechs Minuten . . .
Er ahnt nicht, daß draußen auf dem Bahnsteig Feinde stehen, deren Augen durch die Milchglasscheibe auf ihn zielen. Er schaut auf die Uhr. Nur noch vier Minuten, noch zwei . . . Vater drückt

ihm die Hand, und während des mütterlichen Kusses, gleichzeitig mit der Zärtlichkeit der Familie, spürt er, wie er von hinten gefaßt wird, die von der Familie verständigten Wächter führen ihn weg.

Das war der Schlußakkord unseres Besuchs in der kleinen Stadt. Er gellte heftig in uns nach, denn die anderen Kranken, die wir gesehen, hatten sich mehrminder mit ihrer wirklichen oder eingebildeten Situation abgefunden. Der junge Mensch wollte fliehen, er hat die Minuten gezählt, vielleicht muß er noch Jahre, Jahrzehnte in dem ihm verhaßten Ort bleiben.

II. *Irrenpflege ohne Irrenhaus*

Sich eines jahrtausendalten Aberglaubens, einer religiösen Tradition bemächtigend, hat die moderne Psychiatrie das belgische Städtchen Gheel dazu ausersehen, die offene Fürsorge für Geisteskranke durchzuführen, ihre Unterbringung bei Familien, eine Irrenpflege ohne Irrenhaus also.

Der Marktplatz war heute (Montag) und zu früher Stunde wirklich einer, flämische Bauern standen hinter Körben mit Butter und Eiern, den einzigen marktbaren Landprodukten dieser Gegend. Vier Kühe, vier Hektar Feld, vier Kinder und ein paar Hühner sind der Standard des Kleinbauern in der Heide des Kempenlandes. Durch Zuweisung eines Pfleglings erhöht sich der Besitzstand, Pflegegeld wird für ihn bezahlt, und oft ist er Gehilfe dazu. Aber zum Markt wird er nicht geschickt, wir wenigstens sahen keinen Geisteskranken, nur Bauern in gelblackierten Holzschuhen und Händler mit Kleinautos.

In der Rhynstraat, dem alten Postweg nach München-Gladbach und Düsseldorf, traten wir in eines der massigen, breit geöffneten Einkehrhäuser; hier war, wie uns die Herbergswirtin erzählte (Nico Rost kann als Holländer sich mit den Flamen verständigen), jahrhundertelang Endstation der schweren Kutschen gewesen, die Kölner Bier nach Gheel brachten und Gheeler Bier nach Köln. Wir tranken eine Molle Gheeler und gingen zur Kirche hinüber. Ihr Hauptportal war geschlossen, aber die ›Ziekenkammer‹ gab den Weg in die Kirche frei.

III. *Die Irrenzelle in der Kirche*

Die Ziekenkammer ist ein fester Anbau oder, besser gesagt, ein Einbau in die Kirche, ein geräumiges Zimmer, aus dem Türen in zwei vergitterte Zellen führen. (Diese architektonische Anordnung, daß die Tür aus dem Zimmer der Pfleglinge in einen großen Raum mündet, in das Wohnzimmer der Pflegefamilie, fanden wir auch in den modernen Häusern.) Längst stehen die Eisenbetten der ›Ziekenkammer‹ nicht mehr in Gebrauch, doch liegt noch das Bettzeug darin, und von den abmontierten Bettgittern sind die Scharniere und Nuten da.

Es bedarf nicht allzu vieler Phantasie, um sich dieses Interieur zu einem der üblichen Wandgemälde aus den achtziger Jahren zu ergänzen: eine Braut, vom Geliebten verlassen und darob der Sinne beraubt, hockt mit wirrem Haar und rollenden Augen auf dieser umgitterten Lagerstatt, der Priester hebt ihr das Kruzifixum entgegen, durch die Tür lugen bebend-hoffend Vater und Mutter. Castans Panoptikum könnte dieses Genrebild in eine Wachsfigurengruppe umsetzen, im Katalog stünden die Worte: ›Nach dem weltberühmten Gemälde von Professor Gabriel Max‹, und die Beschreibung der Szene schlösse so: ›Ob sie wohl Heilung finden wird . . .?‹

Neun Tage mußten die Irren in diesen Zellen bleiben, im Nebenraum lagen die Familienmitglieder auf den Knien und hörten die Messe durch die offene Kirchentür. Leichtere Kranke wohnten dem Gottesdienst bei, und wenn sie gar unter dem Reliquienschrein durchzurutschen vermochten, so war das ein Zeichen des Himmels, daß ihre Heilung gewährleistet sei.

Wer nach Ablauf der Novene keine Besserung verspürte, der blieb in der Nähe der wundertätigen Kirche entweder mit seinen Angehörigen oder, oft mit schweren Ketten gefesselt, in der Obhut einer Familie von Gheel. Das ist nachweislich schon vor siebenhundert Jahren so gewesen, der Überlieferung nach schon vor mehr als dreizehnhundert Jahren.

IV. *Und zwar heilt die heilige Dymphna*

Der heiligen Dymphna ist die große gotische Kirche geweiht, an den Mauern kleben die Aufnahmebedingungen der ›Broederschap der Sinte Dimphna tot bevrijding van de Krankzinnigheit‹, für jährlich einen Franc (belgisch) erwirbt man das Recht auf eine feierliche Messe zu Lebzeiten und eine nach dem Tode, für je fünfzig Centimes eine gewöhnliche Messe, und gegen einen Jahresbeitrag von fünf Francs wird für Vreemdelinge am ersten Montag des Januar, April, Juni und Oktober und am St. Dymphnatag (15. Mai) je eine Messe gelesen. Einschreibung und Bezahlung der Messe beim Sakristan.
Statuen und Bilder der heiligen Dymphna und des heiligen Gerebernus schmücken Kirchenwände und Reliquienschrein. Zauberte vorhin der Besuch in der Siechenkammer eine Panoptikumsgruppe vor unser geistiges Auge, so sehen wir uns jetzt der Bildtafel eines Bänkelsängers gegenüber, der eine graue Moritat singt von Blutschande, Flucht, Entdeckung, Enthauptung und erbaulicher Moral.

V. *Blutschänderische Absicht des heidnischen Königs*

Leute, hört die Mordsgeschichte! Um das Jahr 600 herrschte ein heidnischer König über die heidnische Insel Irland. Da starb seine Gattin, und der Witwer wollte nur ein Mädchen ehelichen, das der Toten gleichsehe. Deshalb sandte er seine Boten in alle Länder, aber sie kehrten mit leeren Händen zurück. »Niemand, o Majestät, niemand auf der Erde gleicht deinem verblichenen Gespons, niemand außer deiner Tochter Dymphna.« Damit hatten diese heidnischen Schlaufüchse die Aufmerksamkeit ihres Herrn von ihrer Erfolglosigkeit auf seine Tochter abgelenkt, die in der Tat lieblich erblüht und ihrer toten Mutter wie aus den Augen geschnitten war. Von sündiger Liebe erfaßt, wollte der König nun seine Tochter ins Ehebett zerren, was kann man denn von einem Heiden anderes erwarten. Entsetzt wehrte Dymphna, die von ihrer Mutter getauft und christlich erzogen worden war und keinerlei Ödipuskomplexe kannte, diesen Heiratsantrag ab – mehr als

eine kurze Bedenkzeit konnte sie von ihrem Vater (oder ihr Vater von ihr) nicht erlangen. In ihrer Bedrängnis wandte sich Prinzessin Dymphna an ihren Beichtiger Gerebernus, und der riet ihr nicht nur zu entfliehen, sondern entfloh mit ihr.
Wutschnaubend und geil verfolgte der Heidenkönig an der Spitze seiner Mannen die unbotmäßige Tochter und deren Verführer. In Antwerpen verlor er ihre Spur. Seine Häscher suchten die Gegend ab, wobei sie in einer abgelegenen Schenke des Kempenlandes einkehrten und die Zeche mit den Münzen ihrer Heimat beglichen. Nichtsahnend zeigte ihnen die Wirtin einige andere Geldstücke der gleichen Gattung und erzählte, ein im nahen Forst lebendes frommes Paar bezahle damit seinen Proviant.
Nun rückten der König und seine Söldner gegen den Unterschlupf vor. Zwar vermochten Dymphna und Gerebernus zu einer Kapelle des heiligen Martinus in Gheel zu flüchten, dort jedoch ereilte sie der Vater. Schnurstracks ließ er dem Gerebernus den Kopf abschlagen, während welcher Prozedur er das Mädchen seiner unvermindert zärtlichen Vatergefühle versicherte und seine Werbung wiederholte. Da Dymphna ablehnend blieb, gab er, außer sich vor Zorn, den Befehl, auch sie zu enthaupten. Keiner der heidnischen Knechte wagte es, dieses zu tun, und so führte der König selbst den Todesstreich.
Dann floh er vom Ort der Tat.
Bauersleute hatten von Ferne Mord und Flucht sich begeben gesehen; als sie sich näher heranwagten, fanden sie die Leichname bereits in einem Sarg aus weißem, in der Gegend unbekannten Stein gebettet vor. Erschüttert von diesem Wunder knieten sie nieder. Eine Irre unter den Betern war von Stund an geheilt.
Das ist der Ursprung Gheels als Heilquelle der Irren.

VI. *Einige historische Unstimmigkeiten*

Diese Legende enthält Widersprüche, die bei ihrer Abfassung nicht zu vermeiden waren. Selbstverständlich muß der blutschänderische Vater ein ebenso grimmer Heide sein wie die standhaft widerstrebende Tochter eine getaufte Christin. Der Name des Königs bleibt ungenannt, und da Irland weit ist, glaubten die Erfinder, kein Dementi befürchten zu müssen, auch wenn sie Tag und Jahr genau angaben:

Als men schreef 30 May ses hondert Jaer
Is S. Dymphna hier onthalst von hear eygen vaer.

Aber die Regierungszeiten der irischen Könige jener Zeit sind bekannt, und auf keinen paßt eine Episode wie die berichtete. Schon im fünften Jahrhundert hatten St. Patrick und seine Nachfolger die grüne Insel restlos zum Christentum bekehrt, und die glühendsten Bekenner waren die Könige.

Die Bilder in der Kirche stellen den Reisebegleiter der flüchtigen Königstochter als schönen Jüngling dar, obwohl Petrus Camarasensis, Bischof von Cambrai, bereits 1247 allem Gerede von einer Liebschaft zwischen Dymphna und Gerebernus die Spitze abbrach, indem er protokollierte: Außer dem Gebein eines Mädchens findet sich in dem Sarkophag ein männlicher Unterkiefer, der, wie aus den abgewetzten Zähnen und den vielen Zahnlücken ersichtlich, einem Greise zugehört.

Im Mittelalter versuchten die Bewohner der Nibelungenstadt Xanten, eifersüchtig auf den Zulauf von Wallfahrern nach Gheel, die Gebeine der beiden Heiligen zu rauben. Die Gheeler jagten ihnen Dymphna ab, Gerebernus gelangte teilweise nach Xanten. Er beschränkt sich dort darauf, Epilepsie zu behandeln, während Dymphna mit den restlichen Resten von Gerebernus das ganze Gebiet der Psychopathologie und Neurologie umfaßt.

Alljährlich am 15. Mai kommen Wallfahrer mit ihren von Dämonen besessenen Angehörigen aus den entlegensten Landstrichen hierher und veranlassen die Kranken, unter dem Reliquienschrein durchzukriechen.

VII. *Der gute Ruf und die Hypothek*

Seitdem der belgische Staat Gheel zu einer Irrenkolonie gemacht hat, ist zu den traditionellen religiösen und finanziellen Motiven, aus denen die Bewohnerschaft ehedem Irre in Pflege nahm, ein neues dazugekommen. Die Kranken werden nur jenen Bürgern

zugewiesen, die auf einer vom Kronanwalt und vom Bürgermeister zusammengestellten Liste stehen. Vorbestrafte, irgendeines Delikts Verdächtige und Leute, denen schlechte Behandlung oder arge Ausbeutung eines Pflegebefohlenen zur Last gelegt wurde, sind ausgeschlossen. Wer nun keinen Geisteskranken hat, fühlt sich in seinem Ruf geschädigt. ›Was mag er angestellt haben?‹ fragen sich die biederen Gheeler und munkeln allerhand.
Hat jemand die Absicht, sein Haus zu verkaufen, wirbt er vor allem um Pfleglinge; denn ein Käufer findet sich leichter, wenn er gleichzeitig mit dem Haus Beiträger zur Wirtschaft übernehmen kann. Gewiß, automatisch gehen die Untermieter nicht auf den neuen Hausbesitzer über, aber ohne besonderen Grund wird man sie nicht exmittieren. Mögen die Pfleglinge auch nur ›Armlastige‹, Gemeinde-Arme sein, die Chance besteht, daß später Klassekranke an ihrer Stelle einquartiert werden. Deshalb gibt man in Gheel auf ein Haus mit Kranken eher eine Hypothek als auf ein Haus ohne Kranke.
Der Familie, die bisher noch keinen Irren in Pflege hatte, wird nicht etwa zunächst ein leichter, gut zahlender Patient zugewiesen, damit sie an ihm ihre Geduld und ihre Eignung für die Aufnahme von schwierigeren Fällen erprobe, sondern die Leitung der Irren-Kolonie geht umgekehrt vor: Erst wenn sich ›Verpleegster‹ in der Behandlung komplizierter Pensionäre bewährt haben, bekommen sie einträglichere und bequemere Hausgenossen.

VIII. *Klassenunterschiede in der Welt der Irren*

Auch auswärtige Gemeinden und Familien haben ein materielles Interesse daran, ihre Angehörigen nach Gheel zu bringen, weil es sich billiger stellt als der Aufenthalt in einer geschlossenen Anstalt. Holländer, deren Aufenthalt in den Irrenanstalten ihrer Heimat zweieinhalb Gulden täglich kosten würde, zahlen hier nur 12,50 belgische Francs, also einen Gulden; für belgische Armenpatienten in Gheel gibt die Heimatgemeinde 7 Francs 75. Die Kosten für russische Emigranten soll deren Rotes Kreuz tragen, hält aber diese Verpflichtung nicht, da es genau weiß, daß diese Russen als politische Emigranten gelten und nicht in die Sowjetunion abgeschoben werden; so muß der belgische Staat bezahlen. Von den dreitausend Kranken im Gheeler Stadtkreis sind mehr als die Hälfte Gemeinde-Arme, für die übrigen kommen ihre Angehörigen auf. Oh, welche Klassenunterschiede in der Geistesgestörten-Welt. Verpflegung erster Klasse kostet 8000 bis 12 000 Francs jährlich, zweiter Klasse von 6000, dritter Klasse von 4000 Francs an. (Sechzehn Prozent werden an die Verwaltung der Kolonie abgeführt.)

Wer einen Kranken nach Gheel bringen will, teilt der Kolonieverwaltung mit, wieviel er auszulegen beabsichtigt und welche Wünsche zu berücksichtigen wären. Ein Kranker möchte Kinder im Hause haben, eine verträgt die Anwesenheit von Männern nicht, einer spielt gern Klavier, einer will ein Billard, eine Tiere und einer ein Geschäft, in dem er sich betätigen kann, womöglich eines seiner Branche.

Die Mehrzahl der zahlenden Patienten kommt unmittelbar nach dem Tod ihrer Mutter hierher, andere Verwandte behalten einen Irren nicht gern bei sich. Meist tut ihm die Milieuveränderung gut, bei fremden Leuten gibt er nicht jeder Laune nach, fremde Leute kann er nicht mehr schikanieren, als er eben muß.

Einmal im Monat besucht der Arzt (es gibt ihrer sieben) die Patienten, alle vierzehn Tage ein Wärter und kontrolliert das Krankenbuch, darin die ›Verpleegster‹ Verhalten, Gewicht, Bad und Wäsche ihres Pensionärs verzeichnen.

IX. *Sexuelle, Kriminelle, Lebensmüde*

Ins Kontrollbuch der weiblichen Pfleglinge wird jetzt auch die Menstruation eingetragen, damit die Kolonie nicht durch die Geburt eines Kindes überrascht werde. Übertrieben erotische Patienten sind im Prinzip von der Heimpflege ausgeschlossen, aber in der Praxis läßt sich das nicht immer so voraussagen.

Drei Jahre vor dem Weltkrieg kam eine Neunzehnjährige aus einer Anstalt für debile Mädchen zu einer Familie nach Gheel. Bald darauf starb die Hausfrau, und nicht weniger als fünfzehn Jahre lang führte die Kranke den Haushalt für den Witwer und die beiden Brüder der Verstorbenen. In ihrem Wesen war sie unreif wie eine Zehnjährige. Da plötzlich, 1927, gebar sie ein Kind. Ein junger Mann aus dem Nachbarhaus beging Selbstmord, nachdem er seine Vaterschaft entdeckt sah, denn nichts Schimpflicheres gibt es in Gheel als ein Vergehen an Pfleglingen.

Eigentlich hätte nun die Kranke einer geschlossenen Anstalt übergeben werden sollen, weil Gheel der Erzeugung minderwertiger Nachkommenschaft keinen Vorschub leisten will, im gegebenen Fall jedoch erwies sich die Internierung als unnötig, die junge Mutter konnte sogar aus der Heimpflege in die sogenannte überwachte Freiheit entlassen werden und hat eine Stellung gefunden, durch die sie sich und ihr Kind ernährt.

Lebensmüde und Kriminelle sind zur Heimpflege nicht zugelassen, und man versichert uns, daß Selbstmorde und Verbrechen zu den Seltenheiten gehören; die cause célèbre, die Ermordung des Bürgermeisters von Gheel durch einen ›Zinneloosen‹, liegt schon zwei Menschenalter zurück.

Bei unvermuteten Ausbrüchen von Gewalttätigkeit kommt der Kranke in das Hospital, eine kleine geschlossene Anstalt, in der für fünfundzwanzig Männer und fünfundzwanzig Frauen Raum ist, erweisen sich die Unruhe oder die Unreinlichkeit eines Kranken als chronisch, wird er in ein Irrenhaus geschafft. Von je zehn nach Gheel gebrachten Patienten sind höchstens zwei für die Heimpflege ungeeignet, und viel höher scheint der Prozentsatz auch bei den Geisteskranken außerhalb Gheels nicht zu sein. Wenigstens weist

X. *Die Übersiedlung des Irrenhauses von Brügge*

darauf hin. Diese Anstalt wurde vor ein paar Jahren aus baulichen oder anderen Gründen aufgelöst, und man berief Dr. Sano, den Leiter der Gheeler Kolonie, damit er feststelle, wen vom Belag er zu sich nehmen könne. Dr. Sano: »Geben Sie mir alle, man wird ja sehen.« Ein Eisenbahnzug mit Irren rollte nach Gheel, wo die zukünftigen Quartiergeber auf dem Bahnhof standen wie anderswo die Portiers der großen Hotels. Hundertsechsunddreißig Kranke kamen an, und nur zwanzig Prozent stellten sich im Laufe der Zeit als untauglich für die Gheeler Heimpflege heraus.

Während des Krieges forderten Unterernährung und Grippe und die aufregenden Ereignisse Hunderte von Todesopfern in der Kolonie, fünfzehn Prozent des Belags. In den belgischen Irrenhäusern starben damals bis zu fünfzig Prozent der Insassen. Drei Prozent beträgt die Sterblichkeit in Gheel zu normalen Zeiten. Einhundertfünfundzwanzig Kranke gehen im Laufe des Jahres aus Gheel ab, entweder in geschlossene Anstalten oder in die Freiheit; unter den letzteren sind jährlich etwa sechzig, über die die Leitung der Kolonie eine Fernkontrolle ausübt.
Die Pfleglinge eines Hauses müssen von gleichem Geschlecht sein, und mehr als zwei darf eine Familie nicht aufnehmen (›tres faciunt Irrenhaus‹, sagen die Gegner der geschlossenen Anstalten). Immer ist von seiten der Gheeler Bevölkerung die Nachfrage nach Pensionären größer als die Zahl der Eingelieferten. Zur Zeit sind vierhundert Plätze unbesetzt, auch hier herrscht die Krise.

XI. *Im niederländischen Klub*

Im Lokal des Klubs ›Hollandia‹ wurden wir, die wir bislang nur einzelne Irre auf der Straße getroffen hatten, plötzlich von einer ganzen Gemeinschaft unheimlich umringt. Männliche und weibliche Mitglieder dieser Landsmannschaft tagen getrennt, die Tafel draußen an der Tür hatte uns folgenden Text zugekehrt:

Zangvereeniging ›Hollandia‹
Vandaag alleen dames.
Toegang voor mannelijke leden
verboden
Geen ruiling van boeken

Obwohl also solcherart der Eintritt für männliche Mitglieder, auch unter dem Vorwand des Bücheraustauschs, heute verboten war, traten wir ein, die Ausrede bereithaltend, daß wir zwar Männer, aber keine Mitglieder seien. Um so erstaunter waren wir, als im Saal, wo wir nur Frauen zu sehen erwartet hatten, ein Mann auf uns zutrat. Er war beleibt und bartlos, und stellte sich uns als van der X. (Bruder eines bekannten Staatsmannes) vor; an seiner

Stimme erkannten wir, daß er hierher und nicht zu den Männern gehörte. Scheue Frauen standen umher, saßen an Tischen, machten Handarbeiten oder lasen Romane, zwei Schwestern waren in Volendamer Tracht und imbezill, Mijnheer (oder Mevrouw) van der X. schlug vor, uns zu Ehren ein Lied zu singen, er setzte sich ans Harmonium, intonierte mit seiner zarten Altstimme, und die anderen, um ihn gruppiert, fielen ein: »Wien Neerlands bloed...« Dieses Lied, das zwar mit dem Wort ›Wien‹ oder ›Wienerland‹ und mit ›bloed‹ beginnt, hat nichts mit dem Heurigen zu tun, sondern ist ein patriotischer Appell an den, ›wem niederländisch Blut in den Adern fließt, van vreemden smettern vrij‹ vom fremden Schmutze frei. Nachdem diese blutstolze Hymne beendet war, sang der Chor – die Gesellschaft hatte gehört, daß ich Deutscher sei – auch ›Studio auf seiner Reis', jupheidi, jupheida, stets famos zu leben weiß, jupheidi, heida‹. Und dann noch einen Hymnus ›Wilhelmus van Nassauen‹.
»Das Ganze war wie eine Karikatur auf holländisches Spießerleben«, sagte ich zu Rost, als wir wieder auf die Straße hinaustraten.
»Wieso Karikatur?«

XII. *Begegnungen auf der Straße*

Im Zigarrenladen bediente uns ein freundlicher Greis, erkundigte sich, was uns nach Gheel führe, und erzählte uns im Laufe des Gesprächs, er sei 1884 als Kranker hierhergekommen und finde das Leben gesund und durchaus angenehm. So wünschten wir ihm weitere fünfzig glückliche Jahre in Gheel, und er erwiderte lächelnd, so lange werde er leider nicht mehr bleiben können.
Einzeln und still sahen wir Kranke durch die Straßen gehen, zumeist in ärmlicher oder nachlässiger Kleidung, den Kopf gesenkt, schielenden oder starren Auges, manche allerdings waren auffallend, sie sprachen mit sich selbst, schlenkerten mit den Beinen oder verdrehten krampfhaft ihre Arme, einer setzte seine Schritte wie ein Seiltänzer auf die Schienen der kleinen Dampfbahn, die klingelnd die Stadt durchfährt.
Niemand schenkte ihnen Beachtung, so absonderlich sie sich auch benehmen mochten, selbst die Schulkinder gingen ruhig vorbei.

Aber als ein Mann plötzlich zu Boden fiel, Schaum vor dem Mund, sprangen lautlos, ohne Erregung, Nachbarn herbei, hoben den Epileptiker auf und trugen ihn mit geübter Hand ins nächste Haus. Am Arm einer Frau kam ein Mann langsam des Weges, sie schob einen Kinderwagen, doch war es kein Familienidyll, der Mann war blind und paralytisch, die Frau nicht seine Frau, sondern seine Wirtin, das Kind nicht das seine, sondern das ihre.

Mittags standen in langer Schlange einige hundert Männer vor dem Rathaus, auf die Auszahlung der Arbeitslosenunterstützung wartend; die Mehrzahl von ihnen hatte zur Belegschaft einer Fabrik gehört, die Kupfer aus dem Kongo verarbeitete und jetzt stillgelegt ist. Nicht weniger als achthundert arbeitslose Industriearbeiter zählt dieser bäuerische Bezirk. Auf der anderen Seite des Marktplatzes zog eben eine Kolonne von vierzig Irren aus der Badeanstalt. Bemitleidende Blicke gingen herüber und hinüber wie Verbindungsfäden, die Gesunden bedauerten die Irren, die Irren bedauerten die arbeitslosen Gesunden.

Neben dem Portal der Amanduskerk, zwischen zwei Säulen, lehnte ein Mädchen aus Hawaii, schlank und braun war sie wie ein altes Fresko auf der Kirchenwand. Stand sie um der Wirkung willen hier? Jedenfalls nicht wegen der Wirkung auf andere. Denn am Abend, als von ihr kaum ein verschwimmender Umriß und die blitzenden Punkte ihrer Augen zu sehen waren, hatte sie ihren Rahmen aus Säulen und Bogen noch nicht verlassen. Zu den Mahlzeiten holt man sie nach Hause, dann stellt sie sich wieder an ihren gewohnten Platz.

Wir lernten einen hochgewachsenen blonden Buchhändler aus Luxemburg kennen. Vor kurzem wurde er aus einer geschlossenen Anstalt nach Gheel überwiesen, sein Vater lebt schon seit seinem vierzigsten Lebensjahr als Kranker hier; der Großvater war im Alter von sechzig Jahren aus Luxemburg nach Gheel gebracht worden und ist hier gestorben. »Solche Fälle von Antizipation kommen häufig vor«, sagte uns der junge Buchhändler, als er uns über seine Familiengeschichte erstaunt sah.

Vor einem Hause spielten zwei Kinder Ball, Mikrozephale, die winzigen runden Köpfchen saßen auf dem Körper wie der Knauf auf einem Stock. Die Hausfrau, die auf der Bank Strümpfe stopfte, erzählte uns, die Knaben hätten noch zwei Schwestern mit

ebensolchen Vogelköpfen. Über unsere Bemerkung, man müßte verhindern, daß unglückliche Geschöpfe serienweise in die Welt gesetzt werden, war die Gheelerin entsetzt, so heidnische Reden konnte sie als Katholikin nicht fassen, der Wille Gottes sei der Wille Gottes, und überdies hätten die vier Vogelkopfkinder ein jüngeres und zwei ältere Geschwister, die alle normal seien.
Man zeigte uns einen Mann, der eilig und dennoch würdig an uns vorüberging: Sein Pensionswirt, in der Stadtvertretung tätig, hat ihm Beamtenarbeit im Rathaus verschafft.
»Er ist sehr tüchtig. Wenn er nicht ein Krankzinniger wäre«, meinte unser Gewährsmann, »längst würde er Bürgermeister sein.«
An der Kasse des Fußballplatzes FC Verbroedering hinter dem Bahndamm lasen wir die Aufschrift: ›Vrije en kosteloose ingang voor de verpleegden der staatskolonie‹. Heute war nur Training, so daß der freie Eintritt für jedermann galt. Unter den Spielenden waren drei Kranke. Einer der Gesunden vertraute uns an, zu Wettspielen würden fast niemals Irre eingestellt. Sie hätten ein bestimmtes Tempo, das ihrem jeweiligen Naturell entspreche, und aus diesem Tempo wären sie nicht herauszubringen, auch wenn eine Meisterschaftsrunde oder die letzten Minuten unbedingte Verstärkung aller Kräfte verlange.
Wir alten Fußballer begriffen: Irre sind einfach nicht imstande, um eines Tores willen roh und wahnsinnig zu werden.

XIII. *Jedem sein eigenes Irrenhaus*

Die Unterbringung der Kranken ist in jedem Haus eine andere, aber über diese reale Verschiedenheit weit hinaus geht die fiktive – wenige Sekunden, nachdem wir eine Wohnung betreten hatten, standen wir oft nicht mehr zwischen Schrank und Bett, wir standen in dämonenbevölkerter Hölle oder vor brillantbesetztem Königsthron.
In einer Villa besuchten wir eine Frau, die wirklich (nicht in ihrer Einbildung) einer der amerikanischen Präsidentschaftsfamilien entstammt. In einem Salon mußten wir warten, bis die Lady sich zu unserem Empfang umgekleidet hatte. »How do you do, Mister X., how do you do, Mister Y.«, begrüßte sie uns mit großer Geste,

befahl, Tee zu servieren, sprach über das Wetter, erkundigte sich, ob wir eine gute Überfahrt hatten, sie fahre am liebsten auf der ›Olympic‹.
»Wie gefällt es Ihnen in Gheel?« fragten wir.
»Well«, antwortete sie, und langsam, gleichsam jedes Wort überlegend, fügte sie hinzu: »I like Gheel, indeed, I do. But I must add, it's *too* dangerous a place.«
Und dann begründete sie, ihre Augen bewegten sich angsterfüllt, warum Gheel ein zu gefährlicher Platz sei. Wenn sie die Treppe hinaufgehe, reite ein Mann vorbei und versetze ihr, ganz ohne Grund, einen Schlag mit dem flachen Schwert auf den Hinterkopf. Nachts sei es besonders schrecklich. Ihr kleiner Sohn Bobby fällt immerfort aus seiner Wiege, obwohl sie ihn abends anschnallt (der Sohn Bobby dieser Dame schläft längst in keiner Wiege mehr, er ist ein Wirtschaftsführer in den Vereinigten Staaten), und unter dem Bett liegen betrunkene Soldaten, singen dreadful songs, entsetzliche Lieder, und werfen ihr Bett in die Luft. Sie habe unseren Besuch längst erwartet und bitte uns, dafür zu sorgen, daß endlich Ruhe und Ordnung in ihrem Heim eintrete.
Mitten im Vorgarten eines Hauses stand ein buckliger Zwerg, barhäuptig trotz der Kälte und seiner Glatze, aus seinen trüben Augen flossen Tränen, das Körperchen schüttelte sich im Weinkrampf. Er hörte nicht, daß wir ihn ansprachen. Vor einem halben Jahr war er der fröhliche Spaßmacher von Gheel gewesen, wozu seine Figur gut paßte, jetzt ist sein zirkuläres Irresein, wie so oft, wieder im Sektor der Depression angelangt.
Gestikulierend stürzte eine Frau auf uns zu, kaum wir das Nachbarhaus betraten, wir mögen sie retten, man wolle sie lebendigen Leibes einmauern. Ihre Pensionsmutter kam hinterdrein. »Sehen Sie, diese beiden Herren waren auch schon eingemauert und sehen ganz gesund aus.«
Wir bestätigten, daß das Eingemauertsein ein angenehmer Zustand sei, man habe seine Ruhe und verlasse nach einiger Zeit doppelt frisch das Mauerwerk. Sie hörte mißtrauisch zu, hatte nur einen Einwand: »Man sieht dort gar keine Heiligen!« Jeden Augenblick komme ein Apostel zu Besuch. »Auch die heilige Magdalena?« Wir teilten ihr mit, daß die heilige Magdalena regelmäßig am Sonntag da sei und fast niemals vor Mitternacht weggehe.

Bei kleinen Gewerbsleuten und bei den Bauern arbeiten die Pfleglinge mit. Einen Mann mit kindlichem Gesicht, hellblauen Augen und kräftigen roten Händen trafen wir beim Buttern an. Er war als geistig gesunder Jüngling zu einem Metzger in die Lehre gekommen, beim ersten Schlachten eines Kalbes verlor er den Verstand.

Aufgeregt im Zimmer umherlaufend, erklärte eine ungarische Patientin unaufhörlich, sie wolle keinen Arzt sehen, die Ärzte seien Idioten, sie bleibe nur noch sechs Wochen hier, gut, wenn mein Mann glaubt, daß ich mich hier erholen werde, gut, so bleibe ich noch, aber in sechs Wochen fahre ich, nicht einen Tag länger halte ich es hier aus, bedenken Sie, ohne Theater, ohne Konzert, ohne Gesellschaften, in diesem Zimmer da.

Das Zimmer sei doch schön.

»Haha! Schön? Das nennen Sie schön? Sie müßten einmal meine Wohnung in Budapest sehen!«

Das Gesicht der nächsten Patientin, die wir besuchten, erinnerte an das der Louise Michel. Apathisch kauerte sie, eine alte Frau, am Küchenherd. Ihre Krankheit war vor zweiunddreißig Jahren zum Ausbruch gekommen, als eines Nachts das Gesicht eines Mannes am Fenster ihrer Wohnung erschien, ein Einbrecher oder eine Halluzination. Als gutzahlende Pensionärin wurde sie damals in dieses Gheeler Haus gebracht, die Enkelin ihrer damaligen Wirtin ist heute die Pflegemutter; obwohl seit Jahren niemand mehr für die Kranke bezahlt, behält man sie.

XIV. *Exotische Patienten*

Lachend, herzlich empfing uns ein Chinese, ehemaliger Morphinist, schizophren, auch er war früher Klassepatient und ist jetzt auf belgische Staatskosten hier. Wiederholt abgeschoben, ist es ihm, trotz aller Vorsichtsmaßregeln seiner Aufsichtspersonen, immer wieder gelungen, unterwegs zu entfliehen, einmal in Dünkirchen, einmal in Hoek van Holland, einmal in Marseille, und immer wieder kam er nach Gheel zurück. »Ik ben een geele«, sagt er auf flämisch – ›Geele‹ bedeutet nicht nur einen Mann aus Gheel, sondern auch einen Gelben.

Einem anderen Farbigen, einem reichen Farmer aus dem belgischen Kongo, galt unser nächster Besuch. Wohnzimmer und der angrenzende Raum waren mit Girlanden geschmückt, und eine Festtafel wurde eben gedeckt. Errötend klärte uns die Haustochter auf, sie feiere morgen Hochzeit. Europäisch gekleidet, elegant, kam der schwarze Mister herein, grüßte nicht, setzte sich in die Sofaecke, entzündete ein Streichholz über seiner Shagpfeife, sie brannte nicht, wahrscheinlich enthielt sie keinen Tabak. Er murmelte einige Worte in englischem Tonfall, Neologismen ohne Sinn, und fuhr sich abwechselnd mit dem linken und rechten Rockärmel übers Gesicht. Plötzlich wandte er sich uns zu, rollte seine Augen, von denen nur das Weiße zu sehen war, sprang auf und machte Miene, sich auf uns zu stürzen. Auf einige Worte der Wirtstochter hin sank er wieder in seine Ecke zurück, neues Streichholz, abermals die Geste mit dem Ärmel, neue Worte, wieder die weißen Augenhöhlen in dem schwarzen Gesicht, Aufspringen, Beruhigung. Wir blieben nicht lange...

Als uns die Braut hinausbegleitete, erzählte sie uns, ihr Pensionär werde morgen an der Feier teilnehmen, jedoch keinen Alkohol bekommen. Ob er einen von uns für den Bräutigam gehalten habe? »Das kann schon sein, aber er versucht auch sonst, Fremde zu beißen.« Wir würden ihn keinesfalls zum Hochzeitsschmaus einladen.

Ebenfalls nicht bei sonderlich guter Laune trafen wir einen ehemaligen Schauspieler mit unförmig aufgeschwemmtem Körper zu Hause an. Er war heute übersiedelt, und seine bisherige Wirtin hat ihm seine Wäsche naß und ungeplättet nachgeschickt. Mit rollendem ›R‹ schwor er, er werde nach Brüssel fahren, um sich beim Roi zu beschweren.

XV. *Und ein Prager*

Das Wiedersehen mit einem Bekannten bewegte uns sehr, der Kranke allerdings erkannte uns nicht. Zuletzt hatten wir ihn gesehen, als er alle Gäste eines Prager Nachtlokals freihielt. Heute wurden wir ihm als Ärzte aus München vorgestellt, und er holte aus seinem Gedächtnis heraus, daß ein Verwandter seiner Frau in München lebe, ob wir diesen nicht zufällig kennen, ob wir ihm nicht einen Spezialisten für Leistenbrüche empfehlen könnten, ob wir Israeliten seien, er freue sich, Glaubensgenossen zu sehen, jedes Jahr fahre er an den hohen Feiertagen nach Antwerpen in die Synagoge. Während unseres Aufenthaltes in Gheel begegneten wir ihm wiederholt auf der Straße, immer fand er einen Vorwand, uns anzusprechen, einmal wollte er uns ein besonders gutes Hotel empfehlen (es gibt nur eines in der Stadt), einmal, um zu fragen, ob wir keine Bekannten in Prag hätten, vielleicht könne er uns über sie Auskunft geben. Er habe in der ›Gazet van Kempenland‹ den Reichstagsbrandprozeß verfolgt und vertraute uns seine Ansicht darüber flüsternd an: »Ich glaube, dieser van der Lubbe ist meschugge . . .«

Ein Pfau spreizte sich, und Tulpenbeete sproßten vor der Villa des Provinzialarchitekten. Die eine seiner Pfleglinge war eine ergreifend schöne Italienerin mit glattgekämmten schwarzen Haaren, man konnte sie für ein junges Mädchen halten, wozu ihr kurzer Rock beitrug, der modern gewesen war, als sie aus der Welt der Gesunden hierherkam. Mit zierlichen, puppenhaften Bewegungen empfing sie uns und blieb während unseres Besuches in der Mitte des Zimmers, halb von uns abgewandt, stehen. In französischer Sprache, damit die Kranke es verstehe, erzählte uns die Hausfrau, neulich sei der Sohn der Signora zu Besuch aus Italien gekommen, ein schöner, eleganter Herr, und die Tochter der Dame habe vor kurzem geheiratet. Die Kranke horchte auf und fragte: »Meine Tochter hat geheiratet?« – »Gewiß, Signora, Ihr Sohn hat es Ihnen doch erzählt.« – »Ja, mein Sohn hat mir das erzählt.« Dabei bewegte sie manieriert Kopf und Arme, ließ ihre Finger spielen, daß ein großer Smaragdring funkelte, und es störte nur, daß eine Monatsbinde unter dem kurzen Rock herabhing.

XVI. *Größenwahn*

Im Nebenzimmer saß grotesk und majestätisch die andere Mieterin, eine Krone auf dem Haupt, einen Hermelin um den Nakken, man erkannte sogleich Krone und Hermelin als solche, wenngleich Pappe und graue Leinenlappen das Material waren und schmutzige, über und über verknotete Bänder und Strippen alles zusammenhielten. Neben der Kranken lagen alte Futterstoffe, zerrissenes Sackleinen und andere Lumpen zu einem Haufen aufgeschichtet; nur dergleichen interessiert sie – Geld hätte sie als Gattin eines reichen Warenhausbesitzers genug, um farbige Seiden und neue Bänder, also königlicheres Material, zu verwenden. Mit entschiedenen Strichen schreibt sie ohne Pause unleserliche Manifeste hin, ebenso unverständlich waren die in befehlendem oder huldvollem Ton an uns gerichteten Sätze, nur einzelne Worte konnten wir verstehen, le vicomte, Coquelin le Grand, un ambassadeur. Täglich geht sie in ihrem seltsamen Königsgewand zum Briefkasten und wirft die tagsüber verfaßten Dokumente persönlich ein. Auf der Straße dreht sich niemand nach ihr um, und auch auf der Post wundert sich niemand, an solchen Sendungen bemüht sich in Gheel kein Beamter, die berühmte Findigkeit der Post darzutun; gut ein Fünftel der Briefe sind hieramts rasch als unbestellbar feststellbar.

Als wir die Villa verließen, begegneten wir dem Arzt, einem weitgereisten Mann, er hat in Holland, Skandinavien und Deutschland auf psychiatrischen Kliniken gearbeitet. Wir erfuhren von ihm, daß fast nur reiche Patienten, die an Größenwahn leiden, in Gheel bleiben. Die ärmeren Kranken, deren Wahnvorstellungen die Hausgenossen nicht immer Rechnung tragen können, werden unruhig und müssen in geschlossene Anstalten geschafft werden, wo freilich ebensowenig jemand ihren Wahnvorstellungen Rechnung trägt.

In den Irrenanstalten ist Größenwahn um so häufiger, der Arzt besitzt eine Statistik, wie viele liebe Gotte er schon behandelt hat, wie viele Mütter Gottes, wie viele Napoleons, wie viele ...

Wir fragen, ob keiner seiner Kranken sich für Hitler hielt.

»Noch nicht. Aber einen Göring hatte ich schon, einen schweren Fall.«

»War das ein Deutscher?«

»Ja, der Göring.«

Die Gefahren der Bodyline

Die Sache mit der Bodyline ist eine Sportsache, aber sie spielt tief in die Politik hinein. Über Australien schreiben und die Sache mit der Bodyline weglassen, hieße den Vatikan schildern und des Papstes nicht Erwähnung tun, oder – doch wir können uns nicht mit Vergleichen aufhalten, wenn wir die Bedeutung von Kricket für Australien und von Bodyline für die internationale Politik darlegen wollen.
Zum Unterschied von den Pferderennen, dem allgemeinen Glücksspiel, ist Kricket der nationale Sport. Kricket hat Australien ›auf die Landkarte gesetzt‹. Diese Redewendung, in Australien gang und gäbe, charakterisiert die Ehrgeize dieses Kontinents. Ist er ja erst vor kurzem in die Landkarten der Welt eingezeichnet worden, zunächst nur als Kontur, so wie ihn die Umsegler vom Umsegelschiff aus sahen, und am Ende des 18. Jahrhunderts kam zu dem Umriß noch ein Ringelchen, die Siedlung Botany Bay, später Sydney genannt.
Was sonst auf dem Kontinent vorhanden war, wußten nicht einmal die Inwohner des Ringelchens, denn keine andere Ortschaft, kein Flußlauf, kein See war noch ›auf die Landkarte gesetzt‹. Da machten sich Entdecker auf, nahmen die Gefahren des Urwalddurchdringens, die Anstrengungen des Stromdurchschwimmens, die Beschwerden des Felsenerklimmens, nahmen Tod durch Hunger, Durst und Entkräftung auf sich, um neue Gebiete ›auf die Landkarte zu setzen‹.
Und als das Land schon ziemlich erschlossen war, war noch lange nicht jede Siedlung auf der Landkarte eingezeichnet, obzwar jede Siedlung sich darum bemühte und sich beizeiten ringelte. Wer durch eine große Schafherde oder einen Mineralfund oder sonstwie einem Ort zur Ehre des Eingezeichnetwerdens verhalf, von dem sagte man anerkennend: Er hat uns auf die Landkarte gesetzt. Heute, nachdem die Kartographie auch innerhalb Australiens ihr Werk vollendet hat, ist die Wendung metaphorisch und ironisch und wird zumeist im Sinne von ›bloßstellen‹ gebraucht. So war es aber nicht gemeint, als wir sagten, das Kricketspiel habe

Australien auf die Landkarte gesetzt. Dank dem Kricket steht Australien in regelmäßigerem und engerem Besucherverhältnis zum Mutterland als Kanada und Indien, die weit mehr Bewohner haben und England näher liegen.

Mitte der siebziger Jahre fuhr eine australische Kricketmannschaft über See, um bei Lord's, dem Londoner Kricketplatz, ihr Können zu zeigen. London betrachtete das nicht einmal als exotische Sensation, geschweige denn als eine sportliche, Kricket war englisches Monopol auf englischem Boden, schon im 15. Jahrhundert war es unter anderem Namen gespielt worden, seit dem Jahre 1550 hieß es Kricket. Cromwell war ein Kricketer gewesen, Frederick Louis Prinz von Wales war 1751 beim Kricketspiel durch einen Ballwurf getötet worden, seit 1744 gelten die gleichen Regeln, und seit 1787 trainierte der Marylebone Cricket Club regelmäßig bei Lord's und siegte anderthalb Jahrhunderte lang turmhoch über alle anderen Mannschaften in England.

Wenn sich also ein paar Kolonisten damit vergnügt haben, zwischen Buschnegern und Känguruhs die Künste des Mutterlands nachzuahmen und sich jetzt in London zeigen wollten – was kann dabei herauskommen?

Allerhand kam dabei heraus. Das Wicket, die Dreieinigkeit der Holzpfosten, die vom Ball des Gegners unberührt zu erhalten Aufgabe jeder Mannschaft ist, die drei Pfosten des englischen Wickets, die noch niemals von Nichtengländern getroffen worden waren, sie purzelten wie Kegel.

Der Mann, der sie vor allem schützen sollte, war kein Geringerer als W. G. Grace, Kricketkönig der Vereinigten Königreiche von Großbritannien und Irland. Großmächtig, mit einem Bart wie ein Schild, das Bat, den Schläger, schwungbereit, abwehrbereit, schlagbereit in den Händen, erhob er sich überlegen neben dem ihm anvertrauten Wicket – er konnte es trotz Bart und Bat nicht vor den heransausenden Bällen Australiens bewahren.

Binnen wenigen Stunden hatten die Hinterwäldler von der unteren Erdhälfte die englischen Kricketer besiegt und Australien auf die Landkarte gesetzt.

Die wirtschaftlichen Gründe der Tatsache, daß Old England in seinem alten Nationalsport auf eigenem Boden von Grünschnäbeln aus neuem Land geschlagen wurde, waren die Aufhebung der Sträflingsverschickung nach Australien und die Entdeckung der Goldfelder dortselbst. Dadurch wurde es dem australischen Unternehmer schwer, seine Arbeitskräfte bei der Stange zu halten, zu verhindern, daß sie sich als Goldgräber, Schafzüchter, Farmer oder Kaufleute etablierten. Er mußte sie durch höhere Löhne und bessere Behandlung an sich fesseln, und so willigte er schließlich sogar ein, die bis dahin unbeschränkte Arbeitszeit der Betriebe einzuschränken und den Arbeitern und Angestellten wöchentlich einen Nachmittag freizugeben. Wo Platz ist, sind auch Spielplätze, und es gab viel Platz in Australien, man hatte nicht weit zu laufen, wenn man spielen wollte. Sogar im Winter konnte man trainieren, Australiens Städte kennen keinen Schnee. (Auf das bißchen Schnee am Gipfel des Kosziusko-Berges sind die Australier sehr stolz.)

Seit jenem Zusammentreffen in London fährt die Ländermannschaft, in deren Land der Winter kommt, zu den Antipoden, bei denen eben Sommer ist; einmal die Engländer nach Australien, das andere Mal die Australier nach England.

Alljährlich sind die Briten beider Hemisphären aufgewühlt von der bangen Frage: Wer wird diesmal die Asche heimholen? Aus Furcht und Hoffnung ward die Sache mit der Bodyline geboren – bevor jedoch einem in die Geheimnisse des Kricketspiels nicht eingeweihten Lesepublikum die Sache mit der Bodyline erklärt wird, muß noch anderes erklärt werden.

Zum Beispiel das Heimholen der Asche. In Australien und in England weiß jeder genau, daß damit der Sieg im jährlichen Kricketkampf gemeint ist. Was das mit Asche zu tun hat, weiß man allerdings nicht genau. Einige Historiker behaupten, die ›Sporting Times‹ haben nach dem ersten Sieg der Australier eine satirische Todesanzeige veröffentlicht, das englische Kricket sei gestorben, sein Leichnam verbrannt und die Urne nach Australien gebracht worden; auf diesen Hohn sollen die Engländer mit dem feierlichen Gelübde geantwortet haben, die Asche wieder zurückzuholen. Einer anderen Überlieferung zufolge hat der australische Spielleiter nach dem Sieg über England die drei ruhmreich verteidigten Pfosten in Flammen aufgehen lassen, damit auch fürderhin kein Engländer sie treffe. Ob so oder so – fest steht, daß die Asche nicht existiert, um die alljährlich auf Leben und Tod gefochten wird.

Dabei wird kein Kampfmittel verschmäht: die Sache mit der Bodyline, von der wir später sprechen wollen, ist nur das letzte in der langen Reihe von Kampfmitteln, mit denen der Gegner aus dem Feld geschlagen werden soll.

Die englischen Mannschaften bestehen aus Amateuren und Professionals. Man darf sich das nicht etwa so vorstellen, daß Gentleman und Berufsspieler ebenbürtige Klubkameraden sind. Im Gegenteil. Damit niemand im Publikum glaube, alle Spieler der gleichen Sportklasse gehörten auch zur gleichen Gesellschaftsklasse, wird der Rangunterschied besonders betont. Es gibt eigene Ankleidekabinen für Gentlemen und eigene Ankleidekabinen für Berufsspieler, und die Gentlemen betreten den Platz durch einen Eingang, der ›nur für Herrschaften‹ bestimmt ist, während die Profis durch einen anderen, sozusagen durch den ›für Dienstboten und Lieferanten‹, kommen.

Der erste Engländer, der diese strenge Trennung aufzuheben wagte, war Mister Percy Fender, Kapitän des Kricketklubs von Surrey. Er zog mit seiner gesamten gemischten Mannschaft durch die gleiche Pforte auf dem ›Pitch‹, dem Spielfeld, ein. Diese rebellische Tat büßte Mister Percy Fender bitter, niemals wurde er Kapitän der Ländermannschaft Englands, obwohl ihm diese Würde unzweifelhaft jahrelang und jahrzehntelang gebührt hätte.

›Jahrzehntelang?‹ Ist das nicht ein bißchen übertrieben?

Keineswegs. Kricket kennt keine Altersgrenze, man kann jung sein wie ein Boxer oder alt wie ein Golfspieler. Kricket kann man von Kindesbeinen an spielen bis zum Lebensabend. Um dies zu illustrieren, sei, bevor wir auf die Sache mit der Bodyline zu sprechen kommen, von Phil Mead berichtet, dem Batsman von Hampshire, der mit den Engländern Anno 1912 nach Australien kam. Er hütete das Wicket schlecht, und so sahen ihn die Australier vor dem Krieg nicht mehr. Erst 1928 erschien er wieder unter den Auserwählten und erzielte beim Wettspiel in Brisbane 72 Punkte.

»Bravo, Phil Mead«, belobte ihn der Obmann von Brisbane nach dem Match, »Sie sind ein großer Kricketer. Sie können es mir glauben, ich bin ein alter Veteran, ich habe 1912 noch gegen Ihren Vater gespielt.« Wir alten Fußballer vernehmen diese Episode mit Neid, denn wenn wir heute zu einem Wettspiel antreten wür-

den, hielte man uns nicht für unsere Söhne, sondern für unsere Väter, bestenfalls.
Kricketer halten länger durch, obwohl ihnen die Dienstjahre nicht immer zum Aufstieg in den Rang des Länderkapitäns verhelfen. Nehmen wir die drei englischen Heroen, die an der Sache mit der Bodyline entscheidend beteiligt sind: Larwood, Mister Jardine und Voce. Nicht zufällig haben wir dem Namen Jardine ein ›Mister‹ vorangesetzt und solches bei Larwood und Voce unterlassen. Mister Jardine betreibt den Beruf eines Kricketers als Sport, während die beiden anderen den Sport als Beruf betreiben. Deshalb spricht Jardine den Voce niemals als ›Mister Voce‹ an, und Voce sagt zu Jardine nicht einfach Jardine, sondern Mister Jardine. Zeitungen und Rundfunk Englands machen die gleiche Unterscheidung zwischen dem Spieler und dem Herrn Spieler.
Verstandesfrage: Wer von den drei englischen Heroen ist der Länderkapitän, Larwood, Mister Jardine oder Voce? – Ganz richtig! Es ist Mister Jardine.
Die Wirtschaftskrise macht allerdings auch vor dem Kricketplatz nicht halt, sie tritt ein durch Herrschaftstore und Domestikenpforten. Heutzutage kommt es vor, daß ein Gentleman zum Berufsspieler wird oder daß ein Klub seinen Profi nicht mehr bezahlen kann, und dann hört über Nacht der eine auf, ein Herr zu sein, wogegen der andere als Herr aufwacht, vergleichbar jenem Neuvermählten, der erfährt, daß keine Mitgift vorhanden ist und er demnach eine Liebesheirat geschlossen hat.
Das sind natürlich nur Grenzfälle, zwischen ihnen liegt der Normalfall: die Amateure ziehen mehr Geld aus der Klubkasse als die Profis, und darum nimmt man es in England mit den Eingangstor-heiten und Herr-lichkeiten heute nicht mehr allzu genau. In Australien hat man sie nie ernst genommen, ganz jedoch – das sei offen ausgesprochen, bevor wir auf die Sache mit der Bodyline kommen –, ganz hat sich Australien von dem englischen Vorbild nicht freizuhalten vermocht.
So war zum Beispiel Jack Ryder nicht Kapitän der Australier auf ihrer 1930-Reise nach England, weil sie befürchteten, Ryders rauhe Manieren könnten von dem feinen Publikum bei Lord's als shocking empfunden werden. Aus dem gleichen Grund wurde Ironmonger, der beste slow-bowler (Langsamschleuderer) unter

dem Kreuz des Südens, niemals zu einem Spiel unter dem nördlichen Sternenhimmel entsandt. Ironmonger rühmt man nach, er ›lasse den Ball sprechen‹, das heißt, er könne mit ihm machen, was er wolle. Eines kann er jedoch mit dem Ball nicht: ihn bei Lord's gegen die englischen Pfosten schleudern. Denn Ironmonger war Müllkutscher, ehe er Kricketamateur wurde. (In Australien sind alle Kricketspieler Amateure, was man vielleicht auch so ausdrücken könnte, daß alle Professionals sind.) Außerdem rutscht dem Ironmonger das große australische Adjektiv ›bloody‹ und das große australische Substantiv ›bastard‹ auch beim Wettspiel durch die Zähne, während sich die anderen Spieler (mit Ausnahme von Jack Ryder) dieser Ausdrücke nur bei Trainingsspielen bedienen.

Offiziös wird die Nichtentsendung Ironmongers damit begründet, daß er den Ball werfe; er werfe ihn mit gebogenem Arm, statt ihn vorschriftsmäßig aus der Schwingung des gestreckten Arms zu schnellen. Warum läßt man ihn dann bei innerstaatlichen Wettspielen antreten, he?

Gegen Eddie Gilbert wird der gleiche Einwand erhoben, und hier ist die Ursache noch klarer. Eddie Gilbert ist Australneger, und daß ein Schwarzer im Namen Australiens gegen England antritt, kommt nicht in Frage. Einige Neunmalweise behaupten mit hochgezogenen Augenbrauen, der Knochenbau der Eingeborenen, insbesondere der des Ellenbogens, verwehre diesen, den Ball nach den Regeln des Marylebone Cricket Clubs zu schleudern.

Vor uns liegt ein Filmstreifen, Eddie Gilbert beim Schleudern, keine Spur von Armbeugung. Und sprächen nicht andere Gründe dagegen, die Lüge von seiner Armkrümmung hätte den armen Eddie nicht davor geschützt, in die Sache mit der Bodyline verwickelt zu werden.

Nun soll es aber mit den Einleitungen und Anspielungen ein Ende haben, wir wollen rundheraus sagen, was die Sache mit der Bodyline ist.

›Bodyline‹ bedeutet, daß der Ball nicht gegen das aus den drei Pfosten bestehende Wicket geschleudert wird, sondern in der Richtung auf den Körper (body) des Mannes, der das Wicket zu verteidigen hat. Diese Taktik wendet England gegen Australien an, gebraucht aber das Wort ›Bodyline‹ niemals, ja es erklärt sogar, jedermann, der diesen Ausdruck verwende, sollte gefedert und gerädert, geteert und entehrt werden. Spielen dagegen dürfe man Bodyline, wenn man es nur mit dem richtigen Namen nenne: ›Leg Theory Bowling‹. Ob der Batsman dabei getroffen werde, mache nichts aus.

Was liegt wirklich daran, denkt auch ihr, was liegt wirklich daran, wenn der Ball einen Spieler trifft?

Ihr denkt eben in Tennisbällen oder in Fußbällen, und das ist ein Denken im hohlen Raum. Der Kricketball ist kein hohler Raum. Wohl ist sein Kern nur Kork, seine Hülle jedoch ist Leder und Vulkanfiber, und er wiegt nicht weniger als sechs Unzen. Stellt euch mal vor, daß er aus zwanzig Schritt Entfernung mit einer Stundengeschwindigkeit von neunzig Meilen gegen den Unterleib, gegen das Herz oder gar gegen den Kopf eines Menschen saust.

Aber, wendet ihr ein, der Mann, gegen den die massive Kugel saust, kann doch ausweichen.

Nein, ausweichen kann er nicht, denn dann würde der Ball, dem der Schleuderer eine ganz bestimmte Fälsche gegeben hat, auf den Boden aufschlagen und, seitlich springend, das Wicket umwerfen. Der Batsman steht nämlich nicht unmittelbar vor dem Wicket, sondern seitlich davor, so daß der Ball, der den Batsman verfehlt oder vom Batsman verfehlt wird, das Wicket trifft.

Schlägt der Batsman den Ball nur ab, um sich zu schützen, so kann er ihn nicht dirigieren, wohin er will, der Ball fliegt infolge seiner Fälsche in die linke Hälfte des Spielfelds, dem Gegner geradewegs in die Hände.

Beim normalen Kricket sind die Spieler auf das ganze Feld verteilt. Ist Bodyline im Spiel, dann postiert der Kapitän der Bodyliner seine Mannschaft auf die linke Seite, das ›Legfield‹. Also nicht zufällig gefährdet oder verletzt der Wurf den Körper, Absicht liegt vor, die Helfershelfer des Täters haben schon vorher ihre Stellung bezogen und lauern auf die Beute.

Der ärgste Bodyliner heißt Harold Larwood. Er hat den englischen Journalisten, die ihm bei seiner Rückreise nach Suez entgegenkamen, erklärt, sein australischer Aufenthalt sei ein Spießrutenlaufen gewesen, die Zuschauer hätten ihn beschimpft, im Kino sein Bild ausgepfiffen, ihm Drohbriefe geschrieben, und er habe sein Hotel nicht ohne Polizeibedeckung verlassen können. Das mag wahr sein. Wir hörten australische Sportfanatiker von Larwood sprechen, sie waren blaß vor Empörung. Gleichzeitig aber funkelte in ihren Augen Verzückung. Keiner, der nicht von den poetischen Bewegungen des ehemaligen Kohlenkumpels Larwood schwärmte, vom Rhythmus seines Schwungs und sogar davon, daß seine verletzenden Bälle auf einen Millimeter genau treffen, wie Projektile eines Meisterschützen.

Sie zollen dem gehaßten Feind fast die gleiche Bewunderung wie ihrem geliebten Freund Don Bradman. Dieser Don ist kein spanischer Don, sondern ein australischer Donald, zärtlich abgekürzt. Nie gab es einen herrlicheren Batsman als Don Bradman. Betritt man in einem Kleinbürgerhaus das Zimmer der Söhne und Töchter, so findet man die Wand mit Fotos von Don Bradman tapeziert. Von Don Bradmans Ruhm leben Zeitungen, Zeitschriften und Filme. Selbst England hat ihm die höchste Ehrung zuteil werden lassen, die England einem Ausländer zuteil werden läßt: Don Bradmans wächsernes Konterfei steht zu London in Madame Tussauds Panoptikum. (Katalognummer 264.)

Diese Anerkennung ehrt England ebenso, wie es Australien ehrt, daß es bei aller Wut gegen Larwood ihm Anerkennung nicht versagt. Jedoch für Mister Jardine, den Kapitän der Engländer, den Auftraggeber der Bodyliner, lassen die Australier keine mildernden Umstände gelten, und wenn sie ihn ›bastard‹ nennen, schwingt der übliche freundliche Unterton nicht mit. Nach dem letzten Wettspiel höhnten sie, Jardines Eltern seien auf die australischen Erfolge ihres Sohnes so stolz, daß sie beschlossen hätten, zu heiraten.

Die Australier haben Grund zum Haß gegen die Bodyliner. Fielen doch diesen Kopfjägern die Spielleiter Australiens Bill Woodfull und Bert Oldfield zum Opfer, welch letzterer in der Liebe des Volkes nicht weit hinter Don Bradman rangiert.

Schlimm ist es, Sportlieblinge des Lieblingssports verletzt vom Pitch wegtragen zu sehen. Schlimmer aber ist es fürwahr, daß man, um die eigenen Schädeldecken zu retten, dem Engländer den seit fast zwei Menschenaltern umkämpften Sieg in die Hände spielen muß. Sollen wir uns durch Bodyliner von der Landkarte jagen lassen?

Die Sache mit der Bodyline sprang aus den Sportrubriken in die

Leitartikel, die drohende Sprache der Presse war diesmal nicht Ursache, sondern Wirkung der Volkserregung.
›Auge um Auge, Zahn um Zahn‹, riefen die ganz Ungestümen und verlangten, Eddie Gilbert solle auch Bodyline spielen und dem Harold Larwood mal zeigen, was eine Harke ist.
Weil aber das Zeigen einer Harke eine in Australien unbekannte Wendung ist und weil die australischen Sportbeherrscher lieber Körperverletzung und Niederlage dulden als mit einem Schwarzen bei Lord's einziehen wollten, verzichteten sie auf Eddie Gilberts rächenden Arm und lehnten den radikalen Vorschlag ab.
Der Board of Control, jene Sportbehörde, die das australische Kricket in der internationalen Sphäre beaufsichtigt, mußte der Volksstimmung in anderer Weise Rechnung tragen. Diese in Australien höchst unbeliebte Instanz schickte an die in Australien noch unbeliebtere englische Instanz, den Marylebone Cricket Club, einen Protest, Protest gegen Bodyline, Protest gegen absichtliche Körperverletzung, Protest gegen ›unsportsmanlike action‹.
Noch nie hatte jemand gewagt, den Engländern so etwas vorzuwerfen, ihnen vorzuschreiben, was fair, was sportsmanlike ist.
Vorsitzender des Marylebone Cricket Club ist Viscount Hailsham, durch seine Tätigkeit als Aktionär des Rüstungskonzerns Vickers Armstrong nicht an friedlichen Beilegungen interessiert. Von oben herab wurde den australischen Meuterern geantwortet, Bodyline sei weder erlaubt noch verboten, denn es stehe nicht in den Spielregeln. Ebensowenig gäbe es eine Vorschrift, wohin der Bowler zu zielen habe und wo die Fieldsmen aufzustellen seien. Mit den besten Grüßen und so weiter.
Australien verwandelte sich in einen Vulkan, als diese Antwort bekannt wurde. Wie Feuer und Lava schlug die Empörung hoch, die australische Erde bebte, und das Band, das sie mit dem Mutterland verknüpfte, bebte mit. Die Herren in England gehen mit Körperverletzungen gegen uns vor, und nachher wird vom grünen Tisch aus noch erklärt, das sei vollkommen in Ordnung, jeder Engländer dürfe mit uns umspringen, wie es ihm beliebe!
Möge England seine Kricketpartner und seine Schafwolle aus Südafrika beziehen, das ist uns immer noch lieber, als daß das Leben unseres Don Bradman und unserer anderen Helden länger gefährdet wird und Marylebone das mit seinem Hohn begleitet.

Eines Morgens fand man in Sydney die Statue von Albert dem Gütigen, Gatten der Königin Victoria, beschädigt. Auf den Sockel hatten die Täter das Wort ›Bodyline‹ gemalt und gegen den Kopf des Prinzgemahls einen Stein geschleudert; sie waren keine Larwoods gewesen, denn sie hatten nur das Ohr abzubrechen vermocht. Das Attentat kam nicht in die Zeitung, aber ein Foto des Denkmals hält das Ergebnis der Tat fest. Vor dem Palast des Gouverneurs zogen doppelte Wachposten auf. Der Abfall der Tochterlande schien unvermeidlich.

Im Australia House in London ist ein Thron für abgesägte australische Ministerpräsidenten aufgerichtet, auf ihm sitzt der High-Commissioner, sozusagen Gesandter des australischen Commonwealth beim englischen Hof. Nie noch war einem High-Commissioner Australiens in London, nie einem britischen Kolonialminister die Hölle so heiß gemacht worden wie in den Tagen der Bodylinedebatte. Das englische Kabinett trat zusammen, um in der Sache mit der Bodyline eine Entscheidung zu fällen, eine schwere Sache. Nach den Kricketregeln hatte Marylebone recht, und selbst wenn Marylebone unrecht gehabt hätte, konnte man diese erlauchte Kricketbehörde nicht desavouieren, England als höchste Sportinstanz der Welt nicht bloßstellen. Aber man mußte auch den Australiern entgegenkommen, ihre Absage der nächsten Wettspiele hätte die Kette zerrissen, mit der seit sechzig Jahren diese beiden Teile des Empire aneinandergeschmiedet sind.

Erfahren in der Behandlung von Rebellionen, fand das British Empire einen Ausweg. Zwar wurde Bodyline nicht durch einen Kabinettsbeschluß verboten, jedoch dem Marylebone Cricket Club nahegelegt, für das Länderspiel keinen Bodylinespieler aufzustellen. Larwood, Voce und die anderen ›erkrankten‹. Damit aber Australien sich nicht einbilde, es habe auch den Kapitän Englands, einen englischen Gentleman, gezwungen, strafweise im Winkel zu stehen und neidisch dem Spiel zuzusehen, wurde die Nichtteilnahme Jardines anders motiviert. Reuters Office verlautbarte, Mister Douglas Jardine sei zu einer Tigerjagd in Indien eingeladen worden und habe im Hinblick darauf gebeten, ihn vom Match gegen Australien zu dispensieren; der Marylebone Cricket Club habe nach längerer Beratung beschlossen, dem verdienstvollen Capt'n ausnahmsweise diesen Urlaub zu bewilligen.

Die Australier empfanden das immerhin als Sieg und erzählten lachend, die Eltern Jardines hätten sich wieder entlobt.
Vorläufig hat die Sache mit der Bodyline die Landkarte der Welt nicht verändert.

Entdeckungen in Mexiko

Von den Vereinigten Staaten aus gelangte Kisch 1940 nach Mexiko; es war die letzte Station seiner Emigration. Mit Anna Seghers, Bodo Uhse, Ludwig Renn, Bruno Frei und anderen gehörte Kisch zu den deutschsprachigen Schriftstellern, die in der Kulturorganisation des ›Heinrich-Heine-Clubs‹ besonders hervortraten. Seine Reportagen über Mexiko konnte er zum größten Teil in der von den Emigranten herausgegebenen Zeitschrift ›Freies Deutschland‹ veröffentlichen. Das nach der Präsidentschaft des Linksliberalen Cardenas für die linken Emigranten günstige innenpolitische Klima erlaubte auch eine Buchausgabe. Kisch gab ihr den Titel ›Entdeckungen in Mexiko‹. Es ist die letzte abgeschlossene Sammlung von Reportagen aus Kischs Feder.

Die ›Entdeckungen in Mexiko‹ gelten zu Recht als eines seiner gelungensten Bücher. Ob er ein Silberbergwerk beschreibt oder die Geschichte der mexikanischen Nation erforscht, ob er mit detektivischen Recherchen sich Klarheit über die indianischen Pfeilgifte verschafft oder das tragische Schicksal der Kaiserin Carlotta — der Gemahlin des von Napoleon III. als ›Kaiser‹ eingesetzten österreichischen Erzherzogs Maximilian — nachvollzieht, stets verblüfft Kisch durch seine gründlichen Kenntnisse, seine präzisen Beobachtungen und sein tiefes Einfühlungsvermögen.

Die Reportage über die jüdischen Indios, die am Schluß dieses Kapitels steht, darf nicht nur als eine journalistische Entdeckung von hohen Graden gelten. Der Bericht über das Dorf Venta Prieta im mexikanischen Bundesstaat Hidalgo enthält auch sein wohl deutlichstes Bekenntnis zur jüdischen Religion und zum jüdischen Schicksal.

Kisch bei einem Vortrag 1946 in Prag

Der Kaspar Hauser unter den Nationen

Das ist das Verwirrende und Erregende dieser Welt: das Dunkel, aus dem sie kommt.

Nichts von dem, was war, ist mehr, fast alles, was nicht war, ist jetzt.

Man ziehe irgendeine europäische Hauptstadt zum Vergleich und Gegensatz heran. In Rom, in Paris, in Prag standen seit Jahrtausenden die Häuser mit Selbstverständlichkeit auf festem Grund und Boden, wie sie auch heute dort mit Selbstverständlichkeit auf festem Grund und Boden stehen. Immer gab es Straßen, auf denen man ging und fuhr, aber nicht ruderte oder schwamm. Allüberall in den Städten der Alten Welt gab es seit dem frühen Mittelalter im Grunde die gleichen Begriffe, die es heute gibt. Man zählte in Münzen, trug Hose und Schuhe, bearbeitete Hof und Feld, eignete Geflügel und Hund, schlief in Betten, ritt auf Pferden, schrieb mit Buchstaben und Ziffern, rechnete mit Maßen und Gewichten, wie man's heute tut.

In Europa und in Asien lag und liegt der Garten vor dem Haus als Garten da und schwimmt nicht auf dem Wasser. Inseln sind von der Natur und nicht von Menschenhand geschaffen. Ebensowenig von Menschenhand geschaffen sind auf den älteren Kontinenten die Berge; die Schöpfung hat sie ins Tal gesetzt, keineswegs wurde auch nur ein einziger Berg durch Fromme und Sklaven von unten auf in Pyramidenform hinangeschichtet zur größeren Ehre der Gottheit.

Für ewig gilt in Europa der Kalender, zum Unterschied von Alt-Mexiko, das an die Ewigkeit des Irdischen nicht geglaubt hatte. Und alles galt ihnen als irdisch, sogar die mächtigen Götter. Die lebten früher als Schlangen und Ameisen und Kakteen auf Erden, wenn ihnen nicht zugedacht war, sich als Gestirne auf dem Himmel herumzutreiben. Auch litten sie Durst, und nur das Blut geopferter Menschen stillte ihn. All das bis zu dem Tage, da die Götter selbst geopfert wurden, ohne sich zu wehren. Da hörten ihre Gläubigen auf, ihre Gläubigen zu sein, und wandten sich dem Glauben der Göttermörder zu, so gute oder schlechte Christen werdend, wie es jene und ihre Ahnen seit Tausenden von Jahren waren.

Von einem Tag auf den anderen wurden Tradition, Geschichte und Dynastie zerbrochen, weggeworfen, verbrannt, von einem Tag auf den andern wechselte alles, Sprache und Glaube, Staat und Familie, Hautfarbe und Sitte, Namen und Gebärde, Waffe und Erwerb, Gebrauch und Gesetz, das Menschenreich und das Tierreich.

Wie der Jüngling Kaspar Hauser aus kerkerhafter Finsternis plötzlich ins Leben trat, welches er bisher noch niemals erblickt hatte, so staunte Mexiko, als es sich der weißen Menschheit gegenübersah. Wie Europa den aus dem Geheimnis ins Leben getretenen Jüngling anstaunte, so staunte dieses Europa, als es sich der ›Neuen Welt‹ gegenübersah.

So eingebildet wie die Weißen waren die Roten nicht, sie hielten sich keineswegs für die seit ewig erbeingesessenen, für die einzige lebensberechtigte und herrschaftsberufene Menschenart. Sie sahen die Bärtigen und Blaßhäutigen nicht als minderwertig an.

Auch Kaspar Hauser glaubte nicht, als er mit Menschen zusammenkam, er habe sie gefunden, sie seien seine Findlinge. Obwohl er bislang ohne sie ausgekommen war, glaubte er nicht, mehr zu sein als sie. Er trat ihnen mit scheuem Respekt entgegen.

Die Indianer traten dem Cortez gleichfalls mit scheuem Respekt entgegen, leider. Ihnen schien er der gute Gott Quetzalcoatl zu sein, der einst dem Lande entschwunden war, aber versprochen hatte, wiederzukehren. Nun war er also wiedergekehrt, und siehe da, die steinernen Bildnisse, die man allerorten dem Quetzalcoatl gestellt hatte, erwiesen sich als verblüffend ähnliche Porträts von Cortez. (Im Basler Museum für Völkerkunde steht eine Quetzalcoatl-Statue, zu der der Konquistador Modell gesessen haben könnte, wenn sie nicht lange vor ihm geschaffen worden wäre.)

Ohne dieses Äußere hätte Cortez dort Widerstand erweckt, wo er dank dieses Äußern Waffenhilfe und Gehorsam erweckte. Er wurde der umgekehrte Don Quijote, der Ritter von der glücklichen Gestalt, und seine Don-Quijoterien endeten mit siegreichem Ruhm. Wo er Windmühlen zu berennen glaubte, fand er ein feindliches Heer und besiegte es, wo er eine Kuhmagd umarmte, erwies sie sich als das geborene Ritterfräulein, und sie verhalf ihm zu Triumphen.

So rasch auch die Indios erkannten, daß sein Äußeres sie betrogen hatte, daß er alles eher als der Heiland sei – es war zu spät. Man soll eben nicht voreilig Mythen schaffen. Besser als die Indios verstand die Kirche sich aufs Timing. Erst als Cortez sein Werk bereits vollendet hatte, verkündete sie von der Kanzel und auf Flugblättern den Mythos: Ein Fingerzeig Gottes sei es, daß zur gleichen Stunde, da in Deutschland Martin Luther geboren wurde, in Spanien Ferdinand Cortez zur Welt kam, um der Mutter Gottes und dem Papst so viele Seelen zuzuführen, als ihnen jener Erzketzer entrissen.

In ungeheurem Ausmaß ist die Konquista geglückt, die Kolonisierung, die Kapitalisierung, die Pauperisierung, die Bürokratisierung und die Demoralisierung, kurzum, die Europäisierung. Der Heide ward zum Kirchengänger, der Wilde zum Bergmann, der Jäger zum Kaufmann, die Natur zum Rohmaterial, der See zum Festland, die Pyramiden zum Touristenziel, die Götzen zum Handelsobjekt und die Hauskunst zum Ausfuhrartikel. Die Städte besitzen Kathedralen und Paläste altspanischen Stils, und die übrigen Gebäude sind neutral, wie Häuser in Städten der übrigen Welt.

Du kommst im Eisenbahnzug an, nimmst Autobus, Straßenbahn oder Taxi und fährst ins internationale Standardhotel, als wäre hier nicht noch jüngst ein See gewesen mit Lagunen und Dammwegen. Du begegnest Menschen mit Allerweltskleidern und Allerweltsgesichtern und kannst dir überhaupt nicht vorstellen, daß hier einst Moctezuma mit meterhoher Federnpracht auf dem Haupt in goldener Gondel spazierenfuhr. Dennoch würdest du, käme er jetzt des Weges, nicht so sehr über ihn staunen wie er über dich, der Kaspar Hauser mit der Kaiserkrone.

Und gar, wenn du auf einem Pferde säßest! Bevor die Spanier ins Land kamen, kannte man weder Pferd noch den Haushund. Seither ist der Mexikaner fast zum Zentaur geworden, der ›Charro‹ gilt mehr als Chevalier, Caballero und Ritter zusammen und trägt diese Würde auch dann zur Schau, wenn er mal zu Fuß gehn muß; seine Tracht ist die schwarze, prall anliegende Hose mit einer Lampasse aus runden Silberknöpfen, ein silberbesticktes Lederjäckchen und Sporen, so groß wie Zahnräder einer Turmuhr. Wer kennt nicht die Reiterkünste des mexikanischen Charros.

Mexiko, das einst die Pferde des Cortez für Hirsche aus der Götterwelt ansah und sich bei ihrem Wiehern in den Staub warf, rangiert heute im internationalen Pferdepolo-Turnier unmittelbar hinter England.

Unweit vom Golffeld erstreckt sich der grandios moderne Turfplatz, ›El Hipodromo de las Americas‹. Dieser Plural von Amerika hat seinen Sinn. In Agua Caliente, an der Grenze von Kalifornien, stehen Turfplatz und Kasino bloß im Dienst eines einzigen Amerika, dem der Yankees. Dorthin kommen sie, um mit ihren Freundinnen das Weekend ehelich zu verbringen, ohne durch heimatliche Gesetze und Presseneugier bedroht zu sein. Besonders in den Jahren der Prohibition wimmelte Agua Caliente von Inkognitogästen aus Hollywood. Gambler und Gangster, denen in den USA polizeiliche Schwierigkeiten bei ihren Wetten und Spielen gemacht werden, fühlen sich auf mexikanischem Rennbahnboden behaglicher, und hier war's, wo das australische Wunderpferd Phar Lap ungehindert und ungesühnt ermordet werden konnte. Auf dem Rennplatz von Mexiko-Stadt ist das ganz anders. Hier wetten alle Amerikas mit, Südamerika, Mittelamerika und Nordamerika. Hauptsächlicher aber Mexiko selbst, das nicht, wie viele glauben, zu Mittelamerika gehört, sondern zu Nordamerika. Mexikos Minister, Gobernadoren, Generale und gewisse fremde Gäste von der Art König Carols von Rumänien setzen auf die Pferde, die es vor des Cortez Tagen noch nicht gab.

Auch über die Hunde würde König Kaspar Hauser nicht wenig staunen. Vor seiner Entmachtung und seinem Tode gab es nur zwei Arten von Hunden, den kurzbeinigen, schmackhaften Ixcuintle, den man auf der Jagd erlegte, und den stummen Techichi, den man fing, kastrierte und gemästet auf den Markt brachte. So lange dienten Ixcuintle und Techichi dem Indio als jagdbares Wild, bis sie ausgerottet waren. Statt ihrer bürgerten sich Haushunde, Schoßhunde und Jagdhunde aller Arten ein und erlebten schließlich eine unerklärliche Dekadenz. Nachts geht es in den Straßen der Stadt Mexiko zu wie einst in Konstantinopel, Hunde beherrschen das Nachtleben, in Rudeln sprengen sie durch die Straßen, zu zweit werfen sie die Abfalleimer um, sich des Inhalts leichter bemächtigen zu können, einzeln schließen sie sich dem erstbesten Passanten an, in der Hoffnung, er werde sie nach Hause mitnehmen und dem bisherigen Hundeleben von Hunger und Obdachlosigkeit entreißen. Auf dem Lande durchwühlen sie, ein schauerlicher Anblick, die Friedhöfe.

Alle Rassen sind dabei, bloß der Ixcuintle und Techichi nicht, im Zoologischen Garten von Chapultepec lebt der letzte einheimische Hund. So steht es mit allem mexikanischen Urgetier. Mit dem Quetzal-Vogel zum Beispiel, dessen Gefiederpracht als Hoheitszeichen der Göttlichkeit und Königlichkeit galt; er emigrierte über die Grenze und durchfunkelt jetzt die Lüfte über der Nachbarrepublik Guatemala. Der mexikanische Kaspar Hauser in seiner Federkrone müßte den Zoo aufsuchen, um das Getier zu finden, das er einst gekannt. Der deutsche Moctezuma fände daheim in Nürnberg alles genau so wieder, wie er es bei Lebzeiten gekannt, die Straßen, die Burg, die Häuser, den Lebkuchen, das Bratwurstglöckle, das Gänsemännchen ... Der indianische Doppelgänger des deutschen Kaspar Hauser zog ein schlimmeres Los als der deutsche Kaspar Hauser. Der indianische Kaspar Hauser wurde nicht ganz zu Tode ermordet, er lebt noch, aber wie einer, der's nicht vergißt, daß man ihm von einem Tag auf den andern die Freiheit nahm, den Glauben, die Sprache, die Frauen und Töchter und sogar das Tageslicht, indem man ihn an unterirdischen Bergwerkswänden anschmiedete. Dreihundert Jahre schmählichste Sklaverei. Dreihundert Jahre lang gab es für die Sklaven keinen anderen Kontakt mit dem Kontinent, der sie unter solchem Triumphgeheul entdeckt hatte, als den behördlichen. Dreihundert Jahre lang identifizierten die Mexikaner Europa mit Spanien, kopierten spanische Kirchen und hängten Kopien spanischer Bilder hinein, feierten Geburtstage und Jubiläen von spanischen Königen, die sie niemals gesehen, lernten von spanischen Nationalhelden, lasen Cervantes, spielten die Dramen von Tirso de Molina, tanzten spanische Tänze, erhitzten sich an der Tauromachia, girrten mit der Gitarre die Serenade, bauten Garbantos an, die man in Spanien, aber nicht in Mexiko aß, hielten sich an spanisches Hofzeremoniell und schwangen den Fächer wie in Sevilla. Noch in meiner Jugend sang man in Europa ein Lied:

> In Mechiko, in Mechiko,
> Da macht man mit dem Fächer so ...

Das war so ziemlich alles, was das außerspanische Europa seit der romantischen Epopöe des Cortez vom eroberten Festlande wußte. Aber als dieses hermetische Fabelland dennoch von der Französischen Revolution erfuhr und nun in Aufstand und Volkskrieg seine Unabhängigkeit errang und nun nicht mehr das Königreich Neu-Spanien, sondern die Republik Mexiko war, da regnete es Interventionen aus aller Herren Ländern, von aller Länder Herren. Frankreich, England, Spanien, Nordamerika, wieder Frankreich und ein österreichischer Erzherzog landeten, schlugen Schlachten, verstümmelten das Land und versuchten, ihm ihre Herrschaft aufzuoktroyieren. Wirtschaftlich gelang es ihnen. Die Eisenbahn, die Industrien, die Häuser neuer Villenviertel oder Vororte, die Fischereien, das Telefon, die Straßenbahnen, die Elektrizitätsanlagen, die Pharmazien und ihre Produkte, die Versicherungen und vor allem alle mineralen Erdschätze gehörten dem Ausland oder gehören ihm noch, direkt oder indirekt.

Die Schokolade und der Kakao, die Vanille und der Chicle, der Tabak, alle diese und andere Produkte, deren Urheimat Mexiko ist und die hier noch heute in großem Maße erzeugt werden, der Thunfisch, das Obst, der Gummi, die Mica und das Erdöl und das Silber gehen fast zur Gänze ins Ausland – all das als Rohprodukte wie aus einer Kolonie oder als Halbfabrikate aus einer Halbkolonie. Die Endprodukte kommen, mit den Schutzmarken renommierter Fabriken versehen, zurück in Form von Konserven, Autoreifen, Zigaretten, Textilwaren, Konfekt, Kaugummi oder – Dollars.

Als Mexiko noch den Spaniern gehörte, wurden die wirtschaftlichen Restriktionen einfach mit Gesetzen und Polizeimaßnahmen durchgeführt: Alles, was irgendeiner spanischen Industrie, insbesondere einem Kronregal in Neu-Spanien, Konkurrenz machen konnte, wurde brachial vernichtet. Anbauflächen, Zucht von Tierfarben, Weinberge, Spiritusbrennereien und was nicht noch.

Heute ist nicht mehr Spanien der Diktator, sondern der Welthandel. Alles und von allerorts wird geliefert, sogar die Heiligenbilder in häßlichem Buntdruck und die kitschigen Kalender beziehen die Indios, die einst das Unvergänglichste und Kühnste an Götterstatuen und Kalendersteinen besaßen, aus Japan, ausschließlich aus Japan. Der Film über den letzten Volkshelden Mexikos, über Pancho Villa, wurde in Hollywood gedreht. Im Lande, in dem Pferde, Rinder und Hühner unbekannte Wesen waren, verwettet man sein Geld beim Rennen, beim Stierkampf, beim Polo und beim Hahnenkampf. Statt Hüftball zu spielen, wie es alle Ahnen taten, ist man Zuschauer, schaut zu, feuert an und wettet auf kämpfende Gladiatoren des baskischen Peloten, des amerikanischen Baseballs (geschrieben Béisbol), des englischen Boxens, des japanischen Jiu-Jitsu, des montegassischen Roulettes, des spanischen Stierestechens.

Im Essen und Trinken hat sich der Indio freilich seinen früheren Geschmack bewahrt. Sein Brot ist die Tortilla, sein Salz der Pfeffer, sein Getreide der Mais und sein Trank der Pulque. Und auf dem Markt, wo er Kunde ist, wie es sein Ahne war, geht es im Grunde genauso primitiv und pittoresk zu wie zu des Ahnen Zeiten.

Genauso ist's mit manchen Gewerben, ist es mit Sarape, Rebozo und anderen Teilen der Kleidung, so ist es mit Medizinen, Tänzen. Das kann man sehen. Aber man kann nicht alles sehen, was trotz des durchschlagenden Erfolgs der Konquista unkonqueriert blieb. Denn der indianische Kaspar Hauser hat seine dunkle Vorvergangenheit nicht vergessen.

Landschaft, geschaffen um des Silbers willen

Bin ich in einer chinesischen Landschaft? In einem von Jules Verne erdachten Land im Innern der Erde? Bei der Wasserpantomime eines kosmischen Zirkus? Alles, was ich sehe, ist unbegreiflich und wird noch unbegreiflicher, da ich zu begreifen beginne.
Hier ist ein See, ein großer See. Brücken schwingen sich von einigen Stellen seines Wassers zu anderen Stellen seines Wassers. Anscheinend sind diese Brücken nur zu dem Zweck errichtet, sich zu kreuzen und zu queren. In regelmäßigen Abständen, wie aus ornamentalen Gründen angeordnet, schäumen und sprudeln und strudeln Gischte auf dem Wasserspiegel, der im übrigen glatt ist. Über jedem dieser Gischte kreist ein runder Käfig, in dem Affen oder Papageien zu schaukeln scheinen.
Das Ufer geht auf allen Seiten unvermittelt, ohne Rand, ganz steil und hoch nach oben wie bei einem Kratersee. Auf den fast senkrechten Hängen stehen Hütten, und von unten, vom Ufer, ragen Schlote, denen Gase entfahren, über die höchstgelegenen Hütten hinaus.
Ich bin in der Zyanisierungsanlage von Real del Monte, und ich weiß nur, daß die Erze, die dieser mir sinnlosen Landschaft wohl einen Sinn geben müssen, auf dem gleichen Weg hierherkamen wie ich.
Dieser mein Weg hat mit dem ersten Spaziergang durch die Stadt begonnen. Die Naturschätze des Gebiets von Pachuca haben die Schicksale von Völkern und Kontinenten beeinflußt, und doch ist die Stadt armselig, nicht zu vergleichen mit anderen in Mexiko. Kein Palacio, keine Avenida, kein Park, kein anständiges Trinkwasser. Schlecht und spärlich ist die Pflasterung, rings um das Weichbild verpesten die Abwässer der Bergwerksanlagen die Luft. Schön ist nur die Lage der Stadt, aber was diese Schönheit ausmacht, die Häuser auf den Bergeshängen rings um das Tal, erweist sich in der Nähe als Stätte trostlosen Elends.
Ich klettere den Förderturm der Grube Loreto hinauf, wollte durch die Rundsicht meine Eindrücke aus der Stadt ordnen. Ich erkannte die Höfe wieder, die ausgedienten Anreicherungsanlagen, Ha-

ciendas de Beneficio, in denen Maultiere sich im Kreis bewegt hatten vom sechzehnten Jahrhundert bis zum zwanzigsten, Tag für Tag und Nacht für Nacht, Jahr um Jahr, um das Silbererz zu zerbrechen und mit Quecksilber zu vermengen. Sorgsam wurde das Silber geborgen, achtlos das Quecksilber weggeschwemmt. Ringsumher gibt es Ackerböden, die getränkt sind mit Quecksilber und vielleicht reicher als die Silbergruben. Aber niemand kümmert sich darum.

Vom Förderturm aus sah ich in das alte massive Haus hinein, wo die Bergwerksgesellschaft Real del Monte ihre Logiergäste unterbringt, neu eintreffende Ingenieure oder inspizierende Beamte. Nicht weit davon: die Ställe für die Pferde, die ganze Wälder nach Pachuca schleifen, damit sie hier unter der Erde als Verstützung enden. Drüben sind die ›Cajas‹, die Bürogebäude der Kompanie. Dort die Kooperative der Arbeiter. Am Rand der Stadt liegt die Maestranza, Reparaturwerkstätte und Einkaufsstelle für das Werk. Eingekauft werden Maschinen, Sprengstoffe, Chemikalien, Holz.

Zur Maestranza gehört der ›Bone Yard‹. Da alles in der Gesellschaft, außer den Arbeitern, amerikanisch ist, heißt es ›Bone Yard‹ und nicht Gebeinhaus. Rostig und verbeult liegt darin die Geschichte des Bergbaus: Hacken und Beile, Handbohrer, Drehbohrer, Revolverbohrer und elektrische Bohrapparate, Steinbrecher, Pochwerke, Kugelmühlen und so fort, Epochen einer Technologie, die sich nur um Zerhacken und Zerbohren und Zerkleinern dreht, sich modernisierte, aber im Grund die gleiche blieb.

In einer der verlassenen Haciendas ward eine anglikanische Betstube eingerichtet für die Cornwalliser Bergleute, die im vorigen Jahrhundert hier tätig waren, auf der anderen Seite ein Freimaurertempel für die Amerikaner, die jetzt hier tätig sind. Hinter Real del Monte buckelt sich ein Hügel, dessen Gipfel noch grün ist. Oben liegt der Friedhof der Protestanten und der Freimaurer, eine Krone, geschmiedet aus Steineiche und Nadelbaum. Immer waren die Ingenieure und Vorarbeiter Ausländer. Zuerst kamen sie vom Erzgebirge her, aus den sächsischen und böhmischen Bergwerken, aus Kuttenberg, Přibram, Zinnwald, Joachimsthal und Freiberg, aus den Ketzerländern der Hussiten und Lutheraner, weshalb ihre Namen in den Inquisitionsakten immer wiederkehren.

Drüben im Westen, schon im Nachbarstaat, auf dem Marktplatz von Sultepec, steht seit 1733 ein Bergmann als Brunnenfigur – sicherlich das älteste proletarische Monument auf dieser Hemisphäre. Der alte Kumpel, der übrigens ein junger Kumpel ist, steht da mit aufgekrempelten Ärmeln und in hohen Stiefeln, wie sie niemals ein Indio trug, den Hammer hält er geschultert, den langen Meißel fest in der Linken. Mit seiner breiten Nase und seinen Locken erinnert er mich an einen Jugendgenossen aus Kladno, der von Hitlers Gestapo hingerichtet wurde, und immer, wenn ich durch Sultepec komme, grüße ich ihn mit ›Zdar buh‹, dem böhmischen Bergmannsgruß.

Von meinem Aussichtspunkt konnte ich weit übers Land schauen, auf Fördertürme anderer Gruben: die ›Veta Vizcaína‹, über die Humboldt so viel des Lobes sagte, daß sich die ehrwürdige Londoner City in abenteuerliche Spekulationen stürzte; die ›Purísima Grande‹, wo Bartolomeo de Medina seine ersten Experimente mit dem Patio-Verfahren begann; die ›Santa Gertrudis‹, die 1879 fallierte, für dreitausend Pesos verkauft wurde und aus der die neuen Besitzer binnen dreizehn Jahren fünfundzwanzig Millionen Pesos scheffelten.

Ich stieg von der Höhe des Förderturms zur Erdoberfläche hinab und ging zum Schacht. In einem Sturz, schneller als die Schwerkraft, fiel ich dem Mittelpunkt der Erde entgegen. Dann schritt ich stahlhelmbewehrt die Stollen ab, wobei ich mich an die Beschreibung der Silberhütte in Heinrich Heines ›Harzreise‹ erinnerte. Ich traf kein Idyll an. Kein Zitherspiel hallte von den Silberwänden wider, im Stollen wird kein Tisch gezeigt, an dem ein leutseliger Herzog inmitten getreuer Bergknappen zechte, hier hausen keine Heinzelmännchen, und selbst einem Heine käme hier kein zärtlicher Gedanke an des Bergmanns Töchterlein.

Nur die Altäre in den Nischen der Wände, bestrahlt, papierblumengeschmückt und groß wie Kapellen, könnten den, der es wollte, zu romantischen Gedanken bewegen. Neben den Heiligenbildern brennen geweihte Kerzen – solange die Kerze am Stolleneingang brennt, kann dem Spender vor Ort nichts geschehen, ein sicheres Glückauf ist ihm verbürgt.

Früher sei das Kerzengeschäft besser gegangen, klagte mir eine Verkäuferin auf dem Weg zur Grube, ›die Männer verlassen sich heutzutage mehr auf die Gewerkschaft als auf die Jungfrau von Guadalupe‹. Damit schien die Kerzenfrau aussagen zu wollen, daß das sehr dumm von den Männern sei. Denn die Gewerkschaft mag für Arbeitsschutz, für Gasmasken gegen Silikosis und für Verkürzung der Arbeitszeit sorgen, aber ist sie denn allmächtig? Sie richtet ja nicht einmal gegen das Labor Department der Gesellschaft viel aus, das durch gewiegte Juristen, Arbeitsrechtler und andere Mittel mit den Vertretern der Gewerkschaft die Verhandlungen führt.

Ich tappte, Grubenlampe am Bauch, Helm auf dem Schädel, Bleistift in der Hand, vierhundert Meter unterhalb des Tageslichts durch die Irrgänge. Ich suchte nach dem Neuen in diesem alten Werk. Gewiß, die Kompressoren hatten noch nicht gerattert, als hier Chichimeken und Tolteken nach Silber gruben. Die Dynamitschüsse hatten noch nicht gedröhnt in Cortez' Tagen. Unter dem Regime der Grafen de Regla brauste noch nicht alle fünfundfünfzig Sekunden ein Zug heran mit Kippwagen, die ihre Flanken öffnen und einen Darminhalt von fünfeinhalb Tonnen ausschütten, mit einem Getöse, als zerbräche die Erdkugel und als krachten ihre Trümmer gleichzeitig in die kosmische Tiefe.
Die Leitungskabel, die, geladen mit fünfzig Volt, gefährlich knapp über den Köpfen verlaufen, gab's noch nicht, als der Freiberger Bergassessor Humboldt hier einfuhr, und keine elektrischen Signale leuchteten damals auf. Auch bohrte sich der Förderschacht noch nicht einen halben Kilometer tief ins Fleisch der Erde. Noch war die unheimliche Bahn nicht gebaut, die ohne Menschen durch den Berg jagt, elektrisch ablädt und sich auf der Drehweiche eines Gespensterbahnhofs elektrisch umdreht, um neue Ladung zu holen.
Das abgeladene grob gebrochene Erz saust auf laufendem Band seiner Zermahlung zu. So schnell auch die mineralen Passagiere auf ihrer Berg-und-Tal-Bahn vorbeirasten an mir, der ich am Rand der Strecke vorwärts balancierte, sie fanden noch Zeit, mich zu steinigen, es prasselte nur so auf meinen Schutzhelm, und Funke auf Funke versuchte meine Augen zu treffen.
An der Endstation des Rollbandes, bei den Steinbrechern und Kugelmühlen, geriet ich vom Steinregen in die Schlammtraufe.

Alles war in Schlamm eingehüllt: die motorisierten Monstermühlen, der Fußboden, auf den sie montiert sind, das Röhrenwerk, das sie mit Erz füttert, die Leitern und Stiegen, die auf die Plattformen hinaufführen, und vor allem die Menschen, die hier arbeiten. Schlamm, Schlamm und wieder Schlamm, Schlamm-Menschen und Schlamm-Maschinen auf Schlammboden.

Drinnen in den Eingeweiden der stählernen Schlammungetüme krachte es ohne Pause. Was Jahrmillionen lang auf dem Bergesgrund als Felsenmauer, als einziges Stück dastand, ›fest wie Erz‹, ward vor kaum einer Stunde auseinandergehackt, und nun müssen die Teile des Ganzen, Ich gegen Ich, aufeinander losschlagen, um sich noch mehr zu verstümmeln. Keine der unter kannibalischem Brüllen ratternden Brechmaschinen begnügt sich mit der ihr zugemessenen Verkleinerung; sie speit das halbzerbissene Produkt in den Schlund der Nachbarmaschine, welche das Kauwerk fortsetzt und sich in die nächste übergibt, bis alles pulverisiert ist und nur ein gelber Schleim übrigbleibt.

Ich war benommen von diesen letzten Szenen des Silberdramas, von der auf dem laufenden Band und von der auf dem Schüttelboden, ich war benommen, das gestehe ich ein. Ich hatte kaum Zeit, darüber nachzudenken, ob all das neu sei oder ewig alt. War es nicht schon immer so, daß man – wenn auch freilich nicht mit solchen Motoren, solchem Stahl und in solcher Dimension – das Erz zerschlug, zur Schütte und zur Mühle brachte und verschlämmte, um Silber herauszuholen.

Was ich heute und hier sah im ›Fortune Level‹, dem vierten oder fünften Stockwerk, spielte sich vor fünfzig Jahren im sechzig Meter höher gelegenen Geschoß ab, und zur Zeit, als Heine in die Silberhütte einfuhr, sah es hundertzwanzig Meter zu meinen Häupten genauso aus wie im Harz. Die Produktionsmittel haben sich modernisiert, die Arbeitsbedingungen verschärft und die Profite erhöht – aber das sind Unterschiede bloß in Ausmaßen und Quantitäten. Es gibt nichts Neues unter der Erde.

Nur dieser See ist neu, dieser chinesische See mit den nirgendwohin führenden, sich kreuzenden Brücken, mit den Gischten in regelmäßigen Abständen.

Die geometrische Anordnung der Gischte hilft meinem verwirrten Blick, sich zu entwirren. Es ist ein künstlicher, sicherlich ein zweckdienlicher See, und er setzt sich aus riesigen Zisternen zusammen. Ihre Tangenten sind die Brücken, und ihre Zentren sind die holzvergitterten Treibräder, die ich für Volieren oder Affenkäfige hielt und die den Wirbel machten.

Eine der Zisternen trägt über ihrem Mittelpunkt keinen rotierenden Käfig, sondern ein Haus. Ein Haus aus Holz und Glas. Ich gehe hinüber in dieses Haus aus Holz und Glas, das Kanzleigebäude und Kommandobrücke zugleich ist, die Betriebsleitung der Zyanisierungsanlage. Der Kanzleichef oder Kapitän erklärt mir, wie das Gestein aus der Grube fährt, die Leidensstationen bis zu dem Augenblick, da dem erzenen Leib die silberne Seele entschwebt. Begonnen hat die Zyanuration schon in jenen wackelnden Kugelmühlen, in denen ich Felsen knacken hörte und wo eine Sintflut von Schlamm alles überströmte. Dort drinnen, so lerne ich nun, schlagen nicht nur Mangan und Stahl und eiserne Birne und motorisch betriebene Stampfen und rotierende Pocheisen auf das Erz ein, sondern auch chemische Mittel helfen bei dieser Folterung. Die zwanzig metallenen Rundtürme am Ufer des Sees, jeder sieben Meter im Durchmesser und zwanzig Meter hoch, nehmen das zerpochte und geschlämmte Erz in hermetischen Gewahrsam. In den Bergwerksanlagen aller Welt heißen diese Riesenzylinder ›Pachuca-Tanks‹. Respektvoll schaue ich auf sie, die Stammväter des Geschlechts, die den Namen Pachuca über Meere und Berge trugen. Eine andere mexikanische Silberstadt, Parral, ist Taufpatin der Parral-Pumpen; überall beherrschen mexikanische Ausdrücke die Montanistik, ›Patio‹, ›Arrastra‹ und ›Cazo‹ sind in Amerika wie in Europa Benennungen von Verfahren.

Mit ausgestrecktem Arm erläutert der Ingenieur sein Wasserreich. Täglich schluckt der See 3700 metrische Tonnen Erz, aus denen das Silber zu lösen ist. Wie wenig Silber, ein halbes Kilogramm auf eine metrische Tonne! Und wieviel Arbeitskräfte und wieviel Arbeitsgänge und wieviel Maschinen und Ingredienzien sind dazu nötig. Dennoch kann die US Smelting and Refining Company in Salt Lake City (USA), der jetzt Real del Monte y Pachuca (Mexiko) gehört, ganz schöne Dividenden ausschütten von dem, was täglich in den See geschüttet wird.

Die eisernen Schwimmtanks, die zusammen den See ergeben, haben die gleiche Tiefe, aber verschiedene Aufgabenkreise. In den Primärtanks schwabbelt Schaum, der aussieht wie ein riesiges Gehirn, und schwimmt von dort in die Sekundärtanks hinüber, um fünfzig Stunden lang mit Zyankali ausgelaugt zu werden. Dadurch löst sich das Silber. Wie aber kriegt man es aus der Flüssigkeit? In den Filtertanks saugt eine Vakuumpumpe die Lösung, die so dünn ist, daß ein Laie sie für pures Wasser halten würde, durch 1117 Filterblätter, bis alles Unflüssige in ihnen geblieben ist. Zinkstaub wird beigemengt und wieder entzogen, welch letztere Gelegenheit das Zyankali dazu benützt, gemeinsam mit dem Zinkstaub das Weite zu suchen – ihre Verbindung mit dem Silber hat sie allzu vielen Strapazen ausgesetzt. Zurück bleibt das Silber und – Gold. Des Goldes ist wenig in der Silbermine, wenigstens verhältnismäßig. Aber wie man sagt, deckt das bißchen Gold, das sich täglich in den Filterblättern findet, die ganzen Kosten des Bergwerksbetriebes, so daß der Gewinn an reinem Silber der reine Gewinn wäre.

Das Gold mit dem Silber zusammen, so wie es aus dem Zyanisierungsprozeß hervorgeht, wirkt noch nicht so verlockend, wie es sollte. Es sind Klumpen schwarzen Kotes, die von neuem durch Filterpressen gejagt werden müssen, wobei der Rest der Feuchtigkeit ausscheidet. Der feste Rückstand wird mit Borax und Zink in dem Ofen des Schmelzraumes gebraten, bis der Braten gar ist. Dieser Braten aus Gold und Silber ist aber noch immer ungenießbar für den Magen der Finanz. Zum Glück ist die Raffinerie nahe mit ihrem Salpeter und ihrer Elektrolyse, durch die sich schließlich goldenes Gold und silbernes Silber voneinander trennen.

Der See lächelt nicht und ladet nicht zum Bade. Wenn man schon schillerisch sprechen will, muß man sagen, es rast der See und will sein Opfer haben. Bereitwillig erläutert der Ingenieur, warum der See rast. Weil das Zyankali nicht die Kraft hat, ohne Luftzufuhr Silber und Gold aus dem Schlamm zu lösen, gibt es Flügelpumpen und Kompressoren, und aus ihnen schießt die zusammengepreßte Luft durch Röhren in die Tanks.

... und will sein Opfer haben. Manchmal, an heißen Tagen, senkten sich durstige Vögel auf den See herab. So viel Wasser! Kaum aber hatten sie ihren Schnabel genetzt, fielen sie tot in den See, gefällt vom Zyankali. Seither scheint es sich in der Vogelwelt herumgesprochen zu haben, daß diese Wässer gesundheitsschädlich sind. Nur vor kurzem kam eine Taube an Tank Nummer sieben, wahrscheinlich eine ortsfremde, verirrte Taube. Nach kaum einer Minute fischte man sie heraus, sie war schon tot.

Ich frage, warum überall Vorschriften hängen, Rettungsgürtel zu tragen, und Anweisungen für Erste Hilfe.

Das müsse so sein, erklärt der Ingenieur, damit kein Vorwurf erhoben werden kann, wenn etwas passieren sollte. Aber es sei noch nie etwas passiert. »Sehen Sie, hier habe ich auch eine Apotheke, auch nur so. Drei Gegengifte für den Fall einer Vergiftung: Eisensulfat, Kaliumhydroxyd und Magnesiumoxyd – zum Donnerwetter, da liegen ja leere Schachteln! Da hat ein Dummkopf jemandem ein Mittel gegeben und nachher die leeren Schachteln wieder in die Apotheke gesteckt.«

Aus sechstausend Mann besteht die Belegschaft von Real del Monte. Davon sind nur ein paar hundert in der Zyanisierungsanlage beschäftigt, bei Mischungs- und Reinigungsarbeiten. Die Chemie braucht weit weniger menschliche Arbeitskraft als die Mechanik und arbeitet gründlicher. In den vierhundert Jahren, seit Real del Monte in Betrieb steht, ist niemals so restlos extrahiert worden wie jetzt. Aus dem Erz, das in die Tanks kommt, kann kein Atom Silber verlorengehen.

Und in Zukunft?

In wenigen Jahren wird Real del Monte erschöpft sein.

Verwirrungen einer Kaiserin

Im Zusammenhang mit der geistigen Erkrankung von Carlota, geborene Prinzessin von Belgien und verehelichte Erzherzogin von Österreich, sind eine Reihe von Giften beschuldigt worden, den Irrsinn herbeigeführt zu haben.

Der Motive für ein Attentat gab es so viele, daß die Tat geradezu als übermotiviert bezeichnet werden muß. Carlotta bereitete ihre Abreise aus Mexiko im Sommer 1866 vor, zu einem Zeitpunkt demnach, da das Kaisertum ihres Gatten Maximilian hoffnungslos geworden, der Abzug seiner französischen Hilfstruppen beschlossene Sache und nahezu das ganze Land auf die Seite von Benito Juárez getreten war. Schon vorher war die Ausschaltung der Ausländerin, die ihren schwächlichen Gemahl zum Ausharren aufstachelte und den Bürgerkrieg verlängerte, für die Mexikaner ein Ziel gewesen, aufs innigste zu wünschen. Wie wünschenswert erst mußte ihre Ausschaltung sein, als sie sich zur Fahrt über den Ozean rüstete, um fremde Heereskräfte für eine neue blutige Intervention gegen das mexikanische Volk zu werben!

Die Verabreichung des Giftes dürfte kurz vor der Einschiffung erfolgt sein. Jedenfalls wird das erste Symptom in Puebla konstatiert, wo Carlota auf der Fahrt in den Hafen Veracruz übernachtet. In Puebla weckt sie mitternachts ihre Dienerschaft und begibt sich in deren Begleitung zum Haus des ehemaligen kaiserlichen Präfekten, der jetzt dieses Amt in Veracruz bekleidet. Carlota läßt sich das leerstehende Haus aufsperren, läuft durch alle Räume und kehrt in ihr Logis zurück, ohne eine Aufklärung über diesen merkwürdigen Besuch zu geben. Drei Tage später, am 13. Juni 1866, schon auf der Landungsbrücke des Schiffes ›Impératrice Eugénie‹, bemerkt sie die französische Flagge auf dem Mast. Carlota eilt zur Hafenleitung und verlangt im Ton höchster Erregung die Einziehung dieser Fahne und die Hissung der mexikanischen. Nachdem diesem Wunsch entsprochen wird, fährt sie aus Mexiko ab. Für immer.

Heftigere Wirkungen zeigen sich zwei Tage nach Carlotas Landung auf europäischem Boden. Während ihrer Zusammenkunft mit Napoleon III. hören Besucher des Parks von Saint-Cloud ihr gellendes Schreien und verstehen die Worte: »Sire, Sie haben mich vergiften lassen.« Als sie am 27. September vom Papst in Audienz empfangen wird, wiederholt sie die Beschuldigung gegen Napoleon. Tags darauf fährt sie abends im Vatikan vor, schickt den Kutscher weg, stürmt die Treppe hinauf, wirft sich Pius IX. zu Füßen und fleht ihn an, sie im Vatikan schlafen zu lassen, da sie nur hier vor den von Napoleon gedungenen Mördern sicher sei. Alle Versuche, Carlota mit Güte oder Gewalt zu entfernen, scheitern an ihrem Widerstand, und schließlich wird ihr ein Bett in den Bibliothekssaal gestellt. Die Akten über diesen Vorfall melden, Carlota sei die einzige Frau, die jemals im Vatikan genächtigt habe. Bei der ärztlichen Untersuchung ihres Zustandes ergibt sich, daß Carlota schwanger ist.

Schwangerschaftspsychose? Sie wird zuerst nach Miramare und dann in ihr Schloß Bouchoute bei Brüssel gebracht. Der streng moralische Hof ihres mätressengesegneten Bruders Leopold II. von Belgien billigt Carlotas anderen Umständen den mildernden Umstand zu, daß sie in Mexiko mit einem Rauschmittel vergiftet und im Zustand der Umnachtung vergewaltigt worden sei. Man hofft, ihre Psychose werde gleichzeitig mit der Schwangerschaft enden.

Die Geburt des Kindes erfolgt am 12. Januar 1867. In dem zehn Jahre vorher geschlossenen Ehevertrag war die Erbfolge von dem Gesichtspunkt aus geregelt worden, daß Maximilian unheilbar zeugungsunfähig sei. Dennoch berät man jetzt, ob man das Neugeborene als legitimen Sohn Maximilians ausgeben soll, der in Mexiko sitzt und von der Entbindung nicht benachrichtigt wird. Schließlich wird entschieden, das Kind nicht Maximilian, aber auch nicht *nicht* Maximilian zu nennen. Man tauft es ›Maxim‹. Es wird einem Notar Weygand an der belgisch-französischen Grenze zur Adoption übergeben und nachher in ein französisches Militärinstitut gebracht; der Brüsseler Hof zahlt Schulgeld und Apanage. Ein halbes Jahrhundert nach seiner Geburt, im ersten Weltkrieg, wird Maxim Weygand Chef des französischen Generalstabs. Zu dieser Zeit lebt seine Mutter noch und noch immer im Irrsinn. Es ist also keine Schwangerschaftspsychose gewesen.

Anklagen und Beschuldigungen. Das Schicksal des kaiserlichen

Körpers, der sechzig Jahre lang in den Hauptstädten und Badeorten Europas umhergeht, beschäftigt diesen aus Höfen und Hofgeschichten bestehenden Erdteil intensiv, und um das Kaiserpaar entsteht eine Literatur, die fast durchwegs Aristokraten zu Verfassern hat. Außerdem beeilt sich jeder, der einmal in Mexiko war oder etwas von Mexiko gehört hat, Antwort auf die Frage zu geben, welcher geheimnisvollen Droge das gekrönte Haupt zum Opfer gefallen sein mochte.

Am häufigsten wird Marihuana beschuldigt. Marihuana hat weit zurückreichende Vorakten. Ihren Namen aber führt sie erst seit der Cortezianischen Ära, wie daraus hervorgeht, daß er sich aus zwei christlichen Taufnahmen zusammensetzt: aus Maria und Juana. Sie ist die Vergifterin Mexikos, sie wird trotz aller polizeilichen Maßnahmen verkauft, insbesondere auf dem Markt im Barrio Juan Polainas (nahe der Schießschule an der Straße nach Puebla). Sie ruft neun Prozent der Autounfälle hervor und fast dreißig Prozent aller Verbrechen. Sie begnügt sich nicht damit, die ›Crujía de los viciosos‹, die Sektion der Toximanen, zur besetztesten Abteilung des Zentralgefängnisses zu machen, sondern dringt auch auf raffinierte Arten in die Kerkerzellen. Andere Stimulantia, wie Morphium, arabischer Haschisch, Äther, Kokain oder Heroin, gehen auf reiche Kundschaft aus, Marie-Hannchen aber gibt sich billig her und an jedermann.

Sie ist ein Kind des Hanfs, dessen Anbau in Mexiko verboten ist, damit er der Hennequénfaser keine Konkurrenz mache. Dennoch wird der Hanf angebaut, macht der Hennequénfaser keine Konkurrenz und würde sich sehr wundern, daß man ihn zur Gattung der Textilpflanzen zählt. In Mexiko ist er eine Genußpflanze.

Meist wächst er hinter Wänden von Maisstauden illegal heran. Die weiblichen Blüten werden zerrieben und geraucht; sie bewirken sozusagen eine Betäubung bei Bewußtsein. Kein Berauschter glaubt, daß seine Halluzinationen Wirklichkeit seien, aber er erfreut sich ihrer, weil er sich sonst nicht einmal ein so bescheidenes Ausmaß von Glück vorzugaukeln vermöchte. In seiner Leichtbeschwingtheit kann er sich nicht vorstellen, daß selbst eine Küchenschabe ohne Marihuana von der Stelle käme, und singt deshalb:

›La cucaracha, la cucaracha,
Ya no puede caminar,
Porque no tiene, porque le falta,
Marihuana que fumar.‹

Wenn man den Berauschten aus seinen Wachträumen weckt, wird er rabiat, imstande, einen Mord zu begehen. Für eine Herrscherin aus Herrschergeschlecht kann jedoch das bescheidene Gaukelspiel von Marihuana keine besondere Gemütserregung bedeuten, geschweige denn sie in unheilbaren Wahnsinn stürzen. Marihuana, Sie sind freigesprochen!

Ein gewisser Camotillo (Beruf: Batate) wurde ebenfalls beschuldigt, die Vergiftung der Kaiserin verübt zu haben. Zuzutrauen wäre ihm das schon, denn er hat gerichtsbekanntermaßen wiederholt, vorsätzlich und mit tauglichen Mitteln Lähmungen des Nervensystems herbeigeführt, insbesondere politische Gegner und Liebesrivalen in unheilbare Geisteskrankheit mit tödlichem Ausgang versetzt. Raffinierterweise scheidet dieser Giftstoff nach vollbrachter Tat aus, so daß er weder während der Krankheit noch nach dem Tode des Opfers festzustellen ist.

Der indianischen Medizin zufolge tritt der Tod so viele Tage nach der Verabreichung von Camotillo ein, als zwischen Ausgrabung des Knollens und seinem Genuß vergangen sind. Das heißt: wer Camotillo frisch aus der Erde ißt, stirbt auf der Stelle, wer ihn aufbewahrt hat, lebt, nachdem er ihn eingenommen, noch so lange, wie die Lagerfrist währte. (Chemische Untersuchungen ergaben, daß sich in der Tat die Giftstoffe allmählich verflüchtigen, sobald der Knollen ausgegraben ist.) Aber es gibt keine Batate, die sich sechzig Jahre lang halten würde, so lange, wie sich Carlota nach der Vergiftung am Leben hielt. Auch ist nichts davon bekannt, daß bei ihr eines der Symptome von Camotillovergiftung zutage getreten wäre, weder Herzschwäche noch Entzündung der Darmschleimhäute. Freispruch für Camotillo!

Gegen Ololiuqui, das ›Kraut der rollenden Augen‹, spricht seine Vergangenheit. Ololiuqui, eine Abart des Pfeilkrauts, wurde früher als Rachegift oft benutzt, um lebenslänglichen Irrsinn zu verursachen. Die Vergifteten sahen mit ihren rollenden Augen, von denen die Pflanze ihren Namen hat, Begebenheiten der Zukunft voraus, weshalb Ololiuqui zur Salbung der Könige das Seine beitragen mußte. Der Herrscher sollte mit hellseherischen Kräften begabt werden. Das Rezept der aztekischen Krönungssalbe (wie es im Kodex Ramírez steht) enthält alle Ingredienzien einer Hexenküche, so daß man versucht wäre, es ins mystische Versmaß der faustischen Blocksberghexe zu übersetzen. Aber im Rahmen eines kriminalistischen Berichts ist der Prosawortlaut angebracht: ›Man mische Tabak mit lebenden Spinnen, Skorpionen, Kröten und Tausendfüßlern zusammen, zerstoße das alles mit einem Mörser und vermenge es vermittels eines Quirls. Dann setze man den gemahlenen Samen von Ololiuqui bei, den man sonst verwendet, um Verlust des Verstandes herbeizuführen. Diesem Gemengsel füge man schwarze und behaarte Würmer bei, deren Haut allein giftig genug ist, knete es mit Ruß und koche es in Töpfen, stelle es an die Altäre der Götter, wodurch es zur göttlichen Mahlzeit wird, und salbe damit den Fürsten, damit er nunmehr vor Giften geschützt sei und mit Dämonen verkehren könne.‹

Eine Phiole aus Fleisch und Blut, Mädchen als Giftwaffe – diese teuflische Idee hat Maupassant einmal gehabt: Eine Französin schenkt im Krieg von 1870 vielen deutschen Offizieren ihre Gunst und ihre Krankheit. Diese Methode hat das indianische Mexiko von Staats wegen angewendet. Schöne Mädchen wurden von frühester Kindheit an mit allmählich steigenden Dosen von Blutgiften infiziert und, wenn sie mannbar waren, in kostbaren Gewändern, mit Schmuck, Geld und Dienerschaft in die Residenz feindlicher Stämme geschickt. Gelang es dem Giftmädchen, einen Häuptling zu verführen, so starb er unter gräßlichen Qualen.

Ein Mittel zur Erzeugung von Scheintod, das Xomilxihuitl, brachte Sir Walter Raleigh am Ende des sechzehnten Jahrhunderts (1595) nach England, wo die in Amerika bereits entdeckten Wunderelixiere die Hoffnung auf Verlängerung des Lebens hervorgerufen hatten. Aber wozu gab es eine Droge zur Erzielung des Scheintods, des unheimlichsten Zustands, in den ein Mensch verfallen kann? Und wenn das Erwachen aus dem freiwilligen Scheintod unterbleibt? Diese Fragen bewegten Shakespeare, als er Romeo zu voreiliger Verzweiflung verdammte. Die Wirkung von Xomilxihuitl ist es, die der Klosterbruder Lorenzo schildert, da er Julia die Droge einhändigt:

Dann rinnt sogleich ein kalter matter Schimmer
Durch deine Adern und bemächtigt sich
Der Lebensgeister. In dem gewohnten Gang
Ist jeder Puls gehemmt und hört zu schlagen auf.
Kein Odem, keine Wärme zeugt von Leben.
Der Lippen und der Wangen Rosen schwinden
Zu bleicher Asche. Deiner Augen Vorhang
Fällt, wie wenn der Tod des Lebens Tag verschließt.
Ein jedes Glied, gelenker Kraft beraubt,
Wird steif und starr, wie tot erscheinen.
Als solch ein Ebenbild des dürren Todes
Sollst du verharren zweiundvierzig Stunden
Und dann erwachen...

Oder auch nicht. Die Odds für das Wiedererwachen stehen fünfzig zu fünfzig.

Auf der Pazifikseite wurden am Abend des Ostersonntags 1932 in der Bai von Topolobampo, der ›Tränke des Tigers‹, einige Kisten mit Schnapsflaschen angeschwemmt. Der Alkohol war mit Xomilxihuitl versetzt – vielleicht zum Schutz gegen Diebstahl durch die Schiffsmannschaft oder vielleicht, um die Küstenbevölkerung zu betäuben und solcherart eine geheime Landung von ostasiatischen Einwanderern, Schmugglern oder Spionen zu ermöglichen. Yaqui-Indianer, die sich dort vom Fischfang mehr schlecht als recht ernähren, liefen aus der Umgebung herbei und tranken das Strandgut bis zur Neige leer. Am Ostermontag starben zwölf an Tetanus, und dreißig lagen wochenlang im Hospital fast ohne Atmung und Herztätigkeit. Die Mehrheit aber, über hundert Personen, die sicherlich dem Inhalt der Flaschen nicht minder eifrig zugesprochen hatten, erhoben sich nach Ablauf der Shakespeareschen zweiundvierzig Stunden, am Aschermittwoch, aus ihrem Tode und wandelten kerngesund weiter durchs Dasein. Dieses widerspruchsvolle Resultat des Saufgelages am Meeresufer konnte die Yaqui-Indianer nicht überraschen. Sie wissen seit eh und je, daß die gleiche Dosis von Xomilxihuitl den einen umbringt und dem andern wohl bekommt, und rufen es deshalb als Gottesurteil an. – Kaiserin Carlota wurde aber nicht getötet, kein Symptom von Starrkrampf ist an ihr beobachtet worden, und so sei hiermit auch die Untersuchung gegen Xomilxihuitl eingestellt.

Gewisse Liebestränke kommen für die Täterschaft in Betracht, da sie sowohl Verrücktheit wie jenen Zustand verursachen, in welchem eine Verführung Carlotas erfolgt sein könnte. Aus der kriminologischen Untersuchung muß man aber, um sich nicht im Unendlichen zu verlieren, jene Liebesmittel ausscheiden, die sozusagen zum Hausgebrauch gehören. Vor allem die auf den Märkten feilgehaltenen Kräuter ›para hacerse querer‹ — ›um geliebt zu werden‹. Diese aphrodisiakischen Mittel werden in den unteren Volksschichten genausoviel verwendet wie in den gehobenen. Nebenbuhlerinnen teilen sich, wenn sie miteinander befreundet sind, ihre Bezugsquellen unfehlbarer Liebespillen mit, nicht aber die Adresse der Modistin.

In den Dörfern werden gefährlichere Aphrodisiaka nach Rezepten zusammengebraut, die der Curandera von ihren Urahnen mündlich überliefert sein sollen. Wehe der Käuferin, wenn das stimmen würde. Denn gegen die Elixiere der mexikanischen Vorzeit müssen, wie aus den Berichten der Missionare hervorgeht, alle Pastilles galantes, alles Kantharidin und alles Yohimbin geradezu pure Muttermilch gewesen sein.

Besonders reizend, in jedem Sinn des Wortes, scheinen die Colorines aufzutreten, die Korallenbohnen. Allerdings schlägt ihre Wirkung oftmals ins Gegenteil um; bei allzu starker Dosis wird der Mann für die Frau und die Frau für den Mann überflüssig. Dieses Faktum brachten die Beichtväter des achtzehnten Jahrhunderts ihrem bischöflichen Vorgesetzten mit einer kanonischen Frage zur Kenntnis: Ist für die reichliche Anwendung dieser roten Bohnen (im Hinblick auf die dadurch hervorgerufene Unterlassung des außerehelichen Geschlechtsverkehrs) die Absolution zu erteilen, dagegen jenen, welche geringere Dosen eingenommen haben, die Absolution zu verweigern? Ist es nicht schlimmer, wenn Frauen und Mädchen von diesem Samen des Teufels nur ein kleines Quantum einnehmen? Denn dann laufen sotane Frauenzimmer, von Nymphomanie befallen, umher, nach Männern suchend, egal, ob Knabe oder Greis, und sterben in Sünde und Tollwut. Nach starker Dosis hingegen erfolgt nur Selbstbefriedigung.

Das Gift der Erkenntnis können wir ein Liebes- und Wahnsinnsmittel nennen, das verdächtig ist, den Sündenfall im Paradies veranlaßt zu haben. Die Hornschlange Mazacónatl lieferte das Gift, das in der Bibel fälschlich dem Apfelbaum der Erkenntnis zugeschrieben wird. Bei den Indios wurde dieses Schlangengift unaufgeklärten Kindern vor ihrer Brautnacht in die Mahlzeit gemischt, aber nur in kleinen Dosen. Wer größere nahm, endete in Satyriasis und Wahnsinn.

Eine Razzia durch ganz Mexiko ist nötig, um nach dem Gift zu fahnden, das Carlotas Geisteskrankheit auf dem Gewissen hat. Dabei muß man taktisch zu Werke gehen, die Kräuterkundigen zuerst nach Gegengiften fragen und dann erst das Gespräch auf die Gifte lenken, gegen die diese Gegengifte helfen.

Die anerkannteste Kräuterkundige von Mexiko ist Doña Carmelita, ihr Puesto auf dem Markt von Oaxaca ein Wallfahrtsziel. Käufer umlagern den Stand, die Augen auf Verkäuferin und Regale geheftet, als läge dort das Zaubermittel, das im nächsten Augenblick ihr Leiden bannen werde. (Dieses Leiden kann auch eine erfolglos Geliebte sein, ein gefährlicher Nebenbuhler oder eine ungetreue Ehefrau.) Im Innern der Bude tummeln sich mehr Kinder, als darin Platz haben, Doña Carmelitas Enkel und Kinder, welche letzteren die jüngsten sind – Beweisstücke dafür, daß sich die Alte in der Tat geheimer Naturkräfte zu bedienen weiß.

Das Vertrauen Doña Carmelitas erwirbt man, indem man von jedem Nervenheilmittel ein Spezimen kauft und bar bezahlt. Nach und nach rückt sie mit einigen ihrer Wißtümer heraus, zum Beispiel damit, daß sie ein psychiatrisches Allheilmittel namens Lachinole besitze. Diese Pflanze, als Tee gekocht, wird dem Patienten zwanzig Tage lang eingeflößt, und er, der noch am neunzehnten Tag vollkommen verrückt gewesen, sei am zwanzigsten vollkommen normal. Nur gegen eine einzige Art von Geisteskrankheit helfe der Lachinoletee nichts, nämlich gegen jene, die von Vergiftung mit Toloachi herrührt.

Mit dem europäischen Tollkraut hat Toloachi mehr als die erste Silbe gemeinsam. Tollkraut wird nicht auf Märkten verkauft, und auch der Handel mit Toloachi ist verboten. Deshalb versichert uns Doña Carmelita, daß sie es nicht auf Lager habe, das heißt: eigentlich habe sie es doch auf Lager, aber nur die Blätter, und selbst die gebe Doña Carmelita in sehr geringen Mengen ab, ausschließlich für hygienische Waschungen. Bei innerem Gebrauch sei Toloachi, insbesondere seine Samenkörner, so gefährlich, daß eben keines von den Anti-Irrsinnsmitteln dagegen helfe.

War es vielleicht Toloachi, was die Emperatriz Carlota eingenommen hat?

»Nein«, sagt Doña Carmelita, »von Toloachi wird man nur vorübergehend verrückt. Erst wenn man sich den Genuß angewöhnt, wird man für immer loco. Dann tanzt man auf den Straßen wie ein Affe, und alle Leute bleiben stehen und lachen. Die Emperatriz ist auf einmal vergiftet worden, durch eine einzige Dosis von Gift.«

Welches Gift mag das wohl gewesen sein?

So harmlos die Frage auch gestellt ist, Doña Carmelita erschrickt. Ob wir gekommen seien, sie darüber auszufragen? Ob wir vielleicht gehört haben, daß sie darüber etwas wisse?

Nein, wir beschäftigen uns mit Naturheilkunde, mit Arzneipflanzen.

Allmählich erfahren wir, was sie weiß. Carlota sei zu einer Kräuterfrau in der Hauptstadt gegangen und habe nach einem Mittel gefragt, um ein Kind zu bekommen. Sie war verkleidet und tief verschleiert. Aber die Kräuterfrau erkannte sie, und weil sie eine Patriotin war, eine Anhängerin von Benito Juárez und Todfeindin der ausländischen ›Emperadores‹ (so, ›die Kaisers‹, nannte man Maximilian und Carlota), gab sie ihr Gift.

Welches Gift?

Doña Carmelita schweigt.

War es ein Samen?

Doña Carmelita schüttelt den Kopf.

War es eine Batate? Eine Rinde? Eine Blume?

Doña Carmelita schüttelt den Kopf.

War es ein Schlangengift?

»Nein«, sagt Doña Carmelita, »es war Teyhuinti, ein Pilz.«

Ein Pilz? Haben Sie den, Doña Carmelita?

»Es gibt keine Teyhuinti in Oaxaca.« Ein Mehr an Auskunft liefert Doña Carmelita nicht.

An anderen Stellen erfahren wir, daß Teyhuinti, ›das Fleisch der Götter‹, in verdünntem Zustand ein Tonikum sei und in unverdünntem dauernden Irrsinn hervorrufe... Es läßt den Körper unbeschädigt, im Gegenteil, der Vergiftete wird oft hundert Jahre alt bei voller physischer Gesundheit. Zu Beginn des Rausches gerät der Vergiftete ›fuera de casa‹, was wörtlich und sinngemäß ›aus dem Häuschen‹ bedeutet. Er fühlt seine Kräfte erhöht, wird streitsüchtig, gebärdet sich kraftmeierisch, ›dem werd ich's schon zeigen‹, ›noch heute geh ich direkt zum Bischof ...‹ Wenn man eine Kaiserin ist, kann man sich wohl nur entschließen, es dem Kaiser von Frankreich zu zeigen oder zum Papst zu gehn.

Nach dem Abklingen des Rausches bleibt ein halbes Jahr lang die Erregung mitsamt dem ungehemmten Drang, die Kräfte mit Höhergestellten zu messen. Der Vergiftete fängt Händel an, indem er sich wirklicher Anlässe bedient und sogar logischer Argumente. Nachher tritt harmlose Verblödung ein, mens insana in corpore sano. (›Teyhuinti son los hongos que producen enajenación mental definitiva sin causar la muerte‹, sagt Fernando Ocaranza in seiner ›Historia de la medicina en México‹.)

Die geistesstörende Wirkung gewisser Pilze scheint früher einmal nicht nur der Medizin in Mexiko bekannt gewesen zu sein, sondern auch in Europa, worauf die Wiener Redensart hindeutet: ›Der hat narrische Schwammerln gegessen.‹

Carlota, die in normalem Zustand von den Geschehnissen in Mexiko vielleicht physisch gebrochen worden wäre, überlebte die Erschießung ihres Gatten um mehr als sechzig Jahre. Doch konnte sie über die historischen Begebenheiten in dem exotischen Land, in dem sie eine verhängnisvolle Rolle gespielt, ebensowenig etwas aussagen wie über das meuchlerische Verbrechen, dem ihr Geist zum Opfer fiel.

Indiodorf unter dem Davidstern

Stockdunkel war die Nacht und ziemlich kühl dazu, als ich heute aufstand, um Punkt sieben in Venta Prieta zu sein.
Von diesem Dorf und seiner jüdischen Bewohnerschaft hatte ich schon in der Stadt Mexiko etwas läuten gehört, aber ich wußte nicht, wo es liegt, und hatte auch den Namen vergessen. Da fuhr ich vorgestern zufällig nach Pachuca, der Silberstadt, und las bei Kilometer 83 (von der Hauptstadt aus gerechnet) an einem Ortseingang ›Venta Prieta‹. War das nicht der Name? Ich stieg aus, fragte unsicher nach den Juden. Die Befragte zeigte mit dem Finger. »Dort der Caballista ist einer von ihnen.«
Der Kabbalist? Weit und breit war niemand zu erblicken, der als Ziffern- und Zeichendeuter, als Kenner der Kabbala in Betracht kommen konnte. Nur ein Bauer stieg eben ganz unmystisch von einem Pferd. Mir ging ein Licht auf: Pferd heißt ›Caballo‹, also wird ›Caballista‹ ein Reiter sein. Ich ging auf ihn zu, fragte, und er antwortete: An jedem Samstag um sieben Uhr morgens sei Gottesdienst.
Sieben Uhr ist keine angenehme Stunde. Aber was half's? Ich sprang im nachtschlafenden Morgengrauen aus den warmen Federn von Pachuca, um dem kühlen Sabbat entgegenzugehen. Ich machte mich, wie ich gestehen muß, auf etwas Groteskes gefaßt, war ein wenig ironisch gestimmt. Ein altes Chanson ging mir durch den Kopf, das in den Zeiten harmloser Jargonkomik im Schwang gewesen ist: Mit indianischem Federschmuck, in ostjüdischen Schläfenlocken, in der Kriegsbemalung der Apachen und mit dem Gebetkragen, den man in der Synagoge trägt, sprang der Wiener Komiker Eisenbach auf die Brettlbühne und schmetterte:

›Mein Vater war ein klaaner
Jüdischer Indianer,
Meine Mutter, tief in Texas drin,
War eine koschere Gänslerin . . .‹

Als ich in Venta Prieta ankam, kam ich zu früh. Einige Indios oder Mestizen, von anderen Indios oder Mestizen durch nichts unterschieden, standen in Leinenhosen, Hemd und Sandalen im Novembernebel herum. Einer, untersetzt und in einen rotwollenen Sarape gehüllt, war Señor Enrique Téllez, der Vorsteher der Judengemeinde, an den ich mich zu wenden hatte, um authentische Auskünfte zu bekommen. Außerdem ist Señor Téllez der vermögendste Mann im Dorf, was an sich noch keinen Reichtum bedeutet.

Venta Prieta besteht aus hundertfünfzig Menschen und dementsprechend wenig Häusern.

Zwei Drittel der Einwohner sind Otomí-Indios, wenn auch nicht mehr reinrassig. Sie arbeiten in den Bergwerken von Real del Monte, bebauen die Maisfelder hinter dem Dorf oder züchten ›Havadas‹, Perlhühner, die gleich ihren Besitzern Produkte von Rassenmischung sind.

Nur auf der einen Seite der Landstraße stehen Häuser, sie sind aus Adobe, Straßenkot und Pferdedreck zusammengeklatscht. Das einzige Steingebäude ist die Schule. Auf der anderen Seite der Landstraße dehnt sich grenzenlose Ebene: Militärlager und Flugplatz für eine Nebenstrecke nach Guajutla in der Gegend von Tampico. Ein Kasernenblock schimmert aus der Ferne herüber.

»Das dritte Drittel«, sagt mir Señor Enrique Téllez, »sind wir Juden, siebenunddreißig Erwachsene. Wir sind nur eine große Familie oder eigentlich zwei miteinander verschwägerte, die Téllez und die González.«

»Sind Sie schon lange hier?«

»Kaum zwei Generationen. Früher lebten wir in Zamora, im Staat Michoacán. Dort brach vor vierzig Jahren ein Judenpogrom aus, die Leute bemächtigten sich meines Großvaters mütterlicherseits, Roman Gison hieß er. Sie verlangten von ihm, daß er sich taufen lasse und seinen alten Glauben verhöhne. Als er sich weigerte, nähten sie ihn in eine Kuhhaut und legten ringsherum Feuer an. Die Kuhhaut schrumpfte zusammen und zerdrückte auf diese Weise meinen Großvater. Alle Juden flüchteten aus Zamora. Mein Vater fand diesen Rancho hier, der zu einer entfernten Hacienda gehörte. Der Boden ist ganz trocken, nur spröde Schollen. Aber mein Vater kaufte ihn, weil hier sonst keine Häuser standen – er

wollte nicht mehr in einer Stadt oder auch nur in einem Dorf leben.« Don Enrique deutet hinter sich. »Da bin ich geboren.«
›Da‹ ist ein Haus, nicht minder verfallen und vernachlässigt als die anderen, aber größer. In regem Verkehr bewegen sich Lebewesen in und aus dem Hof, Perlhühner, Kinder, ein Pferd und viele Hunde. Während der Unterhaltung, die Don Enrique und seine Gruppe mit mir führen, steckt eine schwarze Kuh ihren Kopf aus dem Tor, blökt von Zeit zu Zeit, wie um vor mir zu warnen, und wagt sich nicht aus dem Hof, als hege sie in ihrem Euter tiefes Mißtrauen gegen mich.
Ich schaue auf meine Uhr. Don Enrique sagt: »Der Gottesdienst wird bald beginnen; sehr pünktlich sind wir nicht. Die Frauen müssen noch das Frühstück für ihre Männer zurechtmachen, die zur Arbeit gehn.«
»Arbeiten sie am Samstag?«
»Das geht nicht anders.«
»Wie können sie da am Gottesdienst teilnehmen?«
»Deshalb haben wir dreimal Betstunde, wir kommen in drei Schichten.«
»Halten Sie selbst den Gottesdienst ab, Señor Téllez?«
»Nein, ich versteh nicht viel davon. Unser Rabbi ist ein Abessinier —«
»Ein Abessinier? Wie kommt ein Abessinier nach Mexiko?«
»Er lebt als Bäcker in Pachuca. Ein junger Mensch, der sich sehr für Religion interessiert und die Bibel kennt. Er liest sogar hebräisch. Gleich wird er dasein.«
Don Enrique zählt auf, welche religiösen Gebräuche die Gemeinde einhält. Sie fasten am Jom Kippur — ›am Ayuno mayor‹, übersetzt er mir, damit ich's verstehe. Ostern essen sie Mazzes — ›galletas de la semana santa‹, übersetzt er, was ich meinerseits mit ›Waffeln der heiligen Woche‹ übersetzen würde.
»Auch das Neujahrsfest feiern wir und fasten am Jahrestag der Tempelzerstörung. Wir essen kein Schweinefleisch. Geflügel und Vieh schlachten wir koscher.«
Ich frage, ob Zirkumzision vorgenommen wird. »Ja, aber wir haben keinen Beschneider hier. Wir bringen die neugeborenen Knaben nach der Hauptstadt zum Señor Klipper.« Bei Gott, auf diesen onomatopoetischen Namen hört der Beschneider von Mexiko.

Neben der schwarzen Kuh, die noch immer aus dem Toreingang mißtrauisch zu mir herüberschaut, steht ein blonder Norwegerjunge, etwa vier Jahre alt, und sieht ebenso mißtrauisch zu mir herüber.
»Komm her«, ruft Don Enrique dem Norwegerjungen zu. Aber statt zu gehorchen, jagt der Judenbub davon. »Das ist mein Neffe«, sagt Onkel Heinrich, »ich wollte, er soll Ihnen seinen Namen sagen.«
»Wie heißt er denn?«
»Er heißt Reubeni. Alle unsere Kinder haben Namen aus dem Alten Testament: Elias, Abraham, David, Saul die Knaben, und die Mädchen heißen Rahel, Rebekka oder Sara. Wissen Sie, daß auch die Witwe von Francisco Madero ›Sara‹ heißt?«
Ich hatte schon in Mexiko gehört, daß die Märtyrer der nationalen Freiheit, die Brüder Francisco J. und Gustavo Madero illegale Juden gewesen seien, und ebenso die in New York lebende Witwe, eine geborene Pérez, was ein typischer Name der spaniolischen Juden ist. Die Brüder Madero sind nicht die einzigen großen Männer, denen jüdische Abstammung nachgesagt wird, die Inquisition hat viele Opfer, um sie herabzusetzen, als ›judaizante‹ bezeichnet, ›zum Judentum neigend‹. Selbst der Vater der Nation, der Pfarrer Miguel Hidalgo, steht als ›judaizante‹ in den Inquisitionsakten.
»Unsere Kinder«, fährt der Gemeindevorsteher fort, »gehen in die allgemeine Schule. Haben Sie schon die Schule gesehen? Die ist schön, nicht wahr? Vor ein paar Jahren verlangten die ›Cristeros‹ (eine kleriko-faschistische Bewegung), daß Venta Prieta eine Kirche bekomme. Darauf wandten sich die Dorfbewohner – hier leben meist Bergleute, und alle sind gewerkschaftlich organisiert, also keine Antisemiten – an die Regierung, man möge ihnen lieber eine Schule geben, weil das Dorf bereits eine Kirche habe. Daß es eine jüdische Kirche war, haben sie nicht gesagt. Wir bekamen die Schule, unter dem Präsidenten Ortiz Rubio wurde sie eröffnet. Einer unserer Jungen, der Saúl González, geht übrigens in die Schule des Militärlagers drüben. Am Flugplatz arbeitet auch einer von uns, er hat zuerst als Mechaniker ausgeholfen und dann die Pilotenprüfung gemacht.«
Don Enriques Wissen über die Geschichte der Juden in Mexiko

beschränkt sich darauf, daß er den Namen Carbajal kennt, des Portugiesen, den Philipp II. nach Neu-Spanien schickte, um die aufständischen Küstengebiete am Golf zu pazifizieren. Luis Carbajal der Ältere brachte hundert Marannen-Familien mit, und von diesen leiten die mexikanischen Juden ihre Herkunft ab. Sie verehren jedoch vor allem seinen Neffen ›Carbajal el Mozo‹, der mit Mutter und Geschwistern in den Verliesen der Inquisition gemartert wurde, sich aber vom mosaischen Gesetz nicht abbringen ließ. Am 5. Dezember 1596 stand er mit seiner ganzen Familie auf dem Scheiterhaufen, fünfundvierzig Juden; in diese Zahl sind die Toten nicht eingerechnet, deren Gebeine aus dem Friedhof gescharrt worden waren, und nicht die Flüchtlinge, die man nur in effigie verbrennen konnte. Auch ein Deutscher stand auf dem Gerüst, als unbekehrbarer Lutheraner war er in den Kerker der Inquisition geworfen, aber dort von Carbajal – zum Judentum bekehrt worden. Luis Carbajal el Mozo und die Seinigen gingen als unbußfertige Juden in Flammen auf.

Von seiner eigenen Generation weiß Don Enrique mehr zu erzählen: »In Michoacán hatten wir einen Rabbi, der war nicht bartlos, wie die Indios sind, sondern trug einen großen, silbernen Bart, die Bauern nannten ihn ›Bischof der Juden‹. Manchmal fuhr er zu anderen Judengemeinden, um zu predigen. In unserer Umgebung gibt es keine Judengemeinde außer uns. Die nächste ist zwei Stunden Eisenbahnfahrt von hier, in San Agustín de Zapoctis, einem Dorf im Staat Mexiko. – Ah, da kommt unser Rabbi. Hola, Etiope!«

Der angerufene Äthiopier tritt auf uns zu, in der Hand trägt er ein sorgfältig mit Bindfaden umwickeltes Paket. Weil ich es weiß, stelle ich sofort fest, daß er ein typischer Falascha aus Abessinien ist. Im Judenchristentum der Falaschas scheint die jüdische Tendenz zu überwiegen, denn im Ausland werden die Falaschas meist Juden, in Haarlem – New York sah ich ihre große Synagoge, und nun treffe ich hier einen Rabbi aus ihrem Stamm.

Er heißt Guillermo Peña, ist kaum dreißig Jahre alt, in Mexiko geboren und versteht nur wenige Worte Kuara, der Falascha-Sprache. Guillermo Peña lebt mit seinem Vater in Pachuca, wo er soviel Brot bäckt, wie er selbst austragen kann, demnach nicht viel. So hat er Zeit, im Selbstunterricht Hebräisch zu lernen und die Bibel zu lesen. An jedem Samstagmorgen kommt er nach Venta Prieta, ohne Vergütung, hält den Gottesdienst ab und gibt Religionsunterricht. Dieser Rabbiner ist ein schüchterner, verlegener Mensch, der mir nicht gerne Rede steht und froh ist, als ich seiner wiederholten Aufforderung folge, in den ›Jardincito‹ einzutreten.

Mit ›Jardincito‹ ist das von roten Ziegeln umgebene Gärtchen gemeint und auch das Bethaus darin. Es mag höchstens vierzig Personen fassen. Von der Decke der Betstube baumelt eine Spirituslampe. Ein ärmliches Pianino in der einen Ecke, in der andern eine Schultafel, mit hebräischer Kursivschrift bekreidet, und als zweites Lehrmittel ein ramponierter Globus zur Veranschaulichung der biblischen Geographie. Drei Vasen aus Spiegelsplittern, Papierblumen darin, sollen das Pianino verschönern.

Auf der bestickten Decke des Altartisches steht eine Kerze (statt eines siebenarmigen Leuchters), ein Glas (statt eines goldenen Bechers), und statt einer pergamentenen, handgeschriebenen Thorarolle liegt ein Foliant: Altes und Neues Testament in spanischer Sprache, herausgegeben von der Bibelgesellschaft. Wahrlich, dieses Buch paßt von keinem Standpunkt aus hierher; weder anerkennt die Judengemeinde das Neue Testament, noch hat die Bibelgesellschaft das Buch deshalb gedruckt, damit es den Juden behilflich sei, in ihrem Glauben zu verharren.

Getünchte Wände. Eine ist mit einem Davidstern bemalt; ihn halten zwei Löwen mit mähnenumwallten Köpfen und nackten Körpern. Ferner sind, in Ermangelung wirklicher Armleuchter, zwei solche an die andere Wand gemalt, aber – wennschon, dennschon – ihre Postamente und die Kerzen sind mit allerhand Emblemen verziert. An der Frontwand dominiert das ›Höre, Israel‹ auf hebräisch und spanisch: ›Oye, Israel, el eterno es nuestro dios, el eterno uno es.‹

Don Guillermo hat ängstlich meine Musterung der Fresken verfolgt, und da ich nach dem Maler frage, erwidert er ein zaghaftes »ich«, dem er hinzusetzt: »Ich bin Bäcker, Señor.«

»Die Bilder sind sehr schön, insbesondere die hebräischen Schriftzeichen«, nickte ich leutselig und sehe sein afrikanisch dunkelbraunes Gesicht erröten. »Ich bin Bäcker, Señor«, flüstert er wieder. Don Guillermo ist vielleicht kein Maler, aber er ist auch nicht bloß ein Bäcker. In erster Linie ist er ein Priester, wie man erkennt, wenn er liebevoll sein Bündel aufschnürt und dessen Inhalt ausbreitet, Gesangsnoten und Gebetbücher, mit vielen Lesezeichen versehen.

Dann kommt aus einem Säckchen ein weißer Schal hervor, der den Rabbi sofort umhalst, und ein Käppi, das sich ihm auf den Hinterkopf schmiegt.

Die versammelte Gemeinde besteht aus dreizehn Menschen mosaischer Konfession, also um drei mehr als die vorgeschriebene Mindestzahl. Dennoch machen die dreizehn kein gebetberechtigtes Kollegium aus, weil Frauen und Kinder nicht zählen. Aber kann Jehovah das so genau nehmen in Mexiko, wo die Seinen jahrhundertelang furchtbaren Drohungen und milden Lockungen standhielten?

Von Hütte zu Hütte hatten sie einander die Parole zugeraunt: ›Lasset uns beten‹, mit der Angabe, wo und wann. Nur im Dschungel war Raum für den Gottesdienst. Auf dem Weg dorthin konnte man von Pfeilen getroffen oder von Sbirren der Inquisition gefaßt werden, man konnte in den Krater stürzen oder zerfleischt werden von wilden Tieren. Kam nun einer nicht an, vielleicht der zehnte, sollten da die neun unverrichteter Glaubensdinge auseinandergehen? ›Ach was, lasset uns beten‹, sagten sie und taten es. Und weil Jehovah damals durch die Finger sah, so ist in Mexiko ein Minjen auch dann ein Minjen, wenn weniger als zehn Männer versammelt sind.

Heute sind vier Männer da. Außerdem vier Frauen oder Mädchen. Diese sind es, die das Altartuch mit Blumen und Bibelsprüchen bestickt haben, und nun unterbrechen sie mit Gesang die eintönig gemurmelten Texte der Gebete. Die Kinder singen mit, unter ihnen der vor mir davongelaufene norwegisch-jüdisch-indianische Reubeni Téllez und der neunjährige Saúl González, der in die Militärschule geht, ein zukünftiger mexikanischer General.

Der Gottesdienst war einfach, aber im Grunde ein Sabbatgottesdienst wie anderswo auch. Am Schluß stellte sich die Gemeinde vor dem Altartisch auf zum Totengebet. Dieses Gebet dürfen Kinder nicht sprechen, bevor sie durch die Konfirmation in die Religionsgemeinschaft aufgenommen sind. Hier aber traten zwei Knaben, wahrscheinlich Waisen, gleichzeitig mit den Erwachse-

nen vor – eine andere der Ausnahmen, die Gott für das Dorf Venta Prieta in Mexiko bewilligt hat.
Auch ich trat vor, schloß die Füße aneinander und sprach nach, was der Rabbi uns vorsprach, nur die Namen seiner Toten fügt jeder Betende selber ein.
Mein Vater und meine Mutter waren in Prag geboren, lebten dort, starben dort und sind dort begraben. Niemals konnte ihnen in den Sinn kommen, daß einer ihrer Söhne den Totenspruch für sie in einer Gruppe von Indios sprechen werde, im Schatten der silbertragenden Berge von Pachuca. Meine Eltern, die ihr Leben im Bärenhaus der Prager Altstadt verbrachten, ahnten nicht, daß ihre Söhne einmal aus dem Bärenhaus verjagt sein würden, nach Mexiko der eine, nach Indien der andere und die beiden, die dem Hitlerterror nicht entfliehen konnten, in unbekannte Stätten unvorstellbaren Grauens. Meine Gedanken schweifen weiter, Verwandte, Freunde, Bekannte und Fremde, Opfer Hitlers, alle haben Anspruch darauf, daß ihrer im Totengebet gedacht werde.
Ein Zug von Millionen. Frauen und Männer, die sich zeit ihres Lebens darum gesorgt, ihre Familien zu ernähren und ihre Kinder zu nützlichen Mitgliedern der menschlichen Gesellschaft zu machen; Angestellte und Arbeiter, die sich im Schweiße ihres Angesichts ihr Brot verdienten; Ärzte, die Tag und Nacht bereit waren, Leidenden zu helfen; Menschen, die bemüht waren, die Wahrheit zu verbreiten und die Lage ihrer Mitmenschen zu verbessern; Gelehrte, die der Wissenschaft lebten; Künstler, die dem Leben Schönheit geben wollten; Kinder, die sich ihre Zukunft so wunderbar träumten... alle Arten von Menschen, lebensfrohe und sentimentale, gute und schlechte, starke und schwache.
Unübersehbar, unaufhörlich ist ihre Reihe. An kalten Fratzen vorbei, wanken sie dem Ziele zu. Dort steht es, ein rauchender Bau. Alle wissen, was dieser Bau bedeutet, woraus der Rauch besteht, der aus dem Schlot aufsteigt. Es ist die Todesfabrik, sie fabriziert Leichen. Mit welchen Gedanken bewegt sich diese Armee der dem Mord Geweihten diesem Ziele zu? Keine Hoffnung mehr, keine Hoffnung mehr für sich, für ihre Kinder, für ihr Angedenken, kaum Hoffnung mehr auf Rache, auf Bestrafung des Massenmords. Sie müssen sich in das Tor schieben, sie müssen sich entkleiden, sie müssen in die Kammer gehen, wo ein fürchterli-

ches Gas sie erwürgt, verbrennt, auflöst. Aus dem Schlot steigt Rauch.

Unübersehbar ist die Kolonne, sie zieht dahin, als hätte es nie eine Menschheit gegeben, als hätte es nie einen Sinn der Menschheit gegeben, niemals das Streben, mehr Brot, mehr Recht, mehr Wahrheit, mehr Gesundheit, mehr Weisheit, mehr Schönheit, mehr Liebe und mehr Glück in die Welt zu bringen.

Als letzter trete ich weg vom Altar, zu dem ich mich vor einigen Stunden so gut gelaunt aufgemacht hatte.

Heimkehr nach Prag

1946 reiste Kisch über England zurück in seine Geburtsstadt Prag. Obwohl der Heimkehrer mit allen Ehren begrüßt und gefeiert wurde – und als Wohnsitz die ehemalige Dienstvilla des Judenvernichters Eichmann zugewiesen erhielt –, war seine Situation sehr schwierig. Er war als deutschsprachiger Schriftsteller in ein Land zurückgekehrt, in dem nach den Jahren der Okkupation die deutsche Sprache verpönt war. In Kischs Erzählung von seiner Begegnung mit dem tschechischen Lyriker Petr Bezruc blitzt diese Problematik einmal auf, als Kisch kommentarlos registriert, daß Bezruc die Titel seiner – Kischs – Bücher in deutscher Sprache nennt.

Die großen Pläne, die Kisch hegte, hat er in Prag nur noch zum kleinsten Teil verwirklichen können. Er war schon als kranker Mann aus Mexiko zurückgekommen. Nach zwei Schlaganfällen starb er am 31. März 1948. Die unvollendet gebliebene Reportage über die Schuhfabrik ›Bata‹ zeigt bereits einen veränderten, resignierenden Kisch, der mit einer bei ihm sonst kaum zu beobachtenden Wehmut die Erinnerung an vergangene Jugendtage beschwört. Der Aufsatz über Karl Kraus, der unsere Auswahl beschließt, wurde erst im Nachlaß gefunden; er war wohl für eine Fortsetzung des Memoirenbuches ›Marktplatz der Sensationen‹ gedacht. Kisch und Kraus haben ein Leben lang miteinander in Fehde gelegen. Kisch berichtet noch einmal die Einzelheiten dieser Streits und macht zugleich die gegensätzlichen Positionen deutlich, die beide voneinander trennten. Gleichzeitig ist die Arbeit aber auch ein nobler Versuch, dem Gegner nicht nur in seinen Schwächen, sondern auch in seiner Größe gerecht zu werden.

Nach 12 Jahren Exil wieder nach Prag zurückgekehrt, 1946

Friedhof, reichend von Industrierevolution zum Imperialismus

Auch dieser Friedhof (nennen wir ihn Nummer zwei) ist längst außer Dienst und trägt demnach das überwuchernd wildromantische Gepräge von Friedhöfen, in denen auch die Toten gestorben sind und keine Besuche mehr empfangen.

Mit seinem Ahnherrn, dem Prager Judenfriedhof schlechthin (wir nennen ihn Nummer eins), kann er sich nicht messen. Nummer eins ist mit Weltruhm bekränzt, über Nummer zwei wurde kaum jemals ein schriftliches Wort verloren; höchstens gegenüber seinem Nachfolger Nummer drei, der noch heute (in der Vorstadt Strasnice) Dienst tut, steht er ehrwürdig da. Örtlich und zeitlich zwischen eins und drei gelegen, könnte er füglich Altneufriedhof genannt sein.

Schon in der apokalyptischen Epoche, als sich nach dem dreißig Jahre lang reitenden Kriegstod die schwarze Pestilenz aufs Pferd schwang, hatten die Prager Juden ihre Seuchenopfer hierher getragen. Ausschließlich solche und ausschließlich en gros. Erst weit später, am 1. Juni 1787, avancierte die Filiale zur Zentrale, und wieder eines Tages – dieser Tag war der 6. Juli 1890 – schloß das Unternehmen seine Pforten ganz.

Zwischen diesen beiden Daten entfaltete sich das kapitalistische Jahrhundert von der industriellen Revolution bis zum Imperialismus, seinem höchsten Stadium, der seinerseits im Faschismus gipfelt.

Fern von hier, im Gettofriedhof (Nummer eins), ruhen Gottesgelehrte und Weltweise, Chronisten und Alchimisten, Apotheker und Ärzte, Märtyrer und Sagenfiguren. Lückenlos sind sie beisammen, und jedem wird auf dem steinernen Partezettel nachgerühmt, daß er fromm und wohltätig war. Manche hatten sich auch in ausländischen Gemeinden und Lehrstätten Ansehen erworben, und noch nach Generationen pilgerten Wallfahrer hierher, um auf den oder jenen Hügel den üblichen Kieselstein des Gedenkens zu legen. Durch seine Berühmtheit ist Nummer eins selbst zur Berühmtheit geworden.

Von Nummer zwei aber wissen selbst die Prager nur wenig; kein pietätvolles Steinchen liegt auf den Gräbern. Viel hat mancher hier Begrabene verdient, Nachruhm jedoch kaum. Dafür war nicht die Zeit. Die Zeit war für Maschinenkraft und Mehrwert, Profitrate und Proletenarbeit. Die Eigenschaften von Nummer eins, wie Gelehrsamkeit, Frömmigkeit oder Wohltätigkeit, waren zu unwichtigen, weibischen oder gar lächerlichen Eigenschaften herabgesunken.

Selbstverständlich lebten auch Menschen aus religiöseren Zeitläuften über die Umwälzung hinaus und starben mitten in die neue, hartherzige Weltordnung hinein. Von den achtunddreißigtausend hier vorgenommenen Beerdigungen erregte folgenschweres Aufsehen diejenige eines Greises, von dem zwar Herkunftsort (Sobedruhy bei Teplitz) und Sterbedatum (September 1800) bekannt sind, nicht aber sein Name und sein Grab. Denn er war ein Ketzer. Unter Demonstrationen von Spott und Hohn wurde er aus der Welt der Lebenden hinweggetragen und dem Vergessen preisgegeben. Selbst die staatliche Obrigkeit, die über die Tumulte bei seiner Beerdigung Aktenbogen auf Aktenbogen vollschrieb, eruierte den Namen des bestatteten Urhebers nicht.

Die Ketzerei des Ketzers von Sobedruhy hatte darin bestanden, daß er Anhänger des falschen Messias Jakob Frank war. Dieser Jakob Frank thronte an Gottes Statt zu Offenbach am Main und ließ von dort Verordnungen und Steuerverschreibungen an die Juden Europas ergehen. Franks Gegner aber saßen in Prag: die Rabbiner Fleckeles und Landau. (Auch sie sind unter uns, im Erdreich.) Ihre Stimme wurde urbi et orbi gehört, noch stärker urbi als orbi, und das Prager Getto war durchtobt von Für und Wider. Auf seiten Franks kämpfte die Verzweiflung. Der Messias muß kommen, muß! Wie soll man sonst weiterleben in dieser schmutzigen Enge, bedrängt von Neid und Antisemitismus, von Pest und Ungeziefer.

Das einzige, was ein Jude erwerben durfte, war Geld, aber was nützt Geld einem Galeerensträfling? Nur wer unermeßlich reich war, konnte sich, ohne Anspruch auf Menschenrecht und Bürgerrecht, das Adelsrecht erkaufen. Wir stehen am Grab eines solchen Adeligen. Auf dem eingemeißelten Wappenschild reißt ein Wolf seinen Rachen weit auf, und ein Adler schwebt über gekröntem Helm. In profaner Wirklichkeit erhob sich die Ahnenburg des

Wappenherrn mitnichten auf schroffem Fels, sie stand in der Judengasse des böhmischen Dorfes Breznice; weder Adler noch Wolf streiften in der Nähe, sofern man nicht die Verwandten, Rabbi Moses Adler und Wolf Breznitz, darunter verstehen will. Auch war der Ritter keineswegs als Joachim, sondern mit dem ähnlich klingenden ›Chajim‹ in die Matrikel eingetragen worden.
Schon als Chajim Popper und Lieferant der Warenmanufakturen hatte er so viel verdient, daß er später das Tabakmonopol für das Königreich Böhmen pachten konnte. Merkantilistische Weisheit des Maria-Theresianischen Regimes: einzig dem reichsten Bewerber um Steuereintreibung, Monturenlieferung, Tabakgefäll oder dergleichen wird das Monopol verliehen. Denn so kriegt die Staatskasse das Höchstmaß an Pachtgeld bar auf die Hand und zwingt gleichzeitig den Pächter, aus dem Volk die höchsten Taxen zu pressen.
Joachim von Popper vergaß über den neuen Standesgenossen seine alten Glaubensgenossen nicht, und eine großzügige Heiratsstiftung für arm und reich der Verwandtschaft hielt sein Andenken anderthalb Jahrhunderte wach. Nur einer der Sippe, just jener, der seinem Herzen am nächsten stand, wurde in den Legaten mit keiner Silbe bedacht. Dieser eine, Moses Dobruschka, war die abenteuerliche Figur aus böhmisch-mährischen Landen, die unter dem Namen Junius Frey auf der Szene der Großen Französischen Revolution so unglückselig agiert hat.
Sohn von Salomon Dobruschka, dem Hauptpächter des kaiserlichen Tabakgefälls für die Markgrafschaft Mähren, dem Kollegen und Freund von Joachim Popper, hatte Moses, kaum zwanzigjährig, ein metaphysisches Werk in hebräischer Sprache verfaßt; überschwenglich widmete er es Joachim Popper, dessen Pflegetochter und Nichte Elke er heiratete. Die Bürstenabzüge waren noch nicht trocken, als er zum Katholizismus übertrat. Er empfing die Namen Franz Thomas Schönfeld, bald darauf den Adelstitel, aber er verlor die Gunst Poppers und das Anrecht auf dieses Erbe. Franz Thomas, Edler von Schönfeld, erstrebte jedoch nicht nur Reichtum, er traute sich zu, des lieben Gottes Statthalter auf Erden zu stürzen und selbst Messias zu werden. So fuhr er nach Offenbach, wo Jakob Frank unter orthodoxen und getauften Juden hofhielt. Der Putsch gelang nicht. Wäre nun Schönfeld reu-

mütig in den Schoß der Prager Gemeinde zurückgekehrt, hätte er noch lange leben und schließlich auf dem Friedhof Nummer zwei die letzte Ruhestätte finden können. Jedoch, er ging nicht nach Prag, er ging als Junius Frey nach Paris, und sowohl der Ketzer von Sobedruhy wie der reiche Popper lebten noch, als Freys guillotinierter Kopf schon neben dem Kopf Ludwigs XVI. auf dem Cimetière Errancis herumlag.
Nach dem Toleranzpatent von 1781 gab es kein Zwangsgetto mehr. Vergeblich versuchten die Nachfolger Josefs II. dessen ›Revolution von oben‹ zu sabotieren – die neuen Handels-, Industrie- und Verkehrsverhältnisse versperrten den Rückweg ins Mittelalter. Die Judenstadt Prags war nur noch ein sozialer Begriff: Stadtteil des Elends. Die begüterten Juden zogen in andere Stadtviertel oder in andere Länder und konnten sich dort begraben lassen nach jeder Fasson oder Konfession. Hinter den Gettomauern verblieben nur die Ärmsten, aber selbst diese nicht länger als lebenslänglich. Nach ihrem Tode wurden sie weggebracht. Nach Nummer zwei.
Gelegentlich kamen sie schon früher hin, als Trauergäste zum Beispiel, und dann staunten sie über so viel Luft und Licht und Grün. Nicht minder staunten sie über die Grabschriften, denn hier trat die von Josef II. verlangte ›gerichtsübliche Sprache‹ in Erscheinung. Während Friedhof Nummer eins nur hebräisch, rein sakral gewesen war, wurde Nummer zwei zweisprachig, nämlich hebräisch und deutsch.
Auf Nummer eins durfte die Oberfläche des Grabes nicht größer sein als der Mensch, der darin lag; nur aus der Architektur des Grabsteins ließ sich ein Unterschied zwischen arm und reich erkennen. Hier aber, auf Nummer zwei, konnte jeder Tote so viel Bewegungsfreiheit für sich beanspruchen, wie er bezahlte. Manche Gräber sind wahre Fürstengrüfte oder Mausoleen, Lustschlösser oder Altane, und neidisch mochten die Besucher aus dem verfallenen Getto murmeln: ›*Die* Leut leben!‹
Wir lesen Namen auf überlebensgroßen Grabmälern aus der Mitte des neunzehnten Jahrhunderts: Porges-Portheim, Kubinzky, Pribram, Zdekauer, Jerusalem-Salemfels, Dormitzer, Brandeis und Epstein. Pioniere der böhmischen Textilindustrie, wenn auch nicht die ersten. Vor ihnen hatte der Feudaladel seine Leibeigenen und

seine Faserpflanzungen ausgebeutet, aber jetzt waren diese Betriebe den Erfordernissen von Technik und Handel nicht mehr gewachsen. Bürgerliche Fachleute wie Leitenberger, Herrgott und Liebig traten auf den Plan und in Prag die Männer mit Betriebskapital, deren Firmentafeln wir auf den Gräbern lesen.

Einstmals, 1844, hatten in ihren Fabriken die ersten mehrfarbig druckenden Kattunautomaten, die ›Perrotinen‹, Stellung gefunden, die mit eisernen Armen die Löhne drückten und mit eisernen Beinen einen Teil der Belegschaft in die Arbeitslosigkeit stießen. Die verbleibenden Menschenkräfte, weitere Lohnverminderungen und Aussperrungen befürchtend, verlangten, daß statt ihrer die Perrotinen entlassen werden. Da dem nicht willfahrt werden konnte, brach am 18. Juni 1844 der erste Maschinensturm des europäischen Kontinents los. In der Vorstadt Smichow wurden die Perrotinen aus dem Fenster gestürzt wie zwei Jahrhunderte vorher die kaiserlichen Statthalter aus der Burg, und in Holešovice warf man die Maschinen in den Moldaufluß wie vier Jahrhunderte vorher den Johann von Nepomuk über das Brückengeländer. Aber was diesmal geschah, war kein Wunder.

Kommandierender der Prager Garnison war Alfred Windischgrätz, ein hochnäsig-näselnder Fürst. Er legte den Arbeitern, die dem Landeschef Erzherzog Stefan ihre Nöte klagen wollten, Bajonette und Gewehre in den Weg. Er lieferte unbewaffneten Eisenbahnarbeitern, die sich auf einem Hungermarsch aus Hloubetin befanden, die blutige Schlacht von Pořič. Er ließ die Kattundrukker zu Hunderten verhaften. Er schickte schußbereite Patrouillen durch Prag. Er stellte Batterien in der inneren Stadt auf und ›lüftete‹ provokativ die Wyschehrader Kasematten, um Raum für neue Häftlinge zu schaffen. Und schließlich gewann er mit Glorie seinen Krieg gegen die Zivilbevölkerung.

Hatte die Arbeiterschaft, sozialistisch noch unaufgeklärt, das Verbot von Maschinenarbeit verlangt, so fühlte das vormärzliche Kleinbürgertum sogleich den reaktionären Inhalt dieser Forderung heraus und spann ihn weiter. ›Ja, die Automaten sind an eurer Not schuld, aber wer hat sie aufgestellt? Niemand anders als die Juden!‹

Jene Kaufleute und Gewerbetreibenden, die aus Konkurrenzangst dafür agitierten, daß den Juden der Handel außerhalb des Gettos untersagt werde, verbreiteten antisemitische Pasquille und Flugblätter und beorderten ihre Gehilfen und Lehrjungen auf den Tandelmarkt. An mehreren Abenden kam es dort zu Plünderungen, Mißhandlungen und Blutvergießen. Gegen wen? Gegen Trödler und Flickschneider. Deren Fabrik waren Tisch und Schemel, ihre Maschinen Nadel und Schere, ihre Produktionsmittel Knöpfe und Zwirn, ihr Rohmaterial abgetragene Kleidungsstücke, ihre Belegschaft zehn Finger. Besonders heftig zogen Flugblätter und Exzedenten gegen die Verkäufer los, deren Zudringlichkeit – ein Nahkampf ums armselige Dasein – als Rasseneigenschaft hingestellt wurde. Mit dem Dutzend jüdischer Fabrikherren, Villenbesitzer und Grüfteinhaber hatte der Tandelmarkt nichts gemein als die Religion. Und selbst die nicht immer.

Nach dem Vormärz kam der März; Barrikaden auf der einen, Kartätschen auf der anderen Seite. Das blutende Prag konzentrierte seinen Haß auf einen einzigen Menschen; alle Reden, alle Flüche, alle Lieder und Karikaturen des tollen Jahrs richteten sich gegen Windischgrätz. Und es ist wie eine Legende, daß fast das einzige Todesopfer der Kaiserlichen die Gattin des Gehaßten war.

An die Barrikadenkämpfer von 1848 wird man auf Friedhof Nummer zwei durch die Gräber ihrer Familien erinnert. Fünf Brüder Jelinek liegen nebeneinander; den sechsten, Max, ließ Kaiser Ferdinand der Gütige in Wien zusammen mit Robert Blum füsilieren. Nahe den Jelineks ruht Primator David Frankl – sein Bruder Ludwig August Frankl, Dichter des Wiener Sturmlieds ›Die Universität‹, ist an der Donau begraben.

Ein mit verblaßten Zitaten beladener Grabstein (›Alle Ehre von der Treue kommt‹, ›Die guten Gedanken kommen aus dem Herzen‹) gilt dem Achtundvierziger Redner und Schreiber David Kuh (1819–1877). Der hatte in seiner Jugend für eine Verbrüderung der Juden mit den Tschechen gewirkt, aber als sein Versuch an der Ablehnung des tschechischen Führers Karel Havliček scheiterte, warf sich David Kuh der Deutschtümelei in die Arme. An seinem Grabstein hielt ein studentischer Schreihals namens Karl Hermann Wolf die Trauerrede, jedoch gleich darauf begann dieser Wehklager vom Judengrab für Rassenradau zu agitieren und stieg zum Programmatiker von Sudetendeutschen und Innviertlern auf, deren Weltanschauung sich in Wolfsgeheul äußerte. Ihre

Söhne nannten sie meist ›Karl Hermann‹, und einer dieses Wolfspacks, Karl Hermann Frank, wurde später von dem Innviertler Hitler mit dem Amt des Reichsprotektors von Böhmen und Mähren, das heißt mit dem Recht betraut, nach Herzenslust Menschen umzubringen. Und seine Herzenslust war groß.

Aber unser Friedhof Nummer zwei hält noch nicht bei der Nazizeit. Wir sehen nur, wie das private Handelskapital nach und nach zu Grabe getragen wird. Hier ruhen die Privatbanken der Lämmels, der Thorschs, der Eskeles, der Arnsteins, der Königswarter. Vor mehr als sechzig Jahren sind sie von den Großbanken aufgesaugt worden, vom Monopolkapital, und nur in Memoiren aus der Metternichschen Ära stößt man auf ihre Namen. Denn außerhalb ihrer Finanzgeschäfte hatten sie und noch mehr ihre Frauen den Ehrgeiz, sich als Kunstsammler und Mäzene zu betätigen, musikalische und literarische Salons zu bilden.

Fast zufällig entdecken wir den Grabstein eines anderen Joachim Popper und seiner Gattin Esther – ihr Sohn war k. u. k. General, Techniker des kriegerischen Imperialismus. Er, General-Schiffsbauingenieur Siegfried Popper, schuf metallene Festungen und brachte ihnen das Schwimmen bei, konstruierte die modernen Kreuzer der österreichisch-ungarischen Marine, ihre Torpedo- und Unterseeboote, und schließlich legte er den Ozeanen Fesseln an, die pro Stück zwanzigtausend Tonnen wogen und Dreadnoughts hießen. Als er starb, konnte er nicht mehr heimkehren zu den Eltern; Nummer zwei war seit langem gesperrt. Wo ruht er nun in Frieden, der Konstrukteur des Krieges?

Manchen der in diesem Gottesacker vermoderten Lenden sind, bevor sie vermoderten, Söhne entsprossen, denen im Zeitalter der Monopole eine Rolle zugedacht war, so den Brüdern Petschek, den Alleinherrschern über die Braunkohle Europas. Ihr Kontorhaus in Prag wurde 1939 von der Gestapo zu einer Folterkammer umgestaltet – kaum ein Gebäude in der Menschheitsgeschichte hat so vielen Martern, Morden und Selbstmorden die Mauer gemacht wie dieses. Noch heute spricht man das Wort ›Peckarna‹ mit Schaudern aus, obwohl keine Aufschrift und kein Aktenstück diesen Namen nannte.

Aber die von den Nazis befohlenen Umbenennungen kennt kein Mensch mehr. Der Stadtteil Žižkov, zu dem der Friedhof Nummer zwei gehört, hieß auf den nazistischen Stadtplänen ›Veitsberg‹; damit sollte der Name des hussitischen Kriegshelden Jan Žižka ausradiert sein. Jedes Gäßchen wurde neu getauft, um eine Zugehörigkeit zum Deutschtum herzustellen. Nur Nummer zwei, der große grüne Fleck im Gau Veitsberg, bekam keinen solchen Namen – für einen böhmischen Judenfriedhof hätte ›Germanische Gräberstätte‹ doch zu wenig gepaßt.

Während der Naziokkupation war der einzige erlaubte Aufenthalt für Juden und Judenkinder der Friedhof Nummer zwei. Im Mai 1945 tauschten viele Nazis mit den Juden flugs den Platz. Tagsüber verbargen sie sich in den Gruftgewölben, nachtsüber sammelten und aßen sie die Blüten der Jasminsträucher, Fliederbüsche und Kastanienbäume, welche im Lauf von hundertfünfzig Jahren hier gepflanzt worden waren. Nach drei Tagen stürmte die aus der Illegalität auftauchende Jungmannschaft eines Sportklubs, ihre weißblaue Fahne mit dem Sechszack entfaltend, den Friedhof ihrer Urgroßeltern. Die Nazis krochen aus den Grüften, schwenkten ihre Taschentücher in den erhobenen Händen und flehten kniend um Gnade.

Ihr Grab ist das letzte auf diesem Friedhof der Juden.

Ein Tag mit Petr Bezruc

Mit der Gastfreundschaft, die in der Provinz selbstverständlich ist, hatten mich die Freunde gestern abend (1. Juli 1947) zu bewegen versucht, noch etwas länger in Zlín zu bleiben. Es war vergebens. Da fiel dem angestrengt arbeitenden Kopf meines Freundes Mach ein, mich zu fragen, ob ich bleiben würde, wenn er mich mit Petr Bezruč zusammenbrächte.

»Dann würde ich allerdings bleiben«, sagte ich.

Denn Bezruč kennenzulernen war mein Wunsch von Jugend her. Ich hatte seine ›Schlesischen Lieder‹ verschlungen, sah den Bergmann Petr Ohnehand sich über die Gipfel des Beskidengebirges recken, hörte ihn über die Fördertürme und Hochöfen des Karviner Kohlenlandes hinweg zur Rebellion aufrufen gegen den dort allmächtigen Erzherzog Friedrich, den er Marquis Gero nannte, gegen die Ausbeutung und ihre Gendarmen, gegen die Polen, die Wiener, die Kaufleute von Frydek. Er rief ihre Opfer als Zeugen auf, vor allem Marička Magdonová, die sich nur durch den Sprung in den Abgrund ihren Feinden zu entziehen vermochte. Petr Bezruč hieß der, der mir die Tür aufstieß in die Welt der sozialen Literatur und mir begreiflich machte, wie sehr das tschechische Volk unterdrückt war. Er wurde mir Schrittmacher zu lebensentscheidender Kunstbetrachtung, die mich nun leicht zu den Skulpturen Constantin Meuniers, zu den Versen Paul Verlaines, zu der Weltanschauung führen mußte, der ich verhaftet blieb.

»Wenn ich mit Petr Bezruč sprechen könnte«, antwortete ich also dem Freund Mach, »dann würde ich allerdings bleiben.« Habe ich doch Bezruč geliebt, als er ein anonymer Bergarbeiter ohne Namen war, und liebe ihn seither immer noch, obwohl ich bald erfuhr, daß er kein Bergmann sei und einen Namen habe, daß er Vladimir Vašek heiße und auf einem Paketpostamt in Brünn so bescheiden und unauffällig seine Hände rege wie jeder andere Beamte auf einem Paketpostamt in Brünn.

Persönlich hatte ihn von meinen Freunden nur der Lyriker Rudolf Fuchs gekannt, der ihn in den Beskiden aufgesucht hatte, und auch er hatte mir nichts Markantes über unser Ideal zu berichten gewußt. Im Gegenteil, nur die Unauffälligkeit war ihm bei Bezruč aufgefallen, seine Scheu vor Anerkennung oder gar vor der Öffentlichkeit. Das ging so weit, daß Bezruč 1918, als der tschechoslowakische Staat gegründet wurde, aus seinem kleinen Amtszimmer davonlaufen wollte, da sich seine Vorgesetzten mit dem neuen Postminister nahten, um ihn nach seinen Wünschen zu fragen. Schließlich sagte er, er wünsche sich, für einen Tag zum Vorstand des kleinen Postamtes ernannt zu werden, nur für einen einzigen Tag. Als diesem Wunsch willfahrt war, verfügte Bezruč die Entlassung eines Beamten namens Weiß, der sich durch Schikanierung der Tschechen hervorgetan hatte, und ging dann selbst in Pension.

»Wenn ich Bezruč kennenlernen könnte«, sagte ich zu Freund Mach, »dann würde ich allerdings bleiben.«

Meine Freunde sahen sich etwas unschlüssig an. Sie machten sich nun erst klar, daß meine Bedingung nicht so leicht zu erfüllen war. Bezruč war niemals in Zlín gewesen, lehnte alle Bekanntschaften ab, und man erzählte sich, er und kein anderer sei der wunderliche Mann, den man überall im Gebiet der Haná die Wälder durchstreifen, die Bäche durchwaten und über Gerstenfelder und Hügel schreiten sehe, nie in Begleitung, immer allein. Meine Freunde nahmen also meine Zusage nicht so begeistert auf, wie sie sie gefordert hatten – sie wollten mich nicht durch ein Versprechen zurückhalten, das sie wahrscheinlich nicht erfüllen konnten.

»Ich war schon einmal bei ihm«, sagte Mach, »ich habe ihm namens der Arbeiter unseres Betriebes ein Geschenk gebracht, und er war ganz freundlich zu mir.«

»Ich war damals mit«, sagte Genosse Kijonka, Vorsitzender des Betriebsrats, »und ich könnte mich auf meinen damaligen Besuch berufen. Meint ihr, ich sollte mitgehen?«

Ja, meinen wir, schaden könne es auf keinen Fall. Und so fuhren wir zeitig früh im Auto durch die mährische Landschaft, in der alles hell ist, fast grell, und weit entfernter vom Einfluß der Städte, als es in Böhmen der Fall ist. Wir kamen durch farbige Orte, die ich nur dem Namen nach kannte. In Přerov pfiffen die Lokomotiven, von denen ich in meiner Schulzeit gelernt hatte, denn Přerov war die wichtigste Umsteigestation in der österreichisch-ungarischen Monarchie gewesen. Wir kamen durch Prostejov, einst Zentrum der Konfektion, und wir kamen nach Dub, von wo eine Gruppe von Genossen einmal nach Berlin gekommen war, um dort gegen den Faschismus zu arbeiten; ich wollte etwas über ihren Verbleib erfahren, erhielt aber keine Auskunft mehr; ich wollte in ein Museum gehen, aber es war geschlossen, und so war es mit einem alten schönen Friedhof. Wir fuhren über Felder und durch Dörfer. Ich dachte an Romane dieser Landschaft, an Marie Ebner-Eschenbach und an J. J. David. Ich fragte, wie weit es nach Brünn sei und nach der Macocha und vieles andere.

In einem Dorf, dessen Gasse breit war, aber von Kot überschwemmt – gestern hatte es gegossen –, sah ich einen langen barfüßigen Mann, der an der Seite eines Hundes längs der Häuser seines Weges ging. Er war etwa sechzig Meter von uns entfernt, als ich ausrief: »Das ist Bezruč!« Mach und Kijonka schüttelten die Köpfe. »Aber woher denn? Das ist doch nicht Bezruč, der sieht ganz anders aus.« – »Wie sieht er denn aus?« fragte ich. »Nun«, sagte Mach nachdenklich, während wir an dem Fremden vorbeifuhren, »lang ist er ja, und so wild ist er ja angezogen, aber...«

Zuerst hatte ich die Ablehnung meiner Vermutung als bindend empfunden, da ich jedoch sah, daß meine Freunde sie diskutierten, also selbst zweifelten, schlug ich vor, den Fremden anzusprechen. Vergeblich. Wir fuhren weiter und ließen den Mann etwa hundert Schritte hinter uns. Aber da ich in einer schon unsympathischen Weise darauf bestand, ihn zu agnoszieren, hielten meine Freunde achselzuckend an und gingen die hundert Schritte im Kot zurück. Ich blieb etwas hinter ihnen und wollte beobachten, wie der Fremde, insbesondere wenn er Bezruč sein sollte, ihre Annäherung aufnehmen würde.

Der lange barfüßige Mann ging an der Seite seines Hundes, eines Dackels, wie ich nun feststellte, weiter seines Weges die Dorfhäuser entlang. Meine Freunde sprachen zwei oder drei Frauen an, die vor dem Dorfladen standen. Da bemerkte ich, wie der Fremde über die Achsel nach ihnen hinschaute und dann seinen Schritt beschleunigte. Nun war ich sicher, daß er der Gesuchte sei, und diese Auskunft hatten wohl auch meine Freunde erhalten, denn sie gingen auf ihn zu.

Als ich sah, daß sie einander die Hand schüttelten, trat auch ich

hinzu, ohne mich vorzustellen, und wurde auch so begrüßt, als wäre ich eben ein dritter vom Betriebsrat. Meine Freunde begannen das Gespräch mit der Frage, ob er mit den Schuhen zufrieden sei, die sie ihm im Vorjahr gebracht hatten, ob er nicht neue brauche.
»Aber woher denn!« Das waren die ersten Worte, die ich von Petr Bezruč hörte. »Aber woher denn, die habe ich ja noch gar nicht angehabt. Ich muß zuerst meine alten Schuhe abtragen, die sind doch noch ganz gut«, und er hob die Füße, um das zu zeigen. Nun sah ich, daß er gar nicht barfuß war. Er trug Sandalen, sie waren ganz hell und mit Kot bespritzt.
»Und Ihr Hut?« fragte ich, und das waren die ersten Worte, die ich an Petr Bezruč richtete. »Was ist's mit Ihrem Hut? Sind Sie jetzt ein Jäger geworden?«
»Mit meinem Hut ist das so«, sagte er. »Er hat meinem Bruder gehört, der ist vor zwanzig Jahren gestorben, und seither trage ich ihn. Bis zu meinem Tod wird er schon aushalten.«
»Nun, Meister, Sie werden ja jetzt erst achtzig. Das wird eine anstrengende Zeit für Sie sein, die Feierlichkeiten und alles mögliche.«
»Ja, ja«, sagte er, »aber mich geht das nichts an. Ich habe schon alles organisiert. Ich kenne einen Förster, der hat ein Hegerhaus irgendwo im Wald, wo niemand hinkommt. Dort werde ich meinen Geburtstag verbringen. Und er stellt einen Heger hin, der schießen wird, wenn sich jemand nähert, das hat mir der Förster versprochen. So«, er reichte uns die Hand zum Abschied, »leider habe ich keine Zeit. Ich muß zum Verschönerer gehn.«
»Wohin, Meister?«
»Zum Verschönerer. Er soll mich rasieren und mir die Haare schneiden.«
»Dürfen wir Sie begleiten, Meister?«
Er lachte, als ob ihm jemand den Antrag gestellt hätte, mit ihm auf den Nordpol zu gehen. »Aber mein Verschönerer ist gar nicht hier in Kostelec, der ist in einem ganz anderen Ort, in Bilovice.«
»Können wir Sie nicht hinfahren?«
»Im Auto?«
»Ja.«
»Oh, das wäre sehr schön.« Er scheint überwältigt von der Aussicht, im Auto zu fahren. Wenn wir uns bloß nicht die Einladung

überlegen! Und als wolle er uns beruhigen, daß er den Wagen nicht zu lange in Anspruch nehmen werde, fügt er hinzu: »Wissen Sie, Bilovice ist gar nicht weit, eigentlich grenzt es direkt an Kostelec. Der Verschönerer ist früher in Kostelec gewesen. Er war Gehilfe beim hiesigen Verschönerer und hat sich eines Tages ein Häuschen in Bilovice gekauft; da habe ich ihm versprochen, sein Kunde zu bleiben, und seit der Zeit gehe ich jede Woche zu ihm. Mikšanek heißt er, Anton Mikšanek. Heute lasse ich mir die Haare schneiden.«

Inzwischen ist er eingestiegen und mit ihm, weit weniger zaghaft, sein Dackel, den Petr Bezruč als ›Don‹ vorstellt. Wir fahren nach Bilovice, eine Strecke von etwa zwei Minuten. Unterwegs erzählt uns Bezruč auf unsere Frage, ob er im Dorf wegen seiner Prominenz belästigt werde, daß ihn hier niemand kenne, wenigstens nicht als Bezruč, nur als Postrat Vašek.

Der Verschönerer Antonin Mikšanek ist nicht zu Hause, aber jemand läuft aufs Feld, um ihn zu holen. Gleich werde er dasein. Die Dorfjugend steht um unseren Wagen herum, und die kleinen Mädchen spielen mit dem Hund.

»Weißt du, wer das ist?« frage ich eine Vierjährige und zeige auf Bezruč, der mit dem Dackel vor dem Wagen wartet. »Ja«, sagt die Kleine, »das weiß ich ganz genau.« – »Wie heißt er denn?« – »Er heißt Doniček.« Sie meint den kleinen Don, den Dackel. Bezruč schüttelt sich vor Lachen: »Da sehen Sie's, der Doniček ist populär, ich Gott sei Dank nicht.«

Herr Mikšanek ist vom Feld zurück, und seine Frau bringt für jeden von uns eine Schüssel mit Kirschen, die sie inzwischen gepflückt hat. Solche Kirschen gibt's nirgends, sie sind groß wie Kastanien und schmecken wie Griotte. Bezruč wird rasiert und kahlgeschnitten, wobei er die Augen geschlossen hält, als lasse er eine schmerzhafte Operation über sich ergehen. Natürlich spricht er kein Wort. Da alles vorbei ist, fragen wir ihn, ob er nicht mit uns nach Zlín fahren wolle. Er nickt: »Ich habe mir schon lange gewünscht, mir einmal Zlín anzuschauen. Wenn Sie mich mitnehmen, gern. Aber ich muß mich erst umziehen, so wie ein Vagabund kann ich ja nicht nach Zlín fahren.«

»Gut, Meister Bezruč, wir bringen Sie nach Hause, Sie ziehen sich um und fahren mit uns.«

»Ja, aber Sie müssen mir etwas versprechen: Kein Mensch darf erfahren, wer ich bin, niemand darf mich photographieren, das wäre schrecklich für mich.«
Wir versprechen es und fahren nach Kostelec zurück. Dort öffnete er uns die Tür zu einem soliden Haus, das letzte des Ortes, der Mühle gegenüber. Im Flur dieses Hauses begrüßt uns ein älterer Herr, Dr. Pírek mit Namen, Mittelschullehrer außer Dienst. Er lebt hier mit Bezruč zusammen, der ihn im weiteren Gespräch nur ›muj hostitel‹ – ›mein Gastgeber‹ – nennt.
Wir stellen uns vor, und als ich meinen Namen sage, fragt Dr. Pírek, ob ich der Schriftsteller sei. »Natürlich«, antwortet für mich Bezruč, dem ich mich bisher noch nicht vorgestellt hatte, »natürlich, das ist Herr Egon Ernst Kisch, der Verfasser von ›Himmelfahrt der Galgentoni‹, von ›Mädchenhirt‹ und ›Der Fall des Generalstabschefs Redl‹.« Er nennt alle Titel in deutscher Sprache, wahrscheinlich hat er sie gelesen, ehe sie tschechisch erschienen waren.
Während Bezruč sich im Nebenzimmer umkleidet, sitzen wir in einem Raum, der wohl mehr Dr. Pírek als Bezruč gehört. An der Wand hängt ein gezeichnetes Porträt von Bezruč. »Als er im Alter von einundzwanzig Jahren schwerkrank und aufgegeben war, willigte er ein, sich zeichnen zu lassen. Seit damals hat er sich nie mehr malen oder photographieren lassen«, sagte Dr. Pírek.
Bezruč kommt in einem dunklen Anzug zurück, dem man ansieht, daß er aus einem Frauenstoff gemacht ist, der früher großgeblümt war und dann blau gefärbt wurde. Man erkennt die Blumen noch immer genau. Er bringt uns dreien als Gastgeschenk je ein Büchlein mit, eigentlich nur ein einseitiges Gedicht mit dem Titel ›Zapfen‹, das die Witwe des von den Nazis hingerichteten Buchhändlers Šmahel in Jaromeř herausgegeben hat. Außerdem enthält es einen Linoleumschnitt und das Faksimile eines Briefes von Bezruč an die Herausgeberin. Auf jedem der drei Exemplare, die uns Bezruč gibt, steht eine Widmung. »Ihre zwei Vornamen habe ich nachsehen müssen«, sagt er, »ich war nicht sicher, ob Ihr zweiter Name Erwin oder Egon ist. Ich interessiere mich schon sehr lange für Sie. So, und jetzt können wir fahren, im Automobil nach Zlín. Aber, bitte, niemand wird mich photographieren, nicht wahr? Sie versprechen es mir, ja?«

Wir fahren über Ebene und Ebene. Bezruč ist ziemlich schweigsam. In Zlín wandern wir durch die Werkstätten der Schuhfabrik, und er kann nicht genug bekommen von Schauen und Staunen. Jemand von der Filmabteilung kommt und fragt, ob ich (für den Ahnungslosen bin *ich* der berühmte Gast) mir nicht die neuesten Bata-Filme ansehen wolle. Wir geben die Frage an den weiter, der wirklich der berühmte Gast ist. Der ist ganz verwirrt. »Einen Film? Nun gut – ich habe noch nie einen Film gesehen.«

So gehen wir in den Vorführungsraum und sehen Kurzfilme. Einen, der die Gummiverarbeitung zeigt, und einen Kinderfilm, ›Revolution der Puppen‹. Zwei andere Trickfilme, deren Held – eine humoristische Figur namens ›Herr Prokouk‹ – an der Aufbauarbeit der Tschechoslowakei immer etwas zu nörgeln hat und schließlich eines Besseren belehrt wird. Bezruč lacht, lacht, selbst an den naivsten Stellen, und lacht noch immer, als der Film schon zu Ende ist. Dann läuft er ängstlich die Treppe hinab, als fürchte er, daß in dieser geheimnisvollen Photographieranstalt ihn noch jemand erspähen und aus dem Hinterhalt photographieren könne.

Wir gehen ins Spolačenský dům, wo ein Restaurationszimmer für uns aufgeschlossen wird, Bezruč studiert die Weinkarte, fragt bei jeder Sorte, woher sie bezogen und von welcher Art sie ist. Dabei trinkt er herzhaft von dem Wein, der auf dem Tisch steht, nennt den Jahrgang und erzählt, welches Wetter in jedem Jahr die Sorte beeinflußt hat. Da wir vom Dichter S. K. Neumann sprechen, dessen Tod heute gemeldet wurde, fügt Bezruč den Worten seines Schmerzes den Satz hinzu: »Er hat viel von Wein verstanden und ihn sehr gern getrunken, wie jeder echte Kerl.«

Sonst ist in den langen Gesprächen mit ihm nichts so bemerkenswert wie seine Menschenscheu, eine geradezu panische Menschenscheu. Wenn er auf eine Frage antwortet, dreht er den Kopf um neunzig Grad vom Fragenden weg, gibt die Antwort gleichsam in den leeren Raum; sehr gemessen, die Sprache ist halb kanakisch, halb geziert.

Der Kellner, ein gewitzter Prager, hat längst heraus, wer unser Gast ist. Ohne ein Wort zu sagen, hat er sich für einen Augenblick entfernt und kommt mit einem Exemplar der ›Schlesischen Lieder‹ zurück. »Meister«, sagt er, »ich habe zwei Kinder und möchte ihnen gern Ihr Buch mit Ihrem Autogramm schenken. Würden

Sie mir's unterschreiben, Meister?« – »Sind es Knaben oder Mädchen?« – »Ein Knabe und ein Mädchen!« – »Wollen Sie es für den Knaben oder für das Mädchen, das müssen Sie mir sagen.« Der Kellner entscheidet sich für den Sohn, und Bezruč schreibt einen Denkspruch in das Buch: ›Bud synáček, zdárny, potom jinoch švarny a nebude tvuj život marny.‹ – ›Sei, mein Sohn, bemüht, bestrebt, als Jüngling fest und stramm, dann hast du nicht umsonst gelebt.‹

Der Kellner verschwindet, und Bezruč sitzt finster da. Dann dreht er den Kopf im rechten Winkel von uns ab und sagt: »Jemand von euch muß es dem Ganymed verraten haben.« Er sagte wirklich ›Ganymed‹.

Ich frage ihn, ob er jemals in Prag gelebt habe. Er ist ganz erstaunt: »Natürlich war ich in Prag, wissen Sie das denn nicht?«

Habe ich einen Fauxpas gemacht? Vielleicht war er vor ein paar Tagen in Prag, offiziell begrüßt und von der Bevölkerung bejubelt – und ich weiß nichts davon!

»Ich war doch bei der Ausstellung!« sagt Bezruč.

Meine Verlegenheit steigt. Wahrscheinlich ist in Prag eben eine Bezruč-Ausstellung eröffnet worden mit Darstellungen seines Werks und der politischen und wirtschaftlichen Verhältnisse Schlesiens und der Beskiden. Vorsichtig frage ich nach der Ausstellung. »Die ethnographische natürlich«, sagt Bezruč. »Die von 1895?« fragte ich schüchtern. »Ja, die ethnographische Ausstellung von 1895.«

Also hat Bezruč tatsächlich von etwas gesprochen, was zweiundfünfzig Jahre zurückliegt. Aus seiner Prager Zeit erwähnt er ein Jugenderlebnis. Er hatte erfahren, daß in einem kleinen Wirtshaus in Vinohrady Svatopluk Čech jeden Abend sein Bier trinke, Svatopluk Čech, schon damals Klassiker und Freiheitssänger des tschechischen Volkes. Jung Bezruč war ganz berauscht von dem Gedanken, Svatopluk Čech dort sehen zu können, und sein Wunsch wurde zur Manie. Eines Tages ging er wirklich in den Ausschank, bestellte an der Theke ein Glas Bier und blieb erregt dort stehen, bis Svatopluk Čech eintrat. »Viel habe ich nicht von ihm gesehen«, erzählt mir heute der junge Mann von damals. »Er saß abgekehrt von der Theke, und ich traute mich nicht, zu unverschämt hinüberzuschauen. Aber ich habe es bis heute nicht vergessen.«

»Sehen Sie, Meister«, werfe ich ein, »ich habe Sie heute in den Werkstätten von Zlín gefragt, ob Sie etwas dagegen hätten, wenn ich der dort anwesenden Schülerdelegation verriete, wer Sie seien.« – »Und ich habe geantwortet, ich würde auf der Stelle sterben.« – »Ja, Meister, das haben Sie geantwortet, und darum habe ich's den Kindern nicht gesagt. Aber stellen Sie sich vor, daß Sie diesen Kindern für ihr ganzes Leben den gleichen Eindruck hätten geben können, wie Sie ihn von Svatopluk Čech empfingen. Wäre das nicht ein paar Minuten Verlegenheit wert?« – »Ich kann es einfach nicht. Ich würde wirklich krank werden.«
Ich frage ihn, ob er S. K. Neumann persönlich gekannt habe. »Wie man's nimmt«, sagt er, »er hat mir oft geschrieben, und ich war sehr froh darüber, weil ich ihn als Dichter liebte und als einen Feind des damaligen Staates. Zu jener Zeit war er Redakteur der ›Lidové Noviny‹ in Brünn und fuhr täglich elf Uhr nachts mit dem Zug IV nach Bilovice. Das ist ein anderes Bilovice als das, wo wir heute vormittag beim Verschönerer waren. Neumann hatte dort ein Häuschen. In Brünn wartete er allabendlich auf dem Perron, manchmal zehn Minuten, manchmal länger. Manchmal kam er auch im letzten Moment, und ich hatte schon Angst, er werde den Zug versäumen. Wenn er aber rechtzeitig kam, so stellte er sich zu dem Karren mit den eingeschriebenen Sendungen, die ich zu überwachen hatte, bis sie aufgeladen waren. Da standen wir dann beide beieinander. Ich wußte genau, wer er war, er aber hatte keine Ahnung, wer ich war.« – »Warum haben Sie sich ihm nicht vorgestellt?« – »Ich? Was konnte ihn ein Mann interessieren, der auf dem Bahnhof die Rekommandos zählt?«
So erzählt Petr Bezruč, wenn auch mit abgewandtem Gesicht und mit nervös zuckenden Augen, allerhand Episoden. Nur auf Fragen antwortet er ungern, besonders auf Fragen, die sich auf sein Werk beziehen. Ich komme zu der Ansicht, daß er nicht mit Bezruč identisch sein will, daß er es geradezu pathologisch fürchtet, als jener Mann agnosziert zu werden, der den unsühnbaren Frevel begangen und sich erkühnt hat, die ›Schlesischen Lieder‹ zu schreiben. Oder empfindet er es als körperlich schmerzhaft, für etwas gefeiert zu werden, was er vor mehr als einem halben Jahrhundert getan? Jedenfalls ist seine Scheu geradezu altjüngferlich, und seine Angst grenzt an Verfolgungswahn.

Ich frage ihn zum Beispiel nach seinem Kaktusgedicht, das mich im Kaktusland, aus dem ich vor kurzem nach Europa zurückgekehrt bin, sehr beschäftigt hatte. »Wer ist der Mann, Meister«, frage ich, »der wie ein Kaktus einmal in seinem Leben rot aufblühte und nie mehr wieder?«

Ich möchte von ihm hören, daß er vor grauer Zeit sein eigenes Schicksal in diesen Verszeilen vorausgesagt hat. Aber Bezruč sagt nur, es sei die Antwort auf eine gereimte Botanik von Čelakovsky, der die Rose als ein Geschenk des Himmels und den Kaktus als ein Geschenk der Hölle bezeichnet habe. »Wissen Sie, da wollte ich einfach den Kaktus in Schutz nehmen.« Und er dreht mir den Kopf zu, was bedeutet, daß seine Auskunft zu Ende sei.

Selbstverständlich respektiere ich seine Scheu, so gut es geht, wenn ich auch gerne etwas über seine politische Einstellung erfahren möchte.

»Lesen Sie Zeitungen, Meister?« – »Ja«, sagt er, »ich lese täglich Zeitung.« – »Welche?« frage ich so harmlos wie möglich.

»Mein Gastfreund und ich haben zusammen die ›Lidové Noviny‹ abonniert, die heißen jetzt ›Svobodné Noviny‹, und wir lesen sie täglich. Nur schreiben kann ich nicht mehr so viel. Ich hab nämlich Ischias, im Fuß etwas stärker, aber auch in der Hand.«

Gelegentlich frage ich ihn, ob er sich nicht gern Rußland anschauen möchte. »Ach«, sagt er, »ich möchte nicht mehr aus Mähren weg. Ich bin schon zu alt. Außerdem weiß ich nicht, wie mir's dort erginge. Vielleicht würde es mir so ergehen wie Sostschenko oder dem Tichonow.« Und er wendet mir wieder den Kopf zu, als habe er schon zuviel gesagt.

Wir verabschieden uns bald voneinander, und ich gehe nach Hause, um dieses Protokoll niederzuschreiben, um mich mit der Frage auseinanderzusetzen, ob mein heutiger Bekannter wirklich Petr Bezruč war, das Ideal von Zehntausenden, darunter auch von mir. Habe ich heute mit ihm auch nur ein Wort erlebt, das ein Beitrag zu seinem Werk war?

Ich nehme das Büchlein zur Hand, das er mir geschenkt. Wie ein Kriminalist lese ich das Gedicht, möchte eruieren, ob Petr Bezruč nicht ein Plagiator ist, nicht jemand, der den wirklichen Petr Bezruč abgeschrieben hat. Das Gedicht ist ohne Zweifel ein soziales Gedicht, eine primitivistische Ballade, im Ichton, geschrieben in einfachen, schmucklosen Worten, genauso wie es die ›Schlesischen Lieder‹ sind. Aber von Aufruf und Empörung, von Flamme und Alarm ist kein Schein und kein Ton zu entdecken. Der Mann, der dieses Gedicht schrieb, ist ganz und gar der Mann, mit dem ich heute beisammen war. Es lautet:

Šišky
Když tatíček náš, uštiván ›vedci‹,
opustil, pero v ruce svet,
maminka mela malou pensi
a deti šest pod čtrnáct let.

Když v les jsme zašli, mládež prudce
od stromu k stromu lítala,
maminka mela košík v ruce
a šišky cestou sbírala.

A knyž dnes časem kroky řidím
tam, kde pták v háji ozve se,
chudobné robky s detmi vidím
sbírati šišky po lese.

A tu nade mnou, kdesi z výšky,
klas nezapomenutý zní,
(Maminky zhasle hlásek tklivý,
nesmelý, tichý, starostlivý):
sbírejte, deti moje šišky,
nemáme dřivi k topení.

(Šišky heißt ›Der Zapfen‹, und die
deutsche Übersetzung lautet sinngemäß:

Als unser Väterchen, von den ›Wissenschaftlern‹
zu Tode gehetzt,
die Feder in der Hand, die Welt verließ,
hatte Mütterchen eine kleine Pension
und sechs Kinder unter vierzehn.

Als wir in den Wald gingen,
flog die Jugend stürmisch von Baum zu Baum.
Die Mutter hatte ein Körbchen in der Hand
und sammelte unterwegs Zapfen.

Und wenn ich heute meine Schritte dorthin lenke,
wo der Vogel im Hain singt,
sehe ich die armselig gekleideten Kinder
im Wald Zapfen sammeln.

Und da ertönt über mir irgendwo aus der Höhe
die unvergessene Stimme
(die erloschene Stimme der Mutter,
innig, ruhig und ängstlich):
Sammelt nur Zapfen, meine Kinder,
wir haben kein Holz zum Heizen.

Schuhwerk

Ein Aufschrei reißt mich aus dem Schlaf und gellt weiter, da ich mich aufsetze und nachdenke, wo ich wohl sein könnte, und zum Fenster gehe. Unten liegt Amerika, das steht ohne Frage. Es ist aber nicht New York oder Chicago, eher Kalifornien oder Florida oder so etwas. Denn obwohl ich Wolkenkratzer erblicke und auch mein eigenes Fenster offenbar zu einem Wolkenkratzer gehört, scheint es mit Mangel an horizontalem Raum und mit der Höhe der Bodenpreise denn doch nicht so arg zu stehen; zwischen dem gigantischen Warenhaus und dem fünfzehnstöckigen Bürogebäude gegenüber liegen potentielle Bauplätze von mehreren Quadratkilometern brach. Auch das Kino, größer als alle, die ich in Mitteleuropa kenne (nur Gaumont in Paris ist größer), vergeudet seinen Bauplatz; es ist ebenerdig, kein Building überdeckt es, geschweige denn eines wie das Rockefeller Center.
Am verschwenderischsten aber geht der Rasen mit den Dimensionen um – ein untrüglicher Beweis dafür, daß ich weltfern von Manhattan bin. Und zweifelte ich daran, so hörte ich zu zweifeln auf, da ich die beiden Jahreszahlen lese, zu welchen sich die Blumen des Beetes fügen: 1397 und 1947. Ein Jubiläum also. Ein fünfhundertfünfzigjähriges. Demnach bin ich nicht in Amerika, denn dort gab es Anno 1397 noch nicht einmal eine Jahreszahl.
Vor dem Wolkenkratzer, aus dem ich abgrundtief hinabschaue, halten Autobusse. Sie sind von verschiedenen Größen, von verschiedenen Formen, von verschiedenen Farben, verschiedenem Alter und jedenfalls aus verschiedenen Fernen und Nähen. Die ankommenden Passagiere springen vom Trittbrett aus auf die breiten und diagonalen Wege des Parks ab und fügen sich zu einem Reigen, der sich einem einzigen Ziele zubewegt.
Noch ist es ein gemächlicher Reigen, aber von Minute zu Minute steigert er sich vom Largo zum Andante und schließlich vom Prestissimo zum furiosen Galopp. Zu diesem feuert die neu einsetzende Sirene trommelfellzerreißend an.
Jetzt ist schon eine halbe Stunde vergangen, seit mich das erste Signal an meinen Zuschauerplatz gerufen hat. Damals, vor einer

halben Stunde, mögen es kaum ein paar Hunderte gewesen sein, die da aufmarschierten. Allmählich wuchsen die Kolonnen zu Tausenden, und jetzt, da es Punkt sieben Uhr ist und die Sirene zum zweitenmal aufschreit und nun verröchelt, sind es Zehntausende. Keine Nebenflüsse mehr, ein Strom stürzt der Mündung zu.

Sie ist der Eingang in ein Unternehmen. Aber dennoch kein majestätisches Tor, keine monumentale Einfahrt in ein Fabrikgebäude. Eher etwas, was an den Eingang einer Mustermesse oder einer Ausstellung erinnert: neun offene Türen, die aus dem Freien ins Freie führen, bilden eine Reihe.

Jedermann weist diesen neun Wächtern seine Eintrittskarte vor und kann daraufhin passieren wie durch ein Tourniquet.

Von meinem Fenster aus sieht die Menge vor und hinter diesen Eingangstüren wie eine Sanduhr aus: sich mehr und mehr verdünnend, strömt alles zum Durchgangspunkt und stiebt dann, nachdem er passiert ist, wieder ins Breite auseinander.

Der Sirene geht der Atem aus. Indem sie zu Ende röchelt, wird der Rasen wieder sichtbar, und der Platz samt den neun Türen im Hintergrund schaut scheinheilig drein, menschenleer, schläfrig. Wie? Hier hätten sich vor einer Minute Zehntausende gedrängt und gestoßen? Leiden Sie nicht an Halluzinationen, mein Herr? Wo ich bin, weiß ich selbstverständlich längst. Ich bin in Zlín, bei Bata, Národní podnik. Aber ich weiß dennoch weniger, als ich heute nacht wußte. Da war ich eben angekommen und hatte noch nicht einmal das gesehen, was ich jetzt sehe.

»Sagen Sie mir bitte«, frage ich das Stubenmädchen, das in mein Zimmer tritt, »warum rennen die Menschen so in die Fabrik?«

»Wie bitte?« fragt sie zur Antwort, denn sie versteht überhaupt nicht, was ich frage. »Bei Beginn der Arbeit muß ja jedermann im Betrieb sein . . .« – »Aber die Leute jagen doch wie toll!«

»Sie müssen am kruh« (laufenden Band) »sein, sonst könnten doch die anderen nicht anfangen.«

»Wenn jemand zu spät käme, würde er bestraft werden, nicht wahr?«

»Wenn sich durch wiederholte Verspätung die Arbeit am kruh verzögert, schädigt er die anderen und wird bestraft. Es ist aber nicht mehr wie früher. Früher wurden jedem Gehaltsabzüge aufgedonnert, wenn er sich auch nur um eine Minute verspätete.«

Der Schöpfer der Dynastie Bata

Mehr als ein Vierteljahrhundert haben Thomas Bata und sein Wirtschaftswunder die Welt beschäftigt. Die Saga begann damit, daß ein mährischer Pantoffelschuster Thomas Bata, Schwiegersohn des Hofrats Dr. Kerzl, seine Schuhfabrik in einer noch nicht dagewesenen Weise ausbaute, um die österreichisch-ungarische Armee zu beschuhen. Hofrat Dr. Kerzl war der Leibarzt Kaiser Franz Josephs, ein Mann im Dunkeln. Selbst in der einzigen Anekdote, die man von ihm erzählte, blieb er nur ein stummes Objekt. Laut dieser Anekdote soll Hofrat Dr. Kerzl einmal im Schlafanzug ans Bett Kaiser Franz Josephs gestürzt sein, als dieser plötzlich einen schweren Anfall erlitten hatte. Aber Franz Joseph habe ihn weggerissen, die Worte japsend: »Ziehen Sie sich zuerst den Frack an.«

In Wirklichkeit war Hofrat Dr. Kerzl der Mann, der immer um den Kaiser war, Zahl, Art und Dauer der Audienzen und Besuche bestimmte letzten Endes er. Er spielte am österreichischen Kaiserhof etwa die Rolle, die hundert Jahre vorher der Dr. Struensee am dänischen gespielt hatte. Aber Hofrat Dr. Kerzl, schlauer als Struensee, spielte sie nicht öffentlich.

Wenn wirklich Hofrat Dr. Kerzl der Schwiegervater jenes jungen Schusters war, dann konnte dieser kaum etwas Geringeres werden als Lieferant der k. u. k. Armee, ein unbegrenzter Millionär und Kaiser über alles Fußvolk in Uniform und Zivil.

Als nach dem Jahr 1918 Beziehungen zum österreichischen Hofstaat zu etwas geworden waren, womit für einen Bürger der tschechoslowakischen Republik kein Staat zu machen war, sagte sich Bata von der angeblichen Verwandtschaft mit Hofrat Dr. Kerzl öffentlich los. Seine Gattin sei eine geborene Menšik, Tochter des pensionierten Regierungsrates Dr. Alexander Menšik. Damit wäre die plausible Erklärung für den Aufstieg Batas in sich zusammengefallen, wenn sich nicht Gerüchte erhalten hätten, daß die Familien Menšik und Kerzl verschwägert seien.

Jedenfalls hatte Bata die Heereslieferung in der Tasche gehabt, in der der Profit steckte, und kein Hindernis stellte sich ihm in den Weg, als er seinen Schusterthron nun im Nachfolgestaat aufschlug.

Seine Regierung (1915 bis 1932) war die eines Tyrannen, aber keinesfalls eines gewöhnlichen. Vor allem war er ein Mährer. Hier möchte ich die von wenigen bemerkte Tatsache einschalten, daß Mähren der Welt eine unverhältnismäßig große Zahl von Persönlichkeiten geschenkt hat. Ohne den gemeinsamen Nenner dieser Größen zu bezeichnen und ohne die geistige Nährkraft dieser Landschaft näher zu erklären, setze ich einige weltumfassende Namen hierher: die Philosophen Comenius und Thomas G. Masaryk; Gregor Mendel, den Entdecker der Vererbungsgesetze, und den Empiriokritizisten Ernst Mach; Myslbek, den Bildhauer, und Uprka, den Maler; Palacký, den Historiker; Janaček, den Komponisten, und Absalon, den Urzeitforscher; die Schauspielerinnen Therese Kronos, Fritzi Massary und Leopoldine Konstantin, die Schauspieler Eric von Strohheim und Max Pallenberg sowie zahllose Dichter und Schriftsteller in tschechischer und deutscher Sprache, unter denen Marie von Ebner-Eschenbach, Petr Bezruč, Ottokar Březina und Robert Musil nicht vergessen seien. (Sigmund Freud, Gustav Mahler, Karl Kraus stammen von der Grenze.)
In geistesgeschichtlicher Beziehung gehört selbstverständlich Thomas Bata keineswegs in diese Kategorie. Er war ein Kaufmann und Fabrikant, der die von Rathenau klassifizierte Eigenschaft besaß, das Geldverdienen nicht als Ursinn seines Schaffens anzusehen. Was er wollte, wollte er aus Machttrieb, was ihn peitschte, war sein beinahe sportlicher Ehrgeiz eines Amateurs, und er verstieg sich schließlich zu dem des Akrobaten Zemganno, der seine Schwerkraft überwinden will. Thomas Bata sah sich als Übermenschen und demgemäß alle anderen als Untermenschen, er betrog sie ohne Hemmung, er beutete sie aus, traktierte seine Angestellten mit Fußtritten, schmiß unbedenklich seine Arbeiter aus Wohnung, aus Arbeit und – aus dem Leben.
Sogar das, was außerhalb seines Fabrikbetriebes lag, zertrat der Bata-Schuh, der Absatz des Bata-Schuhs erbarmungslos. In jedem böhmischen Dorf errichtete er eine Bata-Filiale, und so gab es in Böhmen, Mähren, Schlesien und der Slowakei, ja in der ganzen Welt kaum noch jemanden, dessen Handwerk es war, Schuhwerk zu machen. Schuhe nach Maß gehörten der Geschichte an. Dem Schuster, der bei seinem Leisten bleiben wollte, blieb zunächst nur die Flickschusterei übrig. Zunächst. Denn schon schuf

Bata sein Netz von Reparaturwerkstätten, und der Schusterstand, der fast so alt war wie die Fußgängerei, endete jäh und buchstäblich durch Selbstmorde.
Wie wenig ließ Bata sich das anfechten! Im Bata-Mausoleum von Zlín sieht man altertümliche Schusterwerkzeuge ausgestellt. ›Die erste Werkstatt Thomas Batas‹, steht darauf, und ehrfürchtig-neidisch betrachteten die Besucher-Einkäufer aus der Fremde ein so dukatenscheißerisches Inventar. Aber ein alter Genosse aus dem Betrieb nahm mich zur Seite: »Das hat früher einem Mann in Ostrau gehört. Schon sein Urgroßvater war dort Schuster gewesen. Als er sich von Bata endgültig ruiniert sah, packte er alles in zwei Kisten und lieferte es in der Bata-Fabrik ab ›für den Chef‹. Dann sprang er mit seiner Frau und zwei Kindern in die Ostrava. Thomas Bata bekam gleichzeitig mit der Todesnachricht diesen Nachlaß und schaute sich ihn an. ›Lassen Sie das drüben mit der Aufschrift aufstellen, daß das Werkzeuge aus meinen Anfängen sind.‹ Der hat Nerven gehabt, was?«
Die Befehle Thomas Batas waren unfehlbar, über ihnen stand nur er selbst! So befahl er sich selbst und starb daran: am 15. Juni 1932 bestand er darauf, in Nebel und Sturm abzufliegen, obwohl der Pilot es schlotternd, weinend und flehend als unmöglich erklärte. Drei Minuten später sauste das Flugzeug und seine beiden Passagiere zerschmettert zu Boden...

J. A. Bata, der Nachfolger

Thronerbe Thomas' I. war sein um zweiundzwanzig Jahre jüngerer Stiefbruder Jan Anton Bata. Er war immer ein Hohlkopf gewesen, und Thomas hatte ihn wiederholt vor der Belegschaft als solchen beschimpft und mit Fußtritten traktiert. Aber das Reich einer Frau oder einem Kind zu überlassen, und wäre es auch seine eigene Frau und sein eigenes Kind, dazu fühlte Thomas I. zu dynastisch = zu batisch, zu maskulin und setzte seinen verachteten Bruder zum Thronerben ein.
Als man diesem vom Flugfeld aus die Katastrophe mitteilte, ergriff er das Telefon und nannte sich: »Hier spricht der Chef.« Er verfügte, daß ein Auto auf das Flugfeld abgehe. Daß er sich ohne

Wimpernzucken mit dem Titel seines Bruders meldete, der das Unternehmen selbst gewesen war, erschütterte die Belegschaft wie eine Gotteslästerung.

Aber Jan Bata hatte mit der Nachricht vom Absturz seines Bruders und seinem Aufstieg zur Macht die göttliche Eingebung empfangen, der größte Mensch des Weltalls zu sein. Daß er mit Hilfe der Nazis und seines besonderen Freundes Göring seine Nation verriet (unter anderem wollte er die Nation samt und sonders nach Patagonien übersiedeln), lag in seiner Händlernatur und schien ihm wohl selbst nichts so Besonderes. Was ihm welthistorisch schien, war die Idee, den Stempel seiner eigenen Gottartigkeit dem Unternehmen seines Bruders auf ewig aufzudrücken.

Zu selbigem Behufe ließ er sich – etwas gewiß noch nicht Dagewesenes – einen allgegenwärtigen Fahrstuhl schaffen.

Ich gehe gleich hinüber ins Administrationsgebäude (administrativni budova), um mir diese weltberühmte Räumlichkeit anzuschauen. Es ist nicht so, daß ich unten sogleich in diesen Salon-, Regierungs-, Audienzwaggon einsteigen kann. Das ginge bei den anderen Fahrstühlen, die hier nebeneinander stehen, ein vertikaler Bahnhof. Blitzzüge machen nur in einem einzigen Stockwerk Station, Schnellzüge in jedem fünften, Personenzüge in allen Stockwerken, die Paternoster halten überhaupt nicht. Senkrecht auf diese senkrechten Fahrstühle verkehrt hier auch einer – also ein horizontaler. Ich sah ihn von außen, und mir wurde schon unten schwindlig, als ich ihn entlang der Fassade fahren sah. Ich notierte mir den Entschluß: ›Mal mit Fensterwagen fahren.‹ Bevor ich diese Absicht ausführe, möchte ich nur den Ausdruck ›Fensterwagen‹ erklären. Er hat nicht etwa Fenster, sondern ist ein offener eiserner Korb, in dem zwei Männer tagein-tagaus, jahrein-jahraus elektrisch bei den fünfzehnhundert Fenstern vorfahren, um teils die Läden zu reparieren, teils die Scheiben zu putzen. Weit bequemer ist wohl der mobile Thronsaal eingerichtet, der mitnichten zu mir herunterfährt, sondern zu dem ich sechzehn Stockwerke mit hundsgewöhnlichem Lift hinauffahren muß, das ist mir eine schöne Demokratie!

Oben steige ich aus, um einzusteigen. Dem fahrbaren Direktionsbüro, in das ich einsteige, sieht man an, daß es ein Direktionsbüro ist, nicht sieht man ihm an, daß es fahrbar ist. Und wer

könnte wissen, was hier zu beginnen. Nehmen wir an, der Chef von Bata und alle für seine Stellung in Betracht kommenden Leute auf der Welt stürzten den Todessturz aus dem Flugzeug. So würde ich gezwungen werden, das Unternehmen zu übernehmen. Gut, ich würde telefonieren: ›Hier der Chef...‹ Aber was weiter? Welchen von den Knöpfen, die hier in allen Nuancen der Farbenlehre prangen und von denen jeder nach meinem Druck verlangt, welchen soll ich drücken? Ich drücke etwa den bordeauxroten. ›Hier Buckinghampalast, London‹, antwortet es mir sofort. ›Kann ich Se. Majestät sprechen?‹ sage ich, um etwas zu sagen. ›Ich bin beim Telefon‹, antwortet King George VIII. dienstfertig, und ich – ich hänge ab, erstens, weil ich nicht weiß, was ich so eilig vom König von England verlangen sollte, und zweitens, weil ich nicht Jan Bata bin, also weiß, daß der König von England nur in meiner Einbildung am Apparat ist. So größenwahnsinnig kann man nur werden, wenn man's schon vorher war.
Versuchen wir's mal mit dem gelben Knopf, entschließe ich mich, drücke wirklich und warte, wer sich melden wird. Stalin? Der Papst? Rockefeller jun....? Während ich warte, blinzelt die Wand. Der Fahrstuhl fährt also bereits, er fährt an etwas vorbei, in die Tiefe. Wahrscheinlich fahre ich in den Mittelpunkt der Erde, wie sich's für den Thronherrn der Firma Bata geziemt, und soll dort Schuhe verkaufen, feuersichere, kesselstarke, pech-, schwefel- und höllenfeste. Aber, o Glück, der Thron ist noch immer auf irdischem Boden, und ein Thronhüter, der unbemerkt in einer Ecke saß, hat meine unvollendete Höllenfahrt mitgemacht.
»Wollen Sie aussteigen?« fragt er mich.
»Nein, bitte lassen Sie noch halten, ich möchte mich ein bißchen umsehen.«
»Bitte.«

Das graphologische Gutachten

Ich frage, was diese besonders dicke Mappe auf dem Regal bedeutet.
»Das sind die graphologischen Gutachten über den Stab unserer Firma. Der erste Chef der Firma, Herr Thomas Bata, hat sich

diese Gutachten seinerzeit in London bestellt beim Graphologen Robert Saudek.«

Ob ich sie anschauen könnte?

»Nun, wenn Sie wollen. Früher hat sie der Chef unter schärfstem Verschluß gehalten, insbesondere vor seinen Hauptmitarbeitern, von denen die Gutachten aussagten. Nun, heute können sie niemanden interessieren.«

Mich interessieren sie doch. Sie interessieren mich, obwohl die wenigen Herren aus Batas Stab, die ich persönlich kannte, nicht mehr vorhanden sind. Dr. Podlipsky wurde von den Nazis hingerichtet, weil er das Abhören ausländischer Radiosendungen organisierte; mein ehemaliger Redaktionskollege aus den ›Lidové Noviny‹ und spätere Bata-Direktor Hugo Vavrečka wurde angeschuldigt, mit den Nazis kollaboriert zu haben, und fand seine Strafe darin, daß er nun die solcherart erworbenen Millionen im Ruhestand verzehren muß; an Dr. Leimdörfer, der in Berlin die Bata-Propaganda organisierte, hat das Gas den Tod durch Erwürgen verübt. Die, die noch bei der Firma Bata sind und nun ihre Führung innehaben, schienen damals schwerlich einer graphologischen Leibesvisitation wert.

Übrigens weiß ich gar nicht, wer es ist, auf den sich die einzelnen Gutachten beziehen, jedes Blatt trägt wohl eine Chiffre, aber keinen Namen. Ich blättere sie durch, weil sie ein ungedrucktes Buch, ja ein gar nicht für den Druck gedachtes darstellen. Der Romanautor, der es um hohen Honorars willen schrieb, hatte ein Problem zu lösen: auf Grund der vagen Anhaltspunkte von Schriftzügen darzustellen, welchen Charakters die ahnungslosen Schreiber seien.

Die zu begutachtenden Briefe waren, wie gesagt, keine Stellungsgesuche, keine Offerten, und man fragt sich, was das für ein Chef sein muß, der Auskünfte über den Charakter von Menschen bedarf, mit denen er in einer isolierten Ortschaft pausenlos zusammen lebt, zusammen arbeitet!

Eines der Blätter, das zehnte, ist auffallend durch die Entschiedenheit des Tons und durch die Energie der Warnung. Es ist ein Steckbrief oder eine Beschimpfung des zu Begutachtenden, eine direkte Aufforderung, diesen mit Fußtritten aus dem Amt zu jagen.

Wie konnte sich der Schriftsteller-Diplomat Robert Saudek zu so etwas hergeben? Hat er etwa die direkte Weisung dazu bekommen?

Ich frage, ob man mir feststellen könnte, auf wen sich dieses Urteil bezieht. Der Beamte findet den Index, der in einem anderen Schrank verschlossen gehalten wird. »Welche Nummer wollten Sie wissen?« – »Die Nummer zehn.« Er sucht eine Weile. »Nummer zehn ist Jan Bata. Das war der Striefbruder von Thomas und sein Nachfolger.«

»Hm.«

Nun lese ich das Schriftstück noch einmal und noch erregter als das erstemal.

»Jedes Wort«, so glossiert der Beamte, der mir über die Achsel schaut, »jedes Wort klingt so, als hätte es Thomas Bata selbst diktiert. Gerade in diesen Worten hat er dem Jan immer seine Verachtung ausgedrückt. Aber trotzdem hat er den Jan zum Erben eingesetzt. Alle Beamten wußten von dem Testament und waren entsetzt darüber. Direktor Čipera soll Thomas einmal über den Grund dieses Testaments befragt haben, worauf Thomas geantwortet habe: ›Der Ärgste aus der Familie stiehlt noch immer weniger als der ehrlichste Fremde.‹«

Auch das graphologische Gutachten hat Thomas nicht dazu veranlaßt, seinen Letzten Willen zu ändern. Es lautet:

Handschrift Nr. 10

1. Ehrlichkeit: Ist unzuverlässig. Wenn er Ihr Angestellter ist, möchte ich ihn nicht auf Grund des Vorgelegten verdächtigen, muß aber sagen, daß ich ihn niemals empfohlen hätte, wenn Sie mir die Handschrift vor dem Engagement vorgelegt hätten.
2. Gründlichkeit: Scheinbar gründlich. Gern läßt er seine Unzufriedenheit durch Schikanen an Leuten aus, die im Bereich seiner Befehlsgewalt sind.
3. Entschlossenheit: Sehr erregbar, starrköpfig. Sein Ziel verfolgt er mit gut vorbereiteten Tricks.
4. Ehrgeiz: Streber.
5. Initiative: Jagt zufälligen Vorteilen nach, hat aggressive Initiative. Kein Erpresser, hat aber dazu Anlage.

6. Organisationsfähigkeiten: Kein produktiver Arbeiter, bei Ausnützung der Konstellation sieht er nicht in die Zukunft, sondern hält sich an augenblickliche Vorteile.
7. Technische Fähigkeiten: Nicht ausgeschlossen, daß er gute Einfälle hat, aber es ist ausgeschlossen, daß er fähig ist, sie selbst technisch durchzuführen.
8. Offenheit und Aufrichtigkeit bei Verhandlungen: Scheinbar offen, weil er mit den meisten Menschen in Konflikt gerät. Gleichzeitig Hypokrit.
9. Gesundes Urteil: Absolute Unsachlichkeit.
10. Entwicklungsfähigkeit: Hängt völlig von der Atmosphäre und dem Grad der Selbständigkeit ab, die Sie ihm lassen werden. Wenn Sie ihm die Freiheit geben, würde er sich eher in negativem Sinn entwickeln.

So sah ihn (nicht anders, als ihn sein Bruder und Vorgänger sah) die Graphologie. Und die nachfolgenden Ereignisse gaben dem Urteil nur allzu recht.
Wenn die Bata-Fabrik noch besteht, so besteht sie nicht wegen Jan Bata, sondern trotz ihm. Sie besteht auf Prinzipien, die jenen Jan Batas (und auch denen seines Bruders Thomas) voll entgegengesetzt sind. Das gilt selbstverständlich nicht von der Technologie des Betriebes. Die ist im Grunde die gleiche geblieben, wenn nicht gar ausgebaut worden.
Hat man mehrere Stunden lang die Fabrik durchwandert, die Lager, die Verkaufsstellen, die Apparate und die Modelle besichtigt, so ist der Kopf vollgefüllt mit dem, was man, dem Sprichwort zufolge, nicht im Kopf hatte und deshalb in den Füßen haben mußte. Manches hatte ich einst im Kopf gehabt, aber es war immer nur irreal gewesen, wie ein nie geglaubtes und längst verschüttetes Kindermärchen. Nun taucht es wieder auf: die Siebenmeilenstiefel des Gestiefelten Katers; die auf der Treppe verlorenen Glaspantoffel, nach deren kleinen Maßen der Prinz das Aschenbrödel wiederfindet und agnosziert; da sind die Stulpenstiefel, welche dieser und andere schöne Prinzen der Märchenwelt trugen, und da sind auch die mit Perlen und Brillanten besetzten Ballschuhe der ebenso schönen wie winzigfüßigen Prinzessinnen.
Auch größere und realere aus neuerer Zeit sah ich. So zum Bei-

spiel die mit sechzig Ösen ausgestatteten Schnürstiefel der Himmlerschen SS, mit denen man bequem über Leichen schreiten konnte, ja, mit ihnen konnte man ohne Beschwer lebende Menschen zu toten zertrampeln, ohne daß das eindringende Blut der Zertretenen die Socken der Zertreter bespritzte. Stiefel für Jagden im Sumpfgebiet sind ähnlich fest, undurchlässig und kniehoch.

Und man glaube nicht, daß sich alle Schuhe des weiblichen Geschlechts von solchen des männlichen allzusehr unterscheiden. Da sah ich, just in Reih und Glied mit den SS-Stiefeln, hohe, rote Stiefeletten, wie sie jene Spezialistinnen des nächtlichen Mädchengewerbes am Berliner Kurfürstendamm trugen, um sich eventuellen Interessenten als schlagkräftige Partnerinnen zu empfehlen. Ihre Schuhe glichen denen der SS-Männer; nur daß diese letzteren nicht rot sind, weil sie es vermeiden wollten, auch durch die Schuhfarbe an ihre Kolleginnen zu erinnern.

Übrigens waren auch diese roten Sadistinnenstiefel schon damals, als das nächtliche Berlin sie als den letzten Schrei der geprügelten Menschheit begrüßte, keine Novität mehr. In meiner Jugend trat die Titelheldin des Pariser Markthallen-Singspiels ›Madame Angot‹ mit dieser blutroten Fußbekleidung auf. In Prag war die Operettendiva, sie hieß Marenka Zieglerová, mit ihnen geradezu identisch, und welcher Jüngling träumte nicht davon, die Füße seines Mädchens in solchen Purpur gehüllt zu sehen. Sein Wunschtraum ward zu einem Gassenhauer: ›Má milá, má Angot-perka, ruta-tuta-tu, – uz je nosí od úterka, ruta-tuta-tu.‹ Heute, bei Bata, sah ich die Angotperka wieder!

Manches andere sah ich wieder, was ich einst gekannt, ohne es vielleicht gesehen zu haben. Die Kothurne zum Exempel, die wir uns als Schüler zu konstruieren bestrebten, um in unseren Theateraufführungen Achilles zu sein oder Agamemnon. Uns gelang es nicht, auf diesen erhabenen Kothurnen zu schreiten, selbst die Versfüße kippten angesichts dieser griechischen Fußbekleidung, und die weltbedeutenden Bretter stöhnten unter unserem Schritt. Dem Bata gelang es, die richtigen Kothurne zu schustern, und wir hätten die Wiedergeburt des hellenischen Dramas bewerkstelligen können, wenn wir die Kothurne bei ihm bestellt hätten. Aber ach, wir ahnten nicht, daß ein Mann in Mähren wohnte, der den fünffüßigen Jambus zu beschuhen vermochte.

Einige Mädchenschuhe rufen wehmütige Erinnerungen in mir wach, die durchsichtigen, wie sie Elly trug, und als einzige unserer Tanzstunde trug, kamen seither als ›Plexy‹ in die Mode und – aus der Mode; die kleinen Muscheln auf blau-weißen Schnürsenkeln hatte Mizzi Bardi auf der Bühne kreiert, aber das Paar im Bataschen Modellmausoleum zu Zlín hat heutzutage wohl kein Geschwister auf dem Straßenpflaster der Erde mehr. Oh Knöpfelschuh, oh Knöpfelschuh, wohin bist du entschwunden...

Länger aber als vor dem Mausoleum der Mädchenschuhe stehe ich vor dem der Fußballstiefel. Denn viele Jahre habe ich in solchen oder ähnlichen Stiefeln den Ball vor mir hergetrieben, ihn von mir weggeshootet, dem Feinde mitten ins Tor – oder daneben. In Prag hießen sie ›Treter‹, dieses Wort ist meine Schöpfung, und ich hatte einst gehofft, mit ihr in die Geschichte der Internationalen Fußball-Assoziation einzugehen. Aber schon die Wiener lehnten meinen Ausdruck ab, ›weil er aus der Provinz kam‹, sie blieben bei dem ebenso nichtssagenden wie falschen Ausdruck ›Bretteln‹, und ich hatte mit meinen großartigen Tretern abzutreten.

Bata empfand den Fußballsport als Huldigungsakt für jene beiden Extremitäten, deren Pflege sein Lebenswerk, das Schuhwerk, geweiht war. Sein Fußballklub in Zlín engagierte die kostspieligsten Professionals, und Thomas Bata hegte den Traum, für die elf Funktionen der Mannschaft je ein besonderes Paar Schuhe zu konstruieren. So sah ich heute ein Paar Mittelhalbschuhe, die nicht etwa mittlere Halbschuhe, sondern Schuhe für den Mittelhalf waren. Die Handschuhe für den Torwächter waren mehr Fußschuhe als Handschuhe, denn sie wurden von regelrechten Schuhriemen verschnürt, und in dem Sweater Bataschen Fabrikats suchte ich nach eingenähten Brandsohlen.

Nicht nur dem Fußball gehörte Batas sportliches Interesse, auch an dem Fahrrad machte er sich zu schaffen, und zwar gleichzeitig mit dem – Klavier. Was zwei einander so unähnliche Instrumente sich in der Liebe Batas zusammenfinden ließ, war die Eigenschaft, daß beide Pedale haben!

Schon längst regierte Thomas Bata im Wolkenkratzer, als seine Weltanschauung noch immer die des alten Schusters blieb. In ihm lebte noch immer seine Werkstatt im Souterrain. Nur aus dem oberhalb seines Kopfes gelegenen Fenster konnte er die Welt anschauen, und sie bestand nur aus Vorübergehenden mit Schuh und Strumpf. Alles Menschliche bewegte für ihn sich auf den Füßen. Ein Fußgänger ist ein Fußgänger und kein Reiter, so hatte er es aus seiner Sohlenperspektive seit eh und je gesehen, und wer einem anderen Fortschritt das Wort redete, ob es nun ein Gewerkschafter oder ein Sozialist war, den hielt Bata für einen Feind der Menschen und verfolgte ihn mit allen Mitteln, insbesondere mit seinen Leisten, die er ihm an den Kopf warf, oder er behandelte ihn mit Wichse und Fußtritten.

Wenn Thomas Bata dem Christentum treu ergeben war, so war er es gleichfalls aus einem solchen äußeren Grunde. Hatten doch die ersten Verkünder dieser Lehren ihre Mission zu Fuß ausgeübt, nur mit Hilfe der berühmt gewordenen pedes Apostolorum! Hätte jemand dem Bata einen zur Reklame verwendbaren Beweis dafür geliefert, diese Schuhe der urchristlichen Wanderlehrer seien Batasches Fabrikat gewesen, so würde er ohne Zweifel alle Pilger unentgeltlich beschuht haben, die nach Jerusalem oder nach Rom ziehen wollen, um den schon fast weggeküßten Fuß Sancti Petri zu küssen.

Den Füßen großer Zeitgenossen hat er Denkmäler gesetzt, die in der Modellabteilung zur Schau stehen. Sein Traum war, ein Paar von Mussolinis Röhrenstiefeln zu erlangen, aber zufälligerweise gelang ihm das ebensowenig, wie seinem Bruder die Erwerbung eines Paars authentischer Stiefel Görings gelang.

Andere Schuhgrößen prangen da zu ewigem Andenken an ihre Träger. Es ist besonders rührend, dort den alten Schuhmacher, der sie zumeist angemessen hat, die Legende zu einem Stiefelpaar Thomas G. Masaryks sprechen zu hören. Diesem Schuster zufolge hat die Schöpfung all ihre Schöpfungskraft aufgewendet, um ihr Meisterstück zu schaffen: dem edelsten Mann die edelsten Füße. Th. G. Masaryk hatte sie nur zu tragen und sich von ihnen tragen zu lassen, um Vater, Sohn und Heiliger Geist seines Volkes zu sein. Schuhe oder Fußabgüsse von Riesen und Zwergen gibt es im Betrieb ausgestellt und Schuhe von Prominenten, zu denen auch die erste Chefin, Frau Bata, geborene Menšik, gehört. Vieles ist da, zur Erinnerung an vermoderte Moden, altes Werkzeug und Lehrmittel und Diagramme, Pediküre und Orthopädie, Klumpfüße und vor allem Hühneraugen, deren Vermeidung, Verhütung oder Ausrottung das Hauptbestreben des Schusters sein muß – eine ganze Reihe von Vorschriften zum Vernichtungsfeldzug hängt an der Wand, die ›Zehn Gebote‹ sozusagen.

An jedem Apparat, in jedem Gespräch mit dem Arbeiter hört man etwas Ungeahntes über die Extremitäten. Sogar theoretische, höchst wissenschaftliche Lehren...*

* *(Hier bricht das Manuskript ab.)*

Karl Kraus

Karl Kraus, den Herausgeber der ›Fackel‹ in Wien, einer Leserschaft vorzustellen, die seinen Namen nie gehört hat, bedeutet, ihm Unrecht tun. Und je mehr Gerechtigkeit man bei Vollzug dieser Ungerechtigkeit walten lassen möchte, desto schwieriger ist das Beginnen. Es ist, als wollte man eine Festung aufführen, um sie im Augenblick der Vollendung bis zur Spurlosigkeit zu schleifen – als wollte man eine Gemeinde für einen ihr bislang unbekannten Gott werben, um sie sogleich die Mißachtung dieses Gottes zu lehren, – als wollte man ein Wesen festlich auf den Olymp geleiten, nur um es von dort in den Orkus zu stoßen.
Wie man sieht, liebe ich die ›Fackel‹ nicht, die ich hier wieder entzünden muß, weil sie die Bühne bestrahlte, auf der sich dieses mein Buch abspielt, die Bühne, die für Karl Kraus die Welt bedeutete und in deren Figuranten er die Menschheit sah.
Karl Kraus gab von der Jahrhundertwende an seine Zeitschrift heraus, von 1910 an schrieb er sie allein. Sie hatte keine Mitarbeiter, keinen regelmäßigen Erscheinungstermin, keine zahlbaren Inserate, keine gleichbleibende Seitenzahl, manchmal war ein Heft nur zwei Seiten dünn, manchmal über dreihundert Seiten dick.
Die ganzen Nächte seines Menschenlebens saß Karl Kraus in seinem Arbeitszimmer, verfaßte und feilte seine Manuskripte, die nach und nach zu den siebzig dicken Halbjahrbänden der ›Fackel‹ und zu seinen vielen Büchern wurden, Gedichtbücher, Essays, Dramen. Während des Tages schaffte er – ob er in Wien oder im Eisenbahnzug war – an der Korrektur der Druckbogen, der Beschaffung des Materials für die Polemiken, an den ›Briefen des Herausgebers‹. An den Abenden las er vor dichtgedrängtem, begeisterungsberauschtem Publikum oder spielte, Ensemble und Orchester in einem, klassische Dramen und klassische Operetten.
Seine Sätze waren klar und scharf umrissen, ihre advokatorische und anklägerische Wucht machte jeden Gedanken an Widerstand oder Replik im vorhinein lächerlich, seine Plädoyers waren bereits das Urteil, seine Formulierungen waren so zugespitzt, daß

sie jahrelang als Witze kolportiert wurden, er vermochte typographisch alle Sprachunarten nachzuahmen und entlarvte Widersprüche durch eine ihm eigene Art der Montage.
Er war unbestechlich, wohltätig (der Ertrag seiner Vorlesungen fiel nach dem Weltkrieg zum größten Teil der Kriegsblindenfürsorge und später der Roten Gefangenenhilfe zu) und hilfsbereit. Seine Angriffe galten der Wiener Presse, die wegen ihrer Sprachverderbnis und Käuflichkeit jeden Peitschenhieb redlich verdiente. Seine Angriffe galten dem österreichischen Liberalismus, der borniert, selbstgefällig oder reaktionär geworden war. Sie galten der feige tänzelnden und speichelleckerischen Wiener Justizmoral. Sie galten der Massenverblödung durch die moderne Wiener Operette. Sie galten der Schädigung literarischen Erbguts durch kunstfremde Philologen. Sie galten der Reklamehascherei von Künstlern und Bürgern. Sie galten vor allem den Verhunzungen der Sprache; gegen die Sprachmörder trat er mit grammatikalischen Schriften und seinen eigenen Übersetzungen auf. Sein mächtigster Angriff hat den Weltkrieg 1914–18 zum Objekt, die Zeit, die er für ›Die letzten Tage der Menschheit‹ hielt, ein Drama von ›der großen Zeit, die ich noch gekannt habe, als sie so klein war‹, eine Dichtung, die aus Zeitungszitaten und Redewendungen Verkündigungen von apokalyptischer Wucht hervorwachsen läßt.
Wie, so muß sich der Leser meiner Lobeshymne fragen, wie kann es auf der Welt Negatives von so viel Gewicht geben, daß es so viel Positives aufzuwiegen vermag?
Leider gab es dieses überwiegende Negativum. Karl Kraus vernichtete die Großartigkeit seiner Leistung durch Mittel, die er anwandte, durch Angriffspunkte, die er sich wählte, durch Bundesgenossen, deren er sich bediente, durch die gewollte Blindheit, die ihm dazu verhalf, nicht zu sehen, wem seine Attacken zugute kamen, wem und was er durch seine Verneinungen bejahte, und schließlich dadurch, daß die von ihm zersetzte, fast niedergekämpfte scheußliche Gesellschaft durch eine unendlich scheußlichere besiegt wurde.
Seine Mittel waren oft genug die Mittel, deren Anwendung er bei seinen Angriffsobjekten als hassenswert und verächtlich gebrandmarkt hatte. Er änderte den Sinn von Texten, die er zitierte, durch Weglassungen. Er ließ Vorlesungen stören. Er unterstützte

die Aussendung von Mystifikationen. Er schädigte durch schikanöse Berichtigungen und Presseklagen auch solche Zeitungen, die unter großen Opfern und Gefahren von Arbeitern und Emigranten zur Bekämpfung Hitlers herausgegeben wurden. Er gab seine nörgelnde, querulierende Haltung auch dann nicht auf, wenn es um die Rettung von Menschenleben aus den Klauen des Faschismus ging, und verweigerte seine Unterschrift für Protestkundgebungen, weil ihm der oder jener der Unterschriebenen aus dem oder jenem Grunde nicht paßte. Er lehnte es ab, die Dimensionen seiner Schußziele in Betracht zu ziehen, Waffe und Kaliber nach ihnen zu richten, und schoß mit Kanonen auf Spatzen und mit Pfeilen auf Bastionen. Er entfesselte eine Massenbewegung für die Ausweisung eines die Inflationshyänen erpressenden Erpresserjournalisten und rehabilitierte damit die übrige, die erbeingesessene Journaille, die er sein Leben lang als korrupt, bestechlich und erpresserisch gebrandmarkt hatte.

Sein Leserstamm zählte nach Tausenden und war in zwei Schichten geteilt. Die eine bestand aus jugendlichen Intellektuellen kleinbürgerlichen Milieus, die in irgendeiner Weise defekt waren, und wäre es auch nur in ihrer hysterischen Hingebung an Karl Kraus. Wie sie am Erscheinungstag der ›Fackel‹ das rote Heft in Empfang nahmen! Außerstande, die Konsumierung auch nur eine Weile aufzuschieben, vollzogen sie den Akt auf der Straße mit herausgequollenen Augen und wollüstig verzerrtem Gesicht.

Was in dem Heft stand, zerstörte ja die Idole, die die Väter für ihre Söhne ausgewählt hatten, und machte alle, die sich einem solchen väterlichen Ziele zu nähern versucht hatten, unsterblich lächerlich, indem es Erfolg und Anerkennung zu Staub zerstampfte. Die positive Einstellung dieser Leserschicht zu Karl Kraus war eine negative Einstellung zu jedem anderen, der auftrat oder wirkte: Ihr Neid, geboren aus Unfähigkeit, Unproduktivität und Impotenz, wurde dadurch befriedigt, daß der Andersgeartete seinen Teil abbekam. Schadenfreude war die einzige Freude, deren sie fähig waren.

Sie bildeten eine Gemeinde, wenn sie sich das auch nicht eingestanden, weil der Meister als Individualität jeden Zusammenschluß verspottete. Weil der Meister als Individualist jeden Zusammenschluß verspottete, traten sie sogar aus dem Schachklub aus. Weil der Meister gegen Bestechung war, lehnten sie empört ab, wenn ihnen ein Freund eine Zigarette anbot. Weil der Meister die Werke Heinrich Heines angriff, sanken sie auf die Knie: ›Herr Gott, ich danke dir, daß du mich nicht werden ließest wie Heinrich Heine.‹

Sosehr sich Karl Kraus von dieser Hälfte seiner Jüngerschaft zu distanzieren versuchte und sosehr er ihr Gegenteil an Energie und Witz darstellte, er gehörte dazu, war sein eigener Gefolgsmann und der kritikloseste dazu.

Die andere Hälfte seiner Leser war paradoxerweise eine, die kaum lesen konnte. Es waren dekadente Aristokraten, näselnde Offiziere, forsche Beamte und verbittert-boshafte Kleinbürger, die allesamt bildungsfeindlich, pressefeindlich, intellektuellenfeindlich, judenfeindlich und liberalenfeindlich waren. Der Lieferant ihrer Argumente und ihrer Ideologie wurde Karl Kraus, der ein Pressemensch, ein Intellekt, ein alttestamentarischer Jude war und ein eingefleischter Liberaler – vor allem ein eingefleischter Liberaler.

Diese letzte Behauptung, die alles erklärt, muß biographisch erklärt werden. Seine Heimat war die böhmische Provinzstadt Gitschin, wo noch das Herzogsschloß des Feldmarschalls Wallenstein steht und das Riesenkloster ›Karthaus‹. Aber diese Karthause beherbergte keine Mönche mehr, sondern war zu einem Zuchthaus geworden, dem gefürchtetsten der Monarchie. Hier stellten die zum Tode durch lebenslängliche Haft verurteilten Sträflinge ihre Lebenslänglichkeit lang Papiersäcke her, die von der Familie Kraus in Handel gebracht wurden. Die Erzeugungskosten waren gering, kein Wunder, daß der Wunsch entstand, auch das Rohmaterial nicht minder billig zu kaufen. So wurde Karl Kraus' Vater auch Papierindustrieller und entwickelte genau die gleichen Ideale wie alle anderen reich gewordenen Familien der Provinz: sie dachten liberal und standen in politischer und ökonomischer Beziehung fest auf dem Boden ihrer Bibel, welche die Neue Freie Presse war, in gesellschaftlicher Hinsicht aber träumten sie davon, Anschluß an die vornehmen Kreise der Monarchie zu finden. Wien, Wien war das Hochziel ihres arrivierten Stadiums, die vielbesungene blaue Donau, an deren Gestaden sich der Kaiserhof und die Neue Freie Presse erhoben. Dorthin übersiedelten sie und ließen sich oder wenigstens ihre Kinder taufen, damit sie in

die feine Gesellschaft einheiraten, in feudale Studentenkorps eintreten und bei den Kavallerie-Regimentern dienen könnten.
Karl Kraus, der 1874 in Gitschin zur Welt und schon als Knabe nach Wien kam, hätte, selbst wenn er von solch albernen Wünschen beseelt gewesen wäre, nicht in ein Studentenkorps eintreten und nicht bei den Ulanen dienen können, denn er war äußerst kurzsichtig und hatte – ähnlich wie Jonathan Swift – einen etwas gebeugten Rücken. Er war um so mehr zur Karriere eines Intellektuellen prädestiniert, als er den Prototyp eines Vorzugsschülers darstellte, ein Musterknabe seiner Eltern und ihrer Epoche war. Zeitlebens blieb er dieser Periode des Fischbein-Korsetts und des falschen Pathos, der schmalzigen Schauspieler und ›geistreichen‹ Wortspieler treu, er stellte die Schmöcke von gestern (zum Beispiel Daniel Spitzer) denen von heute als leuchtendes Vorbild gegenüber, war gegen die Frauenemanzipation und pries den Federstiel gegenüber der Schreibmaschine, die Laterna magica gegenüber dem Kino. Auch prinzipiell bekannte er sich zu der Zeit der Väter. Mit Anspielung auf einen Witz, in dem ein alter Wiener Herr den Niedergang des Geschlechtsverkehrs beklagt (›gut ge . . . . . . hat man in den Achtzigerjahren‹) dichtete Karl Kraus:

›Gern den gebührlichen
Dank will bewahren
jenen figürlichen
Achtzigerjahren.‹

Aber er bewahrte ihnen nicht nur den gebührlichen Dank, sondern auch die Denkweise, er forderte sie von anderen, ohne merken zu wollen, daß sie nicht mehr passen konnte, weil ein ganz anderes Zeitalter, das des Monopolkapitalismus und des Imperialismus, angebrochen und damit ein Umsturz aller Verhältnisse eingetreten war.
Die innere Kolonisation der Staaten war vollendet, die Eisenbahnnetze bis in die entlegensten Dörfer an den Grenzen ausgebaut und die heimischen Absatzgebiete bis zum letzten gesättigt, aus Fabrikanten wurden Aktiengesellschaften, aus Aktiengesellschaften wurden Trusts, aus Bankiers wurden Großbanken, die die Trusts eigneten und die Felder enteigneten. Es wurde zu viel

produziert, und man brauchte neue Märkte. Ozeanriesen – die ersten, hundert Jahre nach Erfindung des Dampfschiffs – wurden gebaut, man richtete sich in der Nationalitätenpolitik nach Gesichtspunkten eines bevorstehenden Krieges, man modernisierte und popularisierte die Armee, man schuf nicht nur Dreadnoughts, sondern gründete auch Flottenvereine zwecks ideologischer Vorbereitung des Weltkriegs. Kriegsreden, Konflikte, Annexionen, Zollkriege, Wirtschaftsrepressalien, Flottendemonstrationen waren von patriotischer Stimmungsmache begleitet. Andererseits unterstützten auswärtige Großmächte die Irredenta der innerhalb Österreichs lebenden nationalen Minoritäten. Die Gewerbetreibenden, vom Aufstieg der Großbetriebe und der Warenhäuser in ihrer Existenz bedroht, schlossen sich oppositionell zusammen und errangen, obwohl der Kaiser die Bestätigung der Wahl verweigerte, die Macht im Wiener Gemeinderat. Die internationalen Sozialdemokraten brachten hunderttausend Demonstranten auf die Straße. Die Großdeutschen in den Alpenländern und auf den Universitäten demonstrierten unter schwarzrotgoldenen Fahnen für den Anschluß an Deutschland.

Es war nur der Liberalismus, der eine standeserhaltende, eine zentralistische und eine im Vergleich zu den anderen Parteien (mit Ausnahme der Sozialdemokraten) progressive Position aufrecht hielt – die schwächste Position im Spiel der Kräfte.

Just kalendarisch genau traf diese Änderung der Verhältnisse mit der Zeit zusammen, in welcher der junge Karl Kraus seine publizistische Aktion gegen den Liberalismus und dessen Hauptorgan begann.

Der erste Antrieb war private Rache. Er hatte selbst in die ›Neue Freie Presse‹ wollen und sich als Student die Freundschaft des Sohnes von Moriz Benedikt erworben. Durch dessen Fürsprache durfte er Buchkritiken schreiben. Eine der ersten war schon gesetzt, als der Feuilletonredakteur Theodor Herzl sie herausstrich. Nachts erschien der ehrgeizige Autor in der Setzerei und schmuggelte sein Werk wieder ins Blatt. Daraufhin wurde er für immer der Redaktion verwiesen.

So fing der Kampf an gegen eine sterbende Welt und für eine tote. Zunächst ging's nur gegen das Hauptorgan des Liberalismus, später gegen den Liberalismus selbst, aber niemals, sosehr er auch die Bundesgenossenschaft der anderen Lager suchte, verließ Karl Kraus den Boden des Liberalismus. Seine Angriffe bildeten im Grunde eine zwar gehässige, aber gutgemeinte Opposition, eine scharfe Art von Selbstkritik. Daß die wirklichen Feinde seiner Klasse ihm die Strategie abguckten und seine Waffen ihrem Arsenal einverleibten, störte ihn nicht, ja, es freute ihn aus Eitelkeit.

Charakteristischerweise war eines der beiden Pamphlete, mit dem er in die literarisch-politische Öffentlichkeit eintrat, gegen den Zionismus gerichtet, der von der ›Neuen Freien Presse‹ besonders lange und besonders hartnäckig totgeschwiegen wurde, weil sich ein Anwachsen dieser neuen Bewegung nur aus den bisher liberalen Schichten rekrutieren konnte.

Vergebens wird man in den ersten dreißig Halbjahrbänden der ›Fackel‹ ein gutes Wort für die Sozialdemokratie finden. Deren Organ ›Arbeiter-Zeitung‹ war sachlich und mutig, ihre Sprache genau das Gegenteil von jener, die Karl Kraus bekämpfte – Karl Kraus als konsequenter Liberaler konnte sie nicht loben. Wegen lächerlicher Vergehen gegen Presse-, Versammlungs-, Auflauf-Gesetze warf man Führer und Mitglieder der Sozialdemokratie ins Gefängnis, und die bürgerliche Presse stellte sie unisono als Verbrecher hin – Karl Kraus als konsequenter Liberaler konnte sie nicht verteidigen.

Von besonderem Chauvinismus war die deutsche Presse Österreichs gegen die Tschechen, und Karl Kraus stand ihr darin zur Seite, obwohl sich Professor Masaryk seiner Feder wiederholt bediente. So schrieb Karl Kraus, damit seine Polemik gegen die Prager deutsche Studenten-Lesehalle nicht etwa als antideutsch aufgefaßt werden könne, ›... weil deutsch gesinnte Jünglinge in einem Lande, wo Haß und Heuchlertum – bei den Tschechen – gar manche Erfolge zu zeitigen vermochten ...‹ Die beiden Gedankenstriche, zwischen die sich die feige Einschränkung duckte, hätte Karl Kraus zu einer glänzenden sprachphilosophischen Entlarvung genügt, wenn sie jemand andrer verübt hätte.

Nach 1917 bestand die Presse, die bislang die Handelspolitik ihrer Geldgeber verfochten hatte, ausschließlich aus der aktiven Bekämpfung der Klassenkämpfe, die sich in vielen Ländern entspannen. In Wiener Kaffeehäusern waren, wie jedermann wußte,

Börsen für Greuelnachrichten etabliert. Die gleichen Journalisten, die zu Beginn des Weltkriegs ›Serbische Greuel‹, ›Russische Greuel‹ und dergleichen am laufenden Farbband erzeugt und am Ende des Krieges diese ihre eigenen Lügen als ›Propagandalügen‹ des alten Regimes enthüllt hatten, fabrizierten nun wiederum Greuel aus Sowjetrußland und Sowjet-Finnland, Räte-Bayern und Räte-Ungarn für die Tagespresse. ›Lenin ißt Suppe aus Kinderfingern‹, ›Großfürstinnen müssen nackt vor Trotzki tanzen‹ – das war noch das Glaubhafteste und Klügste, was den Zeitungslesern vorgesetzt wurde.

Karl Kraus, der große Enthüller der Presselügen, fand hier nichts zu enthüllen. Karl Kraus fand auch kein Wort des Protestes, als die Leitartikler verlangten, daß ungarische Flüchtlinge an die Pogromhorden von Pronay, Horthy und Gömbös ausgeliefert werden sollten, er fand kein Wort der Verteidigung für verleumdete und eingekerkerte Revolutionäre, sondern verabreichte ihnen Seitenhiebe.

Damals gehörte er schon als Sympathisierender der Sozialdemokratie an, aber er war der alte geblieben, der Alt-Liberale, und nach wie vor rezitierte er Dramen und Operetten und lauste Moral- und Sprachfehler und überfiel die an ihnen Schuld-Tragenden mit der gleichen Wucht wie ein Vierteljahrhundert vorher.

So persönlich, so aggressiv diese Attacken waren, so häufig er objektiv klagbare Beleidigungen anwandte, so wenig zeugten sie von Mut. Wußte doch Karl Kraus allzugut, daß Tageszeitungen und ihre einzelnen Redaktionsmitglieder in eigener Sache nicht gegen eine Zeitschrift polemisieren können, die fast ausschließlich der eigenen Sache diente. Wußte doch Karl Kraus allzugut, daß die Beschimpften ihm nicht den Gefallen einer Gerichtsklage tun würden; die christlichsozialen und deutschnationalen, also zutiefst antifaschistischen Richter standen ja auf seiner Seite, sie hatten von der ›Siebenten Großmacht‹ weder Angriff noch Reklame zu erwarten und leisteten es sich daher gerne, ihre ›Unerschrockenheit‹ und ›Unabhängigkeit‹ durch ein Urteil zugunsten des Pressefeindes Karl Kraus zu beweisen.

So wie Karl Kraus, dieser antiliberale, mutige Polemiker weder antiliberal noch mutig war, so war er auch kein Polemiker. Er war es nur in dem Sinne, daß seine Schöpfungen die Form von

Polemiken trugen, aber das, wogegen er polemisierte, war von niemandem bestritten. Vorzugsschüler, der er bis zum Tode blieb, trat er für Goethe ein, für Shakespeare, für Schiller und andere Klassiker, die schon in der Schule empfohlen werden, für Offenbach, dessen ›Hoffmanns Erzählungen‹ nie vom Repertoire der Opernbühne verschwunden war und dessen Operetten als Ausstattungsstücke von Max Reinhardt ohnehin eine Renaissance erlebten, und schließlich für Zeitgenossen, die anerkannt, wenn nicht gar überschätzt waren. Selbst seine antikriegerische Haltung während des Krieges war nicht eindeutig. Zunächst stellte er sein Blatt ein, weil er glaubte, daß er unter Kriegszensur nicht werde polemisieren können. Später, als er sah, wie der Pazifismus selbst von Tageszeitungen, selbst in Gerichtsreden (wie in derjenigen Friedrich Adlers) unbehelligt verfochten und gedruckt werden konnte, verfocht er ihn grandios. Aber seine ›Letzten Tage der Menschheit‹ erschienen nicht etwa zur gleichen Zeit mit Barbusses ›Feuer‹, sondern erst nach dem Kriege.
Die Sozialdemokratie, der er seit Kriegsende in den Armen lag, verließ er aus unbezweifelbar echten ästhetischen und ethischen Gründen, gerade in der Epoche, in der die Christlichsozialen gegen sie den Kampf um die Macht entfesselten. Jetzt stellte er seinen Freunden von gestern die Bekenner des Kommunismus als leuchtendes Beispiel hin: ›Die geistige Welt des Kommunismus – in einem kürzeren Moratorium, vor dessen Ablauf das Machtmittel den Zweck verzehren könnte –, sie organisierte sich doch aus dem Gedanken einer letzten Hoffnung, die die Verzweiflung bildet, und der Mut seiner Bekenner, der volle Einsatz auf einer Barrikade, die die Sozialdemokratie vor der Stirn hat, verbinden ihn wie mit dem Tode auch mit dem Leben.‹
Als aber der Kanzler Engelbert Dollfuß, durch Hitlers Erfolge ermutigt, im Wunsche, sich Mussolinis Gunst zu erwerben, in der eingestandenen Angst, die Christlichsozialen könnten ein paar Mandate an die Sozialdemokraten verlieren, im Interesse einiger alpenländischer Großgrundbesitzer und im Verein mit Klerus, Soldateska und adeliger Jeunesse dorée die Arbeiterverbände und Gewerkschaften niederknüppelte, die Arbeiterhäuser Wiens mit Kanonen zusammenschoß, auf Standrechtsgalgen die besten Söhne des Landes aufknüpfte und die Gefängnisse mit Tausenden

alter Gewerkschafter vollstopfte – da fand Karl Kraus, der kurz vorher für den vollen Einsatz auf der Barrikade solche begeisterte Worte gefunden hatte, dafür keine Worte des Abscheus. Im Gegenteil, des ›äußersten Abscheus‹ wert erschienen ihm diesmal diejenigen, welche aus dem Dollfußischen Staatsstreich, in der Auflösung der Arbeiterparteien und ihrer Ausschaltung, aus einer künftigen Verteidigungsfront gegen Nazi-Deutschland, die bevorstehende widerstandslose Annexion Österreichs durch Hitler voraussagten.

Und in seiner letzten Verlumpung griff Karl Kraus zum antisemitischen Argument. Er nannte Namen von Erzbischöfen, die kraft dieses ihres Amtes außerhalb kritischer Diskussionen standen, und stellte sie sozialdemokratischen Führern gegenüber – nicht etwa einem Noske oder einem Zörgiebel, sondern er suchte sich jüdische Namen aus. Wie kreischte seine Zuhörerschaft vor Begeisterung, da sie vernahm, die ›sozialpolitischen Dinge scheinen mir bei Faulhaber, Innitzer und Mercier in besserer Obhut zu sein als bei Hilferding, Bauer und Blum‹.

Ob alle seine Hörer und Hörerinnen von damals immer noch vor Begeisterung kreischten, als Erzbischof Innitzer den Hitler auf dem Boden Wiens wie den langersehnten Messias begrüßte, als Rudolf Hilferding, Otto Bauer und Leon Blum in Emigration, Tod und Kerker gingen? Karl Kraus starb vorher, 1936, sonst wäre er bei den Ausschreitungen, die in der Diözese Innitzers weit gräßlicher waren denn in Deutschland, als erster und am sadistischsten von den Pöbelhorden erschlagen worden, die er erzogen hatte.

Wann immer ein Neuer zu einem Jünger von Karl Kraus wurde, holte er die versäumte Lehrzeit nach, indem er eifrig die alten Hefte der ›Fackel‹ durchlernte. Ich, der ich damals zur Karl-Kraus-Kultusgemeinde zählte, brauchte nichts nachzuholen, denn ich hatte die Zeitschrift von der ersten Nummer an gelesen.

Es war mein Vater, der im Bürozimmer von ›S. Kisch & Bruder‹ die ›Fackel‹ las. Dabei war er bald von Bewunderung, bald von Empörung aufgeregt, wie ich, ein vierzehnjähriger Junge, diesen seinen Ausrufen entnahm: ›Das nenn' ich Mut‹ oder ›So eine Frechheit!‹

Auf meine Frage, was denn in dem Heft darinstehe, antwortete mein Vater, es sei gegen die ›Neue Freie Presse‹ geschrieben. Auf meine Frage, warum denn Mut dazu gehöre oder warum es eine Frechheit sei, gegen die ›Neue Freie Presse‹ zu schreiben, antwortete mein Vater sicherlich auch, aber ich weiß nicht mehr was.

Nach ihm las *ich* das Heft, zwar nicht aufgeregt, nicht bewundernd und nicht empört, jedoch mit einigem Staunen. Bislang hatte ich das, was in den Zeitungen stand, für etwas mindestens ebenso Unwiderrufliches und Unabänderliches gehalten wie ein Schulzeugnis.

Eine ähnliche Zeitschrift, gegen Prüfungsnoten und Zeugnisse gerichtet, das wäre nicht schlecht. Freilich, der, der sie machte, würde aus der Schule ausgeschlossen werden. Aber der Herr, der diese ›Fackel‹ schrieb, konnte doch nicht aus der Schule ausgeschlossen werden! Worin also bestand sein ›Mut‹, den ihm mein Vater zuerkannte? Mutig waren für mich die Helden der Karl-May-Romane, war für mich der Marquis Posa in Schillers ›Don Carlos‹.

Auch nach dem Tod meines Vaters las ich die ›Fackel‹, ich las sie mehr als drei Jahrzehnte lang. Wahrscheinlich war ich der einzige regelmäßige Leser, der sie aus wechselnden Gründen ständig ablehnte. Meine Lektüre dieses Antipresse-Organs hielt mich nicht davon ab, Journalist zu werden und meinen Beruf zu lieben einschließlich des Titels ›Reporter‹, den Karl Kraus als das ärgste Schimpfwort verwendete.

Eigentlich gehörte ich in die Kategorie jener Journalisten, die Karl Kraus von seinen Beschimpfungen des Standes ausnehmen konnte, und von denen er einige seines persönlichen Verkehrs würdigte. Schrieb ich doch (vielleicht dank meiner Lektüre der ›Fackel‹) keine geschwollenen Stimmungsbilder, verwandte keine abgeschmackten Klischees und speichelleckte keine Persönlichkeiten, also auch die nicht, welche Zielscheibe von Karl Kraus' Angriffen waren. Überdies verkehrte ich ständig mit einigen der Kraus-Verehrer.

Eines Tages kamen drei von ihnen, der spätere Herausgeber der ›Literarischen Welt‹ in Berlin, Willy Haas, der Lyriker Franz Werfel und der Schauspieler Ernst Deutsch mit strahlendem Gesicht zu mir. Sie waren eine Deputation, die mir eine glückliche Botschaft zu überbringen hatte: der Meister habe eingewilligt, daß ich an seinen Tisch kommen könne.

Ich lehnte ab.

Diese eine Ablehnung waren zwei Fehdehandschuhe, einer an Karl Kraus, einer an seine Prager Jüngerschaft. Ungeachtet, daß die Empfänger einander nach kurzer Zeit die beiden Fehdehandschuhe selbst ins Gesicht warfen, blieb meine Feindschaft mit beiden Parteien ungetrübt bestehen.

Im ›Prager Tagblatt‹ hatte ich die Vorträge von Karl Kraus nie besprechen dürfen, in der ›Bohemia‹ erst recht nicht. Aber ich wollte ihm und seinen Jüngern mit aller Gewalt sagen, was ich von ihm denke. So griff ich ihn in Wochenblättern und Provinzzeitungen an. Karl Kraus, der jede Anspielung auf ihn, die in irgendeinem Winkelblättchen erschien, ausführlich abzudrucken pflegte, druckte nur meine erste Notiz und ließ in ihr das ihm allzu Unbequeme fort, ohne die Weglassung auch nur durch Punkte anzudeuten. Nach einem seiner Angriffe auf die Tschechen antwortete ich, Redaktionsmitglied eines sehr nationalen Blattes, in der noch nationaleren Wiener Monatsschrift ›Deutsche Hochschule‹ (1913), mit einem unbändig aggressiven Essay ›Herr Karl Kraus‹. Ich ging so weit, die Leute zu loben, die Karl Kraus täglich gezüchtigt hatten, und drohte ihm selbst solche tätliche Züchtigung an. Mein Artikel schloß mit dem Absatz: ›Keine Zeitung hat durch die Tätigkeit des Herrn Kraus auch nur einen Deut von ihrem wirklichen oder scheinbaren Einfluß eingebüßt, und die Persönlichkeiten, deren Rockschößen er sich mit der Fackel genähert hat, sind nicht verbrannt. Und doch gibt es gegen jene Zeitungen Angriffsgründe und Angriffspunkte genug, und doch sind die angegriffenen Persönlichkeiten nichts anderes als arme Tinterln aus der Preßhefe des Volkes von Wien. Woher kommt diese Wirkungslosigkeit? Alle Angriffe des Herrn Kraus entspringen gekränkter Eitelkeit oder – wie Herr Kraus es selbst ungefähr nennt – er ‚wehrt sich bloß seiner Haut'. Die Publizistik ist aber nicht dazu da, ihr Urteil zu persönlichen Zwecken zu mißbrauchen. Auch dieser kleine Beitrag zu einer Monographie des Herrn Karl Kraus kann sich nicht dagegen schützen, von ihm als Reklame ausgenützt zu werden. Sollte er ihn aber abzudrucken wagen und wieder einige ihm nicht genehme Stellen streichen, ohne die Weglassung durch Punktierung anzuzeigen, dann müßte ihm so energisch auf die Finger geklopft werden, daß ihm die Fackel aus der Hand fällt.‹

Alle ›Fackelianer‹ waren sicher, daß er mich klagen werde, rief er doch wegen hundertmal geringfügigerer Notizen die Gerichte an. Überraschenderweise antwortete er mit der Erklärung, er lehne es ab, Gerichtsklage zu erheben gegen signierte Zeitungsartikel, deren Urheber wohl wissen, ›daß ich nur gegen den Vorwurf des Meuchelmordes die Justiz geschworener Lohnfuhrwerksbesitzer anrufen könnte‹. Und so erteilte er mir einen Freibrief: ›Der Beleidigung durch die Presse lasse ich, der die Presse wahrlich besser beleidigt, freien Lauf, und jeder junge Schmock darf sich auch künftighin an mir die Sporen verdienen.‹

Das freie Geleit zum freien Lauf bezog sich allerdings nur auf Zeitungsartikel, auf Beleidigung durch die Presse. Wie aber, wenn sie in einem Buch erhoben wird? Die Frage trat bald aufs Tapet. In der Karl-Kraus-Gemeinde verbreitete sich die Nachricht, ich beschimpfe ihn in meinem Buch ›Abenteuer in Prag‹, das der Wiener Verlag Eduard Strache herausbringen wolle. Große strategische Pläne fieberhafter Tätigkeit, um das Erscheinen zu unterbinden. Zuerst aber mußte man wissen, welchen Angriff das Buch enthalte. Apostel von Karl Kraus unternahmen die kompliziertesten Versuche, aus der Druckerei die Bürstenabzüge zu erlangen. Einer wurde beordert, die Bekanntschaft eines Büromädchens des Strache-Verlages zu machen und ihr das Manuskript herauszulocken. Es gelang ihm nicht so leicht, er verlobte sich mit der jungen Dame, heiratete sie später und hat vier Kinder mit ihr, von denen das erste zu Ehren von Karl Kraus auf den Namen ›Karl‹ getauft wurde, aber das dritte ›Egon Erwin‹ heißt.

Als der Text mit großen Kosten erlangt war – Sieg! Sieg! –, zerbrachen sich die Kronjuristen von Karl Kraus den Kopf darüber, ob die von mir gebrauchte Wendung ›der alte Schmock‹, unzweifelhaft eine objektive Beleidigung, auch dann eine unzweifelhaft objektive Beleidigung darstelle, wenn sie als Antwort auf die unzweifelhaft objektive Beleidigung ›der junge Schmock‹ verwendet werde.

Zu welchem Resultat das Gutachten, zu welchen Beschlüssen das Karl-Kraussche Juristenkollegium kam, weiß ich nicht. Jedenfalls war das, was erschien, mein Buch, und das, was dagegen nicht erschien, war ein Angriff von Karl Kraus oder eine Klage. Der für ihn peinlichste Satz meines Buches war allerdings nicht klagbar, weil er einen seiner schäbigsten Tricks enthüllt. Diesem Trick lag die Tatsache zugrunde, daß in Prag eine Straßenfigur namens Eduard Kisch ihr bemitleidenswertes Leben durch die Werbung von Todesanzeigen bestritt. Der arme Alte war trotz seines Namens mit mir weder verwandt noch verschwägert, und wäre er es gewesen, hätte das die Roheit nicht vermindert, mit der er angegriffen und lächerlich gemacht wurde, um mich zu treffen. Karl Kraus dichtete nämlich eine Groteske, in der er den ›Prager Journalisten E. Kisch‹ am Bette eines Sterbenden erscheinen und keifend und mauschelnd die Aufgabe einer Todesanzeige verlangen läßt.

Als ich kurz darauf einen der Gläubigen von Karl Kraus fragte, ob er solche Methoden für erlaubt halte, erhielt ich die Antwort: ›Mir steht kein Urteil darüber zu, ob Karl Kraus diesen Weg wählen mußte, aber da er es nun einmal tat, sind Sie erledigt.‹

Auf ähnliche Weise hat mich Karl Kraus noch wiederholt erledigt. Während der Wiener Revolution von 1918 wurde unter anderem das Gebäude der ›Neuen Freien Presse‹ besetzt. Ein damals kolportierter Witz behauptete, ich hätte bei dieser Gelegenheit den diensthabenden Redakteur, meinen Bruder Dr. Paul Kisch, mit aufgehobenem Revolver zum Verlassen der Redaktion aufgefordert, worauf der Bedrohte antwortete: ›Ich weiche der Gewalt, aber ich sag's der Mutter.‹

Dieser Witz war nicht von Karl Kraus, von Karl Kraus war ein anderer: ›Jene, die die Neue Freie Presse besetzten, taten es, weil sie auf andere Weise nicht hineinkommen konnten.‹

Zeit seines Lebens hatte Karl Kraus den Fluch Gottes auf die ›Neue Freie Presse‹ herabgefleht, hatte ersehnt, daß ihr Haus für ewig dem Erdboden gleichgemacht werde, hatte jedem ihrer Journalisten die Füsilierung gewünscht, zu der der dänische Religionsphilosoph Sören Kierkegaard alle Journalisten verurteilt hatte – im Augenblick aber, da jemand die ›Neue Freie Presse‹ anzutasten wagte, traktierte ihn Karl Kraus als Tempelschänder aus Ehrgeiz.

In Wirklichkeit bestand die Gruppe, die in den ersten Tagen des Umsturzes das Militärkommando und andere Zentren des alten Regimes besetzte, aus jungen Soldaten, Arbeitern und Intellektuellen, die aus der Schule des wissenschaftlichen Sozialismus und

des Ersten Weltkriegs hervorgegangen waren. Alle waren gegen die Kriegstreiber, und keiner hatte wohl jemals eine Anstellung bei dem verbohrtesten Organ jener Clique erstrebt. Sie standen vor ganz anderen Zielen, starben als Gewerkschaftler, Genossenschaftler und Antifaschisten auf Hitlers Schafott, und Karl Kraus, dieses petrifizierte Achtzigerjahr, konnte sich nichts anderes vorstellen, als daß sie von seinem eigenen Jugendideal beseelt gewesen seien, Mitarbeiter der ›Neuen Freien Presse‹ zu werden!
Was mich anbelangt, so war ich wiederholt von Moriz Benedikt zur Abfassung von Artikeln eingeladen worden, hatte aber niemals einen geschrieben, auch zur Zeit, da ich noch in Zeitungen mitarbeitete.
Aber das ging weit über Karl Krausens Fassungskraft. Als ich nach dem Krieg eine Zeitlang in Mecklenburg lebte, bekam ich einen Brief von Theodor Wolff, Chefredakteur des ›Berliner Tageblatt‹. Von seinem Feuilletonredakteur Fred Hildenbrandt sei ein Buch erschienen, und er möchte es nicht von jemand besprechen lassen, der im ›Berliner Tageblatt‹ mitarbeite oder sonstwie von dessen Gunst abhängig sei. Ich aber sei der einzige, der leider mit Beharrlichkeit jede Mitarbeit ablehne und ihm bei jeder Gelegenheit meine Mißbilligung über seine Zeitung ausspreche. Vor allem legitimiere mich, daß ich einer der wenigen in Literatur und Journalistik sei, die mit Fred Hildenbrandt nicht befreundet seien. ›Würden Sie mir, lieber, lieber Freund, den Gefallen tun, sein Buch für uns zu rezensieren?‹ Ich tat ihm den Gefallen und betonte in meinem Referat, daß ich den Autor des Buches weder kenne noch kennenzulernen wünsche.
Karl Kraus, der damals seine Jagdgründe nach Berlin verlegt hatte, witterte hier die Verschleierung einer Korruption und dichtete ein wahres Drama darüber, wie Herr Hildenbrandt mit den Worten: ›Ich kenne Sie nicht, Herr Kisch, und wünsche Sie auch nicht kennenzulernen‹, ein Referat über sich bei mir bestellt, der ich es ihm mit den Worten überbringe: ›Ich kenne Sie nicht, Herr Hildenbrandt, und wünsche Sie auch nicht kennenzulernen.‹ Das war sein letzter Angriff gegen mich.
Jahre vergingen, und es geschah, daß einige meiner Freunde mit Karl Kraus in Verkehr traten und so viel über mich sprachen, daß auch er über mich überraschend positive Äußerungen mach-

te, hinzufügend, wie schade es sei, daß wir nicht zusammenkämen. Ich lehnte ab, wie ich es in meiner Jugend getan, und fand meine Haltung gerechtfertigt, als er in das Lager des österreichischen Klerikofaschismus einschwenkte.
So habe ich den bedeutenden und verhängnisvollen Mann nie gesprochen, den ich hier vorstellen wollte. Ich würde mich freuen, wenn einer seiner Jünger darin den Anlaß fände, ihm mehr Gerechtigkeit widerfahren zu lassen, als ich es vermag.

Biographische Daten

29. 4. 1885
Egon Kisch wird in Prag als Sohn eines deutschsprachigen jüdischen Tuchhändler-Ehepaares geboren.
Den zweiten Vornamen ›Erwin‹ legt er sich später selber bei.

1891 bis 1903
Schulbesuch in Prag. Matura (Abitur) an der Staatsrealschule, der ›Nikolander‹.

1903 bis 1904
Kisch leistet seinen Militärdienst ab und beginnt ein Studium an der Technischen Hochschule Prag, das er jedoch bald abbricht.

1905 bis 1906
Besuch der privaten Journalisten-Hochschule von Dr. Wrede in Berlin.

1905
Im Verlag Pierson, Dresden, erscheint ein Gedichtband von Kisch unter dem Titel ›Vom Blütenzweig der Jugend‹.

1906 bis 1913
Kisch ist Lokalreporter bei der deutschsprachigen Prager Tageszeitung ›Bohemia‹.

1912
Buchveröffentlichung: ›Der freche Franz und andere Geschichten‹, Verlag Hugo Steinitz, Berlin.

1912
›Aus Prager Gassen und Nächten‹, erscheint im Verlag A. Haase, Prag.

1913
Buchveröffentlichung: ›Prager Kinder‹, Verlag A. Haase, Prag.

1913
Kisch übersiedelt nach Berlin und lebt hier als freier Mitarbeiter von Prager und Berliner Zeitungen.

1914
Kisch wird Dramaturg am ›Berliner Künstlertheater‹.
Er veröffentlicht im Erich-Reiss-Verlag, Berlin, seinen ersten und einzigen Roman ›Der Mädchenhirt‹. Bei Kriegsausbruch am 1. August 1914 wird er Soldat und rückt mit dem ›Prager Korps‹ ins Feld.

1915
Verwundung und Rückkehr nach Prag. Beförderung zum Offizier.

1917
Kisch wird zum ›Kriegspresse-Quartier‹ in Wien kommandiert.
Er nimmt an illegalen Konferenzen des Arbeiter- und Soldatenrates teil.

1918
Bei der November-Revolution in Wien wird Kisch zum Kommandanten der ›Roten Garde‹ gewählt. Er ist gleichzeitig auch Gründungsmitglied der ›Föderation Revolutionärer Sozialisten Internationale‹. Er schreibt die Leitartikel der ›Roten Garde‹, einer Beilage der Wochenzeitung ›Der freie Arbeiter‹.

1919
Im Frühjahr nimmt Kisch in einem Abschiedsartikel ›Urlaub von der Politik‹ und arbeitet als Lokalreporter in Wien.
›Rote Garde‹ und ›Föderation‹ schließen sich der Kommunistischen Partei Österreichs an. Damit wird auch Kisch formell Parteimitglied.

1920 bis 1921
Nach der Ausweisung aus Wien wohnt Kisch erneut in Prag. In Zusammenarbeit mit einer revolutionären tschechischen Bühne entstehen mehrere Theaterstücke, darunter ›Die Moldauschiffer‹; Co-Autor ist Jaroslav Hašek.
Buchveröffentlichung: ›Die Abenteuer in Prag‹, Verlag E. Strache, Wien 1920.

1921 bis 1933
Kisch wohnt in Berlin. Er ist Mitarbeiter verschiedener Zeitungen und Zeitschriften. Von hier aus unternimmt er in den nächsten Jahren seine großen Reisen.

1922
Kisch veröffentlicht sein Kriegstagebuch unter dem Titel ›Soldat im Prager Korps‹ im Verlag der K. Andréschen Buchhandlung, Leipzig. Bei der Neuauflage 1929 erhält das Buch den endgültigen Titel ›Schreib das auf, Kisch‹.

1923
Kisch gibt die Anthologie ›Klassischer Journalismus‹ heraus.

1924
Kisch wird Mitglied im Schutzverband Deutscher Schriftsteller. Im Erich-Reiss-Verlag, Berlin, erscheint das Buch (dessen Titel ihn berühmt macht) ›Der rasende Reporter‹, eine Sammlung von Reportagen.

1925
Kisch wird Mitglied der von Alfred Döblin begründeten ›Gruppe 1925‹. Im Herbst 1925 beginnt er seine Reise durch die Sowjetunion. Am 18. 11. 1925 wird er von der KPDÖ zur KPD umgeschrieben.

1926
Kisch beteiligt sich maßgeblich an der Kampagne für die Freilassung des zu lebenslangem Zuchthaus verurteilten Max Hoelz. Der Erich-Reiss-Verlag legt seine zweite große Reportagen-Sammlung unter dem Titel ›Hetzjagd durch die Zeit‹ vor.

1927
Im Erich-Reiss-Verlag erscheint Kischs Buch über die Sowjetunion unter dem Titel ›Zaren, Popen, Bolschewiken‹.

1928
Kisch wird Mitglied des Bundes proletarisch-revolutionärer Schriftsteller. Im Herbst beginnt er eine Amerika-Reise, bei der er mit einem falschen Paß unter dem Namen ›Dr. Becker‹ auftritt.

1930
Kisch nimmt als Delegierter am Schriftstellerkongreß in Charkow, Sowjetunion, teil. Sein Amerika-Buch kommt im Erich-Reiss-Verlag heraus unter dem Titel ›Egon Erwin Kisch beehrt sich darzubieten: Paradies Amerika‹.

1931
Kisch übernimmt eine Professur für Journalistik an der Universität Charkow. Im Erich-Reiss-Verlag erscheint das Buch ›Prager Pitaval‹.

1932
Kisch reist durch China. Er veröffentlicht das Buch ›Asien gründlich verändert‹ (Erich-Reiss-Verlag.).

1933
Kisch wird am 28. Februar, dem Tag nach dem Reichstagsbrand, verhaftet. Auf Intervention der tschechoslowakischen Regierung wird er freigelassen und nach Prag abgeschoben. Anfang Januar 1933 veröffentlicht der Erich-Reiss-Verlag noch sein Buch ›China geheim‹. Im Juni 1933 siedelt Kisch nach Paris über. Er verfaßt dort die Kampfschrift ›Über die Hintergründe des Reichstagsbrandes‹.